DROIT DU CONTENTIEUX INTERNATIONAL AFRICAIN

Jurisprudences et théorie générale des différends africains (Arbitrages OHADA, CPA, CIRDI, C.I.J., Droits communautaires, Droits de l'Homme, Droit de la mer, Droit de l'OMC, Droit de la fonction publique internationale et Droit international pénal)

Préface du professeur AHADZI NONOU Koffi
Avant-propos du professeur Mamadou Badji

SAIDOU NOUROU TALL
Professeur de Droit Public

DROIT DU CONTENTIEUX INTERNATIONAL AFRICAIN

Jurisprudences et théorie générale des différends africains (Arbitrages OHADA, CPA, CIRDI, C.I.J., Droits communautaires, Droits de l'Homme, Droit de la mer, Droit de l'OMC, Droit de la fonction publique internationale et Droit international pénal)

Préface du professeur AHADZI NONOU Koffi
Avant-propos du professeur Mamadou Badji

L'Harmattan Sénégal

10 VDN, Sicap Amitié 3, Lotissement Cité Police, DAKAR

http://www.harmattansenegal.com
senharmattan@gmail.com
senlibrairie@gmail.com

ISBN : 978-2-343-15555-5
EAN : 9782343155555

PRÉFACE

C'est avec plaisir que j'accepte de rédiger la préface de cet important ouvrage de celui que j'ai eu l'heur de connaître en 2005 lors du 12e concours d'agrégation de Droit public du CAMES organisé à Ndjaména (TCHAD) et dont il fut un des brillants lauréats. Depuis ce moment, le Professeur Saidou Nourou Tall alimente régulièrement la doctrine juridique africaine de ses contributions de très grande qualité.

Ainsi après la publication par les Editions Universitaires Européennes en 2012, de sa thèse de doctorat d'Etat soutenue à l'Université Cheikh Anta Diop de Dakar sur le thème « *Théories et réalités du Droit international Humanitaire : Contribution à l'étude de l'application du droit des conflits armés en Afrique noire contemporaine* » et le remarquable succès de son ouvrage sur « *Le droit des organisations internationales africaines* » édité par L'Harmattan en 2015, l'auteur livre un autre ouvrage sur le « *Droit du contentieux international Africain* », qui est le résultat de plusieurs années de réflexion et d'enseignement sur la matière. C'est sans doute dans cette longue gestation qu'il faut chercher, au-delà du talent avéré de l'auteur, l'explication de la maturité et de la maîtrise avec lesquelles ce travail a été mené, combinant ainsi la théorie générale du droit des contentieux et les spécificités des juridictions et justiciables africains.

La démarche méthodologique allie la description normative et institutionnelle, la critique sous l'angle du droit comparé, de la pratique des Etats et de l'évolution des relations internationales.

La délimitation est centrée sur l'observation empmque des contentieux ayant au moms impliqué un Etat africain, ou une Organisation Internationale Africaine depuis les années 1960 jusqu'à 2017, les références historiques antérieures ne servant qu'à en conforter davantage l'argumentation.

Dans un souci de cohérence et de clarté, il en est résulté une Introduction qui a permis de revenir sur l'historique des contentieux internationaux et d'appréhender au plus prés les modes juridictionnels et non juridictionnels, les fonctions contentieuse, consultative et quasi-contentieuse qui sont autant de préalables conceptuels à l'adoption d'un plan binaire

Dans la Première Partie intitulée « Les contentieux Juridictionnels classiques », l'auteur revisite les droits matériels et processuels du règlement judiciaire comme du règlement arbitral en mettant en exergue le traitement des différends africains devant la CIJ ou les spécificités des arbitrages CPA CIRDI ou OHADA.

La Deuxième Partie est intitulée « Les contentieux des juridictions internationales ». L'auteur y passe en revue les contentieux de droit communautaire africain, du droit de la Mer, du droit de l'OMC, de la fonction publique internationale, du Droit international Pénal et des Droits de l'Homme, en convoquant les apports jurisprudentiels de diverses Cours africaines ou en dehors du continent. En définitive, cet ouvrage est une remarquable contribution à la compréhension du multiplicité et de la complexité contentieux internationaux et de leur règlement sous le prisme du Droit. Il offre aux chercheurs, étudiants et praticiens une analyse actualisée du droit du contentieux en général, en magnifiant les spécificités africaines en particulier.

Pr. AHADZI NONOU Koffi

Président Honoraire de l'Université de Lomé

Lomé, le 25 janvier 2018

AVANT-PROPOS

Après la publication d'un ouvrage sur « Le droit des organisations internationales africaines » en 2015, ayant connu un remarquable succès, Monsieur Saidou Nourou Tall met à la disposition de la communauté scientifique ce beau livre, consacré au « Droit du contentieux international africain ». Le lecteur va, sans peine, découvrir qu'il a en mains, le résultat de plusieurs années de réflexion et d'enseignement sur la matière. C'est sans doute dans cette longue gestation qu'il faut rechercher, au-delà des qualités intrinsèques de l'auteur, l'explication de la maîtrise avec laquelle ce travail a été mené.

Ce livre vient à son heure à plus d'un titre.

Le premier de ses mérites est d'offrir une étude très documentée, écrite dans un style clair, combinant à la fois la théorie générale du droit des contentieux et l'originalité et/ou spécificités des juridictions et justiciables africains. En tenant le lecteur par la main, l'auteur l'entraîne, lui fait découvrir des juridictions par trop méconnues mais dont l'analyse des conditions de création et du mode de fonctionnement s'avère enrichissante pour l'internationaliste, en particulier celui qu'intéressent le droit du règlement des différends et le droit des organisations internationales africaines.

Le présent ouvrage se serait-il limité à cette présentation des juridictions africaines qu'il aurait naturellement parfaitement rempli son objectif. Mais ses vertus ne s'arrêtent pas là. Outre qu'il contient d'intéressants développements révélant à bien des égards le caractère novateur, voire les spécificités africaines, il aborde l'objet juridique par une démarche méthodologique qui allie la description normative et institutionnelle. Il offre au lecteur, par l'appel au droit comparé, à la pratique des Etats et à l'analyse des dynamiques actuelles des relations internationales, un regard à la fois critique et prudent sur ces juridictions, contribuant de la sorte à la définition des règles qui devront dicter la marche des procès qui se tiendront devant elles ; il permet enfin de prendre la mesure des limites de la fragmentation du droit international.

La délimitation met particulièrement bien en perspective le droit du contentieux international africain, en partant d'une observation empirique des contentieux ayant au moins impliqué un Etat africain, ou une organisation internationale africaine depuis les années 1960 jusqu'à 2017, l'évolution historique générale ne servant qu'à en conforter davantage l'argumentation. Les développements reprennent de manière équilibrée l'apport de ces affaires au droit international substantiel et leur contribution au droit du contentieux international africain, tant en ce qui concerne la compétence des juridictions et la recevabilité des requêtes que les instances proprement dites.

Il en est résulté du reste une Introduction où Monsieur Tall balaie les mots et concepts clé de son objet d'étude. A cet égard, il est remarquable de constater qu'elle permet d'apprécier les affaires recensées et d'appréhender de manière plus précise les modes juridictionnel et non juridictionnel, les fonctions tant contentieuse, consultative que quasi-contentieuse qui sont autant de préalables conceptuels auxquels l'auteur s'attaque avant d'adopter le plan du livre.

Comment se structure l'ouvrage ?

M. Tall propose un plan binaire (deux parties) et, donc, classique.

La première partie de l'ouvrage, intitulée : « **Les contentieux juridictionnels classiques** », mobilise de manière fort instructive et avec la circonspection et la modestie qui s'imposent, toutes les ressources de ce qu'il convient d'appeler le contentieux international comparé (droit de fond et droit processuel du règlement judiciaire), en mettant en exergue le traitement des différends africains devant la CIJ – gardien et dépositaire du droit international « classique »-, ou les spécificités des arbitrages CPA, CIRDI, OHADA.

La deuxième partie du livre de Saidou Nourou Tall, porte sur « **Les contentieux des juridictions internationales** ». L'auteur y examine aussi bien les contentieux de droit communautaire africain que les contentieux de droit de la mer, du droit de l'OMC, de la fonction publique internationale, du droit international pénal des Droits de l'Homme, en consultant au besoin la jurisprudence de diverses Cours africaines, bien sûr, mais en puisant largement en dehors du continent.

C'est dire que l'ouvrage aborde des problèmes importants, toujours avec concision. Il bouscule, grâce au talent de l'auteur, une idée reçue tendant à laisser croire que les sociétés africaines sont réticentes envers la figure du règlement juridictionnel. Il montre également que tout droit, créé au bénéfice des êtres humains, acquiert très progressivement un solide point d'ancrage dans la vie internationale. Par d'autres aspects, cet ouvrage témoigne de manière convaincante du développement d'un « fonds commun de règles et de pratiques procédurales, ouvrant la voie à un phénomène marquant d'inspiration réciproque entre juridictions ». De cela aussi l'ouvrage de Monsieur Tall se veut le témoin privilégié, en faisant ressortir les sources d'inspiration des créateurs des Cours africaines et celles des juges des différentes juridictions appelées à mettre en œuvre la règle de droit.

Pr. Mamadou BADJI

Professeur Titulaire, Doyen de la Faculté des Sciences Juridiques et Politiques Université Cheikh Anta Diop de Dakar

Dakar-Fann, le 28 mai 2018

SIGLES ET ABREVIATIONS

AA :	Annales Africaines
ADPIC :	Accord sur les Droits de Propriété Intellectuelle liés au Commerce.
AEP :	Assemblée des Etats Parties
AFDI :	Annuaire Français de Droit International
Aff :	Affaire
AFRC :	*Armed Forces Revolutionary Council*
AG/AGNU :	Assemblée Générale (ONU)
AID :	Association Internationale pour le développement
AIEA :	Agence Internationale de l'Energie Atomique.
AIFM :	Autorité Internationale des Fonds Marins
ALENA :	Association de libre échange nord-américaine
AMIC :	Accord sur les Mesures d'Investissement liées au commerce
AMSP :	Accord sur lesMesures Sanitaires et Phytosanitaires
APLS :	Armée Populaire de Libération du Soudan
APSA :	Architecture de Paix et de Sécurité en Afrique
AQMI :	Al Qaeda au Maghreb Islamique
ARB :	Arbitrage
Armée/MLS :	Armée du Mouvement de Libération du Soudan
Art :	Article
AU ou UA :	*African Union*
AZAPO :	*Azanian People Organization.*
BIRD :	Banque Internationale pour la Reconstruction et le Développement

BO :	Bons offices
CAE :	Communauté de l'Afrique de l'Est
CAED :	Chambres Africaines Extraordinaires de Dakar
CAI :	Conflits Armés Internationaux
CAJ/DH :	Cour Africaine de Justice et des Droits de l'Homme
CAMES :	Conseil Africain et Malgache de l'Enseignement Supérieur
CANI :	Conflits Armés Non Internationaux
CAT :	Comité contre la torture
CCJA :	Cour Commune de Justice et d'Arbitrage
CDF :	*Civil Defense Forces*
CDI :	Commission de Droit International
CE(les) :	Communautés Européennes
CEDEAO :	Communauté Economique des Etats de l'Afrique de l'Ouest
CEE :	Communauté Economique Européenne
CEEAC :	Communauté Economique des Etats de l'Afrique Centrale
CEG :	Conférence des Chefs d'Etat et de Gouvernement
CEMAC :	Communauté Economique et Monétaire de l'Afrique Centrale
CEN-SAD :	Communauté des Etats Sahélo-Sahariens
CEPGL :	Communauté Economique des Pays des Grands Lacs
CER :	Communautés Economiques Régionales
CETC :	Chambres Extraordinaires auprès des Tribunaux Cambodgiens
CICR :	Comité International de la Croix-Rouge
CIJ :	Cour Internationale de Justice

CIRDI :	Centre International de Règlement des Différends relatifs aux Investissements
CJ :	Cour de Justice
CJCE :	Cour de Justice des Communautés Européennes (UE)
CMCA :	Commission de Médiation, de Conciliation et d'Arbitrage
CMA :	Coordination des Mouvements de l'Azawad.
CNU :	Charte des Nations Unies
CNUCED :	Commission des Nations Unies pour le Commerce et le Développement
CNUDCI :	Commission des Nations Unies pour le Droit Commercial International
CNUDM :	Convention des Nations Unies sur le Droit de la Mer
COMESA :	*Common Market for Eastern and Southern African States*
COMESACJ :	*Common Market for Eastern and Southern African States Court of Justice*
Comm.ADHP :	Commission Africaine des Droits de l'Homme et des Peuples
CONC :	Conciliation
Cour ADHP :	Cour Africaine des Droits de l'Homme et des Peuples
Cour AJDHP :	Cour Africaine de Justice, des Droits de l'Homme et des Peuples
CPA :	Cour Permanente d'Arbitrage
CPI /ICC :	Cour Pénale Internationale / *International Criminal Court*
CREDILA :	Centre de recherches et de documentation sur les institutions et les législations africaines
CS :	Conseil de Sécurité
CVDT :	Convention de Vienne sur le Droit des Traités de 1969

Dec. :	Décision
Decl. :	Déclaration
DESC :	Droits Economiques, sociaux et culturels
DDR :	Désarmement Démobilisation et Réinsertion
DI :	Droit International
DIDH :	Droit International des Droits de l'Homme
DIH :	Droit International Humanitaire
DI :	Droit International Public
DH :	Droit de l'Homme
Doc :	Document
DS :	*Dispute Settlement* (RD)
DUDH :	Déclaration Universelle des Droits de l'Homme
ECOWAS :	*Economic Community of West African States* (CEDEAO)
EPU :	Examen Périodique Universel
EV :	Entrée en vigueur
Ex :	Exemple
FAO :	*Food and Agriculture Organization* (Organisation des Nations Unies pour l'alimentation et l'agriculture)
FED :	Fonds Européen de Développement
FIDA :	Fonds International pour le Développement Agricole.
FMI :	Fonds Monétaire International
GATT :	*General Agreement on Trade and Tariffs* (Accord général sur les tarifs douaniers et le commerce).
GT :	Groupe de Travail
HRW :	*Human Rights Watch*
ICSID :	*International Center for Settlement of Investment Dispute* (voir CIRDI).
IGAD :	*Intergovernmental Authority for Development*

IHRDA :	*Institute for Human Rights and Dévelopment in Africa*
ITLOS :	*International Tribunal for the Law of the Sea* (TIDM)
JDI :	Journal de Droit International
JO :	Journal Officiel
LD :	Légitime défense
LRA :	*Lord Resistance Army* (Armée de Libération du Seigneur).
MARD/MARC :	Modes Alternatifs de Réglement des Differends ou des Conflits
MC :	Marché Commun
MERCOSUR :	*Marché commun du Cône Sud*
MICT :	*Mechanism forInternational Criminal Tribunals* (MTPI).
MISMA :	Mission Internationale de Soutien au Mali
MINUSMA :	Mission Multidimensionnelle Intégrée des Nations Unies pour la stabilisation au Mali.
MINUSS :	Mission des Nations Unies au Soudan du Sud.
MINUSTAH :	Mission des Nations Unies pour la Stabilisation en Haiti.
MTPI :	Mécanisme pour les Tribunaux Pénaux Internationaux
NEA :	Nouvelles Editions Africaines
OA :	Organe d'Appel (OMC)
OACI :	Organisation de l'Aviation Civile Internationale.
OCA :	Organisations Communautaires Africaines
OEA :	Organisation des Etats Américains
OHADA :	Organisation pour l'Harmonisation en Afrique du Droit des Affaires
OI :	Organisation Internationale
OIA :	Organisation Internationale Africaine

TSL :	Tribunal Spécial pour le Liban
TSSL/SCSL :	Tribunal Spécial pour la Sierra Leone / *Special Court of Sierra Leone*
UA :	Union Africaine
UD :	Union douanière
UE :	Union Européenne
UEMOA :	Union Economique et Monétaire Ouest Africaine
UIDH :	Union Interafricaine des Droits de l'Homme
UIT :	Union Internationale des Télécommunications.
UM :	Union Monétaire
UMA :	Union du Maghreb Arabe
UN :	*United Nations*
UNDT :	*United Nations Dispute Tribunal (voir* TCANU*)*
UNESCO :	Organisation des Nations Unies pour l'Education, la Science et la Culture
Vs :	V*ersus* (contre)
WTO :	*World Trade Organization* (OMC)
ZEE :	Zone Economique Exclusive

SOMMAIRE

DEUXIÈME PARTIE

LE CONTENTIEUX INTERNATIONAL DE CERTAINES JURIDICTIONS SPECIALISÉES

INTRODUCTION

L'accession des Etats modernes à l'indépendance s'est traduite, sur tous les continents, par l'intensification de relations internationales, tantôt pacifiques, tantôt conflictuelles.

En fait, la cohabitation des Etats sur les espaces territoriaux ainsi que la cristallisation de certains conflits politiques ou juridiques aux enjeux multiformes, ont facilité l'émergence de nombreux différends dans la communauté internationale. De nouveaux problèmes surgissent, ce qui entraine la naissance de beaucoup de contentieux (entre Etats ; entre ONG et Etats ; entre Etats et organisations, entre Etats et individus, entre Etats et sociétés privées étrangères, etc.). Certains de ces conflits ont été transportés sur le terrain du règlement juridictionnel international.

Plusieurs phénomènes expliquent le gonflement du contentieux international : d'une part, la mondialisation du Droit et de l'Etat et d'autre part, la tendance à l'augmentation des conflits armés non internationaux (CANI) et à la diminution des conflits armés internationaux (CAI)[1].

La mondialisation de l'Etat[2], accélérée par la disparition des *« terra nulluis »* (terres sans maître) entraîne une territorialisation des relations internationales (plus de neuf dixièmes des Etats sont membres de l'ONU) imposant une ouverture envers les niveaux sous-régional, régional et universel. Quant à la mondialisation du Droit, elle est renforcée par le recours récurrent à l'argument juridique comme panacée et elle s'appuie, *mutatis mutandis*, sur la consécration de la primauté du droit international sur le droit

---

1 Voir notre thèse, Saidou Nourou TALL, Théories et réalités du Droit international humanitaire. Contribution à l'étude de l'application du droit des conflits armés en Afrique noire contemporaine, Sarrebruck, Editions Universitaires Européennes, mai 2012, 514 p.

2 Cf. Thierno DIALLO, Remarques sur l'Etat justiciable en droit international, Université de Limoges, Thèse de Doctorat, 2016, 666 p.

En revanche, un différend n'est pas justiciable lorsqu'on ne peut le soumettre au juge en raison directe de sa faible juridicité et en raison inverse de sa forte teneur politique ou non juridique. Ex : deux amis qui ne se parlent pas ; deux Etats qui ont rompu leurs relations diplomatiques ; l'approche traditionnelle en Afrique de règlement des différends entre membres de la famille ou du village, justice transitionnelle[20], etc.

En conclusion, le critère matériel, mettant l'accent sur le contenu du litige, n'est pas exhaustif, d'où le recours à un second critère.

B. Le critère organico-formel

La scène internationale abrite aujourd'hui, du fait de la juridictionnalisation du DIP, une pléthore d'organes juridictionnels[21]. Le critère à la fois organique et formel met l'emphase sur la procédure de saisine de l'organe et sur la nature de l'organe. Il aboutit à une autre distinction : distinction entre l'organe judiciaire et l'organe arbitral.

- Organe judiciaire. Il existe des organes qui tranchent des litiges uniquement entre Etats (Ex : la CIJ, le TIDM).

Les tribunaux administratifs internationaux ne règlent que les problèmes de la fonction publique internationale. Ex : le tribunal

---

[20] Plusieurs définitions de la justice transitionnelle existent. On se réfèrera à celle donnée par le SGNU, à savoir, *« la justice transitionnelle est l'éventail complet des divers processus et mécanismes mis en œuvre par une société pour tenter de faire face à des exactions massives commises dans le passé, en vue d'établir les responsabilités, de rendre la justice et de permettre la réconciliation »*, Rapport du Secrétaire général des Nations-Unies devant le Conseil de sécurité, « Rétablissement de l'Etat de droit et administration de la justice pendant la période de transition dans les sociétés en proie à un conflit ou sortant d'un conflit », Doc. S/2004/616, 2 août 2004, p. 7, parag. 8. *Voir aussi* Geneviève PARENT, « Justice transitionnelle et maintien de la paix » *www.operationspaix.net/134/justice-transitionnelle-et-maintien-de-la-paix.html (consulté le 15 février 2017).*

[21] Par juridiction, on peut entendre, selon Emmanuel DECAUX, « *Au sens organique, cour, tribunal investi du pouvoir de juger; mais aussi, au sens matériel, compétence de ce tribunal* », E. DECAUX , Droit international public, Dalloz, 3e Edition, collection Hypercours, 2002, p. 230.

administratif de l'OIT, le tribunal administratif du FMI, le tribunal administratif de la BIRD (Banque Mondiale), le tribunal du contentieux administratif des Nations Unies (Genève, New York, Nairobi).

On peut noter aussi l'existence des juridictions de certaines organisations d'intégration juridique ou économique qui appliquent et interprètent le droit communautaire. Ex : la Cour de justice de l'UE dont le siège est à Luxembourg ; la Cour de justice de l'UEMOA (Ouagadougou) ; la Cour de justice de la CEMAC (N'Djamena) ; la CCJA (Abidjan) ; la Cour de justice de la CEDEAO (Abuja) ; la Cour de justice de la Communauté de l'Afrique de l'Est (Arusha), le Tribunal de la SADC (Windhoek), la Cour du COMESA (Lusaka).

Quant aux juridictions des Droits de l'Homme, elles sont chargées de trancher les litiges en matière de violations alléguées des droits de la personne humaine. Ex : la Cour Européenne des droits de l'homme : Strasbourg (France) ; la Cour interaméricaine des droits de l'homme : San José (Costa Rica) ; la Cour africaine des droits de l'Homme et des peuples : Arusha (Tanzanie).

D'autres juridictions spécialisées existent en droit de la mer (tribunal international du droit de la mer (Hambourg, Allemagne) ou en droit internationalpénal (TPIR, TPIY, TSL, TSSL, CPI, CETC, CAE de Dakar, TMI de Nuremberg et de Tokyo, etc.)[22].

- Organe arbitral. L'arbitrage peut être soumis à un tribunal ad hoc (constitué par les parties, après la naissance du différend) ou à un tribunal préconstitué ou institutionnalisé comme la Cour Commune de Justice et d'Arbitrage (CCJA), la Cour Permanente d'arbitrage (CPA), le Centre International pour le Règlement des Différends relatifs aux Investissements (CIRDI)[23], etc.

Devant les insuffisances notées avec ce second critère, la doctrine préfère recourir, désormais, à un critère mixte.

---

[22] Voir, deuxième Partie de cet ouvrage.

[23] Voir, Chapitre II de la première partie de cet ouvrage.

C. La jonction des critères

Tandis que le critère matériel, en ne mettant l'accent que sur la nature du différend, fait l'impasse sur la procédure à suivre et l'organe à saisir, sans pour autant régler les problèmes ardus de distinction entre différends politiques et juridiques, le critère organico-formel manque également de complétude, en ne statuant pas sur la substance du différend.

Il en ressort qu'aucun des deux critères n'offre l'avantage de l'exhaustivité. Dès lors, seul le recours à un critère mixte permettrait d'embrasser le large spectre des différends.

Le critère mixte insiste à la fois sur la compétence de l'organe, la nature de l'organe, la procédure de saisine et le fond du différend (liaison organe-compétence-fond)[24]. On lie ici le fond et la forme.

- A quel organe faut-il se référer ? Lorsque l'organe est déjà créé (existe déjà dans un texte), il s'agit d'un organe préconstitué. Lorsqu'il n'existe pas et qu'il faut le créer : il s'agit alors d'un organe *ad hoc*. Dans ce dernier cas, on l'établit seulement pour résoudre le litige en cause et il disparaît à la fin du litige ou des différents litiges pour lesquels on l'a constitué. Ex : Tribunal international pénal pour le Rwanda (TPIR) supprimé depuis le 31 décembre 2015.

- Problème de compétence. On distingue une compétence générale de certains tribunaux en toute matière. (Ex : la CIJ peut être saisie de toutes les catégories de différends entre Etats en matière contentieuse) et une compétence spéciale de certains tribunaux qui ne peuvent intervenir que dans certaines matières bien délimitées. (Ex : TPIR pour le génocide rwandais de 1994, Chambres Africaines extraordinaires de Dakar pour le jugement de crimes commis au Tchad durant la présidence d'Hisséne Habré).

De manière générale, on applique le droit international. Cependant, selon les juridictions, on peut appliquer le droit

[24] Autrement dit, il vise à résoudre les questions suivantes : quel est le tribunal Compétent ? Sur quelle base juridique l'est-il ? Quelle est la procédure pour saisir ledit tribunal ?

interne ou combiner le droit interne et le droit international (*lex mercatoria*). Ex : en matière économique.

Paragraphe II – Problèmes de délimitation

L'approche juridique des contentieux internationaux africains sera abordée sur la base d'une triple délimitation : matérielle (A), géographique ou spatiale (B), et temporelle (C).

A. Délimitation matérielle

Elle se fonde sur une double distinction entre deux modes : le mode juridictionnel et le mode non juridictionnel (1) ; ensuite, entre les fonctions contentieuses, quasi contentieuses et consultatives (2).

1. Modes juridictionnels et Modes non juridictionnels

On les examinera distinctement.

a. Les modes juridictionnels

Ce sont des modes qui font appel à la justice judiciaire ou à l'arbitrage. On soumet le différend à un juge ou à un arbitre pour trancher le litige. L'adjectif « juridictionnel » vient du mot juridiction (*Juris-dictio* : dire le droit), c'est-à-dire que le juge ou l'arbitre dit le droit. On dit qu'il fait du « *jus dicere* » : il dit le droit et il ne fait pas le droit (*jus facere*) car il est interdit au juge international d'inventer ou créer le droit. Le **présent ouvrage ne traitera que de ces modes juridictionnels.**

b. Les modes non juridictionnels

Ils ne font pas appel à un juge ou à un arbitre, mais sont de préférence utilisés pour des règlements politiques ou diplomatiques, en tous les cas non juridictionnels. Les plus connus sont : les bons offices, la négociation, la médiation, la conciliation et l'enquête internationale. Dans ces modes, n'interviennent que les diplomates ou hommes politiques, personnalités coutumières ou religieuses, personnes physiques ou morales privées ayant un fort pouvoir d'influence permettant d'augurer d'un traitement diligent et efficace du différend.

• **Les bons offices**

C'est un mode de règlement très ancien. On appelle bons offices : « *toute interposition d'un tiers dans des relations interétatiques suffisamment conflictuelles rendant impossible entre les parties un contact direct du fait d'obstacles politiques parfois doublés de difficultés liées à la rupture des relations diplomatiques* »[25]. C'est toute interposition d'un tiers qui essaie d'aider les parties à un différend à trouver une solution négociée et pacifique.

Celui qui offre ses bons offices, met en contact les parties ou joue un rôle de transmetteur de messages. Ce tiers rétablit la confiance en renouant le fil du dialogue rompu, organise les rencontres et fournit des pistes pour un compromis.

C'est donc un mode diplomatique, non juridictionnel faisant appel à une tierce personne, neutre et impartiale. La tâche de celle-ci est terminée dès que les négociations entre les parties sont entamées. Ex : Traité de Paris de 1856 mettant fin à la guerre de Crimée et prévoyant les bons offices entre la France, la Grande-Bretagne et l'Empire Ottoman ; Conventions de la Haye de 1899 et 1907 de règlement pacifique des différends internationaux les prévoient *« en vue de prévenir autant que possible le recours à la force dans les rapports entre les Etats »*.

Les bons offices visent à rétablir le contact entre deux entités qui ont un contentieux.

Ils peuvent être spontanément offerts par le tiers ou sollicités par les parties au conflit. Quand c'est un groupe de personnes qui conduit les bons offices : on peut user d'expression de groupe de contact.Si le tiers intervenant est une personne, on peut employer la dénomination de facilitateur.

Quoi qu'il en soit, on attend de celui qui fait les bons offices d'avoir certaines qualités humaines au rang desquelles, la neutralité, l'impartialité, gages de confiance des deux parties. Généralement, les parties choisissent une personnalité de bonne réputation, ayant une certaine autorité morale, politique,

---

[25] Voir Jean COMBACAU et Serge SUR, *Droit international public*, 11e éd., Paris, LGDJ., 2014.

religieuse (Rois, diplomates, Chefs coutumiers, Chefs d'Etat, autorités religieuses comme le Pape[26] ou d'autres personnalités comme le Secrétaire général d'une OI[27]), etc. Les bons offices visent exclusivement à amener les parties autour de la table des négociations pour entamer les discussions et le rôle de l'intermédiaire s'arrête là. Il n'a pas d'obligation de résultats[28]. Par ailleurs, comme le soulignait l'art. 6 de la Convention n° 1 de La Haye de 1907 *« Les bons offices et la médiation, soit sur le recours des parties au conflit, soit sur l'initiative des puissances étrangères au conflit, ont exclusivement le caractère de conseil et n'ont jamais force obligatoire »*.

- **La médiation**

C'est un mode de règlement des conflits consistant pour une personne choisie par les parties ou acceptée par elles, de leur proposer un projet de règlement des différends (ci-après RD)[29]. L'expression vient du latin « *mediare* », c'est-à-dire s'interposer. Le médiateur doit être neutre et impartial et de bonne moralité. Il n'est pas limité au rapprochement des deux parties.

Le médiateur (personne physique, Etat, Groupe d'Etats ou OI[30]) s'implique dans la recherche de solution en amenant les

[26] Jean Marc TICCHI, « Bons offices, médiations et arbitrages dans l'activité diplomatique du Saint-Siége de Léon XIII à Benoit XV », Mélanges de l'Ecole française de Rome, 1993, vol. 105, n° 2, pp. 567-612.

[27] Voir aussi la Déclaration de Manille relative au règlement pacifique des différends (A/RES/37/10, I, § 5) ou la Déclaration sur la prévention et l'élimination des différends et des situations qui peuvent menacer la paix et la sécurité internationales et sur le rôle de l'ONU en ce domaine, du 5 décembre 1988 (A/RES/43/51), qui insiste particulièrement sur les « bons offices » du Secrétaire général (Annexe, § 20).

[28] Bons offices du SG des NU, lors du conflit entre l'Iran et l'Irak entre 1980 et 1986 avec l'appui du Conseil de sécurité par la résolution 479 du 28 septembre 1980 ; bons offices du SGNU lors du différend sur la presqu'ile de Bakassi entre le Cameroun et le Nigeria, avant que les parties ne décident de le soumettre à la CIJ.

[29] Voir, OIF, Prévention des crises et promotion de la paix, vol. 1 : Médiation et facilitation dans l'espace francophone, vol. 2 : Démocratie et élections dans l'espace francophone, Bruxelles, Bruylant, 2010.

[30] Médiation internationale de plusieurs Etats et organisations dont l'Algérie, le Burkina Faso, la Mauritanie, le Niger, le Nigeria, le Tchad, l'Union

parties à négocier et en cas de blocage, peut leur proposer un plan de sortie de crise en essayant de concilier leurs prétentions opposées. De nombreux textes de *soft law* (déclarations, recommandations, guides, directives émanant d'OI) ou de *hard law* (traités et protocoles, autres textes à caractère contraignant) incitent les Etats comme les acteurs non étatiques à recourir à ce mode de règlement pacifique des différends.

Ainsi en est-il de l'article 2 de la Convention de la Haye de 1907 énonçant : *« en cas de dissentiment grave ou de conflit, avant d'en appeler aux armes, les Puissances signataires conviennent d'avoir recours, en tant que les circonstances le permettront, aux bons offices, ou à la médiation d'une ou plusieurs Puissances amies. »*

La Médiation peut être facultative ou obligatoire[31]. Elle peut être institutionnalisée dans le cadre d'une OI (comme la Commission de Médiation, de Conciliation et d'Arbitrage de l'ex-OUA) ou individualisée mais, la solution proposée par le médiateur n'est jamais obligatoire.

La médiation existe dans la vie de tous les jours[32] : médiation entre groupes rebelles ; entre commerçants ; médiations syndicales entre patrons et ouvriers, entre gouvernements et travailleurs du secteur public; Médiateur de la République (cas des litiges entre administrations publiques et administrés), médiation en matière pénale, douanière[33], etc.

Africaine, l'ONU, la CEDEAO, l'OCI, l'Union européenne et la France, qui conduira à la signature des Accords d'Alger entre le Gouvernement de la République du Mali et la Coordination des mouvements de l'Azawad (CMA) les15 mai et 20 juin 2015.

31 Cf., Directive des Nations Unies pour une médiation efficace, septembre 2012. www.un.org/wcm/webday/site/undpa/shared.

32 Résolution 1325 de l'Assemblée générale des Nations unies en date du 31 octobre 2000 sur l'importance de la participation des femmes dans les processus de paix ; Résolution 65/283 de l'Assemblée générale des Nations unies en date du 21 juin 2011 sur le rôle de la médiation dans le règlement des conflits dans le cadre des processus de paix et la prévention des conflits.

33 Jacques FAGET, Médiations : les ateliers silencieux de la démocratie, Éditions Trajets, 2010.

Le médiateur dispose d'une grande liberté de manœuvre et, en fonction de son expérience et de son autorité, intervient un peu plus dans le règlement du différend[34]. A cet égard, on peut rappeler :

- les médiations de Blaise COMPAORE avec lesdeux accords de paix dits « de Ouagadougou », l'Accord de Ouagadougou (2007), visant à ramener la paix en Côte d'Ivoire et l'Accordvisant à ramener la paix au Mali ;

- la médiation du Roi HASSAN II entre la Belgique et le Zaïre de MOBUTU ayant abouti à la signature des Accords de Rabat du 26 juillet 1989 ; ou encore

- la médiation en avril 2002 du Roi du Maroc relative au conflit du Fleuve Mano, entre la Guinée de Lansana Conté, le Liberia de Charles Taylor et la Sierra Leone d'Ahmad Tejan Kabbah ;

- la médiation sans succès du 14 décembre 2016 des émissaires de la CEDEAO, les Présidents du Liberia (Mme Ellen JOHNSON-SIRLEAF), du Nigeria (Muhammadu BUHARI), de la Sierra Leone (Ernest Bai KOROMA) et de l'ex-président du Ghana (John Dramani MAHAMA) pour convaincre le Président gambien Yaya JAMMEH d'accepter le verdict des urnes en faveur d'Adama BARROW.

La médiation reste encore très utilisée en Afrique. Ainsi, la période entre 1963 (création de l'OUA) et 1990 a coïncidé aussi avec la tendance des Etats africains, soit à recourir à des modes personnalisés de règlement des différends, soit à préférer, en première instance, s'adresser à l'Organisation continentale[35] conformément à l'art. 52 § 2 et 3 de la Charte. Politiquement, significatif était le recours à des procédés diplomatiques. En fait, malgré la création de la CMCA[36], organe autonome, composé de vingt et une personnalités nommées pour une durée de 5 ans et dirigé par un Bureau permanent de trois membres, la plupart des crises et conflits faisait l'objet d'un règlement en dehors de ce

---

[34] Emmanuel DECAUX, « Règlement des différends » in Denis ALLAND (dir.), *Droit international public*, PUF, 2000, pp. 447-517.

[35] Boutros BOUTROS-GHALI, L'OUA, Paris, A. Colin, 1969, p. 113 et s.

[36] Art. 19 Charte OUA et Protocole du 21 juillet 1964.

cadre. C'est ainsi que le Conseil des ministres de l'OUA jouait un rôle plus que prépondérant dans l'apaisement de ces situations conflictuelles, comme les différends entre Rwanda et Burundi (Sommet du 5 au 9 novembre 1966), crise du Congo-Kinshasa (Sommet du 11 au 14 septembre 1967), conflit entre le Kenya et la Somalie, etc.

Les conflits entre l'Algérie et le Maroc (octobre-novembre 1963), entre la Somalie et l'Ethiopie (février 1964) ont trouvé des solutions par des mécanismes *ad hoc* et à l'extérieur de la CMCA, car *« même après sa création, la Commission n'a jamais été sollicitée d'exercer une quelconque médiation »*[37]. Il en appert une succession de procédés *ad hoc* de médiation dont la taxinomie peut être dressée ainsi qu'il suit :

- des commissions de conciliation dans les situations suivantes : guerre civile congolaise de 1964 ; différend entre le Ghana post-Nkrumah et la Guinée-Conakry de Sékou TOURE (mars 1966) ;

- des commissions de médiation entre le Ghana et les Etats membres du Conseil de l'Entente refusant de participer au Sommet d'Accra de 1965 ;

- des règlements personnalisés par des Chefs d'Etat comme le choix par l'OUA du Président KAUNDA de la Zambie en septembre 1967 pour apaiser la tension entre le Kenya et la Somalie, du Président MOBUTU pour le différend entre le Rwanda et le Burundi en 1966 ;

- la mise en place de Commissions d'enquête et de consultation entre les protagonistes de la guerre civile nigériane en septembre 1967 ;

- la création de commissions d'arbitrage dans le différend entre Maroc et Algérie en octobre-novembre 1963, parrainées par l'Empereur Hailé SELASSIE et le Président Modibo KEITA, en

[37] Mirlande MANIGAT, « L'Organisation de l'Unité Africaine », RFSP, n° 2, 1971, pp. 382-401 ; Hanspeter F. STRAUCH, « L'OUA et les conflits frontaliers », RFEPA, octobre 1967, pp. 67-76 ; S.N.TALL, Droit des Organisations..., op. cit, p. 513 ; B. BOUTROS-GHALI, l'OUA, Paris, A. Colin, 1969, p. 113 et s.

prélude à l'Accord de cessation des hostilités du 26 février 1964[38].

D'autre part, le dépouillement de la CMCA s'était poursuivi par la mise en place de mécanismes plus souples comme le Comité *ad hoc* sur les différends interafricains en juillet 1977, la Commission *ad hoc* dirigée par le Président Jomo KENYATTA en 1964, pour le différend entre les deux Congo, etc.[39]. Par ailleurs, malgré tous les efforts de son administration, il faut reconnaître avec M. BEDJAOUI, que « *Le bureau a offert ses services au Malawi (qui les a refusés) et à la Tanzanie dans leurs différends frontaliers, aux quatre pays concernés dans le « complot dit des émigrés* » (Guinée, Côte-d'Ivoire, Sénégal, Mali), à la Sierra Leone et au Ghana lorsqu'il s'est agi d'expulsion de familles guinéennes, à la suite du coup d'Etat d'Accra et du refuge trouvé par le Président N'KRUMAH à Conakry, enfin au Nigeria et aux pays qui avaient reconnu le Biafra (Gabon, Côte-d'Ivoire. Zambie, Tanzanie) »[40].

Depuis lors, de nombreuses médiations se sont déroulées en Afrique[41] soit par le biais des interventions de personnalités de

---

[38] Voir, François BORELLA, « Le régionalisme africain et l'OUA », AFDI, 1963, Vol. 9, pp. 838-865.

[39] Edmond JOUVE, L'OUA, Paris, PUF, 1984, p. 109 et s. S.N.TALL, Droit des Organisations…, op. cit, p. 513 ; Hassatou BALDE, « Les Mécanismes de prévention, de gestion et de règlement des conflits des organisations africaines », Revue Actualité et Droit International, août 2001, 6 p., disponible en ligne : www.ridi.org/adi.

[40] M. BEDJAOUI, « Le règlement pacifique des différends africains », op.cit., p. 89.

[41] On peut citer, par exemple, les Accords de Lomé du 7 juillet 1999 pour mettre fin à la guerre civile, opposant le RUF au gouvernement de Sierra Leone. A l'initiative du président du Togo, Gnassingbé EYADEMA, alors Président en exercice de la CEDEAO, en présence des présidents Blaise COMPAORE pour le Burkina Faso, Charles TAYLOR du Liberia, Olusegun OBASANJO duNi geria, Ahmad Tejan KABBAH de la Sierra Leone et des représentants de l'Organisation de l'Unité Africaine (OUA), de l'ONU, des États-Unis et de la Grande Bretagne.

haut niveau, soit dans le cadre des OIA avec des groupes[42] ou conseils des Sages[43].

• **La conciliation**[44]

Elle est plus complexe que la médiation. Elle est menée soit par un organe préconstitué, soit par un organe *ad-hoc*. Apparue avec les Traités Bryan de 1913-1914[45], puis dans les traités de

42 Le Groupe des Sages prévu à l'art. 11 du protocole créant le Conseil de Paix et de Sécurité de l'U.A. est une structure composée de cinq éminentes personnalités africaines, choisies selon leur expérience, leur moralité et intégrité pour soutenir les efforts du CPS dans tous les domaines du MPSI, de la stabilité et spécifiquement en matière de prévention des conflits. Il semble qu'à ce niveau, la souplesse et l'exigence d'efficacité ont été mises en avant pour accélérer le processus de prise de décision dans l'examen des situations d'insécurité et se dépêtrer plus facilement et impartialement des méandres complexes des crises et conflits. Installé en 2008, le Groupe des Sages inscrit son action en congruence des efforts de la Commission de l'UA en termes de médiation tout en initiant une réflexion holistique ou thématique sur les questions méritant une intervention appropriée comme la lutte contre l'impunité, la réconciliation, l'Etat de droit. S.N.TALL, Droit des Organisations internationales africaines..., op. cit., p. 528 ; Amandine GNANGUENON, « Architecture africaine de paix et de sécurité », www.operationspaix.net (consulté le 31 juillet 2014) ; Delphine LECOUTRE, « Le Conseil de paix et de sécurité de l'Union Africaine, Clef d'une nouvelle architecture de sécurité en Afrique », Afrique contemporaine, été 2004, p. 133 et s.

43 Par exemple, au sein de la CEDEAO, leConseil des Sages est un groupe d'éminentes personnalités connues pour leurs compétences de médiateur, arbitre ou conciliateur, usant de leurs bons offices, émanant de toutes les couches sociales y compris les femmes, les chefs religieux et traditionnels, les responsables politiques, dont la liste est dressée annuellement par le Président de la Commission, liste approuvée par le Conseil de Médiation et de Sécurité réuni au niveau des Chefs d'Etat et de Gouvernement. Ils sont sollicités en tant que de besoin (art. 20 du Protocole relatif au Mécanisme de Prévention, de Gestion et de Règlement des Conflits, de Maintien de la Paix et de la Sécurité du 10 décembre 1999).

44 Pour une étude exhaustive, consulter Jean Pierre COT, La conciliation internationale, Paris, Pédone, 1968.

45 Plusieurs accords pour l'arbitrage entre les Etats Unis d'Amérique (dont William Jennings BRYAN était le Secrétaire d'Etat) avaient prévu la création de la Commission internationale « pour examen et rapport », voir, R.C.A.D.I., 1951, p. 30.

L[illegible]no de 1925[46] et dans l'Acte général d'arbitrage du 26 septembre 1928[47], la conciliation est une intervention dans le règlement d'un différend international, d'un organe jouissant de la confiance des parties, qui examine, selon une procédure contradictoire, les prétentions des parties, en tenant compte du droit applicable mais aussi des éléments non juridiques, en vue de trouver une solution à leur différend[48].

Elle est le fait d'une commission[49] qui rend un rapport qui n'est pas obligatoire pour les parties. Elle est prévue dans de nombreux textes comme la Charte de l'OUA, la Loi-type de la Commission des Nations Unies sur le Droit commercial international (CNUDCI) de 2002[50], la Convention sur l'élimination de la discrimination raciale de 1965 (art 12 et 13), la Convention des NU sur le droit de la mer, (art. 284), etc. Elle vise à réconcilier les parties. Ainsi l'art. 15 de l'Acte Général d'Arbitrage disposait : « *La commission de conciliation aura pour tâche d'élucider les questions en litige, de recueillir à cette fin toutes les informations utiles, par voie d'enquête ou autrement, et de s'efforcer de concilier les parties. Elle pourra, après examen de l'affaire, exposer aux parties les termes de l'arrangement qui leur paraîtrait convenable et leur impartir un délai pour se prononcer* ».

---

46 Les cinq Traités de Locarno (Suisse) ont été signés le 16 octobre 1925 entre l'Allemagne, la France, la Grande-Bretagne, l'Italie, la Pologne, la Belgique et la Tchécoslovaquie pour assurer la sécurité collective en Europe et stabiliser les frontières de l'Allemagne.

47 Selon l'article premier de l'Acte, « *Les différends de toute nature entre deux ou plusieurs Parties ayant adhéré au présent Acte général qui n'auraient pu être résolus par la voie diplomatique seront, sauf les réserves éventuelles prévues à l'art. 39, soumis à la procédure de conciliation dans les conditions prévues au présent chapitre* ».

48 Jean Pierre COT, « La conciliation internationale (compte-rendu) », Politique Etrangère, 1969, vol.34, n° 5, pp. 670-672.

49 Ex., la commission permanente de conciliation prévue à l'art.3 de l'Acte général d'arbitrage.

50 La Loi-Type sur la conciliation commerciale internationale adoptée le 24 juin 2002 propose aux Etats des règles uniformes assurant prévisibilité et sécurité juridique, voir site de la CNUDCI : www.uncitral.org.

Il est donc institué une procédure contradictoire avec une phase écrite et une phase orale. Chaque partie doit avoir un avocat. Chaque partie doit se faire entendre (phase orale) et présente ses preuves écrites (phase écrite). A la fin, l'organe de conciliation rend un rapport qu'il soumet aux parties, qui à leur tour peuvent l'accepter ou le rejeter. Le rapport est dénué de force obligatoire. Ex : la CMCA (Commission de médiation et de conciliation et d'arbitrage de l'OUA)[51].

Le nombre de conciliateurs dans la commission doit être impair. En cas d'égalité, la voix du président de la commission est prépondérante. Lorsque c'est un organe préconstitué de conciliation, les parties saisissent directement l'organe. Cependant lorsque c'est un organe *ad-hoc* de conciliation, chaque partie propose ses conciliateurs et le président est choisi d'un commun accord par ces derniers. L'article 284 de la Convention sur le droit de la mer de 1982 invite les parties à procéder à la conciliation de leurs prétentions avant le recours judiciaire : *« 1. Tout Etat Partie qui est partie à un différend relatif à l'interprétation ou à l'application de la Convention peut inviter l'autre ou les autres parties à soumettre le différend à la conciliation selon la procédure prévue à la section 1 de l'annexe V ou selon une autre procédure de conciliation.*

2. Lorsque l'invitation est acceptée et que les parties s'accordent sur la procédure de conciliation qui sera appliquée, toute partie peut soumettre le différend à la conciliation selon cette procédure.

3. Lorsque l'invitation n'est pas acceptée ou que les parties ne s'accordent pas sur la procédure de conciliation, il est réputé avoir été mis fin à la conciliation.

4. Lorsqu'un différend a été soumis à la conciliation, 11 ne peut être mis fin à celle-ci que conformément à la procédure de conciliation convenue, sauf accord contraire entre les parties ».

C'est le lieu de souligner le succès remarquable de la justice transitionnelle avec la mise en place de commissions de réconciliation qui opèrent sur un mode quasi-identique que pour

---

[51] Aucun Etat africain n'a soumis de litige à la CMCA.

les instances de conciliation classiques (enquêtes, dialogue, recherche de la vérité, constatation et qualification des faits, réparations, réconciliation, rapport de fin de mission). En Afrique, plus d'une quarantaine de commissions de réconciliation ont été créées, notamment, en Côte d'Ivoire, en Sierra Leone, au Maroc, et dans plusieurs autres pays, sur les traces de la célèbre Commission Vérité et Réconciliation de l'Afrique du Sud à la fin de l'apartheid.[52]

- **L'enquête**[53]

C'est un mode non juridictionnel ou pré juridictionnel consistant à rechercher les faits à l'origine d'un litige; en vue d'en constater la matérialité, la nature, les circonstances et à fournir un rapport aux parties ou à l'organisation demanderesse. Elle est le fait d'une commission d'enquête (personnalités, groupe d'experts indépendants, commission vérité et réconciliation, etc.) prévue

[52] La création du *Truth and Reconciliation Commission* (TRC), remonte aux premières élections législatives véritablement démocratiques d'avril 1994, sanctionnées par la victoire de l'ANC de Nelson MANDELA. Le nouveau Parlement adopta la Constitution intérimaire du 22 décembre 1993 fondée sur trente-quatre principes constitutionnels. Cette Constitution contenait également une déclaration sur l'unité et la concorde nationales, et sur les injustices de la période de l'apartheid (1948-1994) et précisait l'objectif de création d'une société fondée sur la démocratie, les Droits de l'Homme et la réconciliation. Elle comprenait également le texte suivant : *« Afin de favoriser cette réconciliation et cette reconstruction, l'amnistie serait accordée pour les actes, les omissions et les délits à motivation politique et commis dans le courant des conflits du passé. A cette fin, le Parlement, en vertu de la présente Constitution, adoptera une loi définissant une date-limite précise... »*. Le rapport du TRC de 3000 pages (cinq volumes) représentant trente mois d'enquêtes et plus de vingt mille auditions, a été rendu public le 29 octobre 1998. Il contient les dépositions des victimes, des témoins, les aveux des coupables ainsi qu'un ensemble de recommandations sur la prévention des violations des Droits de l'Homme à l'avenir ». Dirigé par l'ex-archevêque, Prix Nobel de la Paix, Desmond TUTU, le TRC a remporté un succès indéniable en dépit des nombreuses critiques sur sa partialité et sur la non-inculpation de nombreux criminels dont les chefs de police ayant ordonné les exécutions et tortures sur les membres de l'ANC, du PAC, de l'AZAPO, etc.Voir notre thèse, Théories et réalités du DIH, op. cit. p. 318.

[53] Voir Tabrizi BENSALAH, L'enquête dans le règlement des conflits, Paris, LGDJ, 1976.

par un accord spécial entre les parties en litige (ou avec l'Etat territorial) et qui détermine la nature, la mission, la composition, l'étendue des pouvoirs d'investigation et le délai de travail.

De même, la Charte de l'ONU, en son article 34[54], prévoit que le conseil « peut enquêter sur tout différend ou toute situation qui pourrait entraîner un désaccord entre nations ou engendrer un différend, afin de déterminer si la prolongation de ce différend ou de cette situation semble devoir menacer le maintien de la paix et de la sécurité internationales ».

En général, l'enquête inclut l'établissement des faits[55] *(factfinding)* et la vérification, la surveillance (*monitoring*)[56]. Elle est faite avant dire droit, c'est-à-dire avant qu'on ne passe au procès lui-même. C'est ce que fait généralement la CPI à travers un accord spécial (signé entre l'Etat concerné et la CPI) pour que ses enquêteurs puissent intervenir dans le pays. L'enquête prend en compte, la matérialité des faits, la nature des faits (crime, délit), et conclut par un rapport transmis à la fin de la mission[57].

Il existe plusieurs commissions internationales d'enquête. Ex : la commission internationale d'établissement des faits prévue à

---

54 Voir SIMMA Bruno (éd.), «Article 34», in *The Charter of the United Nations: A Commentary*, Oxford University Press, New York, 1995, p. 516.

55 Selon le texte de la résolution 46/59 de l'AGNU du 22 février 1991 concernant les activités d'établissement des faits de l'ONU en vue du maintien de la paix et de la sécurité internationales, on entend par «établissement des faits»: *«toute activité destinée à acquérir une connaissance détaillée des aspects pertinents de tout différend ou de toute situation dont les organes compétents de l'Organisation des Nations Unies ont besoin pour s'acquitter efficacement de leurs fonctions en ce qui concerne le maintien de la paix et de la sécurité internationales».*

56 Cf. Emmanuel DECAUX, « Règlement des différends » in Denis ALLAND (dir.), *Droit international public*, PUF, 2000, pp. 447-517.

57 Voir par exemple l'affaire de la plainte de l'Angola contre l'Afrique du Sud (résolution 571 du 20 septembre 1985) ; le *Rapport préliminaire de la Commission d'experts indépendants établie conformément à la Résolution 935 (1994) du Conseil de sécurité*, UN doc. S/1994/1125, 4 octobre 1994, § 18 et 31 ; *Rapport de la Commission internationale d'enquête sur le Darfour établie en application de la résolution 1564 (2004) du Conseil de Sécurité, 18 Septembre 2004* (ci-après : *Rapport de la Commission sur le Darfour*), UN doc, S/2005/60, 1er février 2005, § 4.

l'article 90 du Protocole additionnel I sur la protection des victimes des CAI de 1977 ; l'article 8 de la Convention d'Ottawa sur les Mines Antipersonnel de 1997, qui prescrit une procédure d'éclaircissement par mission d'enquête.

- **La négociation**[58]

Il s'agit d'une série de discussions, de dialogues, pourparlers, entretiens afin d'aboutir à un accord entre les parties à un différend. Elle se définit comme une procédure par laquelle les parties elles-mêmes entament une série de discussions en vue de trouver une solution négociée à leur différend. En cas de différend entre sujets de DIP, les modes les plus préférés sont les moyens de règlement pacifique dont la négociation. En général, cette procédure diplomatique se déroule par contacts directs entre les parties, en toute confidentialité. Mais si les parties sont des Etats en situation de rupture diplomatique, elles peuvent y être incitées par les OI ou par les Etats tiers amis (envoi de représentants spéciaux, mission spéciale, etc).

Paradis des diplomates ou des hommes politiques, les négociations font intervenir, du côté des Etats, les plus hautes autorités entourées de délégations d'experts. La jurisprudence et la doctrine ont toujours insisté sur la nécessité pour les parties à un différend de procéder au préalable à des négociations avant d'entamer tout autre mode de règlement. Ainsi en était-il de la CPJI, dans son Arrêt n° 2 relatif aux « Concessions Mavrommatis en Palestine » qui estimait que, *« La Cour se rend compte de toute l'importance suivant laquelle ne doivent être portées devant elle que les affaires qui ne sont pas susceptibles d'être réglées par la négociation»*[59], ou encore dans l'affaire « Interprétation des arrêts 7 et 8 » (Usine de Chorzów)» : *« Il parait bien désirable qu'un Etat ne procède pas à une démarche aussi sérieuse que l'assignation d'un autre Etat devant la Cour, sans avoir, auparavant, dans une mesure raisonnable, « tâché d'établir*

---

[58] Grigore GEAMANU, « Théorie et pratique de la négociation internationale », R.C.A.D.I., vol. 166, 1980-I, pp. 365 et ss.

[59] *C.P.J.I., 30 avril 1924, Série A, n° 2, p. 16* ; voir aussi *CIJ, Affaire du Passage par le Grand Belt, ordonnance du 29 juillet 1991, Rec. 1991.*

Nigéria, Soudan, Tchad, R.D.C., etc.) et des petits Etats (Cap-Vert, Comores, Sao-Tomé et Principe, Seychelles, etc.). La dimension spatiale constitue un enjeu important avec les irrédentismes régionaux ou ethniques. Les conflits territoriaux ainsi générés épargnent peu de pays. Rares sont les Etats africains qui n'ont pas connu de troubles ou tensions, armés ou non, entre les groupes ethniques ou religieux qu'ils renferment.

Il s'y ajoute des conflits nouveaux nés des élections démocratiques : guerre entre opposants avec intervention des militaires, factions ou milices privées entrant ouvertement en conflit armé, revanches d'opposants battus aux élections par des tentatives de coups de force, surenchères politiques mettant directement en cause l'unité nationale, rébellions et mutineries de soldats, etc. Enfin, pour la délimitation géographique, si l'Afrique subsaharienne (l'Afrique noire) en général est l'objet de l'étude avec une emphase prononcée sur l'Afrique francophone, de nombreux exemples de contentieux impliquant des Etats des autres régions africaines seront régulièrement mis en exergue.

b. Délimitation temporelle

La délimitation est centrée sur l'observation empirique des contentieux ayant au moins impliqué un Etat africain, ou une OIA depuis les années 1960 jusqu'à 2017, les références historiques antérieures ne servant qu'à en conforter davantage l'argumentation.

SECTION III – MÉTHODOLOGIE ET PLAN

Dans un souci de cohérence et de clarté, cet ouvrage emprunte une démarche méthodologique alliant la description normative et institutionnelle, la critique sous l'angle du droit comparé, de la pratique des Etats et de l'évolution des relations internationales.

Au-delà de ces précisions liminaires, il conviendra d'exclure du champ de cette étude, les aspects relatifs au droit international privé, les contentieux entre personnes privées. En définitive, l'ouvrage porte principalement sur la théorie générale du droit du contentieux international avec une emphase sur les différends auxquels un Etat africain a été impliqué.

forme solennelle ou en forme simplifiée, à caractère universel, régional ou sous-régional) ; de la coutume internationale (qu'elle soit générale, régionale, bilatérale ou locale[82]) ; des principes généraux de droit[83] ; de la doctrine[84] et de la jurisprudence[85]. Pour prétendre à la complétude, à cette énumération, il faut ajouter les actes unilatéraux des Etats ou des OI[86].

---

consigné dans un instrument unique ou dans deux ou plusieurs instruments connexes, et quelle que soit sa dénomination particulière ». Au sens large, le Traité ou Convention est un accord conclu entre sujets de DIP, destiné à produire des effets de droit et soumis au DIP. Cf. Julio A. BARBERIS, « Le concept de « traité international » et ses limites », AFDI, 1984, vol. 30, n° 1, pp. 239-270.

82 La coutume est formée de deux éléments matériel et psychologique. L'élément matériel ou *consuetudo*, est la répétition d'actes ou de pratiques des Pouvoirs exécutif, législatif ou judiciaire des Etats, des OI, intervenant sur la scène internationale. L'élément psychologique ou *opinio juris sivenecessitatis* est le sentiment du caractère obligatoire des actes en question. Pour des exemples de coutume générale (*CIJ, Affaire du Plateau continental de la Mer du nord, arrêt du 20 février 1969, Rec.*, 1969, p. 3), de coutume locale (*CIJ, Affaire du Droit d'asile, arrêt du 20 novembre 1950*) ou de coutume bilatérale (*CIJ, Affaire du Droit de passage sur le territoire indien, arrêt du 12 avril 1960).*

83 Principes d'ordre juridique ou politique, communs aux différents ordres juridiques « *transposables ou transportables* » en DIP, règles de droit matériel ou procédural, principes propres au DIP, principes de l'ordre juridique positif, ils sont au cœur du Droit et sont fréquemment utilisés de façon supplétive par le juge ou l'arbitre pour pallier les lacunes du droit sans sortir du Droit. Voir Guillaume PROTIERE, « Les principes généraux dans la jurisprudence internationale : éléments d'une différenciation fonctionnelle », Revue de droit public, 2008, 1, pp. 259-292.

84 Voir Emmanuelle JOUANNET, « Regards sur un siècle de doctrine française du droit international », AFDI, 2000, vol.46, n° 1, pp. 1-57, et la bibliographie qu'elle cite.

85 Georges ABI-SAAB, « La Jurisprudence. Quelques réflexions sur son rôle dans le développement du droit international », *Estudios en homenaje al pr. M. Diez de Velasco,* 1993, p. 19 ; Luigi CONDORELLI, « L'autorité de la décision des juridictions internationales permanentes », SFDI, La juridiction internationale permanente, Paris, Pedone, 1986, p. 277.

86 Ce sont des actes juridiques émanant d'une seule partie (sujet de DIP) et ayant une portée internationale et portant sur une matière internationale.

Les sources conventionnelle ou non conventionnelle de droit applicable permettent d'éclairer les spécificités du droit matériel. En fait, la compétence *ratione materiae* d'une juridiction internationale, pour les différends impliquant un Etat africain, est très souvent orientée vers des problèmes de délimitation de territoire terrestre ou maritime[87], de décolonisation[88], de violations alléguées des droits de l'homme, de fonction publique internationale, de droit communautaire, de droit international pénal (crimes de guerre, crimes contre l'humanité, crimes de génocide, crimes d'agression), de droit économique.

Cette compétence matérielle se révèle à travers les diverses fonctions prises en charge par la juridiction.

Paragraphe II – La fonction contentieuse

Elle consiste, pour une juridiction internationale, à trancher un différend entre deux ou plusieurs parties, selon une procédure contradictoire, devant un organe judicaire préconstitué, dans le but de prononcer un arrêt avec force obligatoire pour les parties. Par ailleurs, la plupart des juridictions internationales développent une fonction consultative.

Paragraphe III – La fonction consultative

Cette fonction consiste à donner des avis consultatifs sur les questions juridiques posées, dans le cadre de leurs activités, par les organes et institutions habilités à saisir. La plupart des Cours internationales peuvent rendre des avis, notamment les juridictions communautaires (A) et la CIJ (B).

87 *Affaire du Différend frontalier (Bénin/Niger)* ,arrêt du 12 juillet 2005, Rec. p. 90 ; *Affaire du Différend frontalier (Burkina Faso/Mali)* arrêt du 22 décembre 1986 ; *Affaire relative à la sentence arbitrale du 31 juillet 1989*, arrêt du 12 novembre 1991, Rec. p. 53 (Guinée Bissau c/ Sénégal) ; *Affaire de la Frontière terrestre et maritime entre le Cameroun et le Nigeria* (Cameroun c/Nigeria), arrêt du 29 mars 1994 : *Affaire du Différend frontalier (Burkina Faso/Niger)*, arrêt du 16 avril 2013.

88 Ex : CIJ, Avis, 1975, *Sahara occidental.*

A. La fonction consultative des Juridictions communautaires

Un avis consultatif s'assimile à « une opinion émise par une juridiction internationale à la demande d'un organe qualifié à cet effet pour éclairer cet organe sur une question juridique »[89]. L'affirmation de cette fonction dans les O.C.A[90] n'est que la traduction plus large d'une fonction judiciaire qui s'exerce tant en matière contentieuse qu'en matière consultative. Sous l'angle de la saisine consultative, la compétence de ces Cours est ouverte en priorité aux organes communautaires et institutions assimilées et aux Etats. Aussi, la Cour de Justice de la CEDEAO émet-elle des avis juridiques (art. 23 Protocole de 1991) sur des questions qui requièrent l'interprétation des dispositions du Traité sur saisine de la Conférence des Chefs d'Etat et de Gouvernement, du Conseil des ministres, du Président de la Commission, de toute autre institution de la Communauté et de tout Etat membre. La Cour peut interpréter son avis ou sa décision.

Cette fonction consultative se retrouve mentionnée à l'art. 14 al. 2 du Traité de l'OHADA. La CCJA peut être consultée par tout Etat partie, le Conseil des ministres ou une juridiction nationale sur toute question d'interprétation ou d'application du Traité[91], de ses règlements d'application ou des Actes Uniformes.

---

89 Jean SALMON (sous la direction de), Dictionnaire de Droit International Public, Bruxelles, Bruylant, 2001, p. 116 ; Saidou N. TALL, « La demande d'avis consultatif à la CIJ », RRJ, Droit Prospectif, Aix Marseille, 2-2012, pp. 903-936.

90 Art.16 § 3, c du Traité de la CEEAC du 18 octobre 1983 ; art. 20 du Traité de la SADC du 11 aout 1992 ; art. 32 du Traité du COMESA du 5 novembre 1993 ; art.14 du Traité OHADA du 17 octobre 1993 révisé en 2008 ; art. 101 à 108 de l'Acte additionnel n° 4/00/CEMAC-041-CCE-CJ-02 du 14 décembre 2000 portant Règles de procédures de la Chambre judiciaire de la CEMAC ; art. 27 de l'Acte additionnel n° 10/96 de l'UEMOA du 10 mai 1996.
Sur les OIA développant du droit communautaire, se référer à notre ouvrage S.N.TALL, Droit des Organisations internationales africaines, op.cit..

91 Cf. - *Avis n° 02/2000/EP de la CCJA du 26 avril 2000 sur saisine du Sénégal concernant l'Acte Uniforme relatif au droit des sociétés et du GIE. ;*

De l'observation de ces textes, il découle une triple lecture de la saisine consultative des cours communautaires :

- Premièrement, certains traités constitutifs ont une conception assez libérale de la saisine, en ce sens que celle-ci est ouverte aux Etats membres, aux organes et institutions. Cette option est celle de la CEDEAO (art. 10 du Protocole de 1991 qui permet la consultation de sa Cour par la Conférence, le Conseil des Ministres, la Commission et toute autre institution de la Communauté), de l'UEMOA, du COMESA (art. 32 du Traité) et de la CEMAC (art. 50 de l'Acte additionnel portant statuts de la Chambre judiciaire). Ce parti pris multiplie les chances de saisine consultative dans le cadre de l'interprétation et de l'application des différents textes communautaires. Aussi la Cour de Justice de l'UEMOA, rend-elle des avis[92] sur saisine de la Commission[93], du Conseil des ministres, de la Conférence des Chefs d'Etat et de Gouvernement ou d'un Etat membre pour toute difficulté rencontrée dans l'application et l'interprétation des actes relevant du droit communautaire. Cette attribution s'est traduite en pratique par une certaine souplesse dans la démarche de la Cour qui *« considère que tout organe de l'Union peut la saisir en matière de demande d'avis juridique pourvu que le recours soit introduit par l'autorité compétente pour le représenter dans ses*

- *Avis n° 00/2001/EP de la CCJA du 30 avril 2001 sur saisine de la Côte d'Ivoire relativement à la portée de la supranationalité* induite par l'art. 10 du Traité OHADA (application directe et obligation des Actes Uniformes) ;
- *Avis n° 001/99/N de la CCJA du 7 juillet 1999 sur saisine du Président du Tribunal judiciaire de 1ère instance de Libreville* concernant l'Acte Uniforme portant organisation des procédures simplifiées de recouvrement des créances et des voies d'exécution ;
- *Avis n° 002/99/E de la CCJA du 13 octobre 1999 sur saisine du Mali concernant l'Acte uniforme sur les procédures de recouvrement des créances et les voies d'exécution.* Cf.www.ohada.com.

92 Articles 27 de son statut et 15 § 7 al. 3 de son Règlement de procédure.

93 Cf. *Avis n° 03/2003 du 22 octobre 2003, Demande d'avis de la Commission de l'UEMOA relative à l'interprétation des articles 48, 55 et 57 du Règlement n° 01/95/CM du 1er août 1995 portant statut des fonctionnaires de l'Union.*

relations avec les autres organes de l'Union »[94]. Cette libéralité se retrouve dans le cadre du COMESA dont le Traité (art. 32 à 34) permet la saisine consultative, à la Conférence, au Conseil et à tout Etat membre.

- Deuxièmement, d'autres textes adoptent une conception restrictive en ne donnant qu'aux organes de direction, le pouvoir de demander des avis consultatifs. Cette position est partagée par la CEEAC pour la Conférence et le Conseil, (art. 16 § 3, d du Traité), par le SADC pour le Sommet des Chefs d'Etat et le Conseil des Ministres, (art. 16 § 4 du Traité, art. 20 du Protocole du Tribunal de la SADC, Règles n° 86 à 90 du Règlement de procédure du Tribunal). Cette approche est résolument réductrice en réservant aux organes interétatiques les plus directement concernés par les programmes et normes communautaires, le droit de consultation sur les méandres des textes dont la technicité est souvent très prononcée.

- Troisièmement, dans une approche mitoyenne entre les positions maximaliste et minimaliste, s'intercale l'option de traités fondateurs qui combinent à la fois la largesse et la limitation. Il s'agit de l'OHADA qui confère un pouvoir de consultation à l'Etat membre, au Conseil des Ministres et aux juridictions nationales saisies dans le cadre du contentieux de l'application des Actes Uniformes (art. 14 nouveau du Traité) mais exclut bizarrement toute possibilité de saisine par l'organe suprême récemment créé, la Conférence des Chefs d'Etat et de Gouvernement. Quelle que soit la préférence allouée, la fonction consultative est à la fois inclusive (car elle tente de concilier l'approche participative et régulatrice de l'œuvre de l'OCA et la démarche d'approfondissement et d'éclairage de la réglementation communautaire), mais aussi discursive, par l'exclusion, d'emblée, de toutes les personnes physiques et morales des auteurs potentiels de la saisine.

Point de départ de la procédure, la demande d'avis consultatif implique au préalable la résolution de problèmes afférents à la

[94] UEMOA, Cour de justice, Avis *n° 01/96 du 10 décembre 1996, Demande d'avis de la BCEAO sur le projet d'agrément unique pour les banques et les établissements financiers.*

compétence en matière de saisine. Dans tous ces textes, mention expresse est faite de la nécessité que la question, objet de la demande, soit précise. Cette indication reflète l'état actuel de la jurisprudence de la CIJ qui insiste sur le degré de clarté de la question posée, comme une des conditions de la recevabilité de la requête : *« l'institution dont émane la requête doit être dûment autorisée, conformément à la Charte, à demander des avis à la Cour ; l'avis sollicité doit porter sur une question juridique ; et cette question doit se poser dans le cadre de l'activité de l'institution requérante »*[95].

L'indication exacte de la question sert de soubassement à la demande d'avis. Aussi, le Protocole de la CEDEAO de 1991 réitère-t-il cette condition, en ces termes : *« La requête aux fins d'avis consultatif... est faite par écrit. Elle contient une indication exacte des questions sur lesquelles l'avis est requis et est accompagnée de tous les documents pertinents susceptibles d'éclairer la Cour »*[96]. Il en ressort qu'à l'entame de la procédure, la requête adressée directement à la Cour ou déposée au greffe doit, sous peine de rejet, contenir des renseignements relatifs à l'objet de la demande qui doit être claire, précise, porter sur des points de droit et s'accompagner de tout autre document pertinent pour l'élucidation de la question[97]. En général, la juridiction nomme un juge rapporteur. Ce dernier peut notifier cette requête aux Etats, institutions et organes aux fins d'information et leur fixer un délai raisonnable pour recueillir leurs observations.

Toutefois, à la CCJA, si la demande émane d'une juridiction, elle doit être communiquée à la Cour à la diligence de cette juridiction et du Greffier en chef, aux Etats et aux Parties en cause

---

[95] CIJ, *Licéité de l'utilisation des armes nucléaires par un Etat dans un conflit armé*, Avis consultatif du 8 juillet 1996, § 10.

[96] Article 10 § 2 du Protocole A/P.1/7/91 du 6 juillet 1991 relatif à la Cour de justice de la Communauté. Art. 96 et 97 du Règlement de procédure de la Cour de justice de la CEDEAO du 3 juin 2002. Voir aussi art. 101 de l'Acte additionnel sur les règles de procédure de la chambre judiciaire de la CEMAC *précité* ; art. 32 § 2 du Traité du COMESA.

[97] Art. 54 et 56 du Règlement de procédure de la CCJA du 18 avril 1996, *in* J.O. de l'OHADA n° 4 du 1er novembre 1997, p. 9.

devant cette juridiction nationale qui peuvent adresser à la Cour leurs observations écrites (art.57 du Règlement *précité).*

La procédure consultative est diligentée par le rapporteur, avec une délibération de la juridiction à huis clos mais la lecture de l'avis se déroule en séance publique[98]. En principe, l'avis rendu est « simple », c'est-à-dire, ne revêt pas un caractère contraignant, le demandeur ayant l'entière latitude de l'appliquer ou de ne pas le faire mais dans certaines procédures incidentes de renvoi préjudiciel, l'avis a un effet quasi-contentieux, ce qui lui confère le caractère d'avis « conforme » liant l'entité demanderesse.

Les Cours communautaires jouent donc, un rôle de conseillère juridique de l'OCA et de ses Etats membres, en ce sens que la fonction consultative prolonge l'action de l'organisation en associant étroitement la résolution pacifique des différends et la consolidation de l'intégration. Elle se décline, tant en une sorte de contrôle de conventionalité d'un acte communautaire ou international, qu'en un rôle de jurisconsulte investi d'une compétence d'avis et de recommandation.

A ce stade, il convient de s'interroger sur le nombre peu élevé d'avis sollicités et rendus. Ce constat n'est que la résultante du manque de vulgarisation, de visibilité et de socialisation des objectifs, missions, normes et structures des OCA. En principe, les avis ne sont pas obligatoires ou n'ont pas de force exécutoire. Mais, il serait illogique, qu'un avis sollicité par l'Etat Partie, le Conseil des ministres ne soit suivi d'aucun effet, ou que le juge de fond ayant demandé l'avis, en dehors tout renvoi préjudiciel, s'en désolidarise, après coup. Il ne serait, en principe, aller de même pour les arrêts.

B. La fonction consultative de la CIJ

La Cour Internationale de Justice (C.I.J.) a été instituée conformément au Chapitre XIV (art. 92 à 96) de la Charte des Nations Unies. Elle succède ainsi à la Cour Permanente de Justice

[98] Art. 95 à 97 du Règlement de procédure de la Cour du COMESA du 8 avril 2003 ; Règles 87 et 88 du Traité amendé de la SADC ; art. 16 des Statuts de la Cour de justice de l'UEMOA.

Internationale (C.P.J.I.)[99] avec laquelle elle partage certaines similitudes de localisation, de statut[100] et de compétences. Quoique n'étant pas théoriquement un organe de la Société des Nations (S.D.N.), la CPJI avait des juges élus par l'organe plénier (l'Assemblée) en plus de la possibilité d'exécution de ses décisions par l'organe restreint (le Conseil).

Contrairement à la C.P.J.I., la C.I.J. est l'organe judiciaire principal de l'Organisation des Nations Unies[101]. Cette Cour est redevable à bien des égards du legs de son aïeule[102]. A ce titre,

---

[99] En vertu de l'art. 14 du Pacte de la S.D.N du 28 avril 1919, un comité consultatif de juristes, présidé par le Baron Descamps (Belgique) a été chargé d'élaborer le projet de C.P.J.I. Le texte fut soumis au Conseil le 28 octobre 1920 puis à l'Assemblée de la S.D.N. Cette dernière préconisa par une résolution du 13 décembre 1920 un Protocole d'adoption du Statut, qui sera ouvert à la signature le 16 décembre 1920. Le Statut entra en vigueur le 1er septembre 1921. La première élection des juges eut lieu le 14 septembre1921. La Cour tiendra sa première session consacrée à l'élaboration de son Règlement le 30 janvier 1922. En 1939, près de 50 Etats avaient ratifié le protocole d'adoption de cette Cour. Cf. Manley O. HUDSON, La Cour Permanente de Justice Internationale, Paris, Pédone, 1936.

[100] Comme le prévoit l'art. 92 *deuxième phrase* : *« Elle fonctionne conformément à un Statut établi sur la base du Statut de la Cour Permanente de Justice Internationale et annexé à la présente Charte dont il fait partie intégrante».*

[101] L'art. 7 § 1 de la Charte fait de la CIJ un organe principal au même titre que l'Assemblée générale, le Conseil de Sécurité, le conseil économique et social, le Conseil de Tutelle et le Secrétariat. Toutefois, l'art. 92 de la Charte et l'art. 1er du Statut de la Cour précisent que la CIJ est *« l'organe judiciaire principal des Nations Unies »*.

[102] L'histoire de la C.I.J remonte à la réunion en 1942 entre le Secrétaire d'Etat américain et le Ministre britannique des Affaires étrangères pour l'établissement d'une cour internationale après la guerre. Parallèlement, un comité juridique interaméricain va faire la recommandation de l'extension pure et simple des attributions de la CPJI. En 1943, la Grande-Bretagne prit l'initiative de la formation d' un Comité interallié de juristes sous la présidence de Sir William MALKIN qui publia son rapport le 20 février 1944, recommandant ceci : « Que le statut de toute nouvelle juridiction internationale à créer éventuellement soit fondé sur celui de la C.P.J.I ; que la nouvelle cour conserve une compétence consultative ; que l'acceptation de la juridiction de la nouvelle cour ne soit pas obligatoire ; que les questions de nature essentiellement politiques ne soient pas de son

comme sa devancière, la Cour *« dont la mission est de régler conformément au droit international les différends qui lui sont soumis »*[103], remplit une double fonction : contentieuse et consultative.

Par sa fonction contentieuse, elle tranche exclusivement les différends d'ordre juridique soumis par les Etats, tandis que sa fonction consultative consiste à donner des avis sur les questions juridiques posées, dans le cadre de leurs activités, par les organes et institutions habilités à la saisir. Quant à l'avis consultatif, il s'assimile à *« une opinion émise par une juridiction internationale à la demande d'un organe qualifié à cet effet pour éclairer cet organe sur une question juridique »*[104].

Cette dichotomie fonctionnelle assez marquée semble se cristalliser en matière consultative autour des particularités de la saisine juridictionnelle. Celle-ci trouve sa source dans la demande d'avis consultatif qui, s'entend de l'acte de procédure permettant la saisine, en l'espèce de la C.I.J, en matière consultative. Définie solitairement ou solidairement à la réponse qui lui sera faite, la

---

ressort ». Ceci sera inclus dans les Propositions de la Conférence de Dumbarton Oaks du 9 octobre 1944 pour la création d'une organisation internationale comprenant une cour internationale. En avril 1945, un comité de juristes composé de représentants de 44 Etats, présidé par l'américain Green Haywood HACKWORTH, rédigea un projet de statut sur la base de celui de la C.P.J.I qui sera finalisé à la Conférence de San Francisco (avril-juin 1945). Le Statut de la C.I.J sera adopté en même temps que la Charte de l'ONU. Le 31 janvier 1946, tous les juges de la défunte C.P.J.I présentèrent leur démission et les premiers juges de la nouvelle C.I.J furent élus le 1er février 1946 à la première session de l'A.G.N.U à Londres.

Cf.A. EYFFINGER et A.WITTEVEEN, La Cour Internationale de Justice 1946-1996, Martinius Nijhoff Publishers, La Haye, 1999, 428 p. ; L.M. GOODRICH and E. HAMBRO, *Charter of United Nations. Commentary and Documents, World Peace Foundation, Boston 1946* ; Brigitte STERN, Vingt ans de jurisprudence de la Cour Internationale de Justice 1975-1995, La Haye, Martinius Nijhoff, 1998, 1055 p.

103 L'art. 38 du Statut énumère, en outre, les sources de droit applicables (al. 1er) tout en laissant ouverte *« la faculté pour la Cour, si les parties sont d'accord, de statuer ex aequo et bono »* (al. 2).

104 Voir Jean SALMON (sous la direction de), Dictionnaire de Droit International Public, Bruylant, Bruxelles, 2001, p. 116.

demande d'avis se distingue pourtant de la notion de saisine. La demande d'avis, comme pratique judiciaire, est alors un acte unilatéral initiateur de la saisine de la C.I.J marquant le point de départ de l'instance consultative.

Dans la transmutation de la demande d'avis juridique à la saisine consultative, il se superpose toute une théorie de concepts qui revêtent à la fois les caractéristiques d'un acte unilatéral, d'un acte complexe, d'un acte condition, d'un acte juridique et d'un fait juridique.

Produit d'une volonté[105] isolée et alertée, la demande d'avis est un acte juridique unilatéral émanant d'une entité, organe ou institution disposant de la personnalité juridique internationale qui offre, malgré la collégialité de la composition de ses membres, une délibération unique, acte autorisant la saisine.

Par l'enchaînement d'opérations juridiques et matérielles, la saisine consultative s'identifie aussi à un acte complexe dont la demande d'avis constitue le déclencheur et qui met en relation le saisissant et le saisi[106] sans compter des entités tierces mises en éveil par la notification et réagissant parfois par des demandes d'intervention se déclinant en exposés, observations, plaidoiries et soumission de tous autres documents pertinents pour éclairer la juridiction.

A l'origine de la saisine, on constate en outre l'existence d'un fait juridique inhérent à la demande d'avis, en ce sens qu'on peut la définir comme « *A. (le) fait de porter devant un organe une question sur laquelle celui-ci est appelé à se prononcer. B (l') acte introductif d'instance portant une affaire devant une*

[105] Pour reprendre une formule chère à Charles EISENMANN, c'est un acte de volonté d'un sujet produisant des effets de droit. Cf. Ch. EISENMANN, « Théorie générale de l'acte juridique », R.D.P, 1919, p. 320 et s.

[106] Sur la saisine en général, voir E. JOUANNET, « La saisine en droit international ou la simplicité dans la diversité », in Jean Marc SOREL et Hélène RUIZ FABRI, Le tiers à l'instance devant les juridictions internationales, Paris, Pédone, Collection Contentieux International, 2005, pp. 255-263.

juridiction »[107]. Si on admet qu'un fait juridique est un événement volontaire (du fait de l'homme ou d'un sujet de droit international) ou involontaire (du fait de la nature) susceptible de produire des effets de droit, alors la saisine est fondée sur un événement antérieur[108] qui motive la demande d'avis. Enoncée en termes juridiques, la question objet de la demande d'avis photographie un événement ou une série de faits à la nature juridique ou politique dont les effets juridiques peuvent conduire à la rétention ou au rejet de la recevabilité de la demande ou de la compétence de la Cour. A titre illustratif, devant la question juridique suivante *« la déclaration unilatérale d'indépendance des institutions provisoires d'administration autonome du Kosovo est-elle conforme au droit international ? »*[109], se profile en filigrane, un événement important par ses conséquences politiques, la proclamation de l'indépendance du Kosovo le 17 février 2008 et dont les effets juridiques devront être soupesés par la Cour.

Relativement à la Haute Juridiction du Palais de la Paix, à la Haye, sa mission s'intègre dans les buts et principes des Nations Unies[110] et constitue l'expression d'un des modes de règlement pacifique, tel qu'énoncé à l'article 33 de la Charte[111].

---

[107] Serge GUINCHARD et *alii*, Droit processuel et droit comparé du procès, Paris, Dalloz, 3ème édition, 2005, p. 1224.

[108] La Cour en est consciente lorsqu'elle précise : *« Pour être à même de se prononcer sur des questions juridiques, un tribunal doit normalement avoir connaissance des faits correspondants, les prendre en considération et, le cas échéant, statuer à leur sujet... »*, C.I.J, *Conséquences juridiques pour les Etats de la présence continue de l'Afrique du Sud en Namibie (Sud-ouest Africain) nonobstant la Résolution 276 (1970) du Conseil de Sécurité*, Avis consultatif du 21 juin 1971, § 16.

[109] Demande contenue dans la résolution 63/3 de l'AGNU adoptée lors de la 63ème session, le 8 octobre 2008.

[110] La tension entre le droit et les faits, entre les « différends » et les « situations », entre la paix par le droit et la « paix armée » est perceptible dès l'entame du Chapitre 1er de la Charte, intitulé « Buts et Principes ».

[111] L'art. 33 récapitule les modes de règlement pacifique des différends : négociation, enquête, médiation, arbitrage, conciliation, règlement judiciaire, recours aux organismes ou accords régionaux et ...à d'autres moyens pacifiques.

Il s'y ajoute que le nombre relativement réduit des avis par rapport aux arrêts sur le fond[112] dénote une baisse tendancielle que semble quelque peu récuser, l'intérêt suscité par les récentes procédures consultatives.

En fait, l'actualité de la fonction consultative illustrée par les avis du 9 juillet 2004[113], du 22 juillet 2010[114], du 1er février 2012[115] ou la demande d'avis de 2017[116] n'a pas manqué de soulever de nombreuses supputations tant au niveau de la procédure que du contenu de l'avis et de relancer le débat sur les conséquences d'avis portant sur des questions à la lisière de la politique et du droit.

Accessoirement, la demande d'avis conduit à s'interroger sur le rôle et la place de la C.I.J au regard des mutations de l'ordre international au début du troisième millénaire et de l'émergence de nouveaux acteurs à l'activisme judiciaire prononcé et à esquisser l'avenir de la procédure consultative régulièrement enterrée et ressuscitée au gré des controverses doctrinales et politiques soit au moment de l'introduction de la demande soit à l'occasion du prononcé de l'avis.

A ce stade, une précision liminaire est de rigueur : le lien entre les procédures contentieuse et consultative par les rapprochements sensibles dictés par les termes de l'art.68 du

---

[112] Ce phénomène peut trouver une explication dans la restriction des possibilités de saisine consultative.

[113] C.I.J, *Conséquences juridiques de l'édification d'un mur dans le territoire palestinien occupé,* Avis consultatif du 9 juillet 2004, Rec. 2004.

[114] C.I.J, *Jugement n° 2867 du Tribunal administratif de l'Organisation Internationale du Travail sur requête contre le Fonds International de Développement Agricole*, Avis consultatif du 1er février 2012.Voir http://www.icj-cij.org.

[115] C.I.J, *Conformité au droit international de la déclaration unilatérale d'indépendance relative au Kosovo,* Avis consultatif du 22 juillet 2010, *op.cit.*

[116] CIJ, *Effets juridiques de la séparation de l'archipel des Chagos de Maurice en 1965*, requête pour avis consultatif du 22 juin 2017 de l'AGNU.

Statut[117] et confirmés par la pratique de la Cour[118], justifie l'appel à des aspects relevant avant tout du contentieux.

Point de départ de la procédure, la demande d'avis consultatif implique, au préalable, la résolution des problèmes de compétence *ratione personae* et *ratione materiae* et le respect d'un formalisme étroit attaché à la requête. La compétence pour requérir un avis consultatif entre dans le cadre d'une vision finaliste permettant d'observer que le déclenchement de la procédure traduit, pour la C.I.J, l'expression d'une fonction de participation à l'action de l'ONU et la manifestation d'une fonction d'interprétation du droit international et de la Charte des Nations Unies.

A diverses reprises, la Cour a mentionné dans ses avis, qu'elle s'inscrivait dans un lien fonctionnel avec les autres organes de l'Organisation et que la réponse à la demande d'avis « *constitue une participation de la Cour, elle-même, organe des Nations Unies, à l'action de l'Organisation et en principe, elle ne devrait pas être refusée* »[119].

---

[117] La Cour y est invitée par la disposition suivante : « *Dans l'exercice de ses attributions consultatives, la Cour s'inspirera en outre des dispositions du présent Statut qui s'appliquent en matière contentieuse, dans la mesure où elle les reconnaîtra applicables.* »
La même idée est reprise, avec quelques retouches, par le Règlement de la Cour : « *la Cour s'inspire en outre des dispositions du Statut et du présent Règlement en matière contentieuse, dans la mesure où elle les reconnaît applicables. A cet effet, elle recherche avant tout si la demande d'avis consultatif a trait ou non à une question juridique actuellement pendante entre deux ou plusieurs Etats* » (art. 102 § 2) d'où les ressemblances entre les phases écrite et orale, la référence à des arrêts dans les avis consultatifs et *vice versa*.

[118] La prudence nuance cette assertion, car la Cour « *se reconnaît le pouvoir d'apprécier dans quelle mesure les circonstances de chaque espèce doivent la déterminer à appliquer à la procédure consultative les dispositions du Statut applicables en matière contentieuse.* », C.I.J, *Réserves à la Convention sur le génocide*, Avis consultatif du 28 mai 1951, Rec.1951, p.15.

[119] C.I.J, *Interprétation des traités de paix conclus avec la Bulgarie, la Hongrie et la Roumanie, Avis consultatif du 30 mars 1950* (1ère phase), Rec. CIJ, 1950, pp. 71-72 ; C.I.J, *Composition du Comité de la Sécurité maritime de l'Organisation intergouvernementale consultative de la*

Par cet *obiterdictum*, la C.I.J entend fonder sa fonction surle prolongement de l'action de l'Organisation en faveur du maintien de la paix et de la sécurité internationale.

A la lumière de l'art. 96 de la Charte[120], il se dessine une ligne de fracture entre les *requérants privilégiés* (Conseil de Sécurité et Assemblée générale) et les *requérants indirects ou non privilégiés* (organes de l'ONU et Institutions spécialisées) .Cette fonction participative ou contributive semble ériger la C.I.J en une sorte de « conseiller juridique » de l'ONU. A cet égard, sa compétence pour répondre à une demande d'avis, consacrée à l'art. 65 de son Statut [121] s'enracine davantage dans la Charte.

S'agissant des *requérants privilégiés*, l'art. 96 § 1 du texte onusien, autorise le Conseil de Sécurité (ci-après CS) et l'Assemblée générale (ci-après AGNU) à solliciter l'avis de la Cour sur toute question juridique. Ces organes plénier et restreint disposent d'un droit originaire, direct ou principal conféré par la Charte pour solliciter un avis avec cette seule restriction que la question, objet de la demande, doit être *juridique*. Ces deux

---

navigation maritime, Avis consultatif du 8 juin 1960, Rec. 1960, p. 153 ; C.I.J, *Conséquences juridiques pour les Etats de la présence continue de l'Afrique du Sud en Namibie (Sud-Ouest Africain) nonobstant la Résolution 276 (1970) du Conseil de Sécurité,* Avis consultatif du 21 juin 1971, Rec. 1971, p. 27. Cf. également S.M. SCHWEBEL, « *Relations between the ICJ and the U.N.* », in Le droit international au service de la paix, de la justice et du droit, Mélanges Michel VIRALLY, Pédone, 1991, pp. 431-443 ; S. ROSENNE, *The law and practice of the International Court,* Nijhoff, Dordrecht, 1985, 811 p.

120 Cet article se lit ainsi : « *La Cour peut donner un avis consultatif sur toute question juridique, à la demande de tout organe ou institution qui aura été autorisée par la Charte des Nations Unies ou conformément à ses dispositions, à demander cet avis.*
Tous autres organes de l'Organisation et institutions spécialisées qui peuvent, à un moment quelconque, recevoir de l'Assemblée générale une autorisation à cet effet, ont également le droit de demander à la Cour des avis consultatifs sur des questions juridiques qui se poseraient dans le cadre de leurs activités ».

121 Selon l'article 65, « *La Cour peut donner un avis consultatif sur toute question juridique, à la demande de tout organe ou institution qui aura été autorisé par la Charte des Nations unies, ou conformément à ses dispositions, à demander un avis.* »

organes principaux doivent veiller à inscrire leurs demandes dans le cadre de leurs règles d'organisation et de fonctionnement prévus dans tous les textes pertinents (Charte ou droit dérivé). La Cour vérifie cette exigence et estime qu'« *une résolution émanant d'un organe de l'ONU, régulièrement constitué, et déclarée adoptée par son président, doit être présumée valable.* »[122]. Il reste entendu que cet impératif se double de la précision suivante que « *l'article 96 ne saurait ...être interprété comme limitant la faculté qu'a l'Assemblée générale de demander un avis aux seules circonstances dans lesquelles elle peut prendre des décisions à caractère exécutoire.* »[123]. La Cour laisse ici percevoir l'inopérance de la distinction traditionnellement établie entre les décisions de l'AGNU qui sont de simples recommandations (non obligatoires) et les décisions en application de la Résolution Dean Acheson (exécutoires).

Au surplus, si la largesse des matières relevant des compétences de l'AGNU et du CS implique une grande marge de manœuvre de ces deux organes, la Cour ne vérifie ni l'utilité[124]de la demande d'avis, ni le sort de l'avis rendu.

Il reste à s'interroger sur l'étendue et les limites des compétences de ces deux organes les plus médiatisés. A la lecture des dispositions de la Charte, il ressort une triple appréciation. D'abord, ces compétences sont largement fondées sur les buts et principes des Nations Unies. Ensuite, ces demandes d'avis peuvent être spécifiquement rattachées aux attributions soit

---

[122] C.I.J, *Conséquences juridiques pour les Etats de la présence continue de l'Afrique du Sud en Namibie (Sud-ouest Africain) nonobstant la Résolution 276 (1970) du Conseil de Sécurité*, Avis consultatif du 21 juin 1971, § 20.

[123] *Idem.*

[124] Selon la Cour, « *Certains participants à la présente procédure ont également avancé que la résolution 63/3 n'indiquait pas à quelles fins l'Assemblée générale avait besoin de l'avis de la Cour ni si cet avis avait un effet juridiquement utile. Cet argument ne saurait être retenu. La Cour a toujours considéré que ce n'était pas à elle mais à l'organe demandant l'avis, qu'il appartenait de déterminer si celui-ci était nécessaire au bon exercice des fonctions de cet organe* ». C.I.J, *Conformité au droit international de la déclaration unilatérale d'indépendance relative au Kosovo*, Avis consultatif du 22 juillet 2010, § 34.

exclusives[125], soit conjointes[126], soit communes[127] des deux organes. Enfin, cette généralité ne laisse aucun champ hors d'atteinte. Pour s'en tenir à l'AGNU, la Cour estime que « *aucune disposition de la Charte ou du Statut ne limite à des questions juridiques relatives à des droits et obligations existants soit la compétence de l'Assemblée générale pour demander un avis consultatif soit la compétence de la Cour pour y donner suite*»[128].

Dans cette mouvance, la Cour entend jouer pleinement sa partition en tant qu'organe des Nations unies dont les juges sont élus séparément et simultanément par l'AGNU et le CS et comme *« rouage essentiel non seulement du mécanisme de règlement pacifique des différends mis au point par la Charte mais aussi du système général de maintien de la paix et de la sécurité internationale qu'elle a instauré.Aucune disposition de la Charte ni du Statut ne limite son action à cet égard »*[129].La Cour en fait d'ailleurs une réitération fréquente : *« Aucun Etat membre ou non membre des Nations unies n'a qualité pour empêcher que soit donnée suite à une demande d'avis dont les Nations Unies pour*

125 Les attributions *exclusives* du Conseil sont les actions préventives ou coercitives en cas d'agression, de menace ou de rupture de la paix, l'exécution forcée des arrêts de la CIJ, l'approbation et le contrôle de la tutelle stratégique, et celles de l'AGNU sont le vote du budget, l'élection des membres non permanents du Conseil de sécurité, l'élection des membres de l'ECOSOC, le droit d'autoriser les Institutions spécialisées à demander un avis consultatif de la CIJ et l'approbation des accords de tutelle.

126 Les attributions *communes* aux deux organes sont le règlement des différends internationaux, la réglementation des armements, le droit de demander des avis consultatifs à la CIJ.

127 Les attributions *conjointes* des deux organes sont l'élection des juges de la CIJ, l'élection du Secrétaire Général, l'admission de nouveaux membres, la suspension des droits et privilèges et l'exclusion de membres, la modification de la Charte.

128 C.I.J, *Sahara occidental*, Rec. p. 19, § 18.

129 M. BEDJAOUI, « La place de la Cour Internationale de Justice dans le système général de maintien de la paix institué par la Charte des Nations Unies... », op.cit, p.543 ; voir aussi A. PELLET, « Le glaive et la balance. Remarques sur le rôle de la C.I.J. en matière de maintien de la paix et de la sécurité internationales », in Yoram DINSTEIN, *International Law at a Time of Perplexity, Dordrecht, Kluwer Academic Publishers*, 1989, pp. 539-566.

s'éclairer dans leurs actions propres auraient reconnu l'opportunité. L'avis est donné par la Cour non aux Etats mais à l'organe habilité pour le lui demander... » [130].

Le système général de maintien de la paix et de la sécurité internationale, confié principalement au CS (art.24§1) soutenu par l'AGNU qui peut discuter des questions s'y rattachant (art.11§2), aménage un certain déséquilibre au profit du CS car *« Tant que le Conseil de sécurité remplit, à l'égard d'un différend ou d'une situation quelconque, les fonctions qui lui sont attribuées par la présente Charte,l'Assemblée générale ne doit faire aucune recommandation sur ce différend ou cette situation,à moins que le Conseil de sécurité ne le lui demande* »(art.12§1).

Cette préséance est assortie de la nuance de l'art.36§3 de la Charte : « *en faisant les recommandations prévues au présent article, le Conseil de sécurité doit aussi tenir compte du fait que d'une manière générale, les différends d'ordre juridique devraient être soumis par les parties à la C.I.J., conformément aux dispositions du Statut de la Cour.* ».

Cette sorte de « *parallélisme fonctionnel* », pour reprendre l'expression de Shabtai ROSENNE, entre les deux organes d'une part et la Cour d'autre part, conduit cette dernière à ne jamais refuser de se prononcer sur une affaire au motif d'une *litispendance* devant l'AGNU ou le CS puisque « *La Charte et le Statut ne fournissent aucun fondement à cette conception des fonctions ou de la juridiction de la Cour ; si la Cour, contrairement à sa jurisprudence constante, acceptait une telle conception, il en résulterait une restriction considérable et injustifiée de son rôle en matière de règlement pacifique des différends internationaux* »[131].

[130] C.I.J, *Interprétation des traités de paix conclus avec la Bulgarie, la Hongrie et la Roumanie*, Avis consultatif du 30 mars 1950, Rec.1950, p. 70 ; C.I.J, *Jugement n° 2867 du Tribunal administratif de l'Organisation Internationale du Travail sur requête contre le Fonds International de Développement Agricole*, Avis consultatif du 1er février 2012.

[131] C.I.J, *Affaire du Personnel diplomatique et consulaire des Etats-Unis d'Amérique à Téhéran*, arrêt du 24 mai 1980, Rec.1980, p.20.

La netteté de la position n'a pas dispensé la Cour à lever tout doute résiduel : *« Le Conseil a des attributions politiques ; la Cour exerce des fonctions purement judiciaires. Les deux organes peuvent donc s'acquitter de leurs fonctions distinctes à propos des mêmes événements »*[132].

Quant aux organes[133] et institutions spécialisées[134], *requérants indirects ou non privilégiés* visés à l'art. 96 § 2, la réception de leur requête pour avis implique l'établissement préalable d'un lien de connexité entre la question posée et leurs activités. Cette responsabilité exclusive de l'AGNU pour habiliter ces organes et institutions spécialisées a donné l'occasion à la Cour de préciser qu'elle doit ni être limitative ni outrepasser l'art. 96 § 2 de la Charte et l'art.65 du Statut. Aussi, a-t-elle estimé que « *l'Assemblée générale n'aurait pu, à l'évidence, avoir eu l'intention de méconnaitre les limites dans lesquelles le paragraphe 2 de l'article 96 de la Charte lui permet d'autoriser les institutions spécialisées à demander des avis à la Cour* »[135],

---

[132] C.I.J, arrêt du 26 novembre 1984, Rec.1984, p. 435.Voir Ch.TOMUSCHAT and K.OELLERS-FRAHM, *The International Court. A Commentary*, 2006.

[25] En application de cet article, ont été habilités à demander un avis, le Conseil économique et social (Résolution 89 (I) de l'Assemblée générale du 11 décembre 1946), le Conseil de Tutelle (Rés. 171 (III) § B de l'A.G. du 14 novembre 1947), la Commission intérimaire de l'AG (Rés. 196 (III) § 3 de l'AG du 3 décembre 1948), le Comité des demandes de réformation des jugements du Tribunal administratif des Nations Unies (autorisation accordée par le Statut du TANU amendé par l'art. 11 de la Rés. 957 (X) de l'AG du 8 novembre 1955 et supprimée par la Rés. 50/54 de l'AG du 29 janvier 1996). La Cour entend par *« organes de l'Organisation »*, les organes principaux et les organes subsidiaires (Avis du 12 juillet 1973), Rec. 1973, pp. 172-174.

[134] Ces institutions sont l'Organisation Internationale du Travail (Accord avec l'ONU approuvé par l'AG le 14 décembre 1946, Art. IX ; Statut du Tribunal Administratif de l'OIT, modifié le 29 juin 1949, Art. XII), l'UNESCO (Accord avec l'ONU approuvé par l'AG le 14 décembre 1946), l'O.M.S. (Accord avec l'ONU approuvé par l'AG le 15 novembre 1947, Art. X), la FAO, l'AIEA, la BIRD, le FMI, l'AID, la SFI, le FIDA, l'OMPI, l'UIT, l'OACI, l'ONUDI, l'OMCI devenue Organisation Maritime Internationale. Voir Annuaire CIJ 2002-2003, n° 57.

[135] C.I.J., *Licéité de l'utilisation des armes nucléaires par un Etat dans un conflit armé*, Avis consultatif du 8 juillet 1996, Recueil 1996, p.66.

ou encore, s'agissant du comité des demandes de réformation des jugements du T.A.N.U., qu'elle *« ne voit aucune raison de lui refuser le caractère d'un organe de l'O.N.U que l'Assemblée générale aurait manifestement l'intention de lui conférer »*[136].

Cette restriction trouve un fondement dans le principe de spécialité, ainsi explicité « *la Cour a à peine besoin de rappeler que les organisations internationales sont des sujets de droit international qui ne jouissent pas, à l'instar des Etats, de compétences générales. Les organisations internationales sont régies par le « principe de spécialité », c'est-à-dire dotées par les Etats qui les créent de compétences d'attribution dont les limites sont fonction des intérêts communs que ceux-ci leur donnent pour mission de promouvoir* »[137]. Le principe de spécialité s'analyse dans un rapport étroit avec les attributions énumérées dans les actes constitutifs des organisations. Relativement à celles-ci, la C.I.J a eu l'occasion de poser les fondements de sa compétence, pour accueillir une demande d'avis consultatif émanant d'un organe ou d'une institution spécialisée, par l'établissement de trois conditions : *« l'institution dont émane la requête doit être dûment autorisée, conformément à la Charte, à demander des avis à la Cour ; l'avis sollicité doit porter sur une question juridique ; et cette question doit se poser dans le cadre de*

[136] C.I.J., *Demande de réformation du jugement n° 158 du Tribunal Administratif des Nations Unies*, Avis consultatif du 12 juillet 1973, Rec.1973, p. 166.

[137] CIJ, *Licéité de l'utilisation des armes nucléaires par un Etat dans un conflit armé* (« Avis OMS »), Avis consultatif du 8 juillet 1996 § 25 citant la jurisprudence de la CPJI, *Compétence de la Commission européenne du Danube,* Avis consultatif, 1927, Série B, n° 14, p. 64. « *Comme la Commission européenne n'est pas un Etat mais une institution internationale pourvue d'un objet spécial, elle n'a que les attributions que lui confère le Statut définitif, pour lui permettre de remplir cet objet ; mais elle a compétence pour exercer ces fonctions dans leur plénitude, pour autant que le Statut ne lui impose pas de restrictions » ;* cf. également Charles CHAUMONT, « La signification du principe de spécialité dans les Organisations internationales », in Problèmes du droit des gens, Mélanges offerts à Henri ROLIN, Pédone, 1964, 536 p.

l'activité de l'institution requérante »[138]. Par inhérence, la Cour vérifie l'existence de ces conditions en auscultant les dispositions de droit principal ou subsidiaire fondant cette habilitation de l'A.G.N.U. mais aussi sa relation avec l'organe ou l'institution spécialisée dont s'agit. Il ressort de cette interprétation que l'incompétence *ratione personae* de la Cour serait retenue si l'entité demanderesse n'était pas habilitée à la saisir. De même, une incompétence *ratione materiae* serait fondée en droit si la question demandée n'était pas juridique quand bien même le demandeur aurait un *locus standi* consultatif devant la Cour[139].

Mais, ces observations résolument réductrices de la compétence consultative, ont suscité des critiques. En dépit du principe de spécialité, le recours à la théorie des pouvoirs implicites[140] de toute organisation internationale aurait pu modérer l'attitude de la Cour en faveur de l'assouplissement des conditions de saisine précitées. L'avis consultatif de l'O.M.S en offre une certaine illustration. Sans s'attarder outre mesure sur le fait que l'Assemblée générale de l'O.N.U ait appuyé et salué la

[138] CIJ, *Licéité de l'utilisation*, op. cit., § 10. En l'espèce, la Cour s'est référée à l'avis sur la *demande de réformation du jugement n° 273 du TANU,* CIJ, Rec. 1982, pp. 333-334.

[139] Dispositif de « l'Avis OMS » précité ; cf. également R. KOLB, « De la prétendue discrétion de la Cour Internationale de Justice de refuser de donner un avis consultatif », RADIC, Vol. 12, n° 4, décembre 2000, pp. 799-814.

[140] Inspirée de la jurisprudence de la Cour Suprême des Etats Unis d'Amérique dans l'affaire *Mac Culloc vs. Maryland,* arrêt du 6 Mars 1819 à propos d'un contentieux constitutionnel, cette théorie a été transposée sur le plan international d'abord par la CPJI puis la CIJ dans plusieurs affaires contentieuses et consultatives, surtout dans l'affaire *Réparation des dommages subis au service des Nations Unies.*
Cette théorie est ainsi définie au sens strict comme résultant du fait que l'existence d'un pouvoir exprès implique aussi l'existence de tout autre pouvoir raisonnablement nécessaire à l'exercice de ce pouvoir et au sens large, tout but ou toute fonction assigné(e) implique l'existence de tout pouvoir raisonnablement nécessaire pour l'atteindre. Cf. T.C. HARTLEY, The *Foundations of European Community*, Oxford University Press 2003, p.106.

requête de l'O.M.S[141], la Cour s'en est tenue à une conception stricte du principe de spécialité, en considérant que « *reconnaître à l'O.M.S. la compétence de traiter de la licéité de l'utilisation des armes nucléaires -même compte tenu de l'effet de ces armes sur la santé et l'environnement- équivaudrait à ignorer le principe de spécialité ; une telle compétence ne saurait en effet être considérée comme nécessairement impliquée par la Constitution de l'organisation au vu des buts qui ont été assignés à cette dernière par les Etats membres* »[142].

Serrant plus près le raisonnement juridique, la C.I.J a établi des conditions *supplémentaires* pour accueillir la demande d'avis. Le tour plus inattendu pris par la fonction consultative vient du fait que la Cour disposerait encore d'un pouvoir discrétionnaire[143], basé sur les termes permissifs de l'art. 65 de son Statut qui « *donne à la Cour le pouvoir d'apprécier si les circonstances en l'espèce sont telles qu'elles doivent la déterminer à ne pas répondre à une demande d'avis* »[144].

Juris Novit Curia. La Cour dispose de la compétence pour établir sa compétence. Mais cette latitude de la Cour pour décliner la requête d'avis, doit s'appuyer sur des « raisons décisives »

141 Avis sur *la licéité,* § 30, « *La Cour ne peut davantage accepter l'argument selon lequel l'Assemblée générale des Nations Unies, en tant que source d'où l'OMS tire son pouvoir de demander des avis consultatifs, aurait par sa résolution 49/75 K, confirmé la compétence de cette organisation pour solliciter un avis sur la question soumise à la Cour* ».

142 Avis sur *la licéité,* § 25.

143 Les finalités de ce pouvoir discrétionnaire ont été tracées par la Cour : « *(il) vise à protéger l'intégrité de la fonction judiciaire de la Cour en tant qu'organe principal des NationsUnies* ». C.I.J, *Conformité au droit international de la déclaration unilatérale d'indépendance relative au Kosovo,* Avis consultatif du 22 juillet 2010, p. 13, § 29.Voir aussi, C.I.J, *Jugement n° 2867 du Tribunal administratif de l'Organisation Internationale du Travail sur requête contre le Fonds International de Développement Agricole,* Avis consultatif du 1er février 2012.

144 CIJ, Rec. 1950, p. 72 ; cf. CIJ, Avis de juillet 2004 où la Cour décrit sa méthode de travail, c'est-à-dire qu'elle détermine *prima facie* sa compétence pour donner l'avis et, dans l'affirmative, cherche si une raison quelconque infirme l'exercice d'une telle compétence (§ 13-22 de l'avis).

(*compelling reasons*)[145], ce qui milite en faveur de la thèse de l'absence de discrétionnalité absolue. Au regard de la jurisprudence de la Cour, une taxinomie de ces « raisons décisives » pourrait s'agencer en fonction des aspects positifs ou des aspects négatifs.

Positivement, deux catégories de « raisons décisives » peuvent être relevées .En premier lieu, le risque de discrédit ou de compromettre le rôle judiciaire de la Cour[146] est souvent rappelé par la juridiction elle-même comme étant *« le principe selon lequel, en tant qu'organe judiciaire, elle doit rester fidèle aux exigences de son caractère judiciaire, même lorsqu'elle donne des avis consultatifs »*[147].

En deuxième lieu, la Cour userait de son pouvoir discrétionnaire de refuser de donner un avis en cas de défaut de consentement d'un Etat intéressé eu égard aux *circonstances particulières* d'une espèce donnée. Dés lors, *« le défaut de consentement pourrait l'amener à ne pas émettre un avis si, dans les circonstances d'une espèce donnée, des considérations tenant à son caractère judiciaire imposaient un refus de répondre »*[148].

Il en ressort la forte impression que le refus de répondre à une demande d'avis vise soit à l'autoprotection de la Cour, soit à ne

---

[145] Cette formule se retrouve dans les affaires, *Certaines dépenses des NationsUnies* (Rec. 1962, p. 155), N*amibie* (Rec. 1971, p. 27, § 41), *Sahara Occidental* (Rec. 1975, p. 21, § 23), *Applicabilité de la section 22 de l'article VI de la Convention sur les privilèges et immunités des Nations Unies* (Rec. 1989, p. 191, § 37). Au regard des avis précités, la notion de « raisons décisives » couvrirait d'abord et avant tout « *les affaires relevant essentiellement de la compétence nationale* » ou les affaires qui amèneraient la Cour à trancher au fond un litige pendant entre Etats. Cf. H. KELSEN, The law of United Nations, London, 1950 : *« Under article 65 of the Statute, the Court is only authorized not obliged to give advisory opinions »* (p. 549).

[146] Selon la Cour, « *Le risque de voir le rôle judiciaire de la Cour compromis ou discrédité eut été une raison décisive de ne pas donner suite à la requête ; ce risque n'existe pas en l'espèce ...* », voir CIJ, *Demande de réformation du jugement n° 273 du Tribunal Administratif desNations Unies, Avis* consultatif du 20 juillet 1982, Rec.1982, p. 325.

[147] *Idem.*

[148] *Sahara Occidental*, Rec. 1975, p. 12.

pas trancher au plan consultatif des aspects relevant du contentieux. En outre, un tel refus de la C.I.J. se justifie par l'absence *« de renseignements et d'éléments de preuve suffisants pour être à même de porter un jugement sur toute question de fait contestée et qu'il lui faudrait établir pour se prononcer d'une manière conforme à son caractère judiciaire »*[149].

Ces inquiétudes non encore avérées à ce jour sont le reflet de scrupules que la C.P.J.I avait étalés dans l'affaire du *Statut de la Carélie Orientale*[150]. La C.I.J. n'écarte pas cette hypothèse dans l'affaire du *Sahara occidental*, relativement aux prétentions de l'Espagne similaires à celles de la Russie (mais différenciées par sa qualité de membre de l'O.N.U.), tout en rejetant ces arguments non consolidés, par le fait que « *l'Assemblée générale n'a pas eu pour but de porter devant la Cour, sous la forme d'une requête pour avis consultatif, un différend ou une controverse juridique, afin d'exercer plus tard, sur la base de l'avis rendu par la Cour, ses pouvoirs et ses fonctions en vue de régler pacifiquement ce différend ou cette controverse* »[151].

Négativement, un certain nombre de facteurs ne constituent pas des « raisons décisives » sur la base de critères d'appréciation suivants :

- le caractère décisoire de certains avis ne saurait être constitutif d'une raison décisive pour refuser de répondre à la demande[152] ;

---

149 *Sahara Occidental*, Rec. 1975, p. 12.

150 C.P.J.I, *Statut de la Carélie orientale*, Avis consultatif du 23 juillet 1923, série B, n°5 : la Cour s'est résolue à ne pas rendre un avis consultatif du fait du refus de la Russie de participer à la procédure au motif qu'il y a un différend pendant avec la Finlande et de son absence de consentement en tant qu'Etat non membre de la S.D.N. à donner des renseignements jugés indispensables et à prendre part à « *une enquête sur les faits qui sont à la base de l'affaire.* »

151 C.I.J., *Sahara Occidental*, Rec. 1975, p. 12.

152 Pour la C.I.J., « *cette conséquence de l'avis dépasse la portée attachée par la Charte et le Statut de la Cour à un avis consultatif. Toutefois, cette disposition n'est pas autre chose qu'une règle de conduite pour le Conseil exécutif, règle qui déterminera la suite à donner par lui à l'avis de la Cour. Elle n'affecte en rien le mode selon lequel la Cour fonctionne : celui-ci reste fixé par son Statut et son Règlement. Elle n'affecte ni le*

- le défaut de consentement *en général* (et non pas eu égard à des *circonstances particulières de l'espèce*) d'un Etat intéressé, contestant l'opportunité de la saisine consultative, n'est pas admis comme raison décisive[153] ;

- l'existence d'autres procédures de règlement des différends de la question posée n'est pas une raison décisive. C'est le cas de la procédure prévue à l'art. IX de la Convention pour la prévention et la répression du crime de génocide, qui assujettit à la procédure contentieuse de la Cour tout différend relatif à l'interprétation, l'application ou l'exécution du traité. La Cour a rejeté cette prétention[154] .

L'objection habituelle des Etats à la compétence consultative, excipant que la question posée a trait à un différend pendant entre Etats, n'a pas reçu un bon accueil, la Cour se bornant à constater : « *Presque toutes les procédures consultatives ont été marquées par des divergences entre Etats sur des points de droit ; si les*

raisonnement par lequel la Cour formera son opinion, ni le contenu de l'avis lui-même. Par conséquent, le fait que l'avis de la Cour sera accepté comme ayant force obligatoire ne fait pas obstacle à ce que soit donnée suite à la demande d'avis ». CIJ, *Effets des Jugements du Tribunal administratif de l'OIT sur requêtes contre l'UNESCO,* Avis consultatif du 23 octobre 1956, Rec. 1956, p.77.

153 C.I.J, *Interprétation des traités de paix conclus avec la Bulgarie, la Hongrie et la Roumanie*, Avis consultatif du 30 mars 1950, Rec. 1950, p. 70 : « *le consentement des Etats parties à un différend est le fondement de la juridiction de la Cour en matière contentieuse. Il en est autrement en matière d'avis, alors même que la demande d'avis a trait à une question juridique actuellement pendante entre Etats. La réponse de la Cour n'a qu'un caractère consultatif ; comme telle elle ne saurait avoir d'effet obligatoire.* »

154 Selon la Cour, *« Il a été prétendu qu'il n'existe en l'espèce aucun différend et, en conséquence, que l'effet de l'article IX serait d'enlever à la Cour non seulement toute compétence contentieuse, mais encore tout pouvoir de se prononcer par voie d'avis. La Cour ne peut accepter cette manière de voir. L'existence d'une procédure de règlement des differends, telle que celle prévue à l'article IX, n'est en soi aucunement exclusive d'une procédure consultative... » ;* C.I.J., *Réserves à la Convention pour la prévention et la répression du crime de génocide,* Avis consultatif du 28 mai 1951, Rec., 1951, p.15.

opinions des Etats concordaient, il serait inutile de demander l'avis de la Cour »[155] .

- L'absence d'un différend portant sur l'objet de la question posée ne saurait davantage recueillir les suffrages des juges. En effet, pour la C.I.J., « *Le fait que la question posée à la Cour n'ait pas trait à un différend précis, ne saurait, par suite, amener la Cour à refuser de donner l'avis sollicité.* »[156].

- L'absence d'utilité de l'avis ou de besoin de l'avis pour l'organe habilité ne saurait non plus convaincre car la Cour *« ne saurait refuser de répondre à la question posée au motif que son avis ne serait d'aucune utilité. La Cour ne peut substituer sa propre appréciation de l'utilité de l'avis demandé à celle de l'organe qui le sollicite, en l'occurrence l'Assemblée générale* »[157].

- L'argument selon lequel l'avis à rendre compliquerait le règlement d'un différend lié à la question posée n'a pas été retenu[158].

- Le fait qu'un Etat pourrait bénéficier indûment de l'avis à rendre n'est pas pertinent[159] ; et enfin,

- Le fait que la Cour doit interpréter et appliquer une résolution du Conseil de sécurité préalablement à la réponse à la demande d'avis n'est pas de nature à emporter son adhésion[160].

---

[155] C.I.J, *Conséquences juridiques pour les Etats de la présence continue de l'Afrique du Sud en Namibie (Sud-ouest Africain) nonobstant la Résolution 276 (1970) du Conseil de Sécurité*, Avis consultatif du 21 juin 1971, Rec. 1971, p. 16.

[156] C.I.J., *Licéité de la menace ou de l'emploi d'armes nucléaires, Avis* consultatif du 8 juillet 1996, Rec., p. 226.

[157] C.I.J, *Conséquences juridiques de l'édification d'un mur dans le territoire palestinien occupé,* Avis consultatif du 9 juillet 2004, Rec. 2004.

[158] La Cour estime : « *Au delà de cette appréciation, l'effet qu'aurait cet avis est une question d'appréciation. Des opinions contraires ont été exprimées devant la Cour et il n'est pas de critère évident qui permettrait à celle-ci de donner la préférence à une position plutôt qu'à une autre* ». *Idem.*

[159] Voir, C.I.J, *Conformité au droit international de la déclaration unilatérale d'indépendance relative au Kosovo,* Avis consultatif du 22 juillet 2010, Rec.2010, p.14, §33.

Il est de fait que l'exercice de la fonction consultative de la Cour n'a pas eu tous les effets escomptés. La plupart des demandes d'avis proviennent de l'Assemblée générale, les autres organes ou institutions ayant peu usé de cette faculté. En fait, une lecture de la lettre des articles 96 de la Charte et 65 du Statut permet d'identifier les obstacles à un élargissement de la saisine de la Cour.

Pour insuffler un regain de vigueur à l'activité consultative, de nombreuses pistes de réflexion peuvent être envisagées[161].

Ainsi, a-t-on suggéré maladroitement que la CIJ puisse s'autosaisir, permettant alors l'apparition de questions préjudicielles avec des demandes dont la transmission passerait par l'Assemblée générale ou le Conseil de Sécurité. Cette proposition, assez marginale, ferait dépendre la fonction consultative des humeurs des juges, ou les amènerait à se pencher sur des considérations hypothétiques ou de tenter de clarifier des questions doctrinales[162].

Sans doute, l'une des propositions les plus parlantes à l'esprit demeure celle de l'extension de la compétence *ratione personae* au Secrétariat général de l'ONU. En fait, son exclusion du droit de saisine cantonne son chef dans un rôle de transmetteur de la

---

[160] C I.J, *Conformité au droit international de la déclaration unilatérale d'indépendance relative au Kosovo*, Avis consultatif du 22 juillet 2010, op. cit, p. 16, § 46 : *« Bien que la responsabilité d'interpréter et d'appliquer une décision de l'un des organes de l'Organisation des Nations Unies incombe en premier lieu à l'organe en question, la Cour, en tant qu'organe judiciaire principalde l'Organisation des Nations Unies, a elle aussi été souvent amenée à interpréter de telles décisions et à en examiner les effets juridiques. Elle l'a fait tant dans l'exercice de sa compétence consultative…que dans l'exercice de sa compétence contentieuse… »*

[161] Voir notamment G. GUILLAUME, « La Cour Internationale de Justice. Quelques propositions concrètes à l'occasion du cinquantenaire », R.G.D.I.P n° 100, 1996, p. 328.

[162] Cette proposition dérive de l'ancien article 177 du Traité de Rome qui donne aux juges nationaux le pouvoir de saisir la CJCE sur l'interprétation du droit communautaire. Voir G. GUILLAUME, La Cour Internationale de Justice à l'aube du XXIe siècle. Le regard d'un juge, Paris, Pédone, 2003, 342 p.

demande d'avis et d'informateur de la Cour. Il reste le seul organe principal (en dehors de la Cour elle-même) à ne pas bénéficier de cette faculté malgré le désir fortement exprimé par certains Secrétaires généraux[163]. Au surplus, le Secrétaire général peut-il suggérer l'inscription à l'ordre du jour d'une session de l'AGNU lors de son adresse (présentation du rapport annuel) ou attirer l'attention du CS, à charge, pour ces deux organes, d'en déférer l'examen consultatif à la C.I.J. Cette extension permettrait au Secrétaire général de porter les questions juridiques ayant trait à ses activités de médiation dans les situations de crise ou d'organisation et de fonctionnement de ses différents services, à la sagacité de la Juridiction.

Dans le même registre, la compétence *ratione personae* de la Cour pourrait s'enrichir par l'accueil d'organisations intergouvernementales extérieures au système des Nations unies, en convoquant les dispositions des articles 52 à 54 de la Charte qui font référence aux accords et organismes régionaux. Par le truchement du CS, on pourrait soumettre à la Cour des questions d'interprétation et d'application de leurs textes de droit principal ou dérivé, ou toutes activités pouvant mettre en danger le maintien de la paix et de la sécurité internationales à leur échelle géographique ou du fait de superposition d'espaces régionaux.

Sans doute l'objection majeure qu'on pourrait avancer, à ce niveau, est la présence de mécanismes plus ou moins éprouvés de règlement juridictionnel des différends internationaux. Mais si l'on s'en tient aux mécanismes africains, on ne peut que s'étonner de la faiblesse du volume des procédures consultatives soit au niveau continental soit dans les différentes communautés économiques régionales. La tendance est, ici, fortement orientée vers le recours à l'arbitrage ou à des modes non juridictionnels de règlement pacifique.

La récusation des propositions d'élargissement de la saisine en direction d'organisations régionales (Organisation des Etats Américains, Union Africaine) ou à but technique comme

163 Rapports de Boutros BOUTROS-GHALI (Doc. A/45/1, III, p. 8) ou de Koffi ANNAN à l'Assemblée générale (Doc. A/55/985) et au Conseil de sécurité (S/2001/574, § 50).

l'Organisation Mondiale du Commerce[164] s'est fondée sur le risque de transformer la C.I.J en juge d'appel avec les chevauchements de compétence dus à l'existence de Cours régionales aux compétences assez proches. Toutefois, si on met à l'épreuve ces systèmes régionaux à l'aune des délicats problèmes d'environnement transfrontière, de migrations Nord-Sud ou humanitaires, il faut se résoudre à ne pas exclure la procédure consultative

Par ailleurs, l'hypothèse de l'admission des Etats pour renouveler la procédure consultative a été très tôt abandonnée, les raisons de cette mise à l'écart se fondant sur le désir d'éviter « un fait accompli judiciaire » ou une confusion entre les voies contentieuse et consultative[165]. On ne peut que regretter avec Mohamed BEDJAOUI, que « l'accès à la procédure peut sembler désormais trop étroitement ouvert si l'on songe aux énormes potentialités de cette procédure et à la demande qui existe »[166].

Les mérites de la procédure sont pourtant vantés par un des Présidents de la Cour : *« le recours à la procédure consultative de la Cour offre des avantages évidents : tout comme les arrêts, les avis consultatifs permettent d'enrichir la jurisprudence de la Cour et de contribuer au développement du droit international. En outre, la forme ''judiciaire'' de cette procédure non obligatoire permet à la Cour d'émettre un avis juridique autorisé tout en laissant aux parties une certaine latitude quant aux suites à donner. Grace à ces caractéristiques uniques, la procédure consultative de la Cour serait à même de jouer un rôle central dans le fonctionnement harmonieux des organisations mondiales et constitue pour la Cour un moyen particulièrement approprié de désamorcer les tensions et de prévenir les conflits en disant le droit »*[167].

---

[164] *Idem*, p. 548.

[165] Nguyen Quoc DINH, P. DAILLIER, A. PELLET, Droit international public, Paris, LGDJ, 1999, p. 870 et s.

[166] M. BEDJAOUI, « La place de la Cour… », op. cit, p. 548.

[167] Discours de M. le juge Shi JIUYONG, président de la Cour Internationale de Justice devant la Sixième Commission de l'Assemblée générale des Nations unies, le 5 novembre 2004.Voir http://www.icj-cij.org.

Quoi qu'il en soit, ces suggestions s'articulent autour des contradictions relevées dans les avis. En fait, peu de solutions sont possibles en cas de divergence entre un Etat et une Organisation internationale, entre deux Etats membres de la même Organisation. Si les Etats choisissent la voie contentieuse, l'Organisation en sera exclue. Si l'Organisation recourt à la voie consultative, les Etats n'offriraient que des services d'*amici curiae*.

En tout état de cause, la transformation de la procédure consultative serait un adjuvant souhaitable pour maximiser la fonction d'interprétation de la Charte mais aussi du droit international.

Les spécificités de la CIJ amènent à la considérer comme un *« organe du droit international »*[168]. Cette affirmation constante trouve une assise dans son double caractère d'organe judiciaire et d'organe international intervenant dans la résolution de différends d'ordre juridique (art. 36 du Statut) ou de questions juridiques et chargé d'une fonction de dire et de constater le droit existant ou d'en clarifier les aspects controversés. La Juridiction rappelle que *« la Cour, en tant qu'organe judiciaire international, (est) censée constater le droit international ...La Cour ayant pour fonction de déterminer et d'appliquer le droit dans les circonstances de chaque espèce, la charge d'établir ou de prouver les règles de droit international ne saurait être imposée à l'une ou l'autre Partie, car le droit ressort de la connaissance judiciaire de la Cour »*[169].

La Cour fait œuvre d'interprétation dans ses activités judiciaires. Par ses avis, elle éclaire les entités demanderesses sur l'étendue de leurs droits et obligations au regard de la Charte et des textes fondant leur compétence. En précisant les points de droit, la Cour participe à la civilité des rapports[170] entre organes

---

[168] La Cour Internationale de Justice, Brochure d'information, La Haye, 4e édition, 1996, p. 87.

[169] C.I.J, *Compétence en matière de pêcheries*, Rec.1974, §§ 9 et 18.

[170] L'ancien Président de la Cour, Jules BASDEVANT observait : *« En l'état actuel des choses, c'est par la procédure de l'avis consultatif que la justice internationale a contribué et contribue à discipliner l'action des*

d'une même organisation et raffermit le lien conventionnel avec les institutions spécialisées. Ce faisant, la Cour harmonise le droit de l'ONU en s'appuyant sur le socle des sources de droit applicables énumérées de manière non exhaustive par l'article 38 de son Statut. Cette compétence est assortie d'une plénitude fondée sur la compétence de sa compétence qu'on peut relater comme suit : « *selon une jurisprudence constante, sa compétence s'apprécie au moment du dépôt de l'acte introductif d'instance. Ainsi, si elle est compétente à la date à laquelle une affaire lui est soumise, elle le demeure, quels que soient les événements survenus ultérieurement. De tels événements peuvent éventuellement conduire à constater qu'une requête a été par la suite privée d'objet et à prononcer un non lieu à statuer ; ils ne sauraient en revanche priver la Cour de sa compétence* »[171].

Dans cette perspective, la pratique de la Cour ne saurait dévier de la ligne de conduite tracée par la lettre de la Charte non plus de l'esprit de ce texte. Selon l'interprétation autorisée du juge ALVAREZ, le principe de détermination de cette compétence, à l'égard de certains droits et obligations des Etats et organisations internationales, qui relève de l'exercice normal de ses attributions judiciaires, peut être déduit de l'esprit même de la Charte qui en est le soubassement nécessaire[172].

Par la suite, la Cour interprète les textes en dégageant le sens normal et naturel des termes, en les replaçant dans leur contexte[173] et en déterminant de quelle manière ces textes doivent

---

organisations internationales », cité par Ch. de VISSCHER, Théories et réalités en droit international public, Paris, Pédone, 1970, 4e édition, p. 404.

171 C.I.J, *Mandat d'arrêt du 11 avril 2000 (République démocratique du Congo c. Belgique)*, arrêt du 14 février 2002, Rec. 2002.

172 Opinion dissidente dans *l'Affaire de l'Anglo-Iranian Oil Compagny, Compétence*, Rec.1952, p. 131.

173 Selon la Cour : *« tout instrument de droit international doit être interprété et appliqué dans le cadre de l'ensemble du système juridique en vigueur au moment où l'interprétation a lieu »*. C.I.J., *Conséquences juridiques pour les Etats de la présence continue de l'Afrique du Sud en Namibie (Sud-ouest Africain) nonobstant la Résolution 276 (1970) du Conseil de Sécurité*, Avis consultatif du 21 juin 1971, Rec. 1971, pp. 31-32.

être lus « à la lumière des principes du droit international »[174], de l'objet, du but et de la pratique suivie par ces organisations[175]. Cette interprétation renvoie à une « fonction consultative à l'état pur »[176] suppléant *mutatis mutandis* aux lacunes d'un recours aux principes de spécialité et des compétences implicites.

Parallèlement à cette fonction de guide à la conduite des Organisations internationales, la compétence de la Cour s'est étendue à l'examen de jugements des tribunaux administratifs de l'O.N.U[177] et de l'Organisation Internationale du Travail[178]. En cas de contestation des jugements de ces tribunaux compétents pour résoudre les conflits concernant les contrats de travail, les conditions d'emploi et de nomination, entre ces organisations et leurs fonctionnaires, un avis consultatif à valeur obligatoire[179]

---

[174] CIJ, *Réparation des dommages subis au service des Nations Unies*, Avis consultatif du 11 avril 1949. De même, dans l'affaire *Compétence de l'Assemblée générale pour l'admission d'un Etat aux Nations Unies,* Avis consultatif du 3 mars 1950, Rec. 1950, p. 8, *« La Cour croit nécessaire de dire que le premier devoir d'un tribunal appelé à interpréter et à appliquer les dispositions d'un texte est de s'efforcer de donner effet, selon leur sens naturel et ordinaire, à ses dispositions prises dans leur contexte ».*

[175] CIJ, *Licéité de l'utilisation*, p. 75, § 20.

[176] Expression du Professeur E. DECAUX, op. cit., p. 224.

[177] Créée en 1955 et supprimée en 1996, la procédure de réformation des jugements du TANU pouvait être déclenchée dans un délai de 30 jours, par les Etats, le Secrétaire général et tout requérant. Le Comité des demandes de réformation saisi, en cas de requête fondée sur des bases sérieuses, adressait à la CIJ une demande d'avis portant sur la validité du jugement attaqué. Cf. S. BASTID, « Le Tribunal administratif des Nations Unies », in Etudes et Documents du Conseil d'Etat, 1969, pp. 15-32.

[178] Conçu à l'origine pour statuer sur les différends entre les fonctionnaires du BIT ou leurs ayants-droits et l'OIT, le TAOIT a vu sa compétence dépasser le cadre de l'Organisation. Sa juridiction s'étend à l'UNESCO, la FAO, le FIDA, l'OMS, l'OMM, l'OMPI, l'UIT, l'AIEA et quelques Organisations européennes. Cf. J. BALLALOUD, Le Tribunal administratif de l'OIT et sa jurisprudence, Paris, Pédone, 1967, 160 p.

[179] Art. XII § 2 du Statut du TAOIT et art. 37 § 2 de la Constitution de l'OIT ; art. XI § 1 et § 2 du Statut du TANU. Cf. H. THIERRY, « Note sur l'abrogation de l'article 11 du Statut du TANU », AFDI, 1995, pp. 442-446. Il faut souligner que la Convention de Vienne du 21 mars 1986 sur le droit des Traités entre Etats et Organisations internationales et entre

peut être sollicité par le canal du Comité des demandes de réformation pour le T.A.N.U ou du mécanisme spécial de réformation établi en 1954 par le T.A.O.I.T.

Mais ces procédures spéciales qui relèvent, à bien des égards, d'un droit administratif international en progression, demeurent peu explorées si bien que leur utilisation parcimonieuse[180] a connu un coup de frein avec la révision opérée en 1996 supprimant la procédure de réformation pour le T.A.N.U. Devant ces jugements, la Cour avait établi avec beaucoup d'aisance son autorité d'organe judiciaire en contribuant à poser fermement leurs règles de fonctionnement et les cas d'ouverture des recours (incompétence, erreur de droit, erreur de procédure, incompétence négative)[181].

La procédure de réformation offre cette analogie frappante avec les systèmes de double degré de juridiction même si le rôle de la CIJ « *n'est ni de refaire le procès ni d'essayer de substituer son opinion sur le fond à celle du tribunal* »[182].

A cette procédure de réformation, il convient d'ajouter la compétence consultative de la Cour résultant de Conventions

---

Organisations internationales (non encore entrée en vigueur) prévoit la possibilité de demander un avis à effet décisoire selon la procédure de son art. 66.

180 Deux affaires pour le TAOIT, voir CIJ, *Effets des Jugements du Tribunal administratif de l'Organisation Internationale du Travail sur requêtes contre l'UNESCO,* Avis consultatif du 23 octobre 1956, Rec. 1956, *Jugement n° 2867 du Tribunal administratif de l'Organisation Internationale du Travail sur requête contre le Fonds International de Développement Agricole.* Trois affaires pour le TANU, Voir CIJ, *Demande de réformation du jugement n° 158 du TANU* (affaire FASLA), Avis consultatif du 12 juillet 1973 ; *Demande de réformation du jugement n° 273 du TANU* (affaire MORTISHED), Avis consultatif du 20 juillet 1982 ; *Demande de réformation du jugement n° 333 du TANU* (affaire YAKIMETZ), Avis consultatif du 27 mai 1987, Recueils 1973, 1982, 1987.

181 Voir David RUZIE, Droit international public, Paris, Mémento Dalloz (Sommaire, Jurisprudence).

182 Cf. les affaires FASLA, MORTISHED et YAKIMETZ. Voir également D. Ruzie, « Le double degré de juridiction dans le contentieux de la fonction publique internationale », in L'évolution du droit international, Mélanges offerts à Hubert THIERRY, Paris, Pédone, 1998, pp. 369-381.

générales[183] ou d'accords particuliers[184] qui, par l'effet décisoire de l'avis, renvoie à un aspect de quasi-contentieux. Dès lors, le rôle de la Cour est rehaussé par le pouvoir de trancher de véritables différends juridiques entre deux ou plusieurs organes ou institutions, entre une Organisation et un de ses Etats membres[185] ou entre des Etats membres au sein d'un même organe ou institution[186].

Ce mécanisme déjà usité dans certaines affaires, pourrait, à l'avenir, s'avérer d'un usage plus courant au fur et à mesure de nouveaux accords de siège ou de l'extension du bénéfice de privilèges et d'immunités à des agents d'organisations nouvelles.

La compétence pour demander un avis à la Cour s'adjoint du respect d'un certain formalisme. La demande d'avis doit porter sur une question énoncée en termes juridiques. En outre, elle est assortie d'une obligation de transmission à la Cour. Cette nécessité de libeller la question posée en termes juridiques s'impose différemment selon les demandeurs.

Ainsi, comme relaté plus haut, l'Assemblée générale et le Conseil de Sécurité, en raison de la généralité de leurs compétences, disposent d'une grande latitude pour demander un

---

183 Art. VIII Section 30 de la Convention sur les privilèges et immunités des Nations Unies, approuvée par l'Assemblée générale des Nations Unies (AGNU), le 13 février 1946 (Nations Unies, Recueil des traités, I, n° 4, Vol. 1) ; articles VII Section 24 et IX Section 32 de la Convention sur les privilèges et immunités des institutions spécialisées, approuvée par l'A.G.N.U. le 21 novembre 1947 (Nations Unies, Recueil des traités I, n° 521, Vol. 33).

184 Ce sont, pour l'essentiel, des accords de siège : Accord entre l'ONU et les Etats-Unis d'Amérique relatif au siège de l'Organisation, 26 juin 1947, article VIII Section 21 (Nations Unies, Recueil des traités, I, n° 147, Vol. 11) ; Accord entre l'ONU et la Thaïlande (siège de la Commission économique pour l'Asie et l'Extrême Orient), 26 mai 1954, article XIII Section 26 (Recueil des traités, I, n° 3703, Vol. 260) ; Accord entre l'ONU et l'Ethiopie (siège de la Commission économique pour l'Afrique), 18 juin 1958, article IX (Recueil des traités, I, n° 4597, Vol. 317), etc.

185 CIJ, Rec. 1950, Rec. 1980, Rec. 1989 (Affaire Mazilu), Rec. 1999 (Affaire Dato' Param Cumaraswamy), Rec. 1988 (Affaire OLP).

186 Cf. CIJ, Avis de juillet 2004, *passim.*

avis. Il en est autrement pour les autres organes de l'ONU et institutions spécialisées. Leur demande d'avis n'est recevable qu'à la condition de l'existence d'un lien de connexité entre la requête et leurs activités.

Toutefois, l'identification d'une question juridique ne relève pas de la simplicité. Elle n'est pas sans évoquer la distinction entre différends juridiques et différends politiques dont l'enjeu est le suivant : *« L'opinion prévaut que seuls les différends juridiques sont justiciables, c'est-à-dire susceptibles d'être soumis à un arbitrage ou à un règlement judiciaire. Les différends politiques ne pourraient être résolus que par la force ou par un accord réalisé par des négociations directes ou d'autres procédures telle que la conciliation »*[187].

La rareté des questions exclusivement juridiques et leur fréquente mixité à des aspects politiques en rendent la frontière artificielle. Le fait que de nombreuses demandes d'avis aient été précédées ou suivies de controverses sur leur justiciabilité, n'est pas de nature à expurger la fonction consultative, d'enjeux politiques. Même si un avis consultatif ne met pas en présence des « parties à un différend » comme les plaideurs au contentieux, les affaires consultatives ont révélé de profondes divergences entre les Etats au point de s'apparenter à des différends[188]. Dans l'abstrait, la justiciabilité d'une question est en rapport avec sa possibilité de traitement en termes de droit et non sur la base d'un conflit d'intérêts, d'une question stratégique ou de haute politique internationale.

En réalité, l'absence de neutralité des aspects antérieurs ou postérieurs à l'avis consultatif, est la tendance à la poursuite au plan consultatif d'une affaire amorcée ou devant se résoudre au contentieux[189]. Dans ce sens, la doctrine considère que « tenue en

[187] Hans KELSEN, « Théorie du droit international public », RCADI, 1953, III, Tome 84, p. 176.

[188] La Cour l'a reconnu elle-même : *« presque toutes les procédures consultatives ont été marquées par des divergences de vues »* ; CIJ, *Conséquences juridiques de l'édification d'un mur…*, op. cit. §§ 43-45.

[189] Voir P. DAILLIER, « Article 96 », in J.P. COT et A. PELLET (sous la direction de), La Charte des Nations Unies, Commentaire article par article, Paris, Economica, 1991, pp. 1291-1306.

principe de remplir sa fonction consultative et par conséquent de répondre à une telle question, la Cour s'abstiendrait de le faire là où la solution de la question posée dépendrait de considérations politiques »[190]. En revanche, mise en face de questions formulées comme dans l'Affaire du Sahara Occidental, la Cour a indiqué que ces questions « *libellées en termes juridiques et soulevant des problèmes de droit international... sont, par leur nature même, susceptibles de recevoir une réponse fondée en droit... (et) ont en principe un caractère juridique* »[191].

---

[190] La Cour l'a constamment rappelé, *« On a fait valoir que la question posée à la Cour touche des questions politiques... Certes, la plupart des interprétations de la Charte des Nations Unies présentent une importance politique plus ou moins grande. Par la nature des choses, il ne saurait en être autrement. Mais la Cour ne saurait attribuer un caractère politique à une requête qui l'invite à s'acquitter d'une tâche essentiellement judiciaire, à savoir l'interprétation d'une disposition conventionnelle »* (CIJ, *Certaines dépenses des Nations Unies*, p. 155) ; cf. aussi, Ch. de VISSCHER, op. cit., p. 401.

[191] La question était ainsi formulée : *« I. Le Sahara Occidental (Rio de Oro et Sakiet El Hamra) était-il, au moment de la colonisation par l'Espagne, un territoire sans maître (Terra nullius) ? Si la réponse à la première question est négative : II. Quels étaient les liens juridiques de ce territoire avec le Royaume du Maroc et l'ensemble mauritanien ? »* (CIJ, *Sahara Occidental*, Rec. 1975, p. 18, § 15). Il en est de même par rapport à la demande de L'AGNU formulée dans sa résolution 71/292 du 22 juin 2017, dans l'affaire *Effets juridiques de la séparation de l'archipel des Chagos de Maurice en 1965*, les questions suivantes : « *a) Le processus de décolonisation a-t-il été validement mené à bien lorsque Maurice a obtenu son indépendance en 1968, à la suite de la séparation de l'archipel des Chagos de son territoire et au regard du droit international, notamment des obligations évoquées dans les résolutions de l'Assemblée générale 1514 (XV) du 14 décembre 1960, 2066 (XX) du 16 décembre 1965, 2232 (XXI) du 20 décembre 1966 et 2357 (XXII) du 19 décembre 1967 ?» ; b) «Quelles sont les conséquences en droit international, y compris au regard des obligations évoquées dans les résolutions susmentionnées, du maintien de l'archipel des Chagos sous l'administration du Royaume-Uni de Grande-Bretagne et d'Irlande du Nord, notamment en ce qui concerne l'impossibilité dans laquelle se trouve Maurice d'y mener un programme de réinstallation pour ses nationaux, en particulier ceux d'origine chagossienne ?».* La procédure consultative a démarré avec l'ordonnance de procédure du 14 juillet 2017.

A la lumière de la jurisprudence de la Cour, il est possible de faire la distinction entre les *questions juridiques par nature* et les *questions juridiques par détermination.*

La Cour reconnaît l'existence de *questions juridiques par nature* dans quatre cas :

- soit dans cette assertion : *« En fait, lorsque des considérations politiques jouent un rôle marquant, il peut être particulièrement nécessaire à une organisation internationale d'obtenir un avis consultatif de la Cour sur les principes juridiques applicables à la matière en discussion, surtout quand ces principes peuvent mettre en jeu l'interprétation de sa constitution »*[192] ;

- soit lorsque la question amène la Cour à apprécier la licéité de la conduite éventuelle d'Etats au regard des obligations que leur impose le droit international[193] ;

- soit lorsque la question lui permet de s'acquitter « *d'une compétence qui lui est expressément conférée par son Statut* »[194] ;

- soit lorsque la question, libellée en termes juridiques, appelle une réponse fondée en droit international[195]ou soulève un problème d'interprétation dudit droit[196].

Des *questions juridiques par détermination* ont été admises par la Cour dans les cas suivants :

- Elle ne serait amenée à repousser sa compétence qu'à la condition que la demande d'avis porte sur une question pendante entre Etats, avec cette réserve que « *s'il advient que, comme c'est*

---

192 CIJ, *Interprétation de l'Accord du 25 mars 1951 entre l'OMS et l'Egypte*, op. cit., p. 87 § 33.

193 CIJ, *Conditions d'admission d'un Etat…*, op. cit., pp. 61-62.

194 CIJ, *Demande de réformation du jugement n° 158*, op. cit, p. 172, § 4.

195 CIJ, *Sahara Occidental*, Rec. 1975, p.12.

196 Pour la Cour, « *La question qui fait l'objet de la demande est une question juridique en tant qu'elle implique l'interprétation d'une Convention internationale à l'effet de déterminer son applicabilité ». CIJ, Applicabilité de la section 22 de l'article VI de la Convention sur les privilèges et immunités des Nations Unies, Avis* consultatif du 15 décembre 1989, op. cit., p. 177 ; voir aussi *Conditions d'admission d'un Etat comme Membre des Nations Unies (article 4 de la Charte)*, Avis consultatif du 28 mai 1948, Recueil 1947-1948, p.61.

le cas dans la présente espèce, une question formulée dans la requête relève à d'autres égards de l'exercice normal de sa juridiction, la Cour n'a pas à traiter des mobiles qui ont pu inspirer la requête »[197].

- Il en appert, que la Cour ne serait pas non plus incompétente si la demande mettait en jeu des intérêts politiques combinés à des points de droit[198].

Sur le plan formel, il reste que si le critère juridique est un élément essentiel, le manque de clarté de la demande[199] ou son libellé en termes abstraits ou voilés à dessein[200] n'entrave pas outre mesure la compétence de la Cour. Au surplus, la Cour admet qu'une demande, rédigée en termes maladroits, lui octroie la responsabilité judiciaire d'en redéfinir l'objet[201], de préciser le sens véritable[202] si les questions sont formulées de façon erronée[203], à la condition que cette reformulation rentre dans la limite des pouvoirs de l'organe sollicitant l'avis[204].

Au-delà de ces considérations sur la nature ou la détermination de la question, la demande d'avis doit être transmise à la Cour selon une procédure particulière.

L'introduction de la requête fait appel à des règles propres à la procédure interne des Organisations internationales. En fait, le

---

[197] CIJ, *Interprétation de l'Accord du 25 mars 1951…*, op. cit., p. 87, § 33.

[198] CIJ, *Conséquences juridiques pour les Etats de la présence continue de l'Afrique du Sud…*, op. cit., p. 27, § 40.

[199] CIJ, *Conséquences juridiques de l'édification d'un mur…*, op. cit., §§ 13-42.

[200] La Cour se reconnaît le pouvoir de « *donner un avis consultatif sur toute question, abstraite ou non* » ; CIJ, *Licéité de la menace ou de l'emploi…*, Rec. 1996, I, p. 236, § 15.

[201] Opinion individuelle du Juge KOOIJMANS dans l'Affaire de l'Edification du mur.

[202] Opinion individuelle du Juge T.O. ELIAS dans l'Affaire YAKIMETZ, Rec. 1987, §§ 28-58 de son opinion.

[203] Opinion individuelle du Juge ODA dans l'affaire YAKIMETZ.

[204] Selon la CIJ, *« pour rester fidèle aux exigences de son caractère judiciaire dans l'exercice de sa compétence consultative, (la Cour) doit rechercher quelles sont véritablement les questions juridiques que soulèvent les demandes formulées dans une requête »*, CIJ, Rec. 1980, cité par P. DAILLIER « Article 96 », op. cit., p. 1291.

recours à la CIJ résulte d'une résolution ou d'une décision de l'entité demanderesse[205], qui est ensuite transmise à la Cour.

En ce qui concerne l'Assemblée générale[206] ou le Conseil de Sécurité, ces résolutions sont l'aboutissement d'un vote précédé de vifs débats en proportion de l'importance des questions. Dans cette optique, une incertitude s'est fait jour, relativement à la majorité d'adoption de la résolution. En sollicitant la Charte des Nations Unies, on relève que l'article 18 § 2 dispose : « *les décisions de l'Assemblée générale sur les questions importantes sont prises à la majorité des deux tiers des membres présents et votants* » sans y inclure la demande d'avis. On pourrait en déduire que la requête pour avis relèverait de la catégorie de questions suggérées à l'art. 18 § 3 de la Charte. Sur ce point, la Cour constate qu'une requête de ce genre n'est pas une « *recommandation » de l'Assemblée sur « un différend ou une situation* » au sens de l'art. 12. Reprenant une interprétation de cet article faite par le Conseiller juridique de l'ONU sur la base de la pratique de l'Assemblée, la Cour a rejeté l'exception d'examen parallèle du Conseil de Sécurité comme ne faisant pas obstacle à la réception d'une demande de l'Assemblée[207]. Dans cet ordre d'idées, la Cour n'a pas relevé l'absence de validité d'une résolution adoptée à une majorité simple ni dans l'affaire *Kosovo* que l'AGNU n'ait pas inscrit la question dans son ordre du

---

205 Résolution de l'AGNU du 17 novembre 1947 pour l'Avis de 1948 ; Résolution de l'AGNU du 16 novembre 1950 pour l'avis de 1951 ; Décision de l'Assemblée de l'OMCI du 19 janvier 1959 pour l'avis de 1960 ; Résolution du Conseil exécutif de l'UNESCO du 25 novembre 1955 pour l'Avis d'octobre 1956 ; Décision du comité des demandes de réformation des jugements du TANU du 20 juin 1972 pour l'avis de 1973 ; Résolution WHA 33.16 de l'Assemblée mondiale de la Santé du 20 mai 1980 pour l'Avis de 1980 ; Résolution du Conseil d'administration du FIDA du 22 avril 2010 contestant la décision du T.A.O.I.T du 3 février 2010, etc.

206 Le vote de la Résolution A/Rés./ES-10/14 du 8 décembre 2003 reflète assez bien les clivages au sein de l'Assemblée générale sur la question du mur. Sur 191 Etats membres, 90 Etats ont voté pour, 8 contre et 74 Etats se sont abstenus dont tous les pays de l'Union Européenne.

207 CIJ, Avis de juillet 2004, op. cit., §§ 13-42.

jour[208]. De même, le fait que des résolutions habilitant la saisine aient été prises avec des abstentions, n'a pas été considéré comme un motif d'invalidation[209].

Relativement au Conseil de Sécurité, sa seule initiative dans ce domaine n'a pas davantage fourni une solution probante sur le point de savoir si la résolution relève d'une question de procédure (requérant un vote affirmatif de neuf quelconques membres du Conseil) ou d'une question de fond (nécessitant un vote positif de neuf membres dont les cinq membres permanents)[210].

Quant aux autres organes[211] ou institutions, l'adoption de la demande s'effectue par l'organe plénier[212] ou l'organe restreint[213]. Ces différentes entités ont la latitude de se faire assister par des organes techniques. Pour la procédure de réformation, la CIJ est saisie par le Comité des demandes de réformation à la suite de la contestation du jugement par les titulaires du droit de saisine du tribunal administratif.

Quelle que soit l'origine de la demande d'avis, elle peut emprunter une procédure d'urgence[214] qui justifie la prompte

---

[208] Souligné dans le paragraphe 2 de l'opinion dissidente de M. le juge BENNOUNA dans l'avis sur le Kosovo.

[209] Cf. supra.

[210] Charte des Nations Unies, art. 27 § 2 (questions de procédure), art. 27 § 3 (autres questions).

[211] Le Conseil économique et social a demandé deux avis (*Affaires de « l'Applicabilité de la section 22 de l'article VI de la Convention sur les privilèges et immunités des Nations Unies* » et du « *Différend relatif à l'immunité de juridiction d'un rapporteur spécial de la Commission des Droits de l'Homme* ». Le Conseil exécutif de l'UNESCO a été à l'origine de l'affaire « *Jugements du Tribunal administratif de l'OIT sur requêtes contre l'UNESCO »*. L'Assemblée mondiale de la Santé a demandé deux avis dans les Affaires « Interprétation de l'Accord du 25 mars 1951 entre l'OMS et l'Egypte » et « Licéité de l'utilisation des armes nucléaires dans un conflit armé ». L'OMCI devenue Organisation Maritime Internationale a sollicité la CIJ dans l'Affaire de la « *Composition du Comité de la sécurité maritime de l'Organisation Intergouvernementale Consultative de la navigation maritime* ».

[212] Cf. Assemblée de l'OMCI ou Assemblée mondiale de la Santé.

[213] Cf. Conseil exécutif de l'UNESCO.

[214] Art. 103 du Règlement de la Cour : « *Lorsque l'organe ou institution, autorisé par la Charte des Nations Unies ou conformément à ses*

réponse de la Cour. De surcroît, l'Assemblée générale sur la base de la Résolution 377 « Union pour le maintien de la Paix »ou Résolution Dean Acheson du 3 novembre 1950, peut initier cette voie, comme en atteste l'adoption d'une demande d'avis à l'occasion de la session extraordinaire d'urgence consacrée à la construction du mur dans le territoire palestinien occupé[215].

Par voie de conséquence, l'adoption de la résolution ou décision est suivie de sa transmission à la Cour, au Président de la CIJ ou au Greffier[216] par le Secrétaire général de l'ONU ou le plus haut fonctionnaire de l'institution requérante[217]. Ces personnalités peuvent faire accompagner la demande – comme les y invite l'art. 104 du Règlement de la Cour – de documents, notes et annexes[218].

---

dispositions à demander un avis consultatif, informe la Cour que la demande appelle une réponse urgente, ou lorsque la Cour estime qu'une prompte réponse serait désirable, la Cour prend toutes mesures utiles pour accélérer la procédure et se réunit le plus tôt possible pour tenir audience et délibérer sur la demande ». Règlement du 14 avril 1978 tel que modifié le 5 décembre 2000 et entré en vigueur le 1er février 2001. La procédure d'urgence vise donc à abréger la longue « fabrication » des avis. A cet égard, M. BEDJAOUI écrivait qu' « *un arrêt de la Cour (tout comme d'ailleurs un avis consultatif de celle-ci) se prépare et sa période de gestation est impressionnante* ». M. BEDJAOUI, « La « fabrication » des arrêts de la Cour Internationale de Justice », in Mélanges Virally, p. 87.

215 Voir le résumé de la procédure dans *l'ordonnance du 19 décembre 2003* (CIJ, Rôle général n° 131, www.icj-cij.org).

216 Dans les affaires de 1950, 1971, 1989, 1999 et 2004, le destinataire de la lettre du Secrétaire général transmettant la demande de l'Assemblée générale est la Cour. En revanche, dans la plupart des affaires, comme celles de 1996 ou de 1947 la communication du Directeur général de l'OMS ou du SG de l'ONU était adressée au Greffier de la Cour. La cause de cette versatilité découle de l'absence d'une disposition dans le Règlement de la Cour spécifiant nommément le destinataire, même si le Statut et le Règlement conviennent que le Greffier notifie la requête aux Etats admis à ester en justice devant la Cour.

217 Art. 104 du Règlement de la Cour.

218 Dans l'affaire de 2010, sept pièces de documents de caractère général (Partie I), deux cent une pièces concernant la Mission du Kosovo (Partie II) et vingt quatre pièces sur des questions juridiques (Partie III) ont été transmises à la Cour.

A ce niveau, surgissent également des incertitudes sur le degré de liberté assigné au transmetteur. Peut-il révéler ses impressions, doutes ou certitudes à l'appui de la demande ? Sans trancher totalement le débat, la Cour penche vers une réponse négative. Dans l'affaire précitée Dato Param Cumaraswamy, la suggestion du Secrétaire général faite à l'ECOSOC de soumettre une question précise n'a reçu qu'un accueil relatif, le Conseil ayant reformulé cette question sans donner une explication[219].

Une fois la demande transmise, s'ouvre une procédure consultative avec des exposés écrits ou oraux, entraînant diverses incidences et offrant une analogie frappante avec la procédure contentieuse du procès international.

SECTION II – LE PROCÈS INTERNATIONAL

Entendu comme l'ensemble des phases d'instruction ou de jugement d'un litige soumis à l'interprétation et à l'appréciation juridiques d'un tribunal ou d'une cour de justice, le procès est une instance qui doit permettre aux parties litigantes, de faire valoir leurs arguments de droit et de fait, par le truchement des formalités procédurales nécessaires, et de faire trancher la contestation de droits allégués par les demandeurs et défendeurs[220].

Il s'ensuit que le procès international, en s'adossant sur un ou plusieurs sujets de DIP, emprunte un cheminement linéaire, mais souvent perturbé par des incidents de procédure jusqu'au moment

Dans l'affaire de 2012, l'opinion de la requérante (Mme SAEZ-GARCIA) dans la procédure l'opposant au FIDA devant le TAOIT a été transmise le 26 octobre 2010 par le Président du FIDA à la Cour.

219 La décision 1998/297 de l'ECOSOC du 5 août 1998 demandant l'avis, a été prise sur la base de la note E/1998/94, du Secrétaire général du 28 juillet 1998, intitulée « Privilèges et immunités du rapporteur spécial de la Commission des Droits de l'Homme chargé de l'indépendance des juges et des avocats ». Mais le demandeur dispose de la liberté de reformuler la question suggérée.

220 L'attention du lecteur est donc attirée sur le fait que les développements ci-après mettent prioritairement l'accent sur le modèle de la CIJ, sans toutefois écarter les originalités rencontrées dans d'autres juridictions internationales.

du prononcé de la décision finale qui pourra, selon le cas, faire l'objet à son tour de voies de recours extraordinaires.

Paragraphe I -L'ouverture de l'instance

Le déclenchement de la procédure contentieuse est assujetti au respect d'un certain formalisme avec la soumission de la requête introductive d'instance ou, éventuellement, sur la base d'un prolongement de compétence (A) ou la notification de la clause compromissoire ou d'un compromis (B).

A. La requête introductive d'instance (RII) et le forum prorogatum

On ne peut contraindre un Etat à comparaître devant une juridiction internationale sans son consentement. Cette assertion implique que le fondement juridique de la RII doit résulter *a priori* du consentement des Etats concernés. Ce consentement peut découler d'un traité (clause compromissoire) ou d'une déclaration facultative de juridiction obligatoire. Dans ces deux cas, une des parties peut saisir la Cour par la voie d'une requête unilatérale, alors que dans l'hypothèse d'un compromis, la juridiction est saisie officiellement, par notification de leur accord, par les deux parties ou de manière différée par l'une d'elles.

La RII est toujours un acte unilatéral venant d'un plaignant (Etat, individu). Elle se définit comme un acte de procédure par lequel un ou plusieurs sujets de droit international, appelés demandeurs, saisissent le juge d'une prétention, d'une allégation ou d'une plainte contre un ou plusieurs autres sujets de droit international, appelés défendeurs. De manière concrète, un seul Etat peut porter plainte contre un ou plusieurs Etats, de même, plusieurs Etats peuvent porter plainte contre un ou contre plusieurs Etats.

L'instance est initiéepar un demandeur, qui produit un acte unilatéral, écrit appelé « requête » ou « mémoire introductif d'instance » adressé à la Cour et dans lequel il expose sa demande. En tant qu'acte condition[221], la saisine est obligatoire pour entamer la procédure contentieuse ou consultative et subordonne la fonction judiciaire à la présence d'un requérant (plaignant ou demandeur) qui, par l'expression de ses griefs ou l'énonciation de ses questions, s'adresse à la juridiction dont la compétence en la matière fait l'objet de textes préétablis et dont la composition est fixée à l'avance.

Modalité particulière et facultative de règlement pacifique des différends internationaux, la justice institutionnalisée de la C.I.J a le mérite d'établir une stabilisation des aspects contentieux et consultatifs par l'effet de la mise en place d'un organe judiciaire préconstitué basé sur des règles connues et prévisibles. En outre, elle offre l'avantage de fonder sûrement une certaine vérité juridique (*res judicata pro veritate habetur*) en termes d'interprétation du droit existant et de pistes pour le développement progressif du droit international.

L'exercice de la compétence contentieuse de la CIJ se fait conformément à l'art. 40 de son Statut : *« 1. Les affaires sont portées devant la Cour, selon le cas, soit par notification du compromis, soit par une requête, adressées au Greffier ; dans les deux cas, l'objet du différend et les parties doivent être indiqués.*

2. Le Greffier donne immédiatement communication de la requête à tous intéressés.

3. Il en informe également les Membres des Nations Unies par l'entremise du Secrétaire général, ainsi que les autres Etats admis à ester en justice devant la Cour ».

En droit international, hormis devant les Tribunaux pénaux par le biais de leurs procureurs, il n'y a pas d'auto-saisine du juge. La requête, généralement, est envoyée ou déposée au greffe d'une Cour. Celle-ci doit indiquer le fondement légal (compromis,

---

[221] Pour reprendre les propos du Doyen Léon DUGUIT, c'est un acte « *dont l'édiction est nécessaire pour déclencher l'application à un ou plusieurs individus d'une règle ou d'un ensemble de règles, et la création dans leur chef d'une situation juridique* », cité par Jean COMBACAU, Droit International Public, Paris, Montchrestien, 5éme édition, 2005, p. 9 ; Léon DUGUIT, « L'acte administratif et l'acte juridictionnel », R.D.P 1933, pp. 565-572.

clause compromissoire, déclaration), le nom de l'Etat contre lequel l'on porte plainte, la précision des faits, les preuves. A ce stade, après introduction de la RII ou du compromis, le requérant ou les deux parties peuvent, à tout moment de la procédure avant le début de la phase écrite[222], opter pour la soumission de leur différend, non pas à la Cour en sa formation plénière, mais à une Chambre restreinte, permanente ou temporaire. Trois types de chambres ont été créées : la chambre de procédure sommaire[223] de cinq juges (dont le président et le vice-président sont membres de droit), avec deux suppléants, en vue de la prompte expédition des affaires ; toute chambre de trois juges au moins pour connaître de certaines catégories d'affaires (travail, communications, etc.)[224] ; toute chambre que la Cour peut constituer, en vertu du paragraphe 2 de l'article 26 du Statut, pour connaître d'une affaire déterminée.

S'agissant de la constitution d'une chambre en vertu du paragraphe 1 de l'article 26 du Statut, il convient de noter que la Cour avait institué en 1993 une chambre pour les questions d'environnement, laquelle avait été régulièrement reconstituée jusqu'en 2006, mais qui n'a jamais été sollicitée[225].

[222] Art. 17 § 1 du Réglement.

[223] Art. 29 du Statut et art. 15 du Règlement de la Cour.

[224] Art. 26 du Statut et art. 16 du Règlement.

[225] On soulignera que la procédure devant ces chambres est d'abord et surtout écrite, et suit les prescriptions de l'art. 92 du Règlement : « *1. Dans une affaire portée devant une chambre, la procédure écrite consiste en la présentation par chaque partie d'une seule pièce. Si l'instance est introduite par une requête, les pièces de procédure sont déposées dans des délais courant successivement. Si elle est introduite par la notification d'un compromis, les pièces sont déposées dans le même délai, à moins que les parties ne soient convenues de procéder par dépôts successifs. Les délais visés dans le présent paragraphe sont fixés par la Cour ou, si elle ne siège pas, par le Président, après consultation de la chambre intéressée si elle est déjà constituée.*
2. La chambre peut autoriser ou prescrire la présentation d'autres pièces de procédure si les parties sont d'accord à cet égard ou si elle décide, d'office ou à la demande d'une partie, que ces pièces sont nécessaires.
3. Une procédure orale a lieu, à moins que les parties n'y renoncent d'un commun accord avec le consentement de la chambre. Même en l'absence

Soumise à une Chambre ou à la Cour, la requête, obligatoirement écrite en français ou en anglais, est en principe signée par l'Agent de l'Etat et accompagnée généralement d'une Lettre du M.A.E ou de l'Ambassadeur dudit Etat à la Haye. La requête est déposée au greffe ou envoyée par voie postale au Greffier qui, après réception, la notifie à l'Etat défendeur qui sera en mesure de contester la plainte du demandeur ou de l'accueillir favorablement.

L'Etat contre lequel on a porté plainte, comme l'Etat ayant déposé sa RII, sont astreints à nommer la personne qui aura la qualité de les représenter, chacun, dans tous les actes officiels relatifs au procès et qui servira d'interface entre l'Etat demandeur ou défendeur et la Cour. En général, ce rôle d'Agent est assuré par le MAE ou l'Ambassadeur de l'Etat accrédité aux Pays-Bas ou un Haut fonctionnaire dudit Etat (Directeur des Affaires juridiques auprès du MAE ou autre fonctionnaire) disposant d'un document appelé les « Pleins Pouvoirs » dûment certifié par le Gouvernement concerné. Tout Etat partie à l'instance a le droit de nommer un ou plusieurs agents ou co-agents dont la mission est d'une part, de recevoir à son domicile légal toutes correspondances de la Cour ou tous documents émanant de l'autre partie *via* le Greffe et, d'autre part de transmettre à la Cour tout acte de procédure de son Etat.

Lors des auditions publiques, cet Agent ouvre, en premier le cycle de plaidoiries et peut être assisté par un Co-Agent, un Agent adjoint et, dans tous les cas, est secondé par des Avocats et des Conseils dont il coordonne le travail d'équipe pour les futures phases écrite et orale. Les noms de tous les membres de l'Equipe, renouvellements et changements éventuels doivent être notifiés à la Cour.

Les Conseils, qui peuvent être de n'importe quelle nationalité, sont choisis parmi tous spécialistes, experts, praticiens, professeurs de droit international, professionnels du droit, recrutés en l'espèce pour assister le défendeur ou le demandeur durant toute la procédure. Agents, Conseils et Avocats seront, pour les

---

de procédure orale, la chambre a la faculté de demander aux parties de lui fournir verbalement des renseignements ou des explications ».

nécessités de la cause, couverts par le régime des privilèges et des immunités diplomatiques, qu'ils soient en provenance, en transit ou à destination du siège de la Juridiction[226].

A l'analyse, l'ouverture de l'instance par la RII est une expression directe d'un désaccord profond entre les parties qui ne sont pas arrivées à résoudre leur différend par des modes non juridictionnels et qui placent leurs attentes légitimes dans l'office du juge pour les départager.

Si la RII repose sur un texte requérant l'acceptation expresse, conditionnelle ou inconditionnelle des parties[227], il en est autrement du *forum prorogatum*[228] qui traduit l'acceptation tacite de la compétence d'une juridiction internationale résultant d'actes ou de comportements concluants, concordants, postérieurement à la saisine, des parties à l'instance, faisant ainsi générer au profit

[226] Selon l'Art. 42 du Statut : *« - 1. Les parties sont représentées par des agents.*
2. Elles peuvent se faire assister devant la Cour par des conseils ou des avocats. 3. Les agents, conseils et avocats des parties devant la Cour jouiront des privilèges et immunités nécessaires à l'exercice indépendant de leurs fonctions ».

[227] Comme le souligne la CIJ elle-même, *« La compétence de la Cour est fondée sur le consentement des Etats dans les conditions fixées par ceux-ci. Ni le Statut ni le Règlement de la Cour n'exigent cependant que le consentement des parties conférant ainsi compétence à la Cour s'exprime sous une forme déterminée (Détroit de Corfou - Royaume-Uni c. Albanie), exception préliminaire, arrêt, 1948, C.I.J. Recueil 1947-1948, p. 27). Le Statut mentionne expressément les voies par lesquelles les Etats peuvent exprimer leur acceptation de la compétence de la Cour. Ainsi, selon le paragraphe 1 de l'article 36 du Statut, une telle acceptation peut résulter d'un accord explicite des parties susceptible de se manifester de diverses manières. En outre, les Etats peuvent reconnaître la compétence de la Cour en faisant des déclarations à cette fin en application du paragraphe 2 de l'article 36 du Statut »*, CIJ, Affaire relative à *Certaines Questions concernant l'entraide judiciaire en matière pénale (Djibouti c. France)*, arrêt du 4 juin 2008, Rec. 2008, § 60 de l'arrêt.

[228] Formule latine habituellement traduite par l'expression « juridiction prorogée ».

de la partie demanderesse une conviction *bona fides* renforcée par l'argument solide de l'*estoppel*[229].

En effet, le *forum prorogatum*[230] conduit à l'extension de la compétence d'un tribunal, en lui permettant de statuer sur un litige qui n'aurait pas dû être porté devant lui. A cet égard, LAUTERPACHT, juge ad hoc[231] dans l'affaire *du Génocide*, en précisait, ainsi, le sens dans son opinion individuelle du 13 septembre 1993: *« Concernant la compétence, reste à examiner la question du forum prorogatum. Si un Etat, l'Etat A, introduit une instance contre un autre Etat, l'Etat B, sur une base de*

229 Principe général de droit (en latin,*venire contra factum proprium*) qui consiste en une fin de non-recevoir fondée sur l'interdiction à une partie de se contredire au détriment d'autrui et donc à ne pas accepter la position d'une partie contraire à son comportement habituel sur lequel les autres parties avaient en toute bonne foi fondé leur confiance et considération légitimes. Selon Gerald FITZMAURICE, « *la partie qui l'invoque [l'estoppel] doit "s'être fiée" aux déclarations ou à la conduite de l'autre partie, ceci à son propre détriment ou à l'avantage de l'autre. La nécessité souvent invoquée d'un "changement de position" subséquent de la partie qui invoque la forclusion ou l'estoppel, est implicite ici. A ce propos, une source fréquente de méprise consiste à présumer qu'un changement de position signifie que la partie qui invoque la forclusion (...) doit avoir été amenée à changer sa propre position par des actes qu'elle a elle-même accomplis en conséquence des déclarations ou de la conduite de l'autre partie. Il y a certainement du vrai en cela, mais le véritable sens de la présomption est que ces déclarations ou cette conduite de l'autre partie doivent avoir amené un changement dans les positions relatives des parties, empirant la position de l'un ou améliorant celle de l'autre, ou les deux à la fois* ». Opinion individuelle de G. FITZMAURICE, affaire du *Temple de Préah Vihéar,* CIJ, Rec., 1962.

230 Déjà, la CPJI déclarait à ce propos : *« il ne semble point douteux que la volonté d'un Etat de soumettre un différend à la Cour puisse résulter, non seulement d'une déclaration expresse, mais aussi d'actes concluants. Il paraît difficile de nier que le fait de plaider le fond, sans faire de réserve sur la* compétence, ne *doive être regardé comme une manifestation non équivoque de la volonté de l'Etat d'obtenir une décision sur le fond de l'affaire* » ; CPJI, *Affaire des Droits de minorités en Haute-Silésie (écoles minoritaires)*, arrêt n° 12 du 26 avril 1928 (Allemagne c. Pologne), Série A, Rec.1928.

231 Voir, André ORAISON, « Réflexions sur l'institution du juge *ad hoc* siégeant au tribunal du Palais de la paix en séance plénière ou en chambre *ad hoc* », RBDI, 1998/1, pp. 272-299..

compétence inexistante ou défectueuse, le forum prorogatum consiste en la possibilité pour l'Etat B d'y remédier en adoptant un comportement valant acceptation de la compétence de la Cour. La principale illustration de ce mécanisme est fournie par l'affaire du Détroit de Corfou (exception préliminaire, C.I.J. Recueil 194 7-19 48, p. 27-28), dans laquelle le Royaume-Uni avait unilatéralement introduit une instance contre l'Albanie sur la base d'une recommandation du Conseil de sécurité. L'Albanie, tout en soulevant une exception quant à la compétence de la Cour au motif que l'affaire aurait dû être portée devant elle au moyen d'un compromis, a néanmoins affirmé dans le même document qu'elle acceptait la compétence de la Cour dans cette affaire. La Cour a estimé qu'une telle déclaration était effective et constituait «une acceptation volontaire, indiscutable, de la juridiction de la Cour» et a également fait observer que « ni le Statut ni le Règlement n'exigent que ce consentement s'exprime sous une forme déterminée (ibid., p. 27)»[232].

La Cour s'est évertuée à cerner avec netteté le *forum prorogatum*[233] dans *l'Affaire Djibouti contre France*, en ces termes : *« La Cour a également interprété le paragraphe 1 de l'article 36 du Statut comme permettant de déduire le consentement de certains actes, acceptant ainsi la possibilité du forum prorogatum. Cette modalité joue lorsqu'un Etat défendeur a, par sa conduite devant la Cour ou dans ses relations avec la partie demanderesse, agi de manière telle qu'il a accepté la compétence de la Cour (Droits de minorités en Haute-Silésie (écoles minoritaires), arrêt n° 12, 1928, C.P.J.I. série A n° 15, p. 24).*

L'acceptation permettant à la Cour d'asseoir sa compétence doit être avérée. Cela vaut que sa compétence soit fondée sur le

[232] Opinion individuelle du juge *ad hoc*, LAUTERPACHT dans l'Affaire de l'*Application de la convention pour la prévention et la répression du crime de génocide (Bosnie-Herzégovine c. Serbie-et-Monténégro*), *Ordonnance du 13 septembre 1993 (Nouvelles demandes en indication de mesures conservatoires),* Rec. 1993, p. 416, § 24.

[233] Voir, Vincent POULIOT, « Le forum prorogatum devant la Cour Internationale de Justice. L'affaire Djibouti c. France », Hague Judicial journal, vol. 31, n° 3, 2008, pp.29-41.

forum prorogatum ou non. Comme la Cour l'a rappelé récemment, quelle que soit la source du consentement, l'attitude de l'Etat défendeur doit « pouvoir être regardée comme une « manifestation non équivoque » de la volonté de cet Etat d'accepter de manière « volontaire, indiscutable » la compétence de la Cour » (Activités armées sur le territoire du Congo (nouvelle requête : 2002) (République démocratique du Congo c. Rwanda), compétence et recevabilité, arrêt, C.I.J. Recueil 2006, p. 18 ; voir également Détroit de Corfou (Royaume-Uni c. Albanie), exception préliminaire, arrêt, 1948, C.I.J. Recueil 1947-1948, p. 27 ; Application de la convention pour la prévention et la répression du crime de génocide (Bosnie-Herzégovine c. Yougoslavie), exceptions préliminaires, arrêt, C.I.J. Recueil 1996 (II), p. 620- 621, par. 40 ; et Droits de minorités en Haute-Silésie (écoles minoritaires), arrêt n° 12, 1928, C.P.J.I. série A n° 15, p. 24). Pour que la Cour soit compétente sur la base d'un forum prorogatum, l'élément de consentement doit être explicite ou pouvoir être clairement déduit de la conduite pertinente de l'Etat (Anglo-Iranian Oil Co. - Royaume-Uni c. Iran), exception préliminaire, arrêt, C.I.J. Recueil 1952, p. 113-114 ; voir également Or monétaire pris à Rome en 1943 (Italie c. France, Royaume-Uni et Etats-Unis d'Amérique), arrêt, C.I.J. Recueil 1954, p. 30)»[234].

Il en ressort que le *forum prorogatum* permet d'étendre la compétence de la Cour sur le fondement du comportement implicitement favorable et non équivoque du défendeur après la soumission de la RII du demandeur. Comme l'illustrait la Cour : *« les parties ont, dans la présente affaire, accepté la juridiction de la Cour. Elles ont discuté au fond de toutes les questions soumises à celle-ci et n'ont rien objecté contre une décision au fond. Cette attitude des parties suffit à fonder la compétence de la Cour »*[235].

---

[234] CIJ, Affaire relative à *Certaines Questions concernant l'entraide judiciaire en matière pénale (Djibouti c. France)*, arrêt du 4 juin 2008, Rec. 2008, §§ 61 et 62 de l'arrêt.

[235] CIJ, *Affaire du droit d'asile*, arrêt du 13 juin 1951, Rec. 1951.

En dehors de la requête unilatérale dont le fondement juridique est pluriel, d'autres modalités de saisine contentieuse résultent de l'application d'un compromis, d'une clause compromissoire ou d'une déclaration facultative de juridiction obligatoire. **(Voir ANNEXES n° 1 et n° 2)**

B. La déclaration facultative, la clause compromissoire ou le compromis

Le consentement d'un Etat à la juridiction peut, en outre, se manifester par ces différents instruments juridiques.

- **Le compromis**

Le recours à la compétence contentieuse d'une juridiction internationale peut d'abord emprunter la base juridique d'un compromis, exprimant le consentement des parties[236].

L'article 36 du Statut de la Cour dispose en son paragraphe 1 que la compétence de la Cour s'étend à toutes les affaires que les parties lui soumettront. Dans ces cas, la Cour est normalement saisie par la notification au Greffe d'un accord, dit *compromis*, conclu spécialement à cet effet par les parties. L'objet du différend et les parties doivent être indiqués (Statut, art. 40, § 1 ; Règlement, art. 39). Un compromis est un accord écrit et donc signé entre deux ou plusieurs parties permettant de saisir une Cour[237]. Les parties au litige s'entendent sur les motifs de leur

[236] Dans le cas contraire, la Cour sera obligée de décliner sa compétence. Ainsi a-t-elle admis que sa compétence était exclue dans les Affaires suivantes :*Traitement en Hongrie d'un avion des Etats-Unis d'Amérique et de son équipage (Etats-Unis d'Amérique c. Hongrie) (Etats-Unis d'Amérique c. URSS)* ; *Incident aérien du 10 mars 1953 (Etats-Unis d'Amérique c. Tchécoslovaquie)* ; *Antarctique (Royaume-Uni c. Argentine) (Royaume-Uni c. Chili)* ; *Incident aérien du 7 octobre 1952 (Etats-Unis d'Amérique c. URSS)* ; *Incident aérien du 4 septembre 1954 (Etats-Unis d'Amérique c. URSS)* ; *Incident aérien du 7 novembre 1954 (Etats-Unis d'Amérique c. URSS),* voir site de la C.I.J.

[237] Un compromis a été à la base de la soumission des affaires suivantes : *Droit d'asile (Colombie / Pérou)* ; *Minquiers et Ecréhous (France / Royaume-Uni); Souveraineté sur certaines parcelles frontalières (Belgique / Pays-Bas); Plateau continental de la mer du Nord (République fédérale d'Allemagne / Danemark; République fédérale*

dispute et les règles de droit applicable. Une fois le compromis signé, elles le font enregistrer au greffe de la juridiction qui le notifie à tout Etat intéressé ou le publie par voie de presse. Il s'agit généralement d'un accord en forme simplifiée ou solennelle, conclu entre dans le but précis de soumettre un différend actuel à la Cour, mettant alors les parties ou les deux parties dans un statut hybride à la fois de demandeur et de défendeur.

En revanche, le "Compromis" (en anglais "*compromise*" ou encore *"arbitration agreement*") est la convention par laquelle, après la naissance d'un différend qui les oppose, des parties décident de le porter devant une Cour par la notification du document. Ce texte à caractère bilatéral peut lui être transmis par l'un ou l'autre des Etats en cause, ou les deux. Il doit indiquer l'objet du différend et les parties. Comme il n'y a ni défendeur ni demandeur, leurs noms sont, dans les publications de la Cour, séparés par une barre oblique à la suite du titre de l'affaire (exemple : *Bénin / Niger*) tandis que les affaires introduites par RII sont formulés ainsi : *Etat A c Etat B.* **(Voir ANNEXE n° 3).**

---

d'Allemagne / Pays-Bas); Plateau continental (Tunisie / Jamahiriya arabe libyenne); Délimitation de la frontière maritime dans la région du golfe du Maine (Canada / Etats-Unis d'Amérique) (affaire portée devant une chambre); Plateau continental (Jamahiriya arabe libyenne / Malte); Différend frontalier (Burkina Faso / République du Mali) (affaire portée devant une chambre) ; Différend frontalier terrestre, insulaire et maritime (El Salvador / Honduras) (affaire portée devant une chambre) ; Différend territorial (Jamahiriya arabe libyenne / Tchad) ; Projet Gabcíkovo-Nagymaros (Hongrie / Slovaquie); Ile de Kasikili / Sedudu (Botswana / Namibie) ; Souveraineté sur Pulau Ligitan et Pulau Sipadan (Indonésie / Malaisie) ; Affaire du Différend frontalier (Bénin / Niger) (affaire portée devant une chambre) ; Souveraineté sur Pedra Branca / Pulau Batu Puteh, Middle Rocks et South Ledge (Malaisie / Singapour). Toutefois, on peut signaler que dans l'affaire du *Détroit de Corfou* (Royaume-Uni c. Albanie), le compromis n'a été conclu qu'après le prononcé de l'arrêt sur l'exception préliminaire et dans *l'affaire de la Sentence arbitrale rendue par le roi d'Espagne le 23 décembre 1906 (Honduras c. Nicaragua)* ; bien qu'elle ait été introduite par une requête hondurienne, les Parties s'étaient au préalable mises d'accord sur la procédure à suivre devant la Cour.

- **La clause compromissoire**

C'est une disposition d'un traité international qui autorise chacune des parties en cas de différend avec une autre partie à saisir une juridiction nommément désignée à l'avance. Certains traités ou conventions prévoient la compétence de la Cour. Il s'agit désormais d'une pratique internationale courante que d'insérer dans les accords internationaux, bilatéraux ou multilatéraux, des dispositions, dites clauses compromissoires, énonçant que certaines catégories de litige devront ou pourront être soumis à un ou plusieurs modes de règlement pacifique des différends dont les règlements arbitral ou judiciaire. La pratique connaît diverses formules de clauses compromissoires, que l'on retrouve d'un traité à l'autre.

Une clause compromissoire est une disposition (ici d'un traité) prévoyant à l'avance (avant la survenance d'un différend), que dans l'éventualité de sa venue une juridiction pourra, à l'initiative de l'Etat partie le plus diligent, être saisie pour le résoudre par la voie d'une requête (RII), voire même à la diligence de deux parties qui, par voie de compromis, peuvent préciser subsidiairement les termes de leur différend.

Selon le Guide pratique sur la reconnaissance de la compétence de la Cour internationale de Justice, « *deux catégories de traités peuvent être identifiées : a) Les traités bilatéraux ou multilatéraux portant sur une matière spécifique (par exemple le commerce ou le transport aérien) et contenant une clause attribuant compétence à la Cour pour les différends juridiques relatifs à l'interprétation ou l'application de ce même traité ; b) Les traités bilatéraux ou multilatéraux portant spécifiquement sur le règlement pacifique des différends et attribuant compétence à la Cour pour tout différend entre parties au traité, indépendamment de l'objet du différend* »[238].

[238] Annexe à la lettre datée du 24 juillet 2014 adressée au Secrétaire général par le Représentant permanent de la Suisse auprès de l'Organisation des Nations Unies. Guide pratique sur la reconnaissance de la compétence de la Cour internationale de Justice : modèles de clauses et formulations-types.

Il en résulte la distinction entre les clauses compromissoires générales et les clauses compromissoires spéciales. Les premières attribuent compétence à toute juridiction internationale et pour n'importe quelle catégorie de différends d'ordre juridique entre Etats parties.

Les secondes, spéciales, réservent la compétence de la Cour aux seules catégories de différends précisées dans les articles du traité ou orientent l'examen du différend vers une juridiction nommément désignée dans la clause.En pratique, plusieurs conventions internationales prévoient, en cas de différend, la compétence solitaire ou alternative de la CIJ,commel'art.7 de l'Acte relatif à la navigation et à la coopération économique entre les Etats du bassin du Niger, adopté à Niamey le 26 octobre 1963 ; l'art. 64 de la Convention pour le règlement des différends relatifs aux investissements entre Etats et ressortissants d'autres Etats du 18 mars 1965 ; l'art. XIV du Traité d'amitié et de relations économiques entre les Etats-Unis et le Togo du 8 février 1966 ; l'art. 9 de l'Accord de gestion et de coopération entre la Guinée-Bissau et le Sénégal, signé à Dakar le 14 octobre 1993 ; l'art.32 de l'Accord sur les privilèges et immunités de la Cour pénale internationale du 9 septembre 2002[239], etc.

Par ailleurs, le Statut de la CIJ confère une compétence supplémentaire à la Cour lorsqu'un traité ou une convention en vigueur prévoit le renvoi à une juridiction instituée par la SDN ou à la CPJI, alors la CIJ constituera cette juridiction[240]. (***Voir ANNEXE n° 4***)

- **La déclaration**

Certaines juridictions prévoient à côté de la requête introductive d'instance, du compromis et de la clause compromissoire, une déclaration. En vertu de l'art. 36 §2 de son Statut, la CIJ est compétente pour traiter des différends soumis à son prétoire par requête unilatérale en application d'une déclaration d'un Etat reconnaissant sa compétence.

[239] Voir liste des traités sur le site de la CIJ.

[240] Art. 37 du Statut de la CIJ.

Autrement dit, par l'effet combiné et croisé des déclarations unilatérales, dans la mesure où elles coïncident, chaque Etat ayant accepté la juridiction obligatoire de la Cour a le droit de citer devant celle-ci, en lui soumettant une requête, un ou plusieurs Etats ayant accepté la même obligation et, inversement, chaque Etat s'engage à se présenter devant la Cour au cas où il serait cité par un ou plusieurs de ces Etats. En effet, selon l'art. 36 du Statut de la CIJ : « *1. La compétence de la Cour s'étend à toutes les affaires que les parties lui soumettront, ainsi qu'à tous les cas spécialement prévus dans la Charte des Nations Unies ou dans les traités et conventions en vigueur.*

2. Les Etats parties au présent Statut pourront, à n'importe quel moment, déclarer reconnaître comme obligatoire de plein droit et sans convention spéciale, à l'égard de tout autre Etat acceptant la même obligation, la juridiction de la Cour sur tous les différends d'ordre juridique ayant pour objet :

a. l'interprétation d'un traité ;

b. tout point de droit international ;

c. la réalité de tout fait qui, s'il était établi, constituerait la violation d'un engagement international ;

d. la nature ou l'étendue de la réparation due pour la rupture d'un engagement international.

3. Les déclarations ci-dessus visées pourront être faites purement et simplement ou sous condition de réciprocité de la part de plusieurs ou de certains Etats, ou pour un délai déterminé.

4. Ces déclarations seront remises au Secrétaire général des Nations Unies qui en transmettra copie aux parties au présent Statut ainsi qu'au Greffier de la Cour.

5. Les déclarations faites en application de l'Article 36 du Statut de la Cour permanente de Justice internationale pour une durée qui n'est pas encore expirée seront considérées, dans les rapports entre parties au présent Statut, comme comportant acceptation de la juridiction obligatoire de la Cour internationale de Justice pour la durée restant à courir d'après ces déclarations et conformément à leurs termes.

6. En cas de contestation sur le point de savoir si la Cour est compétente, la Cour décide ».

La déclaration facultative de juridiction obligatoire[241] (ci-après, DFJO), est un acte unilatéral écrit, qui peut être modifié ou retiré à tout moment. Elle peut se faire sous condition de réciprocité (généralement) ou sans condition de réciprocité.

Les déclarations d'acceptation de la juridiction obligatoire de la Cour sont des engagements facultatifs[242]. Au regard de la jurisprudence de la Cour, un certain nombre de considérations peuvent être retenues :

- Comme le fait pour un Etat de se retirerd'un traité, le retrait de la DFJO doit se faire dans un délai raisonnable, surtout si celle-ci ne prescrit pas de durée[243].

- La juridiction n'existe que dans les termes où elle a été acceptée[244].

- Il n'existe aucune raison de restreindre une réserve aux DFJO[245].

- Un Etat qui accepte la compétence de la Cour doit prévoir qu'une requête puisse être introduite contre lui devant celle-ci par tout Etat faisant même ultérieurement une DFJO[246].

---

[241] Cf.Jacques SOUBEYROL, « Validité dans le temps de la déclaration d'acceptation de la juridiction obligatoire », AFDI, vol. 5, 1959, pp. 232-257 ; Gharbi FAKHRI, « Le statut des déclarations d'acceptation de la juridiction obligatoire de la C.I.J », Les Cahiers de Droit, Université de Laval, vol. 49, n° 2, 2002, pp. 213-274.

[242] CIJ, arrêt du 26 novembre 1984, affaire des *Activités militaires au Nicaragua*, Rec. 1984, 418, § 59 ; CIJ, arrêt du 21 juin 2000, *affaire de l'Incident aérien du 10 août 1999*, Rec. 2000, § 36.

[243] CIJ, arrêt du 26 novembre 1984, *affaire des Activités militaires au Nicaragua*, Rec. 1984, 420.

[244] C.P.J.I., arrêt du 14 juin 1938, *affaire des Phosphates du Maroc*, Série A/B, n° 74, 23; CIJ, arrêt du 21 juin 2000, *affaire Incident aérien*, op. cit, Rec. 2000, § 36.

[245] CIJ, *arrêt du 4 décembre 1998, affaire des Pêcheries*, Rec. 1998, § 44.

[246] CIJ, arrêt du 26 novembre 1957, *affaire du Droit de passage,* exceptions préliminaires. Rec. 1957, p. 146 ; CIJ, arrêt du 11 juin 1998, *affaire de la Frontière Cameroun-Nigeria,* exceptions préliminaires, Rec. 1998, p. 291, § 25.

- Une DFJO « *est sans effet sur l'engagement [de reconnaître] la juridiction de la Cour formulé dans un traité* »[247].

L'introduction de l'instance met au premier plan les Agents des parties qui auront à signer l'original de chaque pièce de procédure qui sera déposé au greffe et communiqué à l'autre partie (art. 40du Règlement de la Cour). Dès la réceptionde la requête ou le plus tôt possible après, le défendeur fait connaître à la Cour le nom de son agent (art. 40 § 2).

Sic'est un compromis, « *la partie procédant à la notification indique le nom de son agent. Toute autre partie au compromis fait connaître à la Cour le nom de son agent dès qu'elle reçoit du Greffier une copie certifiée conforme de la notification ou le plus tôt possible après, si elle ne l'a déjà fait* » (art. 40 § 3).

Avant le commencement de la phase écrite, des consultations auxquelles sont conviés les Agents sont organisées par le Président pour recueillir des renseignements des parties sur les questions de procédure. Sur la base des informations obtenues, la Cour (ou le Président si la Cour ne siège pas), prend les ordonnances nécessaires concernant le nombre et l'ordre des pièces de procédure ainsi que les délais pour leur présentation, délais qui peuvent être prorogés à la demande d'une partie. Il est aussi admis qu'à tout moment de la procédure avant le prononcé de l'arret, les parties peuvent informer la Cour de leur désistement à l'instance. Dans ce cas, la Cour ou le Président rendra une ordonnance de désistement et pourvoira à la radiation de l'affaire du rôle de la juridiction (art. 88 du Règlement).

Dans ce sillage, si une Cour de justice dispose d'un nombre déterminé de membres, une Partie à l'instance peut user de son droit de nommer un juge *ad hoc*[248], conformément à l'art. 31 du Statut « *1. Les juges de la nationalité de chacune des parties conservent le droit de siéger dans l'affaire dont la Cour est saisie.*

2. Si la Cour compte sur le siège un juge de la nationalité d'une des parties, toute autre partie peut désigner une personne

---

[247] CIJ, arrêt du 20 décembre 1988, *affaire des Actions armées frontalières et transfrontalières,* Rec. 1988, §§ 85-88.

[248] Les quinze juges de la CIJ sont élus pour un mandat de neuf ans renouvelable.

de son choix pour siéger en qualité de juge. Celle-ci devra être prise de préférence parmi les personnes qui ont été l'objet d'une présentation en conformité des articles 4 et 5.

3. Si la Cour ne compte sur le siège aucun juge de la nationalité des parties, chacune de ces parties peut procéder à la désignation d'un juge de la même manière qu'au paragraphe précédent.

4. Le présent article s'applique dans le cas des articles 26 et 29. En pareils cas, le Président priera un, ou, s'il y a lieu, deux des membres de la Cour composant la chambre, de céder leur place aux membres de la Cour de la nationalité des parties intéressées et, à défaut ou en cas d'empêchement, aux juges spécialement désignés par les parties.

5. Lorsque plusieurs parties font cause commune, elles ne comptent, pour l'application des dispositions qui précèdent, que pour une seule. En cas de doute, la Cour décide.

6. Les juges désignés comme il est dit aux paragraphes 2, 3 et 4 du présent article doivent satisfaire aux prescriptions des articles 2, 17 (paragraphe 2), 20 et 24 du présent Statut. Ils participent à la décision dans des conditions de complète égalité avec leurs collègues ».

L'institution de juge *ad hoc* vise à mettre les Parties sur le même pied d'égalité et à lever toute équivoque, tout doute du défendeur ou du demandeur sur l'impartialité de la juridiction saisie si elle compte parmi ses membres un juge de la nationalité d'une des parties[249]. L'intention des parties à désigner un juge *ad hoc* doit être formulée assez tôt pour permettre d'organiser la procédure en ce sens[250]. Les parties doivent annoncer le plus tôt

---

[249] Ainsi, ont été juges *ad hoc*, Gilbert GUILLAUME (nommé par le Kenya) dans *l'Affaire de la Délimitation maritime dans l'océan indien (Somalie c. Kenya)* ; James L. KATEKA nommé par la Guinée Equatoriale dans *l'Affaire des Immunités et procédures pénales (Guinée Equatoriale c. France)* ; Kéba MBAYE nommé par le Sénégal dans *l'Affaire de la sentence arbitrale du 31 juillet 1989* et par le Cameroun dans *l'Affaire de la Frontière terrestre et maritime entre le Cameroun et le Nigeria*, Guinée Equatoriale (intervenant), etc.

[250] Le juge *ad hoc* participe à toute décision concernant l'affaire pour laquelle il a été désigné sur un pied de complète égalité avec ses collègues

possible leur intention de désigner un juge *ad hoc*. Au cas, relativement fréquent, où plus de deux parties sont en litige, il est prévu que celles qui font en réalité cause commune ne peuvent désigner qu'un seul et même juge *ad hoc* - ou aucun si l'une d'elles a déjà un juge de sa nationalité en mesure de siéger. On peut ainsi concevoir plusieurs types de situations, dont les suivantes se sont réalisées dans la pratique : deux juges nationaux ; deux juges *ad hoc* ; un juge national et un juge *ad hoc* ; ni juge national ni juge *ad hoc*.

Ces différentes situations relatives à l'acte introductif d'instance, au juge ad hoc ou au désistement, jalonnent souvent la procédure contentieuse qui admet également les exceptions préliminaires. **(Voir ANNEXE n° 5)**

Paragraphe II – Les Exceptions Préliminaires

La plupart des juridictions internationales[251] retiennent la possibilité d'examiner des exceptions préliminaires[252]. Il s'agit d'un moyen de défense offert aux parties pour éventuellement

---

et reçoit une indemnité pour chaque jour où il exerce ses fonctions, c'est-à-dire pour chaque journée qu'il passe à La Haye afin de participer aux travaux de la Cour, en plus de chacune des journées qu'il consacre effectivement à l'étude de l'affaire en dehors de La Haye, voir art.7 du Règlement de la Cour.

[251] La CPJI avait, de manière indirecte, défini une exception préliminaire : *« Par conséquent, d'une part, la seconde exception préliminaire lithuanienne étant présentée afin d'exclure l'examen par la Cour du fond de l'affaire, et la Cour pouvant statuer sur ladite exception sans se prononcer en aucune façon sur le fond de l'affaire, l'exception doit être retenue comme préliminaire, au sens de l'article 62 du Règlement. D'autre part, en ce qui concerne le fond même de l'exception, il est constant que la société estonienne n'a institué aucun procès devant les tribunaux lithuaniens pour faire valoir son titre au chemin de fer Panevezys-Saldutiskis. L'exception doit donc être considérée comme recevable en ce qui concerne son caractère préliminaire et justifiée en ce qui concerne son fond »,* CPJI, *Affaire du Chemin de fer Panevezys-Saldutiski*, arrêt du 28 février 1939, Séries A/B, Arrêts, Ordonnances et Avis consultatifs, n° 76, p.22.

[252] Voir Jean-Pierre QUENEUDEC, « Observations sur le traitement des exceptions préliminaires par la CIJ dans les affaires de la Lockerbie », AFDI, vol. 44, 1998, pp. 312-323.

contester la validité formelle ou matérielle de l'acte introductif d'instance.

Elles consistent pour le défendeur, soit à réfuter la compétence de la juridiction saisie par le demandeur, soit à contester la recevabilité de la requête (A). Ces exceptions suivent un déroulement spécifique comportant des effets décisifs (B) sur le reste de la procédure.

A. L'exception d'irrecevabilité et l'exception d'incompétence

La raison justifiant la soumission et le traitement d'un acte introductif d'exception préliminaire est à rechercher à la fois dans la dévotion à la souveraineté de l'Etat mais aussi dans la démarche prudente que doit emprunter toute Cour avant l'examen au fond d'un différend, de s'assurer au préalable de la recevabilité de la requête ou de sa propre compétence.

Même si toute Cour peut vérifier d'office si les conditions de recevabilité ou de compétence sont réunies, dans le cas des exceptions préliminaires, elle est plus encline à serrer son contrôle et à prêter davantage attention aux arguments des parties. En vertu de son pouvoir discrétionnaire, un Etat peut soulever autant d'exceptions préliminaires qu'il envisage, comme ne pas en relever du tout.

Ces questions préalables et incidentes auxquelles une Cour de justice ou un tribunal arbitral est invité(e) à se prononcer, sont principalement mises en action par le défendeur[253] et permettent de contester la validité de l'acte introductif d'instance en raison de certaines irrégularités de fond ou de forme. Ces objections à la

[253] Selon la CIJ, le demandeur peut aussi soulever une exception préliminaire, voir le cas de l'Italie *dans l'affaire de « l'or monétaire pris à Rome en 1943», Exception préliminaire,* arrêt du 15 juin 1954. Pour la Cour, « *Il est assurément insolite que l'État qui a introduit une demande en présentant une requête vienne contester la juridiction de la Cour à laquelle il s'est volontairement adressé. Dans le cas présent, c'est l'Italie qui, après avoir saisi la Cour, a soulevé une question relativement à la compétence de la Cour. Mais ceci doit être compris à la lumière des circonstances de l'espèce »,* Rec. 1954, p. 28.

requêteou au compromis doivent être soulevées « *in limine litis* » (au seuil du procès).

Lato sensu, une troisième catégorie d'exception de procédure, en sus des exceptions d'irrecevabilité et d'incompétence, engloberait une procédure débouchant sur le *« non-lieu »* à statuer, lorsque le différend disparaît après l'acte introductif de l'instance. Dans cette même veine, certains auteurs incluent parmi les exceptions préliminaires, toute exception procédurale suffisamment articulée pour se distinguer, comme dans les cas d'une forclusion, d'un désistement[254], d'un acquiescement[255], de la chose jugée, de la litispendance[256], d'une obligation préalable de négociations[257], etc.

[254] On distingue le désistement d'action qui consiste en un abandon définitif par le saisissant du droit d'ester devant une juridiction concernée, et le désistement d'instance qui ne vise que la procédure en cours devant une juridiction spécifique et n'entraine aucun renoncement à user à nouveau de cette voie de droit, même concernant les mêmes parties. Cf. CIJ, *Affaire de la Barcelona Traction Light and Power Company Limited*, Exceptions préliminaires, arrêt du 24 juillet 1964, Rec, 1964, p. 1 : *« La Cour accepte le premier argument, d'après lequel un désistement est un acte purement procédural dont la véritable signification doit être recherchée dans les circonstances de l'espèce. En revanche, la Cour ne peut accepter le deuxième argument, selon lequel un désistement doit toujours être considéré comme emportant renonciation à tout droit d'action pour l'avenir, à moins que le droit d'intenter une nouvelle instance ne soit expressément réservé. Comme la lettre de désistement du demandeur en l'espèce ne contenait aucun motif et qu'elle était très clairement limitée à l'instance introduite par la première requête, la Cour considère qu'il incombe au défendeur d'établir que le désistement visait autre chose que la fin de cette instance ».*

[255] Voir CIJ, *Affaire de la sentence arbitrale rendue par le Roi d'Espagne le 23 décembre 1906*, arrêt du 18 novembre1960.

[256] Situation dans laquelle, une même affaire est soumise à deux juridictions également compétentes, ce dilemme pouvant se résoudre par le dessaisissementde la Cour saisie en second lieu.

[257] Cependant, ne constitue pas « *un préalable à la saisine de la Cour* » l'obligation d'épuisement des négociations diplomatiques (CIJ, Affaire de la *Frontière Cameroun-Nigeria,* arrêt du 11 juin 1998, exceptions préliminaires, Rec. 1998, p . 303, § 56 ; TIDM, *Affaire des Travaux de poldérisation par Singapour à l'intérieur et à proximité du détroit de Johor (Malaisie c. Singapour), mesures conservatoires*, Ordonnance du 8 octobre 2003, § 52), sauf si *« un instrument liant les parties ne dispose*

Cette position serait un peu trop extensive car elle charrie plus de procédés incidents qui sont des arguments à développer de préférence dans les futures phases écrite et orale.

Quoi qu'il en soit, pour la Cour *« une exception préliminaire doit être déposée dans le délai fixé pour le dépôt du contre-mémoire »*[258], ce qui, en soi, *« ne préjuge en rien le fond »*[259].

Une juridiction doit donc s'attacher à clarifier la nature du différend qui lui est soumis et l'examen d'une exception préliminaire lui donne de manière surabondante le pouvoir de s'y plier, puisque la Cour *« a pour tâche de résoudre des différends existant entre Etats. L'existence d'un différend est donc la condition première de l'exercice de sa fonction judiciaire ; on ne peut se contenter à cet égard des affirmations d'une partie car l'existence d'un différend international demande à être établie objectivement. Le différend dont la Cour a été saisie doit donc persister au moment où elle statue »*[260].

La procédure contentieuse laisse une grande marge de manœuvre pour soulever une ou plusieurs exception(s), commencer par une exception d'irrecevabilité et enchaîner par une exception d'incompétence ou de les combiner à l'envi. Le défendeur peut à la fois soulever l'exception d'irrecevabilité et l'exception d'incompétence. Une telle débauche effrénée ou raisonnée doit suivre une procédure normée.

---

qu'elles sont un préalable à la saisine de la Cour : dans ce cas de simples protestations ne suffisent pas à remplir la condition de l'épuisement préalable des négociations », CIJ, Affaire des *Activités armées au Congo* (RDC / Rwanda), arrêt du 3 février 2006, Rec. 2006, § 91.

258 CIJ, *Affaire de l'Incident aérien du 3 juillet 1988*, ordonnance du 13 décembre 1989, Rec. 1989, §133.

259 CIJ, *Affaire des Terres à phosphates à Nauru,* arrêt du 26 juin 1992, Rec. 1992, § 262.

260 CIJ, *Affaire des essais nucléaires*, arrêt du 20 décembre 1974, Rec. 1974, §§ 271 et 476 ; CIJ, *Affaire de l'Interprétation des traités de paix*, Avis consultatif du 30 mars 1950, Rec. 1950, § 74 ; CIJ, *Affaire du Timor oriental,* arrêt du 30 juin 1995, Rec. 1995, § 100.

B. Procédure et effets des exceptions préliminaires

Le traitement des exceptions préliminaires suit une phase écrite et une phase orale marquées par l'exigence de respect de conditions de fond et de forme, ainsi synthétisée par l'article 79 du Règlement de la CIJ : *« 1. Toute exception à la compétence de la Cour ou à la recevabilité de la requête ou toute autre exception sur laquelle le défendeur demande une décision avant que la procédure sur le fond se poursuive, doit être présentée par écrit dès que possible, et au plus tard trois mois après le dépôt du mémoire. Toute exception soulevée par une partie autre que le défendeur doit être déposée dans le délai fixé pour le dépôt de la première pièce de procédure émanant de cette partie*

2. Nonobstant les dispositions du paragraphe 1 ci-dessus, après le dépôt de la requête et après consultation des parties lors d'une réunion avec le Président, la Cour peut décider qu'il est statué séparément sur toute question de compétence et de recevabilité.

3. Lorsque la Cour en décide ainsi, les parties déposent toutes pièces de procédure relatives à la compétence et à la recevabilité dans les délais fixés par la Cour et dans l'ordre déterminé par celle-ci, nonobstant les dispositions de l'article 45, paragraphe 1.

4. L'acte introductif de l'exception contient l'exposé de fait et de droit sur lequel l'exception est fondée, les conclusions et le bordereau des documents à l'appui ; il fait mention des moyens de preuve que la partie désire éventuellement employer. Les documents à l'appui sont annexés sous forme de copies.

5. Dès réception par le Greffe de l'acte introductif de l'exception, la procédure sur le fond est suspendue et la Cour ou, si elle ne siège pas, le Président fixe le délai dans lequel la partie contre laquelle l'exception est introduite peut présenter un exposé écrit contenant ses observations et conclusions ; les documents à l'appui y sont annexés et les moyens éventuels de preuve sont indiqués.

6. Sauf décision contraire de la Cour, la suite de la procédure sur l'exception est orale.

7. Les exposés de fait et de droit contenus dans les pièces de procédure mentionnées aux paragraphes 4 et 5 du présent article et les exposés et moyens de preuve présentés pendant les audiences envisagées au paragraphe 6, sont limités aux points ayant trait à l'exception.

8. Pour permettre à la Cour de se prononcer sur sa compétence au stade préliminaire de la procédure, la Cour peut, le cas échéant, inviter les parties à débattre tous points de fait et de droit, et à produire tous moyens de preuve, qui ont trait à la question.

9. La Cour, après avoir entendu les parties, statue dans un arrêt par lequel elle retient l'exception, la rejette ou déclare que cette exception n'a pas, dans les circonstances de l'espèce, un caractère exclusivement préliminaire. Si la Cour rejette l'exception ou déclare qu'elle n'a pas un caractère exclusivement préliminaire, elle fixe les délais pour la suite de la procédure.

10. La Cour donne effet à tout accord intervenu entre les parties et tendant à ce qu'une exception soulevée en vertu du paragraphe 1 du présent article soit tranchée lors de l'examen au fond ».

Dans la procédure internationale, l'introduction d'une exception préliminaire a pour effet de suspendre la procédure sur le fond. Mais la Cour a la latitude de verser l'exception au fond en se prononçant par un seul acte juridique qui règle à la fois les exceptions préliminaires et les questions du fond.

La Cour connaît le droit et est, seule, à décider si la requête est recevable ou non, et si sa compétence est établie ou pas[261]. La Cour est seule juge de sa compétence. Si le défendeur soulève l'exception d'irrecevabilité, la Cour vérifie si la requête est recevable ou non. Si la cour rend un arrêt confirmant l'irrecevabilité de la requête, l'affaire est radiée du registre de la

[261] Selon un principe de droit international, *« il est admis, conformément à des précédents antérieurs, qu'à moins de convention contraire, un tribunal international est juge de sa propre compétence et a le pouvoir d'interpréter à cet effet les actes qui gouvernent celle-ci », CIJ, Affaire Nottebohm,* arrêt du 18 novembre 1953, Exceptions préliminaires, Rec. 1953, § 119.

Cour. Le procès s'arrête prématurément. Si en revanche, la Cour affirme que la requête est recevable, le procès continue. Sur chaque exception soulevée, il appartient au juge de se prononcer. Une seule irrecevabilité ou incompétence serait-elle retenue, qu'elle constituerait un motif suffisant pour que l'affaire soit radiée du rôle de la Cour. Son jugement peut aboutir, selon les cas, à deux types d'arrêts : un arrêt sur les exceptions préliminaires et un arrêt sur le fond ; il peut aussi renvoyer l'affaire au fond pour faire un seul arrêt (1ère partie : exception préliminaire, 2e partie : le fond).

En face d'une exception préliminaire, une Cour peut adopter l'une des décisions suivantes :

- rejeter toutes les exceptions préliminaires ; dans ce cas, elle poursuit le procés au principal sans désemparer ;

- accepter au moins une exception, ce qui met fin à toute (ou à une partie de) l'instance ;

- décider de se prononcer sur un seul acte ;

- ou enfin, se prononcer sur les exceptions préliminaires tout en décidant de joindre au fond celles des exceptions qui ne présentent pas un caractère exclusivement préliminaire.

Il en appert que la pratique des exceptions préliminaires est très fréquente devant les juridictions internationales, communautaires et des droits de l'Homme. Elle s'apparente assez à l'exception préjudicielle, sauf que cette dernière est plutôt fondée sur le risque de préjudice irréparable et s'exerce par le truchement d'un dialogue entre les juges[262].

Une fois les exceptions préliminaires purgées ou si l'acte introductif d'instance n'a pas fait l'objet d'obstacles dirimants, il s'ensuit le déroulé de la procédure dont le cours oscille entre phase écrite et phase orale.

[262] Voir, plus loin, les recours communautaires.

Paragraphe III – Le déroulement de l'instance

La procédure contentieuse comporte deux phases : la phase écrite et la phase orale[263] (A) avec la possibilité d'incidents processuels (B).

A. Les phases de la procédure

On distingue deux phases, l'une écrite et l'autre orale.

1. La phase écrite

La procédure écrite est organisée sur la base des ordonnances[264] prononcées par la Cour ou son Président qui fixe, après consultations des parties au procès, le nombre des pièces de procédure, leur ordre et leur délai de présentation (art. 44.1 du Règlement). Les délais sont prorogeables à la demande de l'une des parties (art. 44.3 du règlement).

Si l'instance a été introduite par un compromis, celui-ci peut fixer délais, ordre, nombre de pièces et langue de la procédure. A défaut du compromis sur ces points, la procédure est analogue à celle prévue pour la RII, à savoir la soumission d'un mémoire, d'un contre mémoire et éventuellement, d'une réplique et d'une duplique (art. 45 et 46 du Règlement). Il s'agit de demander à chaque partie de développer ses arguments. Toute pièce de procédure émanant d'une partie (original et photocopie selon l'art. 50 du Règlement) doit être communiquée à l'autre partie qui est ainsi en mesure de la discuter.

[263] Art. 43 du Statut de la Cour « *1. La procédure a deux phases : l'une écrite, l'autre orale. 2. La procédure écrite comprend la communication à juge et à partie des mémoires, des contre-mémoires et, éventuellement, des répliques, ainsi que de toute pièce et document à l'appui. 3. La communication se fait par l'entremise du Greffier dans l'ordre et les délais déterminés par la Cour. 4. Toute pièce produite par l'une des parties doit être communiquée à l'autre en copie certifiée conforme. 5. La procédure orale consiste dans l'audition par la Cour des témoins, experts, agents, conseils et avocats* ».

[264] Voir art. 48 du Statut « *La Cour rend des ordonnances pour la direction du procès, la détermination des formes et délais dans lesquels chaque partie doit finalement conclure; elle prend toutes les mesures que comporte l'administration des preuves* ».

A ce stade, on n'a pas besoin de témoins, seuls les documents écrits sont admis : mémoire, contre mémoire ; réplique, contre-réplique et toutes preuves. Les agents, conseils et avocats de chaque partie sont connus. Chaque partie peut commettre des experts à ses propres frais. La cour peut commettre également à ses frais, ses propres experts[265] qui font une contre-expertise.

Le formalisme judiciaire s'exprime fortement à travers une procédure écrite dont l'article 49 dudit Règlement explicite ainsi le sens et la portée : « *1. Le mémoire contient un exposé des faits sur lesquels la demande est fondée, un exposé de droit et les conclusions. 2. Le contre-mémoire contient : la reconnaissance ou la contestation des faits mentionnés dans le mémoire; le cas échéant, un exposé additionnel des faits ; des observations relatives à l'exposé de droit contenu dans le mémoirev; un exposé de droit en réponse ; et les conclusions.*

3. La réplique et la duplique, si la Cour en autorise la présentation, ne répètent pas simplement les thèses des parties mais s'attachent à faire ressortir les points qui les divisent encore.

4. Toute pièce de procédure énonce les conclusions de la partie qui la dépose, au stade de la procédure dont il s'agit, en les distinguant de l'argumentation, ou confirme les conclusions déjà présentées ».

Dans cette phase, le choix de la langue dans laquelle se déroulera le procès dépend d'abord des deux langues officielles : le français et l'anglais. Si l'Etat envoie des documents dans d'autres langues que la langue du procès, c'est à lui d'en fournir les traductions[266].

Dans la phase écrite, la juridiction va décider si l'audience sera publique (généralement) ou à huis clos. L'audience publique n'est pas retransmise à la télévision sauf dans certains cas avec l'accord des parties.

---

[265] Voir art. 50 du Statut « *À tout moment, la Cour peut confier une enquête ou une expertise à toute personne, corps, bureau, commission ou organe de son choix* ».

[266] Art. 51 et 52 du Règlement et art. 39 du Statut de la Cour.

Avant que le procès *proprio motu* ne commence, l'Etat demandeur peut se désister. Le juge accepte le désistement et rend une ordonnance constatant le désistement du demandeur. Si les deux Etats se mettent d'accord avant le procès, ils font un accord et le font enregistrer au greffe. La cour rend par la suite une ordonnance pour se dessaisir de l'affaire qui sera radiée du rôle.

En revanche, si le désistement intervient au cours de l'instance, les dispositions de l'Article 89 du Réglement s'appliquent : « *1. Si, au cours d'une instance introduite par requête, le demandeur fait connaître par écrit à la Cour qu'il renonce à poursuivre la procédure, et si, à la date de la réception par le Greffe de ce désistement, le défendeur n'a pas encore fait acte de procédure, la Cour rend une ordonnance prenant acte du désistement et prescrivant la radiation de l'affaire sur le rôle. Copie de ladite ordonnance est adressée par le Greffier au défendeur.*

2. Si, à la date de la réception du désistement, le défendeur a déjà fait acte de procédure, la Cour fixe un délai dans lequel il peut déclarer s'il s'oppose au désistement. Si, dans le délai fixé, il n'est pas fait objection au désistement, celui-ci est réputé acquis et la Cour rend une ordonnance en prenant acte et prescrivant la radiation de l'affaire sur le rôle. S'il est fait objection, l'instance se poursuit.

3. Si la Cour ne siège pas, les pouvoirs que lui confère le présent article peuvent être exercés par le Président ».

La procédure écrite est organisée sur la base des ordonnances[267] prononcées par la Cour ou son Président qui fixe, après consultations des parties au procès, le nombre des pièces de procédure, leur ordre et leur délai de présentation (art. 44.1 du Règlement). Les délais sont prorogeables à la demande de l'une des parties (art. 44.3 du règlement).

Si l'instance a été introduite par un compromis, celui-ci peut fixer délais, ordre, nombre de pièces et langue de la procédure. A

---

[267] Voir art. 48 du Statut « *La Cour rend des ordonnances pour la direction du procès, la détermination des formes et délais dans lesquels chaque partie doit finalement conclure ; elle prend toutes les mesures que comporte l'administration des preuves* ».

défaut du compromis sur ces points, la procédure est analogue à celle prévue pour la RII, à savoir la soumission d'un mémoire, d'un contre mémoire et éventuellement, d'une réplique et d'une duplique (art. 45 et 46 du Règlement). Il s'agit de demander à chaque partie de développer ses arguments. Toute pièce de procédure émanant d'une partie (original et photocopie selon l'art. 50 du Règlement) doit être communiquée à l'autre partie qui est ainsi en mesure de la discuter.

A cette phase, on n'a pas besoin de témoins, seuls les documents écrits sont admis : mémoire, contre mémoire ; réplique, contre-réplique et toutes preuves. Les agents, conseils et avocats de chaque partie sont connus. Chaque partie peut commettre des experts à ses propres frais. La cour peut commettre également à ses frais, ses propres experts[268] qui font une contre-expertise.

Le formalisme judiciaire s'exprime fortement à travers une procédure écrite dont l'article 49 dudit Règlement explicite ainsi le sens et la portée de ces pièces : *« 1. Le mémoire contient un exposé des faits sur lesquels la demande est fondée, un exposé de droit et les conclusions. 2. Le contre-mémoire contient : la reconnaissance ou la contestation des faits mentionnés dans le mémoire ; le cas échéant, un exposé additionnel des fait s; des observations relatives à l'exposé de droit contenu dans le mémoire ; un exposé de droit en réponse ; et les conclusions.*

3. La réplique et la duplique, si la Cour en autorise la présentation, ne répètent pas simplement les thèses des parties mais s'attachent à faire ressortir les points qui les divisent encore.

4. Toute pièce de procédure énonce les conclusions de la partie qui la dépose, au stade de la procédure dont il s'agit, en les distinguant de l'argumentation, ou confirme les conclusions déjà présentées ».

268 Voir art. 50 du Statut *« À tout moment, la Cour peut confier une enquête ou une expertise à toute personne, corps, bureau, commission ou organe de son choix ».*

Dans cette phase, le choix de la langue dans laquelle se déroulera le procès dépend d'abord des deux langues officielles : le français et l'anglais. Si l'Etat envoie des documents dans d'autres langues que la langue du procès, c'est à lui d'en fournir les traductions[269].

Dans la phase écrite, la juridiction va décider si l'audience sera publique (généralement) ou à huis clos, avec l'accord des parties.

Avant que le procès *proprio motu* ne commence, l'Etat demandeur peut se désister. Le juge accepte le désistement et rend une ordonnance constatant le désistement du demandeur. Si les deux Etats s'entendent avant le procès, ils font un accord et le font enregistrer au greffe. La cour rend par la suite une ordonnance pour se dessaisir de l'affaire qui sera radiée du rôle.

En revanche, si le désistement intervient au cours de l'instance, les dispositions de l'Article 89 du Réglement s'appliquent : *« 1. Si, au cours d'une instance introduite par requête, le demandeur fait connaître par écrit à la Cour qu'il renonce à poursuivre la procédure, et si, à la date de la réception par le Greffe de ce désistement, le défendeur n'a pas encore fait acte de procédure, la Cour rend une ordonnance prenant acte du désistement et prescrivant la radiation de l'affaire sur le rôle. Copie de ladite ordonnance est adressée par le Greffier au défendeur.*

2. Si, à la date de la réception du désistement, le défendeur a déjà fait acte de procédure, la Cour fixe un délai dans lequel il peut déclarer s'il s'oppose au désistement. Si, dans le délai fixé, il n'est pas fait objection au désistement, celui-ci est réputé acquis et la Cour rend une ordonnance en prenant acte et prescrivant la radiation de l'affaire sur le rôle. S'il est fait objection, l'instance se poursuit.

3. Si la Cour ne siège pas, les pouvoirs que lui confère le présent article peuvent être exercés par le Président ».

Après la phase écrite, survient la phase orale.

---

[269] Art. 51et 52 du Règlement et art. 39 du Statut de la Cour.

2. La phase orale

Selon l'art. 43 § 5 du Statut : « *La procédure orale consiste dans l'audition par la Cour des témoins, experts, agents, conseils et avocats* ». Derrière cette affirmation peremptoire, se dégagent en filigrane des aspérités procédurales relatives aux plaidoiries. Dès la clôture de la procédure écrite, la phase orale est entamée. C'est la phase des plaidoiries. Chaque partie se fera entendre au travers des avocats (qui se feront aider par les conseils pour mieux diriger la plaidoirie).

Cette phase permet d'entendre des personnes extérieures au procès : les témoins à charge et les témoins à décharge. On peut faire appel à des enquêteurs pour vérifier les allégations sur le terrain et faire des expertises techniques.

Comme le souligne l'art. 54 du Règlement : « *1. La procédure écrite une fois close, l'affaire se trouve en état. La date d'ouverture de la procédure orale est fixée par la Cour, qui peut aussi prononcer, lorsqu'il y a lieu, le renvoi de l'ouverture ou de la suite de la procédure orale.*

2. Lorsqu'elle fixe la date d'ouverture de la procédure orale ou en prononce le renvoi, la Cour prend en considération la priorité prescrite par l'article 74 du présent Règlement et toutes autres circonstances particulières, y compris l'urgence d'une autre affaire.

Si la Cour ne siège pas, les pouvoirs que lui confère le présent article sont exercés par le Président ». Il s'agit donc une fois produite la dernière pièce de procédure, d'entamer les plaidoiries (exposés oraux des parties). La phase est orale et contradictoire et se tient en audience publique[270]. Elle s'ouvre à la date fixée par l'ordonnance de la Cour ou de son Président. Les parties plaident selon l'ordre du dépôt des pièces écrites ou, pour les affaires soumises en vertu d'un compromis, dans l'ordre fixé par la Cour

[270] Sauf si les parties en conviennent autrement, voir art. 59 du Règlement qui se lit : «*L'audience est publique, à moins qu'il n'en soit autrement décidé par la Cour ou que les deux parties ne demandent que le public ne soit pas admis. Une décision ou une demande en ce sens peut concerner tout ou partie des débats et intervenir à tout moment* ».

après consultations des agents des parties. A ce niveau, les problèmes les plus importants sont relatifs à la soumission de nouveaux documents et à la présentation des preuves.

S'agissant des nouveaux documents, puisque les parties doivent plaider en toute égalité, toute nouvelle pièce de procédure doit être portée à la connaissance de l'autre partie. L'administration de ces documents doit suivre les exigences formelles de l'art. 56 du Règlement, à savoir : *« 1. Après la clôture de la procédure écrite et sous réserve du paragraphe 2 du présent article, aucun document nouveau ne peut être présenté à la Cour si ce n'est avec l'assentiment de la partie adverse. La partie désirant produire le nouveau document le dépose en original ou en copie certifiée conforme, avec le nombre d'exemplaires requis par le Greffe, qui en assure la communication à la partie adverse et informe la Cour. L'assentiment de la partie adverse est réputé acquis si celle-ci ne s'oppose pas à la production du document.*

2. A défaut d'assentiment, la Cour peut, après avoir entendu les parties, autoriser la production du document si elle l'estime nécessaire.

3. Lorsqu'un nouveau document a été produit conformément au paragraphe 1 ou 2 du présent article, la possibilité est offerte à la partie adverse de présenter des observations à son sujet et de soumettre des documents à l'appui de ces observations.

4. La teneur d'un document qui n'aurait pas été produit conformément à l'article 43 du Statut ou au présent article ne peut être mentionnée au cours de la procédure orale, à moins que ce document ne fasse partie d'une publication facilement accessible.

5. L'application des dispositions du présent article ne constitue pas en soi un motif de retarder l'ouverture ou la poursuite de la procédure orale ».

Quant aux moyens de preuve, leur présentation est précédée de leur énumération au Greffe avant la phase orale et toute intention de faire appel à des témoins et experts fait l'objet d'une *« communication (qui) contient la liste des noms, prénoms, nationalités, qualités et domiciles des témoins et experts que cette partie désire faire entendre, avec l'indication, en termes généraux, des points sur lesquels doit porter la déposition. Copie de cette communication doit être également fournie pour transmission à la partie adverse »*[271].

En fait, les parties doivent s'astreindre dans leurs plaidoiries à des exposés oraux distincts, qui ne portent que sur des points de divergence, sans dupliquer la procédure écrite[272], sauf si la Cour oriente la discussion vers certains arguments ; Agents, conseils et avocats se succèdent et *« à l'issue du dernier exposé présenté par une partie au cours de la procédure orale, l'agent donne lecture des conclusions finales de cette partie sans récapituler l'argumentation. Copie du texte écrit signé par l'agent est communiquée à la Cour et transmise à la partie adverse »*[273].

La phase orale constitue aussi une occasion de faire appel et d'interroger les témoins et les experts qui sont tenus avant leurs dépositions, de faire une déclaration solennelle à l'instar d'une formule sacramentelle.

Au cours des deux phases, les parties devront supporter leurs arguments de droit et de fait par des preuves à charge ou à décharge. Un principe général de droit voudrait, qu'en application de l'adage « *onus probandi incumbit probatio* », la charge de la preuve revienne au demandeur, ce qui ne dispense pas le défendeur d'avoir à démontrer la non véracité des faits à lui reprochés[274]. Au surplus, la Cour peut inverser la charge ou imposer à toutes les parties d'étayer leurs arguments, comme l'affirme cet *obiter dictum* « *Le demandeur doit naturellement commencer par soumettre les éléments de preuve pertinents pour étayer sa thèse. Cela ne signifie pas pour autant que le défendeur ne devrait pas coopérer en produisant tout élément de preuve en*

271 Art. 57 du Règlement.

272 Art. 60 à 63 du Règlement.

273 Art. 60 § 2 du Règlement.

274 Selon l'art. 48 du Statut de la CIJ *« La Cour rend des ordonnances pour la direction du procès, la détermination des formes et délais dans lesquels chaque partie doit finalement conclure; elle prend toutes les mesures que comporte l'administration des preuves »*.

sa possession susceptible d'aider la Cour à régler le différend dont elle est saisie »[275].

A l'issue des conclusions finales des parties, la Cour se retire pour entamer sa délibération, à moins que ne surviennent des incidents de procédure.

B. Les incidents de procédure

L'expression *« incidents de procédure »,* empruntée au droit procédural des juridictions, renvoie à tous les accidents susceptibles de ralentir la procédure ou d'entraîner une fin prématurée de celle-ci. Dans cette optique, la procédure privilégie la volonté des parties qui ont toute liberté, parallèlement au déroulement de l'instance, de mener des négociations pouvant aboutir à leur désistement dans l'affaire pendante.

Il existe plusieurs incidents de procédure : *le défaut ou la non comparution, la jonction, les mesures conservatoires ou provisoires, l'intervention, la demande reconventionnelle.*

1. L'intervention et la demande reconventionnelle

• L'intervention

Un Etat tiers, qui n'est pas partie à l'instance principale, peut y participer si sa demande d'intervention est favorablement accueillie par la Cour[276]. Elle peut se définir globalement comme un « incident de procédure par lequel une personne juridique souhaite prendre part à une instance arbitrale ou judiciaire engagée entre deux autres personnes juridiques parties à cette instance » [277] : ou encore de manière plus spécifique comme un « moyen de procédure dont l'objet et le but consistent à faciliter la

---

[275] Voir CIJ, Affaire des *Usines à pâte de papier…*, arrêt du 20 avril 2010, Rec. p. 71, §163.

[276] Dans ce cas, ce tiers reçoit copie des pièces de procédure et des documents annexés et a le droit de présenter, dans un délai fixé par la Cour ou, si elle ne siège pas, par le Président, des observations écrites ou une déclaration écrite sur l'objet de l'intervention. (Art. 85 et 86 du Règlement de la CIJ).

[277] Jean SALMON (dir.), Dictionnaire de droit international public, op. cit, p. 612.

participation d'un tiers (l'intervenant) dans un procès ou une instance concernant un litige déterminé pendant entre d'autres personnes (les parties), soit en vue de la protection d'intérêts propres audit tiers, soit pour la sauvegarde des principes généraux de justice et d'efficacité protégés par le système juridique en cause, soit aux fins d'une combinaison variable de ces deux motifs »[278].

Bien qu'un arrêt n'a d'effet obligatoire *qu'inter partes*, un Etat tiers à l'instance peut craindre qu'un intérêt d'ordre juridique qui lui est propre, ne soit touché dans un différend pendant devant une Cour. La possibilité de faire une demande d'intervention[279] offre alors au tiers saisissant l'occasion de participer à la procédure en faisant valoir ses arguments de fait et de droit. Il en est ainsi dans l'affaire de la *Frontière terrestre et maritime entre le Cameroun et le Nigeria (Cameroun c. Nigeria), requête de la Guinée-Équatoriale à fin d'intervention, ordonnance du 21 octobre 1999.* La requête de la Guinée- Équatoriale était fondée sur l'arrêt rendu par ladite Cour sur les exceptions préliminaires en l'instance principale, au cours de laquelle la juridiction avait appelé l'attention des États tiers sur l'incidence éventuelle, sur leurs intérêts, de son futur arrêt sur le fond[280].

C'est sous la forme unilatérale, écrite et signée par les représentants de l'Etat que se présente la demande à fin d'intervention. Deux modalités d'intervention procédurale existent : la requête (intervention générale) et la déclaration (intervention spéciale).

La déclaration à fin d'intervention, introduite, conformément à l'art. 63 du Statut[281] par un Etat tiers au différend mais qui est

278 Santiago TORRES BERNARDEZ, « L'intervention dans la procédure de la Cour internationale de Justice », RCADI, vol. 256, 1995, p. 223.

279 Voir, Giuseppe SPERDUTI, « L'intervention de l'Etat tiers dans le procés international : une orientation nouvelle », AFDI, vol. 31, 1985, pp. 286-293.

280 CIJ, Affaire de la *Frontière terrestre et maritime entre le Cameroun et le Nigeria* (Cameroun c. Nigeria), exceptions préliminaires, arrêt du 11 juin 1998, § 116.

281 L'art. 63 dispose *« 1. Lorsqu'il s'agit de l'interprétation d'une convention à laquelle ont participé d'autres Etats que les parties en litige, le Greffier*

partie à une Convention dont l'interprétation est en cause et objet du litige, s'opère selon les prescriptions de l'art. 82 du Règlement de la CIJ, à savoir *«1. Un Etat qui désire se prévaloir du droit d'intervention que lui confère l'article 63 du Statut dépose à cet effet une déclaration, signée comme il est indiqué à l'article 38, paragraphe 3, du présent Règlement. Cette déclaration est déposée le plus tôt possible avant la date fixée pour l'ouverture de la procédure orale. Toutefois, dans des circonstances exceptionnelles, la Cour peut connaître d'une déclaration présentée ultérieurement.*

2. La déclaration indique le nom de l'agent. Elle précise l'affaire et la convention qu'elle concerne et contient :

- des renseignements spécifiant sur quelle base l'Etat déclarant se considère comme partie à la convention ;

- l'indication des dispositions de la convention dont il estime que l'interprétation est en cause ;

- un exposé de l'interprétation qu'il donne de ces dispositions ;

- un bordereau des documents à l'appui, qui sont annexés.

3. Une telle déclaration peut être déposée par un Etat qui se considère comme partie à la convention dont l'interprétation est en cause mais n'a pas reçu la notification prévue à l'article 63 du Statut »[282].

Quant à la requête à fin d'intervention, elle est fondée sur l'art. 62 du Statut[283] et doit suivre les modalités conformes à l'art. 81du Règlement de la CIJ : *« 1. Une requête à fin d'intervention fondée sur l'article 62 du Statut, qui doit être signée comme il est prévu à l'article 38, paragraphe 3, du présent Règlement, est déposée le*

les avertit sans délai. 2. Chacun d'eux a le droit d'intervenir au procès et, s'il exerce cette faculté, l'interprétation contenue dans la sentence est également obligatoire à son égard ».

282 Voir, Affaire de la *Chasse à la baleine dans l'Antarctique, (Australie c. Japon),* déclaration d'intervention de la Nouvelle-Zélande, ordonnance du 6 février 2013.

283 Aux termes de l'art. 62 du Statut de la CIJ, *« 1. Lorsqu'un Etat estime que, dans un différend, un intérêt d'ordre juridique est pour lui en cause, il peut adresser à la Cour une requête, à fin d'intervention. 2. La Cour décide ».*

plus tôt possible avant la clôture de la procédure écrite. Toutefois, dans des circonstances exceptionnelles, la Cour peut connaître d'une requête présentée ultérieurement.

2. La requête indique le nom de l'agent. Elle précise l'affaire qu'elle concerne et spécifie :

- l'intérêt d'ordre juridique qui, selon l'Etat demandant à intervenir, est pour lui en cause ;

- l'objet précis de l'intervention ;

- toute base de compétence qui, selon l'Etat demandant à intervenir, existerait entre lui et les parties.

3. La requête contient un bordereau des documents à l'appui, qui sont annexés ».

Depuis 1920 avec le Comité des juristes[284] pour l'établissement du Statut de la CPJI, l'intervention générale comme l'intervention spéciale font l'objet de vives controverses doctrinales opposant d'une part, les partisans de la thèse selon laquelle elles ne seraient que des procédures incidentes, le tiers intervenant n'ayant qu'une simple autorisation à participer à la procédure principale et d'autre part, les tenants de la thèse selon laquelle ces interventions élargissent la procédure principale, le tiers saisissant devenant un véritable demandeur et défendeur à la fois dans le procès en cours[285]. Cette divergence d'interpretation, perçue très tôt, avait été laissée à la libre appréciation de la CPJI, puis de la CIJ. En fait, les incertitudes n'ont pu être graduellement levées qu'avec l'affaire du *Différend Frontalie, terrestre, insulaire et maritime (El Salvador / Honduras*)[286].

---

[284] Voir plus haut.

[285] Voir Opinion dissidente du juge WEERAMANTRY, dans l'affaire relative à la *Souveraineté sur Pulau Ligitan et Pulau Sipadan (Indonésie c. Malaisie),* requête des Philippines à fin d'intervention, arrêt du 23 octobre 2001. CIJ, Rec., p.630. Le 13 mars 2001, la République des Philippines a déposé au Greffe de la Cour une requête à fin d'intervention dans l'affaire, en invoquant l'Article 62 du Statut de la Cour. Par arrêt rendu le 23 octobre 2001, la Cour a jugé que la requête des Philippines ne pouvait pas être admise. Voir aussi l'*Arrêt du 17 décembre 2002(Fond).*

[286] Cf., Gérard COHEN « La requête à fin d'intervention du Nicaragua dans l'affaire du Différend Frontalier, terrestre, insulaire et maritime (El

On notera que l'intervention dont il s'agit, ici, diffère du mécanisme de l'*amicus curiae* qui peut conduire une entité tierce (personne physique ou morale, de droit public ou privé) à demander à intervenir dans la procédure contentieuse ou consultative, pour fournir des informations à une Cour, renseignements en rapport avec l'espèce en instance.[287]

Aussi, avec l'évolution jurisprudentielle[288], il ressort que l'intervention est une institution juridique qui doit être régie par les considérations suivantes :

- *« une requête à fin d'intervention doit être présentée en temps utile »*[289] *;*

- *« la question de l'admission d'une requête à fin d'intervention [...] ne peut [...] être tranchée que par l'organe qui sera appelé à rendre la décision sur le fond de l'affaire »*[290] *;*

- *« le rôle de l'intervention n'est aucunement d'obtenir que soit tranché un autre différend entre l'Etat demandant à intervenir et l'une des parties ou les deux »*[291] *;*

- que *« pour être autorisé à intervenir en vertu de l'art. 62 du Statut, un Etat doit établir [...] qu'un intérêt d'ordre juridique est pour lui en cause. [...] quand un Etat estime que, dans un différend, un intérêt d'ordre juridique est pour lui en cause, il peut soit intervenir, soit ne pas intervenir ; s'il n'intervient pas, la*

Salvador/Honduras) : l'ordonnance de la Cour du 28 février 1990 et l'arrêt de la Chambre du 13 septembre 1990 », AFDI, 1990, vol. 36, p. 340ets.

287 Voir, Mirko ZAMBELLI, « L'amicus curiae dans le règlement des différends de l'OMC ; étatdes lieux », Revue Internationale de Droit Economique, 2005/2, Tome XIX, 2, pp. 197-218.

288 Andreas ZIMMERMANN, Karin OELLERS-FRAHM, Christian TOMUSCHAT, and Christian J. TAMS, *The Statute of the International Court of Justice.A Commentary*, Second Edition, Oxford University Press, October 2012, 1808 p.

289 CIJ, *affaire Pulau Ligitan*, arrêt du 23 octobre 2001, Rec. 2001, § 21.

290 CIJ, Ordonnance du 28 février 1990, *Différend frontalier El Salvador/Honduras*, Rec. 1990.

291 CIJ, arrêt du 13 septembre1990, *Différend frontalier El Salvador/Honduras*, Rec. 1990, p. 114.

procédure peut continuer et il est protégé par l'art. 59 du Statut »[292] *;*

- *« L'intérêt d'ordre juridique [de l'Etat intervenant] n'est pas limité au seul dispositif d'un arrêt. Il peut également concerner les motifs qui constituent le support nécessaire du dispositif »*[293] *;*

- *« L'intervention doit permettre à [l'Etat intervenant d'informer la Cour] de ce qu'il considère comme ses droits ou intérêts afin de veiller à ce qu'aucun intérêt juridique ne puisse être « affecté » sans que l'intervenant ait été entendu »*[294] *;*

- *« L'existence d'un lien juridictionnel entre l'Etat qui demande à intervenir et les parties en cause n'est pas une condition du succès de sa requête. Au contraire, la procédure de l'intervention doit permettre que l'Etat dont les intérêts risquent d'être affectés puisse être autorisé à intervenir, alors même qu'il n'existe pas de lien juridictionnel et qu'il ne peut par conséquent pas devenir partie à l'instance »*[295] *;*

- *« l'Etat intervenant ne devient pas partie à l'instance ; il n'acquiert pas les droits et n'est pas soumis aux obligations qui s'attachent à la qualité de partie en vertu du Statut et du Règlement de la Cour ou des principes généraux de procédure. [...] il n'appartient pas à l'intervenant de défendre devant la*

[292] CIJ, 13 septembre 1990, arrêt, *Différend frontalier El Salvador / Honduras*, Rec. 1990, p. 114 et 115.

[293] CIJ, arrêt du 23 octobre 2001, affaire *Pulau Ligitan,* Rec. 2001, § 47 ; CIJ, arrêt du 4 mai 2011, affaire du *Différend territorial Nicaragua c/ Colombie*, Rec. 2011, § 27 ; CIJ, Affaire des *Immunités juridictionnelles de l'Etat*, (Allemagne c. Italie), Requête de la République Héllénique à fin d'intervention, Rec. 2011.

[294] CIJ, arrêt du 13 septembre 1990, *Différend frontalier El Salvador / Honduras*, Rec. 1990, 130 ; CIJ, arrêt du 21 octobre 1999, *Différend frontalier Cameroun / Nigeria*, Rec. 1999, 1034 ; CIJ, arrêt, *Pulau Ligitan,* ibid., § 88.

[295] CIJ, arrêt, *Différend frontalier El Salvador/Honduras*, Rec. 1990, p. 135 ; CIJ, *Différend frontalier Cameroun / Nigeria*, Rec. 1999, § 15 ; CIJ, arrêt, *Pulau Ligitan*, Rec. 2001, § 35 ; CIJ, *Différend territorial Nicaragua c/ Colombie*, Rec. 2011, § 38). Voir aussi, Patrick JACOB, « L'intervention devant la Cour internationale de Justice à la lumière des décisions rendues en 2011 : lente asphyxie ou résurrection ? », AFDI, 2011, vol. 57, n° 1, pp. 213-234.

Chambre des thèses sur l'interprétation du compromis conclu entre les Parties [...] puisque ce compromis est une res inter alios acta » [296] ;

- *« La Cour peut circonscrire la portée de (l'intervention] et l'accorder pour l'un des aspects seulement de l'objet de la requête dont elle est saisie »*[297] ;

- *« L'absence de requête (en intervention] n'interdit nullement à la Cour de statuer sur les prétentions qui lui sont par ailleurs soumises pour autant que les intérêts juridiques de l'Etat tiers éventuellement affectés ne constituent pas l'objet même de la décision sollicitée »*[298] ;

- *« L'arrêt rendu dans une affaire où un Etat a été autorisé à intervenir] n'a pas l'autorité de la chose jugée à l'égard [de cet Etat] »*[299]. **(Voir ANNEXE n° 6)**

- **La demande reconventionnelle**

Se concevant comme une sollicitation en justice formulée après l'ouverture de l'instance par le défendeur au procès, la demande reconventionnelle[300] (ci-après, DR) ou la demande par reconvention (*counter claims*, en anglais), se définit comme une *« demande incidente par laquelle une partie à une instance prétend obtenir, en sus du rejet de la demande introduite contre elle, la satisfaction par la partie adverse d'une prétention entretenant un lien de connexité avec l'objet de la demande de cette partie »*[301].

[296] CIJ, *Différend frontalier El Salvador / Honduras*, Rec. 1990, § 136.

[297] CIJ, *Différend territorial Nicaragua c/ Colombie,* Rec. 2011, § 42.

[298] CIJ, *Terres à phosphates à Nauru*, arrêt du 26 juin 1992, Rec. 1992, § 261.

[299] CIJ, *Différend frontalier El Salvador / Honduras,* arrêt du 11 septembre 1992, Rec. 1992, § 610.

[300] Cf., Yves NOUVEL, « La recevabilité des demandes reconventionnelles devant la CIJ à la lumière de deux ordonnances récentes », AFDI, vol.44, 1998, pp. 324-336 ; Hadi AZARI, La demande reconventionnelle devant la CIJ, Université Panthéon-Assas, Thèse de Doctorat, 2012, 362 p.

[301] Jean SALMON (éd.), Dictionnaire de droit international public, Bruxelles, 2001, p. 316. Sur la DR, une bibliographie abondante peut être consultée, entre autres ; F. SALERNO, « La demande reconventionnelle dans la procédure de la Cour internationale de Justice », RGDIP, vol. 103, 1999, p. 329 ; Lassane SAVADOGO, « La renaissance de la procédure

Il s'agit, donc, d'une riposte car le défendeur porte à son tour plainte contre le demandeur. La demande reconventionnelle est une procédure incidente qui se greffe sur une instance existante dont dépend son sort. Cela signifie que la DR est subordonnée à la RII du demandeur par son lien de connexité factuelle et d'identité d'objet. De surcroit, la Cour doit avant tout s'assurer de sa compétence et veiller à ce que la DR soit présentée dans le contre-mémoire[302].

On peut en déduire que l'utilité de la DR s'apprécie au regard de certains principes généraux du procès, à savoir l'économie du procès, la bonne administration de la justice et l'égalité des parties. La CIJ en offre une illustration saisissante par cet *obiter dictum* : « *Considérant qu'il est constant qu'une demande reconventionnelle présente, au regard de la demande de la partie adverse, un double caractère ; qu'elle en est indépendante dans la mesure où elle constitue une demande distincte, c'est-à-dire un acte juridique autonome ayant pour objet de soumettre une prétention nouvelle au juge, et, qu'en même temps, elle s'y rattache, dans la mesure où, formulée à titre reconventionnel, elle riposte à la demande principale ; que le propre d'une demande reconventionnelle est ainsi d'élargir l'objet initial du litige en*

des demandes reconventionnelles », RBDI, vol. 32, 1999, p. 237 ; François RIGAUX, « Les demandes reconventionnelles devant la Cour internationale de Justice », Mélanges Shigeru ODA, vol, II, La Haye, 2002, p. 935. Pour la CPJI, voir Dionisio ANZILOTTI, « La demande reconventionnelle en procédure internationale », JDI, vol. 57, 1930, p. 857.

302 En vertu de l'art. 80 du Règlement de la CIJ, *« 1. La Cour ne peut connaître d'une demande reconventionnelle que si celle-ci relève de sa compétence et est en connexité directe avec l'objet de la demande de la partie adverse. 2. La demande reconventionnelle est présentée dans le contre-mémoire et figure parmi les conclusions contenues dans celui-ci. Le droit qu'a l'autre partie d'exprimer ses vues par écrit sur la demande reconventionnelle dans une pièce de procédure additionnelle est préservé, indépendamment de toute décision prise par la Cour, conformément au paragraphe 2 de l'article 45 du présent Règlement, quant au dépôt de nouvelles pièces de procédure. 3. En cas d'objection relative à l'application du paragraphe 1 ou à tout moment lorsque la Cour le considère nécessaire, la Cour prend sa décision à cet égard après avoir entendu les parties ».*

poursuivant des avantages autres que le simple rejet de la prétention du demandeur à l'action – par exemple, la condamnation de celui-ci ; et que, à ce titre, la demande reconventionnelle se distingue d'un moyen de défense au fond »[303].

2. Les mesures conservatoires, le défaut et la jonction

• Les mesures conservatoires[304]

Le droit romain, à l'origine des mesures conservatoires, faisait obligation aux parties litigantes de préserver autant que possible l'intégrité des droits en cause dans leur procès en évitant tout comportement qui tendrait à vicier le déroulement de l'affaire. Il aura fallu attendre l'avènement de la Convention créant la Cour de justice centraméricaine de 1907 en son art. 18 pour en voir l'insertion dans la procédure internationale, puis son inclusion dans les Traités Bryan des années 1910 avant une consécration plus confortable par l'art. 41 du Statut de la CPJI, grâce à

[303] CIJ, *Affaire de l'Application de la Convention pour la prévention et la répression du crime de génocide,(Bosnie-Herzégovine c. Yougoslavie), (Demandes reconventionnelles)*, Ordonnance du 17 décembre 1997, Rec., 1997, p. 256, § 27.

[304] Sur les mesures conservatoires, on consultera avec profit, Paul GUGGENHEIM, « Les mesures conservatoires dans la procédure arbitrale et judiciaire », RCADI, vol. 40, 1932-II, p. 645 ; André COCATRE-ZILGIEN, « Les mesures conservatoires en droit international », Revue Egyptienne de droit international, vol. 11, 1955, p. 73 ; André COCATRE-ZILGIEN, « Les mesures conservatoires décidées par le juge ou par l'arbitre international », RGDIP, vol. 70, 1966, p. 5 ; Christian DOMINICE, « La compétence prima facie de la Cour internationale de Justice aux fins d'indication de mesures conservatoires », Mélanges S. ODA, vol. I, La Haye / Londres / New York, 2002, p. 383; Pierre PESCATORE, « Les mesures conservatoires et les référés », Société française de droit international, Colloque de Lyon (1986), La juridiction internationale permanente, Paris, 1987, p. 315 ; Yousri Ben HAMMADI, « La question du caractère obligatoire des mesures conservatoires devant la CIJ. L'arret La Grand (Allemagne c. Etats Unis d'Amérique), du 27 juin 2001 », RQDI, 2001, 14/2, pp. 53-81.

l'initiative du brésilien R. FERNANDES dans le cadre des travaux du Comité consultatif des juristes[305].

L'article 41 du Statut de la CIJ dispose *« 1. La Cour a le pouvoir d'indiquer, si elle estime que les circonstances l'exigent, quelles mesures conservatoires du droit de chacun doivent être prises à titre provisoire. 2. En attendant l'arrêt définitif, l'indication de ces mesures est immédiatement notifiée aux parties et au Conseil de sécurité ».*

La finalité des mesures conservatoires (*provisional measures)* adoptées par un tribunal entre le moment de sa saisine et celui du jugement final, est assurément de parer à toutes velléités du défendeur de ruiner la suite du procès en entreprenant des actions qui tendraient à affecter gravement ou aliéner substantiellement l'objet du litige. On peut définir une mesure conservatoire, provisoire ou intérimaire comme *« A. Mesure d'urgence destinée, en attendant le règlement de droits contestés, à assurer la sauvegarde d'un droit ou d'une chose ; B. Au cours d'un procès, mesure prise par la juridiction saisie afin d'éviter que, pendant la durée du procès et en attendant la décision sur le fond, les droits en cause soient compromis »*[306].

Il s'avèrera alors nécessaire de protéger les droits de fond du demandeur *pendente lite*, (en cours de procès) ou de prévenir tout dommage irréparable, dans l'attente de l'arrêt de la Cour saisie. Cette procédure incidente s'analyse comme un élément de prévention car pour éviter que le préjudice ne s'aggrave, le juge prononce une ordonnance en indication de mesures provisoires.

Ces mesures peuvent être demandées par le requérant[307] ou le défendeur ou prononcées d'office[308] par le juge ou l'arbitre si la

[305] Henri La FONTAINE, Pasicrisie internationale. Histoire documentaire des arbitrages internationaux, 1854-1943, 1ére Edition, Berne, 1902, 716 p.

[306] Selon la définition de J. SALMON (éd.), Dictionnaire de droit international public, Bruxelles, 2001, p. 698.

[307] Voir l'art. 73 du Règlement qui dispose *« 1. Une partie peut présenter une demande en indication de mesures conservatoires par écrit à tout moment de la procédure engagée en l'affaire au sujet de laquelle la demande est introduite. 2. La demande indique les motifs sur lesquels elle se fonde, les conséquences éventuelles de son rejet et les mesures*

Cour estime que les droits, objets de la décision qu'elle rendra, sont menacés d'un péril grave et imminent[309] et que le préjudice risque d'être irréparable[310]. La demande peut être présentée, à tout moment de la procédure[311], par écrit et doit être motivée. Elle a

---

sollicitées. Copie certifiée conforme de la demande est immédiatement transmise par le Greffier à la partie adverse ».

308 *Voir l'art. 75 du Règlement «1. La Cour peut à tout moment décider d'examiner d'office si les circonstances de l'affaire exigent l'indication de mesures conservatoires que les parties ou l'une d'elles devraient prendre ou exécuter. 2. Lorsqu'une demande en indication de mesures conservatoires lui est présentée, la Cour peut indiquer des mesures totalement ou partiellement différentes de celles qui sont sollicitées, ou des mesures à prendre ou à exécuter par la partie même dont émane la demande. 3. Le rejet d'une demande en indication de mesures conservatoires n'empêche pas la partie qui l'avait introduite de présenter en la même affaire une nouvelle demande fondée sur des faits nouveaux ».* Cf., CIJ, *Frontière Cameroun-Nigeria*, ordonnance du 3 mars 1999, Rec. 1999, 22, § 42 ; CIJ, *Activités armées sur le territoire du Congo,* ordonnance du 1er juillet 2000, § 44.

309 En fait, il est évident, comme elle l'estime, que*« le pouvoir de la Cour d'indiquer des mesures conservatoires ne sera exercé que s'il y a urgence, c'est-à- dire s'il existe un risque réel et imminent qu'un préjudice irréparable soit causé aux droits en litige avant que la Cour n'ait rendu sa décision définitive » (voir C.I.J., Affaire du Passage par le Grand-Belt (Finlande c. Danemark), mesures conservatoires,* ordonnance du 29 juillet 1991, Rec. 1991, p. 17, § 23 ; C.I.J. *Affaire de Certaines procédures pénales engagées en France* (République du Congo c. France), mesure conservatoire, ordonnance du 17 juin 2003, C.I.J., Rec. 2003, p. 107, § 22 ; C.I.J., *Affaire des Usines de pâte à papier sur le fleuve Uruguay (Argentine c. Uruguay), mesures conservatoires*, ordonnance du 23 janvier 2007, Rec. 2007, p. 11, § 32 ; C.I.J., *Affaire de l'Application de la convention internationale sur l'élimination de toutes les formes de discrimination raciale (Géorgie c. Fédération de Russie)*, mesures conservatoires, ordonnance du 15 octobre 2008, Rec. 2008, § 129 ; C.I.J. , *Affaire de la Demande d'interprétation de l'arrêt du 15 juin 1962 en l'affaire du Temple Préah-Vihéar (Cambodge c .Thailande),* ordonnance sur les mesures conservatoires du 18 juillet 2011, Rec. 2011, p. 537.

310 Thierry GARCIA, « Les mesures conservatoires rendues par la Cour Internationale de Justice, le 15 mars 1996, dans le *différend frontalier entre le Cameroun et le Nigeria* », AFDI 1996, vol. 42, n° 1, pp. 409-427.

311 Aussi, peut-on concevoir qu'*« une demande en indication de mesures conservatoires peut être introduite à l'occasion d'une demande en interprétation si elle présente] un lien suffisant avec [celle-ci] »,* (CIJ,

pour effet d'entrainer la suspension de la procédure principale. La mesure demandée peut être accordée ou refusée, modifiée ou retirée, avant l'arrêt définitif en l'affaire selon les appréciations de la Cour ou de son Président[312] .

Le doute n'est plus permis depuis que la Cour a jugé que « *Les ordonnances en indication de mesures conservatoires sont obligatoires pour les parties* »[313]. Par ailleurs, cette procédure incidente n'a pas forcément une influence décisive sur l'examen au fond car « *l'indication de telles mesures ne préjuge en rien la compétence de la Cour pour connaître au fond de l'affaire et laisse intact le droit du défendeur de faire valoir ses moyens à l'effet de la contester (...) l'objet de mesures conservatoires prévues au Statut est de sauvegarder les droits de chacun en attendant que la Cour rende sa décision* »[314], et « *si les droits allégués par une partie apparaissent au moins plausibles* »[315]. Toutefois, en l'espéce, dans l'Affaire ayant opposé la Belgique au Sénégal, la Cour a refusé de prononcer des mesures conservatoires pour les raisons suivantes : *« 70. Considérant que les déclarations évoquant la possibilité que M. Habré quitte le*

Affaire Avena et autres, ordonnance *du* 16 juillet 2008*, (Mexique c/ Etats-Unis)*, Rec. 2008, § 64.

312 Voir les articles76 à 78 du Règlement de la CIJ.

313 CIJ, *Affaire La Grand,* (Allemagne c. Etats -Unis d'Amérique) (Fond), arrêt du 27 juin 2001, Rec. 2001, §§ 102-109 ; CIJ, *Affaire des Activités armées au Congo*, arrêt du 19 décembre 2005, Rec. 2005, § 263.

314 CIJ, *Affaire de l'Anglo-Iranian Oil Co.*, ordonnance du 5 juillet 1951, Rec. 1951, §93 ; CIJ, *Affaire de l'Application de la Convention sur le génocide,* ordonnance du 8 avril 1993, Rec. 1993, § 22.

315 CIJ, *Affaire des Questions concernant l'obligation de poursuivre ou d'extrader (Belgique c. Sénégal),* mesures conservatoires, ordonnance du 28 mai 2009, C.I.J., Recueil 2009, p. 139, § 61 « *Considérant que les mesures conservatoires demandées en l'espèce tendent à garantir que le Sénégal prendra toutes les mesures en son pouvoir pour que M. Habré reste sous le contrôle et la surveillance des autorités sénégalaises jusqu'à ce que la Cour ait rendu sa décision définitive ; que le départ éventuel de M. Habré du territoire sénégalais serait susceptible d'affecter les droits que la Belgique pourrait se voir reconnaître au fond, même tels que qualifiés par le Sénégal ; que, dès lors, au regard de l'objet de l'instance, les mesures conservatoires sollicitées peuvent être indiquées si les circonstances l'exigent* ».

Sénégal émanaient du chef de l'Etat sénégalais et qu'elles ont pu, de ce fait, fonder certaines inquiétudes de la Belgique quant à un éventuel départ de M. Habré ; que la Cour relève cependant que lesdites déclarations, faites à l'occasion d'entretiens accordés à la presse, ont été précisées par la suite par d'autres déclarations émanant du Chef de l'Etat (voir paragraphe 67 ci-dessus) ; 71. Considérant par ailleurs que la Cour note que le Sénégal, tant proprio motu qu'en réponse à une question posée par un membre de la Cour, a formellement et à plusieurs reprises, au cours des audiences, donné l'assurance qu'il ne permettra pas à M. Habré de quitter son territoire avant que la Cour ait rendu sa décision définitive ; 72. Considérant que, comme la Cour l'a déjà rappelé ci-dessus, l'indication de mesures conservatoires ne se justifie que s'il y a urgence ; considérant que la Cour, prenant acte des assurances données par le Sénégal, constate que le risque de préjudice irréparable aux droits revendiqués par la Belgique n'est pas apparent à la date à laquelle la présente ordonnance est rendue ; 73. Considérant que la Cour conclut de ce qui précède qu'il n'existe, dans les circonstances de l'espèce, aucune urgence justifiant l'indication de mesures conservatoires par la Cour... »[316]. Par conséquent, la Cour n'octroie les mesures conservatoires que dans certaines circonstances, comme en atteste l'ordonnance suivante : *« La Cour ne peut indiquer des mesures conservatoires que si les dispositions invoquées par le demandeur semblent, prima facie, constituer une base sur laquelle sa compétence pourrait être fondée, mais n'a pas besoin de s'assurer de manière définitive qu'elle a compétence quant au fond de l'affaire (voir, par exemple, Certaines activités menées par le Nicaragua dans la région frontalière (Costa Rica c. Nicaragua), mesures conservatoires, ordonnance du 8 mars 2011, C.I.J. Recueil 2011 (I), p. 17-18, par. 49 »*[317]. Ce faisant, elle inscrit son action dans un esprit spécifique *« Le pouvoir d'indiquer des mesures conservatoires que la Cour tient de*

[316] CIJ, *Questions concernant l'obligation de poursuivre...*, op.cit, §§ 70 à 73.

[317] CIJ, *Questions concernant la saisie et la détention de certains documents et données (Timor-Leste c. Australie), mesures conservatoires*, ordonnance du 3 mars 2014, C.I.J. Recueil 2014, p. 151, § 18.

l'article 41 de son Statut a pour objet de sauvegarder, dans l'attente de sa décision sur le fond de l'affaire, les droits revendiqués par chacune des parties. Il s'ensuit que la Cour doit se préoccuper de sauvegarder par de telles mesures les droits que l'arrêt qu'elle aura ultérieurement à rendre pourrait reconnaître à l'une ou à l'autre des parties. Aussi ne peut-elle exercer ce pouvoir que si elle estime que les droits invoqués par la partie demanderesse sont au moins plausibles (voir, par exemple, Certaines activités menées par le Nicaragua dans la région frontalière (Costa Rica c. Nicaragua), mesures conservatoires, ordonnance du 8 mars 2011, C.I.J. Recueil 2011 (I), p. 18, par. 53). 23. Par ailleurs, un lien doit exister entre les droits qui font l'objet de l'instance pendante devant la Cour sur le fond de l'affaire et les mesures conservatoires sollicitées (ibid., par. 54) »[318]. **(Voir ANNEXE n° 7)**

- **La jonction d'instances**

L'article 47 du Règlement dispose que : « *La Cour peut à tout moment ordonner que les instances dans deux ou plusieurs affaires soient jointes. Elle peut ordonner aussi que les procédures écrites ou orales, y compris la présentation de témoins, aient un caractère commun ; ou elle peut, sans opérer de jonction formelle, ordonner une action commune au regard d'un ou plusieurs éléments de ces procédures* ».

Il en découle que cet incident de procédure consiste à joindre plusieurs affaires portant sur le même point pour constituer une seule instance qui sera réglée par un seul arrêt. La jonction, ou plus précisément la jonction d'instance, est décidée lorsqu'une Cour constate que des parties à des instances différentes présentent des arguments et des conclusions identiques au sujet d'un même ou des mêmes adversaires pour des questions relevant de la même matière.

Alors, la Cour prend une ordonnance pour joindre les instances et invite les parties à présenter ensemble leurs pièces de procédure et leurs plaidoiries. La Cour dispose, conformément au principe

[318] CIJ, *Questions concernant la saisie et la détention* ... ordonnance du 3 mars 2014, §22.

de bonne administration de la justice et aux impératifs d'économie judiciaire, en la matière, d'un pouvoir discrétionnaire pour ordonner la jonction ou la disjonction. La jonction d'instances a été, à diverses reprises, usitée tant par la CPJI[319] que par son héritière, la Cour Internationale de Justice[320].

- **Le défaut ou non comparution**

C'est la situation dans laquelle un Etat cité à comparaître refuse volontairement de le faire. C'est généralement le défendeur qui refuse. En principe, si la Cour est compétente, elle poursuit la procédure sans désemparer et le requérant peut demander que la juridiction tranche en sa faveur si ses conclusions sont fondées[321].

L'article 53 du Statut prévoit que : *« 1. Lorsqu'une des parties ne se présente pas, ou s'abstient de faire valoir ses moyens, l'autre partie peut demander à la Cour de lui adjuger ses conclusions. 2. La Cour, avant d'y faire droit, doit s'assurer non*

---

[319] Par exemple, *« par une ordonnance en date du 2 août 1932, la C.P.J.I. avait joint les deux instances résultant du dépôt le même jour (18 juillet 1932) de deux requêtes, l'une émanant de la Norvège et dirigée contre le Danemark, l'autre émanant du Danemark et dirigée contre la Norvège (Groenland du Sud-Est) »*, Voir, Geneviève GUYOMAR « Le nouveau règlement de procédure de la Cour Internationale de Justice », AFDI, 1978, vol. 24, n° 1, p. 323.
Par le passé, la Cour a procédé à une jonction d'instances à deux reprises (*affaires du Sud-Ouest africain* (Ethiopie c. Afrique du Sud ; Libéria c. Afrique du Sud) et *affaires du Plateau continental de la mer du Nord* (République fédérale d'Allemagne / Danemark ; République fédérale d'Allemagne / Pays-Bas). Plus récemment, elle a agi de la même manière dans les affaires *Certaines activités menées par le Nicaragua dans la région frontalière* (Costa Rica c. Nicaragua) et *Construction d'une route au Costa Rica le long du fleuve San Juan* (Nicaragua c. Costa Rica), par deux ordonnances du 17 avril 2013.

[320] Voir Geneviève GUYO, AFDI, 1978, vol. 24, n° 1, pp. 321-326.

[321] CIJ, *Affaire du Détroit de Corfou*, arrêt du 15 décembre 1949, Rec.1949, § 248 ; CIJ, *Affaire du Personnel diplomatique et consulaire à Téhéran*, arrêt du 24 mai 1980, Rec. 1980, § 9 ; CIJ, *Affaire des Activités militaires et paramilitaires au Nicaragua et contre celui-ci*, arrêt du 27 juin 1986, Rec. 1986, § 25.

seulement qu'elle a compétence aux termes des Articles 36 et 37, mais que les conclusions sont fondées en fait et en droit ».[322]

Le défaut d'une partie à l'instance relève d'un paradoxe. En effet, comment comprendre qu'un Etat ayant souscrit à une DFJO, conclu un compromis ou donné un consentement préalable en participant à un traité dans lequel est insérée une clause compromissoire, refuse par la suite de répondre à une citation en ne comparaissant pas devant la Cour concernée ?

Sans doute, la déférence à la souveraineté de l'Etat permet-elle de justifier la non comparution, mais celle-ci est mise à mal car l'absence du défendeur contrecarre son consentement originel à la juridiction dont il est partie au Statut.

De même, on imagine aisément la gêne des juges devant la non comparution de l'Etat censé assumer une position de défendeur, continuant le déroulé d'une instance avec le seul demandeur. Certes, il existe une procédure en cas de défaut, dans laquelle la Cour doit au préalable s'assurer de sa pleine compétence, s'évertuer à examiner de la manière la plus idoine les arguments de fait et de droit du demandeur, sans ignorer de sauvegarder (malgré tout !) les intérêts, même non présentés, de l'Etat qui n'a pas comparu, mais l'instance *in abstentia* reste toujours à l'image d'un procès par contumace. La CIJ a été confrontée à des défauts de comparution dans plusieurs affaires[323].

---

[322] Voir Pierre Michel EISEMANN, « Les effets de la non-comparution devant la Cour internationale de Justice », AFDI, 1973, vol.19, n° 1, pp. 351-375 ; A. A. EL-WAFA, «La non comparution devant la Cour internationale de Justice », Revue Egyptienne de droit international, vol. 56, 2000, p. 1.

[323] *Détroit de Corfou* (fixation du montant des réparations), Anglo-Iranian Oil Co. (mesures conservatoires), *Nottebohm* (exception préliminaire), *Compétence en matière de pêcheries* (toutes les phases), *Essais nucléaires* (mesures conservatoires et seconde phase), *Procès de prisonniers de guerre pakistanais* (mesures conservatoires), *Plateau continental de la mer Egée* (mesures conservatoires et compétence), *Personnel diplomatique et consulaire des Etats-Unis à Téhéran* (mesures conservatoires et fond), *Activités militaires et paramilitaires au Nicaragua et contre celui-ci* (fond) et *Délimitation maritime et questions territoriales entre Qatar et Bahreïn* (compétence et recevabilité).

Dans la plupart de ces affaires, il s'agissait de cas de défaut partiel, soit dans la phase écrite ou dans la phase orale, soit dans le cas de la procédure des exceptions préliminaires ou dans le cas de celle sur les mesures conservatoires.

Dans ces différents cas, la non-comparution ou le défaut d'un Etat n'a pas eu pour effet d'entraver ni prématurément ni définitivement le cours de l'instance, la Cour étant plus prompte à entourer la procédure de garanties propres à permettre au demandeur d'exposer ses arguments et à ne pas offrir au défendeur défaillant l'impression que les conclusions adjugées sont infondées en droit.

Enfin, le risque que fait peser le défaut est l'absence d'exécution de l'arrêt de la Cour s'il est en défaveur de l'Etat défaillant, risque qui existe aussi même en cas de comparution des parties à une instance.

Paragraphe IV – La décision et les prolongements de procédure

Une fois les incidents de procédure résolus, ou en tout état de cause, à la fin de la procédure orale, les membres de la Cour se retirent pour entamer les délibérations et rendre la décision.

A. Délibérations et décision

A la suite des conclusions finales, après un délai approprié, la Cour commence, en chambre de conseil, ses délibérations, qui « sont *et restent secrètes* » (art. 54 § 3 du Statut). Dans ce cadre, la pratique interne de la CIJ a été codifiée dans sa Résolution du 12 avril 1976, qui en règle la procédure. Toute une série de délibérations est entreprise, sous la direction du Président ou du Vice-président, pour choisir d'abord, les points sur lesquels, à son avis, les membres de la Cour doivent orienter leur attention, chaque juge gardant par ailleurs la liberté d'apporter des précisions sur tout autre point, dans ses notes écrites.

Après une discussion générale, chaque juge propose son projet de règlement de l'affaire portant sur les points discutés et ses conclusions. Il est créé ensuite un comité de rédaction composé de deux juges dont les notes écrites se rapprochent le plus de l'opinion de la majorité. Le comité propose un avant-projet de décision qui sera discuté, voire amendé, puis adopté à l'unanimité ou à la majorité[324] et en cas de partage des voix, avec la voix prépondérante du Président de la Cour. La pratique de la Cour permet d'en préciser les effets : *« La validité d'un [...] vote n'est pas affectée par des divergences [...] exprimées dans une déclaration ou dans une opinion individuelle du membre concerné »*[325]. Selon le cas, un juge peut joindre à l'arrêt son opinion individuelle (exposé des motifs qui l'ont amené à voter en faveur de l'arrêt), son opinion dissidente (exposé des motifs de son désaccord pour le juge qui a voté contre) ou sa déclaration[326].

Le formalisme judiciaire impose une certaine présentation de l'arrêt qui se décompose ainsi, selon l'art. 95 § 1du Règlement : « *L'arrêt, dont le texte indique s'il est rendu par la Cour ou par une chambre, comprend :*

- *l'indication de la date à laquelle il en est donné lecture ;*
- *les noms des juges qui y ont pris part ;*
- *l'indication des parties ;*
- *les noms des agents, conseils et avocats des parties ;*
- *l'exposé sommaire de la procédure ;*
- *les conclusions des parties ;*
- *les circonstances de fait ;*
- *les motifs de droit ;*
- *le dispositif ;*

[324] Art. 55 du Statut « *1. Les décisions de la Cour sont prises à la majorité des juges présents.*
2. En cas de partage des voix, la voix du Président ou de celui qui le remplace est prépondérante. »

[325] CIJ, *Affaire de la Sentence arbitrale du 31 juillet 1989*, arrêt du 12 novembre 1991, Rec. 1991, 65).

[326] Selon l'art. 95 § 2 du Réglement *« Tout juge peut, s'il le désire, joindre à l'arrêt l'exposé de son opinion individuelle ou dissidente ; un juge qui désire faire constater son accord ou son dissentiment sans en donner les motifs peut le faire sous la forme d'une déclaration. La même règle s'applique aux ordonnances de la Cour* »

- *la décision relative aux frais, s'il y a lieu ;*
- *l'indication du nombre et des noms des juges ayant constitué la majorité ;*
- *l'indication du texte faisant foi ».*

L'arrêt a force obligatoire pour les parties[327] et pour l'espèce concernée. L'autorité de la chose s'attache tant au dispositif qu'aux motifs qui en sont le soubassement nécessaire[328]. L'arrêt est lu en audience publique, sauf huis clos et est notifié aux parties, au SG de l'ONU, aux Membres des Nations Unies et aux autres Etats admis à ester devant la Cour[329]. En cas de non application par la partie perdante, l'exécution forcéede l'arrêt peut être entreprise, selon les termes de l'art. 94 de la Charte des Nations Unies «*1. Chaque Membre des Nations Unies s'engage à se conformer à la décision de la Cour internationale de Justice dans tout litige auquel il est partie.*

2. Si une partie à un litige ne satisfait pas aux obligations qui lui incombent en vertu d'un arrêt rendu par la Cour, l'autre partie peut recourir au Conseil de sécurité et celui-ci, s'il le juge nécessaire, peut faire des recommandations ou décider des mesures à prendre pour faire exécuter l'arrêt ».

En dépit de sa force obligatoire, l'arrêt peut faire l'objet de recours, ce qui allonge le cours du règlement de l'espèce concernée.

B. Les prolongements de procédure

Il est admis que l'autorité de la chose jugée est relative, ce qui n'entrave pas l'organisation de voies de recours extraordinaires qui constituent autant de cas de prolongements, à savoir: l'annulation, la rectification d'erreur matérielle, l'appel, la

---

327 Sauf si l'arrêt porte sur des situations juridiques objectives opposables *erga omnés* comme la fixation du tracé de frontière.

328 Cf. Leonardo Nemer Caldeira BRANT, « L'autorité de la chose jugée et la révision devant la CIJ à la lumière des derniers arrêts de celle-ci, (Yougoslavie c.Bosnie, et El Salvador c. Honduras) », AFDI, vol. 49, 2003, pp. 248-265.

329 Art. 94 et art. 95 § 3 du Règlement.

révision, l'interprétation de l'arrêt, etc. Ces deux dernières voies de recours retiendront particulièrement l'attention.

- **Le recours en interprétation**

Par l'énonciation suivante de l'art. 60 « *L'arrêt est définitif et sans recours. En cas de contestation sur le sens et la portée de l'arrêt, il appartient à la Cour de l'interpréter, à la demande de toute partie* », le Statut de la CIJ ouvre la possibilité de faire des recours en interprétation de l'arrêt rendu à la double condition d'une part, de l'introduction d'une demande en ce sens devant la Cour ou la Chambre et d'autre part, de l'existence d'une contestation[330] entre les parties sur le sens et la portée de l'arrêt.

---

[330] La Cour clarifie ainsi, le terme de « contestation » : «. *Considérant que les versions française et anglaise de l'article 60 du Statut ne sont pas en totale harmonie; que le texte français emploie le terme «contestation», alors que le texte anglais utilise le mot «dispute» ; que le terme «contestation», utilisé dans la version française, a un sens plus large que le terme employé dans la version anglaise; que l'article 60 du Statut de la Cour internationale de Justice est identique à l'article 60 du Statut de la Cour permanente de Justice internationale ; que les auteurs du Statut de la Cour permanente de Justice internationale ont choisi d'utiliser dans le texte français de l'article 60 un terme — «contestation» — distinct de celui — «différend» — qui est employé, notamment, au paragraphe 2 de l'article 36 et à l'article 38 du Statut; que si, selon leur sens ordinaire, tous deux dénotent de manière générale une opposition de vues, le mot «contestation» a une portée plus large que le mot «différend» et n'implique pas nécessairement le même degré d'opposition ; que, par rapport à la notion de «différend», celle de «contestation» s'entend, dans son application à une situation donnée, de manière plus souple ; qu'il n'est pas nécessaire, pour établir l'existence d'une contestation («dispute» dans la version anglaise) au sens de l'article 60 du Statut, comprise comme une divergence d'opinion entre les parties quant au sens et à la portée d'un arrêt rendu par la Cour, que soient remplis les mêmes critères que ceux qui déterminent l'existence d'un différend («dispute» dans la version anglaise) tel que visé au paragraphe 2 de l'article 36 du Statut; que, dans les circonstances de l'espèce, sera retenu le sens qui concilie le mieux les versions française et anglaise de l'article 60 du Statut compte tenu de son objet; qu'il en est ainsi alors même que, dans la version anglaise, un terme unique — «dispute» — est employé indifféremment au paragraphe 2 de l'article 36 et aux articles 38 et 60 du Statut; et que le mot anglais «dispute» peut également avoir un sens plus souple que celui qui lui est généralement prêté au paragraphe 2 de*

La Cour a eu à apprécier elle-même ces conditions pour les cerner de plus près : « *Il en ressort que, pour qu'il puisse être donné suite à une telle demande, deux conditions sont requises : 1) Il faut que la demande ait réellement pour objet une interprétation de l'arrêt, ce qui signifie qu'elle doit viser uniquement à faire éclaircir le sens et la portée de ce qui a été décidé avec force obligatoire par l'arrêt, et non à obtenir la solution de points qui n'ont pas été ainsi décidés. Toute autre façon d'interpréter l'article 60 du Statut aurait pour conséquence d'annuler la disposition de ce même article selon laquelle l'arrêt est définitif et sans recours ; 2) Il faut ensuite qu'il existe une contestation sur le sens et la portée de l'arrêt.*

Pour décider si la première condition énoncée ci-dessus se trouve remplie, il y a lieu de rappeler le principe que la Cour a le devoir de répondre aux demandes des parties telles qu'elles s'expriment dans leurs conclusions finales, mais aussi celui de s'abstenir de statuer sur des points non compris dans lesdites demandes ainsi exprimées »[331].

Toutefois, la Cour maintient constante, sa position de ne pas revenir sur un arrêt passé en force de chose jugée, surtout à l'étape de la procédure de réparation : « *La Cour juge par ailleurs appropriée la demande de la RDC tendant à ce que la nature, les formes et le montant de la réparation qui lui est due soient, à défaut d'accord entre les Parties, déterminés par la Cour dans une phase ultérieure de la procédure. La RDC aurait ainsi l'occasion de démontrer, en en apportant la preuve, le préjudice exact qu'elle a subi du fait des actions spécifiques de l'Ouganda constituant des faits internationalement illicites dont il est responsable. Il va sans dire cependant, ainsi que la Cour a déjà eu l'occasion de l'indiquer, « que, dans la phase de la procédure consacrée à la réparation, ni l'une ni l'autre des Parties ne*

---

l'article 36 du Statut » ; CIJ, Affaire de la *Demande en interprétation de l'arrêt du 31 mars 2004 en l'affaire Avena et autres ressortissants mexicains (Mexique c. Etats-Unis d'Amérique), mesures conservatoires,* ordonnance du 16 juillet 2008, Recueil 2008, p. 311.

[331] CIJ, *Affaire de la Demande d'interprétation de l'Arrêt du 20 novembre 1950 en l'affaire du droit d'asile*, Arrêt du 27 novembre 1950, Recueil 1950, p. 402.

pourra remettre en cause les conclusions du présent arrêt qui seront passées en force de chose jugée» (Activités militaires et paramilitaires au Nicaragua et contre celui-ci (Nicaragua c. Etats-Unis d'Amérique), fond, arrêt, C.I.J., Recueil 1986, p. 143, par. 284) »[332].

De surcroit, la contestation entre les parties qui est la cause de la demande d'interprétation doitêtre assez explicite. La CPJI en donnait l'éclaircissement suivant : *« Avant d'aborder la question ainsi posée, la Cour croit utile de préciser le sens à donner aux termes « contestation » et « sens et portée de l'arrêt », tels qu'ils ont été employés dans l'article 60 du Statut.*

Pour ce qui est du terme « contestation », la Cour constate que l'article 60 du Statut, d'après sa teneur, n'exige pas que l'existence de la contestation se soit manifestée d'une certaine manière, par exemple par des négociations diplomatiques. Il paraît bien désirable qu'un Etat ne procède pas à une démarche aussi sérieuse que l'assignation d'un autre Etat devant la Cour, sans avoir auparavant, dans une mesure raisonnable, tâché d'établir clairement qu'il s'agit d'une différence de vues qui ne peut être dissipée autrement. Mais, vu la teneur du texte, la Cour estime ne pas pouvoir exiger que la contestation se soit formellement manifestée ; à son avis, il doit suffire que les deux Gouvernements aient en fait manifesté des opinions opposées quant au sens et à la portée d'un arrêt de la Cour. Celle-ci croit, à ce sujet, devoir rappeler que, dans son Arrêt n°6 (relatif à l'exception d'incompétence soulevée par la Pologne au sujet de la requête qu'avait introduite le Gouvernement allemand en vertu de l'article 23 de la Convention de Genève concernant la Haute-Silésie), elle a estimé que, ledit article ne posant pas la condition de négociations diplomatiques préalables, la Cour pouvait être saisie aussitôt que l'une des Parties estimait qu'il y avait

---

332 CIJ, *Affaire des Activités armées sur le territoire du Congo (République démocratique du Congo c. Ouganda)*, arrêt du 19 décembre 2005. Recueil 2005, § 260.

divergence d'opinions résultant de l'interprétation et de l'application des articles 6 à 22 de la Convention »[333].

De ce qui précède, il ressort que, pour éviter un dévoiement du recours en interprétation et sa transformation en un recours en appel, la procédure doit être reglementée. Elle ne doit pas porter atteinte au caractère définitif de l'arrêt et ne doit viser qu'à préciser le sens et la portée de l'arrêt dont l'interprétation est requise.

La demande d'interprétation, qui doit indiquer les points de divergences entre les parties, est initiée par une RII ou par notification d'un compromis[334]. La demande peut être recevable ou rejetée. En cas d'arrêt d'interprétation, la décision est obligatoire pour les parties.

- **Le recours en révision**

En vertu de l'art. 61 de son Statut[335], la CIJ peut être saisie d'un recours en révision d'un arrêt en cas de fait nouveau, qui doit préexister au rendu de sa décision mais qui doit être découvert après celle-ci. Ce fait ne doit pas avoir été dissimulé par une partie, surtout celle qui l'invoque. La demande en révision doit être introduite dans un délai qui ne doit pas dépasser six mois après la découverte du fait nouveau[336] et en tout état de

---

333 CPJI, Affaire de *l'Interprétation des arrêts n° 7 et 8 (Usine de Chorzów),* arrêt du 16 décembre 1927, série A, n° 13, 1927, pp.10-11.

334 Art. 98 du Règlement.

335 L'art. 61 du Statut se lit ainsi : *« 1. La révision de l'arrêt ne peut être éventuellement demandée à la Cour qu'en raison de la découverte d'un fait de nature à exercer une influence décisive et qui, avant le prononcé de l'arrêt, était inconnu de la Cour et de la partie qui demande la révision, sans qu'il y ait, de sa part, faute à l'ignorer. 2. La procédure de révision s'ouvre par un arrêt de la Cour constatant expressément l'existence du fait nouveau, lui reconnaissant les caractères qui donnent ouverture à la révision, et déclarant de ce chef la demande recevable. 3. La Cour peut subordonner l'ouverture de la procédure en révision à l'exécution préalable de l'arrêt. 4. La demande en révision devra être formée au plus tard dans le délai de six mois après la découverte du fait nouveau. 5. Aucune demande de révision ne pourra être formée après l'expiration d'un délai de dix ans à dater de l'arrêt ».*

336 Selon la Cour, il faut entendre par là, *un « fait nouveau préexistant au prononcé de l'arrêt et découvert ultérieurement. Un fait qui se produit*

cause, ne peut plus être examinée dix ans après le prononcé de l'arrêt.

Ces conditions, toutes nécessaires et suffisantes, pour une révision de l'arrêt, sont énumérées dans les cinq paragraphes de l'art. 61. L'article 99 du Réglement prévoit l'organisation de la procédure de révision, ainsi « *1. Une demande en revision d'un arrêt est introduite par une requête contenant les indications nécessaires pour établir que les conditions prévues à l'article 61 du Statut sont remplies. Les documents à l'appui sont annexés à la requête.*

2. La partie adverse a le droit de présenter des observations écrites sur la recevabilité de la requête dans un délai fixé par la Cour ou, si elle ne siège pas, par le Président. Ces observations sont communiquées à la partie dont émane la requête.

3. Avant de rendre son arrêt sur la recevabilité de la requête, la Cour peut donner à nouveau aux parties la possibilité de présenter leurs vues à ce sujet.

4. Si la requête est déclarée recevable, la Cour fixe, après s'être renseignée auprès des parties, les délais pour toute procédure ultérieure qu'elle estime nécessaire sur le fond de la demande.

5. Si la Cour décide de subordonner l'ouverture de la procédure de révision à une exécution préalable de l'arrêt, elle rend une ordonnance ».

---

plusieurs années après le prononcé de l'arrêt n'est pas un fait « nouveau » au sens de l'article 61, il en demeure ainsi quelles que soient les conséquences qu'un tel fait peut avoir », CIJ, *Affaire de la Demande de révision de l'arrêt du 11 juillet 1996 en l'affaire relative à l'application de la Convention pour la prévention et la répression du crime de génocide (Bosnie Herzégovine c. Yougoslavie), exceptions préliminaires (Yougoslavie c. Bosnie Herzégovine),* arrêt du 3 février 2003, Rec. 2003, § 67.

Cette procédure débouche sur un premier arrêt qui se prononce sur la recevabilité ou non de la demande de révision et en cas de recevabilité, un second arrêt permet le réexamen de la première décision qui sera confirmée ou infirmée.

Un autre mode de règlement juridictionnel des différends internationaux est l'arbitrage.

CHAPITRE II

LE RÈGLEMENT ARBITRAL DES DIFFÉRENDS INTERNATIONAUX[337]

L'arbitrage des différends a une histoire qui se confond avec la jeunesse de l'humanité. La doctrine est unanime à faire remonter ce mode très ancien de règlement à l'Antiquité, pour la résolution des conflits entre les Cités grecques ; à Rome pour solutionner les litiges commerciaux ; au Moyen Age avec l'autorité spirituelle et morale de la Papauté. On en trouve des traces confirmées dans les Civilisations anciennes de la Chine, de l'Inde, dans les tribus arabes préislamiques et aussi dans les traditions culturelles africaines[338].

Cependant,il est de coutume de situer l'émergence de la forme moderne de l'arbitrage à l'adoption du traité JAY[339] du 19 novembre 1794, qui servira de base juridique pour vider les contentieux anglo-américains issus de l'indépendance américaine, puis de la guerre de sécession avec l'institution de diverses commissions arbitrales mixtes.

A la fin du XVIIIe siècle et au début du XIXe siècle, on constate le développement de l'arbitrage par recours à des

[337] En raison des nombreuses similarités entre l'arbitrage et le règlement judiciaire, le lecteur devra se rapporter souvent aux développements du Chapitre précédent.

[338] Voir Dominique CARREAU et Fabrizio MARRELLA, Droit international, Paris, Pédone, 2012, 11ème Edition, p. 647 et s ; Georges ABI-SAAB, « De l'arbitrage dans ses rapports avec la justice internationale », Mélanges Pierre LALIVE, Bale, 1993, p. 377 ; Joël RIDEAU, L'arbitrage international, Paris, A. Colin, 1969, 112 p.

[339] « Traité d'amitié, de commerce et de navigation entre Sa Majesté britannique et les Etats-Unis par son président, sous les conseils et le consentement de son sénat », plus connu comme « traité de Jay» ou « traité Jay », et signé le 19 novembre 1794.

souverains (Rois, Empereurs, Chefs d'Etat) ou à des assemblées comme le Sénat de Hambourg, le Conseil fédéral Suisse, à des tribunaux arbitraux mixtes paritaires ou non paritaires[340].

C'est dans ce contexte qu'il faut replacer le célèbre arbitrage dans *l'affaire de l'Alabama* entre les Etats-Unis et la Grande Bretagne en 1872 dans le cadre du traité de Washington de 1871[341].

Le début du vingtième siècle sera marqué par l'accélération progressive de l'arbitrage institutionnalisé avec l'avènement en 1899/1907 de la Cour Permanente d'Arbitrage, suivi de la prolifération des instances arbitrales dans les chambres de commerce nationales ou internationales mais aussi dans les organisations internationales comme en Afrique, la CCJA de l'OHADA, etc.

L'arbitrage est un mode juridictionnel car la décision de l'arbitre est obligatoire comme la décision judiciaire, ce qui distingue l'arbitrage des autres modes non juridictionnels. Dans cette optique, on prête souvent à l'arbitrage des qualités de souplesse et de célérité. Plusieurs raisons expliquent la prudence et le défaut de rigueur formelle qui dominent le droit arbitral. Le monde des affaires éprouve peu de sympathie pour le règlement judiciaire, technique juridictionnelle suspectée de tares telles que le formalisme et la longueur des procédures. Il en résulte un désir d'éviter le recours au juge international, qui pousse au choix

---

340 Affaire *Deutsche Continental Gas-Gesellschaft c. Etat polonais, Tribunal arbitral mixte germano-polonais, sentence du 1er août 1929* : Recueil des décisions des Tribunaux arbitraux mixtes. Vol. IX (Deutsche Continental Gas- Gesellschaft).

341 *Affaire de l'Alabama* (Etats-Unis d'Amérique c. Grande-Bretagne), sentence arbitrale du 14 septembre 1872 : Recueil des arbitrages internationaux, Vol. 11 (Alabama). Le Tribunal d'arbitrage rendit à Genève la sentence du 14 septembre 1872 condamnant la Grande-Bretagne pour avoir livré une vingtaine de navires de guerre dont l'Alabama aux rebelles sudistes. Cette dernière fut condamnée à verser quinze (15) millions de dollars. Le Tribunal était composé de cinq arbitres dont un arbitre choisi par chaque partie et trois arbitres désignés respectivement par des Etats neutres comme le Brésil, l'Italie et la Suisse.

d'autres mécanismes de règlement comme la médiation, la conciliation ou l'arbitrage

Les traits généraux de l'arbitrage seront d'abord étudiés (Section I) avant l'examen des spécificités de certains arbitrages dans les cadres respectifs de la CPA, du CIRDI et de l'OHADA (Section II).

SECTION I – LE RECOURS A L'ARBITRAGE

On prête souvent à l'arbitrage le bénéfice de pallier les inconvénients du règlement judiciaire qui conduit le vainqueur à triompher de manière exagérée et le vaincu à s'enfermer dans un réduit de frustrations. En plus de cet avantage quoique relatif, on pare l'arbitrage[342] des vertus de la célérité, de la souplesse , de la confidentialité, à côté de l'excès de formalisme des cours de justice censées être trop solennelles, lentes, dispendieuses et peu adaptées aux exigences de rapidité de ces temps de la mondialisation. Enfin, -et l'argument est de taille-, liberté est offerte aux parties à l'arbitrage de composer elles-mêmes le Tribunal en choisissant les arbitres.

L'arbitrage est aujourd'hui extrêmement développé et sa diversification entraîne des conséquences différentes en raison de la grande variété des instances qui peuvent opposer deux Etats ou OI, deux personnes privées physiques ou morales, une personne publique et une personne privée ; un Etat et une OI, un Etat et une ONG ; un Etat et un mouvement de libération nationale. L'article 33 de la Charte de l'ONU le prévoit parmi les moyens de règlement pacifique des différends internationaux.

Cette diversité se reflète également dans les modes de recours à l'arbitrage (§ I), dans les organes arbitraux (§ II) et dans la procédure arbitrale (§ III).

342 Voir Mamoudou BARRY, « Afrique : de l'arbitrage international des contrats d'Etat à l'impasse », Note d'Analyse Politique, n° 40, www.thinkingafrica.org.

Paragraphe I – Les modes de recours à l'arbitrage

Un principe cardinal domine le droit arbitral, l'obligation de requérir le consentement des parties à l'instance. Lesparties sont donc libres, comme dans un *forum shopping,* de recourir aux modes de RD de leur choix. En optant pour la voie relative à l'arbitrage, elles disposent de la possibilité de choisir elles-mêmes les arbitres qui composeront le tribunal arbitral et pourront *mutatis mutandis* élaborer leurs propres règles de droit applicable avec cette réserve que la sentence arbitrale sera obligatoire.

On distingue :

- l'arbitrage facultatif, lorsque les parties à l'instance choisissent volontairement de recourir à la voie arbitrale alors qu'elles avaient toute latitude d'opter pour toute autre voie juridictionnelle ou non juridictionnelle ;

- l'arbitrage obligatoire, lorsque prévue par un traité, un contrat d'Etat ou une loi, obligation est faite par compromis ou clause compromissoire de soumettre le différend à l'arbitrage ;

- l'arbitrage international entre deux Etats ou OI, entre un Etat et une OI ;

- l'arbitrage transnational entre un Etat et un particulier de nationalité étrangère, personne physique ou morale de droit privé ;

- l'arbitrage *ad-hoc*, le tribunal arbitral est créé ponctuellement pour un seul différend et disparaît après la sentence arbitrale (*award*) ;

- l'arbitrage institutionnalisé, qui est prévu dans un texte existant avant la survenance du différend, texte sur la base duquel est faite obligation de recourir à un tribunal arbitral préconstitué, généralement un organe d'une OI.

Par conséquent, les modes de recours à l'arbitrage relèvent de divers ordres.

D'abord, la voie du compromis d'arbitrage, présuppose un différend déjà né et la conclusion d'un *accord a posteriori* entre les parties qui choisissent librement la procédure arbitrale, la composition du tribunal arbitral. La procédure est contractuelle ou conventionnelle et le tribunal arbitral est un organe des parties.

Ensuite, la voie de la clause d'arbitrage ou ***clause compromissoire*** décide, avant la naissance d'un litige, par l'adoption d'un traité bilatéral ou multilatéral ou d'un contrat, de soumettre le différend qui surviendra à l'arbitrage, en précisant le tribunal compétent, les règles de procédure, voire les règles de composition de l'organe. La procédure est, ici, toujours contractuelle ou conventionnelle, mais le tribunal arbitral est un organe préétabli. Une des parties pourra alors le saisir par une RII arbitrale[343].

Enfin,la pratique se répand de plus en plus au sein des Etats d'adopter des lois nationales portant codes des investissements contenant des clauses prévoyant qu'en cas de différend entre l'investisseur étranger et l'Etat d'accueil de l'investissement, ce différend sera porté devant un organe arbitral d'une institution internationale. Il s'agit aussi d'une clause d'arbitrage mais unilatéralement proposée par un Etat pour attirer les investissements.

Le recours à l'arbitrage suppose la mise en place d'un organe arbitral.

Paragraphe II – Les organes arbitraux

Les tribunaux arbitraux ont une composition variable, arbitre unique ou plusieurs arbitres (souvent en nombre impair) qui sont des tiers impartiaux, neutres, compétents pour le RD entre les parties[344].

Le tribunal arbitral peut être composé d'un arbitre unique. Ce procédé réputé le plus ancien permet de confier le RD à un

[343] On renverra le lecteur aux développements de l'introduction et du chapitre I pour la signification des différents termes techniques utilisés dans ce chapitre II.

[344] *Affaire Emeric Kulin père c. Etat roumain, Tribunal arbitral mixte roumano-hongrois, sentence du 10 janvier 1927, Recueil des décisions des tribunaux arbitraux mixtes,* institués par les Traités de paix, tome VI (1927), Vol. VII, 1927-1928, Paris, Sirey, p. 138.

homme politique, un chef d'Etat[345] (qui, sans exercer *intuitu personae* la fonction d'arbitre, se borne à en constituer le garant, à composer un tribunal et à signer la sentence arbitrale) ou un spécialiste du droit (professeur[346], magistrat, jurisconsulte) qui en assumera pleinement toutes les compétences d'un véritable tribunal.

Le tribunal arbitral peut être composé de plusieurs arbitres réunis selon le modèle d'une commission d'arbitrage[347].

Enfin, l'un des modèles les plus usités est celui d'un tribunal de 3 ou 5 membres désignés en nombre égal par les parties (1 ou 2) et les arbitres nomment le Président du Tribunal (troisième ou cinquième membre ou surarbitre).

Dans l'arbitrage préconstitué, le procédé arbitral est fondé sur le choix obligatoire de noms qui sont dans les listes déposées périodiquement par les Etats parties au Traité d'arbitrage, comme dans le cadre de l'OHADA, du CIRDI ou de la CPA, pour constituer le Tribunal arbitral.

Si c'est pour un arbitrage *ad hoc*, les parties sont libres de constituer comme elles veulent le tribunal arbitral, en choisissant elles-mêmes leurs propres règles de procédure, le droit applicable et la portée de la sentence arbitrale.

Du reste, il est attendu de tout arbitre de la nationalité ou non d'une des parties d'avoir des qualités d'intégrité, de probité

---

345 Exemple du Roi d'Italie dans l'*Affaire de l'île de Clipperton (Mexique c. France), sentence arbitrale du 28 janvier 1931 : R.S.A.*, Vol. II. Exemple de la Reine Elisabeth II dans *l'affaire du Canal de Beagle*, entre le Chili et l'Argentine, sentence arbitrale du 22 avril 1977. Le Tribunal arbitral, dans ce dernier cas, était composé de cinq arbitres désignés par la Reine : Hardy C. DILLARD (Etats-Unis), Gerald FITZMAURICE (Royaume-Uni), André GROS (France), Charles D. ONYEAMA (Nigeria) et Sture PETREN (Suède).

346 *Sentence arbitrale du 19 janvier 1977, Affaire Texaco Calasiatic c/ Gouvernement Libyen ;* voir, Gerard COHEN-JONATHAN « L'arbitrage *Texaco-Calasiatic contre Gouvernement Libyen* ; décision au fond du 19 janvier 1977 », AFDI, 1977, Volume 23, n° 1, pp. 452-479.

347 Dans ce cas, chaque partie désigne un nombre égal de commissaires qui sont chargés de rendre la sentence. En cas de désaccord entre les commissaires, l'affaire est soumise à un surarbitre qui rend la décision.

morales, de neutralité, d'indépendance, de ne pas se considérer comme l'avocat de la partie qui l'a désigné en recevant ordres et instructions de cette dernière. L'arbitre reçoit des honoraires couvrant ses frais divers pour les jours d'audiences et les jours consacrés à la préparation des délibérations.

Si l'arbitrage est prévu par un texte (traité, loi, contrat), ledit texte organise la composition de l'organe arbitral. Généralement, on prévoit un nombre impair, la voix du président est prépondérante[348].

Paragraphe III – La procédure arbitrale

La procédure est complexe. Elle comporte aussi des phases écrite et orale.

Elle se termine par une sentence arbitrale qui est obligatoire entre les parties.

On y retrouve le mémoire, le contre-mémoire, la réplique, la duplique. On y retrouve aussi les techniques telles que les exceptions préliminaires et les mesures conservatoires. La SA peut faire l'objet de recours en annulation (en cas de vice dans la constitution du tribunal, excès de pouvoir, corruption, violation grave d'une règle fondamentale de procédure, défaut de motifs de la sentence), en révision (en cas de découverte de faits nouveaux), en interprétation. S'il n'y'a pas de recours, il faut procéder à l'exécution à travers la reconnaissance de la sentence arbitrale et son *exequatur*.

La procédure sera détaillée dans la section suivante.

SECTION II – LES SPECIFICITÉS DE CERTAINS ARBITRAGES

Parmi les expressions les plus significatives de l'engouement vers l'arbitrage, figurent, sans conteste, les recours aux

---

348 Affaire des *Iles Palmas (Miangas),* entre les Etats-Unis d'Amérique et les Pays Bas, sentence arbitrale du 4 avril 1928. Les deux parties ont nommé un seul arbitre, en l'occurrence, le Professeur suisse Max HUBER.

mécanismes y relatifs de la CPA (§ I), du CIRDI (§ II) ou de la CCJA (§ III).

Paragraphe I – L'arbitrage dans le cadre de la Cour Permanente d'Arbitrage[349]

Longtemps surnommée « tribunal de La Haye », la Cour Permanente d'Arbitrage (*Permanent Court of Arbitration*) a été créée dans le cadre de la Convention de la Haye de 1899[350], puis confirmée par la Convention de la Haye de 1907[351]. Selon l'art. 20 de la Convention de 1899 *« Dans le but de faciliter le recours immédiat à l'arbitrage pour les différends internationaux qui n'ont pu être réglés par la voie diplomatique, les Puissances signataires s'engagent à organiser une Cour Permanente d'Arbitrage, accessible en tout temps et fonctionnant, sauf stipulation contraire des Parties, conformément aux Règles de procédure insérées dans la présente Convention ».*

La CPA comptait en janvier 2017, cent vingt et un Etats[352] parties. C'est une OI à part entière et qui ne fait pas partie du système des Nations Unies[353], mais surtout, elle est une instance d'administration d'arbitrages.

La structuration de la CPA est ordonnée autour d'un conseil d'administration (CA), d'un Secrétariat général, agissant comme un greffe. Le CA, présidé par le MAE des Pays-Bas, regroupe les représentants des Etats membres et fixe les grandes orientations

---

349 Site internet de la CPA : www.pca-cpa.org.

350 Convention pour le règlement pacifique des conflits internationaux du 29 juillet 1899, adoptée à La Haye, lors de la première conférence internationale pour la paix, à l'initiative du Tsar Nicolas II.

351 Convention n° I ou Convention pour le règlement pacifique des conflits internationaux, adoptée à La Haye, le 18 octobre 1907, lors de la deuxième conférence internationale pour la paix.

352 Les Etats africains suivants sont membres : Afrique du Sud, Benin, Burkina faso, RDC, Egypte, Sénégal, Maroc, Nigeria, Maurice, Togo, Djibouti, Ouganda, Zambie, Zimbabwe, Erythrée, Ethiopie, Rwanda, Madagascar, Kenya, Libye, Sao Tome et Principe, Soudan, Swaziland.

353 Toutefois, l'AGNU et le CS choisissent les candidats aux postes de juge à la CIJ, parmi les noms figurant dans les listes des groupes nationaux de la CPA.

des activités, contrôle l'administration, les recettes et les dépenses de la Cour, conformément au Règlement d'ordre du CA.

Le Secrétariat général, appelé aussi *Bureau international*, constitue l'organe administratif. Il dispense des services de soutien logistique et d'assistance technique (greffe, traduction dans les deux langues de la Cour, l'anglais et le français), aux instances faisant recours à l'expertise de la CPA[354].

Dans le cadre de la CPA, institution d'administration de procédures d'arbitrage, les Etats membres déposent des listes de quatre noms d'arbitres par Etat, listes parmi lesquelles, les parties choisissent les arbitres pour constituer leur tribunal arbitral[355].

L'activité de la CPA a connu trois grands cycles, un âge d'or entre 1902 et 1945, une longue période de léthargie entre 1945 et 1990 et un retour d'âge stimulant et diversifié, depuis 1990.

Le renouveau de la CPA est redevable de la diversité de ses activités puisque désormais, elle dispose de règlements de procédure modelés sur ceux de la CNUDCI. Ensuite, sur le plan des fournitures de services, elle peut administrer aussi bien des procédures d'arbitrage qu'intervenir en matière de conciliation, de médiation[356], de commission d'enquête pour l'établissement des faits[357]. Cette variété permet de couvrir tout différend d'ordre juridique possible entre Etats, OI, ONG, MLN, personne privée physique ou morale, oscillant entre Droit International public et privé.

---

[354] La CPA a ouvert un Bureau à Maurice en 2010 pour aider à la promotion de l'Ile Maurice comme centre international d'arbitrage.

[355] Les listes sont consultables sur le site de la CPA.

[356] Deux Règlements de conciliation existent (voir ci-dessous) sur le modèle du Règlement de conciliation de la CNUDCI, qui font de la CPA une instance d'administration de conciliation internationale tant en vertu du Règlement CNUDCI, qu'en vertu de ses propres Règlements.

[357] L'appui administratif aux commissions d'enquête s'est opéré à cinq reprises, notamment dans les cadres de l'*Affaire du Dogger Bank* (Grande Bretagne/Russie), rapport du 26 février 1905 ou encore de *l'Affaire de l'Incident du Red Crusade*r (Russie / Grande Bretagne), décision du 23 mars 1962.

Pour faire face à ce besoin croissant de justice, facteur d'encombrement de son prétoire[358], elle aadopté plusieurs textes :

- le Règlement facultatif pour l'arbitrage des différends entre Etats ;

- le Règlement facultatif pour l'arbitrage des différends entre deux parties dont l'une seulement, est un Etat[359] ;

- le Règlement facultatif pour l'arbitrage des différends entre OI et parties privées ;

- le Règlement facultatif pour la conciliation ;

- le Règlement facultatif sur les commissions d'enquête pour l'établissement des faits ;

- le Règlement facultatif pour l'arbitrage des différends relatifs aux ressources naturelles et/ou à l'environnement[360] ;

- le Règlement facultatif pour la conciliation des différends relatifs aux ressources naturelles et/ou à l'environnement ;

- le Règlement facultatif pour l'arbitrage des différends relatifs aux activités liées à l'espace extra-atmosphérique[361].

Le recours à l'arbitrage par la CPA est facultatif. Les nombreux arbitrages menés sous ses auspices peuvent opposer des Etats[362], ceux-ci ou leurs démembrements contre des entités

---

[358] Voir Rapport annuel 2016 de la CPA, sur son site.

[359] Cf. Geneviève GUYOMAR, « Le règlement de la CPA relatif aux conflits internationaux entre deux parties dont une seulement est un Etat », AFDI, vol. 8, 1962, pp. 377-390.

[360] Cf. Affaire *Chagos Marine Protected Area Arbitration (Maurice c. Grande-Bretagne),* qui a duré quatre ans, a été tranché par un tribunal de cinq arbitres, sentence arbitrale du 18 mars 2015. Elle porte sur l'établissement par la Grande-Bretagne d'une aire marine protégée autour de l'Archipel des Chagos.

[361] Il prévoit la création de commissions d'arbitres et d'experts scientifiques et techniques, dans le domaine y afférent.

[362] Créée par une résolution de l'AGNU du 7 décembre 1966, elle est composée de 60 membres dont 14 Africains. La CNUDCI a préparé un grand nombre de textes juridiques de différentes natures, notamment des traités, lois-type et textes de nature contractuelle. Les traités incluent : la Convention pour la reconnaissance et l'exécution des sentences arbitrales étrangères, adoptée à New York en 1958 ; la Convention des Nations Unies sur les contrats de vente internationale de marchandises (Vienne,

non étatiques (OI, ONG, MLN[363], sociétés privées)[364] et des OI ou des ONG, entre des Etats et des investisseurs privés étrangers dans le cadre d'accords bilatéraux ou multilatéraux d'investissement. Ces arbitrages couvrent des champs aussi larges que les délimitations de frontières terrestres, etc., ou voies maritimes[365], le droit de la mer[366], le droit des investissements[367], la fonction publique internationale[368], l'environnement, etc.

1980) ; la Convention des Nations Unies sur l'utilisation de communications électroniques dans les contrats internationaux (New York, 2005). Les lois-type incluent la Loi-type de la CNUDCI sur l'arbitrage commercial international du 11 décembre1985 amendée le 4 decembre 2006. Les textes de nature contractuelle incluent le Règlement d'arbitrage de la CNUDCI adopté en 1976, révisé en 2010, amendé en 2012. A lasuite de la Convention des NU, du même nom (2014), la CNUDCI a adopté le Règlement d'arbitrage sur la transparence dans l'arbitrage entre investisseurs et Etats fondé sur des traités, entré en vigueur le 1er avril 2014. Dans le cadre des arbitrages régis par le Règlement de la CNUDCI (entre Etats, un démembrement de l'Etat ou une OIG), la CPA peut fournir un soutien administratif en plus du fait que son SG est désigné comme « autorité de nomination » dans ces arbitrages. Voir, affaires soumises sur le fondement du Règlement d'arbitrage de la CNUDCI mais dont la CPA constitue le greffe *: affaire Telekom Malaysia Berhad c / Gouvernement de la République du Ghana, sentence arbitrale du 1er janvier 2003 ; affaire Sterling Merchant Finance Ltd c / Gouvernement de la République du Cap-Vert, sentence arbitrale du 27 novembre 2015.*

363 Voir, *Affaire Gouvernement du Soudan / Mouvement de l'Armée Populaire de Libération du Soudan (APLS),* introduite le 1er janvier 2008 (délimitation de frontières terrestres), sentence arbitrale de 2009.

364 Voir, *Affaire Mattioli Joint Venture c. Ministère de l'Eau et de l'Energie représentant la République Fédérale et Démocratique d'Ethiopie,* affaire introduite le 1er janvier 2013 ; dans le même cadre, cf.Affaire *Consta Joint Venture c. Chemin de fer Djibouto-Ethiopien, représentant la République Fédérale et Démocratique d'Ethiopie et la République de Djibouti, procédure* arbitrale entamée en janvier 2013.

365 Voir, Affaire de la *Souveraineté et de la délimitation maritime en Mer Rouge,* (Erythrée / Yemen), sentence arbitrale du 17 décembre 1999.

366 La CPA peut administrer des arbitrages sur le fondement de l'art. 287de la CNUDM et son Annexe VII (art.1er). Voir, *Affaire de l'Arbitrage Duzgit Integrity (Malte c. Sao Tomé et Principe),* sentence arbitrale du *12* septembre 2016, concernant une affaire de transport et l'emmagasinage frigorifique ; Affaire *Ara Libertad (Argentine c. Ghana),* sentence

Comme la CPA, d'autres institutions peuvent aussi administrer des procédures d'arbitrage. C'est le cas du CIRDI.

Paragraphe II – L'arbitrage dans le cadre du C.I.R.D.I.

Institué par la Convention de Washington adoptée sous les auspices de la Banque Mondiale (B.I.R.D.)[369], le Centre International pour le Règlement des Différends relatifs aux Investissements (C.I.R.D.I.) marque un développement du droit de l'arbitrage entre Etats et investisseurs privés étrangers.

Depuis son entrée en vigueur le 14 octobre 1966, la Convention lie une grande majorité d'Etats africains[370]. L'engouement de ces Etats envers ce mode de règlement ne s'est

arbitrale du 11 novembre 2013 (saisie de navire et détention des membres de l'équipage).

[367] Voir, Affaire *Sterling Merchant Finance Ltd c.Gouvernement de la République du Cap-Vert*, sentence arbitrale du 27 novembre 2015.

[368] Voir, Affaire *Mohamed Ismail Reygal c. le Haut-Commissariat des Nations Unies pour les Réfugiés (UNHCR),* sentence arbitrale introduite le 16 octobre 2015 (contrat d'interprétariat), arbitrage conduit sur la base du règlement d'arbitrage de la CNUDCI de 2010.

[369] Convention pour le règlement des différends relatifs aux investissements entre Etats et ressortissants d'autres Etats du 18 mars 1965, Doc. C.I.R.D.I./2 ; Cf. également, G. DELAUME, « Le Centre international pour le règlement des différends relatifs aux investissements (C.I.R.D.I.) », Journal de Droit International (J.D.I.), Clunet, 1982, pp. 775-843 ; Philippe OUAKRAT, « La pratique du CIRDI », Droit et Pratique du Commerce International, 1987, pp. 273-310 ; Patrick RAMBAUD, « Premiers enseignements des arbitrages du CIRDI », A.F.D.I., 1982, pp. 471-491.

[370] Au 1er janvier 2017, 161 Etats ont signé la Convention et 153 Etats l'ont ratifiée. Parmi ces derniers, on peut citer les Etats Africains suivants : Algérie, Bénin, Botswana, Burkina Faso, Burundi, Cap-Vert, Cameroun, Congo, R.C.A, République Démocratique du Congo, Côte d'Ivoire, Egypte, Gabon, Gambie, Ghana, Guinée, Guinée-Bissau, Kenya, Liberia, Malawi, Madagascar, Maroc, Maurice, Mauritanie, Malawi, Mozambique, Namibie, Niger, Nigeria, Ouganda, République Centrafricaine, Rwanda, Sao Tome et principe, Sénégal, Sierra Leone, Somalie, Soudan, Soudan du Sud, Swaziland, Tanzanie, Tchad, Tunisie, Zambie, Zimbabwe.

pas démenti avec la soumission d'un grand nombre de différends à son Tribunal arbitral.

Cet arbitrage quasi-international octroie aux investisseurs étrangers le droit de saisir un organe non national dont le mécanisme trouve sa voie entre l'arbitrage commercial privé (Cour d'arbitrage de la Chambre de Commerce internationale de Paris, Chambre arbitrale internationale pour le Commerce et l'Industrie de Genève, etc.) et l'arbitrage interétatique (Cour permanente d'arbitrage de La Haye).

Le mécanisme du CIRDI s'insère dans une convention qui, de l'avis d'EISEMANN, *« non seulement internationalise l'engagement arbitral mais détache de même de l'emprise étatique toute la procédure d'arbitrage, au point que la sentence est authentiquement internationale, à l'instar de l'arbitrage interétatique »*[371].

Par différend, on entend tout conflit, divergence d'opinions ou de prétentions entre l'investisseur et l'Etat-hôte de l'investissement. Les différends soumis ne peuvent être examinés que si la partie étatique ratifie la Convention de Washington. Cette ratification conventionnelle doit être complétée par un assentiment explicite, consigné par écrit dans un accord d'investissement, dans une loi nationale ou dans le contrat lui-même.

Dans cette lancée, les parties peuvent, dans une clause compromissoire incluse dans l'accord d'investissement, définir à l'avance les catégories de litige justiciable du CIRDI ou consentir par un compromis d'arbitrage (pour un différend spécifique et actuel) au règlement arbitral du Centre[372].

---

[371] F. EISEMANN, « La double sanction prévue par la Convention de la BIRD, en cas de collusion ou d'ententes similaires entre un arbitre et la partie qui l'a désigné », AFDI, 1977, p. 436.

[372] Convention CIRDI et Rapport des Administrateurs de la Banque Internationale pour la Reconstruction et le Développement, Doc. CIRDI/2 ; J. VERHOEVEN, « Arbitrage entre Etats et entreprises étrangères. Des règles spécifiques ? », Revue de l'arbitrage, 1985, p. 609 et s.

Si ces conditions sont réunies, une des parties[373] peut saisir la commission de conciliation chargée de faire des recommandations ou le Tribunal arbitral qui rendra une sentence obligatoire.

En pratique, le CIRDI est généralement saisi en application de *« clauses CIRDI »* prévoyant la compétence du Centre[374]. Cette compétence a connu un prolongement. Le Conseil administratif du CIRDI a adopté le 27 septembre 1978 un *« mécanisme supplémentaire » (Additional Facility)* pour les litiges non couverts par la Convention de 1965 et n'ayant pas un lien direct

---

[373] Rares sont les requêtes introductives d'instance émanant d'un Etat. Dans le cadre de cette étude, il est intéressant de souligner le cas du Gabon qui a saisi le 5 octobre 1976, le CIRDI d'une requête contre la Société Française SERETE (N° ARB/76/1) pour une affaire de construction de maternités. Ce litige a trouvé une solution amiable le 27 février 1978.

[373] Peu d'Etats africains ont initié la procédure de conciliation CIRDI. Cinq affaires peuvent être évoquées : *République de Guinée Equatoriale c/ CMS Energy Corporation and others (n° CONC (AF) / 12/2), Rapport de la Commission du 12 mai 2015 ; Hess Equatorial Guinea Inc. et Tullow Equatorial Guinea Limited c/ République de Guinée Equatoriale (n° CONC(AF)/12/1), (suspension de constitution de la Commission de conciliation jusqu'au 30 septembre 2017) ; RSM Production Corporation c/ République du Cameroun (n° CONC/11/1), Rapport du 11 juin 2013 ; Actionnaires de SESAM c/ République Centrafricaine (N° CONC/07/1), Rapport de la Commission du 13 aout 2008 ; SEDITEX c/ République de Madagascar (N° CONC/82/1).* La dernière affaire a été enregistrée le 5 octobre 1982 et clôturée par un accord entre les parties le 20 juin 1983. La société, insatisfaite de la transaction, saisira à nouveau le CIRDI le 13 juin 1994 (N° CONC/94/1). La commission composée de MM. André FAURES (Belgique), Dominique CARREAU (France) et Raymond RANJEVA (Madagascar) a rendu son rapport le 19 juillet 1996. Il faut noter que les requêtes aux fins de conciliation sont introduites conformément au Règlement de procédure relatif aux instances de conciliation, CIRDI, Documents de base, Doc. CIRDI/15 (janvier 1985).

[374] Cf. Règlement de procédure relatif aux instances d'arbitrage (Règlement d'arbitrage), Doc. CIRDI/15 (janvier 1985). Pour un exemple de convention contenant une clause « CIRDI », voir l'Accord sur la promotion et la protection des investissements entre le gouvernement de Malaisie et le gouvernement de la République du Sénégal, fait à Montego Bay le 10 février 1999, JORS du 25 septembre 1999.

avec un investissement ou dont l'une des parties n'est pas liée à la Convention[375].

Cet ajout consacre un succès certain du *« système CIRDI »,* en dépit de la multiplication des instances d'arbitrage ou de la préférence donnée à l'arbitrage commercial dans les conventions bilatérales sur la protection des investissements selon le *« modèle CNUDCI »*[376].

Il soulève également des problèmes liés à une éventuelle dispersion des activités du Centre qui risquent de déborder la sphère arbitrale des relations Etats-investisseurs pour emprunter d'autres voies de constatation des faits ou d'enquête.

En revanche, depuis 1966, le CIRDI a eu à connaître, conformément à la Convention de Washington, de nombreuses affaires impliquant des Etats Africains[377]. Ces différends relatifs aux investissements privés étrangers, ont permis au CIRDI de dégager une somme jurisprudentielle dont l'examen fait ressortir d'importants problèmes tenant à la fois aux aspérités procédurales et au contenu du droit des investissements.

A. Le déroulement de l'instance arbitrale devant le tribunal du C.I.R.D.I.

Les nombreuses sentences prononcées ont permis d'affiner le droit de l'arbitrage du CIRDI. L'éventail des problèmes soulevés

---

[375] Règlement régissant le Mécanisme supplémentaire sur l'administration de procédures de conciliation, d'arbitrage et de constatation des faits, Doc. CIRDI/11 (juin 1979) ; P. RAMBAUD, *« Note sur l'extension du « système CIRDI »,* AFDI 1983, pp. 290-299.

[376] Modèle approuvé par la Résolution N° 31/98 de l'Assemblée générale des Nations Unies du 15 décembre 1976. Du reste, le CIRDI a emprunté au Règlement d'arbitrage de la Commission des Nations Unies sur le droit commercial international (CNUDCI) (ONU, Doc. A/31/17, 1976) la procédure de désignation du Secrétaire général du CIRDI comme autorité de nomination d'arbitres *ad hoc* sur demande des parties à un litige actuel ou éventuel. Voir clause modèle N° 22, Doc. CIRDI/5/Rev. 2 (1er février 1993).

[377] Plus de cent trente affaires concernent des différends avec des Etats Africains. Voir *L'Afrique et le CIRDI,* AFFAIRES DU CIRDI – STATISTIQUES - NUMERO SPECIAL – AFRIQUE (AVRIL 2016), www.worldbank/icsid.org.

lors du déroulement des instances(1), couplé aux obstacles des procédures de recours institués contre les sentences arbitrales (2) ont conduit à une plus grande précision dans l'application de la Convention de 1965 et du Règlement d'arbitrage, sans toutefois arriver à surmonter certaines aspérités difficilement réductibles du droit proccssuel.

1. Les différentes phases dans le déroulement de l'instance

Dès lors que les parties sont enserrées dans un réseau de droits et d'obligations dont le fondement juridique repose sur une loi nationale, un contrat d'Etat[378] ou une clause compromissoire énonçant la compétence du CIRDI, celles-ci peuvent solliciter séparément (requête unilatérale) ou ensemble (compromis), le règlement de leur différend par le Centre. La requête est enregistrée au Secrétariat du CIRDI. Cette opération soulève, *prima facie,* un certain nombre de questions afférentes à l'identité et à la nationalité des parties, à la saisine et au fondement de la compétence du CIRDI, à l'objet du litige, à l'épuisement des voies de recours internes, à la liste des arbitres et au rôle du Président du Conseil administratif et du Secrétaire général du CIRDI.

La détermination de l'identité et de la nationalité des parties laisse planer des incertitudes. Habituellement, les parties à l'instance sont un Etat hôte de l'investissement (en général, un pays en voie de développement) et la personne morale

[378] Cf. Moustapha SOURANG, La technique contractuelle dans les relations Etats-entreprises étrangères : contribution à l'étude des conventions d'établissement conclues par les Etats africains, Thèse, Droit, Bordeaux, 1980. Le Professeur SOURANG souligne que : *« Le contrat connaît un essor dans tous les systèmes juridiques contemporains où traditionnellement son rôle était cantonné dans la sphère des rapports entre particuliers. Dans les Etats modernes, en effet, le contrat devient de plus en plus l'instrument des relations entre l'Etat et les personnes privées en matière économique »* (p. 21) ; Prosper WEIL, « Problèmes relatifs aux contrats passés entre un Etat et un particulier », R.C.A.D.I., 1969, p. 100 ; Jean Flavien LALIVE, « Contrats entre Etats ou entreprises étatiques et personnes privées. Développements récents », R.C.A.D.I., 1983, III, p. 21 et s.

ressortissante étrangère (souvent une entreprise ou société multinationale). Mais, les hypothèses de multiplication du nombre des parties se présentent fréquemment.

Cette situation peut être illustrée par quelques exemples : une société de nationalité allemande introduisant une requête contre l'Etat camerounais et une société d'économie mixte[379], deux sociétés étrangères assignant conjointement l'Etat congolais[380], ou un démembrement de l'Etat tanzanien intentant une action contre un investisseur étranger[381].

Le schéma initial opposant l'Etat[382] à l'investisseur[383] est rendu plus complexe par les divers montages juridiques. La société qui investit, peut créer des filiales pour exécuter l'opération d'investissement, ou former une entreprise conjointe ou *joint-venture* avec des sociétés locales[384]. Il en résulte la possibilité d'intervention dans les accords postérieurs, des sociétés filiales aux côtés de la société-mère. Incidemment, cette hypothèse s'est vérifiée dans une affaire opposant un Etat à une société italienne agissant de son propre chef et pour le compte d'une société suisse détenant 10% des actions saisies par l'Etat

379 *Klöckner Industrie-Anlagen GmbH et autres c/ République Unie du Cameroun et Société Camerounaise des Engrais (N° ARB/81/2)* enregistrée le 14 avril 1981.

380 *Banro American Resources Inc. et Société aurifère du Kivu et du Maniemba c/ République Démocratique du Congo (N° ARB/98/7),* affaire enregistrée le 28 octobre 1998.

381 *Tanzania Electric Supply Company Limited c/ Independant Power Tanzania Limited (N° ARB/98/8),* enregistrée le 7 décembre 1998. Voir le site du CIRDI (www.worldbank.org/icsid).

382 Voir, Franck LATTY, « Les conditionsd'engagement de la responsabilité de l'Etat d'accueil de l'investissement », *in* Charles LEBEN, Droit nternational des investissements et de l'arbitrage transnational, Paris, Pédone, 2015.

383 Voir, Affaire *Antoine Abou-Lahoud et Leila Bounafeh Abou-Lahoud c/ R.D.C,* Décision dans la procédure d'annulation du 29 mars 2016.

384 *Maritime International Nominees Establishment c/ République de Guinée (N° ARB/84/4),* sentence du 6 janvier 1988 ; *Société Industrielle de Boissons de Guinée c/ République de Guinée* (N° ARB/12/8), sentence arbitrale du 5 mai 2014 ; *SA.R.L. Benvenuti & Bonfant c/ République Populaire du Congo (N° ARB/77/2), sentence du 8 août 1980.*

congolais[385]. La réponse du Tribunal, empreinte de sagesse, révèle, en l'espèce, l'existence d'une stipulation pour autrui entre AGIP (le stipulant), la société suisse (tiers-bénéficiaire) et le gouvernement congolais (le promettant)[386]. Ces montages, à l'initiative des parties, compliquent à loisir les différends soumis.

Un autre niveau de complexité réside dans l'étendue de la compétence du CIRDI, en principe, cantonnée « *...aux différends d'ordre juridique entre un Etat contractant (ou telle collectivité publique ou tel organisme dépendant de lui qu'il désigne au Centre) et le ressortissant d'un autre Etat qui sont en relation directe avec un investissement et que les parties ont consenti par écrit à soumettre au Centre » (*Art. 25 § 1 de la Convention).

En fait, la mise en œuvre de cette disposition suppose la désignation préalable de la collectivité ou de l'organisme au Centre, son consentement approuvé par l'Etat ou la mention que son consentement n'est pas de ceux exigeant approbation de l'Etat[387].

En relation avec ce qui précède, la nationalité de l'investisseur peut être sujette à des controverses. S'il détient la même nationalité que l'Etat d'accueil, la compétence du CIRDI est exclue à moins que les parties ne s'entendent pour considérer cette personne morale comme étant sous contrôle étranger[388] et dans cette mesure pour la traiter en ressortissant d'un autre Etat contractant.

---

[385] *A.G.I.P. S.p.A. c/ République Populaire du Congo (N° ARB/77/1)*, sentence du 30 novembre 1979. R.C.D.I.P., 1982, N° 1, pp. 92-109, note BATIFFOL. Dans l'affaire AGIP, la nationalisation de la société par ordonnance du 12 avril 1975 ratifiée par la loi du 17 juillet 1975 a été opérée en violation des obligations contractuelles du Congo.

[386] P. RAMBAUD, *« Premiers enseignements des arbitrages du CIRDI »*, op. cit. p. 478.

[387] Clause modèle N° 5, Doc. CIRDI/5/Rev. 2.

[388] L'art. 25 § 2, b de la Convention précise *in fine « en raison du contrôle exercé sur elle par des intérêts étrangers »*. Le critère du contrôle, comme outil de détermination de la nationalité, est retenu par beaucoup de pays dont le Sénégal. Ce critère permet de distinguer les entreprises contrôlées par les étrangers et celles contrôlées par des Sénégalais. Voir art. 3 § 1 de la loi n° 87-25 du 18 août 1987 portant Code des Investissements, JORS du 29 août 1987, pp. 634-639.

On peut aisément imaginer les difficultés afférentes à la nationalité de l'investisseur. Un scénario fréquent est celui d'une personne morale étrangère qui, dans le dessein de sécuriser davantage son investissement, s'astreint à l'enregistrer selon les prescriptions du droit local en s'associant avec des nationaux[389] ou se dissimule derrière des prête-noms de cette nationalité pour se soustraire aux rigueurs du Code des investissements.

En toute hypothèse, la requête de l'investisseur n'est accueillie que si ce dernier fait la preuve de la possession d'une autre nationalité que celle de l'Etat d'accueil à la date du consentement et à la date de l'enregistrement[390]. A cet effet, une clarification de l'identité et de la nationalité des parties s'impose dans les « *clauses CIRDI* ». Le Professeur RAMBAUD abondait dans le même sens : « *La pratique montre les difficultés que présente leur rédaction : elles doivent être suffisamment précises, claires et complètes pour éviter des difficultés d'interprétation qui seraient préjudiciables à un dénouement rapide du différend* »[391].

---

[389] Cf. *S.O.A.B.I. c/ République du Sénégal (N° ARB/82/1), sentence du 25 février 1988. La* Société Ouest Africaine des Bétons Industriels (SOABI) demandait la réparation du fait de la rupture par le Gouvernement sénégalais d'un contrat de construction de 15 000 logements sociaux. Le Tribunal arbitral devait principalement se prononcer sur la question de savoir, si la protection accordée à une filiale de droit sénégalais, pouvait être étendue à sa société mère, à l'origine de l'investissement réalisé dans l'Etat d'accueil. Ce à quoi il répondra, en tranchant nettement en faveur de l'exigence d'un rattachement « des intérêts étrangers de l'article 25 (2) » in fine à un Etat contractant, et contrairement à l'affaire AMCO.

[390] Il doit s'agir de *« toute personne morale qui possède la nationalité d'un Etat contractant autre que l'Etat partie au différend à la date à laquelle les parties ont consenti à soumettre le différend... à l'arbitrage et toute personne morale qui possède la nationalité de l'Etat contractant partie du différend à la même date et que les parties sont convenues, aux fins de la présente Convention, de considérer comme ressortissant d'un autre Etat contractant en raison du contrôle exercé sur elle par des intérêts étrangers »* (Art. 25 § 2 de la Convention de Washington).

[391] L'auteur évoque l'affaire *Holiday Inns et Occidental Petroleum Company c/ Royaume du Maroc*, sentence du 2 juillet 1972, comme exemple de litige dans lequel les *clauses CIRDI* » étaient mal rédigées. P. RAMBAUD, « *Note sur l'extension du « système CIRDI »,* op. cit., p. 294.

La saisine du CIRDI amène à s'interroger *in limine litis* sur le fondement de sa compétence. Comme il a été souligné précédemment, sa compétence *ratione personae* se rattache aux litiges opposant des parties dont l'une est liée par la Convention de 1965. Mais elle est ouverte également aux Etats non membres de la BIRD et à tout Etat partie au Statut de la Cour Internationale de Justice sur invitation du Conseil administratif statuant à la majorité des deux tiers (Art. 67 de la Convention).

Quant à la compétence *ratione materiae,* la justiciabilité est en rapport avec la nature et la qualification du différend. Le litige aurait-il un caractère interne que l'Etat d'accueil défendrait la thèse de l'incompétence du Centre. Cet argument est souvent soutenu par les pays en développement[392]. Un autre moyen de défense lié au précédent, fait appel au problème de litispendance, c'est-à-dire à la soumission concomitante d'un différend au CIRDI et à une autre instance juridictionnelle[393] ou arbitrale[394].

---

[392] Voir *Adriano GARDELLA SpA c/ République de Côte d'Ivoire (N° ARB/74/1),* sentence du 29 août 1977 ; *Holiday Inns c/ Maroc* (op. cit.) ; *Compagnie française pour le développement des fibres textiles c/ République de Côte d'Ivoire (N° ARB/97/8),* Sentence du 4 avril 2000.

[393] Affaire *MILLICOM International Operations B.V. et SENTEL GSM SA c/ République du Sénégal* (n° ARB/08/20) concernait la remise en cause par l'Etat du Sénégal de la licence d'exploitation du réseau mobile accordée à Millicom en 1998. L'Etat sénégalais contestait le versement de 50 millions de FCFA (*un euro étant égal à* 655,95700 *fcfa*) comme valeur réelle de la licence d'opération de téléphonie mobile dont Millicom, à travers ses filiales, s'était acquittée. Parallèlement à la saisine par l'Etat du Tribunal régional de Dakar, le CIRDI devait rendre le 24 Juillet 2010 une décision préalable sur sa compétence, avant d'entamer l'examen au fond du différend. Finalement, en septembre 2012, Millicom a accepté de verser un peu plus de 50 milliards de FCFA à l'Etat, qui s'est engagé à reconnaître la validité de la licence des sociétés filiales de cet opérateur de téléphonie mobile. Cf. Me Boucounta DIALLO, « Le CIRDI et le Sénégal », *Séminaire organisé par l'Union Internationale des Avocats et l'Ordre des Avocats du Sénégal à Saly, du 27 février au 1er mars 2014,* 17 p., (non publié).

[394] Argument soutenu par le Cameroun dans le litige l'opposant à Klöckner. Il alléguait le fait que le contrat de management contenait plutôt une clause spécifiant la compétence de la Chambre de Commerce internationale et que le litige relevait d'un simple rapport commercial entre vendeur et acheteur. Le Tribunal arbitral réaffirmera sa compétence

L'équation de la compétence du CIRDI repose sur l'exigence d'un lien direct entre le différend et un investissement. Or la Convention s'abstient sciemment de définir le terme d'investissement, préférant laisser aux parties le soin de qualifier souverainement leur relation. Il y a là une présomption simple attachée à l'opération litigieuse soumise au Centre. Pour lever toute équivoque, les parties peuvent confirmer, dans une clause insérée à l'accord contenant leur consentement, cette présomption *juris tantum* de l'opération constitutive d'investissement.

Juris novit curia, cet adage propre aux instances juridictionnelle et arbitrale, fonde la capacité du CIRDI à statuer sur sa propre compétence en cas de contestation. Il gouverne également l'attitude du Centre lorsque l'entité étatique invoque le non épuisement des voies de recours internes. L'accueil de ce moyen amène le Centre à décliner sa compétence en déclarant l'irrecevabilité de la requête[395] soit en rejetant celle-ci quant au fond[396].

L'article 26 de la Convention amène une précision supplémentaire : *« Le consentement des parties à l'arbitrage dans*

au regard des autres contrats signés avec Klöckner. Dans cette affaire, l'Etat camerounais réclamait des dommages et intérêts pour la livraison d'une usine défectueuse, le retard dans les délais, la mauvaise rentabilité et les pannes fréquentes. Pour sa part, Klöckner reprochait au Cameroun le défaut de paiement de l'usine livrée *« clés en mains »* et d'avoir fait preuve d'attentisme en n'offrant pas un niveau de protection satisfaisant pour la viabilité du projet de création d'usine d'engrais.

Dans l'Affaire *Benvenuti & Bonfant*, le gouvernement congolais défendait la thèse de l'exclusivité de la compétence du Tribunal de Commerce de Pointe Noire, siège de la société. En cours d'instance, il souleva la question du non épuisement des voies de recours internes en s'appuyant sur l'argument d'une plainte pendante devant le Tribunal révolutionnaire de Brazzaville, contre un des dirigeants de Benvenuti. Le gouvernement congolais avait transformé la société d'économie mixte en société d'Etat par simple note de service et avait fait occuper la société par l'armée.

[395] Le Secrétaire général du CIRDI dispose du pouvoir de s'opposer à une requête qui *« excède manifestement la compétence du Centre »* (Art. 36 § 3 de la Convention).

[396] Art. 41 du Règlement d'arbitrage. Le Tribunal arbitral a décliné la juridiction du CIRDI dans l'affaire *Vacuum Salt Products Ltd c/ République du Ghana (N° ARB/92/1),* sentence du 16 février 1994.

le cadre de la présente Convention est, sauf stipulation contraire, considéré comme impliquant renonciation à tout autre recours ». Cette disposition pose le problème de l'épuisement de tous les recours administratifs ou judiciaires internes. Cette exigence est prolongée par une clause de renonciation à la protection diplomatique (Art. 27). Cette résurgence de la célèbre clause CALVO[397] est interprétée de manière souple. Dans l'affaire des « *Pyramides »,* le CIRDI s'est estimé valablement saisi d'une requête alors même que l'Etat égyptien avait déjà introduit une requête, devant la Chambre de Commerce internationale, ayant abouti à une sentence du 16 février 1983, annulée par la Cour d'Appel de Paris (le 12 juillet 1987), arrêt confirmé par la Cour de Cassation le 6 janvier 1987[398].

Toutefois, la pratique s'inscrit dans le sens d'une atténuation : la renonciation n'est écartée que si la partie n'exécute pas la sentence. On peut donc douter de la portée de la clause si on conçoit avec la doctrine que la protection diplomatique est un droit de l'Etat qu'il exerce de manière discrétionnaire. C'est l'acception retenue par la jurisprudence dans l'affaire Mavrommatis : *« en prenant fait et cause pour l'un des siens, en mettant en mouvement en sa faveur l'action diplomatique ou l'action judiciaire internationale, cet Etat fait, à vrai dire, valoir son propre droit, le droit qu'il a de faire respecter, en la personne de ses ressortissants, le droit international »*[399].

---

[397] Selon le Dictionnaire de la Terminologie du droit international (Sirey 1960, 755 p.), c'est une *« clause d'un contrat passé entre un Etat et un étranger, par laquelle celui-ci renonce directement ou indirectement à la protection diplomatique de son propre Etat en ce qui concerne les contestations auxquelles pourrait donner lieu l'exécution de ce contrat ».*

[398] *S.P.P. c/ République d'Egypte*, sentence du 20 mai 1992. Le déroulement de cette affaire témoigne des complexités procédurales : la sentence a fait l'objet d'un recours en annulation le 27 mai 1982. Mais les parties ont transigé, le 18 janvier 1993, mettant ainsi fin à leur différend. Voir P. RAMBAUD, *« L'affaire » des Pyramides » ;* suite et fin », AFDI 1993, pp. 567-576 ; P. LEBOULANGER, *« Etat, politique et arbitrage. L'affaire du Plateau des Pyramides » ;* Revue de l'arbitrage, 1986, p. 31 et s.

[399] *C.P.J.I., Concessions Mavrommatis, op. cit. p. 12 ; C.P.J.I., Emprunts serbes, 12 juillet 1929, Série A, N° 20-21, p. 17 ; CIJ, Affaire Nottebohm,*

Par ailleurs, une concession à la liberté des parties constitue un élément supplémentaire de souplesse en ce que celles-ci ont le choix entre la procédure d'arbitrage du CIRDI dans sa version la plus récente et son remplacement par toutes autres règles pertinentes (à l'exception des normes indérogeables inscrites dans les textes du CIRDI) (Art. 44 de la Convention).

Une fois ces opérations préalables résolues, il faudra procéder à la constitution du Tribunal arbitral.

On retrouve, à ce niveau, le principe directeur du libre choix des parties qui disposent de toute la latitude nécessaire pour la composition du Tribunal (art. 37 de la Convention).

Le Tribunal doit être formé *« d'un arbitre unique ou d'un nombre impair d'arbitres »* (art. 37 § 2, a) permettant le recours au système de vote prépondérant. En général, il est composé de trois arbitres (un nommé par chaque partie et le troisième, qui est le président, est nommé d'accord parties (art. 37 § 2, b). A cette fin, une graduation des délais a été instaurée : les parties doivent s'entendre dans un délai de soixante jours (art. 2 § 3 du Règlement d'arbitrage) ; à défaut, elles pourront recourir à la procédure de l'art. 38 de la Convention (en cas de désaccord persistant de quatre-vingt-dix jours) et faire appel au Président du Conseil administratif du CIRDI[400].

Cette autorité doit donner suite à la requête dans un délai de trente jours pour la nomination des arbitres désignés[401]. Ces derniers sont obligatoirement choisis sur les listes du Centre[402].

---

arrêt du 6 avril 1955, Recueil 1955, p. 25 ; P. JUILLARD, *« L'évolution des sources du droit des investissements »,* R.C.A.D.I., 1994, IV, pp. 9-216.

400 Il est également le Président de la Banque Mondiale. Cette personnalité est intervenue, *inter alia,* dans les affaires AGIP c/ Congo et Benvenuti & Bonfant c/ Congo.

401 *« Ou dans tout autre délai convenu entre les parties »* (art. 4 du Règlement d'arbitrage). L'irrespect de ces délais n'est pas toujours sanctionné. Ainsi, le Tribunal justifie lui-même les manquements de la partie congolaise dans l'affaire A.G.I.P. : *« des circonstances particulières d'ordre politique interne avaient empêché le fonctionnement normal de certains organismes étatiques du Congo et étaient de nature à*

Il reste, bien entendu, que les parties pourront procéder *« à tout moment au remplacement des arbitres nommés par elles et (...) d'un commun accord (...) remplacer tout arbitre »* (art. 7 du Règlement). D'autres dispositions prévoient l'incapacité, la démission et la récusation des arbitres[403] (art. 8 et 9 du Règlement et art. 39 à 41 de la Convention).

Le Tribunal devra ensuite s'efforcer de résoudre les difficultés relatives à son fonctionnement.

2. Les incidents de procédure dans le fonctionnement du tribunal arbitral

Cette procédure présente un caractère arythmique qui retarde considérablement le démarrage des travaux du Tribunal[404]. C'est ainsi que le Tribunal arbitral a été reconstitué à diverses reprises dans les affaires *Adriano Gardella c/ République de Côte d'Ivoire, S.O.A.B.I. c/ République du Sénégal, S.E.T.I.M.E.G. c/*

expliquer l'inobservation par le gouvernement des délais successifs impartis par le Tribunal ».

402 Chaque liste est composée de personnes désignées par les Etats contractants pour une durée de six ans (quatre au plus par Etat) et par le Président de la BIRD (dix au plus), Doc. CIRDI/10 (mise à jour périodique) ; cf. liste des arbitres désignés par la République du Sénégal le 7 juin 2004 qui était composée de MM. Ousmane CAMARA, Alioune DIAGNE et Galaye SECK.

403 Un exemple est fourni dans l'affaire *World Duty Free Company Ltd c/ République du Kenya (ARB/00/7)* enregistrée le 7 juin 2000 (sentence du 4 octobre 2006) avec la récusation de l'Australien James CRAWFORD et son remplacement par le Britannique V.V. VEEDER.
Un cas de décès d'arbitre (l'Allemand Herbert GOLSONG) s'est posé lors de la procédure de révision de la sentence rendue dans l'affaire *American Manufacturing & Trading Inc. c/ RDC (ARB/93/1).*
Il faut relever aussi les cas de démission, celle de l'arbitre canadien Willard Z. ESTEY (remplacé par son compatriote Marc LALONDE) dans l'affaire *Patrick MITCHELL c/ RDC (ARB/99/7) enregistrée* le 10 décembre 1999 ; et celle de l'arbitre choisi par le demandeur, dans l'affaire *Holiday Inns c/ Maroc,* du fait de sa nomination au Conseil d'administration d'une des sociétés requérantes. Sur le problème posé, F. EISENMANN, *« La double sanction... »,* op. cit.

404 Cf. *S.O.A.B.I. c/ République du Sénégal (N° ARB/82/1), sentence du 25 février 1988 ; S.E.T.I.M.E.G. S.A. c/ République du Gabon (N° ARB/87.1),* etc.

République du Gabon, etc. A cela, s'ajoute le fait que les parties parviennent souvent à une solution amiable. En vertu de l'art. 43 al. 1 du Règlement d'arbitrage, le Secrétaire général prend note de leur désistement par ordonnance si le Tribunal n'est pas encore constitué, sur requête écrite des parties. Si le Tribunal siège, elles peuvent solliciter l'incorporation de leur accord dans la sentence (art. 42 al. 2)[405]. De même, le demandeur a la possibilité de retirer sa requête, en l'absence d'objection du défendeur[406]. Ce caractère haché se retrouve dans les cas de suspension. Fréquemment, les parties y recourent pour offrir une chance à un règlement à l'amiable. L'ordonnance du Secrétaire général ou du Tribunal formulée à cet effet, n'est susceptible d'être levée qu'à la demande des parties ou au bout d'un délai préfixé. Le Secrétaire général recourt souvent à cette procédure comme en attestent les ordonnances dans les affaires *SETIMEG contre République du Gabon* et *Ridgepointe c/ République Démocratique du Congo et Gecamines*[407]. En outre, le non accomplissement d'un acte

[405] Affaires *Gabon c/ Serete* (accord intervenu le 27 février 1978) ; *Guadeloupe Gas Products Corporation c/ République du Nigeria (ARB/77/2)* (accord sous forme de décision du 22 juillet 1980), SETIMEG c/ République du Gabon (ordonnance du Tribunal du 21 janvier 1993) ; *Antoine GOETZ et autres c/ République du Burundi* (sentence incorporant l'accord des parties du 10 février 1999) ; *Alimenta S.A. c/ République de Gambie* (N° ARB/99/5) (ordonnance de désistement rendue à la demande des parties suite à leur accord du 3 mai 2001). Mais, ces accords mettant fin à la procédure CIRDI ne sont pas toujours un gage de sécurité. Ainsi, une des parties non satisfaite de l'accord, peut vouloir soumettre à nouveau le différend au CIRDI comme dans l'affaire Antoine GOETZ clôturée par l'accord intégré à la sentence du 10 février 1999 et rouverte par une nouvelle requête de la société enregistrée le 27 mars 2001 (N° ARB/01/2).

[406] Art. 44 du Règlement d'arbitrage. Voir *Société Kufpec (Congo) Limited c/ R.D.C.* (N° ARB/97/2) (ordonnance de désistement rendue par le Secrétaire général le 8 septembre 1997).

[407] *SETIMEG c/ République du Gabon et* ordonnance du Secrétaire général du 4 février 1991 levant la suspension de la procédure décidée le 22 juin 1990. Dans *l'affaire Ridgepointe Overseas Developments Ltd c/ République Démocratique du Congo et Générale des Carrières et des Mines (N° ARB/00/8)* enregistrée le 27 juillet 2000, l'ordonnance du Tribunal en date du 22 avril 2002 accorde un délai de suspension de quatre mois, à la demande des parties.

procédural au-delà de six mois ou de tout autre délai convenu, entraîne désistement (art. 45 du Règlement d'arbitrage).

Parmi les incidents, on note la fréquence des demandes reconventionnelles[408], des demandes en indication de mesures conservatoires[409], le non-respect des délais, la déclinaison de la compétence du CIRDI, etc.

La procédure[410] allie la phase écrite (dépôt de mémoire, réplique, duplique, demande de renseignements complémentaires et documents annexes, rapports d'experts[411], comparutions) et la phase orale (plaidoiries et conclusions finales), ce qui participe à l'allongement de la procédure.

Les demandes en indication de mesures conservatoires s'inscrivent dans cette mouvance. Calqué sur le modèle de l'article 41 du Statut de la CIJ, l'article 47 de la Convention octroie au Tribunal le pouvoir de *« recommander toutes mesures conservatoires propres à sauvegarder les droits des parties ».* Ces mesures sont assorties de conditions : les droits en cause faisant l'objet de la requête doivent être menacés par un péril grave et immédiat et non éventuel ou incertain. L'imminence du

---

408 Selon le Dictionnaire de la Terminologie du droit international, celle-ci consiste en *« une demande incidente formée par le défendeur contre le demandeur... et se rattachant à la demande initiale par un lien de connexité ».* Une demande en ce sens dans l'affaire Benvenuti a été jugée recevable en la forme mais sera rejetée quant au fond.

409 Voir les affaires *Atlantic Triton Company Limited c/ RDC (N°ARB/84/4),* décision sur les mesures conservatoires (rejet) du 18 décembre 1984 ; Affaire *Ghaith R. Pharaon c/ République Tunisienne* (N° ARB/86/1), décision du 7 juillet 1988 (rejet) ; *ABCI Investments Limited c/ République Tunisienne* (N° ARB/04/12), décisions de rejet du 7 mars 2016 et du 19 avril 2017.

410 Voir, *affaire Biwater Gauff (Tanzania) Ltd c/ République Unie de Tanzanie (N°ARB/05/22), ordonnances de* procédures des 2 février et 25 avril 2007 ; Affaire *Menzies Middle East and Africa S.A. et Aviation Handling Services International Ltd. c/ République du Sénégal (N° ARB/15/21, Ordonnance de procédure n° 2.* Cf. Julien FOURET et Dany KHAYAT, Recueil des commentaires des décisions du CIRDI (2002-2007), Bruxelles, Bruylant, 2009.

411 V. Rapport du 5 septembre 1996 de l'expert nommé en juin 1996 par le Tribunal sur la question des dommages dans le différend *Amercan Manufacturing & Trading Inc. c/ R.D.C. (N° ARB/93/1).*

préjudice et le risque d'aggravation du différend si le Tribunal n'accordait pas la mesure demandée, dépendent de l'appréciation discrétionnaire des arbitres[412].

Juge de sa propre compétence[413], le Tribunal reçoit les exceptions préliminaires (exceptions d'incompétence ou d'irrecevabilité) soulevées par le défendeur. Il les accorde, les rejette ou les joint au fond[414]. L'Etat attrait peut refuser de participer à la procédure[415].

A ce stade, les antagonismes entre les parties se révèlent, relativement au droit applicable. L'intérêt de l'Etat réside dans un recours exclusif à son droit national, alors que l'investisseur voudra se référer au droit international, ou à tout le moins à la *lex mercatoria.* Pour amoindrir ces divergences, l'art. 42 de la Convention s'en tient à l'accord des parties : référence au droit national, au droit international, à une combinaison des deux droits ou à une loi cristallisée dans le temps ou modifiée.

En l'absence d'accord, le Tribunal *« applique le droit de l'Etat contractant partie au différend – y compris les règles relatives aux conflits de lois – ainsi que les principes de droit international en la matière »* (art. 42 § 1). Cet expédient, ménageant la

412 Sans préjudice de ce pouvoir du Tribunal, les parties peuvent demander à toute autorité judiciaire ou autres d'ordonner ces mesures, si elles en étaient convenues à l'avance dans l'accord contenant leur consentement (Art. 39 § 5 du Réglement d'arbitrage).

413 Voir art. 9 du *« Modèle de règles sur la procédure arbitrale » : « Le Tribunal arbitral, juge de sa compétence, dispose du pouvoir d'interpréter le compromis et les autres instruments sur lesquels sa compétence est fondée ». Ce « Modèle »* de la Commission du Droit International a été adopté mollement par une résolution de l'Assemblée Générale (Res. 989 (X) du 14 décembre 1955) et proposé à l'attention des Etats en 1958. Le texte est resté en léthargie (Annuaire CDI 1958-II, pp. 1-16, A/CN.4/113).

414 Voir, affaire *Champion Trading Company et Ameritrade International Inc. c/ République Arabe d'Egypte* (N°ARB/02/9), décision sur la compétence du 21 octobre 2003.

415 Des précédents peuvent être relevés, comme la Jamaïque dans son différend avec les sociétés *Alcoa Minerals, Kaiser Bauxite et Reynolds*. Il faut noter qu'en cas de non comparution, si le Tribunal reconnaît les arguments de droit et de fait de la partie présente comme fondés, il adjuge à celle-ci ses conclusions.

souveraineté de l'Etat, fait l'économie de controverses doctrinales sur le droit applicable aux contrats d'Etat[416].

Le Tribunal peut recevoir des parties le rôle d'amiable compositeur ou de statuer *ex aequo et bono*[417]. Cet emprunt à l'article 38 du Statut de la CIJ, permet d'atténuer la rigueur des règles de droit ou même de les écarter pour se prononcer en justice et en équité[418].

Au cas où la procédure se poursuit jusqu'à son terme, la sentence peut être assortie d'opinion dissidente. Cette situation[419], moins fréquente que celle des sentences arbitrales adoptées à l'unanimité, traduit la position d'un arbitre qui se trouve en désaccord sur un ou plusieurs points avec la sentence prononcée.

---

416 Pour l'essentiel, trois positions doctrinales structurent ces controverses : une première approche (dite théorie du contrat sans loi ou a-national) considère que le contrat crée un ordre juridique indépendant et soumis à l'entière volonté des parties ; la deuxième (théorie du tiers ordre) ou de la *lex mercatoria* défend l'idée de la soumission du contrat aux principes généraux du droit international et à un ensemble de pratiques et usances du droit transnational ; la troisième approche privilégie le rattachement au droit international public jugé plus neutre. Cf. P. WEIL, « *Droit international et contrats d'Etat* », Mélanges offerts à Paul REUTER, Paris, Pédone, 1981, p. 549 ; P. WEIL, « *Principes généraux de droit et contrats d'Etat* », in Le droit des relations économiques internationales, Etudes offertes à Berthold GOLDMAN, Paris, Litec, 1982, p. 387.

417 Selon Charles de VISSCHER, cette expression *« peut recouvrir deux idées. Tantôt... elle se réfère à une décision rendue sur la base des principes de justice... et pour suppléer aux lacunes de celle-ci »*. Tantôt elle vise également *« un règlement qui, étranger à tout principe de droit, n'aurait pour objet que de procurer aux parties qui le sollicitent expressément, un ajustement obligatoire de leurs intérêts »*. Annuaire de l'Institut de Droit international, 1934, cité par le Dictionnaire de la Terminologie, op. cit.

418 Une proposition en ce sens du Congo avait essuyé le refus d'AGIP. De même, le comité *ad hoc* institué pour l'affaire Klöckner avait annulé la première sentence au motif que le Tribunal avait statué *ex aequo et bono* en écartant le droit interne camerounais.

419 De nombreuses opinions dissidentes ont émaillé les différends suivants : *Klöckner c/ Cameroun (1993), Société Ouest Africaine des Bétons Industriels c/ Sénégal (1988), Banro et Société aurifère... c/ RDC* (sentence du 1er septembre 2000 déclinant la compétence du Tribunal), etc.

Son insertion dans celle-ci peut inciter la partie condamnée, à initier un recours en annulation contre le prononcé, comme dans l'affaire *Klöckner c/ République du Cameroun*[420].

La sentence, obligatoirement motivée, bénéficie de l'autorité de la chose jugée. Elle doit être exécutée de bonne foi par les parties *« comme s'il s'agissait d'un jugement définitif d'un tribunal fonctionnant sur le territoire de l'Etat »*[421]. Généralement, les parties prennent le soin de fixer le siège du Tribunal dans un Etat partie à la Convention de New-York de 1958 sur la reconnaissance et l'exécution des sentences arbitrales étrangères[422].

L'immunité d'exécution des Etats est préservée par la Convention de 1965 (art. 55). Si l'Etat entend y renoncer, il devra confirmer expressément dans l'accord contenant son consentement, son intention de ne pas s'y référer.

Enfin, les Etats parties ont l'obligation, en vertu de l'article 54 de la Convention de Washington, de désigner l'organe juridictionnel compétent pour la reconnaissance et l'*exequatur* de la sentence.

Cette autorité de la chose jugée, attachée à la sentence n'exclut pas l'aménagement de voies de recours contre le prononcé du Tribunal, qui posent incidemment divers degrés de complexité.

---

[420] En témoigne l'opinion dissidente de l'arbitre français, Dominique SCHMIDT, nommé par la Société Klöckner. Les autres membres du Tribunal étaient MM. Jimenez de ARECHAGA (président) et l'avocat américain désigné par le Cameroun, William D. ROGERS.

[421] Art. 54 § 1 de la Convention. Voir A. GIARDINA, « L'exécution des sentences du CIRDI », R.C.D.I.P., 1982, pp. 273-293.

[422] Le lieu choisi peut être le siège du CIRDI à Washington, le siège de toute institution liée au CIRDI par un arrangement conclu à cette fin (La Cour Permanente d'Arbitrage) ou les centres régionaux d'arbitrage commercial du comité juridique consultatif africano-asiatique au Caire et à Kuala-Lumpur, ou tout autre lieu approuvé par les parties.

B. Les recours intentés contre les sentences arbitrales

En dehors des recours en interprétation toujours possibles pour les sentences[423], il s'agit, pour l'essentiel, de voies organisées pour l'annulation (1) ou la révision de la sentence (2).

1. La procédure d'annulation

Les comités *ad hoc* formés pour connaître du contentieux de l'annulation[424], ne constituent pas des juridictions d'appel. La procédure instituée, demeure une voie exceptionnelle pour remédier aux graves violations du droit arbitral[425]. Il subsiste toujours un risque que les parties y voient une sorte de voie d'appel déguisée pour rendre inopérante l'exécution de la sentence, tendance particulièrement renforcée dans le cas d'une sentence assortie d'opinion dissidente.

Le recours en annulation, aménagé par l'art. 52 de la Convention, est introduit par une demande enregistrée au Secrétariat qui en informe le Président du Conseil administratif, autorité de nomination des arbitres du comité *ad hoc.* Cette procédure fut suivie, entre autres, dans les affaires *Klöckner c/ République du Cameroun* et *M.I.N.E. c/ République de Guinée*[426].

---

[423] Art. 50 du Règlement d'arbitrage (interprétation, révision et annulation).

[424] Voir, *affaire Patrick Mitchell c/ R.D.C (N°ARB/99/7)*, décision du Comité ad hoc sur l'annulation du 1er novembre 2006 ; affaire *CDC Group c/ République des Seychelles* (N°ARB/02/14), décision du comité ad hoc du 29 juin 2005.

[425] Le comité *ad hoc* dans le différend *Klöckner c/ Cameroun* a réitéré qu'il n'était pas un organe d'appel ou juridiction de second degré (décision du 3 mai 1985 annulant la première sentence).

[426] Affaire *Klöckner,* première procédure d'annulation (1er février 1984) et deuxième procédure (1er juillet 1988) ; Affaire *M.I.N.E. c/ République de Guinée* (Recours du 30 mars 1988). Sur les problèmes relatifs à l'annulation, cf. P. RAMBAUD, « L'annulation des sentences Klöckner et AMCO », AFDI, 1986, pp. 259-274.

La demande, énonçant les griefs de la partie[427], doit viser l'un ou plusieurs des motifs d'annulation prévus : vice dans la constitution du Tribunal, excès de pouvoir manifeste, corruption d'un arbitre, violation grave d'une règle fondamentale de procédure et défaut de motifs de la sentence.

Quant à l'excès de pouvoir manifeste[428], il se ramifie en vice d'incompétence du Tribunal et en violation du droit applicable.

Les incompétences *ratione materiae* et *ratione personae* affectent la validité de la sentence, soit par la violation du consentement des parties, ou l'absence de qualité à agir des requérants, soit en raison de la nature du différend qui ne relève pas de l'investissement ou le fait que le Tribunal ait excédé les règles sur lesquelles les parties ont fondé leur consentement à l'arbitrage.

Ces motifs d'annulation sont constitutifs d'excès de pouvoir. C'est le cas notamment dans l'affaire Klöckner lorsque le Tribunal avait statué en équité d'amiable composition au détriment du droit interne camerounais[429].

Un autre motif d'annulation réside dans un vice moins difficile à établir : la violation grave d'une règle fondamentale de procédure. La pratique du CIRDI y décèle un moyen de sanction garantissant l'impartialité du Tribunal et le caractère contradictoire de l'instruction[430]. Cet argument est particulièrement invoqué en cas d'entente ou de collusion entre

---

[427] Affaire CIRDI, *Consortium R.F.C.C. c/ Royaume du Maroc* (N° ARB/00/6), Décision du Comité ad hoc du 18 octobre 2006 (demande d'annulation du Consortium R.F.C.C. rejetée)

[428] Ce moyen a été retenu dans les sentences *AMCO* et Klöckner (première procédure d'annulation).

[429] Dans le différend Klöckner, le comité *ad hoc* a censuré la première sentence pour avoir statué *ex aequo et bono* alors que le droit applicable était le droit camerounais. P. RAMBAUD, *« L'annulation des sentences Klöckner et Amco »,* op. cit. p. 268.

[430] Soulevé par la société Klöckner, ce moyen a été rejeté par le comité *ad hoc* même si ce dernier voit dans la rédaction de la sentence une vague impression de partialité (Décision du Comité *ad hoc* du 3 mai 1985, § 111).

un arbitre et la partie nominatrice. En cela, il rejoint le motif d'annulation constitué par la corruption d'arbitre[431].

Un quatrième motif, le vice dans la constitution du Tribunal, entache toute instance non respectueuse du consentement des parties et de leur droit de nommer ou de récuser un arbitre.

Au même titre que le vice précédent, le défaut de motifs de la sentence sanctionne l'inobservation d'une règle fondamentale destinée à éclaircir la position des arbitres. Le Tribunal est assujetti à l'obligation de répondre à toutes les objections formulées par les parties dans leur argumentaire. Il faut saluer cette réaffirmation du rejet du déni de justice, principe dont le respect n'est pas toujours assuré par les juridictions comme la CIJ accusée de *non liquet* dans l'affaire Licéité de la menace ou de l'emploi de l'arme nucléaire[432].

Le comité *ad hoc* procède à l'examen des vices invoqués selon la même procédure que le Tribunal arbitral[433]. Sa constitution est diligentée *« immédiatement... au reçu de la demande »* (art. 52 § 3 de la Convention)[434]. L'annulation totale ou partielle de la sentence emporte comme conséquence, la constitution d'un nouveau Tribunal pour le réexamen du différend (art. 52 § 6 de la Convention). Celui-ci, non lié par la règle du *stare decisis,* est libre de ne pas statuer dans le même sens que le comité, même si ce dernier peut être tenté d'orienter les travaux du deuxième Tribunal sur les points annulés.

---

[431] Voir F. EISEMANN, « *La double sanction »...,* op. cit.

[432] Avis consultatif du 8 juillet 1996, AFDI 1996, pp. 337-356. De même, dans la première sentence Klöckner c/ Cameroun, le Tribunal avait gardé un mutisme sur *l'exceptio non adimpleti contractus,* invoquée par le Cameroun et sur la nature de l'obligation, de moyen ou de résultat, assumée par la société Klöckner. Le comité a sanctionné cet irrespect.

[433] Voir, Affaire *Wena Hotels Ltd c/ République Arabe d'Egypte* (n° ARB/98/4), décision du comité *ad hoc* du 5 février 2002 ; affaire *Malicorp Limited v. Arab Republic of Egypt (ARB/08/18), décision du comité ad hoc du 3 juillet 2013.*

[434] Le comité Klôckner a démarré ses travaux un mois après l'enregistrement de la procédure d'annulation et un écart d'une semaine sépare l'introduction de la deuxième demande d'annulation (1er juillet 1988) et la constitution du deuxième comité *ad hoc* (8 juillet 1988).

De toute évidence, la pratique du CIRDI n'a pas investi le Comité d'une stature de supérieur hiérarchique à l'autorité incontestée[435]. Il en appert une succession d'instances génératrices d'incertitudes. Peut-on conférer une autorité de chose jugée à la partie de la sentence qui subsiste en cas d'annulation partielle ? Quelle autorité attache-t-on à la décision du comité *ad hoc ?*

La doctrine, en s'évertuant à distinguer entre les *holdings* (dispositif de la sentence) et les *findings* (motifs), confère une autorité *res judicata* aux premiers et un caractère contingent aux seconds[436]. Cette analyse anglo-saxonne n'est pas exempte de critiques. Le dispositif ne peut être dissocié des motifs. La compréhension d'une sentence ou d'un arrêt n'est utilement appréhendée qu'à la lumière de l'ensemble de la décision arbitrale ou judiciaire. Mais cette critique n'empêche pas de déceler, dans un dispositif globalement satisfaisant, quelques motifs entachés.

Dans cette mouvance, la pratique semble octroyer un large pouvoir d'appréciation au deuxième Tribunal[437]. La complexité de la procédure arbitrale du CIRDI atteint son apogée avec les demandes d'annulation de la sentence du deuxième Tribunal, suivies de la formation d'un nouveau comité *ad hoc*[438].

Le principal danger qu'il s'agit de conjurer à ce niveau est le risque d'un allongement excessif de la procédure. La procédure porte atteinte à la sécurité juridique dont les sentences auraient dû

---

[435] P. RAMBAUD, « De la compétence du Tribunal CIRDI saisi après une décision d'annulation », A.F.D.I. 1988, pp. 209-215.

[436] Voir Commentaire de la sentence AMCO par le Professeur GAILLARD (J.D.I. 1989, p. 141).

[437] Ce Tribunal s'est estimé pleinement compétent et ne pas être lié par une application mécanique de la décision du comité. Sentence du 10 mai 1988, Affaire *AMCO Asia Corporation et autres c/ Indonésie (N° ARB/81/1)* (§ 544).

[438] Un nouveau comité *ad hoc* composé de MM. Sompong SUCHARITKUL (Thaïlande), Andrea GIARDINA (Italie) et Kéba MBAYE (Sénégal) a rendu une décision en date du 17 mai 1990 rejetant les conclusions de Klöckner et du gouvernement camerounais tendant à l'annulation de la deuxième sentence arbitrale.

jouir[439]. Une solution empreinte de sagesse aurait consisté en une limitation du nombre des procédures d'annulation dans le but d'endiguer toute incertitude.

Entre la nécessité d'offrir aux justiciables un recours contre les vices des sentences et l'impératif de stabilité des situations juridiques, le CIRDI devra s'inscrire dans une voie médiane permettant d'abréger les recours tout en faisant bénéficier à la sentence du maximum d'efficacité et de rapidité. C'est d'ailleurs là, une des raisons déterminant les parties à opter pour la voie arbitrale censée privilégier l'informalisme et la célérité si prisés par le monde des affaires.

C'est le même souci d'aménager des voies de recours qui guide la prévision d'une procédure de révision.

2. La procédure de révision de la sentence

Comme pour les décisions judiciaires, la force obligatoire de la sentence ne fait pas obstacle à l'introduction d'un recours en révision. Compte tenu des virtualités attentatoires aux intérêts des parties, la procédure est entourée de conditions rigoureuses.

La demande suppose la découverte d'un fait jusque-là ignoré par le Tribunal[440] et par la partie demanderesse et qu'il n'y pas eu, de la part de celle-ci, faute à l'ignorer[441].

Le Secrétaire général peut s'opposer à une demande introduite *« plus de 90 jours suivant la découverte du fait nouveau ou plus de trois ans suivant le prononcé de la sentence (ou toute décision ou correction ultérieure) » (*art. 50 § 3 du Règlement).

La pratique du CIRDI a conduit à l'affinement de ces conditions. Selon la décision du comité *ad hoc* instauré pour le différend entre AMCO et l'Indonésie, la procédure vise à rectifier une erreur mineure, des omissions involontaires ou des erreurs

---

[439] D. CARREAU et P. JUILLARD, Droit international économique, Paris, L.G.D.J., 1988, p. 482 et s.

[440] Fait de *« nature à exercer une influence décisive »* (art. 49 de la Convention de Washington).

[441] Art. 51 § 1 du Règlement d'arbitrage.

matérielles[442]. Elle ne s'assimile ni à un recours en appel ni à un recours en annulation.

L'examen de la demande est du ressort du Tribunal auteur de la sentence (*Affaire American Manufacturing c/ R.D.C.*)[443] et non du comité *ad hoc* (*Affaire Liberian Eastern c/ République du Liberia*)[444].

La connaissance de faits nouveaux, apparus après la sentence, donne lieu à l'accueil de la demande de révision. Une telle requête doit avoir un lien de connexité avec les arguments avancés par la partie demanderesse et soutenus auparavant devant le Tribunal. A défaut, l'irrecevabilité sera opposée à la demande entièrement nouvelle et distincte de faits déjà soumis à l'appréciation du Tribunal.

Si les recours en révision sont fréquents dans les textes d'arbitrage, il faut veiller à ce que les demandes introduites en ce sens ne soient pas des habillages de recours énonçant des griefs nouveaux, moyens dilatoires pour différer l'exécution de la sentence.

L'accroissement considérable des activités arbitrales du CIRDI est étroitement lié à la soumission de différends mettant en cause des PVD. On peut s'interroger sur les penchants des Etats (peut-être sous la pression subtile de la BIRD ou pour prouver leur bonne foi aux futurs investisseurs) et sur les avantages du mécanisme. A l'évidence, le CIRDI n'a pas souffert de l'attitude de défiance affichée, à une certaine époque, par les Etats africains

---

[442] Décision du comité *ad hoc* §§ 29-37.

[443] Pratique suivie dans l'Affaire Ma*nufacturing & Trading c/ R.D.C.* (op. cit.). La sentence du Tribunal du 21 février 1997 a été réexaminée par le même Tribunal le 29 janvier 1999 composé des mêmes arbitres, MM. Sompong SUCHARITKUL, Kéba MBAYE ; l'arbitre allemand Herbert GOLSONG (décédé) a été remplacé par le Soudanais Daoud KHAIRALLAH.
Cette affaire fut résolue par radiation du rôle, suite à l'accord entre les parties consigné dans l'ordonnance du Tribunal du 26 juillet 2000 en application de l'article 44 de la Convention.

[444] Affaire *Liberian Eastern Tumber Corporation c/ République du Liberia (N° ARB/83/2)*, la sentence du 31 mars 1986 a fait l'objet d'une rectification d'erreur par une sentence du 10 juin 1986.

envers le règlement juridictionnel de la CIJ. L'intérêt de la procédure vient justement du monopole d'arbitrage des litiges entre Etats et investisseurs mais également du fait qu'à aucun moment, les parties ne sont dessaisies de leur pouvoir de recourir à un règlement à l'amiable ni de nommer ou de récuser les arbitres.

Ce pouvoir présent dans la constitution du Tribunal arbitral, participe, pour une part appréciable, à l'engouement des Etats envers ce mode de règlement.

Toutefois, l'avenir de la procédure se pose avec acuité, avec la propension actuelle des Etats africains à promouvoir de nombreux tribunaux ou cours d'arbitrage dans le dessein de briser le monopole de procédures arbitrales qui se déroulaient, jusqu'ici, en Occident.

Cette tendance se manifeste dans la création de mécanismes d'arbitrage dans le cadre de l'UEMOA[445], de la CEDEAO[446], ou de l'OHADA[447].

Paragraphe III - L'arbitrage dans le cadre de l'OHADA

L'OHADA, qui a été établie conformément au Traité de Port-Louis du 17 octobre 1993 (Ile Maurice)[448], se fixe comme

---

[445] Traité de l'Union Economique et Monétaire Ouest-Africaine du 10 janvier 1994 ; Protocole additionnel N° 1 relatif aux organes de contrôle de l'UEMOA et Règlement N°01/96/CM portant règlement de procédure de la Cour de Justice de l'UEMOA (art. 15 § 3 et § 8). La Cour siège à Ouagadougou.

[446] Traité révisé de la Communauté Economique des Etats de l'Afrique de l'Ouest, adopté à Cotonou le 24 juillet 1993. Son art. 15 est relatif à la Cour de Justice et son art. 16 au Tribunal arbitral de la Communauté.

[447] Traité relatif à l'harmonisation du droit des affaires en Afrique, 17 octobre 1993 (art. 2, 21, 23 à 25). Cf. R. AMOUSSOU-GUENOU, *« L'arbitrage dans le traité relatif à l'harmonisation du droit des affaires en Afrique »,* Revue de Droit des Affaires Internationales (R.D.A.I.), N° 3, 1996, p. 321 et s.

[448] Le Traité a été révisé le 17 octobre 2008 au Sommet de la Francophonie à Québec (Canada).Voir, « Traité du 17 octobre 1993 relatif à l'Harmonisation du Droit des Affaires en Afrique, tel que révisé à Québec

objectifs de favoriser, au plan économique, le développement et l'intégration régionale ainsi que la sécurité juridique et judiciaire et en particulier de :

- doter les Etats parties d'un droit des affaires simple, moderne et adapté à leurs économies,

- promouvoir l'arbitrage comme instrument de règlement des différends contractuels,

- concourir à la formation et assurer la spécialisation des magistrats et des auxiliaires de justice.

L'OHADA compte, à l'heure actuelle, dix sept (17) Etats membres (Bénin, Burkina Faso, Cameroun, République Centrafricaine, Comores, Congo, Côte d'ivoire, Gabon, Guinée, Guinée-Bissau, Guinée Equatoriale, Mali, Niger, RDC, Sénégal, Tchad et Togo).

Le Traité OHADA, affirme, dès l'entame de son Préambule, la nécessité *« de promouvoir l'arbitrage comme instrument de règlement des différends contractuels »* par la mise en place de règles sûres, stables, prévisibles et connues.

L'arbitrage OHADA est une tentative de réaction au monopole d'instances arbitrales se déroulant en dehors du continent, même quand un Etat africain et une entreprise étrangère étaient concernés. Du fait des changements opérés dans son systéme d'arbitrage, on en exposera d'abord les bases jetées avant 2017, avant de préciser les éléments fondementaux de la réforme récente.

Jusqu'à la réforme de 2017, l'OHADA disposait d'un système d'arbitrage fondé d'une part sur un Acte Uniforme du 11 mars 1999 relatif à l'arbitrage (entré en vigueur le 15 mai 1999) et d'autre part, régi par les articles 21 à 25 du Traité OHADA et par son Règlement d'arbitrage du 11 mars 1999 pour les modalités procédurales[449].

le 17 octobre 2008 », commenté par Babacar GUEYE et Saïdou Nourou TALL, pp. 21-74, *in* OHADA, Traité et Actes Uniformes commentés et annotés, 4ème édition, Juriscope, 2012, 1460 pages .

449 Règlement d'arbitrage de la CCJA du 11 mars 1999 complété par la Décision n°004/99 /CCJA du 3 février 1999 relative aux frais d'arbitrage

Le premier texte régit l'arbitrage traditionnel dit *ad hoc* et les arbitrages sous les auspices de centres d'arbitrage comme la Cour d'Arbitrage de Côte d'Ivoire (CACI) ou le Centre d'Arbitrage, de Médiation et de Conciliation de la Chambre de commerce, d'industrie et d'agriculture de Dakar (CCIA). L'Acte Uniforme est le droit commun de l'arbitrage pour l'ensemble des Etats parties. Il expose les principes du droit de l'arbitrage et ses différentes phases : Convention d'arbitrage (clause compromissoire ou compromis), désignation des arbitres composant le Tribunal arbitral, déroulement de l'instance jusqu'à la sentence arbitrale qui devra être revêtue de l'*exequatur*. Trois voies de recours sont ouvertes contre la sentence : recours en annulation, recours en révision et tierce opposition.

Quant au deuxième texte, il institutionnalise davantage. Selon l'art. 21 du Traité « *En application d'une clause compromissoire ou d'un compromis d'arbitrage, toute partie à un contrat, soit que l'une des parties ait son domicile ou sa résidence habituelle dans un des Etats par ties, soit que le contrat soit exécuté ou à exécuter en tout ou partie sur le territoire d'un ou plusieurs Etats parties, peut soumettre un différend d'ordre contractuel à la procédure d'arbitrage prévue par le présent titre* ».

Le champ d'application de cet arbitrage OHADA exclut les différends non contractuels tout en incluant les litiges nés de contrats commerciaux ou de contrats civils. Qu'il s'agisse d'une clause compromissoire (contenue dans un accord international énonçant que les litiges de telle ou telle catégorie devront ou pourront être soumis à l'arbitrage) ou d'un compromis d'arbitrage (spécifiant un différend que les parties conviennent bilatéralement de soumettre à l'arbitrage de la Cour), le recours au système de la CCJA n'est ouvert qu'à la condition, soit que le différend ait une attache territoriale avec l'OHADA (domicile ou résidence dans un des Etats membres), soit que le lieu d'exécution du contrat soit

---

et par la Décision n°04/99/CM du 12 mars 1999 portant approbation de la décision précédente et après avis de la CCJA du 9 décembre 1998, J.O. OHADA n° 8, 15 mai 1999, p. 2 et s.
Par ailleurs, la CCJA dispose d'un règlement intérieur en matière d'arbitrage du 2 juin 1999.

totalement ou partiellement sur le territoire d'un ou de plusieurs Etats membres[450].

L'art. 21 laisse aux parties la liberté de choisir la procédure qui sera appliquée : l'arbitrage OHADA, la loi nationale ou l'Acte Uniforme sur l'arbitrage. Cette procédure diffère des principes dégagés par les organismes d'intégration comme la Conférence Interafricaine du Marché des Assurances (CIMA) qui retire aux Etats signataires toute compétence nouvelle relative au droit des assurances[451] .

Dans le cadre de l'OHADA, le Tribunal arbitral est composé d'un nombre impair d'arbitres (un ou trois arbitres) choisis d'accord parties, ou à défaut sur la liste établie par la CCJA et mise à jour annuellement, avec cette précision que les juges de la Cour ne peuvent en être membres (art. 22 du Traité).

Une des règles classiques en matière d'arbitrage est ici reprise avec le dessaisissement de toute juridiction nationale des Etats membres à la demande de toute partie à l'instance et le renvoi à la procédure conventionnelle. Le projet de sentence arbitrale est soumis à l'approbation préalable de la CCJA qui *« ne peut proposer que des modifications de pure forme »*[452]. L'autorité de la chose jugée s'attache à la sentence arbitrale sur le territoire des Etats membres. La reconnaissance de la sentence arbitrale n'écarte pas la possibilité de prononcer des mesures conservatoires.

Selon l'article premier § 1er al. 2 du Règlement d'arbitrage, « La Cour exerce des compétences juridictionnelles qui lui sont attribuées par l'article 25 du Traité en matière d'autorité de chose jugée et d'*exequatur* des sentences rendues, dans sa formation contentieuse ordinaire et conformément à la procédure prévue par celle-ci » et l'art. 10 § 5 dudit texte de préciser que *« Sauf stipulation contraire, la convention d'arbitrage donne compétence*

[450] Cf. R. AMOUSSOU-GUENOU, « L'arbitrage dans le Traité relatif à l'harmonisation du droit des affaires en Afrique », R.D.A.I, n° 3, 1996, p. 321 ; P.G. POUGOUE, J. M. TCHAKOUA et Alain FENEON, Droit de l'arbitrage dans l'espace OHADA, Presses Universitaires d'Afrique, Yaoundé, 2000.

[451] Art. 43 et s. du Traité de la CIMA du 10 juillet 1992.

[452] Art. 24 du Traité OHADA.

à l'arbitre pour se prononcer sur toute demande provisoire ou conservatoire pendant le cours de la procédure d'arbitrage »[453]. Seule la CCJA peut accorder l'*exequatur*. Le refus ne peut intervenir que dans quatre hypothèses : inexistence ou inexécution de la convention d'arbitrage ; atteinte au principe du contradictoire ; violation par l'arbitre d'une règle d'ordre public ; intervention de l'arbitre hors des limites de samission (art. 25 du Traité). Dans la pratique, *l'exequatur* revêt la forme d'une attestation délivrée par le Secrétaire général et, selon l'art. 31.2 du Règlement *« au vu de la copie conforme de la sentence revêtue de l'attestation du Secrétaire général de la Cour, l'autorité nationale désignée par l'Etat pour lequel l'exequatur a été demandé, appose la formule exécutoire telle qu'elle est en vigueur dans ledit Etat »*. Enfin, on relèvera l'existence de voies de recours contre la sentence organisées par le Règlement : recours en révision contre la reconnaissance de la sentence (art. 29), recours en révision contre le refus de reconnaissance de la sentence (art. 32) et tierce opposition (art. 33).

Avec la réforme de 2017, des changements positifs sont escomptés. En effet, le système d'arbitrage OHADA a été récemment rénové par l'adjonction de deux nouveaux textes : l'Acte Uniforme relatif au droit de l'arbitrage[454] (ci-après, A.U.D.A) et le Règlement d'arbitrage de la CCJA[455]. En outre, l'OHADA s'est dotée, pour la première fois, d'un Acte Uniforme relatif à la Médiation[456].

Relativement au nouvel A.U.D.A, il a *« vocation à s'appliquer à tout arbitrage, lorsque le siégé du Tribunal arbitral se trouve*

---

[453] Pour plus de détails, voir Gaston Kenfack DOUAJNI, « Les mesures provisoires et conservatoires dans l'arbitrage OHADA », Revue Penant n° 833, pp. 147-146.

[454] Acte Uniforme relatif au droit de l'arbitrage, adopté par le Conseil des Ministres de l'OHADA, à Conakry, le 23 novembre 2017. Il abroge et remplace l'AU sur le droit de l'arbitrage du 11 mars 1999.

[455] Règlement d'arbitrage de la Cour Commune de Justice et d'Arbitrage, adopté par le Conseil des Ministres de l'OHADA, à Conakry, le 23 novembre 2017. Il abroge et remplace le Règlement d'arbitrage de la CCJA du 11 mars 1999.

[456] Acte Uniforme relatif à la Médiation, adopté par le Conseil des Ministres de l'OHADA, à Conakry, le 23 novembre 2017.

dans l'un des Etats parties » (art.1er). Il élargit la possibilité de recourir à l'arbitrage, aux Etats, collectivités publiques territoriales, établissements publics, toute autre personne morale de droit public et toute autre personne physique ou morale, et « *quelle que soit la nature juridique du contrat* »[457], qui est objet du contentieux. L'A.U.D.A de 2017 reste dans les standards internationaux régissant le droit arbitral en en reproduisant les assises textuelles (clause compromissoire, compromis, code national des investissements, traité bilatéral ou traité multilatéral)[458].

La composition du Tribunal arbitral est toujours, soit d'un arbitre unique, soit de trois arbitres, avec possibilité de récusation et de remplacement. La procédure arbitrale reste contradictoire avec le principe d'égalité des parties. Cette procédure, selon le nouvel AU, lorsqu'elle est conduite en vertu d'une convention d'arbitrage, prévaut sur toute autre procédure concernant le même différend, devant une juridiction étatique, obligeant ainsi le juge national à se déclarer incompétent (art. 13 § 1), sauf à prononcer en cas d'urgence, des mesures conservatoires ou provisoires (art. 13 § 4). Autrement, sans convention d'arbitrage, le Tribunal arbitral retrouve sa liberté de conduire la procédure, « *comme il le juge approprié* » (art. 14 § 2).

La sentence arbitrale (SA) définitive clôt la procédure arbitrale (art. 16). La forme de la sentence est régie par les prescriptions de l'art. 20, qui imposent les mentions obligatoires (identités des parties, faits et allégations, moyens et étapes de la procédure). La SA est motivée.

Le Tribunal arbitral peut être saisi d'un recours en interprétation et d'un recours en rectification d'erreurs et omissions matérielles, dans un délai de trente (30) jours après la notification de la sentence (art. 22).

La SA peut aussi faire l'objet d'un recours d'annulation « *devant la juridiction compétente de l'Etat partie* »[459], dont la

457 Art. 2 de l'AUDA de 2017.

458 Art. 3 et 3.1 de l'AUDA.

459 Art. 25 § 2 ; voir aussi articles 26 et 27 de l'AUDA.

décision « *n'est susceptible que de pourvoi de cassation devant la Cour Commune de Justice et d'Arbitrage* » (art. 25 § 4).

Le recours en révision est possible devant le Tribunal arbitral. Mais si ce dernier ne peut plus être réuni, ce recours est alors porté devant la juridiction de l'Etat qui aurait été compétente à défaut d'arbitrage (art. 25 § 6). La décision d'exequatur de la SA est rendue par la juridiction compétente de l'Etat partie, et qui peut alors permettre l'exécution forcée[460].

Quant à la CCJA, elle joue le rôle d'un centre d' « *administration des arbitrages dans le domaine qui lui est dévolu par l'article 21 du Traité OHADA* »[461], et les décisions qu'elle prend dans ce cadre « *sont de nature administrative* »[462]. L'exequatur de la SA se fait à la suite du dépôt d'une requête auprès du Président de la CCJA, qui dispose d'un délai de quinze jours pour l'accorder ou la refuser par ordonnance[463].

La Cour peut aussi accueillir les recours en tierce opposition[464] ou en annulation[465] dans les deux mois de la notification de la sentence[466]. Le recours en révision, quant à lui, est examiné par le Tribunal arbitral[467].

Au terme de cette partie, il est permis d'observer que les contentieux juridictionnels classiques, déclinés en recours judiciaires ou arbitraux, offrent un panorama éclectique d'arrêts et de sentences impliquant des Etats ou des entités non étatiques, se déroulant sur le continent ou en dehors. Il en est de même, d'autres juridictions exhibant des originalités assez poussées, à mi-chemin entre droit privé (commercial, droit pénal, etc.) et droit public, mettant davantage en exergue la personne physique ou morale – justiciable.

---

460 Art. 30 à 34 de l'AUDA.
461 Art. 1.1 du Règlement d'arbitrage de la CCJA de 2017.
462 Art. 1.1 § 2 du Règlement d'arbitrage de la CCJA de 2017.
463 Art. 30.2 § 1 du Règlement d'arbitrage de la CCJA de 2017.
464 Art. 33 du Règlement d'arbitrage de la CCJA de 2017.
465 Art. 29.1 du Règlement d'arbitrage de la CCJA de 2017.
466 Art. 29.3 du Règlement d'arbitrage de la CCJA de 2017.
467 Art. 32 du Règlement d'arbitrage de la CCJA de 2017.

DEUXIÈME PARTIE

LE CONTENTIEUX INTERNATIONAL DE CERTAINES JURIDICTIONS SPECIALISÉES

Divers contentieux internationaux sont traités par des juridictions spécialisées comme le TIDM pour le droit de la mer, le TCANU pour les différends relatifs à la fonction publique internationale, l'ORD de l'O.M.C, les cours de justice de droit communautaire, les cours des Droits de l'Homme et de droit international pénal. Ces thématiques sont recomposées dans l'ordre suivant :

- Les contentieux de la fonction publique et du droit communautaire (**Chapitre I**) ;

- Les contentieux du droit de la mer et du droit de l'OMC **(Chapitre II)**;

- Les contentieux des Droits de l'Homme et de droit international pénal. **(Chapitre III)**.

CHAPITRE I

LES CONTENTIEUX DE LA FONCTION PUBLIQUE INTERNATIONALE ET DE DROIT COMMUNAUTAIRE AFRICAIN

La création de certains tribunaux intervenant dans ces domaines résulte d'une volonté de prendre en charge les contentieux entre les OI et leurs agents (Section I), ainsi que les problèmes découlant de l'application ou de l'interprétation du droit communautaire (Section II).

SECTION I - LES CONTENTIEUX DE LA FONCTION PUBLIQUE INTERNATIONALE ET COMMUNAUTAIRE

Les personnels statutaire et contractuel, des OI de coopération (§ I) comme d'intégration (§ II), sont de plus en plus en mesure de soumettre les litiges qui les opposent aux OI qui les emploient devant des juridictions spécialisées. Ces contentieux administratifs internationaux permettent de diriger une action de justice contre l'OI devant une Cour spécialisée dans le droit de la fonction publique internationale, ou devant des juridictions communautaires.

Ce sont, pour l'essentiel, des activités du Tribunal du contentieux administratif des Nations Unies qui a trois greffes (à Nairobi, Genève, New York) et qui a remplacé le tribunal administratif des Nations Unies (TANU) tandis que les Cours de justice des OI d'intégration, comme la CEDEAO, l'UEMOA, la CEMAC, le COMESA, la CAE, l'UE, prévoient aussi le contentieux des fonctionnaires de l'O.I.[468].

[468] Voir, plus loin, les recours communautaires.

Paragraphe I – Les contentieux devant le TCANU

Créé par l'AGNU, le TCANU est opérationnel depuis le 1er juillet 2009. En tant que tribunal de première instance du nouveau système interne d'administration de la justice, il connaît des requêtes (introduites par des fonctionnaires en activité ou d'anciens fonctionnaires, ou d'ayant droits et personnes agissant au nom et pour le compte de personnes invalides), contre une décision administrative qu'ils estiment contraire à leurs conditions d'emploi ou leur contrat de travail.

Sa compétence s'étend à l'examen des recours des fonctionnaires et agents lésés dans leurs droits et qui sont employés par l'un des soixante-cinq (65) fonds, entités, organes et institutions de l'ONU dont les cinq commissions économiques régionales ; les Départements et offices du Secrétariat des NU à New York,Genève, Vienne et Nairobi ; les fonds et programmes comme le PNUD, l'UNICEF, UN-Habitat, le PNUE ; les entités de formation et de recherche comme UNITAR, l'Université des Nations Unies et les fonctionnaires des tribunaux internationaux comme le TPIR, le TPIY, le Mécanisme, le TSSL, le TSL, etc.

En tant que second degré de juridiction, un Tribunal d'appel juge les contestations des fonctionnaires et administrations relativement aux décisions du TCANU.

Devant le TCANU, qui tient des audiences, prononce des ordonnances et rend des arrêts, le fonctionnaire peut se défendre lui- même, s'attacher les services de l'office de l'assistance judiciaire au personnel, ou d'un autre membre ou ex-membre de l'Administration qu'il aura choisi ou, enfin, prendre un avocat, à titre privé.

Les affaires du TCANU sont ventilées sur la base de critères géographiques : les fonctionnaires opérant en Afrique et dans la Péninsule arabique peuvent déposer leur recours au greffe de Nairobi; ceux travaillant en Europe, en Asie et au Pacifique à Genève, et ceux qui sont en Amérique et aux Caraïbes à New-

York[469]. La jurisprudence du TCANU est très éclectique et les affaires se divisent entre les trois greffes, avec une moyenne de cinq affaires par an et par greffe.

A titre exemplatif, quelques affaires peuvent être évoquées.

Dans *l'Affaire Ahmed c. Le Secrétaire général de l'Organisation des Nations Unies*[470], le TCANU (*United Nations Dispute Tribunal*, en anglais) rejette la recevabilité de la requête tout en conseillant la voie à suivre au requérant, en ces termes : « *Le requérant aurait dû demander le contrôle hiérarchique de la décision contestée avant de déposer sa requête mais ne l'a pas fait. Le Tribunal note que le délai de 60 jours calendaires à compter du 20 décembre 2016, date à laquelle le requérant a été informé de la décision administrative qu'il entend contester, n'a pas encore expiré.*

15. Etant donné que le requérant a encore le temps de demander le contrôle hiérarchique de cette décision, il lui est conseillé de le faire avant de saisir à nouveau le Tribunal, s'il le souhaite »[471]. Dans cette affaire jugée à Nairobi, le requérant, ancien fonctionnaire de l'Opération des Nations Unies en Côte d'Ivoire (ONUCI), avait déposé devant le Tribunal, le 23 janvier 2017, une requête par laquelle il contestait la décision de ne pas le sélectionner au poste d'administrateur P-3 chargé de l'approvisionnement à la Mission des Nations Unies au Soudan du Sud (MINUSS), à Juba (Soudan du Sud).

Dans l'Affaire *Muwambi*, le requérant, membre du personnel P-3 de la MINUSTAH où il avait été réaffecté à la fin de la mission de la MINUSCAT, contestait la décision de non renouvellement de son contrat au-delà du 30 juin 2015. Il obtiendra gain de cause devant le TCANU, en son greffe de New-

[469] Voir le site du système de justice interne de l'ONU : www.un.org/fr/oaj/dispute/

[470] *UNDT, Affaire Ahmed c. Le Secrétaire Général des Nations Unies, Jugement n°UNDT/2017/005 du 30 janvier 2017, recevabilité.*

[471] *UNDT, Affaire Ahmed, Points 14 et 15 du dispositif de l'arrêt sur la recevabilité.*

York, qui relève des vices de procédure, le défaut de motivation de la décision et son caractère arbitraire[472].

Dans l'Affaire *Manokhin,* le TCANU rejette la requête de ce traducteur, pour faute lourde, en estimant que *« Le requérant a eu la possibilité de faire valoir toute observation ou argument susceptible de démontrer qu'il disposait d'un dossier défendable. Or, il ne s'est pas manifesté. Le Secrétaire général disposait de nombreux éléments attestant de l'existence d'une faute lourde. Les enquêtes internes étaient parfaitement conformes aux principes de justice naturelle. Aucun vice de procédure n'a été relevé dans le cadre de l'enquête et la sanction de renvoi sans préavis est parfaitement proportionnée à la faute. Le requérant est débouté de sa demande »*[473].

Dans *l'Affaire Mohammed Rizwan KASMANI*, les faits se présentent ainsi *« le requérant, membre du personnel de l'Office des Nations Unies à Nairobi (ONUN), a déposé une requête le 28 août 2009 sollicitant une décision du Tribunal de suspendre l'application d'une décision administrative de l'ONUN de ne pas proroger son contrat de durée déterminée au-delà du 3 septembre 2009 (la date d'expiration de son contrat actuel) »*[474]. Le TCANU suit le requérant dans ses conclusions : « *Le Tribunal estime donc, et les faits établissent qu'une grande attente de renouvellement a été réduite à néant par la décision unilatérale du défendeur. Ce type de préjudice ne peut être compensé par une simple indemnisation. Par ailleurs, on peut également arguer que le défendeur serait en mesure de réparer le préjudice en indemnisant le requérant. Il semblerait que les deux hypothèses s'équilibrent. En pareil cas, la règle veut que l'on préserve le statu quo pour des raisons de commodité. ..ORDONNE la*

---

472 UNDT, Affaire *Muwambi c.Le Secrétaire Général des Nations Unies, Jugement n°UNDT/2016/216 du 3 décembre 2016, enregistrée au greffe de New-York le 8 décembre 2016.*

473 UNDT, *Affaire Manokhin c. Le Secrétaire Général des Nations Unies, Jugement n°UNDT/2009/006 du 13 aout 2009, enregistrée au greffe de New-York (Point 21 du dispositif).*

474 UNDT, *Affaire Kasmani c.Le Secrétaire Général des Nations Unies, Jugement n°UNDT/2009/017 du 11 septembre 2009, décision sur une requête en sursis à exécution.*

suspension de la décision du défendeur de ne pas renouveler le contrat du requérant.»[475].

D'autres types de contenbtieux relatifs à la fonction publique se retrouvent devant les juridictions des OI d'intégration.

Paragraphe II - le contentieux de la fonction publique communautaire

Les recours des agents contre les organisations communautaires offrent à ceux-ci la possibilité d'ester en justice pour défendre leurs droits de fonctionnaires ou leurs droits contractuels d'agents non fonctionnaires. Aussi peut-on noter à l'art. 4 de la Convention sur la Cour de justice de la CEMAC qu' *« Elle est juge, en premier et dernier ressort, des litiges nés entre la C.E.M.A.C. et les Agents des Institutions de la Communauté, à l'exception de ceux régis par des contrats de droit local »*. La Cour de l'UEMOA (art. 15 § 4 de son Règlement) et celle de la CEDEAO (art. 9 § 1, f du Protocole) s'inscrivent dans le même registre en organisant la procédure de résolution des litiges entre le personnel et l'O.C.A[476]. L'adoption de ce type de recours est une des options les plus partagées par les O.C.A., à l'instar de l'art. 27 du Traité du COMESA qui énonce :

« 1. La Cour de justice est compétente pour connaître des différends surgissant entre le Marché commun et ses fonctionnaires au sujet de l'application et de l'interprétation du Règlement du personnel du Secrétariat, ou au sujet des conditions de service des fonctionnaires du Marché commun.

2. La Cour de justice est compétente pour connaître de toute revendication d'une personne quelconque contre le Marché

---

475 *Affaire Kasmani*, op.cit.

476 Cour de justice de l'UEMOA, Affaire *Eugène Yaï contre La Conférence des Chefs d'Etat et de Gouvernement et la Commission de l'UEMOA* (*Arrêt N° 03/2005 du 27 avril 2005 ; Arrêt N° 01/2006 du 5 avril 2006 ; Arrêt N° 01/2008 du 30 avril 2008)* ; Affaire *Bayon Bako, contre Commission de l'UEMOA*, arrêt du 18 novembre 2004, Recueil de la jurisprudence de la Cour 01-2004, p. 179 et s ; Affaire *Kossi Mawuli Agokla contre Commission de l'UEMOA, arrêt du 18 décembre 2002, op.cit., pp. 36-67.*

commun ou ses institutions pour des actes posés par leurs agents dans l'exercice de leurs fonctions »[477].

Ainsi, dans l'affaire *Martin Ogang, c. Banque de l'Afrique de l'est et de l'Afrique australe pour le commerce et le développement (Banque de la ZEP) et Michael* Gondwe, son organe juridictionnel rejette comme infondés les arguments du requérant, ancien Directeur de ladite Banque, qui attaquait la résolution du Conseil d'administration qui le suspendait de ses fonctions sur la base d'allégations d'irrégularités financières et nommait Michael Gondwe comme Président par intérim[478]. Auparavant, la Banque de la ZEP et Michael Gondwe avaient soulevé des exceptions préliminaires aux requêtes de Mr. Ogang pour solliciter des ordonnances de sursis du fait de l'absence de base légale de celles-ci et par suite, l'incompétence de la Cour. La Cour va réaffirmer sa compétence en précisant que la Banque est « *un organe du Marché commun dont les Statuts sont subordonnés au Traité qui donne compétence à cette Cour sur tous les organes et institutions du Marché commun, y compris leurs employés* »[479]. Cette affaire connaîtra de nombreux rebondissements. La Cour avait même auparavant déclaré irrecevable dans un arrêt du 10 octobre 2001 la demande de révision de l'arrêt du 29 mars pour absence de faits nouveaux ou de faute substantielle pouvant affecter sur le fond la décision antérieure. Enfin, elle décide le rejet d'une requête lui demandant de prescrire des mesures d'instruction (*affaire ZEP c. Martin Ogang, arrêt du 21octobre 2002*).

Dans le cadre de la CEMAC, le droit de la fonction publique communautaire a été maintes fois sollicité à l'occasion d'affaires portées devant la chambre judiciaire. Quelques décisions peuvent en illustrer la quintessence.

---

[477] Cf. art. 19 du Protocole sur le Tribunal de la SADC (différends entre la Communauté et le personnel sur les conditions d'emploi).

[478] Affaires n° 1 A/2000 et 1 C/2000, arrêt du 30 mars 2001.

[479] Affaire 1 D/2000, *Banque de la ZEP et Michael Gondwe c. Martin Ogang*, arrêt du 29 mars 2001.

Ainsi dans l'affaire *Galbert*[480], la Chambre a subordonné la recevabilité de la requête d'un fonctionnaire de la CEMAC, au respect des dispositions du Règlement du personnel (08/99/UEAC-007-CM-02 du 18 aout 1999) qui prévoit la saisine préalable du Comité consultatif de discipline et après la décision implicite ou explicite de rejet de ce dernier.

Dans l'affaire *Thomas D. Kamga*[481], cet ex-Secrétaire exécutif de l'UDEAC, pressenti au poste de Secrétaire exécutif de la CEMAC sur recommandation du Conseil des Chefs d'Etat, a vu ses espérances anéanties, lorsque le Président de la CEG de la CEMAC a proposé une autre personne. La Chambre judiciaire saisie, va rejeter les arguments du demandeur au motif que la décision de l'ex-UDEAC n'était qu'une simple recommandation, guère susceptible de lier l'organe suprême de la CEMAC.

Dans l'affaire *Gozzo*[482], le requérant attaquait une institution spécialisée, la CEBEVIRHA du fait que rappelé par son Administration nationale d'origine, il n'avait pas été convenablement dédommagé. La Chambre judiciaire le suivra dans ses arguments en ordonnant le paiement du reliquat de la somme due.

Dans l'affaire *AFISCO*[483], un cabinet d'architectes, qui contestait les résultats proclamés par le jury du concours d'architecture organisé par la CEBEVIRHA, a vu la Cour se déclarer incompétente, pour statuer sur l'affaire, en raison du règlement du concours qui n'admettait que le seul recours à la CEBEVIRHA.

---

480 CEMAC, Cour de justice, Chambre judiciaire, arrêt n° 001 /CJ/CEMAC/CJ/04 du 18 mars 2004, affaire *Galbert Abessolo Etoua c. CEMAC.*

481 CEMAC, Cour de justice, Chambre judiciaire, arrêt n° 004 /CJ/CEMAC/CJ/03 du 17 juillet 2003, affaire *Thomas Dakayi Kamga c. CEMAC*

482 CEMAC, Cour de justice, Chambre judiciaire, arrêt n° 001 /CJ/CEMAC/CJ/03 du 20 février 2003, *affaire Gozzo Samuel Aaron c. CEBEVIRHA.*

483 CEMAC, Cour de justice, Chambre judiciaire, arrêt n° 007 /CJ/CEMAC/CJ/02 du 27 novembre 2002, affaire *AFISCO c. CEBEVIRHA*.

Dans l'affaire *Amity Bank*[484], la Cour accueillait favorablement la demande d'intervention de la susnommée, au motif pris « *qu'une personne non appelée ni représentée, à une instance judiciaire entre d'autres personnes, peut estimer à bon droit avoir intérêt à y être présent* ».

Dans l'affaire *TashaLoweh*[485], le requérant estimait avoir été irrégulièrement révoqué de ses fonctions de Président de Conseil d'Administration d'Amity Bank, après une mission de contrôle de la COBAC (Commission Bancaire de l'Afrique Centrale) révélant de graves manquements dans sa gestion. La Cour va rejeter ses prétentions, faute de preuves et de lien de causalité entre la faute alléguée et le préjudice déclaré.

En dépit des singularités attachées aux aspects de fonction publique, ces derniers contentieux s'inscrivent parfaitement parmi les recours communautaires, dont l'examen suit.

SECTION II - LES CONTENTIEUX DES DROITS COMMUNAUTAIRES AFRICAINS

A la suite d'une présentation sommaire des OIA d'intégration (§I), les contentieux susmentionnés feront l'objet d'un exposé systématique (§ II)

Paragraphe I - Les cours de justice des organisations communautaires

A titre de préalables, on rappellera les principales OIA d'intégration (A), avant de présenter les cours de justice (B)

---

[484] CEMAC, Cour de justice, Chambre judiciaire, arrêt n° 005 /ADD/CJ/CEMAC/CJ/02 du 06 Juin 2002, *affaire Amity Bank Cameroun S.A. c. TashaLoweh Lawrence.*

[485] CEMAC, Cour de justice, Chambre judiciaire, arrêt n° 001 /CJ/CEMAC/CJ/05 du 07 avril 2005, affaire *TashaLoweh Lawrence c. CEMAC.*

A. Les organisations d'intégration en Afrique

Elles ambitionnent la création d'un ensemble intégré. En fait, il faut convenir avec le Professeur GONIDEC, que « l'intégration est à la fois un processus et une situation qui, à partir d'une société internationale morcelée en unités indépendantes les unes des autres, tendent à leur substituer de nouvelles unités plus ou moins vastes, dotées au minimum du pouvoir de décision dans un ou plusieurs domaines déterminés, soit dans l'ensemble des domaines relevant de la compétence des unités intégrées, à susciter, au niveau des consciences individuelles, une adhésion ou une allégeance, et à réaliser, au niveau des structures, une participation de tous au maintien et au développement de la nouvelle unité »[486].

Les OIA d'intégration[487] visent à terme une fusion ou une harmonisation des législations entre Etats membres qui peuvent constituer soit une Union douanière (forme avancée d'intégration, situation dans laquelle deux ou plusieurs Etats, d'une part éliminent dans leurs rapports mutuels les restrictions tarifaires et non tarifaires à leurs échanges commerciaux et d'autre part, instituent une protection commune tarifaire (Tarif Extérieur Commun ou TEC) ou non tarifaire dans leurs rapports avec les Etats tiers) ; soit une Zone de Libre Echange (situation dans laquelle deux ou plusieurs Etats éliminent dans leurs rapports mutuels les restrictions tarifaires et non tarifaires à leurs échanges commerciaux (forme élémentaire de l'intégration économique) ; soit un marché commun (situation dans laquelle deux ou plusieurs Etats, d'abord éliminent dans leurs rapports mutuels les restrictions tarifaires et non tarifaires ; ensuite instituent une

---

486 P.F. GONIDEC, Les OIA, op.cit., p. 54.

487 Pour les théories et méthodes d'intégration, on renverra le lecteur aux ouvrages de relations internationales, de droit international économique ou d'économie internationale, notamment aux auteurs comme Karl DEUTSCH, Ernest HAAS, David MITRANY, Samir AMIN, F.H.CARDOSO, Makhtar DIOUF, Moustapha KASSE ou Mohamed BENNOUNA, avec le fonctionnalisme, l'intégration par le marché et par la production, l'intégration globale et l'intégration sectorielle, les théories marxistes et tiers mondistes de développement (voir Bibliographie de cet ouvrage).

protection commune tarifaire et non tarifaire dans leurs rapports commerciaux avec les Etats tiers ; enfin, suppriment toutes restrictions à la libre circulation des autres facteurs économiques et tendent à créer un milieu économique homogène (forme perfectionnée d'intégration).

Les Etats nouvellement indépendants étaient en réalité des micro-Etats au regard de l'étroitesse de leur territoire. Pris isolément, leurs marchés ne permettaient pas d'entreprendre de grands projets de développement et d'acquérir une indépendance économique vis-à-vis de l'extérieur. C'est sans doute, dans le cadre de la poursuite des idées panafricanistes mais aussi dans le souci d'affronter les défis de la mondialisation que s'insèrent les nombreux projets et programmes africains d'intégration.

L'Afrique de l'Ouest n'est pas en marge de ce mouvement, avec deux organisations d'intégration, la Communauté Economique des Etats de l'Afrique de l'Ouest (CEDEAO) et l'Union Economique et Monétaire Ouest Africaine (UEMOA).

Le Traité créant la CEDEAO a été signé à Lagos (Nigeria) le 28 mai 1975. Ce Traité est entré en vigueur en juin de la même année après sa ratification par 7 (sept) Etats membres conformément aux stipulations de son article 62. La CEDEAO comprend aujourd'hui quinze (15) Etats membres[488], à savoir : le Bénin, le Burkina Faso, la Côte d'ivoire, la Guinée, le Mali, le Niger, le Sénégal, le Togo (pays francophones), le Ghana, la Gambie, le Liberia, le Nigeria, la Sierra Leone (pays anglophones), le Cap-Vert, la Guinée-Bissau (pays lusophones). Le Traité de 1975 a été révisé à Cotonou (Bénin) le 24 juillet 1993 et est entré en vigueur le 23 août 1995. Le siège de la CEDEAO se trouve à Abuja au Nigeria[489].

La CEDEAO a pour objectif la réalisation d'une union économique et monétaire au terme d'un processus de libéralisation (la libre circulation des marchandises, des personnes et des capitaux). Mieux, aux termes du nouveau traité, la

[488] Adhésion du Cap-Vert en 1979 portant désormais le nombre des Etats membres à 15 avec le retrait de la Mauritanie.

[489] Son siège, qui se trouvait initialement à Lagos, sera transféré à Abuja après le changement de la capitale politique du Nigeria.

CEDEAO se veut « *...à terme la seule Communauté Economique de la Région aux fins de l'intégration économique et de la réalisation des objectifs de la Communauté Economique Africaine* »[490].

C'est le même souci d'intégration qui est à l'origine de l'UEMOA. Au lendemain de la dévaluation de la monnaie FCFA, il s'est opéré une modification des termes des conventions de coopération monétaire liant la France aux Etats de l'Afrique de l'Ouest et du Centre, notamment les Conventions de coopération monétaire du 22 novembre 1972 (BEAC) et du 14 novembre 1973 (UMOA) posant le principe de l'émission d'une monnaie commune dans chacune des deux zones et la parité entre le Franc Français et le Franc CFA (Communauté Financière Africaine).

Dès lors, la création de l'UEMOA dérive de la volonté politique des Etats africains de la sous-région, qui ont donné mandat au gouverneur de la BCEAO pour étudier et finaliser un véritable Traité d'intégration économique. Cette naissance de l'UEMOA par le Traité de Dakar du 10 janvier 1994 (révisé le 29 janvier 2003) intervient dans un contexte de compétition économique mondiale et constitue une réaction à la tendance à la marginalisation du continent. Signé par les Chefs d'Etat et de Gouvernement du Bénin, du Burkina Faso, de la Côte d'Ivoire, du Mali, du Niger, du Sénégal, du Togo et de la Guinée Bissau (adhésion en 1997), le Traité de l'UEMOA complétant celui de l'UMOA[491] (qui consacrait la reconnaissance par les Etats membres d'une monnaie commune dont l'émission était confiée à un institut d'émission communautaire), marque la détermination de ses membres « à se conformer aux principes d'une économie de marché ouverte, concurrentielle et favorisant l'allocation optimale des ressources » (Préambule § 7, Traité UEMOA).

Parallèlement, l'Afrique centrale verra également la naissance de nombreuses OIA de coopération ou d'intégration avec notamment, pour ces dernières la CEEAC[492] et la CEMAC.

---

490 Traité révisé de la CEDEAO, art. 2 al. 1er.

491 Traité signé le 11 mai 1962, révisé le 14 novembre1973.

492 Le traité instituant la Communauté économique des Etats de l'Afrique Centrale a été signé le 18 octobre 1983 à Libreville.

Une des OIA les plus actives, la CEMAC[493], a été créée dans le même contexte économique que celui de l'UEMOA et s'inscrit dans « la nouvelle dynamique en cours dans la zone franc, au demeurant nécessaire, au regard des mutations et du recentrage des stratégies de coopération et de développement observées en Afrique » (§ 4 Préambule, Traité CEMAC). La CEMAC remplaçant l'UDEAC (1964), comprend six Etats membres : Cameroun, Centrafrique, Congo, Gabon, Guinée Equatoriale (depuis 1983), Tchad. La CEMAC est composée de l'UMAC (Union Monétaire de l'Afrique Centrale) et de l'UEAC (Union Economique de l'Afrique Australe). Son architecture institutionnelle découle d'un Traité et de trois Conventions : le Traité CEMAC et son Additif, les Conventions sur l'UE, l'UM et la Cour de justice[494].

Dans le cadre de ces concrétisations ou tentatives institutionnelles en Afrique orientale, les Etats indépendants mettront en place une Organisation des Services Communs d'Afrique Orientale (OSCAO)[495], transformée en 1967 en Communauté d'Afrique orientale coexistant avec la Zone d'Echanges Préférentiels (ZEP)[496]. Il s'ensuivra une nouvelle recomposition avec une Communauté d'Afrique de l'Est (CAE)[497] et la dissolution de la ZEP reconstituée en Marché Commun des Etats de l'Afrique Australe et Orientale[498].

---

493 Traité adopté à Ndjamena le 16 mars1994 et entré en vigueur le 5 février 1998. Ce Traité a été révisé le 25 juin 2008 à Yaoundé.

494 James MOUANGUE et Léopold DONFACK-SOEKENG, « La CEMAC : à la recherche d'une dynamique d'intégration économique en Afrique centrale ? », Annuaire Africain de Droit International, vol. 6, 1998, p. 158 et s.

495 P.F. GONIDEC, Les OIA, op. cit., p. 25.

496 Accord de Lusaka du 21 décembre 1981. La ZEP commencera ses activités le 30 septembre 1982.

497 Traité pour l'établissement de la Communauté de l'Afrique de l'Est de 1967, recréée le 7 juin 2000, traité modifié le 20 août 2007. Depuis le 18 juin 2007, le Burundi et le Rwanda sont devenus membres, conformément aux décisions du Sommet du 30 novembre 2006.

498 L'acronyme anglais est le COMESA (*Common Market for Eastern and Southern African States*). Le COMESA a été créé par le Traité de Kampala (Ouganda) du 5 novembre 1993.

En Afrique australe, la politique d'apartheid entraînera une réaction des Etats de la ligne de front, avec la mise en orbite, en 1992, d'une organisation de coopération, dénommée, la *South African Development Coordination Conference* (SADCC), devenue en 2000, une organisation d'intégration, la *South African Development Community* (SADC)[499]. Par ailleurs, se mettront en place, par un traité du 9 septembre 1977, une Communauté Economique des Pays des Grands Lacs et plus récemment la CIRGL[500].

D'autres efforts d'intégration verront une certaine matérialisation en Afrique.

- Il s'agit, de la CEN-SAD (Communauté des Etats Sahélo-Sahariens), née le 4 février 1998 à Tripoli et réunissant vingt-un (21) Etats (Bénin, Burkina Faso, Côte d'Ivoire, Djibouti, Egypte, Erythrée, Gambie, Gabon, Libye, Liberia, Mali, Maroc, Niger, Nigeria, RCA, Sénégal, Somalie, Soudan, Tchad, Togo, Tunisie), soit 12 millions de km² pour plus de 350 millions de personnes. Selon l'art. 1er du Traité constitutif, elle vise à terme la constitution d'une union monétaire et économique dont la réalisation passe par la mise en place d'une union économique globale, pour apporter des solutions aux problèmes africains.

La CEN-SAD a joué un rôle catalyseur dans l'avènement de l'Union Africaine. Mais la CEN-SAD peine à trouver une place stable[501], coincée entre une UA ambitieuse et des rapports sous régionaux dynamiques avec la multi-appartenance des Etats membres à deux ou plusieurs OI ayant les mêmes buts économique et monétaire.

---

[499] Traité de la SADC du 11 août 1992.

[500] La Conférence Internationale de la Région des Grands Lacs est une OIA de coopération pour la paix, la stabilité, la sécurité et le développement, créée en 2000 par l'Angola, la RDC, la RCA, le Burundi, le Rwanda, la Tanzanie, le Congo, le Kenya, le Soudan, l'Ouganda et la Zambie, à l'initiative de l'ONU et de l'UA. Elle n'est devenue vraiment active qu'avec l'adoption de la Déclaration sur la Paix, la Sécurité et le Développement de novembre 2004. Voir son site : www.icglr.org

[501] La disparition de son principal initiateur et bailleur de fonds, Mouammar KADHAFI l'a fait tomber dans une profonde léthargie jusqu'à sa renaissance en 2013.

- Il s'agit aussi de la Commission de l'Océan Indien (COI), qui est une organisation intergouvernementale créée en 1982 à Port-Louis en l'île Maurice et institutionnalisée en 1984 par l'Accord de Victoria (Seychelles). Elle réunit cinq pays (insulaires) de la région océan Indien occidental : Union des Comores, France (au titre du département de La Réunion), Madagascar, Maurice et Seychelles pour bâtir des projets régionaux de développement durable, et préserver les ressources naturelles dont ils dépendent fortement.

Ces OIA d'intégration, aux parcours arythmiques ont produit un « buissonnement »[502] normatif important. A ce propos, l'intégration suppose qu'une entité interétatique, créée par un traité de base, assure, concurremment ou parallèlement aux Etats membres, des activités dont ces derniers avaient traditionnellement le monopole. L'intégration renforce le droit national, régional et constitue une tentative de réaction à un environnement international défavorable en créant un réseau dense de coopération avec des mécanismes de direction et de contrôle prévus par le droit communautaire originaire (principal) et développés par le droit communautaire dérivé.

Cet ensemble normatif sert à coordonner les politiques économiques des Etats membres ou à harmoniser leurs législations, tout en imposant une cohérence entre les niveaux nationaux et le niveau de l'OI. De telles missions rejoignent celles des Cours dont les compétences d'attribution épousent un large spectre.

B. Présentation des cours de justice communautaires

Le schéma institutionnel des organisations communautaires confie le règlement des différends à des organes judiciaires qui sont chargés de veiller à une interprétation et à une application uniformes de la législation communautaire dans tous les Etats membres, c'est-à-dire de garantir que le droit sera toujours identique pour toutes les parties et en toutes circonstances.

---

[502] Formule empruntée au Professeur René-Jean DUPUY, voir conclusions du colloque de la SFDI sur *Les Nations Unies et le droit international économique*, Paris, Pédone, 1986, p. 376.

Cette base communautaire minimale de compétences se retrouve dans les Organisations qui ont crée des Cours de justice (CEDEAO, UEMOA, SADC, COMESA, CAE, OHADA, CEMAC et CEEAC)[503]. Les Cours communautaires sont compétentes pour connaître des litiges impliquant les Etats membres, les institutions, voire les entreprises ou autres personnes morales, les juridictions nationales et les particuliers.

La plupart des textes fondateurs se rejoignent par la création de Cours marquées par une composition très variable : sept (7) juges pour la CEDEAO, huit (8) juges pour l'UEMOA, treize (13) juges pour la CEMAC[504] dont sept pour la Chambre judiciaire, (10) juges pour le Tribunal de la SADC dont cinq juges titulaires et cinq juges suppléants, douze (12) juges pour la Cour du COMESA, sept (7) juges actuellement pour l'OHADA qui seront neuf (9) après l'entrée en vigueur du Traité révisé de Québec .

On évoquera singulièrement le cas de la Cour du COMESA (art. 20 § 1 du Traité) divisée en Chambre de première instance (sept juges) et en chambre d'appel (cinq juges). En l'occurrence, la Conférence, organe suprême, nomme comme Président de la Cour (art. 20 § 4), un des juges de la chambre d'appel et comme juge principal un des juges de la chambre de première instance (art. 20 § 5). Une spécificité de certaines Cours qui s'inspirent de la *Common Law* se traduit par la possibilité de faire intervenir des

---

503 Art. 16 du Traité révisé de la SADC ; art. 19 § 1 du Traité révisé du COMESA ; art.14 du Traité de l'OHADA. ; art. 1er du Protocole additionnel n° 1 relatif aux organes de contrôle de l'UEMOA ; art. 5 du Traité de la CEMAC, art. 2 de la Convention sur la Cour de justice et art. 2 de l'Additif sur le système institutionnel ; art. 9 du Traité de la CEDEAO et son Protocole du 19 janvier 2005.
Bien que n'étant pas encore opérationnelle, la Cour de justice de la CEEAC sera également évoquée en ses aspects textuels.

504 Les juges sont nommés sur présentation des Etats, à raison de deux (2) par Etat et l'art.26 § 3 de l'Acte additionnel portant Statut de la Chambre judiciaire précise que : « *le treizième juge est désigné par l'Etat membre dont est originaire le juge élu Premier Président qu'il remplace dans la chambre à laquelle il appartenait antérieurement. Il est non éligible aux fonctions de Premier Président* ».
Toutefois, la révision du Traité de la CEMAC le 25 juin 2008 a transformé la chambre judiciaire en une Cour de justice.

juges *ad hoc* ou des juges *ad litem.* Le Traité du COMESA prévoit des juges provisoires nommés par la Conférence pour siéger à la place de juges titulaires en cas d'empêchement ou d'absence temporaire qui risquerait de retarder considérablement les travaux de la Cour (art. 22 § 3) ou si un juge est directement ou indirectement intéressé dans un litige soumis à la Cour (art. 22 § 4).

D'ordinaire l'institution de juges *ad hoc* vise à pallier, dans le jugement d'un différend entre Etats, l'absence d'un juge de la nationalité d'une des parties. Dans ce cas, l'Etat qui n'a pas de juge de sa nationalité en état de siéger, a la faculté et non l'obligation de désigner comme juge *ad hoc* une personne de son choix pour toute la durée de la procédure.

Les statuts des Cours de justice s'adossent sur l'option d'un recrutement de juges indépendants, choisis parmi les personnes de haute valeur morale, ressortissantes des Etats membres, possédant les qualifications requises dans leurs pays respectifs pour occuper les plus hautes fonctions juridictionnelles, ou qui sont des jurisconsultes de compétence notoire en matière de droit international .

Actuellement, la plupart des juridictions des OCA sont exclusivement, sinon en grande majorité, composées de juges issus des juridictions suprêmes des Etats membres ou de magistrats (de siège ou du parquet) des autres tribunaux nationaux alors même que les Statuts prévoient pour le recrutement la présence de juristes (Avocats, Professeurs de droit, notaires) possédant aussi une grande expérience professionnelle et des compétences avérées.

Ces juges communautaires sont nommés pour un mandat allant de cinq à sept ans renouvelable une seule fois[505] par la Conférence, sur proposition du Conseil des ministres. La plupart de ces juridictions sont régies, pour la désignation des premiers juges, par des dispositions d'ordre transitoire étageant leur

505 Le mandat renouvelable est en général de cinq ans (CEDEAO, SADC, COMESA), rarement de six ans (CEMAC, UEMOA). L'originalité vient du nouvel article 31 du Traité OHADA révisé en 2008 qui fixe la durée du mandat à sept ans non renouvelable.

remplacement, comme en atteste l'article 4 du Protocole de 1991 révisé en 2005 sur la Cour de la CEDEAO qui précise « *Toutefois, pour les membres de la Cour nommés pour la première fois, le mandat de trois (3) membres expire au bout de trois (3) ans et celui des quatre (4) autres membres au bout de cinq (5) ans* ».

Les juges élisent en leur sein le Président et le Vice-président pour un mandat de trois ans. Jusqu'en 2008[506], la Cour de la CEMAC se démarquait des autres Cours en dédoublant le mandat du Premier Président (durée de six ans non renouvelable) et celui du Président de la Chambre judiciaire (trois ans non renouvelable).

Des avocats généraux, choisis parmi ces membres, complètent la composition avec leur Doyen qui prend le titre de Premier Avocat général[507]. En règle générale, les Avocats généraux doivent présenter, en toute impartialité, des conclusions motivées sur les affaires soumises aux Cours et assurent le rôle d'un Ministère public, voire celui joué par un Commissaire de gouvernement auprès de certaines juridictions administratives internes.

Les juges sont assistés dans leur mission par un personnel dont les membres du greffe, des auditeurs et des agents. Les greffiers sont recrutés par la Cour elle-même[508], ou son Président (cas de l'OHADA) exceptionnellement par le Conseil des ministres (art. 41 du Traité du COMESA). Quant aux attributions essentielles

---

[506] La nouveauté entraînée par la révision du Traité de la CEMAC se traduira certainement par des changements au niveau de la composition, des pouvoirs et des structures de la nouvelle Cour de justice de la CEMAC.

[507] A titre illustratif, la Cour de l'UEMOA est composée d'un Président, de cinq juges et de deux Avocats généraux. H.A. DJIGA, Guide des procédures devant la Cour de justice de l'UEMOA, Université de Ouagadougou, UFR-SJP, Centre d'Etudes Européennes et de l'Intégration (CEEI), 31 p.

[508] L'art. 19 de l'Acte Additionnel n° 10/96 du 10 mai 1996 portant Statuts de la Cour de justice de l'UEMOA dispose : « *La Cour nomme son Greffier pour une période de six ans renouvelable une fois* ».Voir art. 36 du Statut de la Chambre judiciaire de la CEMAC ; Règlement n° 02/96/CM/UEMOA du 20 décembre 1996 portant Statut du Greffier de la Cour de justice de l'UEMOA.

des greffes, le statut de la Chambre judiciaire de la CEMAC en offre une belle synthèse, par l'énumération suivante:

- « *la préparation des rôles des audiences ;*
- *la réception et la transmission des documents ;*
- *la tenue des registres et dossiers ;*
- *la certification des expéditions des arrêts, de leur notification ;*
- *la délivrance et la certification des extraits et copies de tout document et acte ; et*
- *la conservation des archives…*»[509].

Dans le cadre de l'OHADA, il est envisagé une organisation administrative chevillée autour d'un Secrétaire général nommé par le Président de la CCJA après avis de la Cour et *« chargé d'assister celle-ci dans l'exercice de ses attributions d'administration de l'arbitrage, selon les critères définis par un règlement du Conseil des Ministres* » (art. 39 nouveau du Traité).

Il est également requis de ce personnel auxiliaire les mêmes obligations professionnelles d'indépendance, de compétence, de moralité, de prestation de serment ou, à tout le moins de déclaration sur l'honneur, de devoir de réserve. Les membres du greffe sont aussi soumis aux mêmes règles d'incompatibilités, et sont dotés de certains privilèges et immunités d'ordre fonctionnel.

Les dispositions suivantes sur les membres de la Cour sont de nature à leur garantir l'indépendance nécessaire à l'exercice de leurs fonctions :

- d'abord, les incompatibilités : les fonctions de juges sont incompatibles avec l'exercice d'une fonction politique, administrative et toute autre activité professionnelle[510] ;

- ensuite, l'exigence de la prestation de serment : avant d'entrer en fonction, les membres de la Cour prêtent serment ou font une déclaration solennelle devant le Président de la

[509] Art. 40 de l'Acte Additionnel n° 06/00/CEMAC-041-CCE-CJ-02 du 14 décembre 2000 portant Statut de la Chambre judiciaire de la Cour de justice de la CEMAC.

[510] Art. 4 § 11 du Protocole d'Abuja de 1991.

Conférence. Ainsi dans le cadre de la CEDEAO, cette prestation de serment se fait en ces termes : « *Je... jure (ou déclare) solennellement d'exercer mes fonctions et mes pouvoirs de membre de la Cour de façon honorable et loyale, en toute impartialité et en toute conscience* »[511] ;

- enfin, les privilèges et immunités : la Cour et ses membres, pendant la durée de leur mandat, bénéficient des privilèges et immunités identiques à ceux dont jouissent les missions diplomatiques et les diplomates sur le territoire des Etats membres, ainsi que ceux reconnus aux juridictions internationales et aux membres de ces juridictions. A ce titre, les membres de la Cour ne peuvent être poursuivis ni recherchés pour les actes accomplis ou pour les déclarations faites dans et à l'occasion de l'exercice de leurs fonctions[512]. De manière exemplative, le Traité révisé de la CEDEAO confirme cette indépendance par les dispositions de son article 15 paragraphe 3 : « *Dans l'exercice de ses fonctions, la Cour de justice est indépendante des Etats membres et des institutions de la Communauté* ».

La cessation des fonctions de juge résulte de l'expiration du mandat, du décès, de la démission ou d'empêchement ou d'incapacité physique ou mentale. Autrement dit, pour reprendre la phraséologie de l'art.22 du Statut de la Chambre judiciaire de la CEMAC, cet abrégement volontaire ou forcé intervient « *s'il ne répond plus aux conditions requises ou ne satisfait plus aux obligations découlant de sa charge* »[513].

D'ordinaire, les Cours communautaires exercent leurs fonctions en se réunissant, selon les cas, en formations

---

[511] Sur la prestation de serment, voir, Art. 5 du protocole A/P1/7/91 du 6 juillet 1991 (adopté à Abuja) révisé par le protocole A/SP.1/01/05 du 19 janvier 2005 relatif à la Cour de justice de la CEDEAO (adopté à Accra) ; art. 2 du Règlement n° 01/96/CM portant Règlement de procédures de la Cour de Justice de l'UEMOA ; art.5 du Protocole sur le Tribunal de la SADC adopté à Windhoek le 7 août 2000 et Règles (Rules) n° 10 à 16 du Règlement de procédure du Tribunal de la SADC.

[512] Art. 6 du Protocole d'Abuja 1991.

[513] Voir art. 7 du protocole sur le Tribunal de la SADC, précité ; art. 22 du Traité du COMESA ; art. 12 de l'Acte additionnel n° 10/96 (UEMOA) précité ; art. 4 § 6 et § 7du Protocole d'Abuja 1991.

d'Assemblée Plénière, de Chambre du Conseil, d'Assemblée générale consultative, d'Assemblée intérieure ou d'Assemblée ordinaire. La formation contentieuse peut s'établir soit en Assemblée Plénière réunissant l'ensemble des juges (UEMOA, OHADA) soit en Assemblée ordinaire (formation contentieuse) qui est restreinte à quelques juges assistés d'un greffier voire d'un Avocat général (CEMAC). L'Assemblée générale, qui regroupe, au sein de la Cour de la CEMAC, l'ensemble des juges et du personnel de la Chambre judiciaire, est dénommée Assemblée générale consultative.

En revanche, l'appellation de Chambre du Conseil est réservée à la CEMAC ou à l'UEMOA soit à la formation consultative (CEMAC) soit pour régir des situations particulières dans les deux juridictions « *lorsque la cause est de nature à compromettre l'ordre, la tranquillité et la sécurité publics* »[514]. Quant à l'Assemblée intérieure, elle s'occupe de problèmes relatifs à l'administration, à l'application des textes et à la discipline (UEMOA).

Le Règlement de procédure de la Cour de justice du COMESA adopté en 2003 précise que cette dernière ne délibère qu'en chambre du conseil pour rendre des arrêts ou des avis (art.19).

Quant à leurs compétences, la plupart des Cours communautaires partagent des similitudes en ce sens qu'elles sont chargées de veiller au respect du droit communautaire, quant à l'interprétation du Traité communautaire et des actes juridiques qui en découleront ainsi que de leur application[515].

Généralement, les Cours exercent des compétences qui leur sont explicitement et limitativement données par les Traités. Cette compétence d'attribution n'annihile pas la possibilité de recourir à

---

[514] Art. 47 de l'Acte additionnel n° 06/00/CEMAC-041-CCE-CJ-02 portant Statut de la chambre judiciaire de la CEMAC, *précité ;* art. 16 § 3 de l'Acte additionnel n° 10/96 portant Statuts de la Cour de justice de l'UEMOA.

[515] Art. 1er Protocole Additionnel I de l'UEMOA : art. 9 § 1 du Protocole de 1991 de la CEDEAO ; art. 14 du Traité de l'OHADA ; art. 16 § 2 du Traité de la CEEAC ; art. 16 du Traité de la SADC ; art. 19 du Traité du COMESA ; art. 5 du Traité de la CEMAC de 1994.

une extension de compétences en vertu du principe des pouvoirs implicites, avec cette réserve que ces derniers ne sauraient ni supplanter ni réviser des compétences expresses.

Ces diverses attributions s'adossent à une normativité qui s'inspire fortement des sources de droit applicables déclinées à l'art. 38 du Statut de la Cour Internationale de Justice de La Haye (Conventions générales et spéciales, coutume internationale, principes généraux de droit, décisions judiciaires et doctrine des publicistes, *ex aequo et bono)*.

ParagrapheII - Les recours communautaires

La fonction contentieuse, basée sur l'existence d'un différend justiciable sur le plan juridique et sanctionnée par une décision obligatoire *inter partes*, est présente dans tous les organes juridictionnels communautaires. Les aspects proprement contentieux peuvent se traduire dans des procédures incidentes (exceptions préliminaires, indication de mesures provisoires, intervention, renvoi préjudiciel, etc.) et dans des procédures principales (recours en manquement, en carence, en annulation, en réparation) qui ont été largement inspirés de la jurisprudence communautaire européenne mais dont certains archétypes ne se retrouvent pas toujours dans les juridictions communautaires africaines.

Il en découle des originalités décelables soit dans la formulation des recours, soit dans les délais d'action ou d'effet prévus, soit au niveau des parties à l'instance. Dans un souci de simplification et de recomposition, on distinguera les contentieux de la déclaration (A), de l'annulation (B), de l'éviction (C), de la pleine juridiction (D), et autres voies de droit extraordinaires (E), etc[516].

---

[516] D'autres branches de ce contentieux sont étudiées dans les recours de droits de l'Homme et dans les contentieux de la fonction publique communautaire.

A. Le contentieux de la déclaration

Il vise à faire déclarer par la juridiction internationale, soit que des manquements au droit communautaire ont été constatés, soit qu'une affaire pendante devant les juges nationaux nécessite son interprétation prioritaire pour éviter tout éventuel préjudice à la poursuite du procès devant les cours et tribunaux internes, soit que l'administration communautaire est dans l'obligation à agir. Il en résulte que ce contentieux se ramifie en recours en constatation de manquement, en renvoi préjudiciel pour interprétation et en recours en carence.

1. L'action en manquement

Elle a pour objet de faire constater l'existence de manquements au droit communautaire de la part d'un Etat membre. Tout non respect par un Etat membre d'une règle de droit communautaire, toute abstention de prendre une mesure législative, administrative ou judiciaire interne d'application, toute violation des engagements, inexécution ou mauvaise exécution d'une obligation de faire ou de ne pas faire qui lui incombe (en vertu du Traité fondateur, des Conventions et Protocoles, Règlements, Actes uniformes, Actes additionnels, Directives et Décisions), l'exposent à l'action en manquement.

Le recours en manquement peut aboutir à la condamnation de l'Etat en cause, lui demandant de se conformer à ses obligations et, le cas échéant, à des sanctions même pécuniaires. Il suppose au préalable, l'établissement d'un manquement résultant de comportements actifs ou passifs (actions, omissions, abstentions, retards, négligences) et ensuite l'imputabilité à un Etat membre par le fait de ses organes exécutif, législatif ou judiciaire.[517]

[517] Dans le cadre de l'Union Européenne, voir art. 226, 227 et 228 du Traité de CE. Un volumineux contentieux a structuré cette procédure. Cf. sur l 'avis motivé, CJCE aff. C-210/91 *Commission c/ Grèce*, Rec. 1992, I-6735 ; la violation de la norme communautaire et les auteurs du manquement, CJCE, aff. 79/72 *Commission c/ Italie*, Rec. 1973, 667 ; l'exécution de l'arrêt, CJCE, Aff. C-387/97, *Commission c/ Grèce*, Rec.2000, I-5047 ; sur les amendes ou astreintes, Aff. C-304/02 du 12 juillet 2005 *Commission c/ France.*

Cette procédure est prévue à l'art. 7 § 3, g du Traité révisé CEDEAO et au nouvel article 9 § 1, *d* introduit par le Protocole d'Accra du 19 janvier 2005 avec un recours ouvert au profit de tout Etat membre et de la Commission (art. 10, *a* du Protocole) lorsqu'un Etat n'a pas honoré ses engagements, quand une institution de la Communauté a agi hors des limites de sa compétence , ou a excédé les pouvoirs à elle confiés par le Traité ou par tout autre texte pertinent de la Communauté.

La Cour de Justice de l'UEMOA connaît également des manquements des Etats aux obligations leur incombant[518]. Son Règlement organise avec beaucoup de minutie la procédure : « *Le recours en manquement appartient à la Commission. Si elle estime qu'un Etat membre ne s'est pas conformé aux obligations communautaires, elle adresse à cet Etat un avis motivé à ce sujet, après avoir mis cet Etat en mesure de présenter ses observations. Si l'Etat ne se conforme pas à l'avis dans le délai imparti par la Commission, celle-ci peut saisir la Cour de justice* ».

Cette procédure est également ouverte à chaque Etat membre, après saisine préalable de la Commission. Celle-ci doit émettre un avis motivé, après avoir mis l'Etat concerné en mesure de présenter ses observations. Si la Commission n'a pas émis d'avis dans un délai de trois mois à compter de la demande, l'affaire peut être portée directement devant la Cour.

Si la Cour estime le recours fondé, elle constate le manquement. Tous les organes de l'Etat membre concerné ont l'obligation d'assurer dans les domaines de leurs pouvoirs respectifs, l'exécution de l'arrêt. En cas d'abstention de l'Etat membre dont le manquement a été constaté, la Commission a la faculté de saisir la Conférence des Chefs d'Etat et de Gouvernement afin qu'elle invite l'Etat membre défaillant à s'exécuter.

Dans le même ordre d'idées, l'article 24 § 1 du Traité du COMESA dispose que : « *Tout Etat membre qui estime qu'un autre Etat membre ou le Conseil a manqué à une obligation*

[518] Art. 5, 6 et 8 du Protocole additionnel n° 1 sur les organes de contrôle. Cf. J. ISSA-SAYEGH, « La production normative de l'UEMOA. Essai d'un bilan et de perspectives », www.ohada.com/.ohadata D-03-18.

prévue par le présent Traité, ou violé une disposition de ce dernier, peut saisir la Cour de cette affaire». Ce recours connaît un prolongement avec l'art. 25 § 1 dudit Traité qui offre la possibilité au Secrétaire général de saisir la Cour des manquements des Etats aux prescriptions conventionnelles qu'ils ont librement souscrites et qu'ils doivent subséquemment respecter en vertu du principe *pacta sunt servanda.*

En effet, l'article 25 vise ainsi le recours en manquement :

« *1. Si le Secrétaire général estime qu'un Etat membre n'a pas exécuté une obligation découlant du présent Traité, ou a violé une disposition dudit Traité, il adresse un rapport de constat à l'Etat membre concerné pour permettre à cet Etat membre de présenter ses observations.*

2. Si l'Etat membre concerné ne présente pas ses observations au Secrétaire général dans les deux mois, ou si les observations présentées ne sont pas satisfaisantes, le Secrétaire général porte l'affaire devant le Bureau du Conseil qui décide si le Secrétaire général saisit la Cour de ce cas immédiatement ou s'il doit le soumettre au Conseil.

3. Lorsque aux termes du paragraphe 2 du présent article une affaire est soumise au Conseil et que le Conseil ne parvient pas à trouver la solution, le Conseil demande au Secrétaire général de porter le cas devant la Cour de justice ». L'importance donnée au poste de SG explique que parmi ses attributions décrites à l'art.17 § 8, f du Traité, y soit inclue celle de :

« *veille(r) à ce que les objectifs définis dans le Traité soient réalisés et enquête (r), de sa propre initiative, ou à la suite d'une plainte, sur toute violation présumée des dispositions du présent Traité, et fait rapport au Conseil, conformément à une procédure d'investigation à déterminer par ce dernier* »

On soulignera, à cet effet, que la soumission possible d'une décision du conseil des ministres, organe collégial et intergouvernemental, à ce type de recours, procède d'une originalité dans la démarche complétant les postures unilatérales des Etats en matière de saisine. Le Secrétaire général pourra dresser un rapport de constat et l'Etat pourra présenter ses observations dans un délai de deux mois. S'il ne le fait pas, le

Bureau du Conseil sera saisi. En cas d'absence de solution apportée par le Conseil, celui-ci donnera mandat au Secrétaire général de porter l'affaire devant la Cour.

Sans disposer à proprement dire d'un tel recours, la Cour de justice de la CEMAC semble englober l'examen de telles prétentions dans des clauses générales de compétences relatives aux différends entre Etats membres en liaison « avec le Traité et les textes subséquents, si ces différends lui sont soumis »[519]. Cette formulation assez vague ne se réduit pas à une seule interprétation, laissant subsister des possibilités d'extension des compétences énumérées.

La généralité des compétences de la COMESACJ réside dans sa saisine, qui est ouverte aux Etats membres (art. 24), au Secrétaire général du COMESA (art. 25), aux personnes physiques et morales (art. 26)[520] résidant dans un Etat membre. En particulier, l'art. 24 § I dispose : « *Tout Etat membre qui estime qu'un autre Etat membre ou le Conseil a manqué à une obligation prévue par le présent Traité, ou violé une disposition de ce dernier, peut saisir la Cour de cette affaire* ».

Le Protocole sur le Tribunal de la SADC abonde dans le même sillage en circonscrivant sa juridiction à tout différend, en rapport avec le Traité et les Protocoles y afférents (art. 14 § 1).En revanche, le recours en manquement n'est prévu ni dans le cadre de l'OHADA, ni dans celui de la CEEAC.

Le déclenchement de la procédure par le truchement de l'organe administratif communautaire ou de l'Etat conduit à un arrêt qui est précédé d'avertissement fixant un délai de réaction sous peine de saisine juridictionnelle. L'arrêt de manquement reste un constat et ne se traduit, ni en une injonction, ni en une substitution aux autorités nationales, ni n'annule les dispositions nationales violatrices car c'est à l'Etat incriminé d'y procéder. En d'autres termes, cet arrêt n'a qu'un caractère déclaratoire, mais

---

519 Art. 48 de l'Acte additionnel portant Statuts de la chambre judiciaire de la CEMAC ; art. 22 de la Convention régissant la Cour de justice de la CEMAC, op.cit.

520 Felix MAONERA, *« Dispute settlement under COMESA », tralac Working Paper, n°7, octobre 2005, 32 p,* www.tralac.org.

l'Etat condamné est tenu d'apporter les correctifs nécessaires en appliquant la décision de justice.

Derrière la disparité des réglementations spécifiant ce recours, se profilent, en filigrane, des problèmes éventuels d'inexécution des arrêts en manquement par suite à la réticence dirimante d'un Etat défaillant, l'absence d'avis ou de motivation d'avis de la part de l'organe administratif, la possible frilosité de la Conférence à ramener dans le droit chemin l'Etat récalcitrant.

Dans le prolongement de ce qui précède, on peut s'interroger sur le degré d'activation de cette procédure, si l'on sait que les Etats préféreront la voie amiable du dialogue avec l'Etat défaillant, plutôt que le déclenchement unilatéral de l'action en manquement, fut-elle entourée de nombreuses précautions processuelles. Le mécanisme plaçant la Commission au cœur de l'action précontentieuse, l'avenir de la procédure dépend fortement de la capacité de cet organe à s'affranchir d'opportunités politiques ou de velléités d'inféodation aux Etats ou aux organes intergouvernementaux suprêmes.

2. Le renvoi préjudiciel pour interprétation

Les juridictions des Etats membres doivent veiller à une application correcte de la législation communautaire dans leur pays. Mais le risque existe que les juridictions de différents pays conçoivent diversement le droit communautaire. Le renvoi préjudiciel a pour avantages une centralisation des problèmes d'interprétation du droit communautaire, la protection subséquente des droits des justiciables et l'élaboration d'une somme jurisprudentielle propre à éclairer la compréhension des tribunaux internes[521] et éviter ainsi des divergences d'interprétation susceptibles de saper les fondements de l'intégration communautaire.

[521] Voir CJCE, aff.61/65, *Veuve Vaassens Göbbels*, Rec.1966, 377. Selon cet arrêt, l'existence d'une juridiction est liée à la présence de cinq critères : l'origine légale de sa création (loi, décret, arrêté) ; le caractère permanent ; la force obligatoire de la décision ; le fait qu'elle statue en droit ; et dans le cadre d'une procédure contradictoire ou contentieuse.

Il permet aussi de développer ce fameux *« dialogue des juges »* appelé de tous les vœux sous de nombreux cieux. On peut le définir comme *« la procédure par laquelle une juridiction nationale pose à la Cour de justice une question portant sur l'interprétation ou l'appréciation de validité d'une norme communautaire applicable au litige dont elle est saisie »*[522]

Le renvoi préjudiciel, procédure incidente, s'analyse moins en un véritable recours que comme un mécanisme d'homogénéisation, de coopération et de clarification. Il comprend deux branches : le renvoi pour interprétation (R.P.I) et le renvoi pour appréciation de validité (R.P.A.V.).

Le R.P.I, qui est le seul concerné ici, vise les cas où les tribunaux nationaux saisis d'un litige dans lequel se pose une question d'interprétation du droit communautaire, peuvent ou doivent saisir la Cour de justice communautaire aux fins d'interprétation. Toutefois la saisine de la juridiction communautaire par une juridiction nationale n'est pas automatique puisque la recevabilité de l'action est subordonnée à trois conditions : incompétence de traitement de la question par le juge national, existence de difficultés sérieuses ou de l'éventualité d'un préjudice irréparable et nécessité absolue de résolution de la question pour la solution au litige. La question est dite « préjudicielle », en ce sens que son règlement, au niveau du juge communautaire, conditionne la suite du procès au niveau national.

La Cour rend alors une interprétation qui sera applicable au litige car la juridiction nationale demanderesse sera liée par cette interprétation rendue. L'interprétation ensemble la disposition interprétée font corps en s'imposant avec autorité et toute autre question matériellement semblable pourra être traitée de manière identique avec dispense de saisine des juridictions internes mais le juge national pourra toujours en cas de faits nouveaux, porter une affaire devant la Cour communautaire même si une telle question a été déjà tranchée.[523]

---

[522] C. BLUMANN et L.DUBOUIS, Qs Droit institutionnel de l'Union européenne, op.cit, § 843.

[523] CJCE, *Aff. 28 à 30/62, du 27 mars 1963, Da Costa, Rec. p. 35*

A cet égard, une divergence d'approche est perceptible avec l'article 94 du Règlement de procédure du COMESA qui emprunte une voie moins usitée : « *sd* ».

Pour préserver au maximum la souveraineté des Etats, seules les juridictions nationales statuant en dernier ressort sont assujetties à l'obligation de saisir la Cour. La CJCE avait justifié cette procédure ainsi dans l'arrêt *C.I.L.F.I.T.* « *Il faut d'abord tenir compte du fait que les textes de droit communautaire sont rédigées en plusieurs langues (...). Il faut noter ensuite, même en cas de concordance exacte des versions linguistiques, que le droit communautaire utilise une terminologie qui lui est propre (...). Enfin, chaque disposition de droit communautaire doit être replacée dans son contexte et interprétée à la lumière de l'ensemble des dispositions de ce droit...* »[524].

Dans le cadre des OCA, on ne manquera pas de souligner l'existence au moins textuelle de cette procédure au niveau des Cours de la CEDEAO, de la CEMAC, de l'UEMOA, du COMESA. La saisine de ces juridictions est dévolue exclusivement aux Cours et tribunaux internes, c'est-à-dire à « *des autorités nationales à fonction juridictionnelle* » selon l'expression retenue par le Protocole additionnel n° I sur les organes de contrôle de l'UEMOA dont l' approche du renvoi préjudiciel est la suivante : « *La Cour de justice statue à titre préjudiciel sur l'interprétation du Traité de l'Union, sur la légalité et l'interprétation des actes pris par les organes de l'Union, sur la légalité et l'interprétation des statuts des organismes créés par un acte du Conseil, quand une juridiction nationale ou une autorité à fonction juridictionnelle est appelée à en connaître à l'occasion d'un litige.*

Les juridictions nationales statuant en dernier ressort sont tenues de saisir la Cour de justice. La saisine de la Cour de justice par les autres juridictions nationales ou les autorités à fonction juridictionnelle est facultative »[525]. L'interprétation de la Cour a valeur décisoire et son inobservation par l'Etat l'expose à

---

[524] *CJCE, Aff. 283/81, du 6 octobre 1982, CILFIT, Rec. p. 3415.*

[525] Art. 12 du Protocole. Voir, H.A. DJIGA, Guide des procédures devant la Cour de justice de l'UEMOA, op. cit, p. 27.

un recours en manquement (art. 13 dudit Protocole). La Cour dispose, à la demande de la Commission, de pouvoirs renforcés en cas de constat du « *fonctionnement insuffisant* » de cette procédure dans un Etat membre conduisant à des « interprétations erronées » avec la possibilité de rectifier en notifiant « à la juridiction supérieure de l'Etat membre un arrêt établissant les interprétations exactes » (art. 14).

Aussi le Protocole de 2005 de la CEDEAO donne un pouvoir discrétionnaire pour les juridictions nationales ou une des parties à un différend devant elles, de demander une interprétation préjudicielle à la Cour de justice de la Communauté[526].

L'art. 48, b de l'Acte additionnel portant statuts de la Chambre judiciaire de la Cour de la CEMAC permet à cette dernière de connaître *« des recours directs ou préjudiciels en interprétation des actes juridiques, des Traités, conventions et autres textes subséquents de la CEMAC »*[527]. La question préjudicielle peut être soulevée, soit devant une juridiction nationale ou un organisme à fonction juridictionnelle statuant avec possibilité de recours interne, qui peut, si c'est nécessaire, saisir la Chambre judiciaire ; soit devant la juridiction nationale ou un organe à fonction juridictionnelle, statuant en dernier ressort qui est alors tenue de saisir la Chambre[528]. Il va de soi que dans ce dernier cas, l'arrêt préjudiciel s'impose au juge de renvoi et à toutes les autorités administratives et juridictionnelles des Etats membres. Son inobservation expose l'Etat membre à un recours en appréciation de légalité (art.4 et 18 de la Convention précitée)[529].

[526] Art. 10, f du Protocole de 1991 amendé par le Protocole du 19 janvier 2005.

[527] Voir Kamwe MOUAFFO « Le renvoi préjudiciel devant la cour de justice de la CEMAC « www.legavox.fr (consulté le 16.06.2014).

[528] Art. 17 de la Convention régissant la Cour de justice de la CEMAC. Ces deux hypothèses sont également prévues par l'art. 30 du Traité du COMESA.

[529] Voir son premier arrêt préjudiciel, arrêt n° 001 /CJ/CEMAC/CJ/10-11 du 25 novembre 2010, *affaire Ecole Inter-Etats des douanes c/ Djeukam Michel .www.revue.ersuma.org/no-1-juin-2012/jurisprudence. ;* voir aussi J. Bipele KEMFOUEDIO, « Droit communautaire d'Afrique centrale et Constitutions des Etats membres : la querelle de la primauté. », Annales de la FSJP de l'Université de Dschang, tome 13, 2009, p. 109.

Le renvoi préjudiciel obéit à un double mode opératoire selon les cas de saisine obligatoire ou facultatif de la COMESACJ par les tribunaux internes, à la lecture des deux paragraphes de l'art. 30 du Traité :

« *1. Lorsqu'une affaire est soumise à une cour ou à un tribunal d'un Etat membre sur l'application ou l'interprétation du présent Traité, ou sur la validité d'une réglementation, d'une directive ou d'une décision du Marché commun, cette cour ou ce tribunal, s'il estime qu'une décision est nécessaire sur cette affaire pour lui permettre de prononcer son arrêt, peut demander à la Cour de prendre une décision préliminaire sur cette affaire.*

2. Lorsqu'une question telle que celle dont mention au paragraphe 1 du présent article est soulevée dans un litige ouvert auprès d'une cour ou d'un tribunal d'un Etat membre, et que le jugement de cette cour ou de ce tribunal est sans appel ou sans autre solution judiciaire possible dans la législation nationale de cet Etat membre, cette cour ou ce tribunal doit renvoyer cette affaire à la Cour ».

3. Le recours en carence

Il vise à contrer l'inertie des institutions communautaires. Il n'est évoqué ici, qu'à titre informatif puisque la plupart des O.C.A ont fait une impasse sur cette procédure.

Dans le cadre de l'art. 232 du Traité sur les Communautés Européennes, l'imposition de prendre certaines décisions (règlement, directive, décision) dans certaines conditions, implique juridiquement en cas d'abstention, que les Etats membres, les autres institutions de l'Union, les personnes physiques ou des entreprises (si elles en sont destinataires, concernées directement et individuellement) puissent saisir la Cour pour faire déclarer officiellement que cette inaction de l'institution mise en cause (Conseil ou Commission ou Parlement européen ou Banque centrale européenne) est contraire au droit communautaire.

Si l'institution défaillante, mise en demeure d'agir, s'abstient de le faire dans un délai de deux mois (phase précontentieuse), la juridiction communautaire pourra être saisie dans un nouveau délai de deux mois (phase contentieuse). Si cette dernière constate la carence, l'arrêt rendu aura un effet déclaratoire et l'institution fautive devra l'exécuter, sinon sa responsabilité pourra être engagée.

Selon Joe VERHOEVEN, « *ce recours en carence est en quelque sorte un avatar du recours en annulation dans la mesure où il permet d'obtenir la nullité d'une décision -implicite- de refus d'agir... Cela étant, la constatation de la carence illégale ne s'accompagne pas de mesures contraignantes qui permettraient à la Cour soit de se substituer à l'autorité défaillante, soit de forcer celle-ci à prendre les mesures qu'elle est demeurée en défaut d'adopter* »[530]. On soulignera l'approche intéressante du COMESA dont le SG est tenu de s'informer régulièrement de l'exécution des textes communautaires par les Etats membres, de les rappeler à l'ordre et d'en faire rapport à la CEG en cas de défaut d'application.

Cette procédure est le signe d'une démocratie faisant activement participer les citoyens à l'œuvre communautaire en les érigeant en gardiens du processus d'intégration. Par suite, ce type de recours a le mérite de renforcer la notion de citoyenneté communautaire en en densifiant la teneur. Il a également un effet d'entraînement en extirpant les organes d'une torpeur trop souvent remarquée. Il va de soi qu'une telle procédure nécessite un encadrement étroit pour éviter les saisines abusives de la part des titulaires du *locus standi.* Sans doute, l'avenir du contentieux communautaire africain[531] devra-t-il aller dans ce sens au fur et à mesure des étapes franchies dans la voie de l'intégration.

---

530 Joe VERHOEVEN, Droit de la Communauté européenne, De Boeck et Larcier, 2001, 501 p.

531 Maurice KAMTO, « *Les Cours de Justice des Communautés et des Organisations d'intégration économique Africaines* », Annuaire Africain de Droit International, 1998, vol. 6, p. 107 ; L.M. IBRIGA, « Compétences des cours de justice des communautés africaines », *in Intégration économique et exercice du métier d'avocat, Cotonou, Bénin*, Séminaire organisé par l'UIA en collaboration avec l'Ordre des Avocats du Bénin www.uianet.org (consulté le 06 juin 2014).

B. Le contentieux de l'annulation

Il est ouvert contre un acte « *illégal* » d'une institution communautaire. Largement inspiré du contentieux administratif de droit interne, ce recours permet à un requérant de solliciter l'annulation d'un acte pris par une institution communautaire, motif pris de son absence de conformité avec les textes pertinents de l'O.C.A.

Selon l'art. 15.2 du Règlement de procédures de la Cour de justice de l'UEMOA « *Le recours en appréciation de légalité est dirigé contre les actes communautaires obligatoires : les règlements, les directives ainsi que les décisions individuelles prises par le Conseil et la Commission. Ce recours est ouvert à toute personne physique ou morale contre tout acte d'un organe de l'Union faisant grief...* ». Ce recours, qui n'est pas suspensif, est donc exercé à l'encontre d'un acte communautaire qui produit des effets de droit, c'est-à-dire créant, modifiant ou imposant des droits et obligations, ce qui exclut les actes ne faisant pas grief comme les mesures d'ordre intérieur, les actes préparatoires[532] ou encore les avis, les recommandations et les actes purement confirmatifs. Ce recours ne saurait également prospérer à l'encontre des Traités communautaires et des accords internationaux conclus par l'O.C.A, sauf application de la théorie des actes détachables, ex : décision du Conseil ou de la Commission de conclure un accord avec un pays tiers[533].

A l'inverse, sont attaquables les actes émanant de l'O.CA., y compris les décisions des cours de justice ou des comptes[534], les actes de parlements investis de pouvoir de décision[535] ou d'une autorité déléguée par une institution communautaire s'ils font

---

532 La jurisprudence européenne en offre une illustration en s'en tenant aux actes fixant définitivement la position adoptée par l'institution, CJCE, 11 novembre 1981, *IBM contre Commission,* Aff. 60/82, Rec. CJCE, p. 2639.

533 CJCE, 9 août 1994, *France contre Commission*, Rec. CJCE, p. I-3641.

534 CJCE, 11 mai 1989, *Maurissen,* Aff.194/87, Rec. p. 1045.

535 CJCE, 23avril 1986, *Les Verts c /Parlement.*

grief[536]. Comme pour le recours pour excès de pouvoir en droit francophone, les cas d'ouverture sont : l'incompétence de l'auteur, le vice de forme ou de procédure, la violation directe (des Traités), le détournement de pouvoir.

On peut déterminer ici, deux catégories de requérants : d'une part les requérants privilégiés (Etats, Conseil, Commission) qui n'ont pas, en principe, à justifier d'un intérêt à agir et d'autre part les autres requérants (personnes physiques ou morales, destinataires ou non de la décision). Ces dernières devront avoir à la fois la qualité pour agir, par la possession des attributs nécessaires pour ester en justice et l'intérêt à agir, du fait de l'atteinte aux intérêts nés, actuels et directs de la personne concernée et pour les autres particuliers, une atteinte individuelle de l'acte communautaire à leurs droits. En effet, selon une jurisprudence bien affirmée : « *Les sujets autres que les destinataires d'une décision ne sauraient prétendre être concernés individuellement que si cette décision les atteint en raison de certaines qualités qui leur sont particulières ou d'une situation de fait qui leur caractérise par rapport à toute autre personne et de ce fait les individualise d'une manière analogue à celle du destinataire* »[537].

Le recours en annulation est ouvert dans le cadre de la CEDEAO, de la CEMAC, de l'UEMOA, du COMESA et de la SADC aux Etats membres, au Conseil et à la Commission pour l'appréciation de la légalité des Règlements, Directives et Décisions communautaires et à toute personne physique ou morale contre tout acte communautaire lui faisant grief[538] après

---

[536] Selon la CJCE, dans les affaires 22/70 *AETR* et 60/81 *IBM*, les actes faisant grief sont « *les mesures produisant des effets juridiques obligatoires de nature à affecter les intérêts du requérant, en modifiant de façon caractérisée la situation juridique de celui-ci* ».

[537] CJCE, 15 juillet 1963, *Plaumann, Aff. 25*/69, Rec. p. 197.

[538] Art. 8 à 10 du Protocole additionnel I sur les organes de contrôle de l'UEMOA ; art. 25 et 26 du Traité du COMESA ; art. 14 de la Convention régissant la Cour de justice de la CEMAC ; art. 15 du Protocole sur le Tribunal de la SADC ; art. 9, b et c du Protocole sur la Cour de justice de la CEDEAO de 2005.

épuisement des voies de recours internes[539], à l'exclusion des Actes Additionnels et Protocoles additionnels[540], dans un délai de deux mois après publication de la décision ou notification à l'intéressé ou au jour de sa connaissance ou sans délai[541].

Si la Cour accueille un des moyens invoqués, elle peut déclarer l'acte litigieux, nul et non avenu. L'annulation peut être partielle ou totale et l'organe, dont l'acte est annulé, devra se conformer à l'arrêt de la Cour (UEMOA, CEMAC). Si une institution continue à utiliser l'acte annulé, d'autres recours pourront être intentés.

Une innovation est à noter dans le cas du COMESA dont le Traité autorise la saisine de l'Etat membre (art. 24) du Secrétaire général (art. 25) et de toute personne physique ou morale (art. 26) pour l'appréciation de la légalité de tout acte, réglementation, directive ou décision du Conseil.

C. Le contentieux de l'éviction

Il s'agit de recours visant à porter la contestation de l'application d'une norme communautaire devant la Cour de l'O.C.A. Ce contentieux se ramifie en deux types de recours : l'exception d'illégalité et le renvoi préjudiciel en appréciation de validité.

1. L'exception d'illégalité

C'est une voie de droit par laquelle une partie à un litige soulève, au cours d'un procès devant le juge communautaire, l'illégalité d'un acte communautaire et demande son inapplicabilité en l'espèce, même après le délai de deux mois.

---

539 Art. 15 du Protocole sur le Tribunal de la SADC insiste sur cette condition et sur la possibilité d'intenter une action en cas d'incapacité d'accéder aux juridictions nationales.

540 Cf. Joseph ISSA-SAYEGH, « La production normative de l'UEMOA. Essai d'un bilan et de perspectives », www.ohadata.D-03-18.

541 Le recours est souvent enfermé dans un délai franc de deux mois avec début de computation le lendemain du jour de déclenchement (*dies ad quo)* et clôture le lendemain du jour de l'échéance (*dies ad quem)*.
L'article 9 du Protocole de 2005 de la CEDEAO ne prévoit aucun délai d'action.

C'est une procédure incidente qui se greffe à un recours principal et qui ne s'analyse pas comme une procédure de renvoi préjudiciel[542]. Comme l'a précisé l'art. 11 du Protocole additionnel n° 1 de l'UEMOA « *Toute partie peut, à l'occasion d'un litige, soulever l'exception d'illégalité à l'encontre d'un acte du Conseil ou de la Commission, nonobstant l'expiration du délai mentionné à l'article 8 alinéa 3* ».

Selon l'art. 14 § 2 de la Convention régissant la Cour de justice de la CEMAC, cette dernière statue sur l'exception d'illégalité d'un acte juridique d'un Etat membre ou d'un organe de la CEMAC à l'occasion d'un litige pendant devant elle. On peut la considérer comme un substitut du recours en annulation, du fait qu'elle offre au plaignant forclos pour n'avoir pas respecté le délai du recours en annulation, la possibilité d'exciper de l'illégalité de l'acte ou de la norme qu'on veut lui appliquer, au motif exceptionnel de son inapplicabilité à son égard.

Le requérant peut invoquer à l'appui de son recours les mêmes moyens que dans le cadre du recours en annulation. Les requérants, non privilégiés ou ordinaires, doivent justifier d'un intérêt suffisant pour attaquer à tout moment l'acte communautaire. Les conséquences du recours, en cas d'illégalité de l'acte juridique communautaire, consistent non pas en l'annulation mais plutôt à la reconnaissance de son inapplicabilité en l'espèce. Le jugement constatant l'illégalité n'est revêtu de la valeur de chose jugée qu'entre les parties. Cependant, pour prévenir de nouveaux recours, l'auteur de l'acte devra le retirer, le modifier ou être tenu à indemnisation pour tout préjudice qui découlerait de la continuation de son application.

2. Le renvoi préjudiciel pour appréciation de validité

Il permet aux juridictions nationales d'interroger la Cour communautaire sur le point de savoir si une disposition du droit communautaire dérivé applicable dans un litige est conforme aux règles hiérarchiquement supérieures. Selon l'Arrêt Foto-Frost, les juridictions nationales peuvent examiner la validité d'un acte

[542] Voir sur la distinction, CJCE, *Nachi Europe Gmbh*, arrêt 15 février 2001, aff. 239/99, Rec. p. I-197.

communautaire et si elles n'estiment pas fondés les moyens d'invalidité que les parties invoquent devant elles, rejeter ces moyens en concluant que l'acte est pleinement valide. En effet, en agissant de la sorte, elles ne mettent pas en cause l'existence de l'acte communautaire. En revanche, elles n'ont pas le pouvoir de déclarer invalides les actes des institutions communautaires[543]. Il y a là un rôle centralisateur exercé par les juridictions communautaires qui ont la prérogative de confirmer ou d'infirmer la validité de l'acte sans avoir à l'annuler. Cette question de juge national à juge communautaire amène ce dernier, au regard de tous les éléments mis à sa disposition, à donner son appréciation.

Si l'acte est invalide, le juge de renvoi ne doit pas l'appliquer au litige. La décision a une portée générale, un effet rétroactif (sauf limitation temporelle prononcée par le juge international). Si l'acte n'est pas invalidé, le juge de renvoi poursuit l'instance sans désemparer.

Il s'agit en réalité, moins d'une procédure contentieuse, que d'une institutionnalisation d'un dialogue entre les juges à l'occasion d'une procédure incidente. L'art. 12 précité du protocole I sur les organes de l'UEMOA prévoit à la fois le renvoi préjudiciel pour interprétation et le renvoi préjudiciel pour appréciation de validité. Ce traitement conjoint est également observé au niveau de l'art. 15 § 6 du Règlement de procédures de la Cour de justice de l'UEMOA : « Lorsqu'un problème d'interprétation du Traité de l'Union, de la légalité et d'interprétation des actes pris par les organes de l'Union, de la légalité et d'interprétation des statuts des organismes créés par acte du Conseil, se pose devant une juridiction nationale dont les décisions sont susceptibles de recours, cette juridiction peut, si elle l'estime nécessaire, poser des questions préjudicielles à la Cour.

Lorsqu'une question de même nature est soulevée devant une juridiction nationale statuant en dernier ressort, celle-ci est obligée de saisir la Cour. »

---

543 CJCE, Aff. 314/85, Rec.1987, 4199 ; cf. Sean Van RAEPENBUSCH, Droit institutionnel de l'Union et des Communautés Européennes, 4e édition, De Boeck Université, 2004.

L'article 17 de la Convention sur la Cour de justice de la CEMAC abonde dans ce sens, puisque la chambre « *statue à titre préjudiciel sur l'interprétation du Traité de la C.E.M.A.C. et des Textes subséquents, sur la légalité et l'interprétation des Statuts et des Actes des organes de la C.E.M.A.C., quand une juridiction nationale ou un organisme à fonction juridictionnelle est appelé à en connaître à l'occasion d'un litige. En outre, chaque fois qu'une juridiction nationale ou un organisme à fonction juridictionnelle saisi de questions de droit ci-dessus doit statuer en dernier ressort, il est tenu de saisir préalablement la Chambre Judiciaire. Cette saisine devient facultative lorsque la juridiction nationale ou l'organisme à fonction juridictionnelle doit statuer à charge d'appel* ».

La Cour de justice de la CEDEAO ne connaît *proprio motu* que le renvoi préjudiciel pour interprétation, sur saisine des juridictions nationales ou les parties à un différend devant elles (art. 10 nouveau du Protocole sur la Cour).

On ne manquera pas de souligner la particularité des recours de l'OHADA. Ici, la CCJA saisie d'un recours en cassation, se prononce sur toutes les décisions rendues, en dernier ressort sur le plan national, dans toutes les affaires soulevant des questions relatives à l'application des Actes Uniformes et des Règlements[544]. L'art. 14 al. 3 du Traité et l'art. 28 du Règlement de procédure confient à la CCJA le traitement des questions relatives à l'application des Actes uniformes et des Règlements prévus au Traité[545]. En cas de saisine directe par une partie à l'instance, celle-ci doit obligatoirement s'attacher le ministère d'un avocat, déposer sa requête au greffe dans un délai de deux

---

[544] Voir CCJA, n° 002/2003, 30 janvier 2003, *Affaire Société Delmas Vieljeux Côte d'Ivoire contre CIVEXIM,* Rec. OHADA, n° 1, janvier- juin 2003, p. 36 : cassation de l'ordonnance du 1er février 2002 de la juridiction présidentielle de Côte d'Ivoire.

[545] Voir CCJA, n° 006/2001, 11 octobre 2001 *Affaire S.A Aminou et Cie et Mahaman Bello c. CCEI Bank ; CCJA, n° 005/2001, 10 janvier 2002, Affaire SOCINCAM contre Société Pierson Meunier Cameroun ; CCJA, n° 046/2005, 7 juillet 2005, Affaire Etablissements Soules & Cie c. Société Négoce & Distribution dite N & D et Continental Bank Benin* www.ohada.com

mois de la signification de la décision attaquée. La requête doit contenir des indications relatives aux nom et domicile du requérant et des autres parties devant la juridiction nationale et de leur avocat, les conclusions du requérant et les moyens invoqués à l'appui de ces conclusions, la copie de la décision de la juridiction, l'élection de domicile à Abidjan et la désignation de la personne habilitée à recevoir toutes les injonctions.

En cas de cassation, la CCJA évoque l'affaire (art. 14 § 5) et statue sans renvoi. Elle unifie ainsi la jurisprudence. La Cour peut réformer les décisions des juges du fond[546], car « *les Etats signataires du Traité ont entendu faire de la Cour commune de justice et d'arbitrage une sorte de conseil de sages à l'africaine dont les décisions s'imposent à l'ensemble des Etats Parties au Traité OHADA* »[547]. Il en appert que même « *les Cours suprêmes nationales n'échappent pas non plus à son autorité puisqu'elles sont tenues de respecter sa compétence d'attribution* »[548].

La CCJA peut être saisie sur renvoi préjudiciel d'une juridiction nationale saisie à tort d'un recours de cassation, dans une affaire relevant de la compétence de la Cour supranationale (art. 15). Dans ce cas, la juridiction nationale, du fait de l'effet suspensif de la saisine (art. 16), transmet à la Cour l'ensemble du dossier avec copie de la décision de renvoi et les parties, avisées de cette transmission, disposent de trois mois à compter de la réception de la lettre pour faire leurs observations.

De même, lorsqu'une juridiction nationale de cassation a méconnu la compétence de la CCJA, toute partie peut la saisir si elle avait soulevé l'incompétence de la juridiction nationale dans l'instance antérieure (art. 18 du Traité).

---

546 Cf. *CCJA n° 013/2002, 18 avril 2002, Affaire BICICI c. Dioum Mbandy ; CCJA, n°012/2002, 18 avril 2002, Affaire Société Palmafrique c. Etienne Konan Bally Kouakou.*

547 G. Kenfack DOUAJNI, « Les conditions de création dans l'espace OHADA d'un environnement juridique favorable au développement », R.J.P.I.C., 1998, p. 44.

548 C. Inés FEVILIYE-DAWEY, « La problématique de l'interprétation et de l'application d'un droit commun : l'exemple du droit des affaires en Afrique francophone », Penant 2004, p. 136.

Selon la CCJA, « *il résulte de l'analyse des dispositions sus-énoncées que la Cour de céans ne peut être saisie d'un recours dirigé contre une décision rendue par une juridiction nationale statuant en cassation, en application de l'article 18 susvisé, qu'à la condition que l'incompétence de ladite juridiction nationale ait été soulevée au préalable devant celle-ci* »[549].

Juge de sa compétence, la CCJA devra être saisie par toute Partie dans un délai de deux mois suivant la notification de la décision contestée. Ce recours peut conduire la Cour à déclarer nul et non avenu l'arrêt[550] de la juridiction nationale, sinon elle infirmera sa compétence[551]. La Cour interprète son arrêt en cas de contestation, sur le sens ou la portée du dispositif, sur saisine de toute partie à l'instance. Un recours en révision est possible en cas de découverte de faits nouveaux.

D. Le contentieux de la pleine juridiction

Ces recours de plein contentieux, qui peuvent se traduire non seulement par une annulation de l'acte mais aussi par le paiement d'une indemnité, comprennent les litiges entre l'Organisation et ses agents[552], le recours en responsabilité et le contentieux de la répression. On ne traitera, ici, que des deux derniers types de recours.

1. Le recours en responsabilité

Il se divise en responsabilité contractuelle et en responsabilité extracontractuelle. Le recours en responsabilité contractuelle permet de réparer les préjudices nés de l'exécution de contrats[553] auxquels l'organisation communautaire est partie, à la condition

---

549 *CCJA, n° 009/2003, 24 avril 2003, Affaire Hyjazi Samih c. Dagier Habib Rolland et Madame Dagher May dite Faghali.*

550 *CCJA, n° 010/2004, 26 février 2004, Affaire Me Tonye Arlette c. BICEC ;*

551 *CCJA, n° 014/2004, 18 mars 2004, Affaire Société Berdam International c .BIAO ; CCJA, n° 004/2003, 27 mars 2003, Affaire Fofana Mamadou c. Potey Pah Blaise.*

552 Cf. le recours de fonction publique communautaire.

553 Voir, pour un contrat de reportage et de publicité, CJ CEDEAO, *Groupe RACECO c/ Commission de la CEDEAO, arrêt du 7 juin 2013.*

de l'inclusion d'une clause compromissoire relative à la compétence de la juridiction communautaire.

Le recours en responsabilité extracontractuelle vise à réparer les dommages causés par les institutions communautaires ou par leurs agents dans l'exercice de leurs fonctions. En principe, toute personne physique ou morale, possédant un intérêt légitime, peut intenter ce recours. En outre, le dommage peut consister en des normes violatrices[554] ou des comportements illégaux[555] traduisant l'existence d'un lien de causalité entre la violation de la règle de droit communautaire et le préjudice invoqué[556]. Le préjudice doit être réel, certain, matériel ou moral, actuel ou futur et la réparation englobe le *damnum emergens* (perte subie) et le *lucrum cessans* (manque à gagner).

Ce recours contre les dommages causés par les organes (du fait de leurs agissements matériels ou de leurs actes normatifs) ou les agents des institutions communautaires (actions ou omissions) dans l'exercice de leurs fonctions existe dans le cadre de l'UEMOA[557], où la Cour de justice a compétence de pleine juridiction (quand la Commission exerce un pouvoir de sanction) et dans ce cas, elle peut « *modifier ou annuler les décisions, réduire ou augmenter le montant des amendes et des astreintes ou imposer des obligations particulières* » (art. 31 du Règlement n° 3/2002/CM).

Il est également visé par le nouvel art. 9 § 1, g et § 2 du Protocole sur la Cour de justice de la CEDEAO, en ce qui concerne « *les actions en réparation des dommages causés par une institution de la Communauté ou un agent de celle-ci pour tout acte commis ou toute omission dans l'exercice de ses fonctions* », c'est-à-dire pour « *…la réparation du préjudice causé, soit par des agissements matériels, soit par des actes*

[554] Actes normatifs « *violation suffisamment caractérisée d'une règle de droit supérieure protégeant les particuliers* », CJCE, Aff. 5/71 *Zuckerfabrik*.

[555] Existence d'un dommage révélant « *l'illégalité du comportement des institutions* », CJCE, Aff. 4/69 *Lutticke*.

[556] CJCE, Aff. T-168/94 *Blackspur*.

[557] Art. 15 du Protocole I sur les organes de contrôle, et art. 15 § 5 du Règlement de procédure.

normatifs des Institutions de la Communauté ou de ses agents dans l'exercice ou à l'occasion de l'exercice de leurs fonctions ».

La Convention régissant la Cour de justice de la CEMAC, aménage cette voie de droit. La Cour, en vertu de l'art. 20 de ladite Convention « *connaît, en dernier ressort, des litiges relatifs à la réparation des dommages causés par les Organes et Institutions de la Communauté ou par les agents de celle-ci dans l'exercice de leurs fonctions. Elle statue en tenant compte des principes généraux de droit qui sont communs aux droits des Etats membres* ».

2. Le contentieux de la répression

Il est rarement prévu dans les textes des O.CA. Sans doute conviendrait-il de souligner l'existence du contentieux de la concurrence à l'UEMOA par lequel « *La Cour peut être amenée à se prononcer sur les décisions et sanctions que la Commission a pu prendre contre des entreprises qui n'ont pas respecté le principe de la libre concurrence ou qui ont abusé de leur position dominante sur le marché de l'Union. Elle peut modifier ou amender de telles décisions, réduire ou augmenter le montant des amendes et des astreintes, opérer des constatations, imposer aux entreprises des obligations* » (art. 15 § 3 du Règlement de procédures de la Cour de justice).

E. Les voies de droit extraodinaires

Il s'agit de procédures rapides, ou de procédures incidentes arrimées aux procédures principales. On signalera :

• le **référé**[558], qui est uneprocédure d'urgence par laquelle le requérant invoque l'éventualité d'un préjudice irréparable pour lui, si la norme communautaire continuait à être appliquée, l'arrêt de référé pouvant aboutir à des mesures provisoires ou conservatoires ;

• les procédures de l'**intervention** (ici, une entité tierce à l'instance demande à participer au procès pendant, au motif d'un

558 Art.54 à 59 du Règlement de procédure de la Cour de l'UEMOA et art.24 de la Convention régissant la Cour de la CEMAC.

droit ou intérêt spécial à faire protéger et pouvant être atteint dans ce litige principal)[559] ;

• la **tierce opposition** (ici, un tiers veut remettre en cause un arrêt déjà rendu par la Cour parce qu'il n'a pas été appelé, arrêt préjudiciable à ses droits ou intérêts)[560] ;

• **le sursis à exécution**, qui est uneprocédure par laquelle une partie, sans attendre l'issue de la procédure au principal, sollicite la suspension de l'exécution d'une décision d'un organe communautaire qui lui porterait un préjudice grave et irréparable jusqu'à ce que le juge communautaire ait statué au fond)[561] ;

• la **révision**de l'arrêt, qui est une voie de recours ouverte devant la même juridiction, contre un arrêt déjà rendu et dont on demande la réouverture de la procédure en raison de la découverte de faits nouveaux à l'influence déterminante et qui n'étaient pas connus de la Cour et de la partie demanderesse ; et

• l'**interprétation,** qui est une voie de recours (contre un arrêt déjà rendu) et ouverte devant la même juridiction pour en préciser le sens ou la portée[562].

La spécialisation juridictionnelle est aussi très accentuée en droit de la mer et en droit de l'OMC.

---

[559] Art.79al.2 du règlement de procédures de la Cour de justice de l'UEMOA.

[560] Art.81 du Règlement précité.

[561] Art.57du Règlement de la Cour de la CEMAC, art.72 du Règlement de la Cour de l'UEMOA

[562] Art. 85 du Règlement de la Cour de l'UEMOA.

CHAPITRE II

LE CONTENTIEUX DU DROIT DE LA MER ET DU DROIT DE L'OMC

Le droit international s'est considérablement enrichi de la pléthore d'affaires contentieuses soumises au TIDM (Section I), tout en appréhendant progressivement les originalités *« quasi-contentieuses »* des affaires examinées par l'ORD de l'OMC (Section II).

SECTION I - LE CONTENTIEUX DU DROIT DE LA MER PAR LE TIDM

Si, auparavant, le contentieux maritime était partagé entre les tribunaux arbitraux et la CIJ[563], depuis l'installation du Tribunal International du Droit de la Mer (TIDM), à Hambourg en Allemagne, des affaires impliquant des Etats africains ont pu être examinées par cette nouvelle juridiction spécialisée.

Régi pendant longtemps par le droit coutumier et des accords internationaux restreints, le droit de la mer est aujourd'hui systématisé dans la CNUDM qui est la génitrice du TIDM.

En tant que droit, il peut s'entendre de *« l'ensemble des règles de droit international relatives à la détermination et au statut des espaces maritimes et au régime des activités ayant pour cadre le milieu marin »*[564]. Les différends y relatifs peuvent être soumis à des cours d'arbitrage ou de justice. A cet effet, la diversité des

---

[563] Cf. les différentes affaires traitées par la CIJ, sur le plateau continental, sur les délimitations maritimes, sur les pêcheries, voir son site : www.icj-cij.org.

[564] Jean A. SALMON, (sous la direction de), Dictionnaire de Droit International Public, Bruxelles, Bruylant, 2001, p. 375.

contentieux maritimes (relatifs à l'interprétation et à l'application du droit international coutumier, des principes généraux de droit et des conventions générales ou spéciales, afférents à la navigation maritime, à la délimitation des frontières maritimes, à la pollution des mers et océans, aux plateaux continentaux des Etats côtiers, au droit de passage inoffensif des navires, à l'exploitation ou à l'exploration des ressources halieutiques et minéralogiques, etc.), plaide largement en faveur d'une concurrence de juridictions ou d'instances arbitrales.

Du reste, l'art. 281 de la Convention de 1982 sur le droit de la mer offre une véritable liberté de choix aux Etats parties de recourir aux moyens de règlement pacifique de leurs différends, en ces termes : *« 1. Lorsque les Etats Parties qui sont parties à un différend relatif à l'interprétation ou à l'application de la Convention sont convenus de chercher à le régler par un moyen pacifique de leur choix, les procédures prévues dans la présente partie ne s'appliquent que si l'on n'est pas parvenu à un règlement par ce moyen et si l'accord entre les parties n'exclut pas la possibilité d'engager une autre procédure.*

2. Si les parties sont également convenues d'un délai, le paragraphe 1 ne s'applique qu'à compter de l'expiration de ce délai ».

Cette option est ainsi détaillée par l'art. 287 *« 1. Lorsqu'il signe ou ratifie la Convention ou y adhère, ou à n'importe quel moment par la suite, un Etat est libre de choisir, par voie de déclaration écrite, un ou plusieurs des moyens suivants pour le règlement des différends relatifs à l'interprétation ou à l'application de la Convention :*

a) le Tribunal international du droit de la mer constitué conformément à l'annexe VI,

b) la Cour internationale de Justice,

c) un tribunal arbitral constitué conformément à l'annexe VII,

d) un tribunal arbitral spécial, constitué conformément à l'annexe VIII, pour une ou plusieurs des catégories de différends, qui y sont spécifiés.

2. Une déclaration faite en vertu du paragraphe 1 n'affecte pas l'obligation d'un Etat Partie d'accepter, dans la mesure et selon les modalités prévues à la section 5 de la partie XI, la compétence de la Chambre pour le règlement des différends relatifs aux fonds marins du Tribunal international du droit de la mer, et n'est pas affectée par cette obligation.

3. Un Etat Partie qui est partie à un différend non couvert par une déclaration en vigueur est réputé avoir accepté la procédure d'arbitrage prévue à l'annexe VII.

4. Si les parties en litige ont accepté la même procédure pour le règlement du différend, celui-ci ne peut être soumis qu'à cette procédure, à moins que les parties n'en conviennent autrement.

5. Si les parties en litige n'ont pas accepté la même procédure pour le règlement du différend, celui-ci ne peut être soumis qu'à la procédure d'arbitrage prévue à l'annexe VII, à moins que les parties n'en conviennent autrement.

6. Une déclaration faite conformément au paragraphe 1 reste en vigueur pendant trois mois après le dépôt d'une notification de révocation auprès du Secrétaire général de l'Organisation des Nations Unies.

7. Une nouvelle déclaration, une notification de révocation ou l'expiration d'une déclaration n'affecte en rien la procédure en cours devant une cour ou un tribunal ayant compétence en vertu du présent article, à moins que les parties n'en conviennent autrement

8. Les déclarations et notifications visées au présent article sont déposées auprès du Secrétaire général de l'Organisation des Nations Unies, qui en transmet copie aux Etats Parties »[565].

Le droit de la mer, dans son aspect actuel, est redevable des travaux de la Ière Conférence de Genève[566] qui a adopté quatre

---

[565] Convention des NU sur le droit de la mer du 10 décembre 1982, Vol. 1834, 1-31363 114 United Nations - *Treaty Series* • Nations Unies - Recueil des Traités 1994.

[566] Tullio TREVES, « Les Conventions de Genève sur le droit de la mer, 1958 », *United Nations Audiovisual Library of International Law*, 2012, http://www.un.org/law/avl/*pdf/ha/gclos/gclos_f.pdf*

Conventions du 29 avril 1958, portant sur la mer territoriale et la zone contiguë ; la haute mer; le plateau continental; la pêche et la conservation des ressources biologiques. Après cette conférence de Genève de 1958 et l'échec de la Conférence de 1960[567] une troisième conférence sur le droit de la mer, convoquée par l'ONU, va dérouler ses travaux entre 1973 et 1982.

Elle aboutira finalement le 10 décembre 1982 à la signature de la Convention des Nations Unies sur le droit de la mer (CNUDM), dite de Montego Bay. La CNUDM n'est entrée en vigueur qu'en novembre 1994, après un large amendement de certaines dispositions contestées par les pays industrialisés. De nombreux pays en voie de développement vont remettre en cause certaines des règles adoptées à Genève. Quant à la CNUDM, elle fixe les règles de libre communication et circulation entre les pays, d'utilisation pacifique des mers, d'exploitation équitable et efficace des ressources et de préservation du milieu marin. Cette convention inclut quatre zones maritimes, aux espaces précités : les eaux archipélagiques, la ZEE, les détroits navigables et, le fond des mers[568]. L'enjeu des espaces maritimes est inestimable, d'où la survenance de nombreux différends en la matière. Comme souligné par ailleurs, *« Les espaces, depuis la bande côtière, adjacents aux côtes des Etats et prolongés au plus loin jusqu'à la haute mer, cristallisent les velléités concurrentes d'Etats voisins*

---

[567] Les enjeux liés à l'exploitation et à l'exploration des ressources maritimes, couplés aux revendications des Etats du tiers monde d'élargissement de leurs mers territoriales, vont conduire à l'adoption par l'AGNU de la résolution 2340 du 18 décembre 1967 qui crée un comité des utilisations pacifiques du fond des mers composé de représentants des Etats, point de départ de l'évolution vers la IIIe conférence sur le droit de la mer.

[568] C'est la « Zone », qui se compose des fonds marins et de leur sous-sol au-delà des limites de la juridiction nationale. La CNUDM a déclaré que la Zone et ses ressources sont le patrimoine commun de l'humanité. Les ressources de la Zone, comme par exemple les nodules polymétalliques et les sulfures polymétalliques, sont gérées par l'Autorité internationale des fonds marins (AIFM). L'AIFM réglemente l'exploitation minière des grands fonds marins et s'emploie à assurer la protection du milieu marin des fonds marins. L'Autorité a établi des règlements concernant la prospection et l'exploration des nodules polymétalliques et des sulfures polymétalliques.

ou éloignés les uns des autres, anciens ou nouveaux, émergents ou dominants, tous souverains sur leur territoire terrestre et entendant bénéficier d'une projection de cette souveraineté sur des espaces marins convoités comme "territoires maritimes", vus par les gouvernements comme le prolongement du territoire national terrestre »[569].

Prévu par la Convention de 1982, le TIDM est attributaire de deux types de compétences : consultative[570] et contentieuse. L'accés à son prétoire est ouvert à toutes les Parties à la Convention (Etats et organisations internationales)[571], et aux entités non parties à la Convention ainsi que les entreprises d'Etat et entités privées *« dans tous les cas expressément prévus à la partie XI ou pour tout différend soumis en vertu de tout autre accord conférant au Tribunal une compétence acceptée par toutes les parties au différend »*[572].

Il en ressort que le Tribunal est compétent pour tous les différends et pour accueillir toutes les demandes d'ordre juridique qui lui sont soumis conformément à la Convention et en vertu de tout autre accord[573] lui conférant expressement compétence[574].

569 Florence GALLETTI, « Le droit de la mer, régulateur des crises pour le contrôle des espaces et des ressources : quel poids pour des Etats en développement ? », Mondes en Développement Vol.39-2011/2, n° 154, pp. 121-136 ; Elie JAMMACHE, « La pratique de la Commission des Limites du Plateau contiental », AFDI, vol. 54, 2008, pp. 429-441.

570 Le TIDM peut donner des avis consultatifs, soit par le biais de la Chambre pour le RD relatifs aux fonds marins (art. 130 à 137 du Règlement et art. 159 et 191 de la CNUDM), soit par le canal du Tribunal lui-même en vertu d'accords internationaux lui conférant cette compétence (art. 138 de la CNUDM).

571 Actuellement, une seule OI, l'Union Européenne, qui a remplacé par la CEE, en fait partie.

572 Art.20 du Statut du TIDM.

573 Quinze accords internationaux multilatéraux donnent cette compétence au TIDM dont la Convention relative à la détermination des conditions minimales d'accès et d'exploitation des ressources halieutiques à l'intérieur des zones maritimes sous juridiction des Etats membres de la Commission sous-régionale des pêches (CSRP), signée le 8 juin 2012 à Dakar par le Cap-Vert, la Gambie, la Guinée, la Guinée-Bissau, la Mauritanie, le Sénégal, et la Sierra Leone et entrée en vigueur le 16 septembre 2012.

Au plan contentieux, le TIDM peut connaître de tous les différends relatifs à l'interprétation ou à l'application de la Convention, sous réserve des dispositions de l'article 297[575] et

En outre, quatre Accords internationaux bilatéraux le prévoient également dont le *Traité sur la délimitation de la frontière maritime entre la République du Cap-Vert et la République du Sénégal, signé le 17 février 1993 à Dakar et entré en vigueur* le 25 mars 1994. Son art. 6 dispose : « *Tout différend relatif à l'interprétation ou l'application du présent Traité sera réglé par voie de négociations. Si, dans un délai raisonnable, ces négociations n'aboutissent pas, les deux Parties pourront faire recours à tout autre mode de règlement pacifique convenu d'un commun accord, sans préjudice des dispositions de l'article 287 de la Convention des Nations-Unies sur le Droit de la Mer de 1982* ». (Texte *in Recueil des traités des Nations Unies*, vol. 1776, pp. 306 -314. Voir le site du TIDM : www.itlos.org.

574 Art. 21 du Statut du TIDM.

575 L'article 297 se lit ainsi *: « 1. Les différends relatifs à l'interprétation ou à l'application de la Convention quant à l'exercice par un Etat côtier de ses droits souverains ou de sa juridiction tels que prévus dans la Convention sont soumis aux procédures de règlement prévues à la section 2 dans les cas où :*

a) il est allégué que l'Etat côtier a contrevenu à la Convention en ce qui concerne la liberté et le droit de navigation ou de survol ou la liberté et le droit de poser des cables et des pipelines sous-marins, ainsi qu'en ce qui concerne les utilisations de la mer aux autres fins internationalement licites visées à l'article 58,

b) il est allégué que, dans l'exercice de ces libertés et droits ou dans ces utilisations, un Etat a contrevenu à la Convention ou aux lois ou règlements adoptés par l'Etat côtier en conformité avec les dispositions de la Convention et les autres règles du droit international qui ne sont pas incompatibles avec celle-ci, ou

c) il est allégué que l'Etat côtier a contrevenu à des règles ou normes internationales déterminées visant à protéger et à préserver le milieu marin qui lui sont applicables et qui ont été établies par la Convention, ou par l'intermédiaire d'une organisation internationale compétente ou d'une conférence diplomatique agissant en conformité avec la Convention.

2. a) Les différends relatifs à l'interprétation ou à l'application des dispositions de la Convention concernant la recherche scientifique marine sont réglés conformément à la section 2, sauf que l'Etat côtier n'est pas tenu d'accepter que soit soumis à un tel règlement un différend découlant :

i) de l'exercice par cet Etat d'un droit ou d'un pouvoir discrétionnaire conformément à l'article 246, ou

ii) de la décision de cet Etat d'ordonner la suspension ou la cessation d'un projet de recherche conformément à l'article 253.

b) Les différends découlant d'une allégation de l'Etat chercheur que l'Etat côtier n'exerce pas, dans le cas d'un projet particulier, les droits que lui confèrent les articles 246 et 253 d'une manière compatible avec la Convention sont soumis, à la demande de l'une ou l'autre partie, à la conciliation selon la procédure prévue à la section 2 de l'annexe V, étant entendu que la commission de conciliation ne doit mettre en cause ni l'exercice par l'Etat côtier de son pouvoir discrétionnaire de désigner des zones spécifiques, tel qu'il est prévu à l'article 246, paragraphe 6, ni l'èxercice de son pouvoir discrétionnaire de refuser son consentement conformément au paragraphe 5 du même article.

3. a) Les différends relatifs à l'interprétation ou à l'application des dispositions de la Convention concernant la pêche sont réglés conformément à la section 2, sauf que l'Etat côtier n'est pas tenu d'accepter que soit soumis à un tel règlement un différend relatif à ses droits souverains sur les ressources biologiques de sa zone économique exclusive ou à l'exercice de ces droits, y compris son pouvoir discrétionnaire de fixer le volume admissible des captures et sa capacité de pêche, de répartir le reliquat entre d'autres Etats et d'arrêter les modalités et conditions établies dans ses lois et règlements en matière de conservation et de gestion.

b) Si le recours à la section 1 n'a pas permis d'aboutir à un règlement, le différend est soumis, à la demande de l'une quelconque des parties en litige, à la conciliation selon la procédure prévue à la section 2 de l'annexe V. Lorsqu'il est allégué que l'Etat côtier :

i) a manifestement failli à son obligation d'assurer, par des mesures appropriées de conservation et de gestion, que le maintien des ressources biologiques de la zone économique exclusive ne soit pas sérieusement compromis,

ii) a refusé arbitrairement de fixer, à la demande d'un autre Etat, le volume admissible des captures et sa capacité d'exploiter les ressources biologiques pour ce qui est des stocks dont l'exploitation intéresse cet autre Etat, ou

iii) a refusé arbitrairement à un Etat quelconque de lui attribuer, comme le prévoient les articles 62, 69 et 70 et selon les modalités et conditions qu'il a lui-même arrêtées et qui sont compatibles avec la Convention, tout ou partie du reliquat qu'il a déclaré exister.

c) En aucun cas la commission de conciliation ne substitue son pouvoir discrétionnaire à celui de l'Etat côtier.

d) Le rapport de la commission de conciliation doit être communiqué aux organisations internationales appropriées.

e) Lorsqu'ils négocient les accords prévus aux articles 69 et 70, les Etats Parties, à moins qu'ils n'en conviennent autrement, y incluent une clause des déclarations faites en vertu de l'article 298 de la Convention[576].

---

prévoyant les mesures qu'ils doivent prendre pour réduire à un minimum les possibilités de divergence quant à l'interprétation ou à l'application de l'accord, ainsi que la procédure à suivre au cas où il y aurait néanmoins divergence ».

576 L'article 298 du Statut du TIDM, dispose *: « 1. Lorsqu'il signe ou ratifie la Convention ou y adhère, ou à n'importe quel moment par la suite, un Etat peut, sans préjudice des obligations découlant de la section 1, déclarer par écrit qu'il n'accepte pas une ou plusieurs des procédures de règlement des différends prévues à la section 2 en ce qui concerne une ou plusieurs des catégories suivantes de différends :*
a) i) les différends concernant l'interprétation ou l'application des articles 15, 74 et 83 relatifs à la délimitation de zones maritimes ou les différends qui portent sur des baies ou titres historiques, pourvu que l'Etat qui a fait la déclaration accepte, lorsqu'un tel différend surgit après l'entrée en vigueur de la Convention et si les parties ne parviennent à aucun accord par voie de négociations dans un délai raisonnable, de le soumettre, à la demande de l'une d'entre elles, à la conciliation selon la procédure prévue à la section 2 de l'annexe V, et étant entendu que ne peut être soumis à cette procédure aucun différend impliquant nécessairement l'examen simultané d'un différend non réglé relatif à la souveraineté ou à d'autres droits sur un territoire continental ou insulaire,
ii) une fois que la commission de conciliation a présenté son rapport qui doit être motivé, les parties négocient un accord sur la base de ce rapport, si les négociations n'aboutissent pas, les parties soumettent la question, par consentement mutuel, aux procédures prévues à la section 2, à moins qu'elles n'en conviennent autrement,
iii) le présent alinéa ne s'applique ni aux différends relatifs à la délimitation de zones maritimes qui ont été définitivement réglés par un arrangement entre les parties, ni aux différends qui doivent être réglés conformément à un accord bilatéral ou multilatéral liant les parties,
b) les différends relatifs à des activités militaires, y compris les activités militaires des navires et aéronefs d'Etat utilisés pour un service non commercial, et les différends qui concernent les actes d'exécution forcée accomplis dans l'exercice de droits souverains ou de la juridiction et que l'article 297, paragraphe 2 ou 3, exclut de la compétence d'une cour ou d'un tribunal,
c) les différends pour lesquels le Conseil de sécurité de l'Organisation des Nations Unies exerce les fonctions qui lui sont conférées par la Charte des Nations Unies, à moins que le Conseil de sécurité ne décide de rayer la question de son ordre du jour ou n'invite les parties à régler leur différend par les moyens prévus dans la Convention.

Les prescriptions de l'article 297 ainsi que les déclarations faites en vertu de l'article 298 de la Convention n'empêchent nullement les parties de soumettre au Tribunal un différend exclu des procédures de règlement des différends en vertu de ces deux dispositions[577].

Quant à la compétence consultative du TIDM, elle peut s'exercer à deux niveaux. D'abord, laChambre pour le règlement des différends relatifs aux fonds marins a compétence pour donner un avis consultatif sur une question juridique qui se pose dans le cadre de l'activité de l'Assemblée ou du Conseil de l'Autorité internationale des fonds marins (article 191 de la Convention). Ensuite, le TIDM, en formation plénière[578], peut aussi donner un avis consultatif.

2. Un Etat Partie qui a fait une déclaration en vertu du paragraphe l peut à tout moment la retirer ou convenir de soumettre un différend exclu par cette déclaration à toute procédure de règlement prévue dans la Convention.

3. Un Etat Partie qui a fait une déclaration en vertu du paragraphe 1 ne peut soumettre un différend entrant dans une catégorie de différends exclus à l'une quelconque des procédures prévues dans la Convention sans le consentement de l'Etat Partie avec lequel il est en litige.

4. Si un Etat Partie a fait une déclaration en vertu du paragraphe l, lettre a), tout autre Etat Partie peut soumettre à la procédure spécifiée dans cette déclaration tout différend qui l'oppose à l'Etat auteur de la déclaration et qui entre dans une catégorie de différends exclus.

5. Une nouvelle déclaration ou une notification de retrait d'une déclaration n'affecte en rien la procédure en cours devant une cour ou un tribunal saisi conformément au présent article, à moins que les parties n'en conviennent autrement.

6. Les déclarations ou les notifications de leur retrait visées au présent article sont déposées auprès du secrétaire général de l'Organisation des Nations Unies, qui en transmet copie aux Etats Parties ».

[577] Art. 299 de la Convention.

[578] Le Tribunal est composé de vingt et un membres indépendants, élus, comme de tradition dans les juridictions internationales, parmi les personnes jouissant de la plus haute réputation d'impartialité et d'intégrité et possédant une compétence notoire dans le domaine du droit de la mer.

La CNUDM prévoit, dans ses dispositions, la possibilité de créer au sein du TIDM des chambres spéciales[579] et des chambres *ad hoc*.

Aussi, la Chambre pour le règlement des différends relatifs aux fonds marins, composée de onze juges représentant les principaux systèmes juridiques du monde et choisis sur la base d'une répartition géographique équitable, a été établie conformément à la section 5 de la partie XI de la Convention et à l'article 14 du Statut pour traiter des différends relatifs aux activités dans la Zone internationale des fonds marins. De surcroit, toute partie à un différend du ressort de la Chambre pour le règlement des différends relatifs aux fonds marins peut demander à ladite Chambre de constituer une chambre *ad hoc* (composée de trois membres de la Chambre pour le règlement des différends relatifs aux fonds marins), avec l'accord des parties au différend[580].

En outre, quatre Chambres spéciales ont été constituées : la Chambre de procédure sommaire[581], la Chambre pour le

---

579 En application de l'article 15, paragraphe 2, du Statut et de l'article 30 du Règlement et sur la base de compromis, deux chambres spéciales ont vu le jour, l'une créée par ordonnance du 20 novembre 2000 pour connaître de *l'Affaire concernant la conservation et l'exploitation durable des stocks d'espadon dans l'océan Pacifique Sud-Est (Chili / Communauté européenne)* et qui, à la suite d'un accord entre les parties, a pris une autre ordonnance en date du 17 décembre 2009 aux fins de désistement d'instance ; et, l'autre, à la suite d'un compromis conclu à Hambourg le 03 décembre 2014 entre les parties et par ordonnance du Tribunal du 12 janvier 2015 pour connaître de l'Affaire *du Différend relatif à la délimitation de la frontière maritime entre le Ghana et la Côte d'Ivoire dans l'Océan Atlantique (Ghana / Côte d'Ivoire),* qui a rendu son arrêt le 23 septembre 2017.

580 Articles 187 et 188de la Convention et art. 36 du Statut du TIDM.

581 Selon l'art. 15, §§ 3 et 4, du Statut, cette Chambre peut statuer en procédure sommaire, si les parties le demandent. Elle peut prescrire des mesures conservatoires si le Tribunal ne siège pas ou si le nombre des membres disponibles est inférieur au quorum. La constitution de la Chambre de procédure sommaire a lieu chaque année. La Chambre est composée de cinq membres et de deux suppléants, ainsi que le prévoit le Statut. Le Président et le Vice-Président du Tribunal en sont membres de droit, le Président du TIDM présidant la Chambre.

règlement des différends relatifs aux pêcheries[582], la Chambre pour le règlement des différends relatifs au milieu marin[583] et la Chambre pour le règlement des différends relatifs à la délimitation maritime[584].

Depuis sa mise en place, le TIDM a accueilli vingt-cinq affaires dont deux avis consultatifs[585]. Parmi les affaires soumises, sept affaires contentieuses concernent des Etats africains[586] et une porte sur la demande d'avis consultatif d'une OI africaine[587].

Le différend entre Saint-Vincent-et-les Grenadines et la Guinée (Affaires n° 1 et 2)[588] a donné l'occasion au TIDM de

---

582 La Chambre pour le règlement des différends relatifs aux pêcheries, constituée conformément à l'article 15, paragraphe 1, du Statut, connaît des différends relatifs à la conservation et à la gestion des ressources biologiques marines, que les parties conviennent de lui soumettre. Elle se compose de neuf membres.

583 La Chambre pour le règlement des différends relatifs au milieu marin est constituée conformément à l'article 15, paragraphe 1, du Statut et exerce sa juridiction pour les différends relatifs à la protection et à la préservation du milieu marin, que les parties conviennent de lui soumettre. La chambre se compose de neuf juges.

584 La Chambre pour le règlement des différends relatifs à la délimitation maritime est constituée conformément à l'article 15, paragraphe 1, du Statut. La Chambre connaît des différends relatifs à la délimitation maritime que les parties conviennent de lui soumettre. La chambre se compose de 11 juges.

585 Il s'agit de l'Affaire N° 2*1, Affaire de la Demande d'avis consultatif soumise par la Commission sous-régionale des pêches (CSRP) (Demande d'avis consultatif soumise au Tribunal,avis consultatif du 2 avril 2015)* et de l'Affaire N° 17, *Affaire desResponsabilités et obligations des Etats qui patronnent des personnes et des entités dans le cadre d'activités menées dans la Zone (Demande d'avis consultatif soumise à la Chambre pour le règlement des différends relatifs aux fonds marins, avis consultatif du 1er février 2011).*

586 Ce sont les Affaires N° 1 et N° 2 (Guinée), N° 6 (Seychelles), N° 13 et N° 19 (Guinée-Bissau), N° 20 (Ghana), et N° 23 (Ghana et Côte d'ivoire).

587 TIDM, *avis consultatif du 2 avril 2015, Affaire de la Demande d'avis consultatif soumise par la Commission sous-régionale des pêches (CSRP).*

588 Le caractère international du différend ne faisait aucun doute, au regard de l'exposé des faits : « *Le Saiga est un pétrolier. Au moment de son arraisonnement le 28 octobre 1997, il appartenait à la compagnie*

poser et de clarifier l'étendue et les limites de sa perception de la procédure de prompte mainlevée de l'immobilisation d'un navire et de mise en liberté de son équipage. Pour rappel, les faits se sont déroulés ainsi qu'il suit.

Le navire M/V Saiga a quitté Dakar (Sénégal) le 24 octobre 1997, après avoir approvisionné des navires de pêche, s'est ensuite dirigé vers une autre position, au-delà de la limite méridionale de la zone économique exclusive de la Guinée.

Le 28 octobre 1997, vers 9 heures, il a été arraisonné, après des tirs à balles réelles causant des blessures à deux membres de son équipage, par une vedette guinéenne et le navire et son équipage ont été conduits à Conakry (Guinée), où le capitaine a été mis en état d'arrestation.

Après plusieurs péripéties, les autorités guinéennes ont engagé des poursuites pénales contre le capitaine devant le tribunal de première instance de Conakry. Les chefs d'accusation retenus contre lui étaient exposés dans une cédule de citation qui, de surcroît, désignait l'Etat de Saint-Vincent-et-les Grenadines en tant que civilement responsable à citer.

Le reste de la procédure est décrit par le Tribunal : *« Le 13 novembre 1997, Saint-Vincent-et-les Grenadines a soumis au Tribunal, en vertu de l'article 292 de la Convention, une demande de prompte mainlevée de l'immobilisation du Saiga et de prompte libération de son équipage. La Guinée a soutenu que la requête n'avait pas été introduite conformément à l'article 110*

---

*Tabona Shipping Ltd. de Nicosie, Chypre, et était géré par la Seascot Shipmanagement Ltd. de Glasgow, Ecosse. Le navire était affrété par la Lemania Shipping Group Ltd. de Genève, Suisse. Le Saiga a été immatriculé sur une base provisoire à Saint- Vincent-et-les-Grenadines le 12 mars 1997. Le capitaine et les membres de l'équipage du navire étaient tous de nationalité ukrainienne. Il y avait également à bord trois ressortissants sénégalais employés comme peintres. Le Saiga était engagé dans la vente de gazole et occasionnellement d'eau aux navires de pêche et autres navires au large des côtes de l'Afrique de l'Ouest. Le propriétaire de la cargaison de gazole que transportait le navire était Addax BV de Genève, Suisse », (*paragraphe 31 de l'arrêt de 1999).

du Règlement du Tribunal et que l'article 292 de la Convention[589] *n'était pas applicable en l'espèce. Elle a indiqué que le Saiga se livrait à la contrebande - ce qui constitue une infraction réprimée par le code des douanes guinéen -, et que l'immobilisation avait eu lieu à la suite de l'exercice par la Guinée de son droit de poursuite conformément à l'article 111 de la Convention. A cet égard, il a été allégué que les autorités guinéennes avaient donné au Saiga l'ordre de s'arrêter le 28 octobre 1997, vers 4 heures ; que les vedettes guinéennes avaient commencé leur poursuite au point 09°22'N et 13°56'03"O et que le Saiga avait été maîtrisé au*

[589] Sur la prompte mainlevée, l'article 292 de la CNUDM dispose : *« 1. Lorsque les autorités d'un Etat Partie ont immobilisé un navire battant pavillon d'un autre Etat Partie et qu'il est allégué que l'Etat qui a immobilisé le navire n'a pas observé les dispositions de la Convention prévoyant la prompte mainlevée de l'immobilisation du navire ou la mise en liberté de son équipage dès le dépôt d'une caution raisonnable ou d'une autre garantie financière, la question de la mainlevée ou de la mise en liberté peut être portée devant une cour ou un tribunal désigné d'un commun accord par les parties; à défaut d'accord dans un délai de 10 jours à compter du moment de l'immobilisation du navire ou de l'arrestation de l'équipage, cette question peut être portée devant une cour ou un tribunal accepté conformément à l'article 287 par l'Etat qui a procédé à l'immobilisation ou à l'arrestation, ou devant le Tribunal international du droit de la mer, à moins que les parties n'en conviennent autrement.*
2. La demande de mainlevée ou de mise en liberté ne peut être faite que par l'Etat du pavillon ou en son nom.
3. La cour ou le tribunal examine promptement cette demande et n'a à connaître que de la question de la mainlevée ou de la mise en liberté, sans préjudice de la suite qui sera donnée à toute action dont le navire, son propriétaire ou son équipage peut être l'objet devant la juridiction nationale appropriée. Les autorités de l'Etat qui a procédé à l'immobilisation ou à l'arrestation demeurent habilitées à ordonner à tout moment la mainlevée de l'immobilisation du navire ou la mise en liberté de son équipage.
4. Dès le dépôt de la caution ou de l'autre garantie financière déterminée par la cour ou le tribunal, les autorités de l'Etat qui a immobilisé le navire se conforment à la décision de la cour ou du tribunal concernant la mainlevée de l'immobilisation du navire ou la mise en liberté de son équipage. »

point 08°58'N et 14°50'O. La Guinée a également mis en doute l'identité du véritable propriétaire du navire »[590].

Dans son arrêt du 4 décembre 1997[591], le Tribunal ordonne à la Guinée de procéder à la prompte mainlevée de l'immobilisation du Saiga et à la prompte libération de son équipage, contre le dépôt par Saint-Vincent-et-les Grenadines d'une garantie raisonnable d'un montant de 400 000 dollars US, en tenant compte du fait que la cargaison de gazole avait été déchargée du Saiga.

Entretemps, la procédure va prendre une nouvelle tournure lorsque, le 17 décembre 1997, le Tribunal de première instance de Conakry condamna le capitaine du navire à une amende de 15 354 024 040 francs guinéens, et ordonna la saisie du navire et la confiscation de sa cargaison en garantie du paiement de l'amende. A la suite du recours du capitaine devant la cour d'appel de Conakry, le jugement fut confirmé et le capitaine condamné à une peine de prison de six mois avec sursis. La mainlevée de l'immobilisation du Saiga eut lieu le 28 février 1998 et le navire fut acheminé à Dakar.

Comme suite de la procédure, le 11 mars 1998, le TIDM rendit une ordonnance prescrivant des mesures conservatoires, enjoignant à la Guinée de s'abstenir de prendre ou d'exécuter toute mesure à l'encontre du Saiga, et recommandant aux parties de n'entreprendre aucune action de nature à aggraver ou à étendre le différend.

En vertu d'un accord entre les parties, en date du 20 février 1998 (l'accord de 1998), la procédure arbitrale introduite par Saint-Vincent-et-les Grenadines a été transférée au TIDM. Le Tribunal a estimé qu'il n'y avait pas de divergence de vues entre les parties au sujet de la compétence du Tribunal en l'espèce. Néanmoins, il a dû s'assurer qu'il était compétent pour connaître de l'affaire.

---

[590] *Paragraphe 36 de l'arrêt de 1997.*

[591] TIDM, *Affaire du navire « SAIGA » (Saint-Vincent-et-les Grenadines c. Guinée), prompte mainlevée, arrêt du 4 novembre 1997,* disponible sur le site du Tribunal www.itlos.org

Le Tribunal a conclu que cette compétence était fondée sur l'accord de 1998, en vertu duquel le différend avait été transféré au Tribunal, ainsi que sur les articles 286, 287 et 288 de la CNUDM. Le Tribunal a fait observer que la clause figurant dans l'accord de 1998 selon laquelle il pouvait examiner l'exception d'incompétence soulevée par la Guinée, qui était fondée sur l'article 297, paragraphe 3, de la Convention, n'avait pas d'effet sur sa compétence pour connaître du différend. Il a, de ce fait, conclu qu'il était compétent pour connaître du différend, tel qu'il lui avait été soumis.

Dans son arrêt du 1er juillet 1999[592], le TIDM a estimé que la Guinée a violé les droits de Saint-Vincent-et-les-Grenadines, aux termes de la Convention, en procédant à l'arraisonnement du Saiga, à son immobilisation et à la détention de membres de son équipage, en engageant des poursuites judiciaires contre son capitaine, en condamnant celui-ci, et en procédant à la saisie du Saiga et à la confiscation de sa cargaison ; et qu'en procédant à l'arraisonnement du Saiga, la Guinée a contrevenu aux dispositions de la Convention relatives à l'exercice du droit de poursuite et a, par-là, violé les droits de Saint-Vincent-et-les Grenadines ; que la Guinée est tenue d'indemniser Saint-Vincent-et-les Grenadines pour un montant de 2 123 357 $ E.-U majoré d'intérêts, tel qu'indiqué au paragraphe 175[593].

L'apport jurisprudentiel des affaires « Saiga » est très significatif dans la détermination des concepts de pavillon, de nationalité des demandes, du droit de poursuite, de cédule de citation et de réparation.

Leurs influences se sont étendues au traitement des Affaires du *« Monte Confurco»*[594], du *« Juno Trader »*[595], du navire «

---

[592] TIDM, *Affaire du navire « SAIGA » (n° 2) (Saint-Vincent-et-les Grenadines c. Guinée),* arrêt du 1er juillet 1999.

[593] Dispositif de l'arrêt de 1999, Points 1 à 12.

[594] L'affaire concernait le navire « *Monte Confurco* » inscrit au registre de la République des Seychelles et qui a obtenu de celle-ci une licence pour pêcher dans les eaux internationales. Le navire a été repéré par la frégate de surveillance française Floréal, qui l'a appréhendé pour, selon l'allégation faite à ce propos, pêche illicite et omission de signaler sa présence dans la zone économique exclusive des îles Kerguelen.

Virginia G »[596], de l' « *Ara Libertad »*[597] et sans doute dans l'Affaire du *Différend relatif à la délimitation de la frontière*

Le Tribunal s'est reconnu compétent, sur le fondement de l'article 292 de la Convention, pour connaître de la demande faite au nom des Seychelles le 27 novembre 2000, et a pris une décision unanime pour dire que les prétentions des Seychelles selon lesquelles la France n'aurait pas observé les dispositions de l'article 73, paragraphes 3 et 4, de la Convention, n'étaient pas fondées. Finalement, le Tribunal a pris la décision que la France devait procéder promptement à la mainlevée de l'immobilisation du Monte Confurco et à la mise en liberté de son capitaine, dès le dépôt d'une caution ou autre garantie constituée : 1) d'un montant de neuf millions de francs français (9.000.000 FF) représentant l'équivalent monétaire des 158 tonnes de poisson saisies par les autorités françaises et 2) d'une caution d'un montant de neuf millions de francs français (9.000.000 FF). Cf. Affaire N° 6 *du « Monte Confurco » (Seychelles c. France) Demande de prompte mainlevée*, arrêt du 18 décembre 2000

[595] *Affaire n°13, du « Juno Trader » (Saint-Vincent-et-les Grenadines c. Guinée-Bissau), prompte mainlevée, arrêt du 18 décembre 2004.* Il s'agit de l'immobilisation du navire Juno Trader et de la détention de son équipage par les autorités bissau-guinéennes pour infraction alléguée à la législation nationale sur la pêche dans la zone économique exclusive de la Guinée-bissau. Le TIDM a ordonné la prompte mainlevée de l'immobilisation du navire frigorifique Juno Trader, dès le dépôt d'une caution de 300000 euros.

[596] *Affaire du navire « Virginia G » (Panama/Guinée-Bissau), arrêt du 14 avril 2014.* Selon le communiqué de presse du TIDM «ITLOS/Press 211 du même jour : « *Le différend concerne le « Virginia G », un pétrolier battant pavillon panaméen, qui a été saisi le 21 août 2009 par les autorités bissau-guinéennes alors qu'il effectuait des opérations de ravitaillement en combustible de navires étrangers se livrant à la pêche dans la zone économique exclusive de la Guinée-Bissau. Le navire et le gazole à son bord ont été confisqués le 27 août 2009. Par la suite, les autorités bissau-guinéennes ont ordonné la mainlevée de l'immobilisation du navire, décision qui a été notifiée au propriétaire du navire le 6 octobre 2010. L'instance a été introduite devant le Tribunal le 4 juillet 2011 par notification d'un compromis conclu entre les Parties ».* L'arrêt rendu *« décide d'accorder au Panama une indemnité d'un montant de 146 080,80 euros majoré des intérêts, pour le coût des réparations du « Virginia G », comme indiqué au paragraphe 446 b) »,* (Dispositif, point 17 de l'arrêt).

[597] *Affaire de l'« Ara Libertad » (Argentine c. Ghana), Ordonnance en indication de mesures conservatoires du 15 décembre 2012.* La frégate argentine ARA Libertad est arrivée au port de Tema, près d'Accra, au Ghana, le 1er octobre 2012. En application d'une décision de la Haute

maritime entre le Ghana et la Côte d'Ivoire dans l'océan Atlantique (Ghana / Côte d'Ivoire)[598].

L'affaire entre le Ghana et la RCI a été soumise au TIDM sur le fondement du compromis et de la notification, qui se lisent ainsi : « *En application de l'article 15, paragraphe 2, du Statut du Tribunal, la République du Ghana et la République de Côte d'Ivoire consignent ici leur accord de soumettre à une chambre spéciale du Tribunal international du droit de la mer le différend portant sur la délimitation de leur frontière maritime dans l'Océan Atlantique. L'accord a été conclu le 3 décembre 2014, aux conditions énoncées dans le compte-rendu des consultations (3 décembre 2014) dont le texte est joint en annexe.*

La République du Ghana et la République de Côte d'Ivoire consignent aussi leur accord quant à la composition de la Chambre spéciale, qui comptera le[s] cinq membres ci-après :

Monsieur le juge Boualem BOUGUETAIA, en qualité de Président, Monsieur le juge Rüdiger WOLFRUM, Monsieur le

---

Cour d'Accra, les autorités ghanéennes ont empêché le navire de quitter le port à la date prévue, à savoir le 4 octobre 2012.

Le 30 octobre 2012, l'Argentine a engagé une procédure arbitrale contre le Ghana dans le différend relatif à l'immobilisation de la frégate. De plus, le 14 novembre 2012, l'Argentine a présenté au Tribunal une demande en prescription de mesures conservatoires en vertu de l'article 290, paragraphe 5, de la Convention des Nations Unies sur le droit de la mer. Le Tribunal peut prescrire des mesures conservatoires s'il considère, *prima facie*, que le tribunal arbitral devant être constitué aurait compétence et s'il estime que l'urgence de la situation l'exige. Aussi, va-t-il ordonner ces mesures conservatoires : « *prescrit, en attendant la décision du tribunal arbitral prévu à l'annexe VII, les mesures conservatoires ci-après, en vertu de l'article 290, paragraphe 5, de la Convention :*

Le Ghana doit procéder immédiatement et sans condition à la mainlevée de l'immobilisation de la frégate ARA Libertad ; il doit faire en sorte que la frégate ARA Libertad, son commandant et son équipage puissent quitter le port de Tema et les zones maritimes sous juridiction ghanéenne ; et il doit veiller à ce que la frégate ARA Libertad soit avitaillée à cette fin » (Dispositif de l'Ordonnance, §.108).

[598] *TIDM, Affaire du Différend relatif à la délimitation de la frontière maritime entre le Ghana et la Côte d'Ivoire dans l'océan Atlantique (Ghana / Côte d'Ivoire), arrêt du 23 septembre 2017.*

juge Jin-Hyun PAIK, Monsieur Thomas MENSAH, juge ad hoc (Ghana)

Monsieur le juge Ronny ABRAHAM, juge ad hoc (Côte d'Ivoire).

Le dépôt, à la date d'aujourd'hui, de l'original du présent document (compromis et notification) au Greffe du Tribunal vaut notification au sens de l'article 55 du Règlement du Tribunal »[599].

A l'issue de ses délibérations, la Chambre Spéciale du TIDM décidera en substance :

« *1) à l'unanimité,*

dit qu'elle a compétence pour délimiter la frontière maritime entre les Parties dans la mer territoriale, dans la zone économique exclusive et sur le plateau continental, tant en deçà qu'au-delà des 200 milles marins. ;

2) à l'unanimité,

dit qu'il n'existe pas d'accord tacite entre les Parties par lequel elles auraient délimité leur mer territoriale, leur zone économique exclusive et leur plateau continental, tant en deçà qu'au-delà des 200 milles marins, et rejette la prétention du Ghana selon laquelle, pour cause d'estoppel, la Côte d'Ivoire ne pourrait plus contester la « frontière coutumière fondée sur l'équidistance ». ;

3) à l'unanimité,

décide que la frontière maritime unique dans la mer territoriale, dans la zone économique exclusive et sur le plateau continental, tant en deçà qu'au-delà des 200 milles marins, part du point BP 55+, dont les coordonnées dans le système géodésique WGS 84 sont 05° 05' 23,2'' N, 03° 06' 21,2'' O, et est définie par les lignes géodésiques reliant les points d'inflexion A, B, C, D, E et F ayant les coordonnées suivantes :

A: 05° 01' 03,7" N 03° 07' 18, 3" O

B: 04° 57' 58,9" N 03° 08' 01,4" O

C: 04° 26' 41,6" N 03° 14' 56,9" O

---

[599] Arrêt de 2017, § 4.

D: 03° 12' 13,4" N 03° 29' 54,3" O

E: 02° 59' 04,8" N 03° 32' 40,2" O

F: 02° 40' 36,4" N 03° 36' 36,4" O

A partir du point d'inflexion F, la frontière maritime unique suit une ligne géodésique d'azimut initial 191° 38' 06,7'' jusqu'à ce qu'elle atteigne la limite extérieure du plateau continental,

4) à l'unanimité,

dit qu'elle a compétence pour statuer sur la prétention de la Côte d'Ivoire relative à la responsabilité internationale du Ghana ;

5) à l'unanimité,

dit que le Ghana n'a pas violé les droits souverains de la Côte d'Ivoire ;

6) à l'unanimité,

dit que le Ghana n'a pas enfreint l'article 83, paragraphes 1 et 3, de la Convention ;

7) à l'unanimité,

dit que le Ghana n'a pas violé l'ordonnance de la Chambre spéciale du 25 avril 2015 prescrivant des mesures conservatoires »[600].

Quant à l'affaire ayant opposé le Ghana à l'Argentine, elle a donné l'occasion au TIDM de clarifier le système juridique posé par la CNUDM, avec son mécanisme obligatoire de règlement des différends relatifs à l'interprétation ou à l'application de la Convention. À cet effet, les parties à un différend peuvent choisir l'une des procédures prévues dans la Convention (le Tribunal international du droit de la mer, la Cour internationale de Justice ou un tribunal arbitral).

Le Ghana et l'Argentine sont tous deux Etats Parties à la Convention. Ils n'ont toutefois pas accepté la même procédure de règlement des différends. La Convention dispose que, dans ce

[600] *TIDM, Affaire du Différend relatif à la délimitation de la frontière maritime entre le Ghana et la Côte d'Ivoire, op. cit., dispositif de l'arrêt de 2017.*

cas, les parties en litige sont réputées avoir accepté la procédure arbitrale conformément à l'annexe VII à la Convention.

La mise en place du tribunal arbitral peut prendre du temps et en attendant qu'il soit constitué, toute partie à un différend peut, dans les conditions prévues par la Convention, prier le Tribunal international du droit de la mer de prescrire des mesures conservatoires conformément à l'article 290, paragraphe 5, de la Convention.

En définitive, on retiendra que depuis son installation, le TIDM a été à l'origine d'une jurisprudence innovante entre droit de la mer (problèmes de délimitation d'espaces territoriaux) et droit maritime (surtout les saisies et demandes de prompte mainlevée), concurrençant, de plus en plus, sur ce terrain, la vénérable CIJ. Ce succès croissant est aussi observable dans le traitement des questions commerciales par l'Organe de Règlement des Différendsde l'OMC.

SECTION II – LE CONTENTIEUX DU DROIT DE L'O.M.C.

La fin de la Seconde Guerre Mondiale va ouvrir de nombreuses perspectives dans la mise en place d'un nouvel ordre mondial fondé sur la paix et la sécurité internationale avec la création de l'ONU en 1945, la rénovation du système financier et monétaire avec les Institutions de Bretton Woods de juillet 1944 (FMI et BIRD). Le troisième pilier de cet ordre devait être constitué d'une Organisation Internationale du Commerce (OIC), censée protéger les Etats contre toute dérégulation commerciale en limitant les méfaits du protectionnisme.

Mais, devant l'échec d'application de la Charte de La Havane[601], dû essentiellement à l'absence d'adhésion des Etats-Unis, le constat en sera tiré par l'adoption, en marge, par vingt

[601] La Conférence s'est réunie à La Havane (Cuba), ouverte le 21 novembre1947 , a abouti à la signature de la Charte de La Havane « instituant une Organisation internationale du commerce » (OIC), le 24 mars 1948. Voir, Jean-Christophe GRAZ, *Aux sources de l'OMC : la Charte de La Havane, 1941-1950*, Droz, Genève, 1999, 367 p.

trois Etats, d'un Protocole d'application provisoire, signé le 30 octobre 1947 et entré en vigueur en janvier 1948, dit Accord General sur les Tarifs douaniers et le Commerce (GATT, *General Agreement on Trade and Tariffs*, en anglais). Mais ce Traité provisoire, en attendant les ratifications, va régir le commerce international pendant plus de quarante années.

Toutefois, la diversité des accords plurilatéraux, le système du « *GATT à la carte* » avec son « *pick and choose* », la légèreté des structures administratives, tout autant que d'autres éléments, vont, à la fin du cycle[602] de l'Uruguay Round[603], conduire à l'avènement de l'Organisation Mondiale du Commerce (*World Trade Organization*)avec l'Accord de Marrakech du 15 avril 1994,entré en vigueur le 15 décembre de la même année. Depuis le 1er janvier 1995, l'OMC a remplacé le GATT[604].

Avant d'en révéler la substance « *quasi contentieuse* », des différends examinés par son O.R.D(§II), on s'attèlera, de prime abord, à faire une présentation liminaire de l'OMC (§ I).

---

[602] Du GATT à l'OMC, plusieurs cycles (appelés « *rounds* ») de négociations pour la réduction des droits de douane se sont succédé : cycle de Genève (1947), cycle d'Annecy (1949), cycle de Torquay (1951), un autre cycle de Genève (1956), le Dillon Round (1960-1961), le Kennedy Round (mai 1964-juin 1967), Tokyo Round (septembre 1973-avril1979), et enfin le cycle d'Uruguay.

[603] Le cycle d'Uruguay, ouvert à Punta del Este, est le plus long round de négociations, durant de septembre 1986 à avril 1994. Il va donner naissance à l'OMC. Le cycle d'Uruguay a abordé les domaines suivants ; télécommunications de base ; services financiers ; agriculture ; services ; la propriété intellectuelle ; les préférences commerciales pour les pays en développement ; les mesures non tarifaires.

[604] Une ambiguïté que recèle l'actuelle OMC est la survie de sa predecesseuse, sous l'appellation de *GATT 1994*, (c'est-à-dire celui de 1947 tel qu'il a été amendé lors du cycle de l'Uruguay Round) et qui régit principalement le commerce des marchandises. Selon l'art. II § 4 de l'Accord de Marrakech *« 4. L'Accord général sur les tarifs douaniers et le commerce de 1994 tel qu'il est spécifié à l'Annexe 1 A (ci-après dénommé le "GATT de 1994") est juridiquement distinct de l'Accord général sur les tarifs douaniers et le commerce, en date du 30 octobre 1947, annexé à l'Acte final adopté à la clôture de la deuxième session de la Commission préparatoire de la Conférence des Nations Unies sur le commerce et l'emploi, tel qu'il a été rectifié, amendé ou modifié par la suite (ci-après dénommé le "GATT de 1947") »*.

Paragraphe I – Organisation et fonctionnement de l'OMC

Le Préambule de l'Accord instituant l'OMC est révélateur de la volonté des Parties à œuvrer pour le développement du commerce international. Aussi,ont-elles clairement indiqué les objectifs suivants : « *Reconnaissant que leurs rapports dans le domaine commercial et économique devraient être orientés vers le relèvement des niveaux de vie, la réalisation du plein emploi et d'un niveau élevé et toujours croissant du revenu réel et de la demande effective, et l'accroissement de la production et du commerce de marchandises et de services, tout en permettant l'utilisation optimale des ressources mondiales conformément à l'objectif de développement durable, en vue à la fois de protéger et préserver l'environnement et de renforcer les moyens d'y parvenir d'une manière qui soit compatible avec leurs besoins et soucis respectifs à différents niveaux de développement économique,*

Reconnaissant en outre qu'il est nécessaire de faire des efforts positifs pour que les pays en développement, et en particulier les moins avancés d'entre eux, s'assurent une part de la croissance du commerce international qui corresponde aux nécessités de leur développement économique,

Désireuses de contribuer à la réalisation de ces objectifs par la conclusion d'accords visant, sur une base de réciprocité et d'avantages mutuels, à la réduction substantielle des tarifs douaniers et des autres obstacles au commerce et à l'élimination des discriminations dans les relations commerciales internationales,

Résolues, par conséquent, à mettre en place un système commercial multilatéral intégré, plus viable et durable, englobant l'Accord général sur les tarifs douaniers et le commerce, les résultats des efforts de libéralisation du commerce entrepris dans le passé, et tous les résultats des Négociations commerciales multilatérales du Cycle d'Uruguay,... »

L'OMC qui, au 1er janvier 2017, compte 164 membres et dont les langues officielles sont l'anglais, le français, l'Espagnol, a pour objectifs essentiels la réduction des obstacles au commerce entre Etats, le développement du commerce mondial et la libre concurrence entre les acteurs commerciaux[605]. De manière plus explicite, l'art. III de son texte fondateur lui assigne les cinq fonctions ci-après : *« 1. L'OMC facilitera la mise en œuvre, l'administration et le fonctionnement du présent accord et des Accords commerciaux multilatéraux et favorisera la réalisation de leurs objectifs, et servira aussi de cadre pour la mise en œuvre, l'administration et le fonctionnement des Accords commerciaux plurilatéraux.*

2. L'OMC sera l'enceinte pour les négociations entre ses Membres au sujet de leurs relations commerciales multilatérales concernant des questions visées par les accords figurant dans les Annexes du présent accord. L'OMC pourra aussi servir d'enceinte pour d'autres négociations entre ses Membres au sujet de leurs relations commerciales multilatérales, et de cadre pour la mise en œuvre des résultats de ces négociations, selon ce que la Conférence ministérielle pourra décider.

3. L'OMC administrera le Mémorandum d'accord sur les règles et procédures régissant le règlement des différends (ci-après dénommé le "Mémorandum d'accord sur le règlement des différends") qui figure à l'Annexe 2 du présent accord.

4. L'OMC administrera le Mécanisme d'examen des politiques commerciales (ci-après dénommé le "MEPC") prévu à l'Annexe 3 du présent accord.

5. En vue de rendre plus cohérente l'élaboration des politiques économiques au niveau mondial, l'OMC coopérera, selon qu'il sera approprié, avec le Fonds monétaire international et avec la Banque internationale pour la reconstruction et le développement et ses institutions affiliées ».

L'OMC, qui est une OI disposant de la personnalité juridique (art. VIII), a un fonctionnement axé sur une pléthore de textes annexés à l'Accord cadre de Marrakech, notamment pour le

[605] Cf., Michel RAINELLI, L'Organisation Mondiale du Commerce, Repères, La Découverte, Paris, 1999.

commerce des marchandises[606] (Accord général sur les tarifs douaniers et le commerce de 1994, l'Accord sur l'agriculture, Accord sur l'application des mesures sanitaires et phytosanitaires (AMSP), Accord sur les textiles et les vêtements ; Accord sur les obstacles techniques au commerce, Accord sur les mesures concernant les investissements et liées au commerce (MIC ou TRIMS, en anglais), Accord sur la mise en œuvre de l'article VI de l'Accord général sur les tarifs douaniers et le commerce de 1994, Accord sur la mise en œuvre de l'article VII de l'Accord général sur les tarifs douaniers et le commerce de 1994, Accord sur l'inspection avant expédition ; Accord sur les règles d'origine, Accord sur les procédures de licences d'importation, Accord sur les subventions et les mesures compensatoires ; Accord sur les sauvegardes) ; **pour le commerce des services (GATS, en anglais)**[607] **; et pour les ADPIC**[608].

Il s'y ajoute **leMémorandum** d'accord sur les règles et procédures régissant le règlement des différends[609], le **Mécanisme d'examen** des politiques commerciales[610] et divers accords commerciaux plurilatéraux relevant de l'Annexe 4[611] : Accord sur le commerce des aéronefs civils, Accord sur les marchés publics, Accord international sur le secteur laitier et Accord international sur la viande bovine.

On ne saurait adopter une telle kyrielle de textes sans prévoir des structures d'accompagnement sur les plans administratif et de gestion pour préparer, décider, examiner, consulter et fixer les

---

606 ANNEXE 1 A : Accords multilatéraux sur le commerce des marchandises.

607 ANNEXE 1 B : Accord général sur le commerce des services et Annexes.

608 ANNEXE 1 C : Accord sur les aspects des droits de propriété intellectuelle qui touchent au commerce.

609 Il organise le système de règlement des différends avec l'ORD et l'Organe d'Appel.

610 Le MEPC ressemble au système de l'Examen Périodique Universel avec le Conseil des Droits de l'Homme de l'ONU, en auscultant les politiques commerciales nationales des Parties, ce qui aboutit à un ensemble de recommandations adressé au pays examiné pour leur amélioration, en conformité avec les règles et pratiques de l'OMC.

611 ANNEXE 4 : Accords commerciaux plurilatéraux.

grandes orientations. C'est là, le rôle des différents organes de l'OMC.

L'instance suprême en est la Conférence Ministérielle, qui est composée de représentants de tous les membres. Elle se réunit en principe tous les deux ans. Elle prend toute décision concernant l'un quelconque des accords de l'OMC. Elle décide des cycles de négociation, de l'admission de nouveaux membres, de la conclusion d'accords nouveaux. Ces réunions ou conférences[612] (qui ne sont pas appelées *rounds*) sont des lieux de négociations commerciales entre les Membres scindés en « *F.I.P.S* »[613] ou cinq groupes (de Cairns, G.20, G.33, G.10, G.90).

La tourelle de contrôle est sans conteste, le Conseil Général, véritable organe protéiforme qui peut revêtir les atours de l'ORD, ou de l'Organe d'Examen des Politiques commerciales (OEPC), sans cesser d'exercer les attributions de la Conférence Ministérielle dans l'intervalle des sessions de celle-ci. Sous sa conduite générale, le Conseil Général supervise les activités de divers conseils qui suivent l'application de certains accords. Il s'agit du Conseil du commerce des marchandises, du Conseil du commerce des services, du Conseil des ADPIC[614].

Selon l'art. IV de l'Accord de Marrakech, des organes subsidiaires pourront être créés par la Conférence Ministérielle[615], ou par ces conseils du commerce[616].

Enfin, tous ces organes bénéficient de l'appui administratif et du soutien logistique du Secrétariat, sis à Genève et placé sous la houlette du Directeur Général.

---

[612] Les premières réunions se sont tenues en 1996 à Singapour, en 1998 à Genève, en 1999 à Seattle, en 2001 à Doha, en 2003 à Cancun et en 2005 à Hong-Kong.

[613] *Five Interested Parties*, voir site : www.wto.org.

[614] Voir, Agnès BERTRAND, Laurence KALAFATIDES, L'OMC, le pouvoir invisible, Fayard, 2002, 342 p. ; Christophe BELLMAN, Ricardo MELENDEZ, Commerce international et développement durable. Voix africaines et plurielles, Editions Charles Léopold Mayer, 2002.

[615] Il en est ainsi du Comité du commerce et du développement, du Comité des restrictions appliquées à des fins de balance des paiements et du Comité du budget, des finances et de l'Administration.

[616] Il s'agit de comités et groupes de travail ou d'experts.

Ces structures et ces accords sont régis par des principes axiologiques notamment la clause de la Nation la plus favorisée[617], la clause du traitement national[618], le principe de transparence[619], sauf à admettre de nombreuses exceptions pour les PED[620], les clauses de sauvegarde ou *waivers*[621], etc.

L'une des spécificités marquantes de l'OMC est l'organisation du règlement des différends (*dispute settlement*) qui pourraient naître de ces accords commerciaux.

Paragraphe II – L'originalité des aspects contentieux de l'ORD

L'organisation et le fonctionnement de l'ORD[622] sont marqués du sceau de l'originalité car ils lient de manière inextricable des

[617] La clause de la nation la plus favorisée (NPF) est une facette du principe de non-discrimination et d'égalité de traitement entre les membres de l'OMC, car il favorise le libre-échange. Les accords de l'OMC prévoient que, si un pays accorde à l'un de ses partenaires des faveurs et privilèges importants comme une baisse substantielle des droits de douane perçus sur un de ses produits, ces avantages seront automatiquement étendus à tous les autres membres de l'OMC.

[618] La clause de traitement national est un principe qui veut que les produits ou services venant d'un Etat membre, bénéficient d'un traitement similaire accordé aux produits ou services originaires du territoire de l'Etat importateur.

[619] Il se décline en un respect du jeu de la libre concurrence et en une égalité de traitement, puisqu'il n'existe pas de droit de veto à l'OMC.

[620] Les PED bénéficient d'un traitement spécial et différencié. Ils ont la possibilité d'adopter des mesures qui dérogent aux obligations de l'OMC pour promouvoir une branche de production qui correspond aux besoins économiques de leurs pays.

[621] Les clauses de sauvegarde permettent à un pays membre pour des raisons d'ordre public, de sécurité publique, de santé publique, de se soustraire momentanément à la rigueur des règles de l'OMC.

[622] Eric CANAL-FORGUES, *Le règlement des différends à l'OMC*, Edition Bruylant, 2008 ; Johary ANDRIANARIVONY, « L'Organe d'appel au sein de l'Organisation Mondiale du Commerce : une instance originale investie d'une mission constitutionnelle et normative ou De la structuration d'un droit international de la concurrence », *Revue belge de droit international*, n° 1/2000, 70 p. ; Johary ANDRIANARIVONY, « Un

aspects consultatifs et des aspects contentieux[623], entremêlent le caractère obligatoire des décisions, tout en préservant la latitude du *forum shopping* et le recours toujours possible à un règlement à l'amiable au gré des parties au litige.

Le mémorandum d'accord sur les règles et procédures régissant le règlement des différends prévoit la procédure devant l'ORD en cas de survenance d'un litige commercial relatif à l'interprétation et à l'application d'un ou de plusieurs accords de l'OMC. Il est composé de tous les Etats membres, habituellement représentés par des ambassadeurs ou des fonctionnaires de rang équivalent.

Un différend naît lorsqu'un pays adopte une mesure de politique commerciale ou d'autre nature qui est considérée par un ou plusieurs autres membres de l'OMC comme une violation des accords de l'OMC ou un manquement aux obligations. En troisième lieu, un ou plusieurs membres peut ou peuvent déclarer avoir un intérêt dans l'affaire et bénéficier de certains droits[624].

La structuration de la procédure se prête à un découpage en quatre grandes étapes[625] .

---

panel institué dans le cadre de l'Organisation Mondiale du Commerce n'est-il pas une juridiction ? », *RRJ*, Droit prospectif, 3/2000, 33 p.

623 Joe VERHOEVEN, « A propos de la fonction de juger en droit international public », in P. GERARD, F. OST et M. Van de KERCHOVE (sous la dir.), Fonction de juger et pouvoir judiciaire, transformation et déplacements, Bruxelles, Publication des facultés universitaires de Saint Louis, 1983, p. 461.

624 Voir Brigitte STERN, « L'intervention des tiers dans le contentieux de l'OMC », Revue générale de droit international public, 2003, n° 2, 257-303, p. 259; Hervé ASCENSIO, «L'amicus curiae devant les juridictions internationales », ibid., 2001, n° 4, 897-930 ; Mirko ZAMBELLI, « L'amicus curiae dans le règlement des différends de l'OMC : état des lieux et perspectives », Revue internationale de droit économique 2005/2 (t. XIX, 2), pp. 197-218 ; Voir, l'affaire *États-Unis – Prohibition à l'importation de certaines crevettes et de certains produits à base de crevettes, Rapport du groupe spécial (WT/DS58/R) du 15 mai 1998 et Rapport d'appel (WT/DS58/ AB/R) du 12 octobre 1998.*

625 Philippe MADDALON, « Les rapports des groupes spéciaux et de l'organe d'appel de l'OMC », Annuaire français de droit international, volume 51, 2005, pp. 603-632.

• **1ère phase : la consultation** (jusqu'à deux mois)

Lorsqu'un membre de l'OMC estime qu'un autre membre a violé à son égard les règles et principes de l'OI en établissant une politique commerciale contraire, il s'adresse au Conseil général mué pour la circonstance en ORD. Dans ce cas, les deux parties entrent en consultation. S'ils s'entendent à travers un règlement à l'amiable, la procédure s'arrête. Si ces discussions n'aboutissent pas, elles peuvent aussi demander au Directeur général de l'OMC d'intervenir comme médiateur ou de toute autre manière.

• **2ème phase : le panel** (art. 12 du Mémorandum d'Accord)

Dans un délai de constitution n'excédant pas quarante-cinq (45) jours, les parties vont s'adresser à l'OMC qui va créer un groupe de travail (panel) composé de trois personnes neutres. Si les consultations n'aboutissent pas, le pays plaignant demande l'établissement d'un groupe spécial. Le pays incriminé peut l'empêcher une première fois, mais lors d'une deuxième réunion de l'ORD, il ne peut s'y opposer, à moins d'un consensus négatif pour la création du groupe spécial.

En vertu de l'Article 11 du Mémorandum d'Accord : *« La fonction des groupes spéciaux est d'aider l'ORD à s'acquitter de ses responsabilités au titre du présent mémorandum d'accord et des accords visés. En conséquence, un groupe spécial devrait procéder à une évaluation objective de la question dont il est saisi, y compris une évaluation objective des faits de la cause, de l'applicabilité des dispositions des accords visés pertinents et de la conformité des faits avec ces dispositions, et formuler d'autres constatations propres à aider l'ORD à faire des recommandations ou à statuer ainsi qu'il est prévu dans les accords visés. Le groupe spécial devrait avoir régulièrement des consultations avec les parties au différend et leur donner des possibilités adéquates d'élaborer une solution mutuellement satisfaisante ».*

• **3ème phase : les rapports**

Le panel entame la phase écrite avec la soumission initiale, lors de la première réunion, des arguments des deux parties et ceux des parties tierces intéressées[626] ; puis reçoit les réfutations écrites et arguments oraux lors de sa deuxieme reunion. La procédure inclut la production d'un avant-projet de rapport (contenant les faits et la procédure) qui sera suivie éventuellement, pour un délai de deux semaines, des observations des litigants. Un rapport interimaire (constatations de fait et de droit et conclusions provisoires) sera soumis aux parties qui disposeront d'une semaine pour demander le réexamen[627] (dans ce cas, l'opération ne peut durer plus de deux semaines). Enfin, le rapport final est transmis d'abord aux parties, et trois semaines plus tard, est distribué à tous les membres. Si le panel suit les arguments de la partie demanderesse en reconnaissant le préjudice commercial subi, il émet des recommandations pour que la partie défenderesse conforme ses règles et politiques commerciales nationales au droit de l'OMC et peut aller jusqu'à lui indiquer la voie à suivre. Apres un délai de deux mois, le rapport final devient une **décision**, sauf consensus négatif de l'OMC.

En cas de désaccord, à la diligence des deux parties ou de l'une d'entre elles, l'affaire peut faire l'objet d'appel.

- **4ème phase : l'appel**[628]

Il est examiné par l'Organe d'Appel (*Appellate Body*)[629] qui va déterminer son calendrier de travail en consultation avec le Président de l'ORD et le Directeur Général de l'OMC après en avoir informé les parties (art. 17.9). Les travaux sont

---

626 Deux formes d'intervention sont prévues, l'une plus générale de l'*amicus curiae* pour toute personne publique ou privée, physique ou morale ; l'autre plus spécifique du tiers intervenant excipant d'un intérêt substantiel et de droits propres à réserver par la participation à l'instance principale.

627 Article 15 du Memorandum d'Accord.

628 Hélène RUIZ-FABRI, « L'appel dans le règlement des différends de l'OMC : trois ans après, quinze rapports plus tard », RGDIP, 1999, p. 47 et s.

629 C'est un organe permanent composé de sept membres choisis par l'ORD pour un mandat de quatre ans renouvelable une fois ; trois de ces membres siègent pour une affaire donnée (art. 17 du Mémorandum d'Accord).

confidentiels ; les rapports sont ici rédigés hors de la présence des parties au litige, et les avis des membres de l'Organe d'Appel (OA) restent anonymes (art. 17 § 10 et 11).

De surcroit, selon le Mémorandum d'Accord « *L'appel sera limité aux questions de droit couvertes par le rapport du groupe spécial et aux interprétations du droit données par celui-ci* » (Art. 17.6).

L'OA rend un rapport qui doit etre accepté par l'ORD, sauf consensus négatif de sa part, dans un délai d'un mois après sa distribution aux membres de l'OMC, nonobstant le fait que « *Cette procédure d'adoption est sans préjudice du droit des Membres d'exprimer leurs vues sur un rapport de l'Organe d'appel* »[630].

Les suites à donner à ce rapport s'inscrivent dans un esprit spécifique, à savoir « *Pour que les différends soient résolus efficacement dans l'intérêt de tous les Membres, il est indi spensable de donner suite dans les moindres délais aux recommandations ou décisions de l'ORD* »[631].

Le rapport de l'OA peut confirmer, infirmer, rectifier les constatations et discussions juridiques des groupes spéciaux (art. 17.13). La souplesse de la procédure subséquente conduit la partie qui a perdu, à suivre les recommandations de l'OA et à annoncer cette intention lors de la prochaine réunion de l'ORD tenue dans les 30 jours suivant l'adoption dudit rapport.

En cas d'inexécution dans ce délai, les parties négocient des compensations (réduction de droits de douane, suspension de concessions, essentiellement)[632]. Si dans un délai de 20 jours, ces compensations ne satisfont pas la partie plaignante, celle-ci demande à l'ORD d'imposer des sanctions commerciales limitées[633].

[630] Art. 17 § 14 *in fine* du Mémorandum d'Accord.
[631] Art. 21 § 1 du Mémorandum d'Accord.
[632] Art. 21 à 23 du Mémorandum d'Accord.
[633] L'ORD se prononce dans un délai de 30 jours sauf consensus négatif et surveille la mise en œuvre de toutes ces décisions.

En cas de contestation de la sanction par l'autre partie, une procédure d'arbitrage est organisée par le groupe de travail initial ou une personne désignée par le DG, procédure[634] qui peut durer 60 jours et qui n'a pas d'effet suspensif. Selon l'art. 22 § 7 du Mémorandum, « *L'arbitre, agissant en vertu du paragraphe 6, n'examinera pas la nature des concessions ou des autres obligations à suspendre, mais déterminera si le niveau de ladite suspension est équivalent au niveau de l'annulation ou de la réduction des avantages. L'arbitre pourra aussi déterminer si la suspension de concessions ou d'autres obligations proposée est autorisée en vertu de l'accord visé. Toutefois, si la question soumise à arbitrage comprend l'affirmation selon laquelle les principes et procédures énoncés au paragraphe 3 n'ont pas été suivis, l'arbitre examinera cette affirmation. Dans le cas où l'arbitre déterminera que ces principes et procédures n'ont pas été suivis, la partie plaignante les appliquera conformément au paragraphe 3. Les parties accepteront comme définitive la décision de l'arbitre et les parties concernées ne demanderont pas un second arbitrage.*

L'ORD sera informé dans les moindres délais de cette décision et accordera, sur demande, l'autorisation de suspendre des concessions ou d'autres obligations dans les cas où la demande sera compatible avec la décision de l'arbitre, à moins que l'ORD ne décide par consensus de rejeter la demande »[635].

La procédure quasi contentieuse de l'OMC forme un alliage complexe de modes juridictionnels et non juridictionnels, empreints de négociations, consultations, variant entre exhortations, invitations et impositions de sanctions économiques, sans perdre de vue la possibilité d'un arrangement à l'amiable à tous les niveaux de procédure.

---

634 Pour un exemple d'application de l'article 22, se référer à la décision des arbitres *Communautés européennes - Bananes III (Equateur ; article 22 : 6), WT/DS27/ARB/ ECU, 24 mars 2000*, §§ 69 et s.

635 WT/DS138/AB/R, Affaire *Etats-Unis – Imposition de droits compensateurs sur les produits dérivés de l'acier au carbone, plomb et bismuth laminés à chaud originaires du Royaume-Uni,* Rapport d'appel du 10 avril 2000, § 42.

Généralement, la plupart des affaires concerne les pays développés[636], régulièrement les Communautés Européennes[637] / Union Européenne[638], et très rarement un Etat Africain[639] et même dans ce cas, souvent dans une position de partie tierce[640].

L'Afrique du sud a fait l'objet de trois examens dans le cadre de l'ORD. Dans l'affaire des *Droits antidumping*[641], elle était visée par une plainte du Pakistan du fait de l'application de mesures provisoires visant l'importation de ciment en provenance de ce pays[642].

Dans l'affaire *viandes de coqs et poules*[643], elle était défenderesse devant une plainte du Brésil sur la base de violations alléguées des articles du GATT de 1994 et de l'Annexe II de l'Accord antidumping du fait qu'elle avait procédé à une

---

636 Etats-Unis, Japon, Chine, Canada, Australie, pays membres de la CEE /UE, etc.

637 Beaucoup de plaintes déposées comme plaignante ou défenderesse contre d'autres PED ou des pays émergents comme le Brésil ou l'Inde, la Corée, etc.

638 Voir les affaires *Communautés européennes – Mesures concernant les viandes et les produits carnés (hormones) (WT/ DS26/AB/R ; WT/DS48/AB/R),* Rapport d'appel distribué le 16 janvier 1998 et adopté le 13 février 1998, §§ 146-148;Rapport de l'Organe d'appel *Communautés européennes - Poulet désossé et congelé*, WT/DS/269/ AB/R, 12 septembre 2005, pp. 64 et 67 ; Rapport du groupe spécial *Communautés européennes - Protection des marques et des indications géographiques, WT/DS 174/R, 15 mars 2005* ;*Communautés européennes – Mesures communautaires concernant les viandes et les produits carnés (Plainte des Etats-Unis) (1998), OMC Doc. WT/DS26/AB/R et WT/DS48/AB/R (Rapport de l'Organe d'appel) [Hormones*].

639 L'Afrique du Sud, le Maroc et l'Egypte ont été les seuls concernés jusque-là.

640 Voir Dominique NJINKEU, L'Afrique et les défis de l'OMC, Paris, Karthala, 2004, 375 p.

641 WT/DS500/, Affaire *Afrique du Sud-Droits antidumping provisoires visant les importations de ciment Portland en provenance du Pakistan.* Les deux Etats sont entrés en consultations le 9 novembre 2015.

642 Cedernier alléguait du non-respect des dispositions de l'Accord antidumping et de l'art. VI du GATT de 1994.

643 *WT/DS439 /,* Affaire *Afrique du Sud-Droits antidumpingsur les viandes de coqs et poules congelées en provenance du Brésil,* les consultations ont été entamées le 21 juin 2012.

détermination préliminaire et imposé des droits pour les viandes de coqs et poules congelées, non découpées et en morceaux désossés, originaires ou importées du Brésil.

Elle faisait encore office de défenderesse dans une affaire portée le 9 mai 2008 devant l'ORD par l'Indonésie[644] au sujet du maintien de mesures antidumping définitives pour les importations de papier blanc *A4* sans bois non couché en provenance de ce pays asiatique. Ce différend a été solutionné à l'amiable par les deux parties le 20 novembre 2008.

Quant à l'Egypte, à trois reprises, elle sera l'objet de plaintes du Pakistan[645], de la Turquie[646] et de la Thaïlande[647].

Le Royaume du Maroc a été impliqué comme défendeur dans une seule affaire sur plainte de la Turquie le 3 octobre 2016, au

[644] *WT/DS374/,* Affaire *Afrique du Sud-Mesures antidumping visant le papier sans bois non couché.*

[645] *WT/DS 327/, Affaire Egypte-Droits antidumping sur les allumettes importées du Pakistan.* La demande de consultation engagée le 21 février 2005, fut retirée à la suite d'un accord entre les deux parties le 27 mars 2006. On soulignera la présence de quatre tierces parties (UE, Chine, Japon et Etats-Unis) qui ont réservé leurs droits, lors de la constitution du groupe spécial le 20 juillet 2005.

[646] *WT/DS211/,* Affaire *Egypte-Mesures antidumping définitives à l'importation de barres d'armature en acier en provenance de Turquie*, introduite par cette dernière le 6 novembre 2000 concernant une enquête antidumping ouverte par l'Egypte au sujet de l'importation de ces barres, suivie de l'imposition de droits antidumping. L'ORD a établi un Groupe spécial le 20 juin 2001 et les CE, Chili, Etats-Unis et Japon se sont porté tierces parties. Le Rapport du Groupe spécial a débouté la Turquie le 8 août 2002 et l'ORD a adopté le rapport final le 1er octobre 2002. Les deux Parties se sont mises d'accord pour une exécution dans un délai raisonnable et toutes les recommandations faites à l'Egypte pour prendre des mesures envers la Turquie ont été mises en œuvre à la suite d'un rapport en juillet 2003.

[647] WT/DS205/, Affaire *Egypte-Prohibition à l'importation de thon en boîte à l'huile de soja.* Les consultations ont débuté le 22 septembre 2000 concernant cette prohibition par des règlements égyptiens qui violeraient les articles I, XI et XII du GATT 1994 et les art. 2, 3 et 5 de l'AMPS.

sujet de mesures antidumping visant certains produits en acier laminé[648]. **(Voir, Annexe *n° 8*).**

En dehors des droits de la mer et de l'OMC, le DIP va accroitre considérablement ses originalités processuelles, en attirant dans ses spires, les délicats problèmes des droits de l'Homme et de droit pénal.

[648] WT/DS513 *Maroc-Mesures antidumping visant certains produits en acier laminés à chaud en provenance de Turquie.* Le groupe spécial a été établi le 20 février 2017, (décision de création) mais constitué le 17 mai 2017. Les membres suivants se sont porté tierces parties : Chine, Egypte, Union européenne, Inde, Japon, Kazakhstan, République de Corée, Fédération de Russie, Singapour,Etats-Unis, Oman, Emirats Arabes Unis.

CHAPITRE III

LES CONTENTIEUX AFRICAINS DES DROITS DE L'HOMME ET DE DROIT PÉNAL INTERNATIONAL

L'ancienne OUA s'etait préoccupée très tôt des Droits de l'Homme, tant il est vrai que l'Afrique est trop souvent mise à l'index en matière de violations des Droits de la personne humaine. Ce souci d'appréhender les Droits de l'Homme et d'en faire un cheval de bataille pour lutter contre la pauvreté, le sous-développement, est poursuivi, dans le cadre régional, par l'UA en parallèle avec les autres OIA qui, de plus en plus, intègrent la question des Droits de l'Homme dans leurs stratégies de coopération et d'intégration (Section I)

Dans un registre plus large, le droit internationalpénal, se propageant des cimes de l'universalisme, semble de plus en plus s'arrimer à une échelle régionale ou sous régionale, couvrant en Afrique des tribunaux spéciaux ou pénaux *ad hoc*jusqu'aux frontières du provisoire Mécanisme (Section II) et de la permanente CPI (Section III).

SECTION I – CONTENTIEUX AFRICAINS DES DROITS DE L'HOMME

Le point de départ de toute exégèse textuelle des Droits de l'Homme en Afrique indépendante, est, sans aucun doute, la Charte de l'OUA de 1963, qui pose les grands principes et en énonce, de manière fort évasive, quelques règles.

Bien avant la création de l'OUA, en réaction aux crimes et exactions coloniaux[649], dans la perspective des indépendances prochaines, les juristes africains réunis en 1961 à Lagos avaient tiré la sonnette d'alarme pour une prise en charge des Droits de l'Homme en Afrique.L'adoption de la Charte de l'OUA en 1963 en offrira une faible assise normative.

Les Etats africains se contenteront d'ébaucher des principes dans le Préambule de la Charte, tels que le droit des peuples à disposer d'eux-mêmes (§ 1), de même que l'idée selon laquelle « *la liberté, l'égalité, la justice et la dignité sont des objectifs essentiels à la réalisation des aspirations légitimes des peuples africains* » (§ 2) ; la libre disposition des ressources naturelles et humaines (§ 3) ; la coopération et la solidarité (§ 4) ; la paix et la sécurité (§ 5) ; la nécessité de la sauvegarde et de la consolidation « *de l'indépendance et de la souveraineté durement conquises ainsi que l'intégrité territoriale de nos Etats et à combattre le néocolonialisme sous toutes ses formes* » (§ 6).

Les Etats africains proclamaient aussi leur adhésion à la Charte des Nations Unies et à la DUDH et leur idéal de réalisation de l'Unité du continent.

En dehors du Préambule, le *corpus juris* de la Charte de l'OUA contient quelques considérations générales sur les Droits de l'Homme et les libertés fondamentales. On peut s'en convaincre à la lecture des dispositions sur les objectifs de l'OUA (Art. II), les principes axiologiques de la Charte (Art. III), le principe *Pacta Sunt Servanda* (Art. VI), le règlement des différends avec la CMCA (Art. XIX). Au total, la Charte de l'OUA ne reflètait qu'une approche souverainiste des Etats africains qui, à l'épreuve, n'avaient d'autres soucis que de conforter leurs indépendances récentes, englués qu'ils étaient, dans des querelles de leadership et d'idéologies (pro-capitaliste, pro-communiste, voire de non alignement), et peu enclins à ouvrir la boîte de Pandore des revendications individuelles des Droits de l'Homme, l'unité nationale et la prédominance des partis uniques étant alors leurs baromètres communs.

---

[649] L.S. Senghor en 1950 proposait que la Convention Européenne des Droits de l'Homme s'appliquât aux territoires colonisés par les Etats parties.

Cette situation va perdurer jusqu'au tournant des années 80 marquées par l'avénement de la Charte africaine des Droits de l'Homme et des Peuples de 1981[650] qui créait la Commission Africaine de Banjul.

Par ailleurs, le contexte de la fin de la guerre froide, l'avènement des conférences nationales souveraines des années 1990, la conversion aux vertus du multipartisme, de la démocratie et de la bonne gouvernance, souvent sous l'impulsion de l'ONU ou des Institutions de Bretton Woods, enfanteront un environnement encore plus propice à l'énoncé et aux garanties de droits. Dans ces circonstances, l'UA ne pouvait, en remplaçant l'OUA, qu'adapter les anciens textes et adopter de nouvelles conventions.

En tant qu'organisation qui succède à l'OUA, elle va reprendre tous les textes des Droits de l'Homme adoptés avant 2000 tout en y adjoignant des dispositions résultant de nouvelles avancées structurelles et normatives.

Pour marquer l'évolution de cette promotion et de cette protection des DH, il sied d'emblée de revenir sur l'articulation entre la Commission et la Cour Africaine des Droits de l'Homme et des Peuples (§ I), avant d'en évoquer les prolongements et avatars de 2008 ou de 2014 (§ II).

Paragraphe I - Les contentieux au niveau continental : De la Commission à la Cour africaine des Droits de l'Homme et des Peuples

La Charte africaine des Droits de l'Homme et des Peuples (ci-après, CADHP) est porteuse à la fois de principes classiques et novateurs tout en s'enracinant dans des valeurs africaines spécifiques[651]. Cette dynamique de la connexion aux grands textes comme ceux de la Charte Internationale des Droits de

---

[650] Adoptée à Nairobi le 27 juin 1981 et entrée en vigueur le 21 octobre 1986.

[651] Stéphane DOUMBE-BILLE, « La Charte africaine des droits de l'Homme et des peuples », *Annuaire international des droits de l'Homme* (Athènes /Bruxelles), 2006, vol. I, pp. 139-158.

l'Homme, s'adjoint d'une volonté de non renoncement à des principes moraux, éthiques profondément ancrés dans les traditions africaines[652].

Cette copule (enracinement-ouverture) s'est traduite par une bonne dose d'originalité. Selon Maurice Glélé AHANHANZO « *l'OUA donne à l'homme d'Afrique un extraordinaire et puissant instrument de libération, disons d'émancipation et d'épanouissement dans une dialectique de complémentarité et de symbiose, tant il est vrai qu'en Afrique, l'individu ne se réalise pleinement que dans la société, du lignage à l'ethnie et à l'Etat, aujourd'hui à l'Etat-nation en recherche et construction, avec l'aspiration de l'Unité Africaine* »[653].

Cette Charte met l'accent sur les valeurs africaines de civilisation et magnifie les structures sociales telles que la famille, la communauté, dans le respect dû aux personnes les plus vulnérables (femmes, enfants, vieillards, handicapés). La Charte instaure un savant équilibre entre Droits de l'Homme et droit des peuples ; entre droits civils et politiques et droits économiques, sociaux et culturels, entre droits et devoirs. Elle situe l'individu au centre de la famille, de la société et de l'Etat. Elle énumère un ensemble de droits collectifs à côté des droits de la première génération.

En relation avec ce qui précède, la Charte Africaine des Droits de l'Homme et des Peuples contient les droits civils et politiques, les droits économiques, sociaux et culturels et les droits de la

---

[652] Paul TAVERNIER (dir.), Regards croisés sur les Droits de l'Homme, La démocratie et la paix en Afrique, L'Harmattan 2008 ; Alioune Badara FALL, « La Charte Africaine des Droits de l'Homme et des Peuples : entre universalisme et régionalisme », Revue Pouvoirs n° 129, 2009, pp. 77-100 ; Fatsah OUGUERGOUZ, La Charte Africaine des Droits de l'Homme et des Peuples, PUF, 1993.

[653] Op. cit., p. 311 ; cf. aussi du même auteur, « Théorie et pratique des Droits de l'Homme en Afrique contemporaine », Annales Africaines, Dakar, 1986-1988, p. 132 ; Emeka Valère YENNET, La Charte Africaine des Droits de l'Homme et des Peuples, Paris, L'Harmattan, 1996 ; Abdoul BA, Bruno KOFFI et Fethi SAHLI, l'OUA. De la Charte d'Addis-Abeba à la Convention des Droits de l'Homme et des Peuples, Paris, Silex, 1984.

troisième générationtout en englobant des restrictions identiques[654].

L'une des particularités de la Charte est d'introduire une logique interactive entre devoirs et droits, les premiers conditionnant les seconds. Curieusement, une série de limitations prescrivent la subordination de certains droits à leur conformité aux droits nationaux : droits d'association et d'information[655].

Une fois mentionnée, la complémentarité des droits civils, politiques, économiques, sociaux et culturels, la Charte Africaine fait appel aux droits des peuples : droit à l'autodétermination, droit à la libre disposition des richesses et des ressources naturelles, droit au développement économique, droit à la paix, à la sécurité et enfin le droit à un environnement satisfaisant et global, ce qui pose des problèmes de mise en œuvre[656]. Le mécanisme principal de supervision et de contrôle en sera, pendant longtemps, la Commission (A), avant qu'elle ne soit assistée par la Cour ADHP (B).

A. La Commission africaine des droits de l'Homme et des peuples

Organe de supervision et de contrôle du respect des obligations instaurées par la Charte, la Commission des Droits de l'Homme et des Peuples ne dispose que de fonctions para-juridictionnelles, assez amoindries[657].

Bien que la Commission ne soit pas une juridiction, elle forme, désormais, avec la Cour africaine des Droits de l'Homme, un ensemble destiné à promouvoir et à protéger les droits des citoyens africains.

---

654 Voir Kéba MBAYE, Les Droits de l'Homme en Afrique, Ed. Pédone, Paris, 1992, 312 p.

655 Cf. Djibril LY, « La Charte Africaine des Droits de l'Homme et des Peuples », Recueil de l'IIDH, Strasbourg, 27e Session d'enseignement, 1996.

656 IbouDIAITE, « La notion de Peuple et l'application de la Charte Africaine des Droits de l'Homme et des Peuples », Revue Sénégalaise de Droit, octobre-novembre 1984, pp. 119-131.

657 Voir plus loin, pour la Commission.

Aussi, la Commission Africaine est chargée de promouvoir les Droits de l'Homme et d'assurer leur protection[658]. Ces fonctions sont précisées à l'article 45 qui vient en complément de l'article 30. Cet article investit la Commission de trois fonctions principales, à savoir : la promotion des Droits de l'Homme et des Peuples, leur protection et l'interprétation de toute disposition de la Charte[659].

Selon l'article 45 de la Charte, les fonctions promotionnelles de la Commission incluent les tâches suivantes :

- Rassembler de la documentation et faire des recherches sur les problèmes africains dans le domaine des Droits de l'Homme ; organiser des séminaires, des colloques et des conférences ; diffuser des informations ; encourager les organismes nationaux et locaux s'occupant des Droits de l'Homme ; faire des recommandations aux gouvernements.

- Formuler et élaborer des principes et règles relatifs aux Droits de l'Homme en vue de servir de base à l'adoption de textes législatifs par les gouvernements africains.

- Coopérer avec les autres institutions africaines ou internationales travaillant dans le domaine de la promotion et de la protection des Droits de l'Homme.

En matière de protection, la Commission africaine a les compétences suivantes :

- Recevoir des communications émanant des Etats parties, ONG ayant le statut d'observateur auprès de la Commission ou individus concernant les violations des Droits de l'Homme commises par un Etat partie (art. 47 et art. 55 de la Charte).

- Examiner les rapports des Etats sur les mesures législatives, ou autres, prises afin de rendre concrète la protection des droits garantis dans la Charte Africaine (art. 62 de la Charte).

---

658 Voir l'article 30 de la Charte Africaine des Droits de l'Homme et des Peuples.

659 Fatsah OUGUERGOUZ, « Commentaire de l'article 45 de la Charte Africaine des Droits de l'Homme et des Peuples », *in* Maurice KAMTO, La Charte Africaine des Droits de l'Homme et des Peuples et le Protocole y relatif portant création de la Cour Africaine des Droits de l'Homme, op. cit, p. 882.

- Nommer des rapporteurs spéciaux sur un pays ou un thème spécifique (art. 45 de la Charte).

La Commission africaine a également la compétence d'interpréter les dispositions de la Charte Africaine à la demande d'un Etat partie, d'une institution de l'UA ou d'une ONG africaine reconnue par l'UA (art. 45 de la Charte)[660].

La Charte Africaine énumère un certain nombre d'activités que la Commission doit entreprendre pour assurer sa fonction de promotion[661] des Droits de l'Homme, dont l'objectif final est la sensibilisation de l'opinion publique africaine sur la question des Droits de l'Homme[662]. Pour assurer cette mission, la Commission a donc adopté un Programme d'Action[663] en matière d'étude d'information avec des actions qui sont pratiquement réalisées. Ainsi, il existe, à présent, un Centre de Documentation sur les Droits de l'Homme en Afrique, une Revue de la Commission qui paraît périodiquement, une journée dédiée aux Droits de l'Homme en Afrique (le 21 octobre de chaque année)[664]. De même, certains colloques, séminaires ou réunions ont été le plus souvent organisés par la Commission, comme le Séminaire sur « Les Droits de l'Homme et le pouvoir judiciaire en Afrique » qui s'est déroulé en Gambie du 13 au 17 novembre 1989, l'Atelier sur « L'impunité en Afrique », au Burkina Faso du 22 au 23 mars 1996, la Réunion d'Experts gouvernementaux sur l'établissement de la Cour Africaine des Droits de l'Homme et des Peuples du 08 au 12 décembre 1997, la Réunion d'un Groupe de travail sur un

[660] FIDH, Guide de la Cour Africaine des Droits de l'Homme et des Peuples, 2004, Genève, 116 p.

[661] Voir les Résolutions de la Commission, notamment la Résolution du 23 octobre 2002 sur les lignes directrices et mesures d'interdiction et de prévention de la torture et des peines ou traitements cruels, inhumains ou dégradants en Afrique ; la Résolution du 9 mars 1992 sur le droit à un recours et à un procès équitable.

[662] Fatsah OUGUERGOUZ, op. cit.

[663] Ce programme d'action a été approuvé par la Conférence des Chefs d'Etat et de gouvernement de l'OUA à Addis-Abeba en mai 1988.

[664] Fatsah OUGUERGOUZ, op. cit., pp. 884-885.

protocole additionnel à la Charte africaine relatif aux droits de la femme en Gambie du 26 au 28 janvier 1998[665].

Plus essentielle est encore, la mission de protection des Droits de l'Homme en général, que la Commission assure. Composée de 11 membres élus, jouissant de la plus haute considération, dont la moralité, l'intégrité et l'indépendance ne font pas défaut, ainsi que leur connaissance en matière de Droits de l'Homme et des Peuples, la Commission a pour compétence d'examiner les plaintes qui émanent soit des Etats parties, ou des individus[666], soit des organismes non gouvernementaux alléguant des violations des Droits de l'Homme. Pour accomplir cette mission, elle a la possibilité de recourir à des méthodes d'investigations pour établir la véracité des violations alléguées et prendre une décision.

Il ressort de l'article 47 de la Charte que lorsqu'un Etat partie a de bonnes raisons de croire qu'un autre Etat partie à la Charte viole les dispositions de celle-ci[667], il a la possibilité d'entreprendre des actions destinées à les faire cesser. Dans ce sens, l'Etat requérant peut opter pour la négociation, dont l'échec peut déclencher la communication plainte, ou peut saisir directement la Commission de l'affaire[668]. La Commission procède à un examen contradictoire des requêtes à l'issue duquel

[665] FatsahOUGUERGOUZ, op. cit., p. 885.

[666] Moise Cifende KACIKO, «Les conditions de recevabilité des communications individuelles devant la Commission africaine des droits de l'homme et des peuples - Portée jurisprudentielle » , *Revue de droit international et de droit comparé* (Bruxelles), 2004, pp. 266-315.

[667] Voir Art. 88 et s. du Règlement intérieur révisé de la Commission du 24 août 2010. Une seule communication inter Etats a été déposée en 2003 et a fait l'objet d'une décision au fond en 2004, *l'Affaire RDC c. Burundi, Rwanda et Ouganda.* La RDC alléguait de violations des Droits de l'Homme commises par ces trois Etats dans les provinces congolaises, à travers le soutien aux activités de groupes rebelles.
La Commission, reconnaissant ces arguments, estime que le droit du peuple congolais, à disposer librement de ses ressources naturelles, a été violé, que ces violations constituent une menace à la sécurité et à la paix nationale et internationale et une atteinte aux « nobles vertus » de la tradition africaine.

[668] Voir article 49 de la Charte Africaine.

elle établit les responsabilités et indique, s'il y a lieu, le versement des dommages-intérêts aux victimes des violations[669].

De la même manière, lorsque la Commission est saisie d'une communication individuelle[670], (c'est-à-dire émanant soit d'un individu, soit d'une organisation agissant au nom de la victime ou d'une tierce personne agissant au nom de la victime), alléguant des violations des Droits de l'Homme, sous réserve des conditions déterminées par la Charte[671], elle procède à l'examen de l'affaire au fond et fait part de ses constatations sur les violations alléguées de ces droits.

Par ailleurs, mis à part le fait que la Commission peut examiner les différents rapports émanant des Etats et nommer des rapporteurs spéciaux sur un thème ou un pays donné , il faut rappeler qu'elle a été à l'origine du mécanisme sur les droits de la femme, qui fut établi lors de sa 23e Session ordinaire qui s'est tenue à Banjul en République de Gambie. Cette création répond, selon la Rapporteure Spéciale sur les Droits de la femme en Afrique, Mme Soyata MAÏGA « *à la ferme détermination de la Commission de promouvoir les droits de la femme et de la jeune fille et de lutter contre les discriminations et les injustices qu'elles continuent de subir sur le continent* ».

Restée longtemps solitaire en tant que mécanisme de mise en œuvre des droits de l'Homme, la Commission joue un rôle quasi-judiciaire de protection et de promotion. On peut initier devant elle deux types de communications (plaintes), étatiques (déposées

---

669 Jean-Louis ATANGANA-AMOUGOU, « Commentaire de l'article 46 de la Charte Africaine des Droits de l'Homme et des Peuples », in Maurice KAMTO, La Charte Africaine des Droits de l'Homme et des Peuples et le Protocole y relatif portant création de la Cour Africaine des Droits de l'Homme, op. cit. pp. 905-906.

670 Voir les articles 55 à 58 de la Charte Africaine.

671 Les conditions de recevabilité de la Communication individuelle sont au nombre de sept (7) et figurent à l'article 56 de la Charte. La requête doit indiquer l'identité de l'auteur, être compatible avec la Charte Africaine ou avec celle de l'OUA, ne pas être rédigée en des termes outrageants, être documentée, être postérieure à l'épuisement des voies de recours internes, être introduite dans un délai raisonnable et ne doit pas concerner des cas déjà traités.

par les Etats membres) et « les autres communications » (d'individus, d'ONG). Passée l'épreuve de la recevabilité, la requête est notifiée au gouvernement concerné. Après enquête, procédure contradictoire, la Commission rend un rapport qui est communiqué à la CEG[672] .

La Commission qui n'a véritablement débuté ses travaux que le 12 juin 1989, en dépit de l'élection de ses membres depuis juillet 1987, peut établir en vertu de l'art. 28 de son Règlement intérieur, des comités ou des groupes de travail, voire nommer des Rapporteurs spéciaux[673] pour étudier[674] un domaine précis des Droits de l'Homme, ou encore créer des Sous-Commissions d'Experts (art. 29).

La Commission peut dépêcher des missions sur le terrain pour effectuer un travail de sensibilisation, organiser des séminaires, faire des études et recherches[675].

La Commission ADHP peut se réunir en sessions ordinaires[676] deux fois par an (d'une durée de deux semaines chacune) ou en sessions extraordinaires sur proposition de son Président et en consultation avec le SG de l'OUA (Président de la Commission de l'UA)[677].

Si, pendant longtemps les rapports de la Commission étaient placés sous le sceau de la confidentialité et de la subordination à l'accord de la CEG de l'OUA/UA (art. 54 et 59 Charte et 79 du

---

672 Jean-Louis ATANGANA-AMOUGOU, « La Commission Africaine des Droits de l'Homme et des Peuples », Droits fondamentaux, n° 1, juillet-décembre 2001, pp. 91-117.

673 Elle a nommé un Rapporteur Spécial (RS) sur les prisons et autres lieux de détention en Afrique, un RS sur les exécutions extrajudiciaires, une RS sur les droits de la femme, etc.

674 Pour ce cas précis, voir Règlement intérieur du 6 octobre 1995, art. 12 § 3 ; voir Jean-Louis ATANGANA-AMOUGOU, op. . p. 103.

675 Voir Bulletin de la Commission Africaine des Droits de l'Homme et des Peuples, Vol. I, n° 5, juillet-décembre 2000.

676 Art. 2 à 4 du Règlement intérieur du 6 octobre 1995 adopté à Praia par la 18e Session ordinaire de la Cour ADHP.

677 On signalera que plus de 300 ONG ont été reconnues avec statut d'observateur (art. 74 à 76 du Règlement intérieur) auprès de la Commission, qui a essayé de rationaliser ce nombre par une Résolution lors de sa 24ème Session ordinaire.

Règlement), ce qui a valu critiques et exaspérations des militants des Droits de l'Homme, l'évolution a conduit à sortir de ce vase clos pour publier, par des communiqués de presse et des prises de position publiques, les activités de la Commission.

Cette assertion est ainsi explicitée par l'ex-Président Youssoupha Ndiaye : « *il est donc révolu le temps où la Commission se débattait, désespérément, dans le corset et la camisole de force que la Charte de 1981 avait abattus sur elle comme une chape de plomb..., elle est finie l'époque de la confidentialité, de la frilosité et du silence de mauvais aloi* »[678] .

La Comm. ADHP examine aussi les rapports périodiques des Etats (soumis en vertu de l'art. 62 de la Charte de 1981)[679] sur la situation des Droits de l'Homme et des Peuples dans les pays concernés et rend un rapport annuel d'activités transmis à la CEG.

En dépit des nombreux obstacles textuels ou politiques, la Comm. ADHP est l'auteur d'une « jurisprudence »[680] assez riche concernant les trois catégories de droits.

Si la préférence envers une véritable Cour plutôt qu'en une Commission des Droits de l'Homme est bien connue, cela n'a pas empêché de saluer l'œuvre de la Comm. ADHP. Celle-ci a fourni

---

678 Cité par Jean-Louis ATANGANA-AMOUGOU, op. cit. pp. 113-114.

679 Voir art. 81 et s. du Règlement intérieur de la Commission.

680 Pour un panorama détaillé, voir Habib GHERARI, « La Commission Africaine des Droits de l'Homme et des Peuples : bilan d'une jurisprudence », in Paul TAVERNIER (dir) Regards croisés sur les Droits de l'Homme, la démocratie et la paix en Afrique, L'Harmattan, 2008 ; Paul TAVERNIER et Christof HEYNS (dir.), Recueil juridique des Droits de l'Homme en Afrique, Bruxelles, Bruylant, 2006. Rachidatou Illa MAIKASSOUA, La Commission Africaine des Droits de l'Homme et des Peuples, Paris, Karthala, 2013 ; Elisabeth LAMBERT-ABDELGAWAD, « Le rayonnement de la jurisprudence de la Cour européenne à l'égard de la Commission africaine des droits de l'Homme et des peuples, Analyse empirique des références à la Cour européenne dans les communications de la Commission africaine », pp. 139-187, *in* Gérard COHEN-JONATHAN, Jean-François FLAUSS (dir.), *Le rayonnement international de la jurisprudence de la Cour européenne des droits de l'Homme,* Bruxelles, Bruylant, 2005, 280 p., collection Droit et Justice n° 64.

un apport non négligeable[681] dans la densification de la protection et de la promotion des Droits de l'Homme.

Faisant preuve d'audace, la Commission a manié avec dextérité les principes d'interprétation téléologique et raisonnablement extensive pour offrir un contenu concret aux droits et protection des individus et des groupes.

Aussi, dans *l'Affaire Monim Elgak, Osman Hummeida et Amir Suleiman (representés par FIDH et Organisation Mondiale contre la Torture) c/ République du Soudan,* elle consacre la nécessité du respect du droit à l'information, du droit à la santé, du droit au travail[682].

La Commission s'est, à maintes reprises, interessée aux divers cas d'arrestations et de tortures d'officiers suspectés de tentatives de coups d'Etat[683], aux problèmes constitutionnels relatifs à la nationalité[684], ou aux elections législatives[685], à la promotion et au respect des droits de l'Enfant[686], à la conciliation entre droit de propriété et expropriations[687], ou encore les récurrents

---

681 Elle a reçu plus de 400 communications et a rendu soit des décisions d'irrecevabilité, soit des décisions d'incompétence, soit des décisions sur le fond déboutant les plaignants ou reconnaissant l'allégation de la violation des droits.

682 *Communication n° 379/09, Affaire Monim Elgak, Osman Hummeida et Amir Suleiman (representés par FIDH et Organisation Mondiale contre la Torture) c. République du Soudan, décision du 14 mars 2014.*

683 *Communication n° 274/03 et 282/03, Affaire Interights, ASADHO et Maitre O. Disu c/ République Démocratique du Congo, novembre 2013.*

684 *Communication n° 318/06, Affaire Open Society Justice Initiative c/ République de Cote d'Ivoire, décision de février 2015.*

685 *Communication n° 433/12, Affaire Albert Bialufu Ngandu c/ République Démocratique du Congo, décision du 25 février 2016.*

686 *Communication n° 325/06, Affaire Organisation Mondiale contre la Torture et Ligue de la Zone Afrique pour la défense des Droits des Enfants et Elèves (pour le compte de Céline) c/ République Démocratique du Congo, décision du 18 décembre 2015.*

687 Communication *n°* 389 /10, Affaire *Mbiankeu Geneviève c/ République du Cameroun, décision du 6 mai 2015.*

détournements de deniers publics[688], et le problème de refus d'agrément d'ONG[689].

Beaucoup d'autres affaires méritent de retenir l'attention. Il en est ainsi, de *l'Affaire Gaétan Bwampamye (Avocats sans frontières c. Burundi)*, elle a estimé que « *le Burundi a ignoré les engagements des Cours et tribunaux à se conformer aux normes internationales en vue d'assurer un procès équitable* » ; comme de l'affaire *Legal Ressources Foundation vs. Zambia* et celle des militaires nigérians condamnés à mort par le régime du Général Sani ABACHA (*Communication 28/8, § 4*).

Dans l'affaire dite Ken Saro-Wiwa, la Commission s'érige en gendarme de sa mission « *de l'obligation positive de prévenir la violation des Droits de l'Homme* » du fait que « *la Charte Africaine a été élaborée et a reçu l'adhésion volontaire des Etats africains désireux d'assurer le respect des Droits de l'Homme sur ce continent. Une fois ratifiée, les Etats parties à la Charte sont légalement liés par ses dispositions. Un Etat qui ne veut pas respecter la Charte Africaine aurait dû ne pas la ratifier. Une fois légalement lié cependant, l'Etat doit respecter la loi au même titre que l'individu* »[690].

La Comm. ADHP a eu à traiter des droits collectifs notamment des droits fondamentaux de peuples autochtones comme les Vhavenda[691]. Elle a consacré la notion de « *violation continue* » pour connaître de faits survenus avant l'entrée en vigueur de la CADHP mais qui perdurent après cette date[692], sous la réserve

[688] Communication *n° 416/12, Affaire Jean Marie AtanganaMebara c/ République du Cameroun, décision du 7 aout 2015.*

[689] Communication *n° 445/13, Affaire Human Rights Council et autres c/ République Fédérale et Démocratique d'Ethiopie, décision du 31 juillet 2015.*

[690] *Communication n° 154/96, § 43, 48*, citée par Roger Koussetogue KOUDE, « Les Droits de l'Homme : de l'intuition universaliste à l'universalité récusée », Revue Trimestrielle des Droits de l'Homme n° 68/2006, pp. 909-938.

[691] *Communication n° 335/06, Affaire Dabalorivhuwa Patriotic Front c/ République d'Afrique du Sud, décision du 23 avril 2013.*

[692] *Amnesty International c/ Soudan, Communications n° 48/90, n° 50/90, n° 52/90 et n°89/90 ; Annette Pagnoule (au nom d'Abdoulaye Mazou) c/ Cameroun, Communication 39/90.*

qu'en principe l'Etat ne saurait être tenu responsable d'événements[693] avant que la Charte ne lui soit applicable.

De même, la Commission estime que la violation, *prima facie,* d'un droit garanti par la CADHP doit être suffisamment démontrée pour qu'une affaire soit recevable[694]. Elle contrôle l'application des droits des réfugiés[695]. Elle a défini la notion de discrimination de l'art. 2 de la CADHP comme « *tout acte qui vise la distinction, l'exclusion, la restriction ou la préférence fondée sur des motifs tels que la race, la couleur, le sexe, la langue, la religion, l'opinion politique ou autre, l'origine nationale ou sociale, la fortune, la naissance ou toute autre situation et qui a pour objet de dénier ou compromettre la reconnaissance, la jouissance ou l'exercice par tous, dans des conditions d'égalité, de tous les droits et libertés* »[696].

Elle identifie trois critères de détermination de la discrimination : « *si des cas pareils sont traités de manière différente ; si une différence de traitement n'a pas de justification objective et raisonnable et, s'il n'y a pas de proportionnalité entre le but visé et les moyens employés* »[697].

Elle n'hésite pas à rappeler *l'Affaire Brown vs/ Board of Education of Topeka de la Cour suprême des Etats-Unis (1954)* en traitant du droit à une égale protection de la loi[698] ni les observations générales du Comité des Droits de l'Homme de

693 *Huitième Rapport d'Activités, ibid., Annexe VI.*

694 *Ligue Camerounaise des Droits de l'Homme c/ Cameroun ; Frederick Korvah c/ Liberia, Communications n° 69/96 et n° 1/88 ; Affaire Griebenow (au nom de David Ashley Price) c/ Afrique du Sud, Communication n° 315/06.*

695 *Mouvement des Réfugiés mauritaniens au Sénégal c/ Etat du Sénégal, Communication n° 162/97.*

696 *Affaire Zimbabwe Lawyers for HumanRights et Institut pour les Droits humains et le développement en Afrique (au nom de Andrew Barclay Meldrum) c/ Zimbabwe, Communication n° 293/04, décision de 2006.*

697 *Affaire Kenneth Good c/ Botswana (2010), Communication 315/05.*

698 Dans *l'Affaire Institut pour les Droits de l'Homme et le Développement en Afrique (pour le compte de Esmaila Connateh et 13 autres) c/ Angola (2008).*

l'ONU[699] sur le droit de participation aux affaires publiques et l'accès aux services et biens publics, selon l'art. 13 de la CADHP.

Elle a précisé les droits sociaux dans beaucoup de ses décisions, notamment le droit de travailler dans des conditions équitables[700], le droit à travail égal salaire égal en se référant à l'arrêt *Etim Moses* de la Cour d'Abuja[701] et à l'observation générale n° 18 du Comité sur les Droits sociaux, économiques et culturels[702].

Elle a traité du droit à la libre association [703], des effets des coups d'Etat (restriction des droits et libertés, restauration de la peine de mort, violations diverses) dans *l'Affaire Sir Dawda K. Jawara c. Gambie* (Communication 147/95)[704], des atrocités commises au Darfour, expulsions forcées et autres violations du DIH et reconnaît le droit à l'eau et le droit des peuples aux DESC (*Affaire Centre on Housing Rights and Evictions (COHRE) c/ Soudan*)[705]. Par ailleurs, elle a rendu un avis juridique, suite à l'adoption le 29 juin 2006 par le Conseil des Droits de l'Homme, de la Déclaration des Nations Unies sur les droits des peuples autochtones[706].

---

699 Voir le rappel de l'observation générale n° 25 du Comité, dans *l'Affaire Dabalorivhuwa*, précitée, § 128.

700 *Affaire Zimbabwe Lawyers for Human Rights, Associated Newspapers of Zimbabwe c/ Zimbabwe, Communication n° 284/03 (2008) ;* voir aussi *Communications n° 292/04 (2008) et n° 39/90 (1997) précitées.*

701 *Affaire Etim Moses c/ Gambie (2007)* de la Cour de Justice de la CEDEAO.

702 Sur « Le droit au travail », Comité sur les Droits économiques, sociaux et culturels (2003).

703 Dans *l'Affaire Civil Liberties Organisation (au nom du Nigerian Bar Association) c/ Nigeria (Communication n° 101/93),*

704 Sur la Commission, en general, consulter Evelyn A. ANKUMAH, *The African Commission on Human and People's Rights : Practice and Procedures*, Dordrecht, Martinius Nijhoff Publishers, 1996.

705 Communication 296/2005, décision du 29 juillet 2009. La Commission reconnaît le droit à l'eau comme implicite dans la Charte ; se fonde sur l'art. 22 pour reconnaître les DESC du peuple darfourien ; s'intéresse aux violations du droit à la vie ou à une vie libre de torture, aux déplacements forcés, au droit à l'intégrité physique (art. 4 CADHP) au droit au meilleur état de santé que la personne est capable d'atteindre (art. 16).

706 www.achpr.org, site de la Commission.

Elle a dressé une véritable ligne directrice jurisprudentielle sur l'épuisement des voies de recours, en estimant qu'« *il serait incorrect d'obliger les plaignants à user des voies de recours qui ne fonctionnent pas de façon impartiale et qui ne sont pas tenues de statuer conformément aux principes de droit. Le recours n'est ni adéquat ni efficace* »[707], qu'on ne saurait exiger l'épuisement si « *des voies de recours internes (...) ne sont ni disponibles ni pratiques* »[708]. Dans ce sillage, la Comm. ADHP dans l'affaire précitée Ken Saro-Wiwa, retient que le « *fait de harceler les avocats de la partie civile, de les menacer dans leur vie privée et/ou professionnelle jusqu'à les pousser à renoncer aux poursuites engagées... prive les plaignants d'une bonne administration de la justice et de la possibilité d'épuiser les voies de recours internes* »[709].

La Commission, en tant que mécanisme de contrôle de l'application de la CADJP avec son double mandat de promotion et de protection des Droits de l'Homme, a eu l'occasion de statuer sur la détention arbitraire et les traitements inhumains et dégradants[710], sur le droit à un procès équitable[711], sur les libertés d'expression et d'association[712], la discrimination et les

[707] Affaire *Constitutionnal Rights Project c/ Nigeria, communication 60/91.*

[708] *Affaire RADDHO c/ Zambie, communication 71/92 ; Affaire relative aux expulsions des Burundais du Rwanda en 1989, communications jointes n° 27/89, n° 46/91, n° 49/91 et n° 99/93 ; Affaire Forum of Conscience c/ Sierra Leone, communication n° 223/98, § 15.*

[709] Voir Roger Koussetogue KOUDE, « Les résistances à l'universalité des Droits de l'Homme au titre de la pensée politique », *in* Denis MAUGENEST et Théodore HOLO, op. cit., pp. 109-121 ; SaïdouNourouTALL, « La problématique du respect des Droits de l'Homme en période de conflit armé », *in* Denis MAUGENEST et Théodore HOLO, op. cit., pp. 65-77.

[710] *Affaire John D. Ouko c/ Kenya, Communication n° 232/99 ; Affaire Curtis Francis Doebbler c/ Soudan, Communication n° 236/2000 ; Affaire Haregewoin Gabré-Sélassié et IHRDA (au nom des fonctionnaires de l'époque Dergue) c. République Fédérale et Démocratique d'Ethiopie, communication n° 301/2005, décision de 2013.*

[711] *Affaire Law Office of Ghazi Souleiman c/ Soudan, Communications n° 222/98 et n°299/99.*

[712] *Affaire Civil Liberties Organisation c/ Nigeria, précitée.*

expulsions d'étrangers[713], sur l'environnement et la santé[714], sur les violations commises en temps de guerre par des parties privées[715].

Elle s'est prononcée sur les conditions de détention et de traitement des malades mentaux[716] ; sur l'inefficacité et l'inaccessibilité de recours internes pour un évadé[717], pour un Etudiant[718]; sur la prolongation anormale de procédures internes[719] ; la recevabilité de la plainte même si la situation s'est améliorée après le dépôt de la communication[720], sur la recevabilité même en cas de médiation en cours par des OIG comme l'OUA ou l'UE[721] , sur la non exclusion du règlement à l'amiable[722], et sur la possibilité des réparations ou autres mesures appropriées[723].

Sur le thème des réparations, l'affaire *Institute for Human Rights and Development in Africa,Rights and Accountability In Development et Action Contre l'Impunité pour les Droits Humains c/ République Démocratique du Congo, décision du 4*

---

[713] *Affaire Fédération Internationale des Ligues des Droits de l'Homme, Union Interafricaine des Droits de l'Homme, RADDHO, ONDH au Sénégal et Association Malienne des Droits de l'Homme c/ Angola, Communication n° 159/96.*

[714] *Aff aire Social and EconomicRights Action Center (SERAC) c. Nigeria, Communiation n° 155/96.*

[715] *Affaire Commission Nationale des Droits de l'Homme et des Libertés c. Tchad, Communication n° 74/92.*

[716] *Affaire Purohit et Moore c/ Gambie, Communication 24/01.*

[717] *Affaire Alhassan Abubakar c/ Ghana, Communication 103/93.*

[718] *Affaire Rights International c/ Nigeria, Communication 215/98.*

[719] *Affaire Kenya Human Rights Commission c/ Kenya, Communication n° 135/94.*

[720] *Communications n° 68/92 et n° 78/92 (respectivement Krishna Achutan c/ Malawi et Amnesty International c/ Malawi).*

[721] *Affaire Emgba Mekongo Louis c/ Cameroun, communication n° 59/91.*

[722] Art. 52 Charte 1981 et *Communications n° 25/89, n° 47/90, n° 56/91 et n° 100/93, Free Legal Assistance Group LawyersCommitee for HumanRights, Union Interafricaine des Droits de l'Homme, Les Témoins de Jehova c/ Zaïre.*

[723] Art. 27 Protocole de 1998 et *communications n° 54/91, n° 61/91, n° 98/93, n° 154/97 et n° 210/98, Amnesty International, Ms. Sarr Diop, UIDH and RADDHO, Collectif des Veuves et Ayants-droits, Association Mauritanienne des Droits de l'Homme c/ Mauritanie.*

aout 2017, est l'une des plus édifiantes en ce que la Commission établit la responsabilité de la RDC, dans le massacre de plus de 70 personnes à Kilwa et la condamne à verser une indemnité de 2,5millions de dollars US à leurs familles et autres victimes, tout en réprimandant la société minière australo-canadienne Anvil Mining pour avoir aidé au transport et soutenu logistiquement les soldats de l'armée congolaise. La Commission exige une nouvelle enquête criminelle, la presentation par l'Etat d'excuses aux habitants de Kilwa, l'exhumation et la réinhumation des corps jetés dans une fosse commune, la construction d'un mémorial, la reconstruction de l'école et de l'hôpital et la fourniture d'une assistance psycho-sociale aux personnes affectées, sans ignorer de lui rapporter dans les 180 jours la suite réservée à ses recommandations.

Malgré cette impressionnante somme « jurisprudentielle », l'absence du caractère obligatoire (conditionnée à l'acceptation de la CEG) de ses décisions, combinée à la confidentialité (certes de plus en plus réduite, mais encore résiduelle) de certaines procédures, ont amené le double constat, d'une part d'un déficit profond dans l'accomplissement de la mission de sauvegarde des Droits de l'Homme et des Peuples et, d'autre part, de la nécessité de la compléter par l'adjonction d'une Cour des Droits de l'Homme.

L'existence de la Comm. ADHP a constitué un puissant aiguillon pour la mise en place d'une *Cour Africaine des Droits de l'Homme et des Peuples.*

B. De la Cour africaine des droits de l'homme et des peuples et de ses avatars

Depuis son installation, la Cour ADHP fait l'objet de projets allant dans le sens d'une fusion prochaine entre deux textes : d'une part, celui de la Cour Africaine elle-même, telle qu'elle est prévue par le Protocole de Ouagadougou de 1998, d'autre part celui d'une *Cour Africaine de Justice* telle qu'elle est envisagée par l'Acte constitutif de l'Union Africaine.

La fusion doit donner naissance à la *Cour Africaine de Justice et des Droits de l'Homme* (non encore en vigueur), ce qui pourrait augurer d'une meilleure protection des Droits de l'Homme en Afrique. En attendant, les Africains s'en remettent à la Cour Africaine des Droits de l'Homme et des Peuples.

L'idée de la création d'une Cour Africaine apparaissait déjà dans « *la loi de Lagos* »[724]. Dans cette ville, les experts réunis plaidaient en faveur de l'instauration d'une véritable juridiction accessible aux simples citoyens ; idée que semblaient ne pas approuver les Chefs d'Etats africains. Ce qui aboutit plus tard, après de nombreuses réticences, à un compromis pour la mise en place d'une institution beaucoup plus modeste[725]. Il s'agit de la Commission Africaine des Droits de l'Homme et des Peuples créée par la Charte Africaine des Droits de l'Homme et des Peuples en son article 30.

Qualifiée d'organe technique et indépendant chargé de la promotion et de la protection des Droits de l'Homme, la Commission a été créée à défaut de pouvoir instituer à l'époque une véritable Cour[726]. Pourtant, la création de la Commission n'empêchera pas que l'idée d'une Cour Africaine puisse mûrir et donner naissance, après plusieurs années d'efforts, à une véritable Cour, avec l'adoption du texte en 1998.

La Cour est prévue dans le Protocole du 9 juin 1998, relatif à la Charte Africaine des Droits de l'Homme et des Peuples, adopté lors du 34e Sommet des Chefs d'Etat et de gouvernement de l'OUA tenu à Ouagadougou du 1er au 10 juin 1998.

L'avant-projet du Protocole a été l'œuvre d'experts gouvernementaux, de la Commission Africaine des Droits de

---

[724] La « *loi dite de Lagos* » est la déclaration adoptée à la suite de la Conférence des Juristes Africains réunis à Lagos par la Commission Internationale des Juristes du 3 au 7 janvier 1961 sur le thème de la « Primauté du Droit ».

[725] Jean-Louis ATANGANA-AMOUGOU, « La Commission Africaine des Droits de l'Homme et des Peuples », Revue Droits Fondamentaux, n° 1, juillet-décembre 2001.

[726] Jean-Louis ATANGANA-AMOUGOU, « La Commission Africaine des Droits de l'Homme et des Peuples », op. cit.

l'Homme et des Peuples et de la Commission Internationale des Juristes, réunis au Cap en 1995 et à Nouakchott en 1997[727].

La création de la Cour vise à remédier aux lacunes de la Commission Africaine des Droits de l'Homme et des Peuples[728].

Pour pallier ces insuffisances, la Cour Africaine[729] – dont le mode de saisine (article 5) est ouvert à la Commission, à l'Etat plaignant, à l'Etat dont la victime est ressortissante, à l'Etat accusé – a compétence pour tous différends et affaires relevant de l'interprétation et de l'application de la Charte Africaine, du Protocole de 1998 et de tout instrument africain applicable et relatif aux Droits de l'Homme. Cette compétence large est salutaire, en ce sens qu'elle peut s'étendre à toutes conventions de Droits de l'Homme, auxquelles les Etats africains font partie, aux niveaux régional ou continental, sous l'égide ou les auspices de l'OUA, de la CEDEAO, de la SADC, etc.

Le mode de saisine acquiert un relief supplémentaire avec la possibilité pour les individus et les ONG (art. 5 § 3 et art. 34 § 6) d'introduire directement sans passer par le tamis de la Commission (mais à condition que l'Etat partie ait fait au préalable une déclaration d'acceptation de la compétence de la Cour en ce domaine), des requêtes en cas d'urgence ou de

---

[727] Cf. Projet de Protocole relatif à la Charte Africaine des Droits de l'Homme et des Peuples portant Cour Africaine des Droits de l'Homme et des Peuples, Réunion des Experts gouvernementaux sur la question de la création d'une Cour Africaine des Droits de l'Homme et des Peuples (6-12 septembre 1995), Le Cap, Afrique du Sud. Doc OAU/LEG/EXP/AFC/HPR (1). 2e Réunion des Experts gouvernementaux juridiques pour la création de la Cour Africaine des Droits de l'Homme et des Peuples (11-14 avril 1997), Nouakchott, Mauritanie. OUA/EXP/JUR/CAF/DHP/RAP (2), *in* 9 RADIC1997, pp. 440-448.

[728] Cf. Hamid BOUKRIF « La Cour Africaine des Droits de l'Homme et des Peuples : un organe judiciaire au service des Droits de l'Homme et des Peuples en Afrique », 10 RADIC (1998), pp. 60-87. Voir aussi, Denis MAUGENEST et Théodore HOLO (dir.), L'Afrique de l'Ouest et la tradition universelle des Droits de l'Homme, Abidjan, Les Editions du CERAP, 2006.

[729] Selon l'article 2 du Protocole, la Cour complète, par ses fonctions de protection, celles de la Commission.

violation graves, systématiques et massives des Droits de l'Homme (y compris en cas d'infractions au DIH)[730].

La composition de la Cour s'ordonne autour de onze juges (art. 11), élus au scrutin secret par la Conférence des Chefs d'Etat et de gouvernement (art. 14). Ces juges élisent pour un mandat de 2 ans renouvelable une fois le Président et le Vice-président (art. 21).

La Cour a la possibilité d'émettre des avis consultatifs[731] à la demande des Etats membres de l'OUA/UA, de l'Union Africaine, de tout organe de l'UA[732], ou d'une organisation africaine reconnue par celle-ci (art. 4).

Toutefois, la Cour apprécie, de maniere tres restrictive, l'expression « organisation africaine reconnue par l'Union africaine » en ne la confondant pas avec une organisation africaine jouissant du statut d'observateur auprès de la Comm. ADHP, mais en subordonnant cette qualité à une acceptation expresse de l'UA (CEG, Conseil Executif ou Commission

[730] De l'avis de Hamid BOUKRIF, « *La Cour aura donc à connaître des violations et atteintes aux Droits de l'Homme en même temps qu'elle aura compétence pour connaître des requêtes des minorités et des ethnies ou de leurs représentants qui s'estimeront légitimement fondés à réclamer des droits que le gouvernement central aura refusé d'octroyer ou que les institutions officielles n'auront pas respecté ou auront délibérément violé* », op. cit., p. 62 ;b Mutoy MUBIALA, « La Cour Africaine des Droits de l'Homme et des Peuples : mimétisme institutionnel ou avancée judiciaire ? », RGDIP, 1998, 3, pp.765-780 ; Makau MUTUA, *« The African Human Rights Court. A two legged stool? »*, Human Rights Quarterly, Vol. 21, 1999, pp. 342-363.

[731] Les demandes d'avis peuvent porter sur des questions diverses telles que les changements anticonstitutionnels de gouvernement (Affaire RADDHO, voir supra) ; le droit des homosexuelles (Affaire Coalition des Lesbiennes) ; des projets de lois-types proposées par des ONG pour la gestion des ressources minières africaines, « *Model Law on Mining on Community Law in Africa* » (Affaire ASADHO, supra), etc.

[732] *Demande d'avis consultatif introduite par le Comité Africain d'Experts sur les droits et le Bien-être de l'Enfant, avis consultatif du 5 décembre 2014.*

d'Addis Abeba) ou à un accord de coopération avec l'Union[733]. La Cour peut réviser et interpréter ses propres arrêts[734].

La Cour, dont le Protocole est entré en vigueur trente jours après le dépôt du quinzième instrument de ratification ou d'adhésion (art. 34 § 3), rend des décisions exécutoires que les Etats doivent appliquer dans le délai imparti par la sentence (art. 30).

Les arrêts sont notifiés au Conseil des ministres qui en assure l'exécution pour le compte de la Conférence (art. 29). Un rapport récapitulant les activités de la Cour est soumis annuellement à chaque session ordinaire de la Conférence des Chefs d'Etat et de gouvernement (art. 31).

Le Protocole relatif à la Cour Africaine recèle, à son tour, quelques insuffisances. On peut déplorer l'inexistence de voies d'appel (art. 28 al. 2) même si la possibilité d'un recours en révision dans la seule hypothèse de faits nouveaux, a été aménagée (art. 28 al. 1). En outre, des risques de chevauchement et de concurrence de compétences entre la Commission et la Cour, peuvent se poser pour les avis consultatifs et l'interprétation de la Charte que les deux organes peuvent délivrer. En effet, il faut reconnaître que *« La possibilité de donner des avis consultatifs et d'interpréter la Charte et les autres instruments pertinents des Droits de l'Homme, est donnée par la Charte à la*

---

733 Voir plusieurs affaires, *Demande d'avis consultatif introduite par Socio Economic Rights Acountability Project (SERAP), requête 001/2013), avis consultatif du 26 mai 2013, § 46 ; Demande d'avis consultatif introduite par le Centre des Droits de l'Homme de l'Université de Prétoria et la Coalition des Lesbiennes africaines, avis consultatif du 28 septembre 2017 ; Demande d'avis consultatif introduite par l'Association africaine de Défense des Droits de l'Homme (ASADHO), avis consultatif du 28 septembre 2017 ; Demande d'avis consultatif introduite par la RADDHO, Requête 002/2014, avis consultatif du 28 septembre 2017.*

734 Cf. *Requête 001/2017 aux fins d'interprétation de l'arrêt du 20 novembre 2016, Affaire Alex Thomas c/ République Unie de Tanzanie, arrêt du 28 septembre 2017 ; Requête 002/2017 aux fins d'interprétation de l'arrêt du 3 juin 2016, Affaire Mohammed Abubakari c/ République Unie de Tanzanie,* arrêt du 28 septembre 2017.

Commission alors que le Protocole additionnel à la Charte en donne la prérogative à la Cour »[735].

D'autres complexités peuvent également être relevées, notamment la possibilité pour un Etat de saisir la Commission sur la base de l'article 5 du Protocole en même temps que celle de recourir à la Cour en vertu de l'article 47 de la Charte Africaine, ce qui ne manque pas de semer quelque peu la confusion entre les rôles respectifs de ces deux organismes.

Le Protocole ne prévoit pas de cas de saisine concomitante par un Etat des deux organismes comme il ne définit pas les critères de compétences et les conditions dans lesquelles la Commission est tenue de se dessaisir d'une affaire au profit de la Cour »[736]. Des zones d'ombre recouvrent donc les relations entre la Cour et la Commission. Ainsi, il faut noter que « *le Protocole ne précise pas non plus les conditions dans lesquelles la Cour renvoie une requête devant la Commission ni les raisons d'un renvoi, conformément à l'article 6.3 du Protocole qui dispose que « la Cour peut connaître des requêtes ou les renvoyer devant la Commission* »[737].

Mais bien avant le démarrage effectif de la Cour ADHP, l'idée de la fusionner avec la Cour de Justice[738] fut émise par les Chefs d'Etat sur l'initiative de l'ex- Président du Nigeria, Olusegun OBASANJO[739], lors du Sommet d'Addis-Abeba, en Ethiopie, en juillet 2004, conduisant ainsi, en 2008, à l'adoption d'un protocole portant statut de la Cour Africaine de la Justice et des

---

[735] H. BOUKRIF, « La CourAfricaine… », op. cit., p. 81.

[736] H.BOUKRIF, op.cit, p. 71.

[737] H. BOUKRIF, idem, p. 71.

[738] La Cour Africaine de Justice (CAJ) est prévue à l'article 5 de l'Acte constitutif de l'UA. C'est « l'organe judiciaire principal » de l'Union. Son mandat et son fonctionnement sont régis par un Protocole adopté le 11 juillet 2003 par les Chefs d'Etat et de gouvernement. Elle règle les différends relatifs à l'interprétation et l'application de l'Acte constitutif de l'Union Africaine, des Traités de l'UA et des décisions prises par les organes de l'UA.

[739] Il fut à cette époque le Président de la Conférence de l'Union Africaine.

Droits de l'Homme[740] par la Conférence des Chefs d'Etat et de gouvernement à l'occasion du Sommet de Sharm El Sheikh en Egypte.

Nonobstant cette fusion prononcée en 2008, le Protocole additionnel portant création de la Cour Africaine des Droits de l'Homme et des Peuples est entré en vigueur le 25 janvier 2004 et cette Cour Africaine fut mise en place. Elle a dans sa mission de protection et de promotion des Droits de l'Homme, fait preuve d'efficacité au cours de ces dernières années.

Devant les insuffisances décelées dans le fonctionnement et le suivi des rapports de la Comm. ADHP, pour une meilleure rationalisation et une mise en cohérence optimale des textes de 1998 et 2003 mais surtout guidée par un souci d'économie budgétaire, la CEG a décidé de fusionner en une seule entité, la Cour ADHP[741] et la CAJ[742]. La nouvelle Cour, si son Protocole entre en vigueur[743], aura une Section chargée des Droits de

[740] La Cour Africaine de Justice et des Droits de l'Homme dont le siège se trouvera à Arusha, devait être divisée en deux sections. La première chargée des affaires générales et la deuxième relative aux Droits de l'Homme. Aujourd'hui, c'est l'idée de doter cette Cour des mêmes compétences que celles de la Cour Pénale Internationale, c'est-à-dire de la compétence de juger les crimes internationaux qui est en examen. Dés lors, une troisième section pourra être créée pour les crimes de guerre, le crime de génocide et les crimes contre l'humanité, en réaction à une CPI qui n'a, jusque-là, été saisie que d'affaires africaines. Un Projet de Protocole d'extension de compétence a été adopté lors du Sommet de juillet 2014, avec une troisième Section s'occupant de droit international pénal.

[741] Le Protocole à la Charte Africaine des Droits de l'Homme et des Peuples relatif à la Cour Africaine des Droits de l'Homme et des Peuples est entré en vigueur le 25 janvier 2004. En juin 2017, 29 Etats l'ont ratifié sur les 52 Etats signataires ou les 55 Etats membres de l'UA. Le nombre requis de ratifications était de 15. La Cour a reçu 124 requêtes et rendu 32 décisions. Elle a encore sur son agenda 92 affaires à examiner et 4 demandes d'avis consultatif.

[742] La CAJ de l'Union Africaine a été créée par le Protocole du 11 juillet 2003 adoptée par la 2e Session ordinaire de la Conférence de l'Union à Maputo. Il est entré en vigueur le 11 février 2009.

[743] Le Protocole sur les Statuts de la CAJ/DH du 1er juillet 2008 n'est pas encore entré en vigueur (voir op. cit.). Il le sera 30 jours après le dépôt des instruments de ratification de quinze Etats membres.

l'Homme et des Peuples (reprenant l'activité juridictionnelle de la Cour ADHP), une Section des Affaires générales chargée des problèmes d'interprétation et d'application des textes de l'OUA/UA et du règlement judiciaire des différends interétatiques, voire une Section du droit international pénal.

La Cour Africaine de Justice et des Droits de l'Homme n'est pas une création de la Charte Africaine des Droits de l'Homme et des Peuples, comme c'est le cas de la Commission. Elle fut instituée par l'Union Africaine, suite à l'idée de fusionner la Cour de Justice de l'Union avec la Cour Africaine des Droits de l'Homme et des Peuples. Le Protocole de 2008[744] régit le fonctionnement et l'organisation de la Cour Africaine de Justice et des Droits de l'Homme. Il confie à la Section, chargée de toutes les affaires concernant les Droits de l'Homme, une compétence consultative et contentieuse. En revanche, aucune référence n'est faite aux règlements à l'amiable dans le statut de la Cour unique, alors que cette fonction était autrefois confiée à la Cour Africaine des Droits de l'Homme et des Peuples. La non mention du règlement à l'amiable dans la compétence de la Cour Africaine de Justice peut s'analyser comme une rupture avec la tradition africaine de l'arbre à palabre.

La fonction consultative permettra à la Cour Africaine de Justice et des Droits de l'Homme, à l'instar de la Cour Africaine des Droits de l'Homme et des Peuples, de donner des avis sur toute question juridique, (à la demande de la Conférence, du Parlement, du Conseil exécutif, du Conseil de Paix et de Sécurité, du Conseil économique, social et culturel, des institutions financières ou de tout autre organe de l'Union autorisé par la Conférence), non soulevée devant la Commission Africaine et le Comité Africain d'Experts sur le bien-être et les droits de l'enfant Africain[745].

Avec sa compétence contentieuse, la Section des Affaires générales de la Cour est chargée de connaître de toutes les affaires

[744] Voir l'article 17 du Protocole portant statut de la Cour Africaine de Justice et des Droits de l'Homme.

[745] Voir l'article 53 du Protocole portant statut de la Cour Africaine de Justice et des Droits de l'Homme, op. cit.

et tous différends d'ordre juridique ayant pour objet : l'interprétation et l'application de l'Acte constitutif de l'UA ; l'interprétation, l'application ou la validité des autres traités de l'Union et de tous les instruments juridiques dérivés adoptés dans le cadre de l'Union ou de l'OUA (hormis ceux relatifs aux Droits de l'Homme et des Peuples) ; toute question de droit international (hormis celles relatives aux Droits de l'Homme) ; tous actes, décisions, règlements et directives des organes de l'Union ; toutes questions prévues dans tout autre accord que les Etats parties pourraient conclure entre eux, ou avec l'Union, et qui donne compétence à la Cour ; l'existence de tout fait qui, s'il est établi, constituerait la violation d'une obligation envers un Etat partie ou l'Union ; et la nature ou l'étendue de la réparation due pour la rupture d'un engagement international[746].

La Section des Droits de l'Homme de la CAJ/DH, quant à elle, peut connaître de toutes les affaires tendant à dénoncer les violations des Droits de l'Homme[747], émanant des Etats parties au présent protocole, de la Commission Africaine des Droits de l'Homme et des Peuples, du Comité Africain d'Experts sur le bien-être et les droits de l'enfant, des organisations intergouvernementales africaines accréditées auprès de l'Union ou de ses organes, des institutions nationales des Droits de l'Homme, des personnes physiques et des organisations non gouvernementales accréditées auprès de l'Union ou de ses organes ou institutions, sous réserve des dispositions de l'article 8 du protocole, consacrés dans la Charte Africaine des Droits de l'Homme et des Peuples, dans la Charte Africaine des droits et du bien-être de l'enfant, dans le protocole à la Charte Africaine des Droits de l'Homme et des Peuples relatif aux droits de la femme en Afrique ou par tout autre instrument juridique pertinent relatif aux Droits de l'Homme, auxquels les Etats concernés sont parties[748].

---

[746] Voir l'article 28 du Protocole portant statut de la Cour Africaine de Justice et des Droits de l'Homme, op. cit.

[747] Voir l'article 17 du Protocole portant statut de la Cour Africaine de Justice et des Droits de l'Homme, op. cit.

[748] Voir l'article 30 du Protocole portant statut de la Cour Africaine de Justice et des Droits de l'Homme, op. cit.

A l'instar de toutes les juridictions, la Cour dispose des voies et moyens pour accomplir sa mission contentieuse. Ainsi (même si cela ne figure pas expressément dans le protocole), lorsqu'elle est saisie d'une requête tendant à dénoncer les violations des Droits de l'Homme, les juges[749] peuvent procéder à des investigations pour établir la vérité et dire le droit. La Cour peut donc procéder à l'examen contradictoire des requêtes, mener des enquêtes si nécessaire ; et recevoir tous les moyens de preuve qu'elle juge appropriés pour rendre sa décision. Les parties peuvent apporter les preuves de leurs allégations de violation ou non des Droits de l'Homme, et les pièces doivent être communiquées à la partie adverse dans le respect du principe de contradiction. Les preuves mises à la disposition de la Cour doivent faire l'objet d'une évaluation, et la Cour doit rendre au final sa décision qui confirmera s'il y a violation des Droits de l'Homme ou des Peuples[750].

Elle peut prendre des mesures pour sanctionner ces violations. Elle peut ordonner toutes les mesures appropriées pour remédier à la situation, y compris l'octroi d'une juste indemnité[751]. La Cour peut tout aussi, dans les cas d'extrême gravité ou lorsque les circonstances l'exigent, prendre des mesures conservatoires, préalablement à une décision finale[752]. Toutes les décisions prises

---

[749] Les juges de la Cour Africaine de Justice et des Droits de l'Homme seront au nombre de 16 (8 pour la Section des Affaires générales et 8 pour la Section des Droits de l'Homme). Ils sont élus par le Conseil exécutif et nommés par la Conférence pour un mandat de six ans renouvelable une seule fois, parmi les personnes connues pour leur impartialité et leur intégrité, jouissant de la plus haute considération morale, et qui réunissent les conditions requises pour l'exercice, dans leurs pays respectifs, des hautes fonctions judiciaires, et/ou qui sont des jurisconsultes possédant une notoriété et une expérience en matière de droit international et/ou des Droits de l'Homme. Toutefois, le nombre des juges et la durée du mandat ont été modifiés en 2014 (voir plus loin).

[750] Tessa BARSAC, La Cour africaine de justice et des droits de l'homme, Paris, Pédone, 2012.

[751] Voir l'article 45 du Protocole portant statut de la Cour Africaine de Justice et des Droits de l'Homme, op. cit.

[752] Voir l'article 35 du Protocole portant statut de la Cour Africaine de Justice et des Droits de l'Homme, op. cit.

par la Cour s'imposent aux parties au litige[753] contrairement aux communications de la Commission.

Se pose alors la question de l'accès des individus, voire des organisations non gouvernementales, à la Cour. Outre les conditions de saisine de la Cour prévues à l'article 34 dudit protocole, une condition supplémentaire vient corseter la possibilité de la saisine de la Cour par les individus et les Organisations non gouvernementales. Cette fameuse condition se trouve dans l'article 8 du Protocole qui prévoit qu'un Etat partie peut, au moment de la signature, du dépôt de l'instrument de ratification ou d'adhésion ou à toute autre période après l'entrée en vigueur du protocole, faire une déclaration acceptant la compétence de la Cour pour recevoir les requêtes émanant des personnes physiques et ONG accréditées auprès de l'Union[754]. A défaut de cette acceptation de compétence, la saisine de la Cour ne peut être envisagée par les individus et les ONG accréditées par l'Union.

En somme, on s'aperçoit que la saisine de la Cour par les individus et ONG accréditées est réduite et soumise au bon vouloir des Etats qui décident ou non de faire une déclaration d'acceptation de la compétence de la Cour pour permettre à ces derniers de porter une affaire devant la Cour. De plus, les ONG qui peuvent saisir la Cour et représenter les victimes doivent être accréditées auprès de l'Union, alors que les conditions d'accréditation sont plus ou moins sévères.

Par ailleurs, s'il existe un moyen pour les individus et les ONG de contourner la limitation posée à l'article 8 du protocole, ce serait le fait de la Commission Africaine des Droits de l'Homme et des Peuples. Lorsque la Commission est saisie par un individu ou une ONG, elle peut décider de porter l'affaire devant la Cour, puisqu'elle a la possibilité de saisir facilement la Cour. Il ne reste

[753] Voir l'article 46 du Protocole portant statut de la Cour Africaine de Justice et des Droits de l'Homme, op. cit.

[754] Cette condition de saisine figure aussi à l'article 36 al. 4 du protocole portant création de la Cour Africaine des Droits de l'Homme et des Peuples.

plus qu'à espérer que cette voie soit utile pour l'aboutissement des requêtes individuelles.

Depuis le Sommet de 2014, les Chefs d'Etat et de Gouvernement ont à nouveau amendé le Protocole sur la CAJ/DH[755].

De nombreuses innovations sont introduites, comme la création de trois sections. L'Article 16 nouveau est rédigé ainsi :

« *1. La Cour est composée de trois (3) sections : une Section des affaires générales, une Section des droits de l'homme et des peuples et une Section du droit international pénal.*

2. La Section du droit international pénal de la Cour est dotée de trois (3) chambres : une Chambre préliminaire, une Chambre de Première Instance et une Chambre d'Appel.

3. L'affectation des juges aux Sections et Chambres respectives est déterminée par la Cour dans son règlement intérieur ».

Désormais, à la place de la CAJ/DH, on aura une nouvelle appellation de *Cour Africaine de Justice, des Droits de l'Homme et des Peuples*, qui sera composée d'une Présidence, du Bureau du Procureur et du Greffe. Une procédure de révision est prévue pour les décisions rendues par la Section des affaires générales et la Section des droits de l'Homme et des peuples, alors que l'appel sera possible pour celles rendues par la Section du droit international pénal (nouvel art. 18). Les juges auront un seul mandat de neuf ans (art. 8, nouveau). On soulignera que la compétence pénale internationale de la Cour AJDHP (modèle 2012-2014) sera très extensive puisque pouvant couvrir les crimes de guerre, contre l'humanité, les crimes de génocide, les changements anticonstitutionnels de gouvernement, la piraterie, le terrorisme, le mercenariat, la corruption, le blanchiment d'argent, la traite des personnes, le trafic des drogues, le trafic illicite de

[755] Voir le projet de Protocole sur les amendements au Protocole relatif au Statut de la Cour Africaine de Justice et des Droits de l'Homme, UA, Conseil Exécutif, 21éme session ordinaire, Addis-Abeba, 9-13 juillet 2012 (Doc.EX.CL/731(XXI)-a). Voir aussi Doc. Assembly/AU/Déc.493 (XXII) du 31 janvier 2014.

déchets dangereux, l'exploitation illégale des ressources naturelles, les crimes d'agression (Articles 28.A à 28.I, 28.I bis, 28.K, 28.L, 28.L. bis, 28.M, et art. 28.N).

Par ailleurs, le CPS et le Bureau du Procureur sont inclus parmi les entités admises à ester en justice devant la Cour (nouvel art. 29 § 1). Une autre originalité est la rétention de la responsabilité pénale des entreprises (art. 48 c).

S'il faut saluer toutes ces innovations, il reste que le texte original ou amendé du Protocole de Sharm el Sheik n'est pas encore en vigueur. Malgré les efforts entrepris[756] pour définir les différents crimes des articles 28, on peut subodorer de nombreuses difficultés d'application, d'articulation avec la CPI[757] (le dessein inavoué étant de la court-circuiter ou de la contourner), et avec les différentes cours sous -régionales africaines.

En attendant l'EV du Protocole sur la CAJ/DH, il faut signaler les grandes lignes de l'activité judiciaire de la Cour ADHP. En fait, en s'assurant du respect des conditions de recevabilité quant à la forme et quant au fond[758] de leur plainte, les individus devront aussi vérifier que l'Etat concerné a fait la déclaration de l'art. 34.6 du Protocole de 1998 acceptant la compétence de la Cour pour recevoir des requêtes individuelles ou d'ONG ayant le statut d'observateur auprès de la Cour ADHP. Un tour d'horizon des activités judiciaires de la Cour permet d'en fournir une lecture assez mitigée de ses apports jurisprudentiels. Son premier arrêt a

---

[756] Abdoulaye SOMA, « Vers une juridiction pénale régionale pour l'Afrique », Revue du CAMES, vol.1, n° 001, 2014 (2ème semestre) www.publications.lecames.or<g ;_Belingene KAHOMBO, « Le projet de création d'une juridiction pénale panafricaine », The Rule of Law, Librairie Africaine d'Etudes Juridiques de la Fondation Konrad Adenauer, vol. 7, 2013, pp. 1-26.

[757] Olivier de FROUVILLE, Droit international pénal. Sources, incriminations et responsabilité, Paris, Pédone, 2012 ; Julian FERNANDEZ et Xavier PACREAU, Statut de Rome de la Cour pénale internationale. Commentaire article par article, Paris, Pédone, 2012.

[758] Le requérant doit s'assurer que la Cour est compétente, que le droit dont la violation est alléguée est prévu dans la CADHP, que l'Etat a ratifié le Protocole de 1998 et que la violation est postérieure à la date de dépôt des instruments de ratification de l'Etat concerné.

été rendu le 15 décembre 2009[759], dans une affaire touchant Hissène HABRE, ex-Chef d'Etat du Tchad.

Dans sa requête du 11 août 2008, un requérant tchadien introduisait l'instance aux fins du retrait de la procédure menée par la République du Sénégal pour inculper, juger et condamner Hissène Habré, réfugié au Sénégal. Mais du fait que le Sénégal n'a pas accepté la compétence de la Cour pour connaître de requêtes individuelles (en vertu des art. 5 et 34 (6) du Protocole de 1998), la Cour « *ayant conclu à son incompétence (...) il n'y a pas lieu pour elle d'examiner la question de la recevabilité* »[760]. Depuis lors, il faut reconnaître que « *des 12 affaires dans lesquelles la Cour avait vidé sa saisine à la date du 1er mars 2013, 09 n'ont pas pu franchir l'obstacle de l'absence de la déclaration de compétence des Etats parties* »[761].

De même, la Cour a-t-elle décliné sa compétence pour l'examen de requêtes introduites par des ONG qui n'ont pas le statut d'observateur auprès de la Commission[762]. La Cour, en juillet 2014, a reçu 28 requêtes (Affaires contentieuses) et 5 demandes d'avis consultatif[763].

Dans l'Affaire *Femi Falana c/ Union Africaine (requête 001/2001, arrêt du 26/06/2012)*, la Cour s'est prononcée sur la

[759] *Affaire Michelot Yogogombaye c/ République du Sénégal (Requête 00/2008), arrêt du 15.12.2009,*www.african-court.org/fileadminis/documents/court/latest/judgments/french.

[760] Paragraphe 40 de l'Arrêt.

[761] Cf. Hermine Kembo Takam GATSING, Le système africain de protection des Droits de l'Homme : un système en quête de cohérence, L'Harmattan, 2014. Voir Affaire *Amir Adam Timan c/ Sudan* (requête 005/2012), arrêt du 30 mars 2012 ; *Affaire Baghdadi Ali Mahmoudi c/ République de Tunisie* (requête 007/2012), arrêt du 26 juin 2012.

[762] *Affaire CONASYSED c/ République Gabonaise, Requête 012/2011, arrêt 15 décembre 2011. Affaire Association des Juristes Africains pour la Bonne Gouvernance c/République de Côte d'Ivoire, Requête 006/2011, arrêt du 16 juin 2011.*

[763] Plus de 25 Affaires ont été finalisées dont les Affaires *Commission Africaine des Droits de l'Homme c/ Libye, requête 002/2013, arrêt du 3 juin 2013 ; Chrysanthe Rutobmgwa c/ Rwanda ; Lohé Issa Konaté c/ Burkina Faso, arrêt du 5 décembre 2014 ; Alex Thomas c/ Tanzanie (toutes introduites en 2013).*

validité de l'art. 34 (6) du Protocole de 1998, en ce qu'il constitue un obstacle à la protection des Droits de l'Homme. Le requérant, avocat nigérian, après avoir fait part de ses nombreuses démarches pour amener le Gouvernement de son pays à faire la déclaration prévue audit article, demandait que l'article soit considéré comme nul et non avenu parce qu'il empêche les nigérians, les ONG nigérianes de saisir directement la Cour de l'Union Africaine.

Cette dernière, elle-même défenderesse, décline sa compétence pour connaître de la question, rappelle qu'elle n'est ni partie à la CADHP ni à son Protocole, qu'elle n'est ni représentante légale de ses Etats membres qui demeurent souverains et que Me FALANA n'a pas épuisé les voies de recours internes. Suivant ces conclusions, la Cour a rejeté la requête. De même, la Cour est amenée souvent à rayer une affaire contentieuse[764] ou une procédure consultative[765] de son rôle lorsque le requérant s'abstient de soutenir sa demande, témoignant ainsi d'un manque d'intérêt.

Dans *l'Affaire Urbain Mkandawire c/ Malawi (Requête 003/2011)*, la Cour après rejet des arguments du demandeur (le 21 juin 2013), verra ce dernier introduire une demande conjointe en révision (Requête 001/2013) et en interprétation de la décision de 2013. La Cour rejette la requête en précisant son droit d'interpréter ses propres jugements en cas de problèmes d'exécution des décisions rendues mais s'arrête surtout sur l'obstacle du non épuisement des voies de recours internes. Quant à la révision, elle est écartée sur la base de l'argument que le requérant n'a apporté aucune preuve nouvelle ni aucun fait nouveau inconnu du précédent procès[766].

---

[764] Affaire *Le Collectif des anciens travailleurs maliens du Laboratoire Australian Laboratory Services, ALS-Bamako (MORILA) c/ République du Mali* (requéte 002/2016, arrêt du 5 septembre 2016.

[765] *Demande d'avis consultatif de Projet des Droits Socioéconomiques et Responsabilité (SERAP) (n° 001/2013), ordonnance du 15 mars 2013.*

[766] Voir, Cour ADHP, *affaire Frank David Omary et 6 autres c/ République unie de Tanzanie*, requête 002/2012 (révision), arrêt du 3 juin 2016.

Dans l'Affaire *Commission ADHP c/ Grande Jamahiriya Arabe Libyenne Populaire et Socialiste (Requête 004/2011),* la Cour a prononcé une ordonnance en indication de mesures conservatoires (provisoires) contre la Libye, en date du 25 mars 2011[767].

Dans deux affaires introduites contre la République Unie de Tanzanie, *Frank D. Omary et autres, le 30 janvier 2012, et Peter Joseph Chacha, le 13 février 2012 (003/2012),* la Cour va rejeter le même jour, dans deux *arrêts du 28 mars 2014*, les arguments des demandeurs pour non épuisement des voies de recours internes (art. 6 § 2 du Protocole de 1998, art. 56 CADHP et art. 40 § 5 du Règlement de la Cour). Dans la première requête (001/2012), les requérants alléguaient de la violation de leurs droits à la pension et autres indemnités avec la dissolution de l'ex-CAE dont ils étaient fonctionnaires et conformément aux obligations souscrites par la Tanzanie le 17 mai 1984. Dans la deuxième requête (003/2012), le requérant Chacha prétendait avoir été arrêté, détenu, accusé en violation des lois pénales de Tanzanie.

Les mêmes arguments défendus par le demandeur dans l'affaire Falana, se retrouvent dans *l'affaire Atabong Denis Atemnkeng c/ Union Africaine (Requête 014/2011).* Ce fonctionnaire camerounais de la Commission de l'UA dénonçait la validité du fameux verrou de l'art. 34 (6) du Protocole de Ouagadougou. La Cour se déclarera incompétente car le Cameroun n'a pas fait la déclaration pour l'admission de requête de personnes physiques ou ONG (*Arrêt du 15 mars 2013).*

767 Les mesures provisoires ou conservatoires peuvent être prononcées en vertu de l'Art. 27 § 2 du Protocole de 1998 et conformément aux règles du DIP pour éviter tout préjudice grave, irréparable compte tenu de l'urgence et de l'extrême gravité de la situation. Ces mesures ont été prononcées dans *les Affaires Commission Africaine des Droits de l'Homme et des Peuples contre République du Kenya (Requête 006/2012) et Commission Africaine des Droits de l'Homme et des Peuples c/ Libye (Requête 002/2013), ordonnance du 15 mars 2013 ; Général Kayumba Nyamwasa et 6 autres c/ République du Rwanda,(Requête 016/2017), ordonnance sur la demande aux fins de mesures provisoires du 24 mars 2017.*

Dans l'ordonnance du 25 mars 2011, la Cour avait enjoint à la Libye de lui faire rapport dans les 15 jours de réception de l'ordonnance, des mesures prises pour mettre fin aux violations. Devant l'insuccès dans l'exécution de l'ordonnance, une autre requête de la Comm. ADHP a été introduite et jugée en 2013[768]. On soulignera que la Cour a fait part de la non exécution de sa décision précédente par la Libye, à la CEG de l'UA.

L'Affaire Ayants-droits de Feu Norbert Zongo, Abdoulaye Nikiema dit Ablassé, Blaise Ilboudo et Ernest Zongo c/ Burkina Faso (Requête 013/2011) conclue par un *arrêt du 28 mars 2014*, reste la plus médiatisée par l'ampleur des violations alléguées des Droits de l'Homme à l'encontre du Burkina Faso. Pour rappeler les faits, il faut remonter au 13 décembre 1998, date de la découverte des corps, calcinés dans leur voiture, de Norbert Zongo, journaliste d'investigation et Directeur de l'Hebdomadaire *L'Indépendant* et de ses compagnons. Dans leur requête, les plaignants, ayants-droits des victimes, allèguent des violations des articles 1 à 4, 7 et 9 de la CADHP, des articles 2 § 3, 14 et 19 § 2 du PIDCP et de l'art. 5 de la DUDH par l'Etat concerné. Après les phases écrite et orale, la Cour conclut :

- d'abord, à la non violation de l'art. 3 et de l'art. 1er de la CADHP concernant l'obligation d'adopter des mesures législatives ;

- ensuite à la violation par l'Etat défendeur de l'obligation de prendre des mesures autres que législatives « *pour assurer le respect du droit des requérants à ce que leur cause soit entendue par les juridictions nationales compétentes* », donc des articles 7 et 9 de la CADHP et de l'art. 66 § 2 du Traité révisé de la CEDEAO. Il lui est, en outre, reproché de n'avoir pas fait preuve de la diligence nécessaire pour rechercher, poursuivre et juger les assassins de Norbert ZONGO et de ses compagnons et donc d'avoir manqué à ses obligations par défaut de mesures judiciaires appropriées visant à garantir le respect des droits des requérants[769].

---

768 Affaire *Commission Africaine des Droits de l'Homme et des Peuples c/ Libye (Requête 002/2013), arrêt du 3 juin 2013.*

769 Voir, son site : www.african-court.org.fr.

Conformément à l'art. 6 § 3 de son Protocole, la Cour ADHP peut renvoyer certaines affaires à la Comm. ADHP. Il en a été ainsi pour les *affaires Soufiane Ababou c/ République Démocratique d'Algérie (Requête 002/2011)*[770] *; Daniel Amare et Mulugetav Amare c/ République du Mozambique et Mozambique Airlines (Requête 005/2011*) et pour l'affaire introduite par une ONG n'ayant pas le statut d'observateur auprès de la Commission (*Association des Juristes d'Afrique pour la Bonne Gouvernance c/ République de Côte d'Ivoire*, précitée).

De même, dans son arrêt du 23 septembre 2011, en *l'affaire Ekollo Moundi Alexandre c/ République du Cameroun et République Fédérale du Nigeria (Requête 008/2011*), la Cour d'Arusha a confirmé son incompétence à examiner cette affaire car le Cameroun n'avait pas signé le Protocole de 1998 et le Nigeria n'avait pas encore fait la Déclaration de l'art. 34 (6). La Cour a jugé plus approprié de transférer l'affaire à la Commission de Banjul.

Le premier arrêt rendu sur le fond, avant l'affaire Zongo, de la Cour ADHP porte sur les *affaires* jointe*s, Tanganyka Law Society, the Legal HumanRights Centre et Reverend Christopher Mtikila c. République Unie de Tanzanie (arrêt du 14 juin 2013).* En l'espèce, les trois requérants dont deux associations de la société civile, contestaient l'interdiction de candidatures indépendantes et de participation aux élections, que l'obligation pour un candidat d'être affilié à un parti politique restreignait la liberté d'association, qu'elle constituait une violation du droit à la non discrimination et qu'elle était une pratique contraire à l'Etat de droit. La Cour condamne la Tanzanie en lui enjoignant « *de prendre toutes les mesures constitutionnelles, législatives et autres dispositions utiles dans un délai raisonnable, afin de mettre fin aux violations constatées et d'informer la Cour des mesures prises à cet égard* »[771]. La Cour va finalement

[770] Cour ADHP, *Soufiane Ababou c/ République Démocratique d'Algérie (Requête 002/2011), arrêt du 16 juin 2011.*

[771] Cf. sur tout le déroulement de ces affaires, Dossier du Pôle Afrique de Sentinelle, sous la direction de Roland ADJOVI, Cour Africaine des Droits de l'Homme et des Peuples, l'Affaire Rev. Mtikila c. Tanzanie du 02/09/2013, consultable à www.sentinelle.droit- international.fr.

condamner la Tanzanie (qui a souscrite la déclaration de l'art. 34 (6)), car la Cour « *estime qu'il y a atteinte à la liberté d'association dès lors qu'un individu est contraint de s'associer avec d'autres personnes (...). En d'autres termes, la liberté d'association signifie que chacun est libre de s'associer et libre de ne pas le faire* » (*Paragraphe 113 de l'arrêt*).

Par ailleurs, la fonction consultative de la Cour ADHP a été déclenchée par des demandes d'Avis, introduites soit par des Etats[772], soit par des organes de l'UA, des ONG ou associations[773]. En fait, la compétence consultative de la Cour se fonde sur l'art. 4 de son Protocole qui énonce : « *Tout Etat membre de l'OUA ou l'OUA elle-même, l'un de ses organes ou toute organisation africaine reconnue par elle, peut demander un avis consultatif à la Cour sur une question juridique concernant la Charte Africaine des Droits de l'Homme ou tout autre instrument pertinent relatif aux droits de l'Homme* ».

Au regard des développements précédents, le système régional africain de protection et de promotion des Droits de l'Homme ressemble à une construction à deux étages avec au premier, bénéficiant de l'antériorité mais au détriment de la subsidiarité, la place de la Commission et au second, l'organe judiciaire principal, la Cour ADHP qui se prépare à la mue prochaine vers une CAJ/DH. La simplicité de ce schéma est aujourd'hui rompue par la tendance de plus en plus remarquée à la juridictionnalisation des Droits de l'Homme avec des organes des OIA s'occupant, par prétérition, de la protection juridictionnelle de ces droits.

---

[772] *Demande d'avis consultatif de la République du Mali (n° 001/2011) et Demande d'avis consultatif de la Libye (002/2011).*

[773] *Demande d'avis consultatif de Projet des Droits Socioéconomiques et Responsabilité (SERAP) (n° 001/2013) ; demande d'avis consultatif de l'Union Panafricaine des Avocats (UPA) et Southern African Litigation Center (02/2012) ; demande d'avis consultatif du Comité Africain d'Experts sur les droits et le bien-être de l'enfant (002/2013), avis consultatif du 5 décembre 2014.*

Paragraphe II – Les OIA sous-régionales et les Droits de l'Homme

Depuis les années 80, un formidable mouvement en faveur de la protection et de la promotion des Droits de l'Homme, n'a pas seulement été observé au niveau de l'OUA/UA mais a également amené les autres OIA (soit dans le cadre des CER soit d'organisations généralistes ou sectorielles) à s'intéresser de manière incidente aux Droits de l'Homme, alors même que leur vocation première était plutôt orientée vers des thématiques plus générales comme le développement économique, l'intégration ou la coopération politique. C'est la CEDEAO qui a eu le mérite d'étoffer, le plus, sa production normative dans ce domaine (A). D'autres CER ou OIA sectorielles ont également accompagné le mouvement vers la démocratie et le respect des Droits de l'Homme (B).

A. Le contentieux des Droits de l'Homme dans le cadre de la CEDEAO

« *Abuja plutôt qu'Arusha* », telle est actuellement l'opinion la plus partagée des ressortissants ouest africains, victimes de violations des Droits de l'Homme, dans l'espace CEDEAO, en raison de la possibilité qui leur est offerte par certains textes fondamentaux de cette OCA et de l'impressionnant volume du contentieux des Droits de l'Homme au niveau de sa Cour de Justice.

Outre les fondements lointains comme le Traité de Lagos de 1975 révisé le 24 juillet 1993, la prise en compte des Droits de l'Homme par la CEDEAO dans ses activités, a pour socle, un certain nombre de textes formant l'ossature de ses attributions dans ce domaine.

D'abord, la Déclaration des Principes politiques du 6 juillet 1991 insiste sur la défense des Droits de l'Homme qui constitue, selon le Préambule du Traité de 1993, un engagement « *à promouvoir et à encourager la jouissance pleine et entière par toutes les populations, de leurs droits fondamentaux, notamment leurs droits politiques, économiques, sociaux, culturels et autres, inhérents à la dignité de la personne humaine et essentiels à son développement libre et progressif* ».

Ensuite, le Traité révisé de 1993 révèle l'attachement des Etats membres à la Charte Africaine de 1981 et à la Déclaration des Principes politiques de 1991 tout en réitérant la nécessité d'améliorer le niveau de vie de leurs peuples et de stimuler et d'accélérer le progrès économique et social des Etats.

Ces énonciations préambulaires sont davantage confortées par l'article 4 dudit Traité, intitulé « Principes fondamentaux » parmi lesquels on peut mentionner : « *(...) respect, promotion et protection des Droits de l'Homme et des Peuples conformément aux dispositions de la Charte Africaine des Droits de l'Homme et des Peuples...* » (art. 4, g), ou encore « *(la) promotion et consolidation d'un système démocratique de gouvernement dans chaque Etat membre tel que prévu par la Déclaration des Principes politiques adoptée le 6 juillet 1991 à Abuja...* » (art. 4, j).

Le Traité crée une Cour de Justice de la Communauté (art. 15) dont le statut, les compétences, la procédure sont réglés par un Protocole de 1991[774]. Il s'y ajoute la volonté des Etats membres, de la CEDEAO, qui sont « *Déterminés à conjuguer nos efforts en vue de promouvoir la démocratie dans la sous-région sur la base du pluralisme politique et du respect des droits fondamentaux de l'homme tels que contenus dans les instruments internationaux en matière de Droits de l'Homme universellement reconnus et dans la Charte Africaine des Droits de l'Homme et des Peuples* » (Déclaration de Principes politiques de la CEDEAO, Abuja).

Initialement, le Protocole d'Abuja de 1991[775] réservait l'accès au prétoire aux seuls Etats, à la Conférence des Chefs d'Etat et aux institutions de la communauté écartant toute saisine directe des particuliers, sinon par l'intermédiaire de la protection diplomatique de l'Etat. Cet état de fait connaîtra un bouleversement radical avec l'adoption du Protocole d'Accra de 2005 (portant amendement de celui de 1991 et qui permet

---

[774] Protocole d'Abuja du 6 juillet 1991, (A/P1/7/91) révisé par le Protocole d'Accra du 19 janvier 2005, (A/SP.1/01/05).

[775] Voir nos développements sur les recours communautaires.

d'élargir le droit de saisine aux particuliers (personnes physiques ou morales)[776] et aux juridictions nationales des Etats membres.

Le nouvel article 9 § 4 dispose : « *La Cour est compétente pour connaître des cas de violations des Droits de l'Homme dans tout Etat membre* ». L'innovation aura un effet immédiat de gonflement de contentieux y afférents. Comme le rappelait un Honorable Juge, « *Cette ouverture aux personnes physiques a eu pour conséquence une prolifération des requêtes. Pour la seule période allant de janvier 2006 à juin 2007, la Cour a enregistré 26 requêtes* »[777]. Il en appert une voie de recours ouverte à toute personne victime de violations des Droits de l'Homme et, insérée dans des limites étroites. Cette ouverture *rationae personae* et cette clôture *rationae materiae* sont ainsi rappelées par l'art. 10 § d :

« La demande soumise à cet effet :

i) ne sera pas anonyme ;

ii) ne sera pas portée devant une autre Cour Internationale compétente ».

A vrai dire, l'aménagement de ce contentieux au sein de la CEDEAO s'inscrit dans le prolongement de la compétence de cette O.C.A. affirmée à l'art. 39 du Protocole sur la Démocratie et la Bonne Gouvernance du 21 décembre 2001 qui prévoyait : « *Le Protocole adopté à Abuja le 6 juillet 1991 et relatif à la Cour de Justice de la Communauté sera modifié aux fins de l'extension de*

---

[776] Désormais, la Cour ne pourra plus exciper de son incompétence à se saisir de requêtes introduites par les particuliers, comme dans *l'Affaire n° ECW/CCJ/APP/01/03, Olajide Afolabi contre la République Fédérale du Nigeria.* Ici, le requérant avait attaqué la mesure de fermeture par le Nigeria de sa frontière avec la République du Bénin et alléguait de certaines pertes du fait de sa qualité d'homme d'affaires.

[777] Sidibé Soumana DIRAROU, « La mise en exécution des décisions de la Cour de Justice de la Communauté CEDEAO » *in* Conférence sur le droit dans le processus d'intégration en Afrique de l'Ouest, Abuja, 13-15 novembre 2007 ; cf. aussi, Kofi Oteng KUFUOR, « *Law, power, politics and economics : critical issues arising out of the New Ecowas Treaty* », African Journal of International and Comparative Law, 06/3, 1994, pp. 428-448.

la compétence de la Cour, entre autres, aux violations des Droits de l'Homme, après épuisement sans succès des recours internes ».

Toutefois, on ne manquera pas de relever que cette condition de l'épuisement n'a pas été reprise dans le Protocole d'Accra, ce qui déterminera la Cour à admettre en 2008 que « *la règle d'épuisement préalable des voies de recours internes n'est pas d'application devant la Cour (...). Par conséquent, le législateur communautaire CEDEAO, en disposant, comme il l'a fait à l'article 10 d. ii du Protocole Additionnel, entend rester dans les limites strictes de ce que la pratique internationale a cru bon devoir respecter. Il n'appartient donc pas à la Cour de céans d'ajouter au Protocole Additionnel des conditions non prévues par les textes* »[778].

Du reste, la Cour, s'appuyant sur la jurisprudence internationale, notamment européenne, a reconnu que « *s'il est constant que la protection des Droits de l'Homme par les mécanismes internationaux est une protection subsidiaire, il n'en demeure pas moins que cette subsidiarité connaît depuis quelque temps une évolution remarquable qui se traduit par une interprétation très souple de la règle de l'épuisement des voies de recours internes ; c'est d'ailleurs ce que disait la Cour Européenne des Droits de l'Homme dans son arrêt De Wilde, Ooms et Versyp c/ la Belgique du 18 juin 1971 lorsque celle-ci a jugé que « conformément à l'évolution de la pratique internationale, les Etats peuvent bien renoncer au bénéfice de la règle de l'épuisement des voies de recours internes* »[779].

Cette consécration de la protection des droits fondamentaux illustre, de l'avis de l'Honorable Juge NANA-DABOYA, « *à n'en pas douter une réelle volonté politique d'intégration sous-régionale axée sur le développement économique et social, le tout*

---

[778] Cour de Justice de la CEDEAO, Affaire *Dame Hadijatou Mani Koraou c. République du Niger, arrêt du 27 octobre 2008, § 49 et 53, voir le site : www.unhcr.org/cgi-bin:ldxis:vtx:refworld.*

[779] Affaire *Dame Hadijatou Mani KORAOU.*

dans le respect et la promotion des droits humains et des principes démocratiques »[780].

La généralité des compétences de la Cour conduit celle-ci à se référer à tous les Droits de l'Homme, individuels ou collectifs, positifs ou négatifs, puisque « *la Cour assure la défense de tous les droits et libertés, qu'ils soient civils ou politiques, économiques ou sociaux, de la 1ère, 2ème ou 3ème génération de droits ; qu'ils soient liés à l'autonomie de la personne ou qu'ils se présentent comme des attributs individuels que l'on exerce avec d'autres (liberté de culte, liberté d'association, droit de vote...) ; qu'ils fondent la démocratie ou qu'ils concourent à sa consolidation* »[781].

Quant à la compétence *rationae loci*, elle est exercée par la Cour à l'égard de tout différend en rapport avec le territoire d'un Etat membre, que la demande soit dirigée à l'encontre d'un Etat membre, d'un de ses démembrements ou d'une institution de la Communauté. Dans cette perspective, la Cour s'attache à une interprétation large du lieu de commission de la violation[782]. Auparavant, l'impossibilité pour les individus d'ester en justice devant la Cour, qui avait été évoquée dans l'affaire précitée *Olajide Afolabi,* conclue par l'admission de l'exception préliminaire nigériane, avait laissé un goût d'inachevé avec la reconnaissance de l'incompétence de la Cour[783]. Selon ces termes : « *Attendu en définitive qu'au regard de toutes ces considérations, la Cour déclare que seuls les Etats membres peuvent ester en justice au nom de leurs ressortissants. Qu'en conséquence, il y a lieu de faire droit à l'exception préliminaire soulevée par la République Fédérale du Nigeria* ».

Depuis l'amendement du Protocole sur la Cour de la CEDEAO, son activité, en matière de Droits de l'Homme, a

---

780 Awa NANA DABOYA, « La Cour de Justice de la CEDEAO et la protection des Droits de l'Homme », in Conférence sur le droit, op. cit.

781 Idem.

782 Voir *CEDH, Affaire Drozd et Janou Sek c /France et Espagne, arrêt du 26 juin 1992.*

783 *Affaire Olajide Afolabi contre la République Fédérale du Nigeria, arrêt n° 01/04/04 du 2 avril 2004.*

connu un grand essor, offrant une visibilité importante à la CEDEAO et entraînant un accroissement du contentieux des Droits de l'Homme.

Depuis 2005, le nombre d'audiences tenues par la Cour a augmenté de manière exponentielle en raison de recours systématiques et directs de militants des Droits de l'Homme, d'hommes politiques, d'ONG et associations mais surtout de ressortissants lésés dans la jouissance de leurs droits. Un examen panoramique des décisions permet d'attester de cette diversité.

Ainsi, la Cour, qui a siégé à Bamako en 2006 et 2007 pour les besoins de l'Affaire *Moussa Léo Keita contre la République du Mali*[784], après avoir examiné les arguments de cet ex-ambassadeur du Mali à Washington, s'est déclarée incompétente pour statuer sur la décision déjà rendue par la Cour suprême du Mali dont la Chambre administrative avait réduit de 30 millions à 7 millions de Francs CFA le montant des indemnités allouées à cet ancien fonctionnaire à la retraite du fait de la confiscation par son Etat d'une collection d'œuvres d'art de 110 pièces dont il est le propriétaire.

Ainsi, a-t-elle déclaré recevable en 2007, dans l'affaire *Alhaji Hammani Tidjani*, une requête dirigée contre plusieurs Etats, étant entendu que le territoire d'un Etat membre a servi de lieu de commission de la violation et que d'autres Etats membres y sont impliqués[785].

Elle a rejeté l'argument du défendeur sur le défaut d'intérêt à agir du requérant, en précisant que « *Même s'il est vrai que l'intérêt à agir a été suscité le 25 septembre 2003, date de l'arrestation du requérant par les autorités nigérianes, il ne se prescrit que le 24 septembre 2006 dans la mesure où, au moment de l'introduction de la requête, le 08 mars 2006, le Protocole additionnel était en vigueur, cela a donné au requérant le droit de saisine directe* ».

---

[784] *Affaire n° ECW/CCJ/APP/03/07, arrêt du 22 mars 2007, Moussa Léo Keita c/ République du Mali.*

[785] *Affaire Alhaji Hammani Tidjani c/ République Fédérale du Nigeria, République du Mali, République du Bénin, arrêt du 28 juin 2007.*

Parmi les nombreuses décisions rendues par la Cour en matière des Droits de l'Homme, une importance particulière est attribuée à la jurisprudence *Dame Hadijatou Mani KORAOU*[786], dans laquelle la Cour a réussi à poser un certain nombre de principes.

En l'espèce, il s'agissait d'une femme nigérienne de coutume Bouzou qui a été vendue à l'âge de 12 ans en 1996 comme esclave à un homme de coutume Haoussa nommé El Hadj Souleymane NAROUA, âgé de 48 ans, au prix de 240.000 FCFA pour servir de domestique et de concubine. Pendant des années de servitude, Dame MANI a subi de mauvais traitements et des abus sexuels de la part de son maître et a donné naissance à quatre enfants dont deux ont survécu.

La décision de quitter le domicile de son maître, et d'obtenir sa liberté après la délivrance du certificat d'affranchissement de sa condition, prise par Dame MANI, a été le début d'une longue procédure en droit interne, jusqu'à ce que la Cour de Justice de la CEDEAO soit saisie de l'affaire.

Dans cette affaire, les juges ont été confrontés à des problèmes dont la plupart des solutions dégagées ou apportées peuvent être considérées comme « *des principes juridiques* ». Ainsi, à la question de savoir si l'observation de l'épuisement des voies de recours internes s'impose en cas de saisine de la Cour de Justice, la Cour a estimé qu'une requête n'est pas irrecevable pour défaut d'épuisement de voies de recours internes. L'épuisement des voies de recours internes n'apparaît donc pas comme une condition de recevabilité d'une requête devant la Cour de Justice de la CEDEAO. Ce principe s'impose donc et bénéficie à toute personne qui porte plainte devant la Cour. De même, la Cour réaffirme le principe contenu dans l'article 4 du Protocole Additionnel de 2005, qui veut que toute personne victime de violation des Droits de l'Homme puisse saisir directement la Cour.

En examinant l'affaire au fond, les juges de la Cour n'ont pas hésité à se référer aux divers instruments internationaux relatifs à

[786] *CJ CEDEAO, Affaire Hadijatou Mani KORAOU c/ République du Niger, arrêt du 27 octobre 2008.*

la protection des Droits de l'Homme ainsi qu'à la Charte Africaine des Droits de l'Homme et des Peuples, pour réprimer la condition servile dans laquelle se trouvait la requérante et les mauvais traitements et violences sexuelles auxquels elle était confrontée. La Cour admet, au regard des faits, que la Dame Hadijatou Mani KORAOU a été véritablement tenue en esclavage et condamne l'Etat du Niger au paiement de 10 millions de Francs CFA pour réparation du préjudice subi[787]. La Cour va plus loin, en affirmant que l'esclavage peut être constitutif d'un crime contre l'humanité, en se déclarant incompétente pour connaître de l'existence d'un tel crime au sens de l'article 7 du statut de la Cour Pénale Internationale.

En conséquence, la Cour condamne la République du Niger en ces termes :

« *1. Dit que la discrimination dont a été l'objet Dame Hadijatou Mani KORAOU n'est pas imputable à la République du Niger ;*

2. Dit que Dame Hadijatou Mani KORAOU a été victime d'esclavage et que la République du Niger en est responsable par l'inaction de ses autorités administratives et judiciaires ;

3. Reçoit dame Hadijatou Mani KORAOU en sa demande de réparation des préjudices subis et lui accorde une indemnité forfaitaire de dix millions de Francs CFA ;

4. Ordonne le paiement de cette somme à dame Hadijatou Mani KORAOU par la République du Niger… »[788].

Dans l'affaire *Ebrima MANNEH,* journaliste gambien arrêté après la clôture du Sommet de l'Union Africaine de Banjul de 2006, accusé d'avoir perturbé cet événement et porté disparu depuis lors, la Cour sur plainte de l'O.N.G. Media Foundation for West Africa (M.F.W.A.), basée à Accra (Ghana) contre le

---

[787] Voir CEDEAO, *Affaire Hadijatou Mani Koraou c/ République du Niger, 27 octobre 2008, op. cit.* ; voir Yves Hamuli KABUMBA, « La répression internationale de l'esclavage : les leçons de l'arrêt de la Cour de Justice de la CEDEAO dans l'affaire Hadijatou Mani Koraou c/ République du Niger, 27 octobre 2008 », Revue Québécoise de Droit International, n° 21.2, 2008, pp. 25-56.

[788] Cf. Affaire *n° ECW/CCJ/JUD/06/08, Dame Hadijatou,* op. cit.

gouvernement gambien, condamne la Gambie à libérer le journaliste et à lui verser 100 000 dollars de dommages et intérêts [789].

Dans l'affaire *Professor Etim Moses ESSIEN contre la République de Gambie et l'Université de Gambie*[790], la Cour conclut à l'absence de violations des droits du requérant du fait qu'il a été payé en *dalasis* plutôt que dans la monnaie libellée dans son contrat expiré avec le Secrétariat du Commonwealth qui l'avait détaché comme enseignant à l'Ecole de Médecine de l'Université.

Dans l'affaire *MMrs Alice R. CHUKWUDOLUE, Rosemary Adaeze AMANZE et al. Contre la République du Sénégal*[791], la Cour s'estime incompétente du fait de l'existence d'une clause (dans la photocopie non légalisée d'un prétendu certificat de dépôt d'une somme de 2 milliards 400 millions de dollars et de 60 kg de métaux précieux) donnant compétence à la Cour Internationale de Justice ou à un tribunal arbitral. Cette affaire assez nébuleuse, avait été introduite par la veuve et autres parents de Feu Prince Ralph N. J. CHUKWUDOLUE qui aurait chargé des membres de l'Ambassade du Sénégal au Nigeria, avec l'appui de l'ONU, de l'OEA et de l'OUA, de faire l'acquisition de terrains d'une dimension de 60 000 m² en Afrique et au Brésil pour en faire un refuge pour toute personne apatride ou simplement éprise de liberté. Sans doute, la Cour aurait-elle pu sanctionner plus fermement ces abus de procédures à l'allure d'escroquerie et de chantage.

Beaucoup d'Affaires introduites devant la Cour concernent des arrestations et détentions arbitraires[792], des problèmes d'emprises

---

[789] *Arrêt du 5 juin 2008.* Le Gouvernement de la République de Gambie a fait aussi l'objet d'une plainte similaire engagée en novembre 2007 par la même M.F.W.A. concernant un autre journaliste, *Musa SAIDYKAN* qui prétendait avoir été arrêté arbitrairement et torturé dans les locaux des forces de l'ordre, avant de fuir avec son épouse pour se réfugier à Dakar. *(ECW/CCJ/JUD/08/10, arrêt du 19 décembre 2010).*

[790] *Arrêt n° ECW/CCJ/APP/05/07 du 29 octobre 2007.*

[791] *Arrêt n° ECW/CCJ/APP/07/07 du 22 octobre 2007.*

[792] Cour de Justice de la CEDEAO, *ECW/CCJ/JUD/02/16, Affaire Konso Kokou Parounam c/ République Togolaise, arrêt du 16 février 2016.*

ou violations de droits de propriété[793] et mettent en cause le droit d'être jugé dans un délai raisonnable, le principe de la présomption d'innocence, le droit à un procès équitable[794], le droit à un recours effectif, le respect du principe du contradictoire et du droit d'être jugé dans un délai raisonnable[795], la violation du droit de choisir son propre avocat, même de nationalité étrangère[796], la détention arbitraire ou les droits de personnes vulnérables comme les femmes enceintes[797] ou mère de nourrisson et d'enfants en bas age[798], l'arrestation de personnes et la destruction de biens (navires...)[799], ce qui aboutit souvent à la mise en cause de la responsabilité de l'Etat du fait de ses agents[800]. Aussi, la compétence de la CJ/CEDEAO pour connaître de tous les cas de violations des Droits de l'Homme a-t-elle été explicitée dans *l'Affaire Chief Frank C. UKOR, arrêt du 02 novembre 2007*, à savoir que « *c'est un principe de droit bien établi qu'une juridiction n'a compétence que :*

---

[793] Cour de Justice de la CEDEAO, *ECW/CCJ/JUD/04/16*, Affaire *Kagbara Bassabi et Babale Philomène c/ République Togolaise, arrêt du 16 février 2016.*

[794] *Affaire Mme TokumboLijadu-Oyemade c/ Secrétaire Exécutif de la CEDEAO, arrêt du 5 avril 2006 ; Affaire Dr. Jerry Ugokwe c/ République Fédérale du Nigeria, arrêt du 7 octobre 2005.*

[795] Cour de Justice de la CEDEAO, *ECW/CCJ/JUD/03/16, Affaire Ibrahima Sory Touré, Issiaga Bangoura c/ République de Guinée, arrêt du 16 février 2016.*

[796] Cour de Justice de la CEDEAO, *ECW/CCJ/JUD/19/16, Affaire Djibril Yipéné Bassolé c/ Burkina Faso, arrêt du 1er avril 2016.*

[797] Cour de Justice de la CEDEAO, *ECW/CCJ/JUD/04/09, Affaire Amouzou Henri et 5 autres c/ République de Côte d'Ivoire, arrêt du 17 décembre 2009.*

[798] *Cour de Justice de la CEDEAO, ECW/CCJ/JUD/17/12, Affaire Sa'adatu Umar c/ République Fédérale du Nigéria, arrêt du 14 décembre 2012.*

[799] Cour de Justice de la CEDEAO, *ECW/CCJ/JUD/01/09, Affaire Djot Bayi and 14 others v. Federal Républic of Nigéria and 4 others, arrêt du 23 janvier 2009.*

[800] Cour de Justice de la CEDEAO, *Affaire Dorothy Njemanze et autres c/ République Fédérale du Nigéria, arrêt du 17 octobre 2017 ;* Cour de Justice de la CEDEAO, *ECW/CCJ/JUD/07/16, Affaire Amétépé Koffi c/ République du Togo, arrêt du 21 avril 2016.*

1) *lorsqu'elle est régulièrement composée et ce, eu égard au nombre et à la qualification de ses membres et qu'aucun d'entre eux n'est disqualifié pour une raison ou pour une autre ;*

2) *quand l'objet du litige relève bien de la compétence de la Cour et qu'il n'existe dans l'affaire aucun élément empêchant d'exercer sa compétence ;*

3) *quand l'affaire a été introduite devant la Cour selon les règles de procédure prévues par la loi et après que les conditions préalables à l'exercice de la compétence aient été remplies. Il demeure établi qu'en droit, le défaut de compétence pour connaître d'une affaire est néfaste et entraîne ipso facto la nullité de l'action et de la procédure, quelle que soit la manière dont elles ont été conduites »*[801].

L'extension de ses compétences n'a pas empeché la Cour à s'autolimiter, en reconnaissant, à juste titre, qu'elle *« n'est pas une juridiction de réformation des décisions des juridictions nationales »*[802].

Dans ce registre, la Cour de la CEDEAO s'est résolument ancrée dans un*« judicial restraint »,* en se limitant aux questions fondant son prétoire, en DH, même *« si en principe, la Cour n'apprécie pas les motifs d'une décision judiciaire »*[803]. Cette position résulte d'une jurisprudence adoptée tres tôt à la suite du Protocole de 2005 d'extension de ses compétences. Aussi avait elle estimé que *« les recours contre les décisions des juridictions nationales des Etats membres ne font pas partie des compétences de la Cour »*[804]. Elle opére la distinction entre le contrôle de légalité d'une décision judiciaire nationale (ce qu'elle n'effectue

[801] Voir, Alioune SALL, La justice de l'intégration, Ed. CREDILA, 2011, p. 345.

[802] Cour de Justice de la CEDEAO, *ECW/CCJ/JUD/26/15, Affaire Mamadou Moustapha Kakali c/ République du Niger, arrêt du 1er décembre 2015, (*contestation de la désignation par l'Etat du sultan de Zinder*).*

[803] Cour de Justice de la CEDEAO, *ECW/CCJ/JUD/12/16, Affaire Général Amadou Haya Sanogo et autres c/ République du Mali, arrêt du 17 mai 2016, § 17.*

[804] Cour de Justice de la CEDEAO, *Affaire Jerry Ugokwe c/ République Fédérale du Nigéria, arrêt du 7 octobre 2005.*

pas) et la constatation d'une violation des DH résultant d'une décision de justice (ce qui fonde sûrement sa compétence)[805].

Toujours, dans le dessein de clarifier davantage ses attributions, la Cour précise qu'il faut que la violation alléguée des Droits de l'Homme soit effective, et que les faits dénoncés aient un rapport avec les violations des Droits de l'Homme[806]. La Cour invite donc à la prudence et à la perspicacité car, « *il est de jurisprudence constante qu'une ordonnance dûment rendue par un tribunal compétent reste valable jusqu'à ce qu'une personne non satisfaite et justifiant de motifs sérieux, entame une procédure judiciaire adéquate aux fins de son annulation. Par conséquent, c'est à tort que le conseil du requérant a saisi la Cour de céans qui n'est pas une Cour d'Appel des décisions rendues par les juridictions des Etats membres* »[807]. Le requérant dont le camion et la marchandise transportée avaient été saisis par un tribunal béninois en 2004, a été aussi débouté. Elle est souvent amenée à décliner sa compétence lorsqu'une procédure judiciaire suit son cours devant les tribunaux internes, et qu'aucun indice de son caractère arbitraire n'est avéré[808], ou à déclarer qu' « *elle est incompétente pour exercer un contrôle de constitutionnalité ou de légalité des actes pris par les autorités nationales des Etats membres en application de leur droit national* »[809].

---

[805] A propos de décisions de la justice malienne refusant le droit successoral à la femme, à la sœur et à la fille d'un défunt en raison de leur sexe, Cour de Justice de la CEDEAO, *ECW/CCJ/JUD/11/16, Affaire Farimata Mahamadou, Barandjangou Mahamadou , Farimata Oumar et Farimata Kola c / République du Mali , arrêt du 17 mai 2016 (§§48-50).*

[806] Affaire *Franck C. Ukor c/ Sieur Rachad Laleye et République du Bénin, arrêt du 2 novembre 200*, op.cit.

[807] Affaire précitée *Franck C. Ukor c/ Sieur Rachad Laleye et République du Bénin, arrêt du 2 novembre 2007.*

[808] Cour de Justice de la CEDEAO, *ECW/CCJ/JUD/01/12, Affaire Barthélémy Dias c/ République du Sénégal, arrêt du 23 mars 2012, (procédure d'instruction, mandat de dépôt contre un opposant).*

[809] Cour de Justice de la CEDEAO, *ECW/CCJ/JUD/05/11, Affaire Center for Democracy and Development et Center for Defense of Human Rights and Democracy c/ Mamadou Tandja et République du Niger, arrêt du 09 mai 2011, (§ 38 de la décision).*

L'accès à la célébrité et, donc, à la visibilité de la CJ/CEDEAO aura pour effet d'attraire devant son prétoire de nombreuses affaires relatives au jeu politico-institutionnel, aux tensions entre partis de la majorité et de l'opposition, dans les Etats membres.

Quelques grands dossiers ont alimenté suspicions, controverses et transfèrement de querelles politiques, constitutionnelles devant la Cour d'Abuja : il s'agit des affaires Habré, Gbagbo, Karim Wade, Kpacha Gnassingbe, CDP, etc.

Si le traitement de ces affaires a contribué à accroître la publicité autour de la Cour, il a aussi édulcoré *mutatis mutandis* sa crédibilité et mis à nu son incapacité juridique de faire exécuter ses propres décisions lorsque les Etats membres se replient sur des positions souverainistes de bon ou mauvais aloi.

Comme l'avait jugé la CEDH, « *le niveau d'exigence croissant en matière de protection des Droits de l'Homme et des libertés fondamentales implique, parallèlement et inéluctablement, une plus grande fermeté dans l'appréciation des atteintes aux valeurs fondamentales des sociétés démocratiques* »[810]. Cet *obiter dictum* ne saurait mieux exprimer les différentes positions de la CJ/CEDEAO dans ces affaires politiques.

La crise ivoirienne, à la fin de la première décennie des années 2000, a été déplacée sur le plan judiciaire avec les Affaires GBAGBO (Laurent, Simone et Michel).

Dans *l'Affaire Simone Ehivet et Michel Gbagbo c/ République de Côte d'Ivoire*[811], les requérants, en 2011, avaient saisi la Cour pour violation des Droits de l'Homme, à savoir pour Simone Ehivet GBAGBO, de ses droits politiques, et ensemble, pour violation des articles 5 à 7, 12 et 23 CADHP, des articles 9, 12, 14 et 23 PIDCP, des articles 3, 5 à 9, 13 et 16 DUDH, des articles 4 (g) et 1er (h) du Traité révisé (CEDEAO), le Préambule et les articles 2 et 22 (1) de la Constitution ivoirienne.

Entretemps, Michel GBAGBO obtiendra gain de cause sur les prétendues allégations de menace à sa vie, à sa santé et la Cour

---

810 *CEDH, Affaire Siwa-Akofa Siliadin c. France, VII, Série A, § 121.*

811 *ECW/CCJ/JUD/03/13, arrêt du 22 juin 2013.*

rendra un arrêt avant dire droit le 23 mars 2012, ordonnant à l'Etat « *de prendre toutes les mesures nécessaires et appropriées qui s'imposent pour sauvegarder la vie et la santé physique de l'intéressé* » (Arrêt de 2013, § 4).

Le *31 octobre 2012, un autre arrêt avant dire droit sur l'exception d'incompétence* de la Cour soulevée par l'Etat ivoirien, sera rendu pour écarter cette exception qui « *n'a pas un caractère préliminaire* » (Arrêt de 2013, § 5).

D'ailleurs, un *arrêt de la CJ/CEDEAO, du 23 mars 2012, sur* saisine de Laurent GBAGBO, a été rendu par rapport à son transfèrement à La Haye, en exécution du mandat d'arrêt émis par la Chambre préliminaire III de la CPI (Arrêt 2013, § 24).

Dans cet arrêt, *Laurent Gbagbo c/ République de Côte d'Ivoire et Alassane Ouattara*, où la Cour de céans a tenu compte de « circonstances » de « l'intérêt de la justice » pour suspendre la procédure en attendant la fin de la procédure devant la CPI[812], la CJ/CEDEAO s'en tiendra à la même position de suspension (Arrêt 2013, § 26), quant à la situation de Michel GBAGBO.

En faisant l'économie des allégations de violation de seize articles des textes et en les réduisant aux aspects essentiels, la Cour souligne qu'« *il est un principe solidement établi en droit international (Conventions et jurisprudence internationales) que même dans des circonstances exceptionnelles où l'Etat peut unilatéralement déroger aux Droits de l'Homme reconnus par les traités internationaux, ces droits continuent de bénéficier d'un régime de garantie* » (Arrêt 2013, § 65). Il en appert que sur ce point, la RCI, malgré l'invocation de circonstances exceptionnelles, « *n'a pas agi conformément aux dispositions de l'article 4 du PIDCP et de l'article 48 de la Constitution ivoirienne* » (Arrêt 2013, § 70).

Sur les allégations d'arrestation et de détention arbitraire de Michel GBAGBO, le décret d'assignation à résidence, ne comportant, dans la copie produite, pas de signature et n'ayant été notifié que verbalement, « *ces faisceaux d'éléments solidement établis* », la Cour admet *« que l'arrestation et la détention de*

---

812 Voir Arrêt du 23 mars 2012, § 33.

Monsieur Michel Gbagbo intervenues sans titre justificatif, sont illégales et arbitraires » (Arrêt 2013, § 78) et que l'Etat concerné *« a porté atteinte à la liberté de circulation et au libre choix de la résidence de Monsieur Michel GBAGBO* » (Arrêt 2013, § 80).

La Cour en profite pour clarifier l'atteinte au droit à la santé morale de la famille (art. 18.1 CADHP) qui « *s'entend de tout acte par lequel l'équilibre moral de cette famille est mis en péril ou de toute situation dans laquelle tout ou partie de la famille, est soumis à des épreuves de nature à l'empêcher de jouir des interactions affectives, émotionnelles, de ce libre commerce naturel qu'entretiennent des personnes soudées par les liens familiaux comme les consacrent, dans toute société humaine, de longues traditions culturelles* » (Arrêt. 2013, § 81) et constate que l'éloignement, les interdictions de visites et de communication avec ses parents révèlent une atteinte à la santé morale de la famille et que le droit à cette santé est violé (Arrêt 2013, § 82, 83).

La Cour retient de surcroît que le droit à un recours effectif devant les juridictions nationales par Michel Gbagbo a été violé (Arrêt 2013, § 90).

Mais la CJ/CEDEAO va faire le départ entre les procédures pénales ouvertes contre Michel GBAGBO devant les juridictions ivoiriennes et l'instance devant la Cour qui ressort des violations des Droits de l'Homme pour rejeter la demande de mise en liberté de Michel Gbagbo (Arrêt 2013, § 96).

L'Affaire du coup d'Etat au Niger, a fini par aboutir à la CJ/CEEAO. Dans l'espèce, *Mamadou Tandja c/ Son Excellence Général Salou Djibo et Etat du Niger*[813], le requérant conteste son arrestation et sa détention arbitraires et demande des mesures conservatoires pour la protection de sa santé. En substance, la Cour rejette les exceptions préliminaires des défendeurs ; déclare que M. Salou Djibo « *personne physique ne peut être attrait devant la Cour pour violation des Droits de l'Homme* » (Arrêt 2013, § 21) conformément à sa jurisprudence[814], et *« retient que*

[813] *ECW/CCJ/JUD/05/10, arrêt du 8 novembre 2010, Affaire Mamadou Tandja c/ Son Excellence Général Salou Djibo et Etat du Niger.*

[814] Le principe général est que les procédures en matière de Droits de l'Homme devant les juridictions internationales sont dirigées contre les

l'arrestation et la détention du requérant sont arbitraires ; ordonne sa libération par l'Etat du Niger » (Dispositif de l'Arrêt, § 21.1 et 21.2).

L'apport jurisprudentiel de cet arrêt réside dans l'indifférence entre infractions de nature politique ou autre, dès lors que les violations des Droits de l'Homme sont alléguées, ces dernières invocations fondent solidement sa compétence. La Cour s'inscrit dans le prolongement du mandat confié au Groupe de travail sur la Détention Arbitraire de la Commission des Droits de l'Homme des Nations Unies en retenant les trois critères d'identification du caractère arbitraire de la détention, à savoir :

- « *Il est manifestement impossible d'invoquer un fondement juridique quelconque qui justifie la privation de liberté.*

- *La privation résulte de l'exercice par l'intéressé des droits proclamés ou des libertés proclamées par les articles 7, 13, 14, 18, 19, 20 et 21 de la DUDH et pour autant que les Etats concernés sont parties au PIDCP.*

- *L'inobservation, totale ou partielle, des normes internationales relatives au droit à un procès équitable énoncées dans la DUDH et dans les instruments internationaux pertinents acceptés par les Etats concernés est d'une gravité telle que la privation de liberté prend un caractère arbitraire* » (Arrêt, § 29.1).

La CJ/CEDEAO a également rendu un jugement sur la justiciabilité du droit à l'éducation en Afrique[815]. Elle rappelle au Nigeria, les exigences du strict respect des règles du procès équitable et des droits de la défense dans le cadre de procédures judiciaires conduisant au prononcé et à l'exécution de la peine de mort. En l'occurrence, l'application de la peine capitale à l'encontre de *Maimuna Abdul mumini*, par la Cour de Katsina,

Etats et non contre les individus. Voir *CJ/CEDEAO, ECW/CCJ/JUD/03/10, arrêt du 11 juin 2010, Peter David c/ Ambassadeur Ralph Uwechwe ; Dame Hadijatou Mani Koraou, arrêt du 27 octobre 2008.*

[815] *Affaire ECW/CCJ/APP/08/08, arrêt du 27 octobre 2009, Droits économiques et sociaux et Projet Responsabilité (SERAP) c/ République Fédérale du Nigeria et la Commission sur l'Education de base Universelle.*

pour le meurtre présumé de son mari alors qu'elle était âgée de 13 ans, est une violation de l'art. 6 § 5 du PIDCP[816].

Elle ordonne le retrait de *Thankgod Ebhos* du couloir de la mort pour prévenir tout risque d'exécution. Le susnommé avait été condamné à la peine capitale en 1995 par un Tribunal Spécial. Il avait interjeté appel auprès de la Cour d'Appel d'Edo et sur cette base, la CJ/CEDEAO demande la suspension de toute tentative d'exécution de la peine avant le prononcé de l'appel[817].

Certaines affaires, ayant secoué le landernau politique togolais ou sénégalais, se sont également invitées devant la Cour d'Abuja.

Il s'agit de *l'affaire Kpatcha Gnassingbe (Arrêt du 13 juillet 2013*). Accusé de complot contre la sûreté de l'Etat togolais, ce demi-frère de l'actuel Chef de l'Etat togolais, avait été arrêté et accusé de tentative de coup d'Etat avec ses codétenus. La Cour conclut que le procès contre Kpatcha et ses compagnons n'était pas équitable, ordonne la cessation des violations des Droits de l'Homme sur les prévenus et condamne l'Etat pour les traitements cruels, inhumains et dégradants, à verser une somme de 500 millions de FCFA au titre de dédommagements.

Dans *l'affaire Sow Bertin Agba*, homme d'affaires togolais, arrêté en mars 2011 et détenu pour complot international dans le cadre d'une escroquerie visant un Emirati d'Abu-Dhabi, la CJ/CEDEAO, par un arrêt du 26 avril 2013, a fait droit au requérant de ses allégations de violations des Droits de l'Homme, notamment la torture, la détention arbitraire et préjudice moral subi, et a condamné l'Etat togolais à lui verser la somme de 8 millions de FCFA[818].

Dans son *arrêt du 7 octobre 2011, dans l'affaire des parlementaires togolais démissionnaires,* Neuf Députés de l'UFC

---

[816] *Arrêt du 13 février 2014, ECW/CCJ/JUD/14.*

[817] L'aide précieuse d'Avocats Sans Frontières a été déterminante dans les deux affaires précitées, à l'encontre du Nigeria, voir l'Arrêt du 6 février 2014.

[818] Le Français Loik Le FLOCH-PRIGENT, impliqué dans cette affaire, a été arrêté à Abidjan en septembre 2012 et extradé au Togo, puis libéré pour des raisons de santé en février 2013. Sur les détails de cette affaire, voir www.wikpedia.org/ur/Affaire-Bertin Agba/Loik Le-Floch-Prigent.

(Union des Forces de Changement) avaient transhumé vers un autre parti politique, l'ANC et, renvoyés du Parlement, ils demandaient leur réintégration. Le Togo sera condamné à verser 240 millions FCFA de dommages et intérêts. Quant à leur réintégration, décidée par la Cour, elle ne pourra être effective puisqu'étant en fin de mandat parlementaire avec leur législature.

L'arrestation de *Karim Meïssa WADE*, fils de l'ex-Président de la République du Sénégal, a fait l'objet d'un *arrêt du 22 février 2013 de la CJ/CEDEAO* ordonnant au Sénégal de lever l'interdiction de sortie du territoire frappant des personnalités politiques du gouvernement sortant d'Abdoulaye Wade. La Cour s'est déclarée incompétente, dans un second *arrêt du 19 juillet 2013* pour ordonner la libération de Karim Meïssa WADE et dit que son arrestation n'est pas arbitraire car, étant fondée sur une base légale, du fait qu'il est en détention sur la base d'une décision de justice et se déclare incompétente pour examiner la loi sur la répression de l'enrichissement illicite et la loi portant création de la Cour de répression de l'enrichissement illicite.

Une autre affaire qui aura suscité des raidissements nationaux et mis à mal l'autorité des décisions de la Cour d'Abuja est celle du *Congrés pour la Démocratie et le Progrés et autres c/ l'Etat du Burkina*[819]. Le contexte est celui du régime de transition mis en place à la suite de l'insurrection populaire des 30 et 31 octobre 2014, mettant fin au régime de Blaise COMPAORE et l'adoption de la loi n° 005-2015 du 7avril 2015, par le Conseil National de Transition (CNT) portant modification du Code electoral du 3juillet 2001 et qui édictait des cas d'inéligibilités dont certains touchaient les membres de l'ancien parti au pouvoir.

Selon les faits présentés par la Cour : *« Au titre des personnes frappées d'inéligibilité, c'est-à-dire inaptes à se présenter aux élections, le nouvel article 135 ajoutait, en sus des :*

- Individus privés par décision judiciaire de leurs droits d'éligibilité en application des lois en vigueur ;

[819] Cour de Justice de la CEDEAO, *ECW/CCJ/JUD/16/15, Affaire Congrés pour laDémocratie et le Progrés et autres c/l'Etat du Burkina, arrêt du 13 juillet 2015.*

- *Personnes pourvues d'un conseil judiciaire ;*

- *Individus condamnés pour fraude électorale ; une nouvelle catégorie formée par «toutes les personnes ayant soutenu un changement anticonstitutionnel qui porte atteinte au principe de l'alternance démocratique, notamment au principe de la limitation du nombre de mandats présidentiels ayant conduit à une insurrection ou à toute autre forme de soulèvement ».*

La Cour décidera, sur le fond, en ces termes, *« - Dit que le Code électoral du Burkina Faso, tel que modifié par la loi n° 005/2015/CNT du 07 avril 2015, est une violation du droit de libre participation aux élections ;*

- Ordonne en conséquence à l'Etat du Burkina de lever tous les obstacles à une participation aux élections consécutifs à cette modification ... ».

L'exécution de cette décision sera totalement remise en cause par le refus des autorités du pays.

Au-delà des succès de la CJ/CEDEAO dans certaines affaires, il faut toutefois déplorer, dans d'autres cas, la réticence de certains Gouvernements à exécuter les décisions rendues en leur défaveur (en dépit du caractère obligatoire des arrêts).

D'autres OIA ont, avec plus ou moins de bonheur, initié des procédures permettant de sauvegarder les Droits de l'Homme sur le plan juridictionnel.

B. La protection juridictionnelle des Droits de l'Homme dans le cadre des autres OIA

De manière non délibérée, les autres OIA ont permis l'examen de plaintes qui, incidemment, soulevaient des questions relatives aux Droits de l'Homme. Il en est ainsi devant le Tribunal de la SADC, ou les Cours de la CAE et du COMESA.

1. Le Tribunal de la SADC et les Droits de l'Homme

En ce qui concerne le tribunal de la SADC, le triple fondement de sa compétence est aménagé par l'article 4 du Traité (qui impose aux membres d'agir en conformité avec les principes de l'égalité souveraine, du respect des Droits de l'Homme, de la démocratie, de la règle de droit et du règlement pacifique des différends), par l'article 6 du même texte (qui soumet les Etats à l'obligation d'abstention de tous actes discriminatoires ou en rupture avec les principes de l'art. 4) et par l'article 15 du Protocole qui lui octroie la possibilité de statuer sur les différends entre Etats, et entre Etats et les personnes physiques et morales.

Cette compétence a été éprouvée dans *l'affaire Mike CAMPBELL* de 2007 dans laquelle le Tribunal considère que ce *corpus juris* implique une obligation de respecter et de protéger les droits humains et est opposable à la SADC et à chacun des Etats membres. En l'espèce, le requérant, à la suite de la notification de l'expropriation des terres et fermes de Mount Carmell of Railway, accusait le gouvernement zimbabwéen de conduire un programme de réforme agraire fondé sur la discrimination raciale et demandait la prescription de mesures conservatoires pour faire cesser les menaces et autres intimidations en attendant l'arrêt de la Cour suprême. Entre-temps, le gouvernement va durcir les mesures en adoptant *l'Amendement Act n° 17* de 2005 qui retire la compétence de tous les tribunaux pour statuer sur les recours intentés contre l'exécution des mesures prises dans le cadre de cette réforme. Dans son arrêt, le Tribunal donne gain de cause au requérant en écartant la règle du non épuisement des voies de recours internes[820].

A la suite de cette affaire, soixante dix-huit (78) fermiers blancs vont porter plainte contre le gouvernement de Robert MUGABE pour les avoir expropriés et expulsés de terres dont ils détenaient légalement les titres de propriété. Dans un arrêt de 2008, le Tribunal donne droit aux requérants en condamnant le Zimbabwe pour avoir mis en place une réforme agraire fondée sur la discrimination raciale et pour avoir privé les demandeurs de leurs droits de jouir paisiblement de leurs propriétés[821]. Dans une affaire qui est la continuation de l'Affaire Campbell précitée,

---

820 *Affaire n° 2/07 Mike Campbell (PVT) Limited and William Michael Campbell vs. The Republic of Zimbabwe, arrêt du 13 décembre 2007.*

821 *Arrêt du 28 novembre 2008.* Le Gouvernement du Zimbabwe a refusé toute idée d'application de cet arrêt.

Affaire Erick Campbell et autres c. Zimbabwe[822], le Tribunal de la SADC reconnaît les manquements de la République de Zimbabwe à se conformer à sa décision et décide de rapporter à la Conférence de la SADC, cette inexécution des autorités exécutives et juridictionnelles du Zimbabwe. Ce dernier a manqué « *de prendre les mesures nécessaires à travers ses agents, dans le but de protéger la possession, l'occupation et la propriété du domaine des requérants...* ». Cet *obiter dictum* antérieurement présent dans l'Affaire Campbell (Arrêt du 28.11.2008), sera repris par le Tribunal qui en constate l'inexécution et rapporte cette absence d'application de son jugement à la Conférence pour action appropriée, comme prévu à l'art. 32 § 5 du Protocole sur le Tribunal (« *Si le Tribunal établit un tel manquement, il doit rapporter sa décision à la Conférence pour la prise d'actions appropriées »).* Cette décision était d'autant plus opportune qu'elle constitue une réaction à des propos du ministre de la Justice du Zimbabwe déclarant : « *Nous informons par la présente que, dorénavant, nous ne comparaîtrons plus devant ce Tribunal et nous ne répondrons à aucune action ou procédure qui pourrait être instituée contre la République du Zimbabwe devant ce Tribunal...* » et à la décision de la Haute Cour du Zimbabwe dans *l'Affaire Gramara (Private) Limited et autres c. Gouvernement de la République du Zimbabwe.*

Dans *l'Affaire République Unie de Tanzanie c. Cimexpan (Ile Maurice) Ltd, Cimexpan (Zanzibar) Ltd et AjayeJogoo*[823], le Tribunal de Windhoek a été saisi pour faits allégués de torture, d'expulsion d'investisseur, détention et mauvais traitements et menaces de mort. Dans cet arrêt sur les exceptions préliminaires[824], le Tribunal fonde clairement sa compétence pour rejeter une des exceptions préliminaires, sur l'article 15 du Protocole sur la Cour qui dispose :

---

[822] *N° SADC (T) 01/2010, arrêt du 16 juillet 2010, publié sur le site www.caselaw.ihrda.org/fr/doc.*

[823] *N° SADC (T) 01/2009, arrêt du 11 juin 2010.*

[824] Art. 87 § 1 du Règlement intérieur du Tribunal de la SADC.

« *1. Le Tribunal est compétent pour statuer sur les différends entre les Etats membres ou entre les personnes physiques ou morales et un Etat membre.*

2. Les personnes physiques ou morales ne peuvent intenter une action contre un Etat membre, sauf si ces personnes ont épuisé tous les recours internes disponibles ou ne sont pas en mesure de saisir les juridictions nationales ».

La Cour regrette que les défendeurs n'aient pas épuisé tous les recours disponibles, ni « *exploré toutes les options légales qui permettent d'attaquer l'ordre d'expulsion émis par le ministre tanzanien de l'Immigration* ». Les défendeurs n'ont pas non plus apporté les preuves des allégations de torture et par suite « *l'expulsion du défendeur par le requérant dans les circonstances particulières de l'affaire ne constitue pas un acte de délinquance internationale* ».

Dans l'Affaire *Barry, Gweshe, Katsanda, Chirinda, Mapingure, Matasva, Shumba et Magunje c/ République du Zimbabwe*[825], à la suite d'actes de violence perpétrés par la Police nationale et/ou l'Armée nationale, de la République de Zimbabwe, les requérants avaient porté plainte devant les tribunaux nationaux, gagné les procès et obtenu des dommages et intérêts que l'Etat défendeur a refusé de payer, en violation de l'art. 4 (c) du Traité SADC (« *La SADC et ses Etats membres ont l'obligation d'agir selon les principes suivants.... Les Droits de l'Homme, la démocratie et l'Etat de droit* ») et de l'art. 6 (1) (« *Les Etats membres prennent l'engagement d'adopter les mesures nécessaires en vue de promouvoir la réalisation des objectifs de la SADC et doivent se garder de prendre toute mesure susceptible de compromettre la pérennité des principes de la SADC, la réalisation de ses objectifs et la mise en œuvre des dispositions de ce traité* »). [On soulignera aussi le défaut de comparution du défendeur et son refus de présenter sa défense au fond].

L'office du Juge sera préalablement ponctué de clarifications conceptuelles. Aussi, précise-t-il que « *le concept d'Etat de droit*

[825] N° SADC (T) 05/2008, arrêt du 9 décembre 2010.

se décline au moins en quatre droits fondamentaux, à savoir le droit à un recours effectif, le droit de saisir une Cour ou un Tribunal indépendant et impartial, le droit pour un individu d'être entendu de manière impartiale avant de se voir priver d'un droit, d'un intérêt ou d'une attente légitime, le droit à l'égalité devant la loi et le droit à une protection égale de la loi », avant d'admettre la violation par le Zimbabwe de ces divers droits fondamentaux, en s'appuyant sur l'autorité de plusieurs juridictions et textes[826].

En définitive, la Cour constate l'existence de violation de ces droits fondamentaux en ce que la Section 5 (2) de la Loi sur la Responsabilité civile de l'Etat (chapitre 8 : 4) .... « *dispose que l'Etat ne peut faire l'objet d'une mesure d'exécution, d'une saisie ou de toute procédure d'exécution en recouvrement d'une dette liée au prononcé d'un jugement* » (Dispositif de l'arrêt (a)). Il en appert la violation concomitante du Traité dans le refus d'exécuter et la persistance à ne pas appliquer (Dispositif de l'arrêt (b) (i) (ii)).

Une autre affaire a également retenu l'attention, *Bach's Transport (PTY) LTD c. RDC*[827]. En l'espèce, le requérant sollicitait une demande de décision par défaut pour non comparution du défendeur et une demande de paiement de dommages et intérêts pour saisie de son camion et sa remorque par les agents de contrôle congolais à Lubumbashi et leur vente aux enchères. La Cour conclut par l'épuisement de tous les recours internes, même les voies diplomatiques ayant été utilisés en vain, le défendeur ayant « *usé de tous les moyens tactiques de retardement* » et octroie des dommages et intérêts à Bach's Transport, personne morale de droit botswanais.

Dans l'affaire *Tembani*, un débiteur qui avait hypothéqué sa ferme, s'est vu, à l'échéance, dépossédé de son droit de propriété. Ayant épuisé tous les recours internes possibles et s'étant vu

---

826 *CEDH, Affaire Ramirez Sanchez c. France (2006) ; Affaire Campbell, précitée ; Comm. ADHP, Affaire Bissengou c. Congo (2006*) ; Art. 13 de la Convention Européenne des Droits de l'Homme ; *Comm. ADHP Zimbabwe Lawyers 294/04* ; art. 7 CADHP.

827 *Affaire n° SADC (T) 14/2008, arrêt du 11 juin 2010.*

refuser l'acces aux tribunaux du Zimbabwe, il saisira le Tribunal de la SADC qui décidera que la saisie et la vente de sa ferme sont illégales et que le transfert de sa propriété à la Banque est de nul effet.[828]

A l'instar du Tribunal de la SADC, les Cours de la CAE et du COMESA ont eu à traiter des questions des DH dans certaines affaires qui leur ont été soumises.

2. La Cour de Justice de la CAE (CJAE)

La CJAE, siégeant à Arusha, a une double fonction contentieuse et consultative avec les recours en annulation, en manquement, l'exception d'illégalité, les différends juridiques entre Etats membres (Burundi, Kenya, Ouganda, Rwanda et Tanzanie).

En l'occurrence, la Cour s'est reconnue une compétence implicite dans le domaine des Droits de l'Homme sans que le requérant ne soit lié par la règle du non épuisement des voies de recours internes. Elle peut être saisie par toute personne physique ou morale résidente dans l'espace CAE (art. 30).

La Cour (art. 23 à 47 du Traité CAE) peut connaître des cas relatifs à l'interprétation et à l'application des Traités et Protocoles de la CAE (art. 23), et ses Etats membres s'engagent à respecter les principes fondamentaux, notamment les droits garantis par la CADHP (art. 6, d).

Elle est composée d'une Chambre de première instance (20 juges) et d'une Chambre d'Appel avec cinq (05) juges, tous élus pour un mandat de sept ans.

Selon l'art. 27 du Traité CAE :

« *1. La Cour doit, en premier lieu, être compétente pour l'interprétation et l'application du présent Traité, sous réserve que la compétence en matière d'interprétation du traité conférée à la Cour, en vertu de ce paragraphe, n'inclue pas l'application de toute interprétation de compétence donnée par le Traité à des organes des Etats membres.*

---

828 *Affaire n° SADC (T) 07/2008, Luke MuyanduTembani c. Zimbabwe, arrêt du 14 août 2009.*

2. Les autres compétences, en matière d'appel, des Droits de l'Homme, etc., sont décidées par le Conseil à une date ultérieure appropriée. A cette fin, les membres doivent conclure un Protocole pour donner effet aux autres compétences ».

En attendant l'adoption dudit Protocole, la Cour a adopté ses règles de procédure en 2004. Le dynamisme de la CJAE se vérifie à travers les nombreuses décisions de ces organes de première instance et d'appel. L'abondance de cette jurisprudence commande la sélection de quelques affaires où les questions de Droits de l'Homme sont les plus prégnantes.

Il en va ainsi dans *l'Affaire James Katabazi et autres c. Le Secrétaire Général de la Communauté de l'Afrique de l'Est et l'Attorney Général de la République d'Ouganda, n° 01/2007, arrêt du 1er novembre 2007.* En l'espèce, KATABAZI et vingt et une autres personnes accusent d'abord l'Ouganda de les avoir poursuivis et détenus pour trahison, non dénonciation de trahison, en 2004. La Haute Cour d'Ouganda, le 14 novembre 2006, va libérer 14 d'entre eux sous caution et, au moment de ce verdict, les locaux de la Cour seront encerclés par les forces de l'ordre et ils furent de nouveau arrêtés et emprisonnés. Ils seront traduits en Cour martiale générale le 24 novembre 2006 pour possession illégale d'armes et terrorisme aux termes de l'*Uganda People's Defence Forces Act n°* 7 de 2005.

Sur recours de la *Uganda Law Society,* la Cour constitutionnelle déclara inconstitutionnelles les entraves au bon déroulement des procédures judiciaires par les forces de sécurité et les poursuites simultanées devant les tribunaux militaires et civils.

Ils accusent également le Secrétaire Général de la CAE pour son silence et son inaction en violation de l'art. 29 du Traité[829].

Dans sa décision, la Cour fera preuve de grande pédagogie pour cerner les concepts d'Etat de droit[830], de chose jugée (*Res*

---

[829] L'article 29 § 1 se lit ainsi : « *Si le Secrétaire Général estime qu'un Etat membre n'a pas exécuté une obligation découlant du présent Traité, ou a violé une disposition dudit Traité, il adresse un rapport de constat à l'Etat membre concerné pour permettre à cet Etat membre de présenter ses observations* ».

judicata)[831] et en se fondant sur l'autorité du Traité CAE et du Protocole, se prononcera ainsi « *Nous décidons par conséquent que l'intervention des forces de sécurité ougandaises armées a empêché l'exécution d'une décision régulière de justice et a violé le principe de l'Etat de droit et par voie de conséquence, le Traité. Respecter les décisions de justice constitue la pierre angulaire de l'indépendance du Judiciaire qui est l'un des principes fondateurs de l'Etat de droit* » (Arrêt, § 47).

La Cour, pour justifier le traitement des violations des Droits de l'Homme par son prétoire en l'absence de protocole d'extension de sa compétence générale, énonce péremptoirement : « *Bien que cette Cour ne s'arroge pas la compétence de statuer sur des différends liés aux Droits de l'Homme, elle ne se dérobera de l'exercice de sa compétence d'interprétation aux termes de l'article 27 (1) pour la simple raison que la requête contient une référence à des obligations de violation des Droits de l'Homme* » (§ 3).

---

830 Dans son *obiter dictum* (§ 38), la CJAE cite WIKIPEDIA, the Free Encyclopedia : *« L'Etat de droit, dans sa forme la plus fondamentale, est le principe selon lequel, nul n'est au-dessus de la loi. Il s'ensuit logiquement l'idée selon laquelle, la vérité et par voie de conséquence la loi, est basée sur des principes fondamentaux qui peuvent être révélés mais qui ne peuvent être créés que par un acte de volonté* ». Elle se réfère aussi à l'ouvrage du Juge George KANYELHAMBA, Commentaries on Law, Politics and Governance, p. 14 : *« L'Etat de droit ne doit pas être entendu comme une règle de droit dans le sens où elle s'impose à tous les individus. C'est simplement un ensemble d'idées et de principes répandus dans les sociétés libres en vue de guider les législateurs, les administrateurs, les juges et les institutions d'application de la loi. La considération primordiale dans la théorie de l'Etat de droit, est que tant les gouvernants que les gouvernés sont soumis à la même loi* » (§ 40).

831 Selon la CJAE, « *Trois cas de figure nous semblent essentiels pour l'application d'une telle doctrine : un, l'affaire doit « directement et dans le fond », être en litige lors des deux procès. Deux, les parties doivent être les mêmes ou les parties pour le compte desquelles elles intentent leurs actions doivent plaider en la même qualité. Trois, enfin, l'affaire doit être définitivement tranchée dans une autre procédure. Toutes ces trois situations doivent exister pour que cette doctrine de Res judicatas s'applique. Dans le cas présent, une chose est certaine : les parties ne sont pas les mêmes et ne plaident pas en la même qualité....* » (§ 27).

Sur le grief des requérants portant sur le silence et l'inaction du Secrétaire Général de la CAE, la Cour professe, « *Nous sommes d'avis que sans informations, le Secrétaire Général ne peut conduire des enquêtes ni faire un rapport aux termes de l'art. 29 (1). (...). Nous décidons également que la manière dont l'information parvient au Secrétaire Général est sans importance (...). Dans tous les cas, nous sommes d'avis que si le premier défendeur est supposément non informé de ces événements, il devient informé à partir du moment où cette requête est introduite et lui est notifiée, et il est conscient des responsabilités importantes qui sont les siennes aux termes de l'article 29. Il aurait donc dû prendre les mesures nécessaires aux termes de cet article. C'est bien ce que les plaignants attendaient de lui : d'informer le Gouvernement ougandais que ce qui est arrivé est inacceptable au sein de la Communauté de l'Afrique de l'Est* » (§ 53 et 55 de l'Arrêt).

La CJAE s'est également illustrée sur le terrain de la défense de la liberté d'expression et de la liberté d'opinion[832]. Elle précise les conditions d'admission des tiers à l'instance (*amicus curiae*) concernant l'application discutée de la Loi ougandaise de 2014 (*Anti Homosexuality Act*),en violation des articles 6 à 8 du Traité CAE[833], tout en consolidant l'autorité de la chose jugée dans la mise en œuvre nationale de ses décisions[834].

L'Affaire *Mary Ariviza et Okotch Mondo c. Attorney Général de la République du Kenya et le Secrétaire Général de la Communauté d'Afrique de l'Est, 1ère instance, requête 03/2010, arrêt du 23 février 2011*, est assez particulière parce que les requérants voulaient faire déclarer à la CJAE que l'organisation et le déroulement du référendum ainsi que la promulgation de la

---

832 CJAE, Affaire 07/2013, *Union Burundaise des Journalistes c/Procureur Général de la République du Burundi,* arrêt du 15 mai 2015.

833 CJAE, Affaires jointes 20-21/2014, *Uhai Eashri Health Development Initiative (Rwanda) vs/ Human Rights Awareness and Promotion Forum (HRAPF) and The Attorney General of The Republic of Uganda,* arrêt *du 17 février 2015.*

834 CJAE, *Affaire 02/2015, East African Civil Society Organisations Forum (EACSOF) c/ Le Procureur Général de la République du Burundi et autres, arrêt du 29 juillet 2015.*

nouvelle Constitution du Kenya, étaient contraires à la loi et au Traité de la CAE, violaient le principe de la séparation des pouvoirs et portaient atteinte à l'Etat de droit. La Cour, sans en venir au fond de l'espèce, s'en tiendra aux aspects préliminaires et décide : « *Nous pouvons dire que depuis le référendum en question, beaucoup d'eau a coulé et continue de couler sous les ponts. Arrêter le processus par une suspension à titre conservatoire causerait des dommages tels que ceux relevés par les défendeurs dans leurs conclusions. (...). Il n'existe pas dans cette affaire de dommage irréparable pouvant être causé aux requérants. Leur requête est, par conséquent, rejetée. En conséquence, nous estimons que les requérants sont mal fondés à demander cette mesure conservatoire…* » (Arrêt, § 17-20).

L'Affaire Katabazi conduira la Cour à réitérer ses arguments dans une autre instance en *l'Affaire Independent Medical Legal Unit c/ Attorney Général, le Ministre de la Sécurité intérieure de la République du Kenya et le Secrétaire Général de la Communauté d'Afrique de l'Est (Requête 3/2010, arrêt du 29 juin 2011)*. Le plaignant, une ONG kenyane, demandait à la Cour de constater la violation des Droits de l'Homme, de la Constitution du Kenya et du Traité CAE, commis par les accusés pour avoir omis de prendre des mesures visant à « *empêcher, enquêter ou punir les auteurs d'exécutions d'actes de torture, de cruauté et de traitements inhumains et dégradants sur plus de 3.000 Kenyans résidant à Mount Egon District* » entre 2006 et 2008, ce que, bien entendu, les cinq défendeurs réfutent totalement.

La Cour, dans son raisonnement, reste sur la similarité avec l'affaire Katabazi pour justifier sa compétence en matière de Droits de l'Homme et repousser l'argumentation des défendeurs : « *La Cour ne se détournera pas de son obligation d'interpréter le Traité, simplement en raison de violations des Droits de l'Homme, mentionnées dans la requête. Par conséquent, la Cour décide qu'elle a compétence pour statuer sur la présente requête* ».

La Cour écarte le bien fondé de la requête à l'encontre des deuxième à quatrième défendeurs, simples agents de la République du Kenya, la seule partie défenderesse pour le Kenya devant être l'Attorney Général[835]. Ces conclusions sont aussi valables pour le Secrétaire Général de la CAE car aucune preuve n'a été apportée ni allégation portée contre sa personne. D'autre part, l'action en justice de l'ONG n'étant pas prescrite en raison de la continuité des faits depuis 2006 « *jusqu'à ce que le plaignant accuse la République du Kenya de ne pas avoir fait cesser les violations alléguées* » (§ 20 et Dispositif de l'arrêt, Point 6).

L'Affaire Sam Mukura Mohochi[836], est révélatrice de certaines allégations de violations des Droits de l'Homme commises contre les défenseurs de ces droits, en l'occurrence un Avocat kenyan auprès de la Haute Cour qui, lors d'un déplacement en Ouganda par un vol de Kenya Airways, dans une délégation de 14 personnes de la Commission Internationale des Juristes, s'est vu refuser l'entrée sur le territoire ougandais et remis dans le vol retour pour Nairobi par les autorités de l'immigration.

La Cour, s'appuyant sur sa doctrine de non dérobade précédemment évoquée[837], reconnaît la violation par l'Ouganda de ses engagements communautaires en vertu de l'art. 104 du Traité CAE et de l'art. 7 du Protocole du Marché Commun de l'Afrique de l'Est sur la libre circulation des personnes du 20 novembre 1999 (entré en vigueur le 20 novembre 2009), même si ce texte contient des clauses de sauvegarde pour l'ordre public, la sécurité publique et la santé publique.

Le fait de considérer le requérant comme immigrant inadmissible n'est pas validé par l'obligation d'adresser une liste des restrictions au droit d'entrée et de séjour des ressortissants de la CAE, à la Communauté et à ses autres Etats parties (§ 1). Il en résulte une violation par l'Etat ougandais de ses obligations

---

[835] *Voir aussi Affaires Professeur Anyang NYONGO et Autres c/ Attorney Général de la République du Kenya, Requête 01/2006 et Modern Holdings East Africa Ltd. c/ Kenya Ports Authority, Requête 01/2008.*

[836] *Affaire Sam Mukura Mohochi c/ l'Attorney Général de la République d'Ouganda, 1ère instance, requête 05/2011, arrêt du 17 mai 2013*

[837] Voir, aussi *Affaires Katabazi, Independent Medical Legal Unit and Attorney General of Uganda vs Omar Awadh Omar and 6 others, Appel 02/2012, arrêt du 15 avril 2013; Attorney General of Rwanda vs. Plaxeda Rugumba, Appel 01/2012, arrêt du 21 juin 2012.*

souscrites dans le cadre de la CAE (Traité et Protocoles) en ne se soumettant pas au principe de primauté du droit communautaire sur son droit d'entrée (Arrêt, § 52-55). Enfin, l'une des affaires les plus récentes porte sur le droit de propriété et la protection des particuliers contre les expropriations abusives[838]. La Cour rappelle l'attachement des Etats membres de la CAE aux principes de la démocratie, de l'Etat de droit et de la bonne gouvernance (art. 6 et 7 du Traité CAE).

Dans une aire géographique superposée et voisine, une autre Cour s'est également interessee aux contentieux des DH.

3. La COMESACJ et les Droits de l'Homme

La COMESACJ est compétente, en vertu du Traité, pour trancher des différends en première instance et en appel.

Selon l'art. 23 : «*1. La Cour connaît de toutes les affaires qui lui sont soumises conformément au présent Traité.*

2. Sous réserve du droit de recours auprès de la Chambre d'appel en vertu du paragraphe 2, la Chambre de première instance connaît en première instance des affaires dont est saisie la Cour en vertu du présent Traité.

3. La Chambre d'appel est saisie pour les motifs suivants :

a) un point de droit ;

b) l'incompétence de la Cour ; ou

c) un vice de forme ».

Le droit de saisine est accordé aux Etats membres, au SG, aux juridictions nationales, aux agents du COMESA et aux personnes physiques et morales.

Si sa compétence n'est pas clairement affirmée pour l'accueil de plaintes individuelles relatives aux DH, la COMESACJ peut être appelée à connaitre de tout recours émanant de personnes physiques ou morales, selon l'art 26 du Traité : « *Toute personne résidant dans un Etat membre peut demander à la Cour de se prononcer sur la légalité de tout acte, réglementation, directive,*

---

[838] *Affaire Venant Masenge c. l'Attorney Général de la République du Burundi, 1ère instance (Requête 9/2012), arrêt du 18 juin 2014.*

ou décision du Conseil ou d'un Etat membre, si elle estime que cet acte, directive, décision ou réglementation est illégal ou constitue une violation du Traité :

Etant entendu que lorsque l'affaire est relative à tout acte, réglementation, directive ou décision d'un Etat membre, la personne ne peut saisir la Cour en vertu du présent article, à moins qu'elle n'ait d'abord épuisé toutes les instances des cours et tribunaux nationaux de l'Etat ».

Il en appert que le traitement de cas de DH peut incidemment se poser à l'occasion de la soumission de litiges requérant la compétence de la Cour. En fait, le plus étonnant est malgré cette vacuité, de nombreuses dispositions du Traité traitent des DH, à travers le droit à la santé (Chapitre 14), le droit à l'environnement (Chapitre 16), l 'accès à la nourriture, à l'eau, à l'éducation, à la santé et aux infrastructures (Chapitre 18), le rôle des femmes (Chapitre 24), la Libre circulation (Chapitre 28), le droit à réparation, sans compter l'art. 6 (e) du Traité qui compte parmi les principes fondamentaux : « *(la) reconnaissance, (la) promotion et (la)protection des droits de l'homme et des peuples, conformément aux dispositions de la Charte africaine des droits de l'homme et des peuples* ».

Le dynamisme de cette Cour se révèle à travers ces statistiques, montrant qu'entre 1998 (date de son opérationnalisation) et 2003, dix-neuf affaires avaient été traitées[839].

La Cour accueille des plaintes pour diffamation, avec cette précision que les plaintes contre des personnes ne sont reçues que si ces dernières représentent des organes du COMESA [840] ; elle veille à la protection des débiteurs[841] ; elle privilégie le règlement

[839] Cf. Félix MAONERA, op.cit ; *arrêt du 26 avril 2002.*

[840] *COMESACJ, Affaire 1/2003, Kabeta Muleya (Dr) vs. The COMESA and Erastus Mwencha, arrêt du 4 avril 2003.*

[841] *COMESACJ, Affaire 04/2002, Standard Chartered Financial Services, A. D. Gregory and COMESA. Cahill vs. Court of Appeal for the Republic of Kenya, arrêt du 20 novembre 2002.*

à l'amiable, avant tout jugement au fond[842] ; elle précise d'une part les conditions à remplir pour la révision de ses décisions, en accord avec l'art. 31 § 3 et la différence avec un recours en appel[843] et d'autre part la méthode de corrections d'erreurs matérielles dans les requêtes[844].

Le problème des expropriations est également au cœur d'un différend opposant le Kenya à une société à responsabilité limitée qui avait soumis l'affaire à la Cour du COMESA tout en la laissant pendante devant la Haute Cour du Kenya (la société retira la demande avant l'arrêt). La Cour va conclure à l'absence d'épuisement des voies de recours internes[845].

Au terme de ces incursions dans le Droit international des Droits de l'Homme, il est important de mettre en exergue cette juridictionnalisation de plus en plus prononcée des Droits de l'Homme et, par conséquent, des OIA qui abritent en leur sein des organes de protection et de promotion. Il en appert une double observation : d'une part, un point de vue restrictif voudrait qu'on introduise plus de rationalisation, de cohérence et de simplification par une centralisation du contentieux des Droits de l'Homme vers la seule Cour Africaine, fût-elle celle projetée ou CAJ/DH ; d'autre part, un point de vue extensif s'orienterait vers l'augmentation de ses acquis institutionnels par l'adjonction de nouvelles normes, de nouvelles structures et toujours plus de recours disponibles, accessibles et ouverts aux personnes physiques ou morales.

Si ces observations sont résolument ancrées sur la dimension quantitative, elles ne doivent occulter une amélioration qualitative souhaitable pour amoindrir les aspérités procédurales de *common*

---

842 *COMESACJ, Af faire 3/2002, Bilika Harry Simamba vs. COMESA, ordonnance du 25 octobre 2002 ; COMESACJ, Affaire 1/2002, Building Design Enterprise vs. COMESA, requête pour arbitrage, ordonnance du 18 octobre 2002.*

843 *COMESACJ, Affaire 01/2002, the COMESA and Erastus J.O.Mwencha vs Kabeta Muleya, arrêt du 16 octobre 2002.*

844 *COMESACJ, Affaire 1/2003, Kabeta Muleya (Dr) vs. The COMESA, op.cit.*

845 *COMESACJ, Affaire* n° 3/2001, The *Republic of Kenya and the Commissioner of Lands vs. Coastal Acquaculture,* arrêt du 26 avril 2002.

law ou *civil law*, les réticences des Gouvernements à exécuter les décisions qui ne rencontrent pas leurs points de vue politiques du moment, la lenteur de certaines OI à donner plus de consistance à des normes vaguement énoncées dans les textes, ou encore les moyens d'instrumentalisation politique de ces mécanismes para-juridictionnels ou juridictionnels.

Par ailleurs, la parenté entre les DH et le DIH induit une convergence dont l'un des effets se retrouve dans les contentieux des juridictions pénales internationales non permanentes.

SECTION II – LES CONTENTIEUX DE DROIT INTERNATIONAL PÉNAL DES TRIBUNAUX NON PERMANENTS

Trois instances juridictionnelles non permanentes retiennent l'attention : le TPIR qui a fonctionné entre 1994 et 2015, et auquel il sera progressivement substitué le MTPI qui s'inscrit aussi dans une temporalité provisoire (§ I) ; le TSSL remplacé par son MECANISME RESIDENTIEL, et les Chambres Africaines Extraordinaires (§ II).

Paragraphe I – Le Tribunal pour le Rwanda et le Mécanisme

L'expérience du TPIR, pendant un peu plus de vingt ans, offre une somme jurisprudentielle intéressante (A) et dont le legs historique en termes d'ambiguïtés et de succès, fait en même temps, l'objet d'inventaire et de relais par son héritier, le Mécanisme pour les Tribunaux Pénaux Internationaux (MTPI) (B).

A. Le tribunal pénal international pour le Rwanda

Le Tribunal pénal international pour le Rwanda (ci-après T.P.I.R.) a été créé à la suite de graves violations du DIH commises lors du génocide de 1994 qui a fait plus d'un demi-million de morts parmi les Tutsis[846].

Ce Tribunal a vu le jour après bien des propositions tendant à la création d'instances juridictionnelles pour juger les crimes de guerre commis par les Etats-Unis d'Amérique au Vietnam ou pour faire le procès de Saddam HUSSEIN coupable d'agression contre l'IRAN[847].

Les massacres des Tutsis par les Hutus ont débuté le 6 avril 1994 après que l'avion qui ramenait à Kigali, les Présidents rwandais Juvenal HABYARIMANA et burundais Cyprien NTARYAMIRA, fut abattu[848]. Ces tueries avaient été longtemps préparées et attisées par la Radio Télévision des Mille Collines et le journal extrémiste *Kangura*[849].

Devant les horreurs perpétrées, la Commission des Droits de l'Homme de l'ONU, lors de sa session extraordinaire du 24 au 25 mai 1994, désigna le doyen René DEGNI-SEGUI pour enquêter sur la situation[850]. Son rapport préliminaire du 28 juin 1994 révéla toute l'ampleur du génocide et la nécessité, soit de créer un

---

846 Michel Cyr DJIENA-WEMBOU, « Le T.P.I.R. - Rôle de la Cour dans la réalité africaine », RADIC N° 828, p. 731. Cf. Raphaëlle MAISON, « Le crime de génocide dans les premiers jugements du TPIR », RGDIP 1999, pp. 129-145.

847 Cf. Paul TAVERNIER, « L'expérience des Tribunaux pénaux internationaux pour l'ex-Yougoslavie et pour le Rwanda », RICR N° 828, op. cit., p. 648 ; Catherine CISSE (C.), « Premier bilan des activités judiciaires du TPIR », Annuaire africain de Droit international, Vol. 4, 1996, pp. 269-278.

848 Voir E. FALL et H. KAIDI, « Rwanda, Silence on tue ! », Jeune Afrique N° 1742, 34e année, du 26 mai au 1er juin 1994, pp. 16-18. Cf. F. OUGUERGOUZ, « La tragédie rwandaise du printemps 1994 : quelques considérations sur les premières réactions de l'ONU », RGDIP 1996, Vol. 100, N° 1, pp. 149-177 ; Claudine VIDAL, « Le rapport parlementaire français sur la tragédie rwandaise », Afrique contemporaine n° 189, 1er trimestre 1999, pp. 77-80.

849 Cf. C.M. PETER, « Le TPIR : obliger les tueurs à rendre compte de leurs actes », RICR N° 828, op. cit., pp. 741-742 ; Cf. J.P. CHRETIEN, Rwanda : les médias du génocide, Paris, Karthala, 1995, 397 p.

850 Cf. Mutoy MUBIALA, « Le Tribunal international pour le Rwanda », RADIC, octobre 1995, Tome 7, N° 3, p. 610 et s.

Tribunal *ad hoc*, soit d'étendre les attributions du TPI pour l'ex-Yougoslavie[851].

A la suite du rapport, le Conseil de Sécurité créa une Commission d'experts composée de M. Atsu-Koffi AMEGA (Togo), Mme Haby DIENG (Guinée) et M. Salifou FOMBA (Mali). Le rapport de cette Commission aboutissait aux mêmes conclusions que celles du rapport précédent[852]. Le TPIR sera créé à la suite de la résolution 955 du 8 novembre 1994 du Conseil de Sécurité. Son siège fut établi à Arusha, par la résolution 977 du 22 février 1995 et l'accord de siège fut signé le 31 août 1995 entre l'ONU et le gouvernement tanzanien[853].

Toutefois, de nombreuses critiques avaient accueilli cette création de tribunaux *« qui masqueraient la politique des grandes puissances marquée du sceau de la sélectivité »*[854].

Même si la création du TPIR visait à résorber la lacune de la responsabilité individuelle pour violation du DIH, le Professeur

[851] Cf. *Commission des Droits de l'Homme, 51e session, Point 12 de l'ordre du jour provisoire : Question de la violation des Droits de l'Homme et des libertés fondamentales, où qu'elle se produise dans le monde, en particulier dans les pays et territoires coloniaux et dépendants.* Rapport sur la situation des Droits de l'Homme au Rwanda, soumis par M. R. DEGNI-SEGUI, Rapporteur Spécial de la Commission des Droits de l'Homme, en application du paragraphe 20 de la résolution 1994 S 3/1 de la Commission, en date du 25 mai 1994. UN. ECOSOC. Doc N° E/CN.4/1995.7, 28 juin 1994 in Refugee Survey Quarterly, UNHCR, Vol. 13, N° 2 et 3, Automne 1994, pp. 116-138 et pp. 139-147. Selon le Doyen DEGNI-SEGUI : *« des familles entières sont décimées, grands-parents, enfants. Personne n'y échappe, même pas les nouveau-nés »* (p. 8). Ce rapport sera complété par trois autres rapports du 12 août 1994 (Doc. ONU E/C.N.4/1995/7), du 11 novembre 1994 (DOC. ONU E/C.N.4/1995/70) et du 18 janvier 1995 (DOC. ONU E/C.N.4/1995/71).

[852] Nations Unies. Rapport préliminaire de la Commission d'Experts indépendants (établie conformément à la résolution 935 1994) du Conseil de Sécurité, Doc. S/1994/1125, 4 octobre 1994, pp. 31-32, in Mutoy MUBIALA, op. cit., p. 611.

[853] Doc. S/Res./955 (1994), 3453e séance, Texte reproduit dans RADIC, Tome 6, N° 4, décembre 1994, pp. 683-695 ; cf. V. MORRIS & M.P. SCHARF, *The International Criminal Tribunal for Rwanda, New-York, Transnational Publishers Inc.,* 1998, 2 vol. (743 p. ; 572 p.).

[854] TAVERNIER, ibid., p. 649.

DJIENA-WEMBOU note que *« s'agissant d'un organe judiciaire institué par un organe essentiellement politique dans un contexte international en pleine mutation, il convient de s'interroger sur les considérations politiques qui ont entouré la création et la mise en place du Tribunal... »*[855]. Pour sa part, le Tribunal pour l'ex-Yougoslavie considère cet avènement comme *«...un progrès considérable dans la lutte contre les violations des Droits de l'Homme et répond à la préoccupation fondamentale de voir la justice internationale contribuer à l'instauration d'une paix réelle et durable dans les pays déchirés par des conflits armés et où la dignité même est bafouée sur une grande échelle »*[856].

Les critiques les plus véhémentes sont celles proférées par l'Ambassadeur rwandais au Conseil de Sécurité, M. BAKURAMUTSA pour lequel l'existence du TPIR n'était mue que par le souci d'*«apaiser la conscience de la communauté internationale »*[857].

Ces critiques ont conduit le Rwanda à voter contre la résolution 955 alors même que le vœu de création du TPIR avait été le fait du gouvernement rwandais par l'entremise d'une lettre du 22 septembre 1994 de son représentant permanent à l'ONU, adressée au Président du Conseil de Sécurité[858].

---

[855] M.C. DJIENA-WEMBOU, op. cit., p. 732 ; cf. John PHILPOT, « Le Tribunal pénal international pour le Rwanda : la justice trahie », Etudes internationales, Vol. 27 (1996), N°4, Québec, décembre, pp. 827-840 : Pour PHILPOT, le TPIR *« n'est ni indépendant, ni impartial, ni permanent. Il ne relève ni d'un consensus international émanant de l'Assemblée Générale des Nations Unies, ni d'un quelconque traité basé sur l'égalité souveraine de toutes les Nations... C'est un tribunal ad hoc du vainqueur créé par le Conseil de Sécurité sur demande de la partie victorieuse de la guerre d'agression, le nouveau gouvernement du Rwanda, dominé par le Front Patriotique Rwandais »* (p. 830).

[856] Cité par DJIENA-WEMBOU, ibid., p. 739.

[857] Cf. DOC. ONU S/PV.3453, p. 16, cité par O. DUBOIS, « Les juridictions pénales nationales du Rwanda et le Tribunal international », RICR N° 828, op. cit., p. 765.

[858] DOC. S/1994/1115 du 28 septembre 1994, cité par Cécile APTEL, « A propos du Tribunal pénal international pour le Rwanda », RICR N° 828, p. 724.

D'autres hostilités se sont manifestées devant la création du TPIR par la voie institutionnelle au détriment de celle conventionnelle qui avait les faveurs de l'Afrique. Le fondement statutaire du TPIR a été centré autour des articles 39 et 41 (Chapitre VII) de la Charte de l'ONU, plaçant le génocide dans le champ de la menace à la paix et à la sécurité internationale. La préférence du Tiers-Monde allait plutôt au fondement du Chapitre VI sur le règlement des différends[859]. Cependant, il faut reconnaître, à l'heure actuelle, que les réticences africaines se sont progressivement estompées depuis le Sommet de l'OUA à Hararé (Zimbabwe) en juin 1997[860].

Depuis sa création, le TPIR est confronté à un grand nombre de difficultés entravant le bon déroulement de la répression des violations du DIH commises lors du génocide de 1994. De prime abord, des critiques se sont élevées au sujet de la localisation du TPIR à Arusha. Il semble que le choix de cette ville ait été dicté par le fait qu'elle avait servi de lieu de négociation des « Accords d'Arusha », de partage de pouvoir entre le FPR et l'ex-Président HABYARIMANA. De surcroît, cette localisation obéit à des arguments géographiques, économiques et politiques. C'est ce qui résulte du rapport du Secrétaire Général de l'ONU, qui explique que des raisons de justice et d'équité commandent cette localisation dans un territoire neutre pour éviter une justice sélective[861]. Il fallait écarter les soupçons pesant sur le gouvernement rwandais du FPR « *perçu comme celui des vainqueurs cherchant à utiliser la justice internationale comme instrument de vengeance* »[862].

Le gouvernement rwandais du F.P.R. n'a pas manqué de critiquer ce choix. En effet, parmi les motifs de rejet de la résolution 955 par le Rwanda, il a invoqué sa frustration de ne pas

---

859 Cf. DJIENA-WEMBOU, op. cit., p. 735.

860 A ce Sommet, le Secrétaire Général de l'OUA a recommandé aux Chefs d'Etat et de gouvernement (Rapport du 25 mai 1997) d'apporter leur coopération aux travaux du TPIR. Cf. DJIENA-WEMBOU, op. cit., p. 736.

861 Rapport du 13 février 1995 du Secrétaire Général en application du paragraphe 5 de la Résolution 955 (1994) du Conseil de Sécurité, S/1995/134 cité par DUBOIS (O.), op. cit., p. 766.

862 Cf. DUBOIS, op.cit., p. 767 ; Cf. PHILPOT, op. cit., p. 830.

abriter le TPIR dans le but de contribuer à l'effort de lutte contre l'impunité et de répondre aux attentes du peuple rwandais éprouvé dans sa chair et son sang[863].

Cependant, la résolution 955 n'exclut pas la possibilité pour le TPIR de se "réunir ailleurs quand il le jugera nécessaire pour l'exercice efficace de ses fonctions" (§ 6 in fine). En outre, son règlement de procédure et de preuve dispose en son article 4 : « *une chambre peut, avec l'autorisation du Président, exercer ses fonctions hors du siège du Tribunal si l'intérêt de la justice le commande* »[864].

Les trois chambres de premier degré (art. 27 à 29 du Règlement précité) et la Chambre d'Appel (art. 11 du Statut du TPIR) sont composées de onze juges. Les candidatures sont présentées par les Etats membres de l'ONU et les Etats observateurs. Le Secrétaire Général établit ensuite, une liste restreinte de douze à dix-huit candidats représentatifs des principaux systèmes juridiques du monde, qualifiés et intègres. Il revient enfin à l'Assemblée Générale d'élire six juges pour un mandat de quatre ans renouvelable (art. 12 du Statut précité).

Le mandat du Président est de deux ans, renouvelable une fois. Il est élu par ses pairs (art. 18 et 19 du Règlement). Dans l'exercice de ses fonctions, il est assisté d'un Vice-Président élu dans les mêmes conditions (art. 20 et 21 du Règlement). Le bureau du TPIR est formé du Président, du Vice-Président et du doyen des Présidents des Chambres de première instance (art. 23). Des dispositions sont relatives à la préséance, à la récusation, à l'empêchement et à la démission des juges.

Le greffe[865] est placé sous la supervision d'un greffier ayant rang de Sous-Secrétaire Général adjoint des Nations Unies,

---

[863] Cf. MUBIALA, Le Tribunal international pour le Rwanda, op. cit., p. 614.

[864] Règlement de procédure et de preuve, adopté le 29 juin 1995. Nations Unies. Tribunal pénal international pour le Rwanda. ITR/3/Rev.1, première session, 26-30 juin 1995, La Haye, Pays-Bas, in 7 RADIC (1995), pp. 726-759. Ce règlement fut amendé à plusieurs reprises, notamment le 5 juin 1997 (cf. RADIC, décembre 1998, Tome 10, N° 4, pp. 767-800) et le 1er octobre 2009.

[865] Art. 30 à 36 du Règlement de procédure et art. 16 du Statut du TPIR annexé à la résolution 955.

désigné par le Secrétaire Général après consultation du Président du Tribunal. Il est assisté d'un greffier adjoint et d'un personnel. Une division d'aide aux victimes et aux témoins se trouve sous sa responsabilité (art. 34 du Règlement)[866].

L'originalité du TPIR se révèle au niveau de deux organes (le Procureur et la chambre d'appel) qu'il partage avec le Tribunal pénal international pour l'ex-Yougoslavie (TPIY). Le Procureur du TPIY assurant les mêmes fonctions auprès du TPIR dispose d'une grande indépendance[867]. Il bénéficie de l'assistance d'un procureur adjoint et d'un personnel, désigné par le Secrétaire Général de l'ONU.

Ensuite, à la dispersion des locaux entre les Pays-Bas, le Rwanda et la Tanzanie, est venu s'ajouter un éparpillement des lieux d'emprisonnement. Cette ventilation s'appuie sur l'art. 26 du Statut, qui dispose : « *Les peines d'emprisonnement sont exécutées au Rwanda ou dans un Etat désigné par le Tribunal international pour le Rwanda sur la liste des Etats qui ont fait savoir au Conseil de Sécurité qu'ils étaient disposés à recevoir des condamnés. Elles sont exécutées conformément aux lois en vigueur de l'Etat concerné, sous la supervision du Tribunal* »

L'une des originalités des événements rwandais de 1994 réside dans l'enchevêtrement des qualifications juridiques susceptibles de s'appliquer à cette situation. Initialement, il s'agissait d'un conflit armé non international entre les forces gouvernementales (F.A.R.) et les rebelles tutsis et hutus modérés du F.P.R. A cette dimension interne, sont venus se greffer des aspects internationaux tels que le soutien de la France et du Zaïre aux FAR et celui de l'Ouganda au FPR. Il en découle une mixité renforcée, à l'image du conflit Yougoslave auquel il est souvent mis en parallèle.

L'interaction des différentes qualifications et l'ampleur du génocide ont une incidence sur le fonctionnement du TPIR.

---

[866] En février 1997, M. Agwu Ukiwe OKALI (Nigeria) a été nommé responsable du greffe en remplacement de M. Andronico O. ADEDE (Kenya). En 2001, le sénégalais Adama DIENG a été élu à ce poste.

[867] Cf. art. 15 du Statut du TPIR et art. 37 et 38 du Règlement de procédure.

D'abord, il fallait résoudre le problème du droit applicable : *common law* (droit coutumier) ou *civil law* (droit civil) ? Selon l'option préférée, des conséquences différentes en découleront au niveau de la procédure pénale. Le problème réside dans le fait que « *le Statut du Tribunal pénal international pour l'ex-Yougoslavie, repris par celui du Tribunal pénal pour le Rwanda a été préparé par le Service juridique des Nations Unies et par des juristes formés au droit anglo-saxon. Il est donc fortement inspiré par la common law qui avait déjà été appliquée à Nuremberg* »[868]. Or, dans les pays anglo-saxons (*common law*), la procédure est accusatoire à l'opposé des pays européens de droit continental (civil law) dans lesquels la procédure est de type inquisitoire.

Cependant, la domination du *common law*a été amoindrie dans la pratique par les chambres du TPIR qui utilisent indifféremment et sans ordre de priorité les deux systèmes juridiques[869]. Des différences notables existent entre les deux types de procédures. Dans le système de droit civil, la partie adverse est instruite des charges pesant contre elle et dispose du droit à la défense. Les juges apprécient la valeur des preuves. A l'inverse, dans le système du common Law, « *seul l'acte d'accusation (parfois accompagné des pièces à l'appui) est porté à la connaissance des juges le premier jour du procès. A mesure que le procès avance, il arrive alors souvent que des débats contradictoires s'engagent au sujet de la recevabilité des preuves, à la suite des objections formulées par l'une des parties* »[870].

Le rôle du juge diffère dans les deux systèmes : « *dans les juridictions de droit civil, les juges sont tenus de jouer lors du procès un rôle actif, directif, alors que dans un système de droit*

---

[868] TAVERNIER, op. cit., p. 655.

[869] Voir *Affaire Georges RUTAGANDA, arrêt du 6 mars 1997 de la chambre de première instance I (Request for examination of an order of the Tribunal) ; Affaires jointes Clément KAYISHEMA et Obed RUZINDANA, Arrêt du 17 avril 1997 de la chambre de première instance II (Probative Value of Witness Testimonies) ; et Affaire Joseph KANYABASHI de la chambre de première instance II, Arrêt du 18 juin 1997.* Cf., sur la compétence du Tribunal, F. HARHOFF, « Le Tribunal international pour le Rwanda : présentation de certains aspects juridiques », RICR N° 828, p. 718.

[870] HARHOFF, op. cit., p. 719.

coutumier, ils tendent à laisser davantage les parties contrôler le cours du procès et à leur permettre de formuler les questions et de déterminer quelles preuves sont à porter devant le tribunal »[871]. Ensuite, l'importance de la règle du précédent est plus accentuée dans les pays de common law, contrairement aux pays de droit civil dans lesquels les revirements jurisprudentiels sont toujours possibles.

Ces divergences, entre *common law* et *civil law,* imposent de la part des juges, un grand effort d'imagination et d'adaptabilité pour dénouer les complexités procédurales. De plus, ces systèmes juridiques admettent des variantes. Ainsi, le système de droit civil ne fonctionne pas de la même manière en France et en Allemagne. Il en est de même pour le système de common law pour les Etats-Unis et l'Australie.

Il revient, en définitive, aux juges de combiner les aspects des deux systèmes, d'innover, de faire œuvre de jurisprudence novatrice car, en la matière, les précédents de Nuremberg, Leipzig ou Tokyo s'étaient constitués sur le mode anglo-saxon.

En dehors du droit applicable, une vive controverse a opposé le procureur et le gouvernement rwandais au sujet du nombre des suspects. L'ampleur du génocide démontre que tous les segments de la population y ont participé. Les prisons rwandaises regorgent de détenus dont la participation aux massacres n'est ni directe ni évidente. Le gouvernement FPR a recensé près de 30.000 suspects alors que le procureur n'en retient qu'une centaine de responsables. Quant au Rapporteur Spécial des Nations Unies, le Doyen DEGNI-SEGUI, il dénombre cinquante-cinq instigateurs du génocide[872].

Le TPIR est un tribunal ad hoc. Toutefois, devant les difficultés d'appréhension des coupables, le jugement des principaux suspects risque de s'inscrire dans une séquence temporelle assez longue[873].

---

871 HARHOFF, idem., p. 719.

872 Cf. Fatsah OUGUERGOUZ, « La tragédie rwandaise… », op. cit., p. 175.

(873 Cf. Jeune Afrique N° 1769 du 1er au 7 décembre 1994, p. 24. La lenteur du rythme des inculpations ne cesse d'étonner alors que le nombre d'arrestations augmente régulièrement. Ainsi, le 2 août 1999, trois anciens ministres du

Les principaux instigateurs des massacres ont fui le Rwanda. Il faut les localiser. A cette fin, la coopération des Etats est nécessaire. Les juridictions nationales peuvent lancer des mandats d'arrêts internationaux[874] ou poursuivre les suspects se trouvant sur leur territoire[875] ou encore, se baser sur la liste des principaux responsables du génocide, établie par le gouvernement de Kigali.

En vertu du principe de la compétence universelle de l'art. VI de la Convention pour la prévention et la répression du crime de génocide de 1948, le TPIR et les tribunaux nationaux peuvent concurremment juger les personnes présumées responsables de génocide et autres violations du DIH.

Le statut du TPIR accorde une primauté au Tribunal d'Arusha. Le procureur peut, à tout stade de la procédure, demander « aux juridictions nationales » de se dessaisir en sa faveur conformément au présent statut et à son règlement[876]. Le

---

gouvernement intérimaire de 1994 ont été arrêtés et transférés à Arusha. Il s'agit de Jérôme BICAMUMPAHA, Justin MUGENZI et Prosper MUGIRANEZA. Ces personnalités viennent allonger la liste des principaux instigateurs dont Casimir BIZIMUNGU (ex-Ministre de la Santé), Joseph NZIRORERA (ex-Président de l'Assemblée Nationale), Juvenal KAJELIJELI (ex-Bourgmestre de Mukingo), etc. Cf. ICTR/INFO-9-2-195 F. Site Internet : www.ictr.org./indictments-f.html.

[874] Il en fut ainsi pour le Colonel Théoneste BAGOSORA arrêté au Cameroun sur la base d'un mandat de la Belgique. Il sera inculpé par le TPIR et transféré à Arusha.

[875] Ainsi, les dossiers relatifs à Joseph KANYABASHI et Elie NDAYAMBAJE ont été instruits par des juges d'instruction belges alors que celui d'Alfred MUSEMA l'a été par un tribunal militaire suisse. Le TPIR a dessaisi de ces affaires ces tribunaux. Cf. TPIR, affaire n° ICTR-96-8-D, affaire n° ICTR-96-15-T et affaire n° ICTR-96-13-D.

[876] Voir également art. 8 al. 1 du Statut du TPIR annexé à la résolution 955. Ainsi, en 1996, Jean Bosco BARAYAGWIZA fut jugé aux Etats-Unis d'Amérique (condamnation au civil) ; le 11 juillet 1996 un tribunal du Canada reconnaissait la participation d'un dignitaire rwandais, Léon MUGESERA, au génocide pour « incitation directe et publique à commettre le génocide » ; avant l'adoption de la loi française n° 96-432 du 22 mai 1996 portant adaptation de la législation française aux dispositions de la résolution 955 (Journal de Droit International, vol. 123, 1996, N° 3, pp. 795-796), l a Cour d'Appel de Nîmes rendit un arrêt le 22 mars 1996 disqualifiant en faits de tortures les faits de génocide reprochés à l'Abbé Wenceslas MUNYESHYAKA dont la Cour d'appel de Paris avait ordonné l'arrestation

procureur dispose de pouvoirs étendus. Il peut demander au juge de délivrer des ordonnances de transfert et de détention préventive. Cette possibilité de l'art. 40 bis du règlement de procédure et de preuve a été utilisée à l'encontre de douze suspects dont l'ancien Premier ministre du gouvernement intérimaire d'avril à juillet 1994[877]. Malgré ces pouvoirs, le procureur a été vivement critiqué. Il a été accusé de lenteur, d'inefficacité, de ne pas poursuivre les véritables responsables. Les Etats africains se sont longtemps méfiés du TPIR, méfiance qui ne s'est dissipée qu'après le Sommet d'Hararé de 1997 et la

---

par un arrêt du 6 novembre 1995 (in RGDIP 1996, 1, Vol. 100, p. 814). Cette affaire souleva beaucoup de polémiques autant que celle par laquelle Elizaphan NTAKIRUTIMANA, président de l'Eglise des adventistes du 7e jour à Mugonero, a été relaxé le 17 décembre 1997 par le juge Texan Marcel NOTZON (Cf. *IN RE Elizaphan NTAKIRUTIMANA, U.S. District Court for the Southern District of Texas, Laredo Division 988 F. Supp. 1038, 1997. U.S. District, Lexis 20714, 17 december 1997).* Le juge refusa son extradition vers le TPIR décidant que l'AGREEMENT signé entre le gouvernement américain et le TPIR en date du 24 janvier 1995 n'était pas constitutionnel. Toutefois devant le scandale, Elizaphan sera arrêté un mois après sa libération.

Toujours dans le cadre de la compétence universelle, la Belgique a adopté une « loi du 22 mars 1996 relative à la reconnaissance du TPIY et du TPIR et à la coopération avec ces tribunaux » (in Revue de Droit pénal et de Criminologie, Vol. 76 (1996), N° 7-8, pp. 855-888) et le Rwanda, une « loi organique N° 96/08 du 30 août 1996 sur l'organisation des poursuites des infractions constitutives du crime de génocide ou des crimes contre l'humanité commises à partir du 1er octobre 1990 » qui classe les auteurs des différentes formes de participation au génocide en Catégorie I (planificateurs, organisateurs, incitateurs, superviseurs et encadreurs), en Catégorie II (auteurs, co-auteurs ou complices d'homicides volontaires et d'atteintes graves contre les personnes ayant entraîné la mort), en catégorie III (autres criminels) et en Catégorie IV (la personne ayant commis des infractions contre les propriétés).

Selon l'art. 14 de la loi, les personnes de la première catégorie encourent la peine de mort, la 2e catégorie, la perpétuité, les 3e et 4e catégories des peines d'emprisonnement moindres, cf. R. MAISON, op. cit., p. 145.

877 Art. 8 al. 2 du Statut. Conformément à cet article, la procédure de dessaisissement a été utilisée dans les *affaires N° ICTR-96-2 D, ICTR-96-5-D ; ICTR-96-6D et ICTR-96-7-D* ; cf. C. APTEL, op. cit., p. 727 et *Affaire Jean KAMBANDA ICTR 97-23-S du 4 septembre 1998*, in 10 RADIC (1998), pp. 836-853.

décision du Gabon, du Cameroun et du Kenya de transférer à Arusha des criminels poursuivis par le tribunal[878].

Une difficulté supplémentaire a trait à la détermination de la compétence du TPIR. On peut identifier quatre niveaux de compétence : *Ratione loci, Ratione materiae, Ratione personae et Ratione Temporis.*

S'agissant de la compétence *ratione loci*, le TPIR est chargé de juger les violations du DIH commises par des Rwandais sur les territoires aérien et terrestre du Rwanda et dans les pays voisins[879].

La compétence *ratione personae* se rapporte aux personnes physiques[880]. Le Statut apporte la confirmation d'un des principes du Droit pénal international les plus établis depuis Nuremberg : le principe de la responsabilité individuelle des instigateurs, auteurs, co-auteurs, complices, qu'ils soient simples agents de l'Etat ou hauts-fonctionnaires, subordonnés ou supérieurs hiérarchiques, civils ou militaires[881].

La compétence *ratione temporis* recouvre les actes perpétrés durant ces événements entre le 1er janvier et le 31 décembre 1994 (art. 7 du Statut). Le choix de cette séquence temporelle est arbitraire. De l'avis de nombreux observateurs, les massacres d'avril 1994 découlent d'un plan machiavélique dont la genèse remonte bien avant 1994.

La compétence *ratione materiae* est extensive. Elle englobe les violations graves du DIH (art. 1er du Statut), dont le génocide (art. 2), les crimes contre l'humanité (art. 3) et les violations de l'article 3 commun aux quatre Conventions de Genève et du Protocole additionnel II de 1977 (art. 4 du Statut).

Le génocide, terme inventé par le juriste polonais Raphaël LEMKIN en 1944, a fait l'objet d'une définition codifiée à l'article II de la Convention pour la prévention et la répression du crime

---

[878] Le Kenya, en particulier, a facilité, par le montage de l'opération "NAKI" du 18 juillet 1997, l'arrestation et le transfert à Arusha de hauts dignitaires du régime génocidaire d'avril 1994.

[879] Art. 7 du Statut du TPIR.

[880] Art. 5 du Statut du TPIR.

[881] Art. 6 du Statut du TPIR.

de génocide, selon lequel il s'agirait de meurtres et autres crimes graves « *commis dans l'intention de détruire en tout ou partie, un groupe national, ethnique, racial ou religieux comme tel...* ».

L'article premierde ladite Convention dispose : « *le génocide, qu'il soit commis en temps de paix ou en temps de guerre, est un crime du droit des gens* ». Les Statuts du TPIY et du TPIR reprennent textuellement l'énumération de ces actes de génocide :

« *2.a) Meurtre de membres du groupe ;*

b) atteinte grave à l'intégrité physique ou mentale des membres du groupe ;

c) Soumission intentionnelle du groupe à des conditions d'existence devant entraîner sa destruction physique totale ou partielle ;

d) Mesures visant à entraver les naissances au sein du groupe ;

e) Transfert forcé d'enfants d'un groupe à un autre groupe ;

3. Seront punis les actes suivants :

a) le génocide ;

b) l'entente en vue de commettre le génocide ;

c) l'incitation directe et publique à commettre le génocide ;

d) la tentative de génocide ;

e) la complicité dans le génocide » (art. 2 al. 2 et 3 du Statut).

L'interdiction de génocide constitue une obligation *erga omnès* reconnue dans *l'affaire de la Barcelona Traction de 1970*. Auparavant, la CIJ relevait en 1951 : « *La Convention pour la prévention et la répression du crime de génocide révèle l'intention des Nations Unies de condamner et de réprimer le génocide comme « un crime de droits des gens » impliquant le refus du droit à l'existence de groupes humains entiers, refus qui bouleverse la conscience humaine, inflige de grandes pertes à l'humanité, et qui est contraire à la fois à la loi morale et à l'esprit et aux fins des Nations Unies (Résolution 96 (I) de l'Assemblée générale, 11 décembre 1946)* »[882].

Toutefois, les éléments constitutifs de génocide sont difficilement rapportables. Ainsi, le génocide ne s'étend pas à l'intention de détruire un groupe politique ou culturel même si relativement au Rwanda, FPR et FAR constituaient des groupes aux motivations politiques et culturelles opposées.

Ensuite, en droit pénal, l'infraction comporte un élément matériel mais également un élément moral. Or, il est difficile d'établir chez l'accusé, l'existence d'une intention de génocide. A cette fin, la CDI, dans son commentaire du projet de code des crimes contre la paix et la sécurité de l'humanité, précisait : « *Toutefois, l'intention générale de commettre l'un des actes énumérés, associée à une conscience diffuse des conséquences probables de cet acte pour la victime ou les victimes immédiates, ne suffit pas pour qu'il y ait crime de génocide. La définition de ce crime exige une disposition d'esprit ou une intention spécifique concernant les conséquences globales de l'acte prohibé* »[883].

Doit-on également faire la distinction entre homicide et génocide ? A ce propos, le TPIY, dans l'affaire *KARADZIC et MLADIC*, apportait quelques éclaircissements susceptibles de guider la jurisprudence du TPIR sur l'élément moral : « *L'intention spécifique au crime de génocide n'a pas à être clairement exprimée (...). L'intention peut être inférée d'un certain nombre d'éléments, tels que la doctrine générale du projet politique inspirant les actes susceptibles de relever de la définition de l'article 4 ou la répétition d'actes de destruction discriminatoires. L'intention peut également se déduire de la perpétration d'actes portant atteinte au fondement du groupe, ou à ce que les auteurs des actes considèrent comme tels, actes qui*

---

882 Cf. *CIJ, Affaire des Réserves à la Convention sur le génocide. Avis consultatif*, Recueil des arrêts, avis consultatifs et ordonnances, 1951, Rec. 1951, p. 15. Cité par Marie Claude ROBERGE, « Compétence des Tribunaux ad hoc pour l'ex-Yougoslavie et le Rwanda concernant les crimes contre l'humanité et le crime de génocide », R.I.C.R., N° 828, op. cit., p. 707.

883 Rapport 1996 de la CDI, Doc. ONU A/51/10, p. 88, cité par ROBERGE, op. cit., p.708.

ne relèveraient pas nécessairement en eux-mêmes de l'énumération du paragraphe 2 de l'article 4, mais qui sont commis dans le cadre de la même ligne de conduite »[884].

Le statut du TPIR s'étend aux crimes contre l'humanité. Son article 3 reprend les dispositions du Statut du T.M.I. de Nuremberg annexé à l'Accord de Londres du 8 août 1945 dont l'article 6 énumérait dans la catégorie des crimes contre l'humanité : *« ...l'assassinat, l'extermination, la réduction en esclavage, la déportation, et tout autre acte inhumain commis contre toutes populations civiles, avant ou pendant la guerre ou bien les persécutions pour des motifs politiques, raciaux ou religieux lorsque ces actes ou persécutions, qu'ils aient constitué ou non une violation du droit interne du pays où ils ont été perpétrés, ont été commis à la suite de tout crime rentrant dans la compétence du Tribunal, ou en liaison avec ce crime »*.

Cette définition assez restrictive (puisque liant ce crime aux crimes de guerre et contre la paix) a été élargie par la Loi N° 10 du Conseil de Contrôle allié pour l'Allemagne du 10 décembre 1945 qui y incluait : les « *atrocités et délits comprenant, sans que cette énumération soit limitative, l'assassinat, l'extermination, l'asservissement, la déportation, l'emprisonnement, la torture, le viol ou tous autres actes inhumains commis contre toute population civile et les persécutions pour des motifs d'ordre politique, racial ou religieux, que lesdits crimes aient constitué ou non une violation de la loi nationale dans le pays où ils ont été perpétrés »*[885].

Après la deuxième guerre mondiale, les juridictions nationales emprunteront d'autres types d'incrimination. La définition du crime contre l'humanité prendra un relief particulier avec le procès d'EICHMANN, inculpé en vertu de la loi israélienne de 1951 sur le châtiment des nazis et des collaborateurs des nazis. Le droit israélien énumérait comme crimes contre l'humanité, les actes suivants : « *assassinat, mauvais traitements, ou déportation*

[884] *TPIY, Le Procureur c/ Radovan KARADZIC et Ratko MLADIC. Examen des actes d'accusation dans le cadre de l'article 61 du Règlement de procédure et de preuve. Affaire IT-95-5-R61, 11 juillet 1996*, §§ 92 et 94.

[885] Citée par Marie-Claude ROBERGE, op. cit., p. 700.

pour des travaux forcés ou pour tout autre but, de la population civile des ou dans les territoires occupés ; assassinat ou mauvais traitements, des prisonniers de guerre ou des personnes en mer ; exécution d'otages; pillage des biens publics ou privés ; destruction sans motif des villes et des villages ; et dévastation que ne justifient pas les exigences militaires »[886].

La Cour de Cassation française, lors du procès de Klaus BARBIE, accentue le caractère imprescriptible des crimes contre l'humanité et les identifie comme « *...les actes inhumains et les persécutions qui, au nom d'un Etat pratiquant une politique d'hégémonie idéologique, ont été commis de façon systématique, non seulement contre des personnes en raison de leur appartenance à une collectivité raciale ou religieuse, mais aussi contre les adversaires de cette politique, quelle que soit la forme de leur opposition »*[887]. Elle rejoint l'idée inspiratrice de la Convention de 1968 sur l'imprescriptibilité des crimes de guerre et des crimes contre l'humanité.

La Cour d'Appel des Etats-Unis, dans l'affaire *DEMJANJUK contre PETROVSKY*, reconnaît le principe de l'universalité des crimes contre l'humanité et la possibilité d'extrader vers tout pays (en l'espèce, Israël) tout individu collaborateur des nazis (en l'occurrence un garde de camp de concentration) en s'appuyant sur la Constitution d'Israël de 1950 et la loi précitée de 1951 même si certains aspects du crime en question relèvent du simple assassinat au regard des lois américaines[888].

Quant à la C.D.I., dans son projet de Code des crimes contre la paix et la sécurité de l'humanité adopté lors de sa 48e session en 1996, elle a une approche exhaustive incluant des actes tels que : « *la discrimination institutionnalisée pour des motifs raciaux, ethniques ou religieux comportant la violation des libertés et droits fondamentaux de l'être humain et ayant pour résultat de défavoriser gravement une partie de la population (et) d'autres*

886 ROBERGE, Ibid., p. 702.

887 *Arrêt du 20 décembre 1985*, in J.D.I. (Clunet), 1986, pp. 129 à 142, cité par M.C. ROBERGE, op. cit., p. 702.

888 *DEMJANJUK v. PETROVSKY, 776 F. 2nd 571 (6th Circuit 1985), cert. denied, 475 U.S.1016 (1986),* cité par ROBERGE, p. 703.

actes inhumains qui portent gravement atteinte à l'intégrité physique ou mentale, à la santé ou à la dignité humaine tels que mutilations et sévices graves »[889].

Pour le TPIR, les crimes contre l'humanité sont « *ceux commis dans le cadre d'une attaque généralisée et systématique dirigée contre une population civile, quelle qu'elle soit, en raison de son appartenance nationale, politique, ethnique, raciale ou religieuse...* » (art. 3 du Statut). Cette approche diffère de celle de l'art. 5 du Statut du TPIY qui traite plutôt d'actes « *commis au cours d'un conflit armé, de caractère international ou interne...* ».

Au sens de l'art. 4 de son Statut, la compétence du TPIR s'exerce également envers les personnes ayant commis des violations de l'article 3 commun aux quatre conventions de Genève de 1949 et du Protocole additionnel II de 1977. A cet égard, le TPIR rejoint l'art. 5 du Statut du TPIY, puisqu'il se réfère aux règles des conflits armés non internationaux.

Au-delà des aspects de conflit armé, ces dispositions entendent également s'appliquer à des actes commis par des civils non armés (journalistes, médecins, prêtres, éditeurs, hommes d'affaires)[890].

Certaines infractions rangées dans la catégorie de crimes contre l'humanité, se retrouvent dans celle des violations de l'art. 3 et du Protocole II : assassinat, viol, actes inhumains, etc. Des risques de chevauchement sont à craindre. Ainsi en est-il du TPIR, qui dans l'affaire du Colonel BAGOSORA, a préféré l'inculper sous plusieurs chefs d'accusation (génocide, crimes contre l'humanité et violations de l'art. 3 et du Protocole II)[891].

Le Statut du TPIR a prévu un certain nombre de garanties judiciaires pour l'accusé, au rang desquelles on peut énumérer la présomption d'innocence, le droit à l'assistance d'un avocat, le

889 Cf. M.C. ROBERGE, op. cit., p. 704.

890 Ainsi en fut-il de l'ancien bourgmestre de la ville de Taba, Jean Paul AKAYESU, du vice-président de la milice interhamwé, Georges Anderson RUTAGANDA, du préfet de Kibuyé, Clément KAYISHEMA et de l'homme d'affaires Obed RUZINDANA.

891 Cf. C. M. PETER, « le TPIR : obliger les tueurs à rendre compte de leurs actes », RICR N° 828, op. cit. p. 745.

droit à une justice sans retard excessif, le droit à un interprète, le droit à la défense (art. 20).

Il consacre également des principes fondamentaux du Droit pénal telles *nullum crimen, nullum poena sine lege* et *non bis inidem*[892].

Pendant l'enquête, tout suspect dispose de droits prévus à l'art. 42 du Règlement de procédure, et l'enregistrement des interrogatoires pourra se faire sous la forme sonore ou vidéo. Toutes les pièces de la procédure sont transmises, dès que possible, par le procureur à la défense (art. 66 du Règlement), sauf si cela devait nuire à la conduite ultérieure des enquêtes.

L'échange des moyens de preuve se pratique avant le début du procès. La défense pourra produire soit une défense d'alibi en demandant la comparution de témoins de décharge, soit un autre moyen de défense, y compris plaider l'aliénation mentale (art. 67 du Règlement précité).

L'article 69 du Règlement de procédure organise des mesures de protection des victimes et des témoins (non-divulgation de leur nom en cas de danger exceptionnel, assistance de la division d'aide, etc.). L'art. 75 du même texte accentue cette protection en octroyant la possibilité d'emploi de pseudonyme, de huis-clos, d'altération de l'image ou de la voix, etc.

Les chambres pourront accueillir tout élément de preuve, vérifier son authenticité, sans être liées par les règles de droit interne (art. 89 dudit Règlement).

La libéralité de la procédure se traduit aussi par la recevabilité d'éléments généraux de preuve « *permettant d'établir l'existence d'une ligne de conduite délibérée, dans laquelle s'inscrivent des violations sérieuses du Droit international humanitaire...* » (art. 93 du Règlement).

Il faut relever aussi les difficultés procédurales relatives à l'audition des témoins. La première audition n'a eu lieu que lors du procès d'AKAYEZU le 17 janvier 1997. Le recours à des

---

892 Cf. Henri DONNEDIEU DE VABRES, « *Le procès de Nuremberg devant les principes modernes du Droit pénal international* », RCADI, 1947, Vol. 70, Tome I, p. 526 et s.

témoins anonymes est une pratique peu courante. Le TPIR éprouve beaucoup de difficultés à faire témoigner les victimes qui ont peur de représailles ultérieures. Quant au fonctionnement de la division d'aide, elle demeure encore à l'état végétatif. Le TPIR n'admet pas la preuve par déclaration assermentée (*affidavit*) qui ne permet pas de contre-interrogatoire, pratique largement utilisée par le TMI de Nuremberg.

La recherche de preuves relève alors de la gageure. Le fait de travailler dans un environnement culturel et une langue différents, complique la tâche des enquêteurs. Dans ce contexte, de nombreuses preuves peuvent disparaître ou être falsifiées si le nombre d'enquêteurs n'est pas suffisant. Devant les difficultés d'arrestation des suspects, on s'est interrogé sur la possibilité de procès *in abstentia* (par contumace).

onction publique dev*common law* abondent dans ce sens, à l'inverse du système du *civil law* dans lequel, une telle procédure serait possible. L'absence de procès par contumace correspond alors « *aux aspirations des pays de tradition anglo-saxonne qui refusent, au nom des exigences d'un procès équitable (fair trial, due process of law) qu'un procès puisse se dérouler en dehors de la présence de l'accusé* »[893].

Pour contourner cette lacune, le TPIY a recouru à la procédure de l'art. 61 de son Statut, considéré comme « *un succédané imparfait du jugement par contumace* »[894] qui consiste à organiser une audience publique avec comparution de témoins devant une chambre d'instance qui dispose de toute latitude de confirmer, compléter ou modifier l'acte d'accusation et de délivrer contre l'accusé absent, un mandat international transmis ensuite à tous les Etats.

Dans le même registre, peut-on surmonter ces difficultés en recourant à l'enlèvement de suspects par des commandos spéciaux comme dans le cas d'EICHMANN ? Cette procédure extrême a été employée pour la capture d'un accusé du TPIY avec l'aide de

---

[893] Paul TAVERNIER, « L'expérience des tribunaux... », op. cit., p. 657.

[894] Hervé ASCENSIO et Alain PELLET, « L'activité du Tribunal pénal international pour l'ex-Yougoslavie (1993-1995) », A.F.D.I., 1995, p. 110.

l'OTAN et de la SFOR. Malheureusement, cette opération s'est aussi soldée par la mort d'un des accusés[895].

Le déroulement des procès du TPIR peut être ralenti par d'autres difficultés. Il en est ainsi de la règle de Droit pénal bien connue sous le nom *non bis in idem*[896]. Ce principe s'oppose à ce qu'une personne soit jugée deux fois pour le même fait (par un tribunal national et le TPIR). Mais une dérogation à ce principe a été instaurée dans le cas où la juridiction nationale aurait jugé l'accusé pour un crime de droit commun (art. 9, al. 2, lettre a, du Statut) ou sans garanties suffisantes d'impartialité et d'indépendance (art. 9, al. 2, lettre b du Statut). Le Règlement de procédure et de preuve du TPIR apporte quelques aménagements en prévoyant la possibilité de dessaisissement des tribunaux nationaux, et en cas de refus le recours au Conseil de Sécurité (art. 13).

L'idée inspiratrice de cette disposition a été combattue par le gouvernement rwandais qui a invoqué la violation par la résolution 955 de l'article 6 de la Convention pour la prévention et la répression du crime de génocide, reconnaissant une compétence *« concurrente et indépendante »*[897] des tribunaux nationaux et internationaux en la matière.

Par ailleurs, il ressort que dans la détermination des peines, le TPIR s'inspire des principes posés par les résolutions du CS fondatrices. Aussi rappelle-t-elle « *985. Lorsqu'elle détermine la peine, la Chambre doit avoir également à l'esprit que le Tribunal a été créé par le Conseil de sécurité en application du Chapitre VII de la Charte des Nations Unies, pour poursuivre et châtier les auteurs de génocide et de violations graves du droit international humanitaire perpétrés au Rwanda, de manière à éradiquer l'impunité et, par voie de conséquence, de favoriser la réconciliation nationale et le retour à la paix.*

---

[895] Cf. TAVERNIER, op. cit., p. 658.

[896] Prévue à l'art. 9 du Statut du TPIR.

[897] Cf. *Mémorandum du gouvernement rwandais sur l'installation du Tribunal international pour le Rwanda, Kigali, 4 novembre 1994 (polycopie),* cité par Mutoy MUBIALA, le TPIR..., op. cit., p. 616.

986. Les peines infligées par le Tribunal doivent avoir pour finalité, d'une part la rétribution desdits accusés, ceux-ci devant voir leur forfait puni et d'autre part et surtout la dissuasion, autrement dit elles doivent avoir pour effet de décourager à jamais ceux qui pourraient être tentés de perpétrer de telles atrocités, en leur montrant que la communauté (...) Punit (...) les violations graves du droit international humanitaire et des droits de l'Homme.

987. La Chambre rappelle également que, dans la détermination de ces peines, elle est invitée par les Articles 23 2) du Statut et 10I B) du Règlement à tenir également compte d'un certain nombre de facteurs, comme la gravité de l'infraction, la situation personnelle du condamné, et à l'existence de circonstances aggravantes ou atténuantes. Il s'agit donc pour elle d'individualiser la peine »[898].

Au-delà d'un ensemble jurisprudentiel consistant, quelques affaires peuvent être évoquées.

Dans l'affaire le *Procureur c.Simon Bikindi*[899], le TPIR a condamné un compositeur et chanteur qui lors de ses animations de rue et émissions de radio, incitait[900] directement ou indirectement au génocide. Il sera reconnu coupable de cinq chefs d'accusation : « *génocide, de complicité de génocide, d'entente en vue de commettre le génocide, d'assassinat et de persécution constitutifs de crimes contre l'humanité* ».

Dans la dernière espèce tranchée[901] en l'affaire *Nyiramasuhuko c. le Procureur*[902], la Chambre d'appel va insister

---

898 Affaire ICTR-96-13-T, *Le Procureur c. Alfred MUSEMA*, jugement et sentence du 27 janvier 2000, (§§ 985-987).

Affaire n° ICTR-01-72-T, *Procureur c .Simon Bikindi,* jugement du 2 décembre 2008 (Chambre de 1ère instance).

900 Selon le TPIR, « *l'incitation directe et publique à commettre le génocide est, par définition, un crime d'une extrême gravité qui ébranle les fondements même de notre société, et choque la conscience de l'humanité* ».

901 Voir, Cécile BORREIL, « L'affaire Butaré, dernier arrêt rendu par la chambre d'appel du TPIR le 14 décembre 2015 », Bulletin du 17.01.2016 www.sentinelle-du-droit-international.fr (Consulté le 25.05.2017).

sur la nécessité de respecter certaines garanties de tout accusé[903] ; préciser certains motifs discriminatoires[904] et, à titre de réparation, réduire les peines prononcées par le tribunal de 1ère instance[905].

Le dossier *Musema* a fait l'objet d'un jugement en première instance. Il est intéressant de rappeler que le viol comme crime a été particulierement retenu contre Musema, en ces termes :

« *965. La Chambre a adopté la définition du viol énoncée dans le Jugement Akayesu, comme étant "une invasion physique de nature sexuelle commise sur la personne d'autrui sous l'empire de la contrainte" et la définition de l'agression sexuelle dans la même décision comme étant " tout acte de nature sexuelle" commis sur la personne sous l'empire de la contrainte* »[906].

A la suite de l'appel interjeté par le mis en cause contre la condamnation et la sentence, la Chambre va confirmer qu'il est coupable d'extermination (comme crime contre l'humanité et de génocide), mais ne retient pas le viol de la susdite car *«les conclusions factuelles et juridiques dégagées par la Chambre de premiere instance en rapport avec le viol de Nyiramusugi sont incorrectes et ont entrainé une erreur judiciaire »*[907].

Des développements ci-dessus, il ressort que le TPIR avait été instauré dans le but de lutter contre l'impunité des principaux responsables du génocide et des autres violations du DIH

---

902 Affaire *Nyiramasuhuko c. le Procureur,* jugement du 14 décembre 2015 (chambre d'appel).

903 Notamment le droit d'être jugé dans un délai raisonnable, le droit à un procès équitable, (§§ 342, 369, 372).

904 Sur le crime de persécution pour des motifs politiques, religieux, raciaux, il refuse d'ajouter l'ethnicité dans la liste des motifs discriminatoires et de ne pas distinguer groupe ethnique et groupe racial (§ 2137).

905 Du fait des violations des droits de l'accusé mais avec la certitude des crimes qu'il a commis, le TPIR réduit la peine d'emprisonnement à vie à 47 ans ; celles de 35 ans à 25, de 30 à 20 et de 25 à 18 ans (Dispositif de l'arrêt).

906 Dans l'affaire précitée, ICTR-96-13-T, *Le Procureur c. Alfred Musema*, jugement et sentence du 27 janvier 2000, le TPIR a condamné à une peine unique d'emprisonnement à vie, ce directeur d'usine à thé pour génocide, complicité de génocide, de crimes contre l'humanité (extermination, viol).

907 Affaire ICTR-96-13-A, *Musema (Appelant) c. Le Procureur (Intimé)*, jugement de la Chambre d'appel du 16 novembre 2001, (§ 193).

perpétrées en 1994 au Rwanda, et de faire cesser leurs effets. Mais l'exigence d'une justice équitable commande aussi la prise en compte des objectifs de reconstruction et de réconciliation nationale. Ces objectifs recoupent aussi ceux de son successeur, le MTPI.

En effet, le TPIR a, à partir de la stratégie d'achèvement de ses travaux en 2010, rendu ses dernières décisions de première instance avant fin 2012 et ses décisions d'appel en décembre 2015, ouvrant la voie au MTPI pour la reprise des dossiers d'affaires non encore vidées.

B. Le Mécanisme pour les Tribunaux pénaux internationaux

L'étude du récent MTPI ne saurait faire l'impasse sur le bilan du TPIR qui a mis en accusation quatre-vingt-treizepersonnes (93), soit soixante-deux (62) personnes condamnées, deux personnes (2) dont les actes d'accusation ont étés retirés avant le procès, deux (2) personnes décédées avant leur jugement, dix (10) personnes renvoyées pour être jugées par des tribunaux nationaux et trois (3) fugitifs[908] qui, une fois arrêtés, seront renvoyés devant le MTPI[909].

Ce Mécanisme est chargé d'assurer certaines fonctions résiduelles dévolues auparavant au TPIR[910] et au TPIY[911].

Le MTPI a été créé conformément à son Statut annexé à la résolution 1966 (2010) du CS en date du 22 décembre2010[912],

---

[908] Ils sont nommément désignés dans le site : MM. Protais MPIRANYA, Augustin BIZIMANA et Félicien KABUGA.

[909] Voir le site du MTPI (*Mechanism for International Criminal Tribunals*, MICT, en anglais) : www.unmict.org.

[910] La fermeture du TPIR n'est intervenue que le 31 décembre 2015.

[911] La fermeture du TPIY est prévue pour fin 2017.

[912] Cette résolution considère que les «*fonctions résiduelles étant sensiblement limitées, le mécanisme international devrait être une petite entité efficace à vocation temporaire, dont les fonctions et la taille iront diminuant, et dont le personnel peu nombreux sera à la mesure de ses fonctions restreintes*», voir Résolution S/RES/1966 (2010), adoptée par le Conseil de sécurité à sa 6463e séance, le 22 décembre 2010, et en son

complété par son Règlement de Procédure et de Preuve (RPP) adopté le 08 juin 2012[913]. Selon le paragraphe I de la Résolution et sur le fondement du chapitre VII de la Charte des NU, le CS : « *Décide de créer le Mécanisme international appelé à exercer les fonctions résiduelles des Tribunaux pénaux (« le Mécanisme »), composé de deux divisions dont les dates d'entrée en fonction seront le 1er juillet 2012 pour la division chargée des fonctions résiduelles du TPIR, et le 1er juillet 2013 pour la division chargée des fonctions résiduelles du TPIY, et décide à cette fin d'adopter le Statut du Mécanisme figurant à l'annexe 1 de la présente résolution* ».

Le MTPI est composé de deux Divisions : l'une, africaine, à Arusha et l'autre, européenne, à La Haye. Chaque Division comprend des organes dénommés Hauts Responsables[914], (dont le Président), une chambre de première instance[915], et la Chambre d'appel[916] ; le Procureur et le Greffe étant communs aux deux Divisions (art. 4 du Statut).

Comme relaté précédemment, les mêmes attributions sont reproduites avec un Bureau du Procureur (art. 14 du Statut) qui instruit les dossiers et exerce les poursuites (contre les individus

---

Annexe 1, *le « Statut du Mécanisme international appelé à exercer les fonctions résiduelles des Tribunaux pénaux » (ci-après, le Statut).*

913 Résolution MICT/1/Rev. 2 du 8 juin 2012, modifié le 26 septembre 2016.

914 *Il ressort des textes que « le Mécanisme est pourvu d'un Président, d'un Procureur et d'un Greffier, communs aux deux divisions. Le Président est nommé par le Secrétaire général de l'ONU après consultation du Président du Conseil de sécurité de l'ONU et des juges du Mécanisme. Le Procureur est nommé par le Conseil de sécurité sur proposition du Secrétaire général. Le Président dirige le Mécanisme. Il est responsable de l'exécution d'ensemble du mandat confié à celui-ci et le représente devant le Conseil de sécurité et l'Assemblée générale de l'ONU. Il préside les Chambres -l'organe judiciaire du Mécanisme- et il est chargé d'affecter les juges aux différentes affaires selon les circonstances. Le Président du Mécanisme siège également en tant que juge à la Chambre d'appel, qu'il préside », voir le site du Mécanisme : www.unmict.org.*

915 Chaque chambre de première instance comprend trois juges dont un Président de chambre.

916 La Chambre d'Appel comprend cinq juges dont le Président du MTPI.

ciblés à l'art. 1er de son Statut)[917] ; le Greffe (art. 15 du Statut), dirigé par un Greffier, et qui fournit un appui administratif, juridique, politique et diplomatique aux différents organes. Une Liste des Conseils de la Défense[918] et un Système d'aide juridictionnelle pour soutenir les équipes de la défense complètent l'appareillage. Vingt et cinq juges composent la Liste des Juges du MTPI parmi lesquels on compose les formations des chambres (art. 8 du Statut).

Par ailleurs, comme il est de coutume, il est retenu le principe de compétences concurrentes entre le MTPI et les juridictions

---

[917] Art.1er du Statut du MTPI *« 1. Le Mécanisme succède au TPIY et au TPIR dans leur compétence matérielle, territoriale, temporelle et personnelle, telle que définie aux articles premier à 8 du Statut du TPIY et aux articles premier à 7 du Statut du TPIR, et dans leurs droits et leurs obligations, sous réserve des dispositions du présent Statut.*
2. Le Mécanisme est habilité à juger, conformément aux dispositions du présent Statut, les personnes mises en accusation par le TPIY ou le TPIR qui font partie des plus hauts dirigeants soupçonnés de porter la responsabilité la plus lourde des crimes visés au paragraphe 1 du présent article, compte tenu de la gravité des crimes reprochés et de la position hiérarchique de l'accusé.
3. Le Mécanisme est habilité à juger, conformément aux dispositions du présent Statut, les personnes mises en accusation par le TPIY ou le TPIR qui ne font pas partie des plus hauts dirigeants visés au paragraphe 2 du présent article, étant entendu qu'il ne les jugera, conformément aux dispositions du présent Statut, qu'après avoir épuisé toutes solutions raisonnables pour renvoyer l'affaire comme l'envisage l'article 6 du présent Statut.
4. Le Mécanisme est habilité à juger, conformément aux dispositions du présent Statut : a) Quiconque entrave ou a entravé sciemment et délibérément l'administration de la justice par le Mécanisme ou les Tribunaux, et à le déclarer coupable d'outrage ; et b) Quiconque fait ou a fait sciemment et délibérément un faux témoignage devant le Mécanisme ou les Tribunaux. Avant de juger ces personnes, le Mécanisme envisage de renvoyer l'affaire aux autorités d'un Etat conformément à l'article 6 du présent Statut, selon ce que commandent l'intérêt de la justice et l'opportunité.
5. Le Mécanisme n'est pas habilité à délivrer de nouveaux actes d'accusation contre des personnes autres que celles visées par le présent article ».

[918] Art. 43 du RPP, possibilité d'avoir un avocat d'office si les intérêts de la justice le nécessitent.

nationales pour juger « *les personnes visées à l'article premier du présent Statut* » (art. 5 du Statut)[919] avec une primauté dévolue au Mécanisme car « *A tout stade de la procédure mettant en cause une personne visée au paragraphe 2 de l'article premier du présent Statut, le Mécanisme peut demander officiellement aux juridictions nationales de se dessaisir en sa faveur conformément au présent Statut et à son Règlement de procédure et de preuve* » (art.5 § 2 du Statut).

Le Mécanisme peut renvoyer, aux juridictions nationales des affaires mettant en cause des « *personnes mises en accusation par le TPIY ou le TPIR qui ne font pas partie des plus hauts dirigeants visés au paragraphe 2 du présent article, étant entendu qu'il ne les jugera, conformément aux dispositions du présent Statut, qu'après avoir épuisé toutes solutions raisonnables pour renvoyer l'affaire comme l'envisage l'article 6 du présent Statut* » (art. 6 § 1 du Statut) et le reste de la procédure est poursuivi ainsi, « *Après confirmation de l'acte d'accusation et avant l'ouverture du procès, que l'accusé soit placé ou non sous la garde du Mécanisme, le Président peut désigner une Chambre de première instance qui détermine s'il y a lieu de renvoyer l'affaire aux autorités de l'Etat :*

i) Sur le territoire duquel le crime a été commis ;

ii) Dans lequel l'accusé a été arrêté ; ou

iii) Compétent, disposé et tout à fait prêt à accepter l'affaire, afin qu'elles en saisissent sans délai la juridiction compétente.

3. Lorsqu'elle examine s'il y a lieu de renvoyer telle affaire mettant en cause toute personne visée au paragraphe 3 de l'article premier du présent Statut, conformément au paragraphe 2 ci-dessus, la Chambre de première instance tient compte, en conformité avec la résolution 1534 (2004) du Conseil de sécurité, de la gravité des crimes reprochés à l'accusé et de la position hiérarchique de celui-ci.

---

[919] Il s'agit selon l'article premier § 2 du Statut, des « *personnes mises en accusation par le TPIY ou le TPIR qui font partie des plus hauts dirigeants soupçonnés de porter la responsabilité la plus lourde des crimes visés au paragraphe 1 du présent article, compte tenu de la gravité des crimes reprochés et de la position hiérarchique de l'accusé* ».

4. La Chambre de première instance peut ordonner ce renvoi d'office ou à la requête du Procureur, le Procureur, et le cas échéant l'accusé, entendus, et après s'être assurée que l'accusé bénéficiera d'un procès équitable et qu'il ne sera pas condamné à la peine capitale ni exécuté.

5. Le Mécanisme suit les affaires renvoyées devant les juridictions nationales par le TPIY et le TPIR et celles renvoyées conformément au présent article avec le concours d'organisations et d'organismes internationaux et régionaux.

6. A tout moment après qu'une ordonnance de renvoi a été rendue par le TPIY, le TPIR ou le Mécanisme et avant que l'accusé soit déclaré coupable ou acquitté par une juridiction interne, la Chambre de première instance peut, d'office ou à la requête du Procureur et les autorités de l'Etat concerné entendues, annuler l'ordonnance et demander officiellement le dessaisissement si les conditions du renvoi ont cessé d'exister et si l'intérêt de la justice le commande »[920].

Le Statut du MTPI prévoit des garanties judiciaires pour les accusés : principe *non bis in idem,* (art. 7), droits des accusés (art.19), protection des victimes et témoins (art. 20), droit de demander la révision du jugement en cas de découverte de faits nouveaux dans l'année suivant le prononcé du jugement définitif (art. 24), de faire appel *« pour les motifs suivants : a) Erreur sur un point de droit qui invalide la décision ; ou b) Erreur de fait qui a entraîné un déni de justice »* (art. 23).

Conformément à son mandat, le Mécanisme a pris en charge, entre autres, l'exercice d'un certain nombre de fonctions du TPIR et du TPIY, l'exécution des peines, l'examen de décisions administratives, l'affectation des affaires, les procédures en révision, en appel et pour outrage, les demandes d'annulation du renvoi d'affaires devant des juridictions nationales, la modification des mesures de protection accordées à des témoins, la consultation et la communication de documents, la modification des conditions de dépôt des documents, les demandes d'indemnisation et la désignation de conseils.

---

[920] Art.6, paragraphes 2 à 6 du Statut.

Somme toute, le MTPI exerce les fonctions suivantes :

- assistance aux juridictions nationales ;

- conservation et gestion des archives des deux tribunaux *ad hoc* et du Mécanisme ;

- protection des victimes et témoins ;

- supervision de l'exécution des peines prononcées par les deux tribunaux *ad hoc* et le Mécanisme ;

- recherche et poursuite des derniers fugitifs ;

- conduite de nouveaux procès, procédures d'appel des affaires portées devant les deux tribunaux ad hoc et le Mécanisme ; procès pour outrage au tribunal, faux témoignage, procédures de révision ;

- suivi des affaires renvoyées devant les juridictions nationales par le TPIR ou le TPIY.

Il en ressort, que toutes situations confondues, le MTPI, pour le compte du TPIR, poursuit les procédures de quarante-neuf (49) affaires[921], dont celles de *Jean Paul Akayesu (MICT-13-3), Théoneste Bagosora (MICT-12—26), Bizimunga et 4 autres (Affaire Gouvernement II) (MICT-14-75), Jean Baptiste Gatete (MICT-13-42), Wenceslas Munyeshyaka (MICT-13-45), Augustin Ndindiliyimana et 3 autre s(Affaire des Militaires) (MICT-12-08), Nahimana, Barayagwiza et Hassan Ngeze (Affaire des Média) (MICT-613-637), Nyiramasuhuko et 6 autres (Affaire Butare) (MICT-15-90).*

Sous un autre rapport, malgré le bilan mitigé des Tribunaux pénaux *ad hoc*, la justice pénale internationale s'enrichira de la création de tribunaux spéciaux dont le TSSL, tandis que l'expérience des Chambres Extraordinaires auprès des Tribunaux Cambodgiens (CETC) sera mise à profit pour la création des Chambres Africaines Extraordinaires au sein des juridictions Sénégalaises.

[921] Liste des affaires liées au TPIR, www.unmict.org (site consulté le 25.05.2017).

Paragraphe II – Le Tribunal Spécial pour la Sierra Leone et les Chambres Africaines extraordinaires

Deux tribunaux hybrides, à composition mixte, de juges nationaux et internationaux, seront portés sur les fonts baptismaux, d'une part, pour le jugement de nombreux crimes internationaux commis depuis le 30 novembre 1996[922], en relation avec la guerre civile en Sierra Léone[923], et dont la stratégie d'achèvement des travaux conduit à la mise en place d'un Mécanisme Résidentiel (A) et, d'autre part, pour connaître des crimes internationaux commis au Tchad entre le 7 juin 1982 et le 1er décembre 1990[924] (B).

A. Le Tribunal spécial pour la Sierra Leone et son mécanisme résidentiel (résiduel)

Le Tribunal Spécial pour la Sierra Leone (ci-après, TSSL), créé conformément à la Résolution 1315 du CS de 2000[925], se veut un tribunal spécial et indépendant « *pour juger les personnes qui sont responsables de violations graves du droit international humanitaire ainsi que les crimes commis au regard du droit sierra-léonais* »[926].

L'article premier du Statut, y relatif, fonde l'étendue et le contenu de ses compétences : « *1. A l'exception des dispositions prévues à l'alinéa 2, le Tribunal spécial est habilité à juger les personnes qui sont responsables de violations graves du droit*

922 Date des accords d'Abidjan entre le Gouvernement et le RUF.

923 Cette guerre civile s'est déroulée entre le 23 mars 1991 et le 18 janvier 2002.

924 Cette période correspond au régime de l'ancien président tchadien Hissène Habré. Cf., Raymond O. SAVADOGO, « Les Chambres africaines extraordinaires au sein des tribunaux sénégalais : Quoi de si extraordinaires ? », *Revue Etudes internationales*, 2014, nº Vol. 45, No. 1, pp. 105-127.

925 Résolution S/RES/1315 du Conseil de Sécurité en date du 14 août 2000.

926 Préambule de l'Accord entre l'ONU et le Gouvernement de Sierra Leone relatif à la création d'un Tribunal Spécial pour la Sierra Leone, signé à Freetown le 16 janvier 2002.

international humanitaire ainsi que les crimes commis au regard du droit sierra-léonais depuis le 30 novembre 1996 y compris les responsables qui, en commettant ces crimes, ont porté atteinte à l'établissement et à la mise en œuvre du processus de paix en Sierra Leone.

2. Toute infraction par les casques bleus et le personnel attaché à l'opération de maintien de la paix en Sierra Leone conformément au Statut de l'Accord de mission en vigueur entre les Nations Unies et le Gouvernement de Sierra Leone ou les accords entre le Sierra Leone et d'autres Gouvernements et organisations régionales ou, en l'absence d'un tel accord, à condition que les opérations de maintien de la paix aient été entreprises avec le consentement du Gouvernement de Sierra Leone, relèvera en premier lieu de la juridiction de l'Etat d'envoi.

3. Dans le cas où l'Etat d'envoi ne voudrait pas ou est dans l'incapacité de mener une enquête ou d'engager une poursuite, le Tribunal spécial peut exercer sa juridiction à l'encontre des prévenus avec l'autorisation du Conseil de sécurité »[927].

Sa compétence *ratione materiae* s'exerce à l'égard des crimes contre l'humanité[928], les violations de l'art. 3 commun aux Conventions de Genève et du Protocole additionnel II[929], aux

[927] Le Statut du TSSL est annexé à l'Accord du 16 janvier 2002.

[928] Selon l'Article 2 du Statut, « *Le tribunal spécial est habilité à juger les personnes présumées responsables des crimes suivants lorsqu'ils ont été commis dans le cadre d'une attaque généralisée et systématique contre une population civile :*
(a) Assassinat ;
(b) Extermination ;
c) Réduction en esclavage ;
(d) Expulsion ;
(e) Emprisonnement ;
(f) Torture ;
(g) Viol, esclavage sexuel, prostitution forcée, grossesse forcée et toute autre forme de violence sexuelle ;
(h) Persécution pour des raisons politiques, raciales et religieuses ;
(i) Autres actes inhumains ».

[929] Selon l'Article 3 du Statut *« Le Tribunal spécial est habilité à poursuivre les personnes qui commettent ou qui donnent l'ordre de commettre des violations graves de l'article 3 commun aux Conventions de Genève du 12*

« *violations sérieuses du droit international humanitaire* »[930], et enfin à certains crimes selon le droit sierra-léonais[931].

---

août 1949 pour la protection des victimes en temps de guerre et du Protocole additionnel II du 8 juin 1977. Ces violations comprennent :
(a) Les atteintes portées à la vie, à la santé et au bien-être physique ou mental des personnes, en particulier le meurtre, de même que les traitements cruels tels que la torture, les mutilations ou toutes formes de peines corporelles ;
(b) Les punitions collectives ;
(c) La prise d'otages ;
(d) Les actes de terrorisme ;
(e) Les atteintes à la dignité de la personne, notamment les traitements humiliants et dégradants, le viol, la prostitution forcée et tout attentat à la pudeur ;
(f) Le pillage ;
(g) Les condamnations prononcées et les exécutions effectuées sans un jugement préalable rendu par un Tribunal régulièrement constitué, assorti des garanties judiciaires reconnues comme indispensables par les peuples civilisés ;
(h) La menace de commettre les actes précités ».

930 Selon l'Article 4 du Statut, « *Le Tribunal spécial a aussi le pouvoir de juger les personnes coupables des violations suivantes du droit humanitaire international : (a) Attaque dirigée intentionnellement contre la population civile ou contre des personnes civiles qui ne participent pas aux hostilités ; (b) Attaque dirigée intentionnellement contre le personnel, les installations, le matériel, des unités administratives ou des véhicules qui participent à l'aide humanitaire ou à la mission de maintien de la paix, conformément à la Charte des Nations Unies dans la mesure où ils doivent bénéficier de la protection accordée aux civils ou à des objets civils conformément à la loi internationale relative aux conflits armés ; (c) Conscription ou enrôlement d'enfants âgés de moins de 15 ans dans des forces armées ou dans des groupes armés et les pousser à participer activement aux hostilités* ».

931 Selon l'Article 5 du Statut, « *Le Tribunal spécial a le pouvoir de juger des personnes qui ont commis les crimes suivants selon le droit sierra-léonais :*
(a) Infractions relatives aux sévices infligés aux jeunes filles conformément à l'Acte visant à prévenir des traitements cruels à des enfants, 1926 (Cap 31) ;
i) Sévices infligés à des filles de moins de 13 ans, en violation de la section 6 ; ii) Sévices infligés à des filles de 13 à 14 ans, en violation de la section 7 ; iii) Enlèvement d'une fille pour des buts immoraux, en violation de la section 12.

En ce qui concerne sa compétence *ratione temporis* ou sa compétence *ratione loci*, elle s'étend, à partir du 30 novembre 1996, jusqu'à la fin de la guerre civile pour les crimes susvisés commis sur le territoire sierra-léonais.

Par ailleurs, la compétence *ratione personae* s'exerce à l'égard de toute personne ayant commis un des crimes visés aux articles 1 à 6 du Statut, c'est-à-dire :

- les personnes qui sont responsables de violations graves du droit international humanitaire ainsi que les crimes commis au regard du droit sierra-léonais ;

- les membres du personnel des OMP, si l'Etat d'envoi ne veut pas ou est dans l'incapacité de mener une enquête ou d'engager une poursuite ;

- les enfants de plus de 15 ans[932].

La composition des organes du TSSL offre quelques similitudes avec les tribunaux mais aussi des originalités du fait de l'hybridation, avec le Bureau du Procureur[933] (Procureur

---

(b) Infractions relatives à la destruction injustifiée de la propriété selon l'Acte relatif au dommage malicieux, 1861 : i) Mettre le feu à des maisons d'habitation, qu'elles soient occupées ou inoccupées en violation de la section 2 ; ii) Mettre le feu à des bâtiments publics, en violation des sections 5 et 6 ; iii) Mettre le feu à d'autres bâtiments, en violation de la section 6 ».

932 Plus clairement, l'art. 7 se lit : « *1. Le Tribunal spécial n'est pas compétent pour juger les mineurs âgés de 15 ans au moment où l'infraction alléguée a été commise. Si le Tribunal est appelé à juger une personne âgée de 15 à 18 ans au moment où l'infraction alléguée a été commise, cette personne doit être traitée avec dignité et respect, en tenant compte de son jeune âge et de la nécessité de faciliter sa réinsertion et son reclassement pour lui permettre de jouer un rôle constructif dans la société, et conformément aux normes internationales relatives aux droits de l'homme, en particulier les droits de l'enfant.*
2. Lorsqu'il juge un mineur délinquant, le Tribunal spécial assortit son jugement d'une ou plusieurs des mesures ci-après : placement, éducation surveillée, travail d'intérêt général, service de conseils, placement nourricier, programmes d'éducation pénitentiaire, d'enseignement et de formation professionnelle, établissements scolaires agréés et, le cas échéant, tout programme de désarmement, démobilisation et réinsertion, ou programme des organismes de protection des enfants ».

933 Art. 3 de l'Accord de 2002.

nommé par le SGNU, et Procureur adjoint nommé par le Gouvernement sierra léonais), le Greffe[934] (le greffier est fonctionnaire de l'ONU) et les Chambres (une ou deux de première instance[935] et une chambre d'appel[936]).

La peine maximale est la prison à perpétuité et doit, en principe, être exécutée en Sierra Leone. Son RPP est celui du TPIR[937]. Le TSSL a une compétence concurrente avec les juridictions nationales, avec primauté car il peut demander leur dessaisissement en sa faveur. (art. 8 du Statut).

Rétrospectivement, le bilan des affaires portées devant le TSSL fait état de quelques inculpations, soit huit personnes condamnées[938], quatre personnes décédées[939], une affaire renvoyée à un autre tribunal, et une affaire concernant Charles Ghankay TAYLOR, ex-chef d'Etat d'un pays voisin, le Liberia[940].

---

[934] Art. 4 de l'Accord de 2002.

[935] Chacune des chambres de 1ère instance compte trois juges dont un nommé par le Gouvernement et deux par le SGNU (art. 2 de l'Accord de 2002)

[936] La Chambre d'appel compte cinq juges dont deux nommés par le Gouvernement et trois par le SGNU. Les deux parties se consultent pour la composition (art. 2 dudit Accord).

[937] Art. 6, 14 et 17 du Statut.

[938] Ils accomplissent leurs peines au Rwanda. Voir, le dossier de l'*Armed Forces Revolutionary Council* a fait l'objet de trois jugements en l' *affaire n° SCSL-04-16-T, Le Procureur c. Alex Tamba Brima , Brima Bazzy Kamara et Santigie Borbor Kanu*, jugement de condamnation du 20 juin 2007 (Chambre 1ère instance II), et jugement de sentence du 19 juillet 2007 (50 ans de prison pour Brima et Kanu et 45 ans pour Kamara) ; le jugement de la chambre d'appel (affaire SCSL-204-16-A) étant rendu le 22 février 2008.

[939] En fait, elles sont trois ou quatre : le leader du RUF **Foday SANKOH**, mort en détention en juillet 2003, le commandant du RUF, **Sam BOCKARIE** (probablement tué au Liberia), le président de l'AFRC, **Johny Paul KOROMA** (réputé mort, bien que cela ne soit pas confirmé) et, le leader des CDF, **Samuel Hinga NORMAN**, mort avant son jugement.

[940] En 2012, il a été reconnu coupable par le jugement du 25 avril 2012 et condamné à 50 ans d'emprisonnement par le Tribunal de 1ère instance (arrêt du 30 mai 2012), peine confirmée par la chambre d'appel (arrêt du 26 septembre 2013). Jugé à La Haye pour des raisons de sécurité, il purge actuellement sa peine en Grande-Bretagne.Voir, *SCSL, Trial Chamber II,*

Parmi ces affaires, celle d'Allieu KONDEWA attire aussi l'attention. Membre et Prêtre Suprême des *Civil Defence Forces* (CDF), Allieu KONDEWA a été inculpé le 24 mai 2003. Il a été arrêté et transféré au TSSL le 29 mai 2003. Il est accusé, conformément aux articles 2, 3 et 4 du Statut du Tribunal Spécial pour la Sierra Leone (TSSL) :

- de crimes contre l'humanité : meurtres et autres actes inhumains ;
de violations de l'art. 3 commun aux Conventions de Genève et de violations du protocole additionnel II aux Conventions de Genève ;

- d'autres violations graves du droit international humanitaire (enrôlement et conscription, dans les forces armées, d'enfants de moins de 15 ans).

Lors de sa comparution initiale, Allieu KONDEWA a plaidé non coupable de tous les chefs d'accusation. Le 27 janvier 2004, le TSSL a ordonné la jonction des causes instruites à l'encontre de Samuel Hinga NORMAN, Moinina FOFANA et Allieu KONDEWA. Le 2 août 2007, le TSSL a reconnu KONDEWA et FOFANA coupables respectivement de quatre et cinq chefs d'accusation de crimes de guerre et les a acquittés d'autres accusations de crimes contre l'humanité. Le 9 octobre 2007, le Tribunal a condamné KONDEWA et Moinina FOFANA[941], à huit ans de prison.

The Prosecutor v. Charles Ghankay Taylor, Case n° SCSL-2003-01-PT, initial Appearance, 3 april 2006, SCSL ; Appeals Chamber II, The Prosecutor v. Charles Ghankay TAYLOR, Case n° SCSL-2003-01-A, Judgement, 26 september 2013. Cf. Alexandra CUENIN, « Charles TAYLOR condamné à 50 ans de prison… », Journal du Centre de Droit International, Bulletin n° 11, décembre 2013, consultable sur le site www.cdi.lyon3.free.fr.

941 Le cas de Moinina FOFANA est un feuilleton à épisodes. Le procureur a interjeté appel contre le jugement en exigeant des peines plus élevées. Le 28 mai 2008, la Chambre d'appel a augmenté la peine de huit à 20 ans. FOFANA a été transféré au Rwanda le 30 octobre 2009 où il va purger sa peine. Mais, en août 2014, le Président du RSCSL accède à la demande de libération conditionnelle de FOFANA, mais va fixer la date de la libération pour mars 2015, après une durée supplémentaire de six mois en prison. Le 12 mars 2015, FOFANA a été relâché de prison, et est retourné

A la cessation de ses activités en décembre 2013, le TSSL a été remplacé par le Tribunal Spécial Résidentiel pour la Sierra Leone (*Residual Special Court for Sierra Leone*), à la suite de l'Accord entre le Gouvernement et l'ONU[942].

Ce Mécanisme, à la fois résidentiel et résiduel, a pour fonction de superviser les obligations du TSSL, *inter alia*, l'aide et la protection des témoins et des victimes, les peines d'emprisonnement, ou la gestion des archives du TSSL, la gestion, la préservation et la fourniture d'accès, de ses archives, de répondre aux demandes d'accès à la preuve par les autorités, de superviser l'exécution des peines ; la revue des condamnations et acquittements; d'exercer les procédures d'outrage au tribunal ; de fournir de l'aide juridique pour la conduite des procédures devant le résiduel ; de répondre aux demandes des autorités nationales concernant les réclamations (art. 2 de son Statut annexé à l'Accord).

Le RSCSL a été créé conformément à un accord signé entre l'Organisation des Nations Unies et le gouvernement de la Sierra Leone le 11 août 2010, ratifié par le Parlement le 15 décembre 2011 et approuvé le 1er février 2012. Il a son siège principal à Freetown, mais exercera ses fonctions dans un siège intérimaire aux Pays-Bas avec un sous-bureau à Freetown pour la protection et le soutien aux témoins et victimes.

Le RSCSL, comme le TSSL (*Special Court for Sierra Leone*), est financé par des contributions volontaires de la communauté internationale, mais peut rechercher d'autres moyens de financement. Un comité de surveillance, composé des Parties et des donateurs, est chargé d'aider à obtenir des fonds suffisants et à fournir des conseils et des orientations stratégiques sur les aspects non judiciaires de la Cour.

---

dans le village de Bo, en Sierra Leone, où il demeurera sous liberté conditionnelle jusqu'en mai 2018. La libération sous conditions de FOFANA n'est valable que dans la mesure où ce dernier se soumet à un certain nombre d'exigences. Ainsi, FOFANA doit, entre autres, coopérer avec un organisme de contrôle et s'abstenir de commettre une nouvelle infraction ou de rentrer en contact avec les témoins ayant participé à son procès. Voir site du RSCSL.

[942] Voir son site : www.rscsl.org (consulté le 25 mai 2017).

Le RSCSL a une structure légère (art. 2 de son Statut) avec une chambre composée d'un président et, le cas échéant, d'une chambre de première instance et d'une chambre d'appel[943], ainsi que le Procureur et le Greffier. Son établissement est ainsi réglé par l'Art.1er de l'Accord de 2010, *« 1. Il est institué un tribunal spécial résiduel pour la Sierra Leone (le «Tribunal spécial résiduel ») pour exercer les fonctions du tribunal spécial pour la Sierra Leone qui doit continuer après la clôture du tribunal spécial.*

2. Le tribunal spécial résiduel est régi par le Statut annexé à cet accord, qui en fait partie intégrante.

3. Le tribunal spécial résiduel poursuit la compétence, les fonctions, les droits et les obligations du Tribunal spécial soumises aux dispositions du présent Accord et son Statut ».

Sa compétence s'étend aux crimes contre l'humanité, aux violations de l'article 3 commun aux Conventions de Genève et au Protocole additionnel II, aux crimes reconnus par la législation nationale. La responsabilité pénale est individuelle (art.6 du Statut), et le RSCSL peut renvoyer des affaires aux juridictions nationales (art. 7).

Les tribunaux *ad hoc*, pénaux ou spéciaux, avec leurs mécanismes résiduels, continuent toujours de faire des émules. D'autres variantes s'établissent aussi progressivement sur le mode de l'hybridation et du caractére temporaire. C'est le cas des Chambres Africaines.

B. Les Chambres africaines extraordinaires de Dakar

L'un des tournants les plus importants dans l'évolution de la justice pénale internationale est, sans aucune contestation, la création, à Dakar, des Chambres Africaines Extraordinaires au

[943] Une liste de seize juges est établie, soit dix par le SGNU et six par le Gouvernement Sierra Léonais. Le mandat est de six ans renouvelable. Ils ne reçoivent pas de rémunération, sinon au prorata, en cas d'appel du Président du RSCSL à venir siéger et dans le cas où il est nécessaire de procéder à un procès ou d'examiner un jugement (art.11 et s. du Statut).

sein des Juridictions Sénégalaises (ci-après, CAED). La création de ces Chambres fait suite à la Résolution du 31 janvier 2012 de l'UA demandant à la Commission et au gouvernement sénégalais d'examiner les modalités pratiques et les implications juridiques et financières du procès d'Hissène HABRE[944]. Elles se rapprochent des chambres extraordinaires au sein des tribunaux cambodgiens qui prévoient : « *l'intégration dans le système judiciaire cambodgien de chambres ayant une composition nationale et internationale et chargées de juger les crimes commis par les Khmers rouges* ».

L'originalité de la constitution de ces chambres[945], quoique influencée par l'exemple lointain des Chambres Extraordinaires auprès des Tribunaux Cambodgiens[946], réside à la fois dans les facteurs ayant conduit à sa création (1) et dans les éléments relevant du jugement d'un ex-Chef d'Etat Africain par des juges africains (2).

1. Histoire de la création des CAED

L'histoire de la création des CAED est étroitement liée à l'Affaire Hissène HABRE qui est un feuilleton à épisodes retentissants ayant fait intervenir des tribunaux sénégalais, la Cour Internationale de Justice, la Cour Africaine des Droits de l'Homme et des Peuples, le Comité des Nations Unies contre la torture et la Cour de justice de la CEDEAO.

---

[944] Ces chambres ont été financées par le Tchad, l'UE, l'UA, les Pays-Bas, l'Allemagne, la Belgique et la France. On soulignera la difficulté majeure du financement des activités des CAED. Beaucoup de réunions ont été tenues soit par un Comité de pilotage, soit avec d'éventuels partenaires techniques ou financiers.

[945] Voir, Raymond O. SAVADOGO, « Les Chambres africaines extraordinaires au sein des tribunaux sénégalais : Quoi de si extraordinaires ? », op. cit. ; Judith KHELIFA, « Chambres extraordinaires africaines au Sénégal, modèle ou exception ? », décembre 2013, disponible : http://www.chroniquesinternationalescolla.worldpress.com/2013/12/15/chambres-extraordinaires-africaines-au-senegal-modele-ou-exception/ (consulté le 03 juin 2017).

[946] Voir le site : www.eccc.gov.kh/fr.

Pour mieux en appréhender la pleine teneur, il faut s'en référer aux faits tels que décrits par la CIJ (Belgique c. Sénégal)[947]. Selon la Cour, « *après avoir pris le pouvoir le 7 juin 1982 à la tête d'une rébellion, M. Habré a présidé la République du Tchad pendant huit années, au cours desquelles de multiples violations des droits de l'homme auraient été commises, notamment des arrestations d'opposants politiques réels ou présumés, des détentions sans jugement ou dans des conditions inhumaines, de mauvais traitements, des actes de torture, des exécutions extrajudiciaires et des disparitions forcées. Renversé le 1er décembre 1990, M. Habré a sollicité et obtenu du Gouvernement sénégalais l'asile politique ; il réside à Dakar depuis lors* »[948].

Le 25 janvier 2000, sept personnes (dont des ressortissants tchadiens, des ressortissants belges d'origine tchadienne, des

---

[947] *CIJ, Questions concernant l'obligation de poursuivre ou d'extrader (Belgique c. Sénégal), arrêt du 20 juillet 2012.* Il faut rappeler que le 19 février 2009, la Belgique a déposé au Greffe de la Cour une requête introductive d'instance contre le Sénégal, au sujet d'un différend relatif au « *respect par le Sénégal de son obligation de poursuivre, pour des faits qualifiés notamment de crimes de torture et de crimes contre l'humanité, qui lui sont imputés en tant qu'auteur, coauteur ou complice, M. H[issène] HABRE [ancien Président de la République du Tchad], ou de l'extrader vers la Belgique aux fins de poursuites pénales*». La Belgique fondait, dans sa requête, ses demandes sur la Convention des Nations Unies contre la torture et autres peines ou traitements cruels, inhumains ou dégradants du 10 décembre 1984 (dénommée ci-après la «convention contre la torture» ou la « conven tion »), ainsi que sur le droit international coutumier. La Cour relève que, dans ladite requête, la Belgique invoquait, comme base de sa compétence, le paragraphe 1 de l'article 30 de la convention contre la torture ainsi que les déclarations faites, en application du paragraphe 2 de l'article 36 du Statut de la Cour, par la Belgique, le 17 juin 1958 et par le Sénégal, le 2 décembre 1985.
Le 19 février 2009, la Belgique avait également présenté une demande en indication de mesures conservatoires tendant à la protection de ses droits, au sujet de laquelle la Cour a rendu une ordonnance le 28 mai 2009. Dans cette ordonnance, la Cour souligne que les circonstances, telles qu'elles se présentaient alors à elle, n'étaient pas de nature à exiger l'exercice de son pouvoir d'indiquer des mesures conservatoires en vertu de l'article 41 du Statut.

[948] CIJ, *Questions concernant l'obligation de poursuivre ou d'extrader (Belgique c. Sénégal*), §§ 15-41 de l'arrêt précité.

ressortissants binationaux belgo-tchadiens) et une association de victimes ont porté plainte avec constitution de partie civile contre M. HABRE devant le Doyen des juges d'instruction au Tribunal Régional hors classe de Dakar, l'accusant de crimes commis sous sa présidence. Il est inculpé le 3 février 2000[949] et sera amené le 18 février 2000 à demander l'annulation de la procédure pour incompétence des juridictions sénégalaises. Son recours va prospérer[950].

La procédure devant les tribunaux sénégalais sera poursuivie en 2001[951], en novembre 2005[952], puis devant le Comité des

[949] Voir, procès-verbal de l'interrogatoire de comparution, en ligne, http://www.hrw.org/legacy/french/themes/habre-inculpation.html (consulté le 03 juin 2017).Voir aussi, Mandiaye NIANG, « *The Senegalese Legal Framework for the Prosecution of International Crimes* », Journal of International Criminal Justice, 7/2009, p. 1047.

[950] *Cour d'appel de Dakar, Chambre d'accusation, Arrêt n° 135 du 04 juillet 2000.* Il en ressort que le 3 février 2000, à la suite de plaintes déposées par sept individus et *l'Association des victimes de crimes et répression politiques au Tchad*, le juge d'instruction avait inculpé Hissène HABRE de complicité de crimes contre l'humanité, d'actes de torture et de barbarie en visant les articles 45, 46, 294 bis, 288 du code pénal et l'a placé en résidence surveillée. L'inculpé a saisi, par requête du 18 février 2000, la chambre d'accusation aux fins de voir annuler la procédure pour incompétence des juridictions sénégalaises, défaut de base légale et prescription de l'action publique. La chambre d'accusation a fait droit à sa demande pour incompétence du juge saisi.

[951] Cour de Cassation, Première Chambre statuant en matière pénale, *Souleymane Guengueng et autres c/ Hissene Habré,* arrêt n° 14, du 20 mars 2001, va rejeter le pourvoi fondé par Souleymane GUENGUENG et autres contre l'arrêt rendu le 4 juillet 2000 par la chambre d'accusation de Dakar. Selon la Cour, *« aucun texte de procédure ne reconnaît une compétence universelle aux juridictions sénégalaises en vue de poursuivre et de juger, s'ils sont trouvés sur le territoire de la République, les présumés auteurs ou complices de [crimes de torture] lorsque ces faits ont été commis hors du Sénégal par des étrangers ».*

[952] Dans un arrêt du 25 novembre 2005, la chambre d'accusation de la Cour d'appel de Dakar s'est prononcée sur la demande d'extradition de la Belgique en décidant que, en tant que « *juridiction ordinaire de droit commun, [elle] ne [pouvait] étendre sa compétence aux actes d'instruction et de poursuite engagés contre un chef d'Etat pour des faits prétendument commis dans l'exercice de ses fonctions* » ; que M. HABRE devait « *bénéficier de ... l'immunité de juridiction », qui «a vocation à*

Nations Unies contre la torture[953] et devant la Cour africaine des Droits de l'Homme et des Peuples[954].

Devant les nombreuses critiques et pressions des OI, de la société civile, le Gouvernement de la République du Sénégal a saisi l'Union africaine de la question du jugement de M. Habré[955]. En juillet 2006, la conférence des chefs d'Etat et de gouvernement de cette organisation a notamment « *décid[é] de considérer le dossier Hissène Habré comme le dossier de l'Union africaine, ... mandat[é] la République du Sénégal de poursuivre et de faire juger, au nom de l'Afrique, Hissène Habré par une juridiction sénégalaise compétente avec les garantiesd'un procès juste* » et « *donn[é] mandat au président de l'Union [africaine], en concertation avec le président de la Commission [de l'Union], d'apporter au Sénégal l'assistance nécessaire pour le bon déroulement et le bon fonctionnement du procès* ». Enfin, les CEG aux Sommets de janvier et de juillet 2011 demanderont à la Commission de l'UA et au Gouvernement de la République du Sénégal d'examiner les modalités pratiques et financières de

survivre à la cessation de fonctions du [p]résident de la République » ; et qu'elle ne pouvait dès lors « connaître de la régularité [des] actes de poursuite et de la validité d[u] mandat d'arrêt s'appliquant à un chef d'Etat».

953 Le Comité a déclaré que le Sénégal n'avait pas adopté les « *mesures nécessaires* » pour établir sa compétence sur les crimes visés par la convention, en violation du paragraphe 2 de l'article 5 de celle-ci. Le Comité a également indiqué que le Sénégal ne s'était pas acquitté de l'obligation qui lui incombait, conformément au paragraphe 1 de l'article 7, et qu'il devait « *soumettre la présente affaire à ses autorités compétentes pour l'exercice de l'action pénale ou, à défaut, dans la mesure où il existe une demande d'extradition émanant de la Belgique, de faire droit à cette demande* ». (CAT, *Souleymane Guengueng et autres c. Sénégal, communication n°181/2001 du 17 mai 2006, Nations Unies, doc. CAT/C/36/D/181/2001*),

954 Voir *supra*, nos développements sur le premier arrêt de la Cour ADHP, en *l'affaire Michelot YOGOGOMBAYE.*

955 Cf. Union Africaine, *Rapport du Comité d'éminents juristes africains sur l'affaire HABRE*, mai 2006.

l'organisation d'un procès dans le cas de l'ex-Président tchadien[956].

Entre-temps, les péripéties de l'affaire, oscillant entre besoin de justice et positions politiques, entraînent la saisie par M. HABRE de la Cour de la CEDEAO[957].

La CJ/CEDEAO a rendu un *arrêt, le 18 novembre 2010 dans l'Affaire Hissène Habré c/ République du Sénégal*[958]. Le requérant alléguait la violation par l'Etat du Sénégal des Droits de l'Homme à son égard, notamment du principe de la non rétroactivité de la loi pénale[959] ; du principe du recours effectif[960], de l'autorité de la chose jugée, de l'égalité devant la loi et devant la justice[961] ; du principe de l'indépendance de l'autorité judiciaire[962] ; le droit à un procès équitable[963], *« la contrariété entre le droit communautaire de la CEDEAO et le droit pénal sénégalais et le principe de convergence constitutionnelle »*[964]. La Cour, après rejet de la demande d'intervention des victimes, ayants-droits et ayants-cause de victimes et associations de victimes[965] et des exceptions préliminaires soulevées par le Sénégal[966], constate d'abord qu'en l'état de la procédure, aucun acte de poursuite et aucune procédure n'existe contre Hissène

---

956 Conférence des Chefs d'Etat et de Gouvernement de l'Union Africaine, *30-31 janvier 2011, Addis-Abeba (Ethiopie), Assembly /AU/Dec.340(XVI), Décision sur l'affaire HABRE* ; Conférence des Chefs d'Etat et de Gouvernement de l'Union Africaine, *Assembly/AU/9(XVI), 30-31 juillet 2011,* Addis –Abeba.

957 Voir S.N. TALL, Droit des Organisations Internationales Africaines…,, op.cit. , p.449 et s ; et *supra* nos développements sur le contentieux des droits de l'Homme.

958 *ECW/CCJ/JUD/O6/10, arrêt du 18 novembre 2010, Affaire Hissène Habré c/ République du Sénégal.*

959 Art. 11 § 2 DUDH, art. 7 § 2 CADHP, et Constitution du Sénégal.

960 Art. 8 DUDH et art. 3 § 4 PIDCP.

961 Art. 7 et 120 DUDH, art. 14 § 1 et 26 PIDCP et art. 7 § 4 Constitution du Sénégal.

962 Art. 10 et 11 DUDH, art. 14 PIDCP et art. 1er CADHP

963 Art. 7 § 1 CADHP.

964 Voir Protocole de 2001 de la CEDEAO sur la Bonne Gouvernance et la Démocratie.

965 *Arrêt Avant Dire Droit ECW/CCJ/ADD/11/09 du 17 novembre 2009.*

966 *Arrêt ECW/CCJ/ADD/02/10 du 14 mai 2012.*

HABRE et que les prétendues allégations ne sont dirigées que vers d'éventuelles ou potentielles nouvelles poursuites.

La Cour considère ensuite qu'une personne physique n'est pas habilitée à exercer un recours en manquement[967]. Elle précise que sur la violation alléguée du droit au recours effectif que ce dernier « *s'analyse du droit d'un individu de pouvoir saisir une juridiction pour faire constater un droit ou faire sanctionner la violation d'un droit. Ce droit de recours effectif est différent du recours constitutionnel limitativement réservé par les dispositions légales d'un Etat à un nombre d'individus pour faire constater l'inconstitutionnalité d'une ou plusieurs dispositions législatives* ». Il en appert que le non bénéfice à Hissène HABRE du pouvoir de saisine pour contrôle de constitutionnalité de la loi n'est pas un grief acceptable.

La Cour estime, de surcroît, que la simple allégation de l'ingérence des pouvoirs exécutif et législatif, non étayée par des preuves tangibles, ne saurait constituer une violation de l'indépendance du pouvoir judiciaire. Mais la Cour retient la méconnaissance par l'Etat du Sénégal des dispositions de l'art. 7.2 CADHP et art. 11.2 PIDCP sur la non rétroactivité d'une disposition d'ordre pénal[968].

La Cour rappelle qu'elle n'examine pas les législations in abstracto mais des cas concrets de violations des Droits de l'Homme (elle cite *l'Arrêt CEDH, Fédération chrétienne des Témoins de Jéhovah c. France*) et que, « *en principe, la violation d'un Droit de l'Homme se constate a posteriori, lorsque la violation a déjà eu lieu* » (§ 1).

Toutefois, la CEDH a, dans plusieurs affaires (*Noël Narü Tauira et autre c/ France, arrêt 4 décembre 1995 ; Dudgeon c/ Royaume Uni, Arrêt du 22 octobre 1989 ; Soering c/ Royaume Uni, arrêt du 7 juillet 1989*), atténué le principe par l'admission de circonstances exceptionnelles, c'est-à-dire, selon la CJ/CEDEAO « *des indices raisonnables et convaincants de la probabilité de la réalisation d'une violation en ce qui le concerne*

[967] Voir art. 10 du Protocole de 2005.

[968] § 48 de l'arrêt de 2010.

personnellement, de simples suspicions ou conjectures étant insuffisantes à cet égard » (§ 52). Sur la base des *« indices de probabilités concordantes »*, la Cour reconnaît que la qualité de victime de violation de ses Droits de l'Homme est avérée.

Elle conclut, enfin, *inter alia, « ... que le mandat reçu par (le Sénégal) de l'Union Africaine lui confère plutôt une mission de conception et de suggestion de toutes modalités propres à poursuivre et faire juger, dans le cadre strict d'une procédure spéciale ad hoc à caractère international telle que pratiquée en Droit International par toutes les nations civilisées »* (dispositif de l'arrêt, § 61).

Le long rappel de cet arrêt est justifié par le fait qu'il fonde plus sûrement la création des CAED. Le Sénégal va se conformer à cet Arrêt, en signant l'Accord du 22 août 2012 avec l'UA puis en adoptant les lois n° 2012-25 et 2012-29 du 28 décembre 2012 qui autorisent le Président de la République à ratifier l'Accord. Les Chambres Africaines Extraordinaires au sein des Juridictions Sénégalaises, mises en place en février 2013, ont été créées par un Statut (annexé à l'Accord) pour la poursuite des auteurs des crimes internationaux commis au Tchad durant la période du 7 juin 1982 au 1er décembre 1990[969].

1. L'affaire HABRE devant les CAED

Les Chambres africaines extraordinaires au sein des juridictions sénégalaises sont composées d'un ensemble de quatre (04) organes, ainsi structurés :

- une Chambre africaine extraordinaire d'instruction au sein du Tribunal Régional Hors Classe de Dakar, cette Chambre étant *« composée de quatre (4) juges d'instruction titulaires de nationalité sénégalaise et deux (2) juges suppléants de nationalité sénégalaise nommés par le Président de la Commission de l'Union africaine sur proposition du Ministre de la Justice du Sénégal »* (art. 11). Cette chambre reçoit les réquisitoires du Parquet général. Elle enquête à charge et à décharge et rend soit

[969] Voir le site : www.chambresafricaines.org.

une ordonnance de non-lieu soit une ordonnance de mise en accusation ;

- une Chambre africaine extraordinaire d'accusation à la Cour d'appel de Dakar, La Chambre d'accusation est composée de trois (3) juges titulaires de nationalité sénégalaise et d'un (1) juge suppléant de nationalité sénégalaise nommés par le Président de la Commission de l'Union africaine sur proposition du Ministre de la Justice du Sénégal. Cette chambre d'accusation est chargée de juger ou de connaître des recours soit en annulation, soit en infirmation des actes pris par la chambre d'instruction. Le recours en annulation vise à sanctionner les irrégularités de fond ou de forme commises par le juge d'instruction, sur saisine du Procureur général, de l'inculpé ou des juges d'instruction eux-mêmes. Quant au recours en infirmation ou réformation, il tend à juger le bien-fondé ou non d'une ordonnance de la chambre d'instruction.

- une Chambre africaine extraordinaire d'assises à la Cour d'appel de Dakar est composée d'un Président, de deux (2) juges titulaires de nationalité sénégalaise et de deux (2) juges suppléants de nationalité sénégalaise[970] nommés par le Président de la Commission de l'Union africaine sur proposition du Ministre de la Justice du Sénégal. Le Président de la Chambre est ressortissant d'un autre Etat membre de l'Union africaine[971], et

- une Chambre africaine extraordinaire d'assises d'appel près la Cour d'appel de Dakar, qui est composée d'un Président, de deux (2) juges titulaires de nationalité sénégalaise et de deux (2) juges suppléants sénégalais nommés par le Président de la Commission de l'Union africaine sur proposition du Ministre de la Justice du Sénégal. Le Président de la Chambre est ressortissant d'un autre Etat membre de l'Union africaine[972].

---

[970] Les magistrats sénégalais ont été élus le 22 janvier 2013, lors de la première réunion du Conseil supérieur de la magistrature au Sénégal.

[971] Le magistrat burkinabé GBERDAO GUSTAVE KAM a été désigné par les deux parties, comme Président de la CAE d'assises.

[972] Le magistrat malien OUGADEYE WAFI a été désigné par les deux parties, comme Président de la CAE d'assises d'appel.

Un comité de pilotage composé essentiellement des donateurs assure le financement des Chambres[973].

L'art. 3 de son Statut offre aux CAED un large spectre de compétences, ainsi déclinées : *« 1. Les Chambres africaines extraordinaires sont habilitées à poursuivre et juger le ou les principaux responsables des crimes et violations graves du droit international, de la coutume internationale et des conventions internationales ratifiées par le Tchad, commis sur le territoire tchadien durant la période allant du 7 juin 1982 au 1er décembre 1990.*

2. Les Chambres africaines extraordinaires peuvent choisir de poursuivre les crimes les plus graves relevant de leur compétence ».

Il s'en dégage que les Chambres africaines extraordinaires sont compétentes pour poursuivre et juger les principaux responsables des crimes et violations commis sur le territoire tchadien entre le 7 juin 1982 et le 1er décembre 1990[974], en particulier selon l'art. 4 du Statut, des crimes de génocide, des crimes contre l'humanité, des crimes de guerredet la torture[975]. Selon l'article 16 du Statut,

---

[973] Les Parties en sont : l'UA, l'UE, les Etats Unis, la France, le Tchad, l'Allemagne, les Pays Bas, la Belgique, le Luxembourg et le Sénégal.

[974] Statut des Chambres africaines extraordinaires au sein des juridictions sénégalaises pour la poursuite des crimes internationaux commis au Tchad durant la période du 7 juin 1982 au 1er décembre 1990, signé à Dakar le 22 aout 2012, article premier ; Voir aussi, l'Avenant au Statut des Chambres africaines extraordinaires, du 24 juillet 2014, qui a créé un Bureau de la Défense (art.2).

[975] Selon l'art. 8 du Statut *« Aux fins du présent Statut, le terme "torture" désigne tout acte par lequel une douleur ou des souffrances aiguës, physiques ou mentales, sont intentionnellement infligées à une personne aux fins notamment d'obtenir d'elle ou d'une tierce personne des renseignements ou des aveux, de la punir d'un acte qu'elle ou une tierce personne a commis ou est soupçonnée d'avoir commis, de l'intimider ou de faire pression sur elle ou d'intimider ou de faire pression sur une tierce personne, ou pour tout autre motif fondé sur une forme de discrimination quelle qu'elle soit, lorsqu'une telle douleur ou de telles souffrances sont infligées par un agent de la fonction publique ou toute autre personne agissant à titre officiel ou à son instigation ou avec son consentement exprès ou tacite. Ce terme ne s'étend pas à la douleur ou aux souffrances résultant uniquement de sanctions légitimes, inhérentes à*

les Chambres africaines extraordinaires appliquent en priorité le Statut, sous réserve que *« pour les cas non prévus au présent Statut, elles appliquent la loi sénégalaise ».* Ces crimes sont déclarés « imprescriptibles » (art. 9) et impliquent la possibilité d'engager la responsabilité pénale et individuelle, quelle que soit la qualité officielle de la personne[976].

Du point de vue de la compétence personnelle, les CAE peuvent choisir de juger les crimes les plus graves relevant de leur compétence. Ce qui implique que les justiciables ayant commis des infractions mineures seront écartés. Peuvent être poursuivis pour ces crimes ceux qui les ont commis, ordonné, planifié ou incité à commettre ou de toute autre manière, ont aidé à planifier, préparer ou à exécuter. Le statut affirme, avec force, le principe de la responsabilité pénale individuelle de toute personne quel que soit son rang. Il réaffirme le principe de la responsabilité du supérieur hiérarchique. Toutefois, l'accusé qui exécute l'ordre de son supérieur n'est pas exonéré de sa responsabilité. Mais il peut invoquer ce fait en vue d'obtenir l'atténuation de sa peine. Mais tous ceux qui ont commis des crimes entre 1982 et 1990, n'ont pas vocation à passer devant les chambres.

L'action publique exercée par le ministère public s'effectue devant les CAED selon les règles du Code de Procédure pénale du Sénégal. Le Ministère public est représenté par le Procureur général et ses trois adjoints[977] qui sont de nationalité sénégalaise et qui doivent être nommés par le Président de la Commission de l'Union africaine sur proposition du Ministre de la Justice du

---

ces sanctions ou occasionnées par elles. Aucune circonstance exceptionnelle, quelle qu'elle soit, qu'il s'agisse de l'état de guerre ou de menace de guerre, d'instabilité politique intérieure ou de tout autre état d'exception, ne peut être invoquée pour justifier la torture ».

[976] *Art .9 et 10 du Statut.*

[977] Selon l'art. 12 § 2 du Statut, des critères d'intégrité, de compétence et d'expérience sont requis pour leur recrutement *: « Les Procureurs doivent jouir d'une haute considération morale, être connus pour leur impartialité et leur intégrité, et avoir une expérience professionnelle d'au moins dix (10) ans, et une grande expérience des enquêtes et des poursuites pénales. Les Procureurs exercent leurs fonctions en toute indépendance ».*

Sénégal (art.12). C'est ce Ministre qui désigne également les greffiers de la CAED (art. 13).

Les aspects relatifs à la gestion quotidienne, au fonctionnement régulier des CAED (aspects non-judiciaires, gestion du personnel et service des Chambres, soutien logistique à apporter aux divers organes, représentation internationale) « *y compris avec le Comité de Gestion établi par le Document Final de la Table ronde des donateurs du 24 novembre 2010* »[978], sont confiés à un Administrateur nommé par le Ministre de la Justice. De surcroit, le Statut lui confère d'autres missions : « *3. L'Administrateur des Chambres africaines extraordinaires peut conclure les accords appropriés pour la mise en œuvre d'actions de sensibilisation et pour informer l'opinion publique africaine et internationale au sujet du travail des Chambres africaines extraordinaires. 4. L'Administrateur est chargé d'orienter et d'aider de toute manière appropriée les témoins et les victimes qui comparaissent devant les Chambres africaines extraordinaires ainsi que les autres personnes auxquelles les dépositions de ces témoins peuvent faire courir un risque, ainsi que de prévoir les mesures et les dispositions à prendre pour assurer leur protection et leur sécurité. A cet effet, l'Administrateur coordonne son action avec les gouvernements du Tchad, du Sénégal et d'autres Etats concernés. 5. L'Administrateur contribue à l'établissement d'un mécanisme de coopération judiciaire entre le Sénégal et d'autres Etats* »[979].

Les poursuites peuvent être déclenchées, soit d'office par le Procureur[980], soit à la suite de collecte d'informations venant de sources gouvernementales ou non gouvernementales (particuliers,

---

[978] Art. 15 § 2 du Statut.

[979] Art. 15, paragraphes 3 à 5 du Statut.

[980] Le Parquet général ou parquet d'instance avait comme Procureur, le magistrat sénégalais, Mbacké FALL. Interlocuteur du juge d'instruction (Tribunal régional de Dakar), il exerce ses attributions auprès de la CAE d'accusation et prend la parole en tant que représentant du Ministère public devant la CAE d'assises. Il porte l'action publique devant les CAED. Le Parquet est composé de quatre magistrats nommés par le Président de la Commission de l'UA sur proposition du Ministre de la Justice du Sénégal.

OIG, ONG), soit sur plaintes de victimes, quel que soit, par ailleurs, leur lieu de domicile (art. 17 § 4). Dans cette optique, un mécanisme de coopération judiciaire avec d'autres Etats a été institué pour recevoir et utiliser les résultats des enquêtes et les éléments de preuve recueillis par les Etats requis.

Il est prévu un ensemble de garanties judiciaires pour les accusés : principes *non bis in idem* (art. 19), présomption d'innocence, droit à l'information, droit d'être jugé sans retard excessif, droits de la défense, droit d'avoir un avocat, sinon commis d'office, droit d'interroger ou de faire interroger un témoin, droit de se faire assister gratuitement par un interprète et droit *« ne pas être forcé de témoigner contre lui-même ou de s'avouer coupable » (art. 21).* La prononciation et l'exécution des peines et des sentences sont faites à la majorité des juges de la CAE d'assises, en audience publique. La décision est écrite et motivée. Les peines, en cas de culpabilité, peuvent aller de l'emprisonnement à temps de trente (30) ans à la perpétuité, nonobstant des amendes, confiscation des biens, des profits et avoirs (art. 24).

L'appel est examiné par la CAE d'assises d'appel par saisine du Procureur, des parties civiles ou des personnes condamnées en instance. Toutefois, la procédure d'appel est conditionnée à la satisfaction des motifs suivants :

« a) Une erreur de procédure ;

b) Une erreur sur une question de droit matériel qui invalide la décision ; y compris une erreur sur la compétence ;

c) Une erreur de fait qui a entrainé un déni de justice »[981].

Des réparations sous forme de restitution, d'indemnisation ou de réhabilitation peuvent être fournies. En matière de peines, la mesure de détention provisoire ou avant le jugement final est exécutée au Sénégal, à la différence des peines d'emprisonnement qui peuvent l'être dans tout Etat membre de l'Union Africaine ayant conclu avec le Sénégal un accord d'exécution des peines[982].

---

[981] Art. 25 § 1 du Statut.

[982] Art. 26 § 2 du Statut.

D'autres dispositions du Statut font une large place à la présumée victime qui peut porter plainte seule ou être dans un groupe d'autres prétendues victimes, saisir à tout moment de la procédure les CAED, décider d'une représentation par un ou des avocats communs et, si besoin, requérir l'aide de l'Administrateur[983]. Quant à leur protection, elle est assurée durant toute la procédure par le Gouvernement sénégalais, alors que celle des témoins et experts est régie selon les termes de l'Accord entre le Sénégal et l'UA.

Dans leur activité judiciaire, les CAED « *...appliquent, le (...) statut* » *et dans les cas non prévus par ce dernier,* « *elles appliquent la loi sénégalaise* ». A notre avis, interpréter l'article 15 du statut des CAED de manière stricte serait erroné. Cette disposition doit être interprétée à la lumière de deux dispositions. D'une part, l'article 3 du même statut qui précise que son objectif est de : « *juger le ou les principaux responsables des crimes et violations graves du droit international, de la coutume internationale et des conventions internationales ratifiées par le Tchad...* » et, d'autre part l'article 1er qui dispose que le statut a été élaboré « *conformément aux engagements internationaux du Sénégal* ». A la lumière de ces dispositions, on peut conclure que les CAED peuvent appliquer le droit international général et coutumier.

Par son jugement de 2016[984], la CAE d'assises, après bien des incidents, conclura par la rétention de sa culpabilité pour crimes contre l'humanité (viol, esclavage forcé, homicide volontaire, pratique massive et systématique d'exécutions sommaires, enlèvements et disparition, torture et actes inhumains)[985], du crime autonome de torture, et des crimes de guerre (homicide, torture et détention illégale). La Cour va prononcer sa

983 Art. 14 du Statut. Le magistrat sénégalais, Ciré Aly BÂ, occupait le poste d'Administrateur des CAE.

984 Chambre Africaine Extraordinaire d'Assises, *Ministère public c/ Hissene Habré*, jugement prononcé le 30 mai 2016 et signé le 31 juillet 2016.

985 Visés à l'art.6, lettres *a, b), f)* et g) et art.10(2) du Statut.

condamnation à la peine d'emprisonnement à perpétuité[986]. Cette peine a été confirmée par la CAE d'assises d'appel en 2017[987].

Au-delà des juridictions des droits de l'Homme ou des TPI ad hoc, la CPI aura le plus marqué la justice pénale internationale par les controverses politico-juridiques suscitées par ses activités.

SECTION III – LA COUR PÉNALE INTERNATIONALE ET L'AFRIQUE

La Cour pénale internationale (*International Criminal Court*) se présente comme l'un des aboutissements des nombreuses propositions pour une répression universelle des violations du DIH.

Les premières expériences de justice pénale internationale remontent au tribunal formé en 1474 par des juges originaires d'Alsace, d'Autriche, d'Allemagne et de Suisse. Ce tribunal jugea Pierre de HAGENBACH accusé de violations des lois de DIEU et des hommes (meurtre, parjure, viols et autres crimes) pendant qu'il occupait la ville de Breisach.

Depuis ce procès, l'idée d'un tribunal international ne cessera de resurgir à chaque époque. Parmi les nombreuses propositions allant dans ce sens, il faut relever l'idée d'un des fondateurs du CICR, Gustave MOYNIER, lancée le 3 janvier 1872 de création d'une « *institution judiciaire internationale propre à prévenir et à réprimer les infractions à la Convention de Genève* »[988].

---

986 §§ 2290 à 2330 de l'arrêt de 2016.

987 Chambre Africaine Extraordinaire d'Assises d'Appel, *Situation en République du Tchad, Le Procureur Général c/ Hisseine Habré*, arrêt du 27 avril 2017. Le jugement infirme le chef de viol par commission directe, le condamne à la prison à perpétuité, (peine à purger au Sénégal ou dans un autre pays de l'Union africaine) et à verser aux 7.396 victimes, ayants-droit ou ayants-cause, la somme de 82 milliards 290 millions de francs CFA.

988 Cf. Projet de Convention pour la création d'une institution judiciaire internationale propre à prévenir et à réprimer les infractions à la Convention de Genève, in RICR N° 829, mars 1998, pp. 76-78.

Après le demi-succès des tribunaux de Leipzig et Rastatt[989], les T.M.I. de Nuremberg et de Tokyo ressusciteront avec force le besoin d'une criminalisation et d'une répression internationales.

Une autre proposition à relever est celle du juge français au T.M.I. de Nuremberg, Henri Donnedieu De VABRES, de création d'une Cour criminelle en mai 1947[990].

En marge de ces propositions, la Commission du Droit international fut chargée en 1948 par l'AGNU d'étudier la question d'une Cour criminelle permanente internationale. Du fait de la guerre froide et des antagonismes entre les blocs oriental et occidental, la question fut longuement différée pour ne resurgir qu'à l'occasion de la proposition de la délégation de Trinité-et-Tobago[991] à la fin des années 80.

L'AGNU avalisa cette proposition par diverses résolutions : 47/33 du 25 novembre 1992 (priant la C.D.I. d'élaborer un projet de statut d'une Cour criminelle permanente) ; 50/46 de 1995 (créant un Comité préparatoire) ; 51/627 du 16 décembre 1996 (fixant l'objet et le but d'une Conférence diplomatique sur la question) ; 52/160 du 15 décembre 1997 convoquant celle-ci à Rome (du 15 juin au 17 juillet 1998). Le statut de la Cour pénale internationale fut adopté à Rome le 17 juillet 1998[992]. Il est entré en vigueur le 1er juillet 2002[993], soit « *le premier jour du mois*

---

[989] Cf. Mohammed BENNOUNA, « La création d'une juridiction pénale internationale et la souveraineté des Etats », A.F.D.I., 1990, pp. 299-306.

[990] Christopher K. HALL, « Première proposition de création d'une Cour criminelle internationale permanente », RICR, N° 829, pp. 59-75 : L'auteur cite la proposition faite par De VABRES le 13 mai 1947 intitulée : « Mémorandum présenté par le délégué de la France. Projet de création d'une juridiction criminelle internationale ». Doc. ONU A/AC.10/21 (1947).

[991] Proposition de son Premier Ministre, Arthur ROBINSON, en 1989.

[992] Statut de la Cour pénale internationale, adopté le 17 juillet 1998 à Rome. DOC. ONU A/CONF.183/10. La CPI n'est ni un organe subsidiaire, ni une institution spécialisée de l'ONU. Au 1er Janvier 2017, cent vingt et quatre Etats en sont Parties dont 34 Etats du Groupe Africain. Des Etats n'en sont pas membres, dont l'Inde, la Chine, les Etats-Unis et la Russie. Le Statut a été amendé lors de l'Assemblée des Etats parties en 2010 à Kampala. Voir son site internet : *www.icc-cpi.int.*

[993] On soulignera que la compétence de la CPI, n'étant pas rétroactive, elle ne peut être saisie que pour les crimes commis après l'entrée en vigueur

suivant le soixantième jour après la date du dépôt du soixantième instrument de ratification, d'acceptation, d'approbation ou d'adhésion auprès du Secrétaire Général de l'Organisation des Nations Unies » (art. 126 du Statut). Depuis sa mise en place, la CPI est au centre de l'attention des spécialistes et non spécialistes du droit pénal international par les affaires -exclusivement africaines- dont elle a été saisie (§ II) mais aussi en raison de problèmes relatifs à son organisation et à son fonctionnement (§ I).

Paragraphe I – Organisation et fonctionnement de la CPI

L'organisation de cette Cour (ci-après C.P.I.) s'ordonne autour de la Présidence, des Sections des appels, de première instance et préliminaire, du Bureau du Procureur et du Greffe (art. 34).

La Présidence, qui est chargée du bon fonctionnement de la CPI, de son administration (à l'exception du Bureau du Procureur), se compose d'un Président, d'un premier Vice-président et d'un second Vice-président élus par leurs pairs à la majorité absolue et pour un mandat renouvelable de trois ans (art. 35 du Statut). Le Président dirige la Cour et préside la Chambre d'Appel.

Dix-huit juges jouissant d'une haute considération morale, d'une expérience reconnue en matière de Droit pénal et de Droit international, éluspour un mandat non renouvelable de neuf ans, en tenant compte d'une répartition géographique équitable et de la représentation des principaux systèmes juridiques du monde, complètent la composition de la Cour (art. 36 § 3, a et b du Statut). D'autres critères de sélection des juges ont été retenus, notamment l'équilibre, autant que possible, entre les sexes et l'exigence d'une expérience des problèmes relatifs à la violence sexuelle et à la violence contre les enfants (art. 36 § 8).

---

de son Statut.Voir, entre autres, Oumarou NAREY, « La cour pénale internationale et l'Afrique : Analyse des procédures en cours », *www.afrilex.u-bordeaux4.fr*.

Le parquet se compose d'un Procureur[994] assisté de plusieurs procureurs adjoints (art.42 § 2). Organe distinct de la Cour, le Bureau du Procureur dispose d'une large indépendance (art. 14 et 15), tempérée par la possibilité pour le Conseil de Sécurité de l'ONU de le dessaisir (sursis à enquêter ou à poursuivre) en vertu des mesures prises dans le cadre du chapitre VII de la Charte (art. 16 du Statut). Le rôle du Procureur est d'ouvrir et diriger les enquêtes, rassembler les preuves, interroger les personnes faisant l'objet d'enquête, établir les charges et proposer l'inculpation des accusés aux Chambres[995] et soutenir ces allégations au cours du procès. Ce rôle vient également en complément de l'action du Conseil de Sécurité qui pourra lui renvoyer une affaire (art. 13, b)[996].

De même, l'intervention du Procureur est liée au dépôt d'une plainte par un Etat-partie ayant préalablement souscrit une déclaration d'acceptation de la compétence de la C.P.I. (art. 4 § 2)[997].

Le greffe s'occupe des aspects extra-judiciaires, de l'administration et du service de la Cour. Il se compose d'un greffier, d'un greffier adjoint et d'une division d'aide aux victimes et aux témoins (sur le modèle de celles du TPIY et du TPIR), comprenant un personnel spécialisé dans les problèmes de traumatismes psycho-sociaux (art. 36 et 43).

La Cour est subdivisée en trois chambres (Sections) : une Section préliminaire[998], une Section de première instance[999] et une Section des appels[1000] (art. 34, b).

---

[994] Il s'agit actuellement de la Gambienne Fatou BENSOUDA, élue le 12 décembre 2011 et qui a remplacé le 15 juin 2012, l'argentin Luis Moreno OCAMPO. Le Procureur a un mandat non renouvelable de neuf ans.

[995] Régle de procédure 121 § 3.

[996] Le CSNU a renvoyé à la CPI les affaires concernant les situations au Soudan (Darfour) et en Libye.

[997] Les situations du Mali, de la RCA I et II, de la RCI, de la RDC et de l'Ouganda ont été soumises par leurs Etats à la CPI.

[998] La Section *Pre-Trial (préliminaire)*, est composée de six juges qui forment des Chambres préliminaires de trois juges qui s'occupent de traiter de la validité des requêtes, autorisent ou infirment le commencement d'une procédure d'enquête pouvant aboutir à un

L'originalité de la CPI réside dans la création de l'Assemblée des Etats-Parties[1001] (A.E.P.) dont la mission est de contrôler la gestion administrative de la Présidence, du Procureur et du Greffier, d'examiner et d'approuver le budget de la Cour et de vérifier les rapports et activités de son propre bureau. Ce bureau se compose d'un Président, d'un Vice-président et de membres élus par l'Assemblée[1002]. Cette nouvelle structure constitue une sorte de magistère moral et surtout financier des activités de la CPI (art. 112 du statut).

Dans le cadre de ses compétences *ratione loci* et *ratione temporis*, la Cour exerce ses pouvoirs et fonctions sur tous les

---

jugement. Elle prend des ordonnances, à la requête du Procureur et délivre les mandats nécessaires à l'enquête et citations à comparaître et veille à la protection des victimes et témoins. Ses fonctions peuvent etre exercées par un seul juge « *au regard de critères objectifs précis* » (règle 7 du RPP et Norme 47 du Règlement intérieur).

[999] La Section *Trial (première instance)*, de six juges, se subdivise en chambres de première instance de trois juges par affaire, qui jugent les affaires autorisées par la chambre préliminaire. Chaque Chambre de première instance reçoit la décision de la chambre préliminaire transmise par la Présidence ainsi que le dossier de procédure. Elle statue sur la recevabilité, la compétence de la CPI, la jonction ou disjonction d'instances, la responsabilité pénale ou non d'un accusé, la peine et les réparations. En outre, elle peut ordonner la comparution de témoins, prescrire un examen médical, psychiatrique ou psychologique de l'accusé, et les réparations au profit des victimes, telles que la restitution, l'indemnisation ou la réhabilitation.

[1000] La Section *Appeal (Appel)*, composée de tous les cinq juges par affaire, forme la Chambre d'appel qui statue sur l'appel des décisions des deux précédentes Chambres. La personne déclarée coupable ou le Procureur peut interjeter appel pour les motifs suivants : vice de procédure, erreur de droit ou de fait et toute autre circonstance de nature à compromettre l'équité ou la régularité de la procédure ou de la décision. L'appel peut se faire contre les décisions de compétence ou de recevabilité, les ordonnances de réparation, et pour des raisons de disproportion entre la peine et le crime. L'arrêt rendu est prononcé en audience publique, écrite, motivée et adoptée à la majorité des juges avec possibilité d'opinion dissidente.

[1001] En anglais, *Assembly of States Parties* (ASP).

[1002] L'AEP est l'organe où les Etats membres sont représentés. C'est un organe politique, délibérant, qui élit les juges et le Procureur, approuve le budget et adopte les amendements au Statut.

Etats-Parties de tous les continents et agit de façon permanente (art. 5 à 11).

Dans cette perspective, à l'opposé des tribunaux *ad hoc* d'Arusha et de La Haye, la Cour instituée à Rome (mais qui siége à La Haye) n'est pas limitée dans le temps.

Les crimes internationaux relevant de la compétence de la Cour comprennent l'agression[1003] (art. 5 § 1, d et § 2), les crimes

---

[1003] Lors de la Conférence de révision qui s'est tenue à Kampala, l'article 8 bis a été ajouté au Statut de Rome. Il définit le crime d'agression :

« 1. Aux fins du présent Statut, *on entend par « crime d'agression » la planification, la préparation, le lancement ou l'exécution par une personne effectivement en mesure de contrôler ou de diriger l'action politique ou militaire d'un Etat, d'un acte d'agression qui, par sa nature, sa gravité et son ampleur, constitue une violation manifeste de la Charte des Nations Unies.*

2. Aux fins du paragraphe 1, on entend par « acte d'agression » l'emploi par un Etat de la force armée contre la souveraineté, l'intégrité territoriale ou l'indépendance politique d'un autre Etat, ou de toute autre manière incompatible avec la Charte des Nations Unies. Qu'il y ait ou non déclaration de guerre, les actes suivants sont des actes d'agression au regard de la résolution 3314 (XXIX) de l'Assemblée générale des Nations Unies en date du 14 décembre 1974 :

a) L'invasion ou l'attaque par les forces armées d'un Etat du territoire d'un autre État ou l'occupation militaire, même temporaire, résultant d'une telle invasion ou d'une telle attaque, ou l'annexion par la force de la totalité ou d'une partie du territoire d'un autre Etat ;

b) Le bombardement par les forces armées d'un Etat du territoire d'un autre Etat, ou l'utilisation d'une arme quelconque par un État contre le territoire d'un autre État ;

c) Le blocus des ports ou des côtes d'un Etat par les forces armées d'un autre État ;

d) L'attaque par les forces armées d'un Etat des forces terrestres, maritimes ou aériennes, ou des flottes aériennes et maritimes d'un autre Etat ;

e) L'emploi des forces armées d'un Etat qui se trouvent dans le territoire d'un autre Etat avec l'agrément de celui-ci en contravention avec les conditions fixées dans l'accord pertinent, ou la prolongation de la présence de ces forces sur ce territoire après l'échéance de l'accord pertinent ;

f) Le fait pour un Etat de permettre que son territoire, qu'il a mis à la disposition d'un autre Etat, serve à la commission par cet autre Etat d'un acte d'agression contre un Etat tiers ;

contre l'humanité (art. 7), le crime de génocide (art. 6), les crimes de guerre (art. 8) dont les infractions graves aux Conventions de Genève de 1949 (art. 8 § 2, a), les autres violations graves des lois et coutumes applicables aux conflits armés internationaux (art. 8 § 2, b), les violations graves de l'article 3 commun aux Conventions de Genève de 1949 en cas de conflit armé non international (art. 8 § 2, c), les autres violations aux lois et coutumes applicables aux conflits armés non internationaux (art. 8 § 2, e) et les attaques contre « *le personnel, les installations, le matériel, les unités ou les véhicules employés dans le cadre d'une mission d'aide humanitaire ou de maintien de la paix conformément à la Charte des Nations Unies* » (art. 8 § 2, b, iii)[1004].

L'étendue de ces compétences appelle quelques remarques. Le Comité préparatoire du projet de Statut ne s'est pas mis d'accord sur l'inclusion dans le texte de crimes tels que le trafic illicite de stupéfiants et autres substances psychotropes, le terrorisme international, etc. Il en résulte qu'un grand nombre de crimes internationaux échappent à la compétence de la Cour pour être régis par des Conventions particulières. Or, il s'agit-là d'une vacuité du Statut devant l'ampleur sans précédent et récurrent des crimes de sang ou ceux liés au trafic des stupéfiants.

---

g) L'envoi par un Etat ou au nom d'un Etat de bandes, groupes, troupes irrégulières ou mercenaires armés qui exécutent contre un autre Etat des actes assimilables à ceux de forces armées d'une gravité égale à celle des actes énumérés ci-dessus, ou qui apportent un concours substantiel à de tels actes ». L'amendement a été adopté par la résolution RC/Res.5 le 10 juin 2010 à la Conférence de révision du Statut de Rome qui s'est tenue à Kampala, en Ouganda, du 31 mai au 11 juin 2010.

[1004] La CPI a adopté un document qui détaille son interprétation de ces différents crimes : *Eléments des Crimes,* Documents officiels de l'Assemblée des Etats Parties au Statut de Rome de la Cour pénale internationale, première session, (New York, 3-10 septembre 2002) et les éléments de crime adoptés lors de la Conférence de révision de 2010 (Documents officiels de la Conférence de révision au Statut de Rome de la Cour pénale internationale, Kampala, 31 mai-11 juin (publication de la Cour pénale internationale RC/11). Voir Publications de la CPI, 2013 et son site.

Le déclenchement de la procédure (non rétroactive de la Cour) se traduit par la saisine de la Cour soit sur plainte d'un Etat-partie au Statut[1005], soit sur l'initiative du Procureur[1006], autorisé en cela par la Section préliminaire soit à la demande du Conseil de

[1005] Voir, article 14 : « *1. Tout Etat Partie peut déférer au Procureur une situation dans laquelle un ou plusieurs des crimes relevant de la compétence de la Cour paraissent avoir été commis, et prier le Procureur d'enquêter sur cette situation en vue de déterminer si une ou plusieurs personnes identifiées devraient être accusées de ces crimes.*
2. L'Etat qui procède au renvoi indique autant que possible les circonstances pertinentes de l'affaire et produit les pièces à l'appui dont il dispose ».

[1006] Exemples de la Côte d'Ivoire et du Kenya. Selon l'art. 15 du Statut, « *1. Le Procureur peut ouvrir une enquête de sa propre initiative au vu de renseignements concernant des crimes relevant de la compétence de la Cour.*
2. Le Procureur vérifie le sérieux des renseignements reçus. A cette fin, il peut rechercher des renseignements supplémentaires auprès d'Etats, d'organes de l'Organisation des Nations Unies, d'organisations intergouvernementales et non gouvernementales, ou d'autres sources dignes de foi qu'il juge appropriées, et recueillir des dépositions écrites ou orales au siège de la Cour.
3. S'il conclut qu'il y a une base raisonnable pour ouvrir une enquête, le Procureur présente à la Chambre préliminaire une demande d'autorisation en ce sens, accompagnée de tout élément justificatif recueilli. Les victimes peuvent adresser des représentations à la Chambre préliminaire, conformément au Règlement de procédure et de preuve.
4. Si elle estime, après examen de la demande et des éléments justificatifs qui l'accompagnent, qu'il existe une base raisonnable pour ouvrir une enquête et que l'affaire semble relever de la compétence de la Cour, la Chambre préliminaire donne son autorisation, sans préjudice des décisions que la Cour prendra ultérieurement en matière de compétence et de recevabilité.
5. Une réponse négative de la Chambre préliminaire n'empêche pas le Procureur de présenter par la suite une nouvelle demande en se fondant sur des faits ou des éléments de preuve.
6. Si, après l'examen préliminaire visé aux paragraphes 1 et 2, le Procureur conclut que les renseignements qui lui ont été soumis ne constituent pas une base raisonnable pour l'ouverture d'une enquête, il en avise ceux qui les lui ont fournis. Il ne lui est pas pour autant interdit d'examiner, à la lumière de faits ou d'éléments de preuve nouveaux, les autres renseignements qui pourraient lui être communiqués au sujet de la même affaire ».

Sécurité[1007] agissant en vertu du chapitre VII de la Charte[1008]. Il faut noter que la CPI peut exercer ses fonctions et pouvoirs sur le territoire de tout autre Etat non-partie à son Statut par convention signée avec cet Etat à cet effet (art. 4 § 2 *in fine*).

La Cour applique les dispositions du Statut et de son Règlement de procédure et de preuve (ci-après, R.P.P.)[1009], les traités en vigueur, les principes et règles du Droit international, les principes généraux du droit dégagés par elle à partir des lois nationales, sa propre jurisprudence et tout texte pertinent des Nations Unies (art. 21). Elle dispose d'un Règlement intérieur[1010].

Le pouvoir bloquant du Conseil de Sécurité en vertu de l'art. 16 du Statut de la CPI signifie que la Cour doit s'abstenir de connaître d'un différend ou d'une situation pendants devant le Conseil de Sécurité agissant dans le cadre du maintien de la paix et de la sécurité internationale.

1007 Saisine en vertu de l'article 13 du Statut, qui se lit : « *La Cour peut exercer sa compétence à l'égard d'un crime visé à l'article 5, conformément aux dispositions du présent Statut :*
a) Si une situation dans laquelle un ou plusieurs de ces crimes paraissent avoir été commis est déférée au Procureur par un Etat Partie, comme prévu à l'article 14 ;
b) Si une situation dans laquelle un ou plusieurs de ces crimes paraissent avoir été commis est déférée au Procureur par le Conseil de sécurité agissant en vertu du chapitre VII de la Charte des Nations Unies ; ou
c) Si le Procureur a ouvert une enquête sur le crime en question en vertu de l'article 15 ».

1008 Aux termes du Statut (art. 16), le Conseil de Sécurité peut demander à la Cour de surseoir à ses enquêtes et poursuites pour douze (12) mois renouvelables par une résolution adoptée en vertu du chapitre VII de la Charte des Nations Unies.

1009 Le RPP a été adopté en septembre 2002 par l'AEP, voir Documents officiels de l'Assemblée des Etats Parties au Statut de Rome de la Cour pénale internationale, première session, New York, 3-10 septembre 2002 (ICC /ASP/1/3et Corr.1), deuxième partie. A, Publications de la CPI, deuxième édition, 2013, ICC-PIDS-LT-02-002 /13_Fra). Il a été amendé à diverses reprises. Les dispositions du RPP sont dénommées « *Règles* ».

1010 Le Règlement (intérieur) de la CPI, qui contient cent vingt et six normes, a été adopté par les juges le 26 mai 2004 à la suite de la cinquième session plénière, La Haye 17-18 mai 2004, Documents officiels de la CPI, ICC-BD/01-01-04.

Toutes les critiques adressées aux tribunaux *ad hoc* trouvent, à ce niveau, un écho. Le lien entre la CPI et le Conseil de Sécurité est si étroit que l'efficacité juridique de la première s'appréciera en termes de capacité à se dégager des appréciations politiques du second.

Il faut également noter que l'action de la CPI est « *complémentaire des juridictions criminelles nationales* » (art. premier, *in fine*). Son intervention ne visera qu'à remédier à l'épuisement des voies de recours internes, à leur inefficacité ou inexistence ou à leur blocage volontaire ou involontaire. Le Statut de la Cour pénale internationale rejoint, sous cet aspect, les dispositions de nombreuses conventions des Droits de l'Homme instituant des mécanismes juridictionnels de contrôle de leur application.

Sur un autre registre, le Statut a résolu dans le bon sens l'antagonisme entre *common law* (système retenu pour les actes préparatoires à l'acte d'accusation) et *civil law* (instruction à charge et à décharge, participation des victimes[1011] à la procédure et possibilité de bénéficier de réparations) en les associant étroitement dans la procédure (art. 74 et 83).

Le Statut de la CPI s'inscrit dans le cadre du respect des Droits de l'Homme. A cet égard, en vertu des dispositions pertinentes de la Déclaration Universelle des Droits de l'Homme de 1948 et des deux Pactes de 1966, la peine de mort est exclue de la gamme des peines susceptibles d'être prononcées. La peine maximale prévue est l'emprisonnement à perpétuité (art. 77 § 1, b). Les autres peines peuvent être l'emprisonnement à temps de 30 ans au plus, la confiscation des profits, biens et avoirs acquis en relation avec

---

[1011] Selon la règle 85 du Règlement de preuve et de procédure « *a) le terme « victime » s'entend de toute personne physique qui a subi un préjudice du fait de la commission d'un crime relevant de la compétence de la Cour ;*
b) le terme « victime » peut aussi s'entendre de toute organisation ou institution dont un bien consacré à la religion, à l'enseignement, aux arts, aux sciences ou à la charité, un monument historique, un hôpital ou quelque autre lieu ou objet utilisé à des fins humanitaires a subi un dommage direct. ». Documents officiels ICC-ASP/1/3.Voir Oumarou NAREY, op.cit, p. 33 (note 136).

le crime, des amendes et toute autre amende prévue par le Règlement de procédure (art. 77 et 109)[1012].

Sous cet aspect, le Comité préparatoire avait proposé des interdictions d'exercer des fonctions publiques et pour les personnes morales l'interdiction permanente d'exercer toute activité ou temporaire, la confiscation et la fermeture de l'établissement[1013].

Les peines d'emprisonnement seront purgées dans un pays désigné par la Cour sur une liste d'Etats ayant accepté de recevoir les condamnés (art. 103). Toutefois, il serait préférable que ces condamnés soient incarcérés dans les prisons de l'Etat-siège (les Pays-Bas) pour éviter la dispersion géographique tant décriée au TPIR et au TPIY. Cependant, le Statut réduit au minimum l'éparpillement des organes en prévoyant la location dans "l'Etat-hôte" (Pays-Bas) de la Présidence, de la Cour, du Bureau du Procureur et du Greffe.

Les droits des accusés et des suspects tels que le recours contre la décision de culpabilité ou de peine, l'indemnisation en cas de condamnation ou de détention injustifiées, ont été prévus par le Statut (art. 55, 67, 81 et 85). La Cour se conforme aux principes généraux du Droit pénal[1014], tels que les principes *nullum crimen sine lege, nullum poena sine lege*, la non-rétroactivité de la loi pénale, la responsabilité pénale individuelle des auteurs, co-

---

[1012] Consulter dans ce sens, José DORIA, Hans Peter GASSER, Cherif BASSIOUNI, *The legal regime of International Criminal Court, Essay in honour of Professor Igor BLISCHENKO,* Leiden, Boston, Martinius Nijhoff Publishers, 2009, 1122 p.

[1013] Voir, Antonio CASSESE, Paola GAETA, John JONES (eds), *The Roma Statute of the International Criminal Court : A Commentary,* Oxford, Oxford University Press, 2002, 3 vol. ; Julian FERNANDEZ et Xavier PACREAU, Statut de Rome de la Cour Pénale Internationale. Commentaire article par article, Paris, Pédone, 2012.

[1014] Cf. Chapitre III du Statut, articles 22 à 33. Voir, Robert BADINTER (dir), La Cour pénale internationale, Actes du Colloque Droit et Démocratie, Paris, La documentation française, 1999, 99 p. ; Roland ADJOVI et Gabriele Della MORTE, « La notion de procès équitable devant les tribunaux pénaux internationaux », in Hélène Ruiz FABRI (dir), Procès équitable et enchevêtrement des espaces normatifs, Paris, Société de Législation Comparée, 2002.

auteurs, complices, qu'ils soient simples subordonnés ou supérieurs hiérarchiques (même en qualité de chef d'Etat), civils ou militaires, qu'il s'agisse d'une infraction par action ou par omission (*actus reus*). La CPI devra tenir compte de l'élément psychologique, c'est-à-dire l'intention, l'état d'esprit (*mens rea*). Toutefois, elle n'a pas compétence envers les personnes âgées de moins de dix-huit (18) ans à l'époque de la commission du crime (art. 26) ni à l'égard des personnes morales.

La compétence de la Cour est subsidiaire. Elle n'intervient qu'en cas de défaillance des recours juridictionnels internes. Cette concession à la souveraineté étatique découle du principe de la juridiction universelle permettant à tout Etat, en vertu de la règle « *aut judicare aut dedere* » de poursuivre les personnes coupables de crimes contre l'humanité, de génocide, de crimes de guerre sans requérir le consentement préalable d'un autre Etat ou de l'extrader vers tout autre Etat intéressé.

La mise en œuvre du Statut dépend étroitement de la coopération pleine et entière des Etats (art. 86 à 102). Le Statut prévoit le recours à l'Assemblée des Etats-parties (ci-après, AEP) qui prendra les mesures de son choix, ou au Conseil de Sécurité (si la Cour avait été saisie sur renvoi d'une affaire par le Conseil) en cas de défaillance de l'Etat requis (art. 87 § 7). Cette coopération recouvre l'identification et la recherche de personnes, la localisation de biens, l'enregistrement des dépositions y compris les dépositions sous serment, l'interrogatoire des suspects, la conduite de l'enquête et l'inspection sur place et sur pièces (art. 93).

L'adhésion au Statut est complétée par la faculté laissée aux Etats de souscrire une déclaration d'acceptation de la compétence de la Cour. Il s'ensuit que toute latitude est laissée aux Etats de choisir parmi les crimes retenus, ceux dont ils pourront être justiciables (avec leurs ressortissants) devant la Cour.

Malgré les succès de la Conférence de Rome de 1998, certaines dispositions du Statut demeurent en-deçà des espérances pour une répression efficiente des violations graves du DIH et des Droits de l'Homme. Les concessions faites à la souveraineté des Etats constituent des entraves qui, compte tenu de l'état actuel de la communauté internationale, sont difficiles à distraire du Droit international public. Les affaires africaines en attestent la véracité.

Paragraphe II – Les Affaires africaines

Huit situations[1015] afférentes à des crimes présumés avoir été commis dans des Etats africains ont été déférées devant la CPI et concernent l'Ouganda, la RDC, la RCA, la RCI, le Mali, le Kenya, laLibye et le Soudan.

Elles seront examinées ci-dessous.

Situation en République d'Ouganda

Concernant l'Ouganda, la situation est en rapport avec les crimes et violations graves du DIH commis depuis plus de vingt ans, dans ce pays comme dans les Etats voisins, par les membres d'un mouvement de rébellion particulièrement sanguinaire, la *Lord Resistance Army* (LRA). La situation a été déférée par saisine du Président Yoweri MUSEVENI. L'enquête a été ouverte par le Procureur Luis Moreno OCAMPO, le 28 juillet 2004[1016] et des mandats d'arrêts sous scellés, pour crimes contre

---

[1015] La notion de « situation » est ainsi précisée par une chambre préliminaire de la CPI, « *les situations, généralement définies par des paramètres temporels, territoriaux et éventuellement personnels, telle que la situation sur le territoire de la République démocratique du Congo depuis le 1er juillet 2002, font l'objet de procédures prévues par le Statut afin de décider si une situation donnée doit faire l'objet d'une enquête pénale, et de l'enquête en tant que telle. Les affaires, comprenant des incidents spécifiques au cours desquels un ou plusieurs crimes de la compétence de la Cour semblent avoir été commis par un ou plusieurs suspects identifiés, font l'objet de procédures qui ont lieu après la délivrance d'un mandat d'arrêt ou d'une citation à comparaître* ». CPI, *Situation en République démocratique du Congo (RDC), Version expurgée de la décision sur les demandes de participation à la procédure de VPRS 1, VPRS 2, VPRS 3, VPRS 4, VPRS 5 et VPRS 6, Doc. ICC-01/04-101, 17 janvier 2006*, p. 17, § 65 ; disponible en ligne sur http://www.icc-cpi.int/iccdocs/doc/doc183439.PDF.

[1016] Cf. *Rapport du SGNU sur* les zones où sévit la LRA, à la suite de la Déclaration du CSNU, Doc. S/2011/693, 4 novembre 2011, § 4 ; HRW, Le chemin de la mort : Atrocités commises par la LRA dans le nord-est du Congo, mars 2010, http://www.hrw.org/sites/default/files/reports/drc0310frwebcover.pdf (consulté le 20 mai 2017).

l'humanité et crimes de guerre commis entre 2002 et 2005, ont été émis contre les dirigeants de la LRA, Joseph KONY[1017], Vincent OTTI, Okot ODHIAMBO[1018], Dominic ONGWEN[1019] et Raska LUKWIYA[1020].

Situation en République Démocratique du Congo

La RDC reste encore le théâtre de nombreuses violations des droits de l'Homme et du DIH. Plusieurs affaires attestent d'allégations d'existence de crimes de guerre et crimes contre l'humanité dans la région de l'Ituri, le nord et le sud Kivu, que le Gouvernement congolais a accepté le 23 juin 2004, sur invitation du Procureur de la CPI, de permettre à cette dernière d'ouvrir une enquête[1021]. L'émission de plusieurs mandats d'arrêt a concerné des chefs rebelles[1022] comme Thomas Lubanga DYILO[1023],

---

[1017] Les Etats-Unis ont mis à prix (cinq millions de dollars, dans le cadre du programme *War Crimes Rewards for Justice*), tout renseignement permettant la capture ou la neutralisation des Chefs de la LRA, notamment Joseph KONY. Voir Jamie A. WILLIAMSON, « *An overview of the international Criminal Juridictions operating in Africa », IRRC, vol. 88, n° 861, March 2006, pp. 111-131.*

[1018] Certaines informations font état du décès d'Odhiambo sans que cela soit confirmé. Cf. Rapport de la CPI sur ses activités en 2013/14, Doc. A/69/321, 18 septembre 2014.

[1019] ONGWEN a été arrêté le 3 janvier 2015 en RCA dans le cadre du programme *Rewards,* et a été remis à la CPI, le 16 janvier 2015. *Voir Communiqué de presse de la CPI ICC-CPI-20150206-PR1088 du 6 février 2015.*

[1020] La CPI a décidé de clore l'affaire LUKWIYA le 11 juillet 2007, du fait d'informations concordantes relatives à son décès : CPI, Chambre Préliminaire II, Situation en *Ouganda, Affaire le Procureur c. Joseph KONY, Vincent OTTI, Raska LUKWIYA, Dominic ONGWEN, ICC-02/04-01/05-248-tFRA,* Décision de mettre fin à la procédure engagée contre Raška LUKWIYA, 11 juillet 2007.

[1021] Consulter, Jacques MBOKANI, « L'impact de la Stratégie de poursuite du Procureur de la Cour pénale internationale sur la lutte contre l'impunité et la prévention des crimes de droit international », Droits Fondamentaux n°7, janvier 2008-décembre 2009, www.droits-fondamentaux.org.

[1022] Voir, M.A.G. MUSHIATA, « L'impact du Statut de Rome et de la Cour Pénale Internationale en République Démocratique du Congo », Centre international pour la justice transitionnelle, mai 2010, pp.1-10 ; Joseph Kazadi MPIANA, « La Cour Pénale Internationale et la République

Germain KATANGA[1024], Mathieu Guidjolo CHUI[1025] et Bosco NTAGANDA[1026] ou Calixte MBARUSHIMANA[1027].

Démocratique du Congo : dix ans après. Etude de l'impact du Statut de Rome dans le droit interne congolais », RQDI, 25 janvier 2012, pp. 57-90.

[1023] DYILO a été arrêté le 17 mars 2006. Le 14 mars 2012, Thomas LUBANGA a été déclaré coupable des crimes de guerre consistant en l'enrôlement et la conscription d'enfants de moins de 15 ans, et le fait de les faire participer activement à des hostilités (enfants soldats). Le 10 juillet 2012, il a été condamné à une peine totale de 14 ans. Le verdict et la peine ont été confirmés par la Chambre d'appel le 1er décembre 2014. Il a été transféré le 19 décembre 2015 dans une prison de la République démocratique du Congo (RDC), afin d'y purger sa peine d'emprisonnement. Cette affaire a été le premier jugement de condamnation : CPI, Chambre de première instance I, *Situation en RDC, Affaire Le Procureur c. Thomas Lubanga DYILO, ICC-01/04-01/06-2901-tFRA, Décision relative à la peine en application de l'article 76 du Statut de Rome,* 10 juillet 2012, § 107 ; peine confirmée en appel, Chambre d'appel, Situation en RDC, *Judgment on the appeals of the Prosecutor and Mr.Thomas Lubanga DYILO against the «Decision on Sentence pursuant to Article 76 of the Statute »,* ICC-01/04-01/06-3122, 1 December 2014.

[1024] KATANGA a été arrêté le 17 octobre 2007 (*Communiqué de presse de la CPI, ICC-CPI-20071018-250 du 18 octobre 2007*). Selon le site de la CPI « *Le 7 mars 2014, Germain KATANGA a été déclaré coupable, en tant que complice, d'un chef de crime contre l'humanité (meurtre) et de quatre chefs de crimes de guerre (meurtre, attaque contre une population civile, destruction de biens et pillage) commis le 24 février 2003, lors de l'attaque lancée contre le village de Bogoro, situé dans le district de l'Ituri en RDC. Le jugement est définitif car la Défense et l'Accusation se sont toutes deux désistées de leurs appels le 25 juin 2014. Germain KATANGA est condamné à une peine totale de 12 ans d'emprisonnement ; le temps passé en détention pour le compte de la CPI – c'est-à-dire la période du 18 septembre 2007 au 23 mai 2014 – a été déduit de la peine prononcée* ».Se référer aussi, CPI, Chambre de première instance II, *Situation en RDC, Affaire Le Procureur c. Germain KATANGA, ICC-01/04-01/07-3484-tFRA, Décision relative à la peine en application de l'article 76 du Statut de Rome,* 23 mai 2014, §147 ; voir aussi, *Ordonnance de réparations pour les victimes en vertu de l'article 75 du Statut*, 24 mars 2017.

[1025] Mathieu Guidjolo CHUI a été arrêté le 6 février 2008. Le 18 décembre 2012, la Chambre de première instance II l'a acquitté des charges de crimes de guerre et de crimes contre l'humanité portées à son encontre, et a ordonné sa remise en liberté immédiate. L'Accusation a interjeté appel de cette décision le 20 décembre 2012. Le 27 février 2015, le verdict a été

Situation en République du Kenya

La situation au Kenya[1028] était liée à des violences post-électorales en 2007 et 2008 entre communautés ethniques et

---

confirmé par la Chambre d'appel. Il est acquitté. Cf. ICC, *Prosecution's Appeal against Trial Chamber II's "Jugement rendu en application de l'article 74 du Statut", 20 décembre 2012 ; CPI, Arrêt relatif à l'appel interjeté par le Procureur contre la décision de la Chambre de première instance II intitulée «Jugement rendu en application de l'article 74 du Statut», 7 avril 2015.*

1026 NTAGANDA s'est rendu volontairement aux autorités de l'Ambassade des USA à Kigali le 18 mars 2013, et a été transféré à la CPI. Il est accusé de crimes de guerre (meurtre et tentative de meurtre ; attaque contre des personnes civiles ; viol ; réduction en esclavage sexuel de civils ; pillage ; déplacement de civils ; attaque contre des biens protégés ; destruction des biens de l'ennemi ; et viol, réduction en esclavage sexuel, enrôlement et conscription d'enfants-soldats âgés de moins de quinze ans et leur utilisation pour les faire participer activement à des hostilités) et de cinq crimes contre l'humanité (meurtre et tentative de meurtre ; viol ; réduction en esclavage sexuel ; persécution ; transfert forcé de population), qui auraient été commis dans la province d'Ituri en RDC en 2002 et 2003. Son procès s'est ouvert le 2 septembre 2015. Bosco NTAGANDA est détenu par la Cour. Voir, CPI, Chambre de première instance II, *Situation en RDC, Affaire Le Procureur c. Bosco NTAGANDA, ICC-01/04-02/06-87-Red, Requête de la Défense aux fins de mise en liberté provisoire de M. Bosco NTAGANDA, 20 août 2013, §§ 9-11.* La Chambre d'appel de la CPI a confirmé, le 15 juin 2017, la compétence de la Cour pour connaître de deux chefs de crimes de guerre rejetant l'appel interjeté par Bosco NTAGANDA contre la décision par laquelle la Chambre de première instance VI avait déclaré la Cour compétente pour connaître des chefs d'accusation 6 et 9 (allégations de viol et de réduction en esclavage sexuel d'enfants soldats, en tant que crimes de guerre).

1027 La Chambre préliminaire I a refusé de confirmer les charges à l'encontre de Callixte MBARUSHIMANA. L'appel interjeté par l'Accusation a été rejeté. Le 23 décembre 2011, M. MBARUSHIMANA a été mis en liberté par la CPI. Voir, CPI, *Situation en RDC,* Affaire *Le Procureur c/ Calixte MBARUSHIMANA, 30 mai 2012, Arrêt relatif à l'appel interjeté par le Procureur contre la Décision relative à la confirmation des charges rendue par la Chambre préliminaire I, le 16 décembre 2011.* La Chambre d'appel de la CPI confirme la compétence de la Cour pour connaître de deux chefs de crimes de guerre.

1028 Voir Dominique DECHERF, « Le Kenya et la Cour Pénale Internationale », Etudes, 2013/11, Tome 419, pp. 449-460 ; Jacques MBOKANI, « La Cour Pénale Internationale : une Cour contre les militants de partis politiques, qui vont engendrer des présomptions de crimes contre l'humanité dans six des huit provinces du pays, (Nairobi, Vallée du Rift Nord, Vallée du Rift central, Vallée du Rift Sud, Province de Nyanza et Province Occidentale).

A la suite d'indices concordants, le Procureur va ouvrir de sa propre initiative, le 31 mars 2010[1029], une enquête sur ces événements qui vont révéler l'implication de leaders politiques et ethniques[1030], alors rivaux, William Samoei RUTO et Uhuru Muigai KENYATTA[1031]. Il s'en est suivi des procédures déclenchées contre ceux-ci, le Kenya ayant ratifié le Statut de la CPI en 2005. Six personnes seront inculpées[1032], quatre accusés ont obtenu le non lieu pour insuffisance de preuves [1033] et deux accusés sont en procès.

Africains ou une Cour attentive aux souffrances des victimes africaines », RQDI, 26/2 ; 2013, pp. 47-100.

1029 CPI, Chambre Préliminaire II, *Situation en République du Kenya, ICC-01/09-19-Corr-tFRA, Décision relative à la demande d'autorisation d'ouvrir une enquête dans le cadre de la situation en République du Kenya rendue en application de l'article 15 du Statut de Rome, 31 mars 2010.*

1030 Ils finiront par s'allier lors des élections suivantes de mars 2013. Uhuru KENYATTA et William RUTO sont, actuellement et respectivement, Président et Vice-président de la République du Kenya.

1031 L'UA ira jusqu'à demander au CSNU d'user des pouvoirs que lui confère l'art. 16 du Statut pour ordonner la suspension des poursuites contre Uhuru KENYATTA dans l'attente de la mise en place de mécanismes judiciaires nationaux susceptibles d'accueillir un renvoi de l'Affaire par la CPI.

1032 En plus des deux personnes précitées, il s'agit de Francis KIRIMI, MuthauraMohammed Hussein ALI, Henri Kiprono KOSGEI et Joshua Arap SANG. CPI, Situation en République du Kenya, Affaire le *Procureur c. William Samoei RUTO et Joshua Arap SANG, ICC-01/09-01/11-859, Chambre préliminaire II, Decision on «Prosecutor's Request to Amend the Updated Document Containing the Charges Pursuant to Articles 61 (9) of the Statute » (uniquement disponible en anglais), 16 août 2013.*

1033 L'audience de confirmation des charges s'est déroulée du 21 septembre au 5 octobre 2011. Les charges ont été retirées en raison de preuves insuffisantes pour KENYATTA et RUTO. L'affaire concernait également des charges contre Francis Kirimi MUTHAURA et Mohamed Hussein

Situations I et II en République Centrafricaine

La CPI s'est intéressée, à deux reprises, à des situations concernant la RCA. La premiere situation est afferente à des crimes commis en relation avec la crise centrafricaine qui a duré du 26 octobre 2002 au 15 mars 2003. A la suite de sa saisine par le Gouvernement centrafricain, le Procureur va ouvrir une enquête qui permettra la délivrance de cinq mandats d'arrêt contre Jean Pierre Bemba GOMBO[1034], Aimé Kilolo MUSAMBA[1035],

ALI. Le 23 janvier 2012, les juges ont refusé de confirmer les charges à l'encontre de M. MUTHAURA et M. ALI. Le 5 avril 2016, la Chambre de première instance V, a décidé, à la majorité de ses membres, qu'il doit être mis fin à l'affaire concernant William Samoei RUTO et Joshua Arap SANG. Les parties n'ont pas fait appel de cette décision. L'affaire concernait également Henry Kiprono KOSGEY. Les juges ont refusé de confirmer les charges contre M. KOSGEY le 23 janvier 2012. L'affaire est considérée comme close tant que le Procureur ne présentera pas de nouveaux éléments de preuve ; cf. *Decision on the Prosecutor's Application for Summonses to Appear for Francis Kirimi MUTHAURA, Uhuru Muigai KENYATTA and Mohammed Hussein ALI*, 8 mars 2011 (citation à comparaître) ; *Décision relative à la confirmation des charges rendues en application des alinéas a) et b) de l'article 61-7 du Statut de Rome*, 26 janvier 2012 ; *Retrait des charges : Decision on the withdrawal of charges against Mr Kenyatta,* 13 mars 2015. Voir, Maman Aminou A. KOUNDY, « L'abandon des charges dans l'affaire relative à la situation au Kenya : affaiblissement ou opportunité pour la Cour Pénale Internationale », *La Revue des droits de l'homme* [En ligne], 11 | 2017, mis en ligne le 22 décembre 2016. URL : http://revdh.revues.org/2783 ; DOI : 10.4000/revdh.2783,((consulté le 21 juin 2017). *(5 avril 2016;*

1034 BEMBA était vice-président de la RDC et leader du Mouvement de Libération du Congo (MLC) qui était intervenu en RCA. Il est accusé de crimes contre la population civile (viols, meurtres et pillages).Voir Fiche d'information sur l'affaire *Le Procureur c. Jean –Pierre Bemba GOMBO*, ICC-01/05-01 /08 (consulté le 5 mai 2017). Selon le site de la CPI, « *Le 21 mars 2016, Jean-Pierre Bemba GOMBO a été déclaré coupable au-delà de tout doute raisonnable de deux chefs de crimes contre l'humanité (meurtre et viol) et de trois chefs de crimes de guerre (meurtre, viol et pillage). Ces crimes ont été commis lors de l'opération menée en République centrafricaine (RCA) du 26 octobre 2002 ou vers cette date jusqu'au 15 mars 2003 par un contingent du Mouvement de Libération du Congo (MLC). Jean-Pierre BEMBA faisait effectivement fonction de chef militaire exerçant une autorité et un contrôle effectifs sur les forces qui ont commis ces crimes* ». Il a fait appel de sa condamnation à 18 ans d'emprisonnement le 21 juin 2016.

Jean-Jacques Mangenda KABONGO[1036], Fidèle Babala WANDU[1037] et Narcisse ARIDO[1038]. Le 19 octobre 2016, la Chambre de première instance VII de la CPI a rendu son jugement dans l'affaire *Le Procureur c. Jean-Pierre Bemba GOMBO, Aimé Kilolo MUSAMBA, Jean-Jacques Mangenda KABONGO, Fidèle Babala WANDU et Narcisse ARIDO*, en les déclarant coupables de plusieurs atteintes à l'administration de la justice, sur la base des faux témoignages produits par des témoins de la Défense dans l'affaire *Le Procureur c. Jean-Pierre Bemba GOMBO* (*ICC-01/05-01*). Le 22 mars 2017, la Chambre de première instance VII de la Cour pénale internationale (CPI) a rendu la décision relative à la peine[1039].

La *Situation II* est relative à la deuxiéme crise centrafricaine qui a débuté en décembre 2012, avec les nombreuses violations graves du DIH et des droits de l'Homme impliquant la *Seleka*, avec en surimpression les séquelles du coup d'Etat de 2013 portant au pouvoir Michel DJOTODIA, la recrudescence des combats avec les *anti-balakas*, sur fond de conflit ethnique et/ou religieux, la mise en place d'un gouvernement de transition avec Mme Catherine SAMBA-PANZA. C'est dans ce sillage que le

---

1035 Il est le Conseil de BEMBA. Il est poursuivi pour entrave à la justice, subornement de témoins, corruption, faux témoignage, faux et usage de faux documents, en vertu de l'art.70 du Statut. Il a été condamné à une peine totale de 2 ans et 6 mois d'emprisonnement.

1036 Ancien membre de l'équipe de la Défense de Jean-Pierre Bemba, il a été condamné à une peine totale de 2 ans d'emprisonnement.

1037 Allié politique de Jean-Pierre BEMBA au Parlement de la République démocratique du Congo, WANDU a été condamné à une peine totale de 6 mois d'emprisonnement.

1038 Témoin potentiel de la Défense dans l'affaire principale, et qui n'a finalement pas déposé. Il a été condamné à une peine totale de 11 mois d'emprisonnement.

1039 *Affaire Le Procureur c. Jean-Pierre Bemba GOMBO, Aimé Kilolo MUSAMBA, Jean-Jacques* Mangenda KABONGO, Fidèle Babala WANDU et Narcisse ARIDO, (ICC-01/05-01/13). Jean-Pierre Bemba GOMBO a été condamné à une peine additionnelle d'une année d'emprisonnement et à une peine d'amende de 300 000 euros.

Procureur va entamer un examen préliminaire le 7 février 2014, avec des enquêtes qui sont toujours en cours[1040].

Situation en République du Soudan (Darfour)

Avec le Darfour, la CPI va experimenter une autre modalité de saisine, avec le renvoi de la situation par le Conseil de sécurité de l'ONU en mars 2005[1041]. Ouvertes par le Procureur en juin de la même année, les enquêtes visent l'existence ou non de crimes de génocide, des crimes de guerre et des crimes contre l'humanité qui auraient été commis au Darfour (Soudan) depuis le 1er juillet 2002. En effet, c'est à la suite du rapport de la *Commission internationale chargée d'enquêter sur les violations du droit international humanitaire et des instruments internationaux relatifs aux droits de l'homme commises au Darfour*[1042].

Par la résolution susdite, le CSNU va tirer un certain nombre de constats et va enjoindre la CPI de se saisir de la situation, en ces termes :

« ... Agissant en vertu du Chapitre VII de la Charte des Nations Unies,

---

[1040] Son gouvernement saisira la CPI le 30 mai 2014 d'une demande de renvoi en vertu de l'art.14 du Statut, de « *la situation qui prévaut sur le territoire de la République Centrafricaine depuis le 1er aout 2012* ». Annexe de la Decision *assigning the Situation in the Central African Republic II, ICC-01/14-1-Anx1,* 18 juin 2014. Voir aussi, CPI, Bureau du Procureur, Deuxième situation en République centrafricaine, Rapport établi au titre de l'article 53-1 du Statut, 24 septembre 2014, 103 p. mbre 2014, 103 p.

[1041] Résolution 1593 (2005) du Conseil de sécurité, Doc. Off. CSNU, 5158e séance, S/RES/1593, 31 mars2005.

[1042] S/2005/60. Le Secrétaire général de l'ONU a créé cette Commission « *pour enquêter [...] sur les informations faisant état de violations du droit international humanitaire et des instruments internationaux relatifs aux droits de l'Homme par toutes les parties dans le Darfour, pour déterminer également si des actes de génocide ont eu lieu et pour identifier les auteurs de ces violations afin de s'assurer que les responsables aient à répondre de leurs actes* ». La Commission a tenu compte de deux faits pour aborder son travail : « *Premièrement, le grand nombre de déplacés et de réfugiés ; selon l'ONU, il y a au Darfour 1 650 000 déplacés, et le Tchad, pays voisin, abrite plus de 200 000 réfugiés venus du Darfour. Deuxièmement, le fait que de très nombreux villages ont été détruits, sur tout le territoire des trois Etats du Darfour* ».

1. Décide de déférer au Procureur de la Cour pénale internationale la situation au Darfour depuis le 1er juillet 2002 ;

2. Décide que le Gouvernement soudanais et toutes les autres parties au conflit du Darfour doivent coopérer pleinement avec la Cour et le Procureur et leur apporter toute l'assistance nécessaire conformément à la présente résolution et, tout en reconnaissant que le Statut de Rome n'impose aucune obligation aux Etats qui n'y sont pas parties, demande instamment à tous les Etats et à toutes les organisations régionales et internationales concernées de coopérer pleinement ;

3. Invite la Cour et l'Union africaine à examiner ensemble des modalités pratiques susceptibles de faciliter les travaux du Procureur et de la Cour, et notamment à envisager que les procédures se tiennent dans la région, ce qui contribuerait à la lutte que la région mène contre l'impunité ;

4. Encourage la Cour, selon qu'il conviendra et conformément au Statut de Rome, à soutenir la coopération internationale à l'appui des efforts visant à promouvoir l'Etat de droit, défendre les droits de l'homme et combattre l'impunité au Darfour ;

5. Souligne qu'il importe de promouvoir l'apaisement et la réconciliation et, à cet égard, encourage la création d'institutions auxquelles soient associées toutes les composantes de la société soudanaise, par exemple des commissions vérité et/ou réconciliation, qui serviraient de complément à l'action de la justice, et renforceraient ainsi les efforts visant à rétablir une paix durable, avec le concours de l'Union africaine et de la communauté internationale si nécessaire ;

6. Décide que les ressortissants, responsables ou personnels en activité ou anciens responsables ou personnels, d'un Etat contributeur qui n'est pas partie au Statut de Rome de la Cour pénale internationale sont soumis à la compétence exclusive dudit Etat pour toute allégation d'actes ou d'omissions découlant des opérations au Soudan établies ou autorisées par le Conseil ou l'Union africaine ou s'y rattachant, à moins d'une dérogation formelle de l'Etat contributeur ;

7. Convient qu'aucun des coûts afférents à la saisine de la Cour, y compris ceux occasionnés par les enquêtes et poursuites menées comme suite à cette saisine, ne sera pris en charge par l'Organisation des Nations Unies et que ces coûts seront supportés par les parties au Statut de Rome et les Etats qui voudraient contribuer à leur financement à titre facultatif ;

8. Invite le Procureur à informer le Conseil, dans les trois mois suivant la date de l'adoption de la présente résolution, puis tous les six mois, de la suite donnée à la présente résolution ;

9. Décide de rester saisi de la question »[1043].

L'enquête a conduit à plusieurs affaires pour genocide, crimes de guerre ou crimes contre l'humanité dont les suspects sont aussi bien du coté du gouvernement soudanais, que du côté des dirigeants des milices Janjaouid ou encore des chefs du Front de résistance.

Paradoxalement, la situation au Darfour est inédite, car ayant donné lieu à la première enquête de la CPI sur le territoire d'un Etat non partie au Statut de Rome, et étant aussi la première enquête de la CPI portant sur des allégations de génocide ; tout autant, le Président soudanais Omar Hassan Ahmad AL BASHIR est le premier Chef d'Etat en exercice à être recherché par la CPI, et la première personne poursuivie par la Cour pour génocide[1044].

[1043] Res. 1593 (2005), op.cit.

[1044] *Affaire Le Procureur c. Omar Hassan Ahmad AL BASHIR (ICC-02/05-01/09).* Deux mandats d'arrêt, délivrés le 4 mars 2009 et l e 12 juillet 2010, à son encontre n'ont pas, jusqu'en juin 2017, été éxécutés, faute de cooperation des Etats Africains. CP*I, Chambre Préliminaire I , Décision prenant acte de la non-exécution par la République de l'Ouganda de la demande d'arrestation et de remise d'Omar AL BASHIR à la Cour et renvoyant la question au Conseil de sécurité de l'ONU et à l'Assemblée des Etats parties au Statut de Rome, The Prosecutor v. Omar Hassan Ahmad AL BASHIR ; CPI,Décision prenant acte de la non-exécution par la République de Djibouti de la demande d'arrestation et de remise d'Omar AL BASHIR à la Cour et renvoyant la question au Conseil de sécurité de l'ONU et à l'Assemblée des Etats parties au Statut de Rome, The Prosecutor v. Omar Hassan Ahmad AL BASHIR ; CPI,Décision rendue en application de l'article 87-7 du Statut de Rome concernant le refus de la République du Tchad d'accéder aux demandes de coopération délivrées par la Cour concernant l'arrestation et la remise d'Omar Hassan Ahmad AL BASHIR, The Prosecutor v. Omar Hassan Ahmad AL BASHIR.*

En dehors du Président BASHIR, quatre autres personnes font l'objet de mandats d'arrêt : Bahar Idriss Abu GARDA[1045], Saleh Mohammed Jerbo JAMUS[1046], Abdallah BANDA[1047], Abdel Raheem Muhammad HUSSEIN[1048], Ahmad HARUN et Ali KUSHAYB[1049].

[1045] Le 8 février 2010, la Chambre préliminaire I a décidé de ne pas confirmer les charges à l'encontre de Bahar Idriss Abu GARDA. Il avait comparu de son plein gré. Par la suite, la Chambre a rejeté la requête du Procureur aux fins d'autorisation d'interjeter appel de la decision.

[1046] L'affaire concernait également des charges contre Saleh Mohammed Jerbo JAMUS ; les procédures concernant ce dernier ont été closes le 4 octobre 2013 à la suite de son décés.

[1047] *Affaire Le Procureur c. Abdallah Banda Abakaer NOURAIN*, (anciennement, *Le Procureur c. Abdallah Banda Abakaer NOURAIN and Saleh Mohammed Jerbo JAMUS (ICC-02/05-03/09).* Le 7 mars 2011, la Chambre préliminaire I a décidé à l'unanimité de confirmer les charges de crimes de guerre à l'encontre d'Abdallah BANDA et l'a renvoyé en jugement. Le 2 mars 2015, la Chambre d'appel de la CPI confirme la décision délivrant un mandat d'arrêt contre Abdallah BANDA, en septembre 2014, pour assurer sa présence au procès. L'accusé demeure en fuite.

[1048] *Affaire, Le Procureur c. Abdel Raheem Muhammad HUSSEIN (ICC-02/05-01/12-33-tFRA), 26 juin 2015.* Un mandat d'arrêt a été délivré à l'encontre d'Abdel Raheem Muhammad HUSSEIN (ancien Ministre de la Défense et Gouverneur de la ville de Khartoum) le 1er mars 2012. L'affaire reste au stade préliminaire. Selon la CPI, *« La Chambre considère qu'il existe des motifs raisonnables de croire que la responsabilité pénale d'Abdel Raheem Muhammad HUSSEIN est engagée pour 20 chefs de crimes contre l'humanité (persécution, meurtre, transfert forcé, viol, actes inhumains, emprisonnement ou autre forme de privation grave de liberté et torture) ainsi que pour 21 chefs de crimes de guerre (meurtre, attaques contre la population civile, destruction de biens, viol, pillage et atteintes à la dignité de la personne). Ces crimes auraient été commis à l'encontre de la population principalement pour des villes de Kodoom, Bindisi, Mukjar, Arawala et des environs par les forces armées soudanaises et les miliciens/Janjaouid, dans le cadre d'une campagne anti-insurrectionnelle menée contre l'Armée / Mouvement de libération du Soudan (A/MLS), le Mouvement pour la justice et l'égalité (MJE) et d'autres groupes s'opposant au Gouvernement. Le plan de la campagne anti-insurrectionnelle aurait été élaboré au plus haut niveau du Gouvernement de la République du Soudan et aurait eu pour composante centrale une attaque illégale dirigée contre la partie de la population civile considérée par le Gouvernement comme proche des*

En attendant l'arrestation et le transfèrement au siège de la CPI de toutes ces personnes, l'affaire Béchir reste l'un des feuilletons politico- judiciaires les plus médiatisés en raison d'une part, de la stature de chef d'Etat en exercice, du concerné et d'autre part, de l'attitude de défiance radicale de certains Etats[1050] et surtout, les Etats membres de l'UA[1051] contre le fâcheux penchant de la CPI à ne poursuivre que des Africains alors que des crimes, relevant également de sa competence, sont manifestement commis dans les autres continents.

Situation en Libye

Bien que la *Jamahiriya arabe libyenne* (ci-après, Libye) n'est pas un Etat partie au Statut de Rome, le Conseil de sécurité de l'ONU a, par sa résolution 1970[1052], décidé à l'unanimité de déférer à la CPI la situation en Libye depuis le 15 février 2011. La

---

groupes rebelles » (Communiqué de presse du 03 mars 2012, ICC6-CPI-2012-0301-PR770).

[1049] Dans cette affaire, les mandats d'arrêt ont été délivrés le 27 avril 2007 contre Harun AHMAD, présumé avoir recruté et armé les milices Janjawid et d'avoir incité des attaques contre les populations civiles. Cet ancien ministre d'Etat aux affaires humanitaires est recherché pour vingt chefs de crime contre l'humanité et pour vingt-deux chefs de crimes de guerre. Quant à Ali KUSHAYB, de son vrai nom, Ali Muhammad Ali ABD-AL-RAHMAN, il est un ancien commandant des Janjawids. Le mandat d'arrêt du 27 février 2007, de la Chambre préliminaire I retient contre lui, vingt-deux chefs d'accusation pour crimes contre l'humanité et vingt-huit chefs d'accusation pour crimes de guerre. Il est depuis en fuite et refuse de comparaître devant la CPI.

[1050] *Report of the Registry on information received regarding Omar AL BASHIR's travels to States Parties and Non-States Parties from 5 October 2016 to 6 April 2017 and other efforts conducted by the Registry regarding purported visits, ICC-02/05-01/09-296, 11 April 2017 ; Rapport du Greffier, Affaire Le Procureur c. Omar Hassan Ahmad AL BASHIR, Situation au Darfour, Soudan.*

[1051] Béchir continue de se déplacer dans plusieurs Etats africains sans que ces derniers n'acceptent d'exécuter les mandats de la CPI : Tchad (juillet 2010), Kenya (aout 2010), Djibouti (mai 2010), Malawi (octobre 2011), Nigeria (juillet 2013), RDC (février 2014), Afrique du Sud (juin 2015), etc.

[1052] Voir, texte de la Résolution 1970 (2011) du 26 février 2011, en **ANNEXE 9**.

situation en Libye concerne les affaires QADHAFI[1053], Saif Al-Islam QADHAFI[1054], Abdullah AL-SENUSSI[1055]et récemment, Al-Tuhamy Mohamed KHALED[1056].

[1053] L'affaire contre Muammar QADDAFI a été close le 22 novembre 2011, à la suite de son décès. Le mandat d'arrêt a été délivré sous scellés le 18 avril 2013 et les scellés ont été levés le 24 avril 2017.

[1054] Le mandat d'arrêt à l'encontre de Saif Al-Islam QADHAFI, fils et ex-dauphin du « Guide » a été délivré le 27 juin 2011. Il avait été capturé un mois après la mort de son père, en novembre 2011. Il avait été condamné à mort, par contumace, en 2015 par un tribunal de Tripoli, et détenu au secret par la Brigade Abu Bakr al Sadiq. L'affaire connaît un récent rebondissement avec l'annonce de sa prétendue libération et le communiqué de presse du 14 juin 2017 du Bureau du Procureur réclamant son arrestation et son transfert à la CPI. Il est accusé d'avoir joué un « rôle-clé dans la mise en œuvre d'un plan » conçu par son père, visant à « réprimer par tous les moyens nécessaires » le soulèvement populaire. Dans le même communiqué, Al-Tuhamy Mohamed KHALED, est également recherché pour « *crimes contre l'Humanité, emprisonnement, torture, persécution et autres actes inhumains, et des crimes de guerre, de torture, traitements cruels et atteintes à la dignité de la personne, commis en divers lieux sur le territoire libyen en 2011* ».

[1055] L'affaire concernait également des charges contre Abdullah AL-SENUSSI dans les mandats d'arrêt délivrés le 27 juin 2011. L'affaire à l'encontre de ce dernier a été déclarée irrecevable le 11 octobre 2013. Cette Déclaration de la Procureure devant le CSNU informe sur l'état de cette affaire : « *19. S'agissant de l'affaire Abdullah AL-SENUSSI, le Conseil n'est pas sans savoir qu'en juillet 2015, la Cour d'assises de Tripoli a rendu son jugement dans le procès porté à l'encontre de M. AL-SENUSSI, M. QADHAFI et 3 5 autres anciens membres associés à M. Muammar QADHAFI dans le cadre des crimes présumés commis pendant les événements de 2011. M. Qadhafi a été jugé par contumace. Ce dernier et M. AL-SENUSSI ont été reconnus coupables. L'affaire de M. AL-SENUSSI est actuellement en appel devant la Cour suprême de Libye.*
20. Le 21 février 2017, la Mission d'appui des Nations Unies en Libye, en coopération avec le Haut-Commissariat des Nations Unies aux droits de l'homme, a publié, dans son intégralité, son rapport sur la conduite de ce procès. Ce rapport reconnaît les difficultés inhérentes à la conduite d'une affaire complexe engagée contre d'anciens responsables dans le contexte d'un conflit armé et de la polarisation politique en cours. Toutefois, le rapport conclut que ce procès ne satisfaisait pas aux normes internationales d'équité judiciaire.
21. Il est important de rappeler que la Chambre d'appel de la Cour pénale internationale a estimé que, pour qu'une affaire soit jugée recevable devant la Cour, les violations de la régularité d'une procédure

Situation en République du Mali

La *Situation en République du Mali* (ICC-01/12) est en étroite connexité avec les evenements qui ont secoué ce pays à partir de 2011, avec l'occupation du nord du Mali par des groupes terroristes d'obédience djihadiste, dans le contexte de recrudescence des rebellions touaregs, et du renversement, le 22 mars 2012, du Président Amadou Toumani TOURE par le

---

nationale devaient être « [TRADUCTION] si flagrantes qu'elles ne sauraient garantir une véritable forme de justice à l'accusé ».
22. Mon Bureau a examiné avec minutie le rapport en question à la lumière de l'intégralité du jugement rendu dans le procès libyen dans le cadre des dispositions des articles 19-10 et 17-2-c du Statut de Rome, afin de déterminer si des faits nouvellement apparus infirment les raisons pour lesquels la Chambre préliminaire a jugé irrecevable l'affaire portée à l'encontre de M. AL-SENUSSI devant la Cour. La brigade qui détenait Seif al-Islam KADHAFI a assuré l'avoir libéré vendredi 9 juin, en vertu d'une nouvelle loi d'amnistie édictée par les autorités de l'Est libyen, lesquelles sont soutenues par les Emirats Arabes Unis et l'Egypte et rivales du gouvernement d'union nationale (GNA)... ». Voir le détail du Discours du Procureur de la CPI devant le Conseil de sécurité de l'ONU sur la situation en Libye, Déclaration du 9 mai 2017, disponible sur le site de la CPI (consulté le 14 juin 2017).

[1056] Le 24 avril 2017, la Chambre préliminaire I de la CPI a levé les scellés sur un mandat d'arrêt émis à l'encontre de M. Al-Tuhamy Mohamed KHALED, qui serait responsable de crimes de guerre et de crimes contre l'humanité commis en 2011 dans le contexte de la situation en Libye. La décision de lever les scellés sur le mandat d'arrêt a été rendue suite à la demande du Procureur, au motif que la reclassification du mandat d'arrêt comme public pourrait faciliter l'arrestation et la remise de M. Al TUHAMY car tous les Etats seraient conscients de son existence, ce qui pourrait renforcer le soutien et la coopération en vue d'une opération d'arrestation de la part de la communauté internationale.
Le mandat d'arrêt, délivré sous scellés le 18 avril 2013, portait suspicion à l'encontre de l'ancien chef des services libyens de la sécurité intérieure sous le régime de Muammar QADHAFI, et commandant de la « *Brigade Abou Bakr al-Sadiq* », de quatre chefs de crimes contre l'humanité (emprisonnement, torture, persécution et autres actes inhumains) qui auraient été commis en Libye du 15 février 2011 au 24 août 2011, et de trois chefs de crimes de guerre (torture, traitements cruels et atteintes à la dignité de la personne) qui auraient été commis au moins depuis début mars 2011 jusqu'au 24 août 2011. Depuis le 24 avril 2017, AL-TUHAMY, le commandant de la Brigade précitée, qui détenait Seif al-Islam est lui aussi sous le coup d'un mandat d'arrêt de la CPI.

Capitaine Amadou Haya SANOGO, avant les interventions françaises (opérations *Serval,* puis *Barkhane*), de la MISMA relayée par la MINUSMA, le Gouvernement interimaire de Dioncounda TRAORE et l'élection du nouveau Chef de l'Etat, Ibrahima Boubacar KEITA[1057].

Sur renvoi par le Gouvernement malien de la situation en juillet 2012, le Procureur entame, en janvier 2013, les enquêtes visant des crimes de guerre qui auraient été commis au Mali depuis janvier 2012, principalement dans les trois régions de Gao, Kidal et Tombouctou dans le nord du pays, et sur des faits survenus à Bamako et Sévaré dans le sud.

À l'ouverture de l'enquête en janvier 2013, le Bureau du Procureur a rendu un Rapport établi au titre de l'article 53-1, dans lequel il est dit ce qui suit : « *En 2012, deux événements majeurs ont ponctué la situation au Mali : une rébellion a d'abord éclaté au nord du pays le 17 janvier ou aux alentours de cette date, ce qui s'est traduit par la prise de cette région par des groupes armés, puis une junte militaire a lancé un coup d'Etat le 22 mars, qui a évincé du pouvoir le Président TOURE peu de temps avant l'élection présidentielle, initialement prévue pour le 29 avril 2012* ».

C'est dans ces circonstances qu'en janvier 2013, le Bureau du Procureur, sur la base de l'art. 53-I du Statut de laCPI, va établir un rapport qui fera, entre autres, le constat de la destruction et du pillage des tombeaux de saints musulmans dans la «Ville des 333 saints »de Tombouctou, d'executions sommaires de détenus, de cas de viols, de torture et des disparitions forcées.

L'originalité de la « *Situation en République du Mali* », réside dans le fait qu'elle a permis l'arrestation, le jugement et la condamnation pour destruction de biens culturels classés au patrimoine commun de l'humanité des sanctuaires et tombeaux suivants :

[1057] Voir notre ouvrage, Saidou Nourou TALL, Droit des Organisations Internationales Africaines, l'Harmattan, 2015, op.cit ; Marie NICOLAS, « Le procès de Tombouctou : Un tournant historique ? », La Revue des droits de l'homme [En ligne], Actualités Droits-Libertés, http://revdh.revues.org/2109.

- Mausolée de Sidi Mahmoud Ben Omar Mohamed,
- Mausolée de Cheikh Mohamed Mahmoud al-Arawani,
- Mausolée de Cheikh Sidi Mokhtar Ben Sidi Mohammed Ben Cheikh Alkabir,
- Mausolée de l'Alpha Moya,
- Mausolée de Sidi Mahmoud Ben Amar,
- Mausolée de Cheikh Mohammed El Micky,
- Mausolée de Cheick Abdoul Kassim Attouaty,
- Mausolée d'Ahamed Fulane,
- Mausolée de Bahaber Babadié,
- Mosquée Sidi Yahya.

La Situation en République du Mali[1058] est constituée par la seule Affaire, *Le Procureur c. Ahmad Al Faqi AL MAHDI*[1059], jugée par la Chambre de première instance VIII de la CPI reconnaissant la culpabilité du susnommé, du crime de guerre (attaques et de destructions des biens et lieux à caractère culturel, religieux et historique à Tombouctou) et le condamnant à neuf ans d'emprisonnement[1060]. L'affaire s'est conclue par le prononcé de réparations.[1061]

[1058] CPI, Chambre Préliminaire I, *Le Procureur c. Ahmad Al Faqi Al Mahdi, Decision on the confirmation of charges against Ahmad Al Faqi AL MAHDI*, 24 mars 2016, (ICC-01/12-01/15),

[1059] CPI, Chambre Préliminaire I, *Le Procureur c. Ahmad Al Faqi AL MAHDI, Decision on verdict and sentence*, Jugement portant condamnation du 27 Septembre 2016, (ICC-01/12-01/15-171-tFRA) 27-09-2016.

[1060] Surnommé « Abou Tourab », Ahmad al Faqi AL MAHDI, touareg de la tribu des Kel Ansar, membre influent de l'organisation jihadiste Ansar ed-Dine, et lié aussi à AQMI, diplômé de l'institut pédagogique de Tombouctou, fonctionnaire de l'Education nationale avant l'insurrection des terroristes et des touareg. Il était Chef de la *hesba*, la brigade islamique des mœurs, organisait les patrouilles, traquait sans relâche les fumeurs de cigarette, les peaux féminines à l'air libre, les musiciens, les canettes de bière et s'est rendu coupable par *«sa participation directe à de nombreux incidents et son rôle en tant que porte-parole pour justifier les attaques dans les médias »*. L'aveu de culpabilité d'Ahmad Al Mahdi et le fait qu'il ait manifesté un authentique repentir, en relatant au détail prés ses actes, ont permis de lui accorder des circonstances atténuantes. Voir,

Situation en République de Côte d'Ivoire

La Situation en République de Côte d'Ivoire (ICC-02/11) demeure l'une des plus complexes en raison des imbrications politico-judiciaires. Les faits sont liés à l'élection présidentielle ivoirienne de 2010, la crise postélectorale et tous les événements qui en ont résulté, tels que l'arrestation de l'ex-Chef d'Etat, Laurent Koudou GBAGBO, de son épouse Simone EHIVET, de son fils Michel. La complexité de cette affaire réside, par la suite, dans les mandats émis par la CPI (dont la compétence a été reconnue par la Déclaration du Président OUATTARA des 14 décembre 2010[1062] et du 3 mai 2011, confirmant la Déclaration de reconnaissance de l'ex-Président GBAGBO du 18 avril 2003[1063], pour les crimes commis sur le territoire ivoirien depuis le 19 septembre 2002)[1064]. Sur acceptation des autorités ivoiriennes sur le fondement de l'art. 12 § 3 du Statut[1065], l'enquête est ouverte

---

Michel DJOMENI, « L'atteinte aux biens culturels portée devant la CPI : L'affaire Ahmad Al Faqi Al Mahdi (Mali) », disponible en ligne : http://www.sentinelle-droit-international.fr/latteinte-aux-biens-culturels-portée-devant-la-cpi-laf faire-ahmad-al-faqi-al-mahdi-mali-0, lundi10/12/2015.

1061 Voir, Edith Farah ELASSAL, « Le régime des réparations de la CPI : Analyse du mécanisme en faveur des victimes », RQDI 2011, 24/1, pp. 259-308.

1062 Lettre du Président de la République de Côte d'Ivoire Alassane Dramane OUATTARA au Président de la Cour Pénale Internationale, NR0039 –PR du 14/12/2010.

1063 Voir, République de Côte-d'Ivoire, Déclaration de reconnaissance de la compétence de la CPI, 2003, en ligne, www.icc-cpi.int.

1064 La RCI, bien que n'étant pas alors partie au Statut de Rome, avait accepté, le 18 avril 2003, la compétence de la CPI. La Présidence de la Côte d'Ivoire avait même confirmé, les 14 décembre 2010 et 3 mai 2011, la déclaration de reconnaissance de cette compétence. Il faut attendre le 15 février 2013, pour qu'elle ratifie le Statut de Rome.

1065 L'article 12 du Statut de Rome, précise : «1. *Un Etat qui devient Partie au Statut accepte par là-même la compétence de la Cour à l'égard des crimes visés à l'article 5.*

2. Dans les cas visés à l'article 13, paragraphes a) ou c), la Cour peut exercer sa compétence si l'un des Etats suivants ou les deux sont Parties au présent Statut ou ont accepté la compétence de la Cour conformément au paragraphe 3 :

par le Procureur de la CPI, de sa propre initiative, le 3 octobre 2011, après autorisation de la Chambre préliminaire III.

L'enquête porte sur les allégations de commission de crimes contre l'humanité : meurtre ; viol; autres actes inhumains ou, à titre subsidiaire, tentative de meurtre ; et persécution. Selon la CPI, « *Ces actes auraient été perpétrés entre le 16 et le 19 décembre 2010, pendant et après une marche de partisans d'Alassane OUATTARA qui se rendaient au siège de la Radiotélévision Ivoirienne (RTI), le 3 mars 2011 lors d'une manifestation de femmes à Abobo, le 17 mars 2011 par bombardement au mortier d'un secteur densément peuplé d'Abobo, et le 12 avril 2011 ou vers cette date à Yopougon* »[1066].

La Situation en RCI s'articule autour de trois personnalités controversées, Laurent Koudou GBAGBO, Charles Blé GOUDE et Simone EHIVET GBAGBO.

L'ex-Chef d'Etat Ivoirien, Laurent GBAGBO, a été arrêté à la suite d'un mandat délivré sous scéllés[1067] le 23 novembre 2011, scellés levés le jour de son transfèrement à la CPI le 30 novembre 2011. La décision de confirmation des charges à son encontre a été prise le 12 juin 2014. Il est poursuivi pour meurtre ; viol ;

---

a) L'Etat sur le territoire duquel le comportement en cause a eu lieu ou, si le crime a été commis à bord d'un navire ou d'un aéronef, l'Etat du pavillon ou l'Etat d'immatriculation ;

b) L'Etat dont la personne accusée du crime est un ressortissant.

3. Si l'acceptation de la compétence de la Cour par un Etat qui n'est pas Partie au présent Statut est nécessaire aux fins du paragraphe 2, cet État peut, par déclaration déposée auprès du Greffier, consentir à ce que la Cour exerce sa compétence à l'égard du crime dont il s'agit. L'État ayant accepté la compétence de la Cour coopère avec celle-ci sans retard et sans exception conformément au chapitre IX».

[1066] Voir site de la CPI : Affaire *Le Procureur c. Laurent GBAGBO et Charles Blé GOUDE* (ICC-02/11601/15) situation en RCI. Fiche d'information ICC-PIDS -CIS - CI -O4 -03/16_FRA (Mise à jour : janvier 2016).

[1067] CPI, Chambre préliminaire III, Situation en République de Côte d'Ivoire, *Affaire Le Procureur c. Laurent Koudou GBAGBO, ICC-02/11-01/11-1-tFRA, Mandat d'arrêt à l'encontre de Laurent Koudou GBAGBO, 23 novembre 2011.*

autres actes inhumains ou tentative de meurtre ; et persécution[1068]. Sa responsabilité pénale individuelle et celles des membres de son entourage immédiat, et par l'intermédiaire des forces pro-GBAGBO (article 25 (3) (a) du Statut de Rome), ou à titre subsidiaire, seraient engagées par le fait d'avoir ordonné, sollicité ou encouragé la commission de ces crimes (article 25 (3) (b) du Statut de Rome), ou à titre subsidiaire, en contribuant de toute autre manière à la commission de ces crimes (article 25 (3) (d) du Statut de Rome)[1069].

[1068] Selon la Fiche d'information de la CPI, ci-dessus : « *Le Procureur a allégué que les attaques lancées contre la population civile en Côte d'Ivoire revêtaient un caractère généralisé et systématique, et incluaient notamment des incursions contre le siège de la partie adverse, l'usage excessif de la force dans des zones densément peuplées dans le but de disperser des manifestants, et l'érection de barrages routiers et de postes de contrôle militaires où des meurtres auraient été commis. Le Procureur a affirmé que ces actes ont été commis à grande échelle et qu'environ un million de personnes ont été déplacées. Les justificatifs fournis par le Procureur mentionnaient également l'existence de plusieurs fosses communes à Abidjan et de documents se rapportant à des arrestations arbitraires généralisées, des « disparitions » et des cas de viol* ».

[1069] L'article 25 (3) se lit ainsi : «... *Aux termes du présent Statut, une personne est pénalement responsable et peut être punie pour un crime relevant de la compétence de la Cour si :*

a) Elle commet un tel crime, que ce soit individuellement, conjointement avec une autre personne ou par l'intermédiaire d'une autre personne, que cette autre personne soit ou non pénalement responsable ;

b) Elle ordonne, sollicite ou encourage la commission d'un tel crime, dès lors qu'il y a commission ou tentative de commission de ce crime ;

c) En vue de faciliter la commission d'un tel crime, elle apporte son aide, son concours ou toute autre forme d'assistance à la commission ou à la tentative de commission de ce crime, y compris en fournissant les moyens de cette commission ;

d) Elle contribue de toute autre manière à la commission ou à la tentative de commission d'un tel crime par un groupe de personnes agissant de concert. Cette contribution doit être intentionnelle et, selon le cas :

i) Viser à faciliter l'activité criminelle ou le dessein criminel du groupe, si cette activité ou ce dessein comporte l'exécution d'un crime relevant de la compétence de la Cour ; ou

ii) Etre faite en pleine connaissance de l'intention du groupe de commettre ce crime ;

Sur la base d'un mandat d'arrêt [1070], délivré sous scéllés et émis par la Chambre préliminaire[1071] le 21 décembre 2011, scéllés levés le 30 septembre 2013, Charles Blé Goudé, (Leader des Jeunes Patriotes, très proche du couple GBAGBO, exilé au Ghana en 2011), sera remis à la CPI le 22 mars 2014, avant la décision de confirmation des charges retenues contre lui (co-auteur des mêmes charges que pour son mentor), par la Chambre préliminaire I, en date du 11 décembre 2014.

Par la suite, la Chambre de première instance I a décidé de la jonction des affaires GBAGBO et Blé GOUDE, devenues, Affaire *Le Procureur c. Laurent GBAGBO et Charles Blé GOUDE* (ICC-02/11601/15) (décision du 11 mars 2015). Leur procés a débuté le 28 janvier 2016 et se poursuit.

La polémique entre la RCI et la CPI autour de l'affaire Simone GBAGBO[1072] s'est nouée autour de la signification et des incidences du principe de complémentarité entre la CPI et les tribunaux nationaux en ce qui concerne l'instruction, la poursuite

---

e) S'agissant du crime de génocide, elle incite directement et publiquement autrui à le commettre ;
f) Elle tente de commettre un tel crime par des actes qui, par leur caractère substantiel, constituent un commencement d'exécution mais sans que le crime soit accompli en raison de circonstances indépendantes de sa volonté. Toutefois, la personne qui abandonne l'effort tendant à commettre le crime ou en empêche de quelque autre façon l'achèvement ne peut être punie en vertu du présent Statut pour sa tentative si elle a complètement et volontairement renoncé au dessein criminel... ».

[1070] Le mandat d'arrêt a été délivré sous scéllés par la Chambre préliminaire le 21 décembre 2011, et les scéllés ont été levés le 30 septembre 2013.

[1071] CPI, Chambre préliminaire III, Situation en République de Côte d'Ivoire, *Affaire Le Procureur c. Charles Blé GOUDE, ICC-02/11-02/11-1-tFRA, Mandat d'arrêt à l'encontre de Charles Blé GOUDE, 21 décembre 2011.*

[1072] Pour des portraits saisissants de sa personnalité, voir, Vincent HUGUEUX, « Simone GBAGBO, Femme fatale », in L'Express du 20 février 2003, www.lexpress.fr ; Moussa TOURE, « Côte d'Ivoire : Simone GBAGBO prend le pouvoir », Politique africaine n°95, pp. 32-37. Voir Simone GBAGBO, Paroles d'honneur, Ed. Pharaons, février 2007 et son site personnel www.simonegbagbo.com.

et le jugement de personnes accusées de crimes internationaux[1073].

Dans l'affaire Le *Procureur c. Simone GBAGBO (ICC-02/11-01/12)*[1074], un mandat d'arrêt avait été délivré sous scellés à l'encontre de Mme GBAGBO le 29 février 2012 et les scellés ont été levés le 22 novembre 2012.

Selon la Fiche d'information de la CPI relatant les démêlés du dossier : « *Le 30 septembre 2013, la Côte d'Ivoire avait soulevé une exception d'irrecevabilité, en invoquant que la même affaire était poursuivie au niveau national. Le 11 décembre 2014, la Chambre préliminaire I a rejeté l'exception d'irrecevabilité soulevée par la Côte d'Ivoire et conclu que les autorités nationales de la Côte d'Ivoire ne prenaient pas de mesures tangibles, concrètes et progressives pour déterminer si Simone GBAGBO était pénalement responsable du même comportement que celui allégué dans le cadre de l'affaire portée devant la Cour. Le 17 décembre 2014, la Côte d'Ivoire a fait appel de la décision de la Chambre préliminaireI* »[1075]. Le 27 mai 2015, la Chambre d'appel de la CPI a confirmé l'absence d'erreurs de fait ou de droit dans la décision de la Chambre préliminaire[1076].

[1073] Cf. Mamadou MEITE, « Les relations entre la Côte d'Ivoire et la Cour pénale internationale analysées à l'aune de l'affaire Le Procureur c. Simone GBAGBO », *La Revue des Droits de l'Homme*, 20 mai 2016, disponible en ligne : http://www.revdh.revues.org/2097. (Consulté le 20 juin 2017).

[1074] CPI, Chambre Préliminaire I, *Affaire Le Procureur c. Simone GBAGBO, ICC-02/11-01/12-1-tFRA, Mandat d'arrêt à l'encontre de Simone GBAGBO, 29 février 2012.*

[1075] CPI, Chambre Préliminaire I, *Affaire Le Procureur c. Simone GBAGBO, ICC-02/11-01/12-11-Red-tFRA , Requête de la RCI sur la recevabilité de l'affaire Le Procureur c. Simone GBAGBO et Demande de sursis à exécution en vertu des articles 17, 19 et 95 du Statut de Rome, 30 septembre 2013* ; CPI, Chambre Préliminaire I, *Affaire Le Procureur c. Simone GBAGBO, ICC-02/11-01/12-47-Red-tFRA, Décision relative à l'exception d'irrecevabilité soulevée par la Côte d'Ivoire s'agissant de l'affaire concernant Simone GBAGBo, 11 décembre 2014.*

[1076] CPI, Chambre d'appel, *Affaire Le Procureur c. Simone GBAGBO, ICC-02/11-01/12-75-Red-tFRA, Arrêt relatif à l'appel interjeté par la Côte d'Ivoire contre la décision de la Chambre préliminaire I du 11 décembre 2014 intitulée « Décision relative à l'exception d'irrecevabilité soulevée*

Du côté de la RCI, ll a été toujours opposé une fin de non recevoir, aux demandes incessantes de la CPI, d'exécuter le mandat d'arrêt émis en février 2012 à l'encontre de l'ancienne Première Dame, qui a été même jugée et acquittée le 28 mars 2017 par la Cour d'Assises d'Abidjan lors de son procès pour crime de guerre et crime contre l'humanité. Elle est encore emprisonnée mais pour le chef d'accusation de complot contre l'autorité de l'Etat ivoirien, pour lequel elle purge une peine de 20 ans de reclusion criminelle assortie de 10 ans de privationde ses droits civiques.

En définitive, il convient de souligner que les affaires africaines devant la CPI ont conduit à une cristallisationou / radicalisation de la position de l'Union africaine qui a demandé à ses Etats membres, non seulement de ne plus coopérer avec la Cour, mais surtout de procéder à leur retrait de l'OI[1077]. En fait,

---

par la Côte d'Ivoire s'agissant de l'affaire concernant Simone GBAGBO », 27 mai 2015.

[1077] Voir, plusieurs documents de l'UA, dans lesquels, réagissant contre les procédures engagées contre des personnalités Soudanaise, Libyenne, Kenyane, il est prôné, sans ambages, cette absence de cooperation, voire le retrait massif et total des Etats membres de la CPI. Voir, entre autres, *Décision, Assembly/ AU/Dec.221(XII) sur la demande du Procureur de la CPI de la mise en accusation du Président de la République du Soudan*, Conférence de l'UA, 12ème session ordinaire, 1er-3 février 2009, Addis-Abeba (Ethiopie) ; Décision, *Assembly / AU/Dec.245(XIII)* sur *Le Rapport de la Commission sur la réunion des Etats africains parties au Statut de Rome de la CPI, Doc.Assembly/AU/13(XIII)*, Conférence de l'UA, 13ème session ordinaire, 1er-3 juillet 2009, Addis-Abeba (Ethiopie) ; *Décision, Assembly/AU/Dec.292(XV) sur l'utilisation abusive du princpe de compétence universelle, Doc.EX.CL/606(XVII)*, Conférence de l'UA,15e session ordinaire, 25-27 juillet 2010, Kampala (Ouganda) ; Décision, *Assembly/ AU/Dec.493(XXII)* sur le Rapport interimaire de la Commission relatif à la mise en œuvre des Décisions sur la CPI , *Doc. Assembly/AU/13(XXII)*, Conférence de l'UA, 22e session ordinaire, 31janvier 2014, Addis-Abeba (Ethiopie) ; Décision, Assembly/AU/Dec.62(XXVIII) sur le Rapport annuel 2016 de la Présidente de la Commission de l'Union Africaine, Doc.EX.CL/994(XXX), Conférence de l'UA, Vingt-huitième session ordinaire, 30 et 31 janvier 2017, Addis-Abeba (Ethiopie) ; Décision sur la CPI, Doc. EX.CL/1006(XXX) et les réserves émises par le Bénin, le Botswana, le Burkina Faso, le Cap-Vert, la Côte d'Ivoire, la Gambie, le malgré les récents et louables efforts d'ouvrir des procédures d'enquête concernant des situations dans des Etats appartenant à d'autres continents[1078] ou le rejet de plaintes venant d'Etats africains[1079], le désamour CPI/UA reste profond et seuls le dialogue franc, une analyse méthodique et objective des sources du désaccord permettront de jeter les linéaments d'une nouvelle orientation des travaux de la CPI, en dehors de toutes vélléités de chantage africain ou de raidissement du Bureau du Procureur, sous l'arbitrage (qu'on espère) avisé du CSNU..., à défaut d'une Cour Pénale Africaine[1080].

Lesotho, le Liberia, le Madagascar, le Malawi, le Mozambique, le Nigéria, le Sénégal, la Tanzanie, la Tunisie et la Zambie, Conférence de l'UA, 28e session ordinaire,30 -31 janvier 2017, Addis-Abeba (Éthiopie).Voir, FOKOU Fridolin MARTIAL, « UA-CPI : de la collusion à la collision », Note d'Analyse Politique, n° 23, www.thinkingafrica.org.

1078 Le Procureur a été autorisé à ouvrir une enquête de sa propre initiative (Situation en Géorgie ICC-01/15), par la Chambre préliminaire I, le 27 janvier 2016 pour des allegations de crimes contre l'humanité et crimes de guerre qui auraient été commis dans le contexte d'un conflit armé international entre le 1er juillet et le 10 octobre 2008, dans les regions d'Ossétie du Sud et ses environs.

1079 *Affaire des Navires battant pavillon comorien, grec et cambodgien, examen préliminaire* (plainte des Comores du 14 mai 2013 pour le raid israélien contre la flotille convoyant de l'aide humanitaire), et rejet par la chambre d'appel de la CPI.

1080 Voir, *supra*, nos développements sur la future CAJ/DH. Cf. Abdoulaye SOMA, « Vers une juridiction pénale régionale pour l'Afrique », Revue du CAMES/SJP, n°001/2014, pp. 1-15 ; KAHOMBO Belingene, « Le projet de création d'une juridiction pénale panafricaine », *The Rule of Law*, Librairie Africaine d'Etudes Juridiques de la Fondation Konrad Adenauer, vol. 7, 2013, pp. 1-26 ; Moussounga Itsouhou MBADINGA, « Variations des rapports entre les juridictions pénales internationales et les juridictions nationales dans la répression des crimes internationaux », Revue Trimestrielle des Droits de l'Homme, 56/2003, op.cit ; James Mouangue KOBILA, « L'Afrique et les juridictions internationales pénales », Cahiers Thucydide, n° 10, 2012, op.cit ; Jean-Baptiste Jeangène VILMER, «Union Africaine versus Cour Pénale Internationale : répondre aux objections et sortir de la crise », Etudes Internationales, vol. : XIV, n° 1, mars 2014, op.cit.

CONCLUSION GÉNÉRALE

A l'entame de cet ouvrage, on s'était proposé de passer en revue les divers types de contentieux auxquels les Etats africains ont été confrontés, qu'ils aient été attraits devant des tribunaux arbitraux ou devant des juridictions africaines ou extérieures au continent.

Chemin faisant, cette inclinaison a été légéremment modulée pour enrichir l'étude en y incluant les contentieux de fonction publique devant le TCANU, même si la veine privilégiée s'est attachée à quelques affaires impliquant des personnes de nationalités africaines.

Il en résulte une presentation des differentes juridictions tant en leur droit institutionnel qu'en leur droit matériel ou processuel.

Au terme de cette étude, des constats peuvent en etre tirés, comme le grand ecclétisme judiciaire et arbitral, le développement spéctaculaire du droit de l'arbitrage, l'essor du droit communautaire africain, du droit des investissements internationaux.

Au-delà de la description fragmentée, imposée par des contraintes méthodologiques, sont apparus en surimpression, les linéaments des tendances actuelles des Etats africains, à soumettre timidement des différends au TIDM, à la CPA, à l'OMC, ou de manière plus ouverte au CIRDI, sans écarter la saisine réguliére de la CIJ.

Par ailleurs, restent lancinantes, la prévention et la répression des violations graves des droits de l'Homme et du DIH, derrière la problématique des affaires africaines dont est saisie la CPI et dont on s'est attelé à présenter objectivement les aspects juridiques.

En définitive, cet ouvrage, dont l'ambition est d'être plus un manuel, qu'un essai, et encore moins une chronique jurisprudentielle, est destiné à tout curieux, juriste débutant ou spécialiste averti, en lui offrant les assises textuelles et contextuelles des contentieux africains.

LISTE DES ANNEXES

ANNEXE 1 : REQUETE INTRODUCTIVE D'INSTANCE du 30 mai 1961 DEVANT LA COUR INTERNATIONALE DE JUSTICE (Affaire du Cameroun Septentrional (Cameroun c.Royaume Uni).

ANNEXE 2 : REQUETE INTRODUCTIVE D'INSTANCE de la République fédérale de Somalie du 28 aout 2014 (Affaire de la Délimitation maritime dans l'océan Indien (Somalie c. Kenya).

ANNEXE 3 : COMPROMIS DE SAISINE.

ANNEXE 4 : ILLUSTRATIONS DE DECLARATIONS FACULTATIVES DE JURIDICTION OBLIGATOIRE.

ANNEXE 5 : EXEMPLES DE CLAUSES COMPROMISSOIRES.

ANNEXE 6 : Exemple d'ORDONNANCE SUR UNE DEMANDE A FIN D'INTERVENTION.

ANNEXE 7 : MESURES CONSERVATOIRES.

ANNEXE 8 : DOCUMENTS DE L'OMC.

ANNEXE 9 : RESOLUTION

1970 (2011) du 26 février 2011 du CONSEIL DE SECURITE SUR LA LIBYE

***ANNEXE 1. – REQUETE INTRODUCTIVE D'INSTANCE* du 30 mai 1961 DEVANT LA COUR INTERNATIONALE DE JUSTICE (Affaire du Cameroun Septentrional (Cameroun c. Royaume Uni)**[1081]

A Monsieur le Président, A Messieurs les Juges de la Cour internationale de Justice, Le soussigné, dûment autorisé par le Gouvernement de la République du Cameroun, élisant domicile au siège de l'ambassade de France à La Haye, Vu la Charte et notamment les articles 2 et 33,

Vu le Statut et le Règlement de la Cour, Vu l'accord de tutelle pour le territoire du Cameroun sous administration britannique approuvé par l'Assemblée générale des Nations Unies le 13 décembre 1946. A l'honneur de vous adresser la requête suivante :

I. - Exposé des faits

Lorsqu'éclate, en 1914, la première guerre mondiale, le Cameroun est, depuis 1884, un « protectorat » allemand. En 1916, sous l'action conjuguée des armées française et britannique, les forces allemandes doivent capituler et les Alliés décident un partage en zones d'influence, qui laisse à la Grande-Bretagne la région de plantations du mont Cameroun avec le port de Victoria et le centre de Bouéa, une bande étroite le long de la frontière du Nigeria et le Sultanat de Dikwa. Par l'article 119 du traité de Versailles, l'Allemagne renonce à tous ses droits et ses titres en faveur des Alliés sur ses possessions d'outre-mer. Le partage du territoire camerounais est, après quelques rectifications de frontières intervenues en 1920, maintenu en 1922 par la Société des Nations. La France et la Grande-Bretagne se voient conférer respectivement le mandat d'administrer, conformément à l'article 22 du Pacte de la Société des Nations, leur zone d'influence. Le régime du mandat dure jusqu'à la fin de la deuxième guerre mondiale. Quand la Charte des Nations Unies institue un régime international de tutelle et prévoit la possibilité de l'appliquer aux territoires sous mandat, les Gouvernements de la France et du Royaume-Uni demandent que la partie du territoire camerounais

[1081] *CIJ, Affaire du Cameroun Septentrional (Cameroun c. Royaume Uni), Exceptions préliminaires, Arrêt du 2 décembre 1963.*

qui leur était confiée soit placée sous ce régime. C'est ainsi qu'est conclu et approuvé par l'Assemblée générale des Nations Unies le 13 décembre 1946 l'accord de tutelle pour le territoire du Cameroun sous administration britannique (Nations Unies - Recueil des Traités n° 118, vol. 8).

L'article 5 de cet accord dispose : « Pour la réalisation des buts précités et à toutes les fins nécessaires du présent Accord, l'Autorité chargée de l'administration : a) Aura pleins pouvoirs de législation, d'administration et de juridiction sur le Territoire et l'administrera conformément à sa propre législation, comme partie intégrante de son territoire, avec les modifications que pourraient exiger les conditions locales et sous réserve des dispositions de la Charte des Nations Unies et du présent Accord ; b) Sera autorisée à faire entrer le Territoire dans une union ou fédération douanière, fiscale ou administrative, constituée avec les territoires adjacents placés sous sa souveraineté ou sa régie et à établir des services administratifs communs à ces territoires et au Territoire quand ces mesures seront compatibles avec les fins essentielles du Régime international de tutelle et avec les clauses du présent Accord ».

Cet article définit le cadre dans lequel doit s'exercer l'action de la puissance administrante et les principes qui doivent la guider.

Mais, deux ans après l'établissement du régime de tutelle, rien n'est changé dans la zone britannique à la pratique instituée dès la création du Mandat en 1922. La situation politique et administrative est décrite en ces termes par le premier rapport du Conseil de tutelle sur le Cameroun sous administration britannique (Rapport du Conseil de tutelle sur ses quatrième et cinquième sessions, 6 août 1948-22 juillet 1949. A 1933-juillet 1949, p. 3 et 4).

« Administration générale. Le Territoire est administré comme une partie intégrante du protectorat du Nigeria. C'est le Gouverneur du Nigeria qui est le chef de l'administration du Territoire. De même, l'organisation législative, judiciaire et budgétaire se confond avec celle du Nigeria. Il y a un seul Conseil exécutif et un seul Conseil législatif pour l'ensemble du Nigeria et du Territoire sous tutelle. Le siège du Gouvernement est à Lagos, au Nigeria. Le Gouverneur est assisté, à titre consultatif, par un Conseil exécutif composé de sept membres fonctionnaires et quatre membres non fonctionnaires nommés par l'administration. Aucun indigène du Cameroun n'est membre du Conseil exécutif.

Administrativement, le Territoire forme un tout avec les régions limitrophes du protectorat du Nigeria. Avec celles-ci, il fait partie de la région nord et de la région est. Dans chaque région la haute autorité exécutive appartient aux commissaires principaux (Chief/ Commissioners) qui résident au Nigeria et qui dépendent du Gouverneur ».

Le Conseil de Tutelle est déjà « préoccupé des difficultés qu'il rencontre dans l'exercice de ses fonctions de contrôle à l'égard du Territoire sous tutelle, du fait que ce Territoire a été incorporé administrativement à diverses divisions et services administratifs du Protectorat britannique du Nigeria, et du fait que cette incorporation a été réalisée de telle manière que, même aux échelons les moins élevés de l'administration, certaines parties du Territoire sous tutelle sont administrées par des autorités indigènes ayant leur siège en dehors du Territoire, d'où il résulte que le Territoire ne jouit d'aucune autonomie, ni législative, ni judiciaire, ni budgétaire ». En quinze ans, cette situation ne devait guère évoluer en ce qui concerne la partie nord du temtoire. En effet, les réformes constitutionnelles et administratives intervenues en 1949, en 1951, en 1954 surtout et en 1957 dans le cadre des institutions du Nigeria tendaient, malgré les réserves exprimées chaque année par de nombreuses délégations, d'une part à intégrer purement et simplement le nord du pays dans le système administratif de la région nord du Nigeria, d'autre part à en séparer le sud du pays, devenu sous le nom de Cameroun méridional une région quasi autonome de la Fédération du Nigeria.

Ni cette incorporation du Cameroun septentrional dans la région nord du Nigeria ni cet éclatement du territoire un et indivisible confié à l'administration du Royaume-Uni n'étaient conformes à l'accord de tutelle et à la Charte des Nations Unies.

La différenciation qui a marqué l'évolution divergente des deux parties du territoire a eu pour effet de priver le Cameroun septentrional d'institutions politiques cohérentes qui lui soient propres, de cadres et jusqu'en 1959 de partis politiques autres que nigériens. Le suffrage indirect à main levée et pour les hommes seulement a prévalu jusqu'en 1959. Le suffrage universel n'a été appliqué qu'en 1961 à la demande expresse de l'Assemblée générale des Nations Unies. L'absence d'autonomie budgétaire, l'insuffisance du développement social, le taux d'analphabétisme qui était encore en 1961 de 97 pour cent .L'inexistence de fonctionnaires autochtones, le système de l'administration indirecte, témoignent, entre autres, des manquements de l'autorité administrante à l'article 6 de l'accord de tutelle qui prescrivait: « L'Autorité chargée de l'administration favorisera le développement d'institutions politiques libres convenant au Territoire. A cette fin, eile assurera à ses habitants une part progressivement croissante dans les services administratifs et autres du Territoire; elle élargira leur représentation dans les corps consultatifs et législatifs et leur participation au gouvernement du Territoire, aussi bien central que local, compte tenu des conditions particulières au Territoire et à ses populations; et prendra toutes autres mesures appropriées en vue d'assurer l'évolution politique des habitants du Territoire conformément à l'Article 76 b de la Charte des Nations Unies. »

Aussi, si l'évolution s'accentue à partir de juin 1957, ce n'est pas parce que l'autorité administrante a accompli la mission que l'organisation des Nations Unies lui avait confiée, mais parce que la Fédération du Nigeria va devenir indépendante.

D'après le rapport du Conseil de tutelle (Rapport du Conseil de tutelle, 2-6 aout 1959. A/4100, p. 90), la mission de visite de 1958 déclarait dans son rapport que la question de l'avenir des populations du Cameroun sous administration britannique était devenue une question urgente, non pas tant cn raison des progrès faits vers l'accomplissement des fins du régime de tutelle qu'en raison de l'accession imminente à l'indépendance des deux territoires voisins beaucoup plus grands : la Fédération nigériane qui comptait accéder à l'indépendance le 1er octobre 1960, et le territoire sous tutelle du Cameroun sous administration française qui comptait y accéder le 1er janvier 1960. Elle rappelait les circonstances qui ont conduit le Cameroun septentrional à être administré en tant que partie intégrante de la région nord du Nigeria et le Cameroun méridional à suivre une autre voie. Elle émettait l'avis que les vœux des populations septentrionale et méridionale du territoire sous tutelle doivent être déterminés séparément. Elle déclarait que l'avis des populations du nord dans leur ensemble était manifestement, pour autant que cet avis puisse être indiqué pour le moment et dans un avenir prévisible, qu'il fallait que leur région devienne à titre définitif une partie de la région du nord de la Fédération nigériane lorsque le Nigeria deviendrait indépendant. Elle en concluait que si l'Assemblée générale acceptait cette union comme base pour la levée de la tutelle, il ne serait nécessaire de procéder à aucune nouvelle consultation. La mission constatait enfin qu'au Cameroun méridional il existait deux courants d'opinions contraires touchant l'avenir du territoire. Seule une consultation au suffrage universel de la population du Cameroun méridional permettrait de déterminer où se trouvait la majorité. Entre le moment où la mission a quitté le territoire et celui où elle a achevé son rapport, les élections à la Chambre d'assemblée du Cameroun méridional portaient au pouvoir le parti qui préconisait la séparation d'avec le Nigeria. La mission estimait alors que lcs élections avaient créé une situation politique nouvelle à laquelle il fallait laisser le temps d'évoluer. L'Assemblée générale, à sa reprise de session en mars 1959, admit le principe de plébiscites séparés, sous la surveillance des Nations Unies, dans le nord et le sud du Cameroun sous tutelle britannique. Pour le Cameroun méridional, elle renvoya l'examen de ses modalités à sa quatorzième session tout en en fixant la date au premier trimestre 1960. Pour le Cameroun septentrional, elle recommanda que le plébiscite eût lieu vers la mi-novembre 1959 et que les questions suivantes fussent posées à la population : a) Désirez-vous que le Cameroun septentrional fasse partie de la région du nord du Nigeria lorsque la Fédération nigerienne accédera à l'indépendance ? b) Préférez-vous que l'avenir du Cameroun septentrional soit décidé plus tard ? » Les résultats du plébiscite ont constitué une surprise pour la plupart des délégations à l'Assemblée générale réunie en sa quatorzième session. En effet, sur 113 859 suffrages exprimés, 70 546 allaient à la deuxième solution. 42 788 seulement se prononçaient pour l'incorporation dans la région nord du Nigeria. Le plébiscite entraîna deux conséquences: - report au début de 1961 du plébiscite au Cameroun méridional : - décision de l'Assemblée générale de faire un certain nombre de recommandations pour le deuxième plébiscite au Cameroun septentrional : ce plébiscite aura lieu à la même époque, au suffrage universel des adultes, et les deux questions posées seront les mêmes que dans le Cameroun méridional:

« a) Désirez-vous accéder à l'indépendance en vous unissant à la République camerounaise indépendante ?

b) Désirez-vous accéder à l'indépendance en vous unissant à la Fédération nigériane indépendante ? »

Mais surtout, à la lumière des enseignements du premier plébiscite, l'assemblée : « 6) Recommande que les mesures voulues soient prises sans retard en vue d'une plus ample décentralisation des pouvoirs administratifs et de la démocratisation effective du système d'administration locale dans la partie septentrionale du Territoire sous tutelle. 7) Recommande que l'Autorité administrante prenne sans retard des mesures pour effectuer la séparation administrative du Cameroun septentrional et du Nigeria, et que cette séparation soit achevée le 1er octobre 1960 » (Résolutions adoptées par l'Assemblée générale, A14354. p. 39. Rapport du Commissaire des Nations Unies, A14727 p. 56. 5 92 et 57, 5 93).

L'autorité administrante avait huit mois pour mettre en œuvre les recommandations de l'Assemblée générale et prendre les mesures de démocratisation et de séparation exigées. Mais dans le mois de mai 1960, le Gouvernement de la République du Cameroun, qui n'était pas encore à cette date membre des Nations Unies, fit connaître au Conseil de tutelle, par I'intermédiaire de la délégation française, son inquiétude et ses réserves à propos de la lenteur et de i'insuffisance des réformes entreprises par le Royaume-Uni. Ces réserves furent réitérées de la manière la plus formelle par un communiqué en date du 31 décembre 1960, dont le texte a été transmis par note verbale de la même date à l'ambassade de Grande-Bretagne à Yaoundé Z. Il apparaît, en effet, qu'à part la nomination d'un administrateur du Cameroun septentrional, sir Percy Ivynn HARRIS, arrivé dans le territoire à la date limite du 1er octobre 1960, l'administration était demeurée nigérienne ou assurée par des fonctionnaires nigériens en position de détachement. La police, la justice gardaient le même caractère. Dans un tel contexte politique, social et administratif, de multiples pressions furent exercées pour renverser les résultats du référendum de 1959. Le rapport du commissaire au plébiscite fait état des obstacles qui s'opposaient à l'exercice des droits politiques de tous les intéressés et qui n'ont été souvent que très tardivement supprimés. Les conditions d'établissement des listes électorales et les opérations électorales elles-mêmes, l'absence de décompte public des bulletins par bureau de vote, par exemple, entachent le scrutin d'irrégularités. Le Gouvernement camerounais, avant même le dépouillement des résultats, a fait connaître au commissaire des Nations Unies qu'il contestait formellement la régularité du plébiscite. En dépit de ces pressions et de ces irrégularités, sur 243 935 suffrages, 97 659, soit 40.03 pour cent, sont allés à la solution de l'union à la République camerounaise, alors que la solution du rattachement à la Fédération nigérienne a, cette fois, recueilli 146 296 voix, soit 59.97 pour cent du total. Les manquements de l'autorité administrante tant à l'accord de tutelle et à la Charte des Nations Unies qu'à la résolution 1473 (XIV) de l'Assemblée générale ont faussé le déroulement et le sens de la consultation des populations de la partie septentrionale du Cameroun sous administration du Royaume-Uni.

II. -Exposé de droit

A) En ce qui concerne la compétence : L'article 19 de l'accord de tutelle sur le Cameroun sous administration britannique est ainsi rédigé: « Article 19. - Tout différend, quel qu'il soit, qui viendrait à s'élever entre l'Autorité chargée de l'administration et tout autre Membre des Nations Unies relativement à l'interprétation ou à l'application des dispositions du présent Accord, sera, s'il ne peut être réglé par négociations ou un autre moyen, soumis à la Cour internationale de Justice, prévue au Chapitre XIV de la Charte des Nations Unies».La République du

Cameroun a été admise à l'Organisation des Nations Unies le 20 septembre 1960. En sa qualité d'Etat Membre, la République du Cameroun peut donc invoquer l'accord et saisir la Cour d'une requête concernant l'application dudit accord, sur la base de l'article 19. Les faits indiqués ci-dessus et les griefs qui en découlent, tels qu'ils sont articulés plus loin, sont relatifs à l'interprétation ou à l'application des dispositions de l'accord de tutelle. En effet, ils mettent notamment en cause les différentes mesures qui doivent permettre, conformément à l'article 5 de l'accord, aux populations de se prononcer librement sur leur régime politique. Lcs griefs du Gouvernement de Ia République du Cameroun ont été exprimés depuis l'origine et renouvelés formellement par la note du 2 mai 1961 adressée au Gouvernement britannique. Dans sa réponse du 26 mai 1961, le Gouvernement du Royaume-Uni a contesté d'une manière définitive les thèses présentées par le Gouvernement de la République du Cameroun dans ladite note. La Cour est donc compétente pour trancher ce différend.

B) En ce qui concerne le fond : La République du Cameroun est en droit d'utiliser la procédure qui lui est ouverte par l'accord de tutelle pour tout ce qui se rattache à l'exécution dudit accord et saisit la Cour par la présente requête des griefs suivants :

a) Le Cameroun Nord n'a pas été administré, malgré le texte de l'article 5, § B, de l'accord de tutelle, comme un territoire distinct au sein d'une union administrative, mais comme une partie intégrante du Nigeria.

b) L'article 6 de l'accord de tutelle fixait comme objectifs le développement d'institutions politiques libres, une part progressivement croissante pour les habitants du territoire dans les services administratifs, leur représentation dans le corps .consultatif et législatif et leur participation au gouvernement du territoire. Ces objectifs, de l'avis de la République du Cameroun, n'ont pas été atteints.

c) L'accord de tutelle n'autorisait pas la puissance administrante à administrer le territoire, contrairement à la règle de l'unité, comme deux parties distinctes selon deux régimes administratifs, et avec deux évolutions politiques distinctes.

d) Les dispositions du § 7 de la résolution 1473 relatives à la séparation administrative du Cameroun septentrional et du Nigeria n'ont pas été suivies.

e) Les mesures prévues au § 6 de la même résolution en vue d'obtenir une plus ample décentralisation des pouvoirs administratifs et de la démocratisation effective du système d'administration locale n'ont pas été mises en œuvre.

f) Les conditions fixées par le § 4 de la même résolution pour l'établissement des listes électorales ont été interprétées de manière discriminatoire, en entendant d'une manière abusive la notion de résidence habituelle.

g) Des pratiques, actions ou inactions des autorités locales de tutelle pendant la période précédant le plébiscite et durant les opérations électorales ont modifié le déroulement normal de la consultation et ont entrainé des suites contraires à l'accord de tutelle.

Tels étant les faits et le droit et sous réserve de tous mémoire, contre-mémoire et en général de tous moyens et preuves à présenter ultérieurement à la Cour,

Plaise à la Cour; Donner acte à l'Agent du Gouvernement de la République du Cameroun que, pour toutes notifications et communications relatives à la présente affaire, il élit domicile à l'ambassade de France à La Haye ; notifier la présente requête conformément à l'article 40, paragraphe 2, du Statut de la Cour au Gouvernement du Royaume-Uni ; dire et juger, tant en l'absence qu'en présence dudit Gouvernement et après tels délais qu'il appartiendra à la Cour de fixer : que le Royaume-Uni, dans l'application de l'Accord de Tutelle du13 décembre 1946 n'a pas respecté certaines obligations qui en découlent directement ou indirectement sur les divers points relevés ci-dessus.

Ce 30 mai 1961.

(Signé) KUOK MOUKOURI, Ambassadeur du Cameroun en France, Agent du Gouvernement de la République du Cameroun.

***ANNEXE 2. – REQUÊTE INTRODUCTIVE D'INSTANCE* de la République fédérale de Somalie du 28 aout 2014 (Affaire de la Délimitation maritime dans l'océan Indien (Somalie c. Kenya)[1082].**

[Traduction]

A l'attention du greffier de la Cour internationale de Justice,

Le soussigné, dûment autorisé par le Gouvernement de la République fédérale de Somalie (la « Somalie »), déclare ce qui suit :

1. Conformément aux paragraphes 1 et 2 de l'article 36 et à l'article 40 du Statut de la Cour, ainsi qu'à l'article 38 de son Règlement, j'ai l'honneur de déposer au nom de la Somalie la présente requête introductive d'instance contre la République du Kenya (le « Kenya »).

2. La présente affaire concerne l'établissement de la frontière maritime unique séparant la Somalie et le Kenya dans l'océan Indien et délimitant la mer territoriale, la zone économique exclusive (ZEE) et le plateau continental, y compris la partie de celui-ci qui s'étend au-delà de la limite des 200 milles marins.

3. La convention des Nations Unies sur le droit de la mer de 1982 (la «CNUDM» ou la «convention»), que la Somalie et le Kenya ont ratifiée en juillet et en mars 1989, respectivement, ainsi que le droit international coutumier constituent le droit applicable au présent différend.

I. Compétence de la Cour

4. Le 11 avril 1963, la Somalie a fait une déclaration par laquelle elle a accepté comme obligatoire de plein droit, sous condition de réciprocité, la juridiction de la Cour, et le Kenya a fait de même le 19 avril 1965. Aucune condition ou réserve visant l'une ou l'autre de ces déclarations ne s'applique. La Cour a donc compétence à l'égard du présent différend en vertu du paragraphe 2 de l'article 36 de son Statut.

[1082] CIJ, *Affaire de la Délimitation maritime dans l'océan Indien (Somalie c. Kenya)*, Exceptions préliminaires, arrêt du 2 février 2017.

5. La compétence de la Cour au titre du paragraphe 2 de l'article 36 du Statut est confirmée par l'article 282 de la CNUDM, lequel est ainsi libellé :

«Lorsque les Etats Parties qui sont parties à un différend relatif à l'interprétation ou à l'application de la Convention sont convenus, dans le cadre d'un accord général, régional ou bilatéral ou de toute autre manière, qu'un tel différend sera soumis, à la demande d'une des parties, à une procédure aboutissant à une décision obligatoire, cette procédure s'applique au lieu de celles prévues dans la présente partie [la partie XV de la CNUDM], à moins que les parties en litige n'en conviennent autrement.»

II. Contexte

6. La Somalie et le Kenya partagent, dans la région de l'Afrique de l'Est, une frontière terrestre qui aboutit à l'océan Indien en un point situé par environ 1°39'43" de latitude sud et 41°33'34" de longitude est. Dans cette région, leurs côtes ont, de façon générale, une orientation sud-sud-est.

7. En prévision de la ratification de la CNUDM par la Somalie en juillet 1989, le président de celle-ci a promulgué la loi n° 5 du 26 janvier 1989, sanctionnant la loi somalienne de 1988 sur le droit de la mer. Entre autres choses, cette dernière loi conférait à la mer territoriale une largeur de 12 milles marins, portait revendication d'une ZEE d'une largeur de 200 milles marins et déclarait que le plateau continental de la Somalie s'étendait sur la totalité du prolongement naturel du territoire terrestre, jusqu'au rebord externe de la marge continentale. La loi n° 5 opérait par ailleurs abrogation de toute loi antérieure incompatible avec la loi somalienne de 1988 sur le droit de la mer.

8. Le 9 février 1989, la Somalie a en outre adopté la loi n° 11 approuvant la CNUDM et transcrivant les dispositions de celle-ci en droit interne. Le même jour a été pris le décret présidentiel n° 14, donnant effet à la loi n° 11.

9. Le 30 juin 2014, conformément à la CNUDM, le président de la Somalie a émis une proclamation portant revendication d'une ZEE s'étendant sur une distance de 200 milles marins mesurée à partir des lignes de base normales. Le même jour, la

Somalie déposait auprès de la division des affaires maritimes et du droit de la mer de l'Organisation des Nations Unies une liste de coordonnées définissant la limite extérieure de sa ZEE.

10. Agissant conformément à l'article 4 de l'annexe II de la convention, la Somalie a, le 14 avril 2009, soumis à la Commission des limites du plateau continental des informations préliminaires indicatives sur la limite extérieure de son plateau continental au-delà de 200 milles marins.

11. La demande formelle de la Somalie concernant la limite extérieure de son plateau continental au-delà de 200 milles marins a été déposée à la Commission le 21 juillet 2014. Comme cela y est précisé, la limite en question est située bien au-delà de cette distance tout le long de la côte somalienne bordant l'océan Indien, atteignant à certains endroits la distance maximale de 350 milles marins. La Somalie a présenté sa demande sans préjudice de la question de la délimitation maritime avec les Etats voisins, dont le Kenya.

12. Pour sa part, le Kenya a, dans sa loi révisée de 1972 sur les eaux territoriales, proclamé une mer territoriale d'une largeur de 12 milles marins. Par la loi de 1989 sur les espaces maritimes et une proclamation présidentielle du 9 juin 2005, le Kenya a également revendiqué une ZEE d'une largeur de 200 milles marins.

13. Pour mesurer la largeur de sa mer territoriale et de sa ZEE, le Kenya a utilisé une série de lignes de base droites couvrant l'intégralité de sa côte. Ces lignes de base ont été proclamées pour la première fois dans la loi de 1972 sur les eaux territoriales et ont été modifiées par la suite. La Somalie considère que les lignes de base droites établies par le Kenya ne sont pas conformes aux prescriptions de l'article 7 de la CNUDM.

14. A la connaissance du Gouvernement de la Somalie, il n'existe actuellement au Kenya aucun texte de loi en vigueur concernant le plateau continental. Le Kenya a néanmoins présenté à la Commission des limites du plateau continental, le 6 mai 2009, une demande concernant la limite de son plateau continental au-delà de 200 milles marins. Au paragraphe 1-4 du résumé de la demande, on peut lire ce qui suit : « Le Gouvernement du Kenya entend proclamer la limite extérieure de son plateau continental lorsque la Commission aura adressé ses recommandations conformément au paragraphe 8 de l'article 76. La limite extérieure sera établie sur la base de ces recommandations ».

15. Selon la demande présentée par le Kenya à la Commission des limites du plateau continental, la limite extérieure du plateau continental kenyan se situerait à la distance maximale de 350 milles marins depuis la côte.

III. Différend

16. Les espaces maritimes auxquels la Somalie et le Kenya pourraient prétendre en tant qu'Etats côtiers adjacents dont la façade sur l'océan Indien suit une orientation générale sud-sud-est se chevauchent, notamment dans la partie qui s'étend au-delà de la limite des 200 milles marins.

17. Les Parties ne s'accordent pas sur l'emplacement de la frontière maritime dans la zone où se chevauchent les espaces maritimes auxquels elles peuvent prétendre. Les négociations diplomatiques dans le cadre desquelles leurs vues respectives ont été pleinement échangées n'ont pas permis de résoudre leur désaccord.

18. La Somalie soutient que le tracé de la frontière délimitant la mer territoriale, la ZEE et le plateau continental des Parties devrait être établi conformément aux articles 15, 74 et 83, respectivement, de la CNUDM. La frontière départageant la mer territoriale devrait suivre la ligne médiane visée à l'article 15, puisqu'il n'existe aucune circonstance spéciale justifiant qu'elle s'en écarte. Pour ce qui est de la ZEE et du plateau continental, le tracé de la frontière devrait être établi conformément à la démarche en trois étapes systématiquement suivie par la Cour pour l'application des articles 74 et 83.

19. Suivant la position actuelle du Kenya, la frontière maritime devrait correspondre à une ligne droite partant du point terminal de la frontière terrestre entre les Parties et s'étendant plein est le long du parallèle passant par ce point, sur toute l'étendue de la mer territoriale, de la ZEE et du plateau continental, y compris la partie de celui-ci qui s'étend au-delà de la limite des 200 milles marins. Or le Kenya n'a pas toujours été de cet avis. En effet, dans sa loi révisée de 1972 sur les eaux territoriales, il revendiquait comme frontière départageant la mer territoriale entre lui et la Somalie «une ligne médiane dont tous les points [étaient] équidistants des points les plus proches des lignes de base à partir desquelles la largeur des eaux territoriales » était mesurée.

20. Dans sa loi de 1989 sur les espaces maritimes, le Kenya a réaffirmé la position qu'il avait énoncée dans sa loi de 1972 sur les eaux territoriales, selon laquelle la délimitation de la mer territoriale entre lui et la Somalie devait être établie au moyen d'une ligne d'équidistance. Plus précisément, le paragraphe 4 de l'article 3 de la loi de 1989 sur les espaces maritimes dispose que les eaux territoriales kényanes « s'étendent [jusqu'à la ligne médiane] dont tous les points sont équidistants des points les plus proches des lignes de base à partir desquelles est mesurée la largeur des eaux territoriales de chacun des Etat ».

21. En ce qui concerne la frontière maritime délimitant la ZEE, le paragraphe 4 de l'article 4 de la loi kényane de 1989 sur les espaces maritimes prévoit que, « au nord, la frontière de la zone économique exclusive avec la Somalie sera délimitée par décision ministérielle publiée au journal officiel conformément à un accord conclu entre le Kenya et la Somalie sur la base du droit international ».

22. Dans une proclamation présidentielle de 2005, le Kenya est revenu sur sa position et a revendiqué une délimitation maritime partant du point terminal de sa frontière terrestre avec la Somalie et s'étendant plein est jusqu'à la limite de la ZEE. Plus précisément, l'alinéa b) du point 1 de la proclamation de 2005 dispose que :

« [L]a zone économique exclusive du Kenya est ainsi délimitée : ... au nord, la frontière maritime avec la République somalienne longe vers l'est le parallèle passant au sud de l'île Diua Damasciaca par un point situé par 1°39'34" de latitude sud ».

23. La ligne frontière que le Kenya a proclamée en 2005 apparaît dans la demande qu'il a soumise en 2009 à la

Commission des limites du plateau continental. Comme le montrent les cartes jointes au résumé de sa demande ainsi que les coordonnées accompagnant celle-ci, le Kenya revendique une portion du plateau continental au-delà de 200 milles marins, délimitée au nord par le même parallèle de 1°39'34" de latitude sud auquel il est fait référence dans sa proclamation de 2005. Copie de la carte figurant en page 9 du résumé de la demande du Kenya est jointe à la présente requête en tant que croquis n° 1.

24. La frontière longeant le parallèle revendiquée par le Kenya s'écarte sensiblement de la ligne d'équidistance provisoire, que ce soit dans la mer territoriale ou dans les espaces situés au-delà de 12 milles marins. Alors que la ligne d'équidistance provisoire tiendrait compte de manière générale de l'orientation sud-sud-est des côtes de cette région, la ligne revendiquée par le Kenya ampute considérablement la projection en mer de la côte somalienne méridionale. Le croquis n° 2 présente une comparaison entre la ligne actuellement revendiquée par le Kenya et la ligne d'équidistance provisoire.

25. Le Kenya a unilatéralement donné effet à cette prétendue frontière longeant un parallèle, même dans la mer territoriale, en exploitant les ressources tant biologiques que non biologiques qui se trouvent du côté somalien de la ligne d'équidistance provisoire. Ainsi a-t-il par exemple octroyé plusieurs concessions pétrolières qui s'étendent jusqu'à la limite septentrionale de la frontière qu'il revendique.

26. Tel est le cas des concessions pétrolières L-5, L-21, L-22, L-23, L-24 et L-25, comme le montre le croquis n° 3 joint à la présente requête. Selon des renseignements accessibles au public, le Kenya aurait en 2010 attribué la concession L-5 à une société américaine, Anadarko Petroleum Corp. (des rapports ultérieurs semblent cependant indiquer que celle-ci s'en serait désintéressée à la fin de 2012 ou au début de 2013). Les concessions L-21, L-23 et L-24, qui se situent entièrement (dans le cas de L-21 et L-23) ou principalement (dans le cas de L-24) du côté somalien de la ligne d'équidistance provisoire, auraient été octroyées en 2012 à la société italienne Eni S.p.A.. La concession L-22 aurait quant à elle été accordée la même année à la société française Total S.A.

(Selon les renseignements dont dispose actuellement le Gouvernement somalien, la concession L-25 ferait encore l'objet de négociations.)

27. Malgré les difficultés auxquelles elle fait face sur le plan interne, la Somalie a protesté à maintes reprises contre les revendications maritimes excessives et injustifiables du Kenya. Ainsi, elle s'est opposée à l'examen de la demande de ce dernier par la Commission des limites du plateau continental, au moyen d'une note diplomatique en date du 4 février 2014 qu'elle a adressée au Secrétaire général de l'Organisation des Nations Unies et dans laquelle elle indiquait, entre autres choses, que : «[e]n raison du caractère excessif de la demande kényane, de son absence de fondement en droit et du préjudice grave qu'elle lui cause aussi bien à l'intérieur de la limite des 200 milles marins qu'au-delà de celle-ci, la Somalie s'oppose formellement à son examen par la Commission des limites du plateau continental ».

28. La Commission a pris note de cette objection dans la déclaration de son président relative à l'état d'avancement de ses travaux à sa 34e session (CLCS/83). Conformément au paragraphe a) de l'article 5 de l'annexe I de son règlement intérieur, qui l'empêche d'examiner la demande présentée par l'Etat partie à un différend maritime, elle a déclaré qu'elle « n'était pas encore en mesure de créer [une] sous-commission » pour examiner la demande du Kenya.

29. Les Parties se sont rencontrées à de nombreuses reprises pour échanger leurs vues sur le règlement de leur différend relatif à la délimitation de leur frontière maritime. Aucune de ces séances de négociation n'a abouti à un accord. De fait, aucun progrès tangible n'a été accompli dans ce sens.

30. Le cycle de négociation le plus récent s'est tenu à Nairobi en mars et en juillet 2014. Les deux Etats ont alors présenté des propositions très différentes pour la frontière maritime unique censée départager leurs espaces maritimes respectifs dans l'océan Indien. Le Kenya a continué à maintenir que la frontière maritime devait suivre plein est le parallèle passant par le point terminal de la frontière terrestre qui sépare les Parties. La Somalie a, pour sa part, fait valoir que la frontière maritime devrait plutôt suivre un azimut d'environ N131, 5°E par rapport au point terminal de la frontière terrestre jusqu'à la limite extérieure des espaces maritimes auxquels prétendent les deux Etats. Selon elle, la ligne d'azimut N131, 5°E est conforme aux caractéristiques géographiques prévalant entre les Parties et constitue une solution équitable.

31. A l'issue des négociations, en juillet 2014, le Kenya a proposé que les Parties se rencontrent de nouveau pour tenter de régler leurs divergences concernant leur frontière maritime. Des réunions ont donc été organisées à Mogadiscio les 25 et 26 août 2014. Pourtant, alors que la délégation somalienne était prête à rencontrer la délégation kényane aux dates convenues, cette dernière a, sans préavis ni explication subséquente, manqué de se présenter à la table des négociations, de sorte que le cycle de réunions supplémentaires qu'avait demandé le Kenya n'a pas eu lieu.

32. L'incapacité des Parties à combler le fossé qui les sépare et l'absence de la délégation kényane à la dernière rencontre ont mis en lumière la nécessité d'un règlement judiciaire du présent différend.

IV. Moyens invoqués par la Somalie à l'appui de sa demande

33. A l'appui de sa demande, la Somalie invoque la CNUDM, en particulier ses articles 15, 74 et 83, qui régissent la délimitation de la mer territoriale, du plateau continental et de la ZEE. Le droit international coutumier entre également en jeu, tout comme le droit international général de la délimitation maritime appliqué par la Cour et d'autres juridictions internationales, y compris la démarche en trois étapes, désormais bien établie, qui consiste 1) à tracer une ligne d'équidistance provisoire ; 2) à examiner s'il existe des « circonstances pertinentes » rendant inéquitable la ligne d'équidistance provisoire ainsi tracée ; et 3) à rechercher si la délimitation proposée entraîne une disproportion marquée. D'autres règles du droit international non incompatibles avec la CNUDM pourraient également trouver à s'appliquer.

34. De l'avis de la Somalie, les côtes pertinentes pour la délimitation de sa frontière avec le Kenya sont généralement régulières, de sorte qu'il n'existe aucune circonstance spéciale ou pertinente de nature à étayer les prétentions du Kenya à cet égard ou à justifier l'ajustement en sa faveur de la ligne d'équidistance.

35. Au contraire, le fait que la côte pertinente de la Somalie soit d'une longueur disproportionnée par rapport à celle du Kenya rend inéquitable à son égard la solution de la stricte équidistance. Aussi la ligne d'équidistance provisoire devrait-elle faire l'objet d'un ajustement en faveur de la Somalie.

V. Décision demandée

36. La Cour est priée de déterminer, conformément au droit international, le tracé complet de la frontière maritime unique départageant l'ensemble des espaces maritimes relevant de la Somalie et du Kenya dans l'océan Indien, y compris le plateau continental au-delà de la limite des 200 milles marins.

37. La Somalie demande en outre à la Cour de déterminer les coordonnées géographiques précises de la frontière maritime unique dans l'océan Indien.

VI. Réserve de droits

38. La Somalie se réserve le droit de compléter ou de modifier la présente requête.

Le Gouvernement de la Somalie a désigné comme agent aux fins de la présente instance le ministre des affaires étrangères et de la promotion de l'investissement, S. Exc. M. Abdirahman Dualeh BEILEH. L'ambassadeur et représentant permanent de la Somalie auprès de l'Organisation des Nations Unies, S. Exc. M. Elmi Ahmed DUALE, a été désigné comme agent adjoint.

Il est demandé que toutes communications soient transmises à l'agent à l'adresse suivante : S. Exc. M. Abdirahman DUALEH BEILEH Ministère des affaires étrangères et de la promotion de l'investissement Afgoye Road-KM 5-Mogadiscio République fédérale de Somalie Tél : ...Courriel : ... Et à l'agent adjoint, à l'adresse suivante : ...

L'agent de la République fédérale de Somalie et ministre des affaires étrangères et de la promotion de l'investissement,

(Signé) S. Exc. M. Abdirahman DUALEH BEILEH.

ANNEXE 3. – COMPROMIS DE SAISINE

3.1. *Compromis de saisine de la Cour internationale de justice au sujet du différend frontalier entre la République du Niger et la République du Bénin.*

Le Gouvernement de la République du Niger et le Gouvernement de la République du Bénin, ci-après dénommés « les Parties » ;

Considérant que, par l'Accord signé le 08 Avril 1994, entré provisoirement en vigueur à la date de sa signature, ratifié respectivement par le Bénin le 17 Juillet 1997 et par le Niger le 1er Février 2001, et entré définitivement en vigueur le 15 Juin 2001, date d'échange des instruments de ratification, les deux Gouvernements ont procédé à la création de la Commission Mixte Paritaire de Délimitation de leur frontière ;

Considérant qu'en dépit de six sessions de négociations au sein de ladite Commission, les experts des deux Etats ne sont pas parvenus à se mettre d'accord sur le tracé de la frontière commune ;

Considérant que selon l'article 15 de l'Accord du 08 Avril 1994 précité, « les Parties contractantes conviennent de soumettre tous les différends ou litiges nés de l'application ou de l'interprétation du présent Accord à un règlement par voie diplomatique, ou aux autres modes de règlement pacifique prévus par les chartes de l'Organisation de l'Unité Africaine et de l 'Organisation des Nations unies » ;

Désireux de parvenir dans les meilleurs délais au règlement du différend frontalier qui les oppose en se fondant sur les dispositions de la Charte ainsi que sur les résolutions de l'Organisation de l'Unité Africaine et de soumettre la question de la délimitation définitive de l'ensemble de leur frontière à la Cour Internationale de Justice, ci-après dénommée « la Cour » ;

Sont convenus de ce qui suit :

Article 1er : Constitution d'une Chambre de la Cour Internationale de Justice

1. Les Parties soumettent le différend défini à l'Article 2 ci-dessous à une Chambre de la Cour, ci-après désignée « la

Chambre », constituée conformément aux dispositions du Statut de la Cour et du présent Compromis.

2. Chacune des Parties exercera le droit que lui confère le paragraphe 3 de l'Article 31 du Statut de la Cour de procéder à la désignation d'un juge ad hoc.

Article 2 : Objet du différend

La Cour est priée de :

a- déterminer le tracé de la frontière entre la République du Bénin et la République du Niger dans le secteur du fleuve Niger ;

b- préciser à quel Etat appartient chacune des îles dudit fleuve et en particulier l'ile de Lété ;

c- déterminer le tracé de la frontière entre les deux Etats dans le secteur de la rivière Mékrou.

Article 3 : Procédure écrite

1. Sans préjuger d'aucune question relative à la charge de la preuve, les Parties prient la Chambre d'autoriser la procédure suivante au regard des pièces de procédure écrite :

a- un mémoire soumis par chacune des Parties au plus tard neuf (9) mois après l'adoption par la Cour de l'ordonnance constituant la Chambre ;

b- un contre-mémoire soumis par chacune des Parties au plus tard neuf (9) mois après l'échange des mémoires ;

c- toutes autres pièces de procédure écrite dont le dépôt, à la demande de l'une ou l'autre des Parties, aura éte autorisé par la Cour ou prescrit par celle-ci.

2. Les pièces de la procédure écrite, déposées auprès du Greffier ne seront transmises à l'autre Partie que lorsque le Greffier aura reçu de ladite Partie la pièce de procédure correspondante.

Article 4 : Procédure orale

Les Parties conviendront, avec l'approbation de la Chambre, de l'ordre dans lequel elles seront entendues au cours de la procédure orale ; à défaut d'accord entre les Parties, cet ordre sera celui que prescrira la Chambre.

Article 5 : Langue de la procédure

Les Parties conviennent que leurs pièces de procédure écrite et leurs plaidoiries seront présentées en langue française.

Article 6 : Droit applicable

Les règles et principes du droit international qui s'appliquent au différend sont ceux énumérés au paragraphe 1er de l'Article 38 du Statut de la Cour Internationale de Justice, y compris le principe de la succession d'Etats aux frontières héritées de la Colonisation, à savoir, l'intangibilité desdites frontières.

Article 7 : Arrêt de la Chambre

1. Les Parties acceptent, comme définitif et obligatoire pour elles-mêmes, l'arrêt de la Chambre, rendu en application du présent Compromis.

2. A partir du prononcé de l 'Arrêt, les Parties disposent de dix- huit (18) mois pour commencer les travaux de démarcation de la frontière.

3. En cas de difficulté d'exécution de l'arrêt, l'une ou l'autre des parties saisira la Cour conformément à l'article 60 du Statut de la Cour.

Article 8 : Entrée en vigueur

Le présent Accord est soumis à ratification. Il entrera en vigueur à la date de l'échange des instruments de ratification qui aura lieu dans les meilleurs délais.

Article 9 : Enregistrement et notification

Le présent Accord sera enregistré au Secrétariat des Nations Unies en application de l'Article 102 de la Charte des Nations Unies à l'initiative de la Partie la plus diligente.

1. En application de l'Article 40 du Statut de la Cour, le présent Compromis sera notifié au Greffier de la Cour par une lettre conjointe des Parties.

2. Si cette notification n'est pas effectuée conformément au paragraphe précédent dans le délai d'un mois suivant l'entrée en vigueur du présent Compromis, celui-ci sera notifié au Greffier de la Cour par la Partie la plus diligente.

Article 10 : Engagement spécial

En attendant l'Arrêt de La Chambre, les Parties s'engagent à préserver la paix, la sécurité et la quiétude au sein des populations des deux Etats.

En foi de quoi, le présent Compromis établi en deux exemplaires originaux, a été signé par les plénipotentiaires.

Fait à Cotonou, le 15 Juin 2001.

Pour le Gouvernement de la République du Niger

Pour le Gouvernement de la République du Bénin

3.2. ***Accord entre le gouvernement de la République du Mali et le gouvernement de la République de Haute-Volta concernant la soumission à une chambre de la Cour internationale de justice du différend frontalier entre les deux Etats***

Le Gouvernement de la République du Mali et le Gouvernement de la République de Haute-Volta,

Désireux de parvenir, dans les meilleurs délais, à un règlement du différend frontalier qui les oppose et de procéder à la délimitation et à la démarcation définitive de leur frontière commune,

Sont convenus de ce qui suit:

Article I. *Les Hautes Parties contractantes conviennent de soumettre leur différend concernant la délimitation de leur frontière commune à une chambre de la Cour internationale de Justice (ci-après « la Chambre »), conformément aux dispositions du compromis signé entre les deux gouvernements.*

Article II. *Les deux Parties sont convenues de proposer, par une démarche conjointe, au Président de la Cour internationale de Justice, lors des consultations prévues à l'article 17, alinéa 2, du Règlement de la Cour, que la Chambre soit composée de cinq (5) membres y compris les juges ad hoc.*

Article III. *Le présent accord entre en vigueur à la date de sa signature.*

EN FOI DE QUOI, les soussignés, dûment autorisés à cet effet par leurs gouvernements respectifs, ont signé le présent accord fait en double exemplaire.

A Bamako, le 16 septembre 1983.

Pour le Gouvernement de la République du Mali, le ministre des affaires étrangères et de la coopération internationale,

(Signé) Me Alioune Blondin BEYE.

Pour le Gouvernement de la République de Haute-Volta, le ministre des affaires étrangères, (Signé) Hama Arba DIALLO.

3.3. Compromis entre le gouvernement de la République du Botswana et le gouvernement de la Réublique de Namibie visant à soumettre à la Cour internationale de justice le differend qui les oppose concernant la frontière autour de l'Ile de Kasikili / Sedudu et le statut juridique de cette Ile

[Traduction]

Considérant qu'a été signé le 1er juillet 1890 un traité entre la Grande-Bretagne et l'Allemagne (l'accord anglo-allemand de 1890) qui porte sur les sphères d'influence des deux pays en Afrique ;

Considérant qu'un différend relatif à la frontière autour de l'île de Kasikili / Sedudu oppose la République du Botswana et la République de Namibie ;

Considérant que les deux pays souhaitent régler ce différend par des moyens pacifiques conformément aux principes de la Charte de l'Organisation des Nations Unies et de la charte de l'Organisation de l'unité africaine ;

Considérant que les deux pays ont constitué, le 24 mai 1992, une commission mixte d'experts techniques chargée d'examiner la question de la frontière entre le Botswana et la Namibie autour de l'île de Kasikili / Sedudu « aux fins de déterminer la frontière entre la Namibie et le Botswana autour de l'île de Kasikili/ Sedudu » sur la base du traité du 1er juillet 1890, qui porte sur les sphères d'influence de la Grande-Bretagne et de l'Allemagne en Afrique, et des principes applicables du droit international ;

Considérant que la commission mixte d'experts techniques n'est pas parvenue à se prononcer sur la question qui lui avait été soumise et a recommandé « le recours à un mode de règlement pacifique du différend sur la base des règles et principes applicables du droit international » ;

Considérant que, lors de la réunion au sommet, qui s'est tenue le 15 février 1995 à Harare (Zimbabwe), et à laquelle ont pris part LL. EE. Sir Ketumile MASIRE, Président de la République du Botswana, M. Sam NUJOMA, Président de la République de Namibie, et M. Robert MUGABE, Président de la République du Zimbabwe, les chefs d'Etat de la République du Botswana et de la République de Namibie, agissant au nom de leurs gouvernements respectifs, sont convenus de saisir la Cour internationale de Justice afin que celle-ci rende un arrêt définitif et obligatoire sur le différend qui les oppose ;

En conséquence, la République du Botswana et la République de Namibie ont conclu le compromis suivant :

***Article I.** La Cour est priée de déterminer, sur la base du traité anglo-allemand du 1er juillet 1890 et des règles et principes du droit international, la frontière entre la Namibie et le Botswana autour de l'île de Kasikili / Sedudu ainsi que le statut juridique de cette île.*

Article II.

1. La procédure consistera en la présentation de pièces de procédure écrite et en plaidoiries.

2. Les pièces de la procédure écrite comprendront :

a) un mémoire présenté à la Cour par chacune des Parties au plus tard neuf mois après la notification du compromis au Greffier de la Cour conformément au paragraphe 2 de l'article VII du présent compromis ;

b) un contre-mémoire présenté à la Cour par chacune des Parties au plus tard neuf mois après la date du dépôt des mémoires ;

c) toutes autres pièces de procédure écrite dont le dépôt, à la demande de l'une ou l'autre des Parties, aura été autorisé par la Cour, ou prescrit par celle-ci.

3. Les pièces de la procédure écrite, déposées auprès du Greffier, ne seront transmises à l'autre Partie que lorsque le Greffier aura reçu de ladite Partie la pièce de procédure correspondante.

Article III. *Les règles et principes du droit international qui s'appliquent au différend sont ceux qui sont énumérés au paragraphe 1 de l'article 38 du Statut de la Cour internationale de Justice.*

Article IV. *Les Parties conviendront, avec l'approbation de la Cour, de l'ordre dans lequel elles seront entendues au cours de la procédure orale ; à défaut d'accord entre les Parties, cet ordre sera celui que prescrira la Cour.*

Article V. *L'ordre de présentation des pièces de procédure écrite et des plaidoiries ne préjuge en rien de la charge de la preuve.*

Article VI. *La procédure se déroulera en anglais.*

Article VII.

1. Le présent compromis entrera en vigueur à la date de l'échange par les deux gouvernements des instruments de ratification.

2. Conformément aux dispositions du paragraphe 3 de l'article 40 du Statut de la Cour, le compromis sera notifié à la Cour par une lettre conjointe des Parties, adressée au Greffier.

3. Si une telle notification n'a pas été effectuée au cours des deux mois suivant l'entrée en vigueur du compromis, celui-ci pourra être notifié au Greffier par l'une ou l'autre des Parties.

Article VIII

1. Chacune des Parties peut exercer le droit que lui confère le paragraphe 3 de l'article 31 du Statut de la Cour de procéder à la désignation d'un juge de son choix.

2. La Partie qui décide d'exercer le droit visé au paragraphe 1 ci-dessus en avertit d'abord l'autre Partie par écrit.

Article IX

1. L'arrêt que la Cour rendra sur le différend décrit à l'article 1 sera définitif et obligatoire pour les Parties.

2. Une fois que la Cour aura rendu son arrêt, les Parties prendront, dans les meilleurs délais, les mesures nécessaires à son application.

En foi de quoi, les soussignés, dûment autorisés à cette fin, ont signé le présent compromis et y ont apposé leurs sceaux.

Fait à Gaborone, le 15 février 1996.

Pour le Gouvernement du Botswana,

(Signé) Molosywa Louis Selepeng.

Pour le Gouvernement de la Namibie,

(Signé) Albert Kawana.

ANNEXE 4. – ILLUSTRATIONS DE DECLARATIONS FACULTATIVES DE JURIDICTION OBLIGATOIRE[1083]

4.1. DECLARATION DU SENEGAL du 2 décembre 1985

J'ai l'honneur, au nom du Gouvernement de la République du Sénégal, de déclarer que, conformément au paragraphe II de l'article 36 du Statut de la Cour internationale de Justice, il accepte sous condition de réciprocité, comme obligatoire de plein droit et sans convention spéciale, à l'égard de tout autre Etat acceptant la même obligation, la juridiction de la Cour sur tous les différends d'ordre juridique nés postérieurement à la présente déclaration ayant pour objet :

- *l'interprétation d'un traité ;*
- *tout point de droit international ;*
- *la réalité de tout fait qui, s'il était établi, constituerait la violation d'un engagement international ;*
- *la nature ou l'étendue de la réparation due pour la rupture d'un engagement international.*

Cette présente déclaration est faite sous condition de réciprocité de la part de tous les Etats. Cependant, le Sénégal peut renoncer à la compétence de la Cour au sujet :

[1083] La liste des déclarations faites conformément au § 2 de l'art. 36 du Statut de la Cour est consultable sur le site www.icj-cij.org.

- des différends pour lesquels les parties seraient convenues d'avoir recours à un autre mode de règlement ;

- des différends relatifs à des questions qui, d'après le droit international, relèvent de la compétence exclusive du Sénégal.

Enfin, le Gouvernement de la République du Sénégal se réserve le droit de compléter, modifier ou retirer les réserves ci-dessus, à tout mment, moyennant notification adressée au Secrétaire général de l' Organisation des Nations Unies.

Une telle notification prendrait effet à la date de sa réception par le Secrétaire général.

Dakar, le 22 octobre 1985.

(Signé) Ibrahima FALL,

Ministre des affaires étrangères

de la République du Sénégal.

4.2. DECLARATION DU NIGERIA 30 avril 1998

[Traduction de l'anglais]

J'ai l'honneur, au nom du Gouvernement de la République fédérale du Nigéria, de déclarer que la Déclaration faite le 14 août 1965 en vertu de l'article 36 du Statut de la Cour internationale de Justice, par laquelle le Gouvernement de la République fédérale du Nigeria a accepté la juridiction obligatoire de la Cour est modifiée comme suit :

Conformément au paragraphe 2 de l'Article 36 du Statut, le Gouvernement de la République fédérale du Nigeria reconnaît comme obligatoire de plein droit et sans convention spéciale, à l'égard de tout autre Etat acceptant la même obligation, c'est-à-dire, sous réserve de réciprocité, la juridiction de la Cour sur tous les différends d'ordre juridique énoncés au paragraphe 2 de l'Article 36 du Statut de la Cour, à l'exception des cas suivants :

i) Lorsque l'une des parties au différend a accepté la juridiction de la Cour par une déclaration déposée moins de 12 mois avant l'introduction d'une requête portant le différend devant la Cour, après la publication de la présente déclaration modifiée ;

ii) Lorsque l'une des parties a introduit une requête remplaçant tout ou partie d'une requête visée à l'alinéa i) ;

iii) Lorsque le différend porte sur une affaire qui relève essentiellement de la compétence nationale de la République fédérale du Nigéria ;

iv) Lorsque toute autre partie au différend a accepté la juridiction de la Cour sur le différend ou aux fins de celui-ci ;

v) Lorsque les parties au différend ont décidé ou décident d'avoir recours à toute autre méthode de règlement pacifique ;

vi) Lorsque le différend porte sur ou est en rapport avec des hostilités ou un conflit armé, que ce soit à l'intérieur d'un pays ou entre plusieurs pays ;

vii) Lorsque l'autre partie est un Etat avec lequel le Gouvernement nigérian n'a pas de relations diplomatiques ;

viii) Lorsque le différend porte sur l'attribution, la délimitation ou la démarcation d'un territoire (qu'il s'agisse d'un territoire terrestre, maritime ou lacustre ou d'une partie de l'espace aérien sus-jacent) sauf si le Gouvernement nigérian accepte expressément la juridiction de la Cour et dans les limites de cette acceptation ;

ix) Lorsque le différend porte sur une question qui a été soulevée avant la date de l'accession du Nigéria à l'indépendance, y compris lorsque la cause, l'origine ou le fondement du différend est antérieur à cette date.

Le Gouvernement de la République fédérale du Nigéria se réserve le droit, à tout moment, au moyen d'une notification adressée au Secrétaire général de l'Organisation des Nations Unies et avec effet à compter de la date de cette notification, de compléter, modifier ou retirer la présente déclaration ou les réserves qu'elle contient ou tout texte qui pourrait lui être ajouté ultérieurement.

Fait à Abuja, le 29 avril 1998.

(Signé) Tom IKIMI

Ministre des affaires étrangères

4.3. DECLARATION DE LA CÔTE D'IVOIRE du 29 août 2001

Soucieuse d'une part, de parvenir au règlement pacifique et équitable de tous différends internationaux, notamment ceux dans lesquels elle serait impliquée, et d'autre part, d'apporter sa contribution au développement et à la consolidation du droit international, la République de Côte d'Ivoire, conformément au paragraphe 2 de l'article 36 du Statut de la Cour internationale de Justice, déclare reconnaître comme obligatoire, de plein droit et sans convention spéciale vis-à-vis de tout autre Etat acceptant la même obligation, la juridiction de la Cour internationale de Justice, sur tous les différends d'ordre juridique ayant pour objet :

a) l'interprétation d'un traité ;

b) tout point de droit international ;

c) la réalité de tout fait qui, s'il est établi, constituerait la violation d'un engagement international ;

d) la nature ou l'étendue de la réparation due pour la rupture d'un engagement international, à l'exclusion toutefois :

1. des différends au sujet desquels les parties en cause conviendraient d'avoir recours à un autre mode de règlement pacifique ;

2. des différends ayant trait à des affaires qui, d'après le droit international relèvent de la compétence exclusive de la Côte d'Ivoire.

La présente déclaration est faite pour une durée illimitée, sous réserve de la faculté de dénonciation et de modification qui s'attache à tout engagement pris par un Etat dans ses relations internationales.

Elle prendra effet dès sa réception, par le Secrétaire général de l'ONU.

Abidjan, le 22 août 2001.

Le Ministre d'Etat,

Ministre des affaires étrangères,

Signé) Sangaré Abou DRAHAMANE

ANNEXE 5. – EXEMPLES DE CLAUSES COMPROMISSOIRES

5.1. Modèle de clause dans un traité bilatéral : « *Tout différend relatif à l'interprétation ou l'application du présent traité [ou : de l'article NUMERO du présent traité] ne pouvant être réglé par la négociation peut être soumis pour décision à la Cour internationale de Justice, conformément au Statut de cette Cour, par chacune des parties, à moins que les parties ne conviennent de le régler par d'autres moyens pacifiques* ».

5.2. Modèle de clause dans un traité multilatéral : « *1. Tout différend entre parties au présent traité relatif à l'interprétation ou l'application du présent traité [ou : de l'article NUMERO du présent traité] ne pouvant être réglé par la négociation peut être soumis pour décision à la Cour internationale de Justice, conformément au Statut de cette Cour, par l'une des parties au différend.*

2. Les parties au différend peuvent convenir d'avoir recours à d'autres modes de règlement pacifique des différends [ou : à la médiation et/ou : à la conciliation et/ou : à l'arbitrage] avant de soumettre le différend à la Cour internationale de Justice.

3. Toute partie peut, au moment de la signature, de la ratification, de l'acceptation, de l'approbation du présent traité ou de l'adhésion à celui- ci, déclarer qu'elle ne se considère pas liée par le paragraphe 1 du présent article. Les autres parties ne sont pas liées par le paragraphe 1 du présent article envers toute partie ayant formulé une telle réserve. 4. Toute partie qui a émis une réserve en vertu du paragraphe 3 du présent article peut la retirer à tout moment en adressant une notification au DEPOSITAIRE »[1084].

[1084] Guide pratique.., op.cit., §§ 45 et 46.

ANNEXE 6. – EXEMPLE D'ORDONNANCE SUR UNE DEMANDE A FIN D'INTERVENTION

AFFAIRE DE LA FRONTIÈRE TERRESTRE ET MARITIME ENTRE LE CAMEROUN ET LE NIGERIA.REQUÊTE DE LA GUINÉE EQUATORIALE À FIN D'INTERVENTION (CIJ, ORDONNANCE DU 21 OCTOBRE 1999).

(...) La Cour internationale de Justice,

Ainsi composée,

Après délibéré en chambre du conseil, Vu les articles 48 et 62 du Statut de la Cour et les articles 81, 83, 84 et 85 de son Règlement,

Vu la requête enregistrée au Greffe de la Cour le 29 mars 1994, par laquelle la République du Cameroun a introduit une instance contre la République fédérale du Nigeria au sujet d'un différend présenté comme «port[ant] essentiellement sur la question de la souveraineté sur la presqu'île de Bakassi et a prié la Cour de « bien vouloir déterminer le tracé de la frontière maritime entre les deux Etats au-delà de celui qui avait été fixé en 1975 »,

Vu la requête additionnelle présentée par le Cameroun le 6 juin 1994,

Vu I'ordonnance en date du 16 juin 1994, par laquelle la Cour a indiqué qu'elle ne voyait pas d'objection à ce que cette requête additionnelle soit traitée comme un amendement à la requête initiale et a fixé les dates d'expiration des délais pour le dépôt, respectivement, du mémoire du Cameroun et du contre-mémoire du Nigeria,

Vu le mémoire déposé par le Cameroun et les exceptions préliminaires présentées par le Nigeria dans les délais ainsi fixés,

Vu l'arrêt du 11 juin 1998, par lequel la Cour a statué sur les exceptions préliminaires soulevées par le Nigeria,

Vu I'ordonnance du 30 juin 1998, par laquelle la Cour a fixé la date d'expiration d'un nouveau délai pour le dépôt du contre-mémoire du Nigeria, et I'ordonnance du 3 mars 1999, par laquelle elle a reporté cette date,

Vu le contre-mémoire déposé par le Nigeria dans le délai ainsi prorogé,

Vu l'ordonnance du 30 juin 1999, par laquelle la Cour a notamment décidé la présentation d'une réplique du Cameroun et d'une duplique du Nigeria, et fixé respectivement au 4 avril 2000 et au 4 janvier 2001 les dates d'expiration des délais pour le dépôt de ces pièces,

Rend l'ordonnance suivante : 1. Considérant que, par lettre du 27 juin 1999, enregistrée au Greffe le 30 juin 1999, le Premier ministre de la République de Guinée équatoriale a soumis à la Cour une « requête ... aux fins d'intervenir dans l'affaire de la Frontière terrestre et maritime entre le Cameroun et le Nigeria (Cameroun c. Nigeria) conformément aux dispositions de l'article 62 du Statut de la Cour et de l'article 81 de son Règlement » ; et que cette même lettre portait désignation de S. Exc. M. Ricardo Mangue Obama N'FUBE, ministre d'Etat, secrétaire général de la présidence du gouvernement, comme agent ;

2. Considérant que, dans l'introduction à sa requête, la Guinée équatoriale se réfère à la huitième exception préliminaire soulevée par le Nigeria dans l'affaire de la Frontière terrestre et maritime entre le Cameroun et le Nigeria (Cameroun c. Nigeria) et cite ainsi que suit le paragraphe 116 de l'arrêt rendu par la Cour le 11 juin 1998 sur les exceptions du Nigeria (C.I.J., Recueil 1998, p. 324) : «La Cour note que la situation géographique des territoires des autres Etats riverains du golfe de Guinée, et en particulier de la Guinée équatoriale et de Sao Tomé-et-Principe, démontre qu'en toute probabilité le prolongement de la frontière maritime entre les Parties ... finira par atteindre les zones maritimes dans lesquelles les droits et intérêts du Cameroun et du Nigeria chevaucheront ceux d'Etats tiers. Ainsi, les droits et intérêts d'Etats tiers seront, semble- t-il, touchés si la Cour fait droit à la demande du Cameroun ... La Cour ne saurait donc, en la présente espèce, prendre sa décision sur la huitième exception préliminaire en la considérant simplement comme une question préliminaire. Pour pouvoir déterminer quel serait le tracé d'une frontière maritime prolongée ..., en quel lieu et dans quelle mesure elle se heurterait aux revendications éventuelles d'autres

Etats, et comment l'arrêt de la Cour affecterait les droits et intérêts de ces Etats, il serait nécessaire que la Cour examine la demande du Canieroun au fond. En même temps, la Cour ne saurait exclure que l'arrêt demandé par le Cameroun puisse avoir sur les droits et intérêts des Etats tiers une incidence telle que la Cour serait empêchée de rendre sa décision en l'absence de ces Etats, auquel cas la huitième exception préliminaire du Nigeria devrait être retenue, tout au moins en partie. La question de savoir si ces Etats tiers décideront d'exercer leurs droits à intervention dans l'instance conformement au Statut reste entière » (les italiques sont de nous) ; et considérant que la Guinée équatoriale ajoute :

« C'est dans ce contexte que la Guinée équatoriale se présente devant la Cour. La Guinée équatoriale tient à indiquer très clairement qu'elle n'a nullement l'intention d'intervenir dans les aspects de la procédure relatifs à la frontière terrestre entre le Cameroun et le Nigéria, y compris la détermination de la souveraineté sur la presqu'île de Bakassi. Seuls l'intéressent les aspects qui, dans l'affaire dont la Cour est saisie, concernent la frontière maritime et, comme cela est expliqué de façon plus complète ci-après, l'objet de I'intervention de la Guinée équatoriale est de faire connaître à la Cour les droits et intérêts, d'ordre juridique de la Guinée équatoriale afin qu'il n'y soit pas porté atteinte lorsque la Cour en viendra à examiner la question de la frontière maritime entre le Cameroun et le Nigeria, qui sont les parties à l'instance dont elle est saisie. La Guinée équatoriale ne cherche pas à devenir partie à l'instance »;

3. Considérant que, dans sa requête, la Guinée équatoriale, se référant à l'alinéa b) du paragraphe 2 de l'article 81 du Règlement, spécifie notamment en ces termes « l'intérêt d'ordre juridique ... pour [elle] en cause » :

« Conformément à son droit interne, la Guinée équatoriale revendique les droits souverains et la compétence que lui confère le droit international jusqu'à la ligne médiane entre la Guinée équatoriale et le Nigeria, d'une part, et entre la Guinée équatoriale et le Cameroun, d'autre part. Ce sont ces droits et intérêts d'ordre juridique que la Guinée équatoriale cherche à

protéger ... La Guinée équatoriale insiste ... sur le fait qu'elle ne demande pas à la Cour de déterminer ses frontières avec le Cameroun ou le Nigeria. Elle souhaite toutefois protéger ses droits et ses intérêts d'ordre juridique en soulignant qu'aucune frontière maritime entre le Cameroun et le Nigeria que la Cour pourrait déterminer ne doit couper la ligne médiane avec la Guinée équatoriale. Si la Cour en venait à déterminer une frontière maritime entre le Cameroun et le Nigeria qui se prolongeait jusque dans les eaux de la Guinée équatoriale, telles que définies par la ligne médiane, il serait porté atteinte aux droits et aux intérêts de la Guinée équatoriale ...La Guinée équatoriale entend faire valoir et établir ses droits et intérêts juridiques devant la Cour et, le cas échéant, faire connaître ses vues quant à la manière dont les revendications du Cameroun et du Nigeria concernant leur frontière maritime pourraient ou non porter atteinte aux droits légitimes et aux intérêts d'ordre juridique de la Guinée équatoriale » ;

4. Considérant que, dans sa requête, la Guinée équatoriale, se référant à l'alinéa b) du paragraphe 2 de l'article 81 du Règlement, spécifie ainsi « l'objet précis de l'intervention » : « En premier lieu, d'une façon générale, protéger les droits de la République de Guinée équatoriale dans le golfe de Guinée par tous les moyens juridiques dont elle dispose et par conséquent, faire usage à cette fin de la procédure prévue à l'article 62 du Statut de la Cour. En second lieu, informer la Cour de la nature des droits légitimes et intérêts d'ordre juridique de la Guinée équatoriale qui pourraient être touchés par la décision de la Cour, compte tenu de la frontière maritime revendiquée par les parties à l'affaire soumise à la Cour » ;

5. Considérant que dans sa requête, la Guinée équatoriale, se référant à l'alinéa c) du paragraphe 2 de l'article 81 du Règlement, s'exprime comme suit au sujet de la «base de compétence qui ....existerait entre [elle] et les parties » : « La République de Guinée équatoriale ne cherche pas à être partie à l'affaire soumise à la Cour. II n'y a, au regard du Statut et du Règlement de la Cour, aucune base de compétence qui découlerait d'accords préexistants entre la Guinée équatoriale, le

Nigeria et le Cameroun. La Guinée équatoriale n'a pas fait de déclaration en vertu du paragraphe 2 de l'article 36 du Statut de la Cour et aucun accord n'est en vigueur entre ces trois Etats, qui donnerait compétence à la Cour, à cet égard. Les trois Etats peuvent certes demander à la Cour non seulement de déterminer quelle est la frontière maritime entre le Cameroun et le Nigeria mais aussi les frontières maritimes de la Guinée équatoriale avec ces deux Etats. Mais la Guinée équatoriale n'a présenté aucune demande en ce sens et souhaite continuer à chercher à déterminer ses frontières maritimes avec ses voisins par la voie de négociations.

En conséquence, la requête à fin d'intervention présentée par la Guinée équatoriale se fonde uniquement sur les dispositions de l'article 62 du Statut de la Cour » :

6. Considérant qu'au terme de sa requête la Guinée équatoriale formule la conclusion suivante : « Sur la base des observations qui précèdent, la Guinée équatoriale demande respectueusement à être autorisée à intervenir dans la présente instance entre le Cameroun et le Nigeria, aux fins et pour objet énoncés dans la présente requête, et à participer à la procédure conformément aux dispositions de l'article 85 du Règlement de la Cour » ;

7. Considérant que, conformément au paragraphe 1 de l'article 83 du Règlement, le greffier adjoint, par lettres en date du 30 juin 1999, a transmis des copies certifiées conformes de la requête à fin d'intervention au Gouvernement du Cameroun et au Gouvernement du Nigeria, qui ont été informés de ce que la Cour avait fixé au 16 août 1999 la date d'expiration du délai pour la présentation de leurs observations écrites sur cette requête ; et considérant que, conformément au paragraphe 2 de la même disposition, le greffier adjoint a également transmis, le 30 juin 1999, une copie de la requête au Secrétaire général de l'Organisation des Nations Unies ;

8. Considérant que le Cameroun et le Nigeria ont chacun présenté des observations écrites dans le délai qui leur avait été ainsi fixé ; et considérant que le Greffe a fait tenir à chaque Partie une copie des observations de l'autre, et a communiqué une copie des observations des deux Parties à la Guinée équatoriale ;

9. Considérant que, dans ses observations écrites, le Cameroun fait connaître à la Cour qu'il « n'a pas d'objection de principe à l'encontre de [l'intervention de la [Guinée équatoriale]. limitée à la délimitation maritime, qui pourrait permettre à la Cour d'être mieux informée sur le contexte global de l'affaire et de trancher plus complètement le différend qui lui a été soumis » ; qu'il ajoute, se référant à l'arrêt rendu par la Cour en l'affaire le 1I juin 1998 (exceptions préliminaires), que « la Cour a envisagé la possibilité d'une intervention de la part d'Etats tiers, au nombre desquels se trouve à l'évidence la République de Guinée équatoriale » ; et qu'il estime que « l'intervention de la Guinée équatoriale doit permettre à la Cour de se prononcer sur une délimitation de la frontière stable et définitive à l'égard des Etats intéressés » : et considérant que, dans ces mêmes Observations écrites, le Cameroun exprime par ailleurs « toutes réserves sur le bien-fondé et les conséquences éventuelles de la délimitation unilatérale à laquelle a procédé la Guinée équatoriale dont les revendications, fondées exclusivement sur le principe de l'équidistance, ignorent les circonstances géographiques spéciales de la zone en litige » ;

10. Considérant que, dans ses observations écrites, le Nigeria note que « la Guinée équatoriale ne cherche pas à intervenir en qualité de partie à l'instance » ; et qu'il ajoute ce qui suit : « Que la requête de la Guinée équatoriale soit acceptée ou non, cela ne change rien, du point de vue du Nigeria, à la position juridique du Nigeria à la présente instance, ni à la compétence de la Cour. Cela dit, le Nigeria laisse à la Cour le soin de juger s'il est opportun ou utile de faire droit à la requête de la Guinée équatoriale et dans quelle mesure » ;

11. Considérant que des communications ont été ultérieurement adressées au Greffe par les Parties et par la Guinée équatoriale, et que le Greffe a transmis des copies de chacune de ces communications aux deux autres Etats ; considérant que la Guinée équatoriale, par lettre du 3 septembre 1999, a pris note de ce que ni le Cameroun ni le Nigéria

« n'a[vaient] soulevé d'objection de principe a son intervention » ; considérant que le Nigeria, dans une lettre du 13 septembre 1999, s'est référé a certains passages des observations écrites du Cameroun et a prétendu que celui-ci donnait « une idée inexacte de la position de la Guinée équatoriale » dans la mesure où, «[p]our autant que le Nigeria comprenne la position de cet Etat, la Guinée équatoriale ne désir[ait] pas intervenir en tant que partie, mais en tant que tierce partie » ; considérant que le Cameroun, par lettre du 11 octobre 1999, a indiqué qu'il «ne contest[ait] pas le droit de la Guinée équatoriale d'intervenir en tant que tiers intervenant » et a fait valoir qu' « il n'appart[enait] pas au Nigeria de se substituer à la Guinée équatoriale pour apprécier à quel titre celle-ci entend[ait] intervenir », les effets juridiques d'une telle intervention devant être déterminés par la Cour ; et considérant que la Guinée équatoriale, par une nouvelle communication, datée du 11 octobre 1999, a fait observer « qu'il ne [pouvait] ... être question que la Cour rende un arrêt qui déterminerait les frontières maritimes de la Guinée équatoriale, que ce soit avec le Cameroun ou avec le Nigeria)), et qu'elle « souhait[ait] avoir le statut d'Etat intervenant non-partie à l'instance » ;

12. Considérant qu'aucune des Parties ne s'oppose à ce que la requête à fin d'intervention de la Guinée équatoriale soit admise ;

13. Considérant que, de l'avis de la Cour, la Guinée équatoriale a suffisamment établi qu'elle a un intérêt d'ordre juridique susceptible d'être affecté par un arrêt que la Cour rendrait aux fins de déterminer la frontière maritime entre le Cameroun et le Nigeria ;

14. Considérant par ailleurs que, comme une Chambre de la Cour a déjà eu l'occasion de l'observer,

« [d]ans la mesure où l'intervention [d'un Etat] a pour objet « d'informer la Cour de la nature des droits [de cet Etat] qui sont en cause dans le litige », il ne peut pas dire que cet objet n'est pas approprié : il semble d'ailleiirs conforme au rôle de l'intervention » (Différend frontalier terrestre, insulaire et maritime (El Salvador / Honduras), requête du Nicaragua à fin

d'intervention, arrêt du 13 septembre 1990, C. 1. J. Recueil 1990, p. 130, par. 90) ;

15. Considérant en, outre que, comme la même Chambre l'a souligné, « [il1 découle ...de la nature juridique et des buts de l'intervention que l'existence d'un lien juridictionnel entre 1'Etat qui demande à intervenir et les parties en cause n'est pas une condition du succès de sa requête. Au contraire, la procédure de l'intervention doit permettre que l'Etat dont les intérêts risquent d'être affectés puisse être autorisé à intervenir, alors même qu'il n'existe pas de lien juridictionnel et qu'il ne peut par conséquent pas devenir partie à l'instance » (C. I.J. Recueil 1990, p. 135, par. 100) ;

16. Considérant qu'au vu de la position des Parties et des conclusions auxquelles elle est elle-même parvenue, la Cour estime que rien ne s'oppose à ce que la requête à fin d'intervention de la Guinée équatoriale soit admise ;

17. Considérant que copie des pièces de procédure et documents annexés, déposés à ce jour en l'instance, a déjà été communiquée à la Guinée équatoriale en application du paragraphe 1 de I'article 53 du Règlement ; et que copie de la réplique du Cameroun et de la duplique du Nigeria, dont la présentation a été prescrite par la Cour aux termes de son ordonnance du 30 juin 1999, le sera également ; considérant que, conformément aux dispositions de I'article 85 du Règlement, il échet de fixer des délais pour le dépôt, respectivement, d'une « déclaration écrite » de la Guinée équatoriale et d'« observations écrites » du Cameroun et du Nigeria sur cette déclaration ; et que ces délais doivent « coïncid[er] autant que possible avec ceux qui sont déjà fixés pour le dépôt des pièces de procédure en l'affaire)), en l'occurrence par l'ordonnance susmentionnée du 30 juin 1999 ;

18. Par ces motifs,

LA COUR,

A l'unanimité,

1. Décide que la République de Guinée équatoriale est autorisée à intervenir dans l'instance, conformément à l'article 62 du Statut, dans les limites, de la manière et aux fins spécifiées dans sa requête à fin d'intervention ; 2. Fixe comme suit : les dates d'expiration des délais pour le dépôt de la déclaration écrite et des observations écrites visées au paragraphe 1 de l'article 85 du Règlement :

Pour la déclaration écrite de la République de Guinée équatoriale, le 4 avril 2001 ; Pour les observations écrites de la République du Cameroun et de la République fédérale du Nigeria, le 4 juillet 2001 ;

3. Réserve la suite de la procédure(...).

Le président, (Signé) Stephen M. SCHWEBEL.

Le greffier, (Signé) Eduardo VALENCIA-OSPINA.

ANNEXE 7. – MESURES CONSERVATOIRES

7.1. Communiqué de presse du Greffe de la CIJ, N° 9615, le 15 février 1996 Sur la demande en indication de mesures conservatoires du CAMEROUN

Le Greffe de la Cour internationale de Justice met à la disposition de !a presse les renseignements suivants :

Le 12 février 1996, le Greffe de la Cour internationale de Justice a reçu de la République du Cameroun une demande en indication de mesures conservatoires dans l'affaire susmentionnée, se référant à de « graves incidents armés » qui ont eu lieu entre les forces camerounaises et les forces nigérianes dans la presqu'ile de Bakassi à partir du 3 février 1996.

Dans sa demande, le Cameroun se réfère aux conclusions résumées dans son mémoire du 16 mars 1995, qui ont été présentées dans sa requête du 29 mars 1994 complétée par une requête additionnelle en date du 6 juin de la même année et prie la

Cour de bien vouloir indiquer les mesures conservatoires suivantes :

(1) Les forces armées des Parties se retireront à l'emplacement qu'elles occupaient avant l'attaque armée nigériane du 3 février 1996 ;

2) les Parties s'abstiendront de toute activité militaire le long de la frontière jusqu'à l'intervention de l'arrêt de la Cour :

3) les Parties s'abstiendront de tout acte ou action qui pourrait entraver la réunion des éléments de preuve dans la présente instance ».

Dans le cadre de cette affaire, la Cour, par ordonnance du 10 janvier 1996, a fixé au 15 mai 1996 la date d'expiration du délai dans lequel le Cameroun pourra présenter un exposé écrit contenant ses observations et conclusions sur les exceptions préliminaires que le Nigeria a déposées le 13 décembre 1995 concernant la compétence de la Cour et la recevabilité des demandes du Cameroun (voir communiqué de presse n° 96/1 du 11 janvier 1996).

7.2. Extraits Affaire de la frontière terrestre et maritime entre le Cameroun et le Nigeria (Cameroun c. Nigeria), demande en indication de mesures conservatoires, ordonnance du 15 mars 1996.

(...) 49. Par ces motifs,

Indique à titre provisoire, en attendant sa décision dans l'instance introduite comme il est dit ci-dessus, les mesures conservatoires suivantes :

1) A l'unanimité, Les deux Parties veillent à éviter tout acte, et en particulier tout acte de leurs forces armées, qui risquerait de porter atteinte aux droits de l'autre Partie au regard de tout arrêt que la Cour pourrait rendre en l'affaire, ou qui risquerait d'aggraver ou d'étendre le différend porté devant elle ;

2) Par seize voix contre une,

Les deux Parties se conforment aux termes de l'accord auquel sont parvenus les ministres des affaires étrangères à Kara (Togo), le 17 février 1996, aux fins de l'arrêt de toutes les hostilités dans la presqu'île de Bakassi ; POUR : M. BEDJAOUI,

Président ; M. SCHWEBEL, Vice-Président ; MM. ODA, GUILLAUME, SHAHABUDDEEN, WEERAMANTRY, RANJEVA, HERCZEGH, SHI, FLEISCHHAUER, KOROMA, VERESHCHETIN, FERRARI BRAVO, MME HIGGINS, M. PARRA-ARANGUREN, juges ; M. MBAYE, juge ad hoc ; CONTRE : M. AJIBOLA, juge ad hoc ;

3) Par douze voix contre cinq,

Les deux Parties veillent à ce que la présence de toutes forces armées dans la presqu'île de Bakassi ne s'étende pas au-delà des positions où elles se trouvaient avant le 3 février 1996 ; POUR : M. BEDJAOUI, Président ; M. SCHWEBEL, Vice-Président ; MM. ODA, GUILLAUME, RANJEVA, HERCZEGH, FLEISCHHAUER, KOROMA, FERRARI BRAVO, Mme HIGGINS, M. PARRA-ARANGUREN, juges ; M. MBAYE, juge ad hoc ; CONTRE : MM. SHAHABUDDEEN, WEERAMANTRY, SHI, VERESHCHETIN, juges ; M. AJIBOLA, juge ad hoc ;

4) Par seize voix contre une, Les deux Parties prennent toutes les mesures nécessaires pour préserver les éléments de preuve pertinents aux fins de la présente instance dans la zone en litige ; POUR : M. BEDJAOUI, Président; M. SCHWEBEL, Vice-Président ; MM. ODA, GUILLAUME, SHAHABUDDEEN, WEERAMANTRY, RANJEVA, HERCZEGH, SHI, FLEISCHHAUER, KOROMA, VERESHCHETIN, FERRARI BRAVO, Mme HIGGINS, M. PARRA-ARANGUREN, juges ; M. MBAYE, juge ad hoc ; CONTRE : M. AJIBOLA, juge ad hoc ;

5) Par seize voix contre une, Les deux Parties prêtent toute l'assistance voulue à la mission d'enquête que le Secrétaire général de l'Organisation des Nations Unies a proposé de dépêcher dans la presqu'île de Bakassi. POUR : M. BEDJAOUI, Président ; M. SCHWEBEL, Vice-président ; MM. ODA, GUILLAUME, SHAHABUDDEEN, WEERAMANTRY, RANJEVA, HERCZEGH, SHI, FLEISCHHAUER, KOROMA, VERESHCHETIN, FERRARI BRAVO, Mme HIGGINS, M. PARRA-ARANGUREN, juges ; M. MBAYE, juge ad hoc ; CONTRE : M. AJIBOLA, juge ad hoc.

Fait en français et en anglais, le texte français faisant foi, au Palais de la Paix, à La Haye, le quinze mars mil neuf cent quatre-vingt-seize, en trois exemplaires, dont l'un restera déposé aux archives de la Cour et les autres seront transmis respectivement au Gouvernement de la République du Cameroun et au Gouvernement de la République fédérale du Nigeria.

Le Président, (Signé) Mohammed BEDJAOUI.

Le Greffier, (Signé) Eduardo VALENCIA-OSPINA.

MM. ODA, SHAHABUDDEEN, RANJEVA et KOROMA juge, joignent des déclarations à l'ordonnance; MM. WEERAMANTRY, et VERESHCHETIN, juges, joignent une déclaration commune à l'ordonnance; M. MBAYE, juge *ad hoc*, joint une déclaration à l'ordonnance.

M. AJIBOLA, juge ad hoc, joint à l'ordonnance l'exposé de son opinion individuelle.

(Paraphé) M.B. (Paraphé) E.V.O.

ANNEXE 8. – DOCUMENTS DE L'OMC

8.1. Demande de consultations, WT/DS205/1 G/L/392 G/SPS/GEN/203 27 septembre 2000 (00-3889)

EGYPTE – PROHIBITION A L'IMPORTATION DE THON EN BOÎTE A L'HUILE DE SOJA

Demande de consultations présentée par la Thaïlande

La communication ci-après, datée du 22 septembre 2000, adressée par la Mission permanente de la Thaïlande à la Mission permanente de l'Egypte et au Président de l'Organe de règlement des différends, est distribuée conformément à l'article 4:4 du Mémorandum d'accord sur le règlement des différends.

Sur instruction des autorités de mon pays, j'ai l'honneur de demander l'ouverture de consultations avec la République arabe d'Egypte conformément à l'article 4 du Mémorandum d'accord sur les règles et procédures régissant le règlement des différends (le Mémorandum d'accord), à l'article XXIII de l'Accord général sur les tarifs douaniers et le commerce de 1994 (le GATT) et à l'article 11 de l'Accord sur l'application des mesures sanitaires et phytosanitaires (l'Accord SPS) en ce qui concerne la prohibition imposée par la République arabe d'Egypte à l'importation de thon en boîte à l'huile de soja en provenance du Royaume de Thaïlande, conformément à la lettre datée du 2 janvier 2000 du Ministère de l'économie et du commerce extérieur de la République arabe d'Egypte et à la note circulaire n° 5 de 2000 publiée le 13 janvier 2000 par les autorités douanières de la République arabe d'Egypte.

Le Royaume de Thaïlande considère que, en appliquant les mesures susmentionnées, la République arabe d'Egypte manque aux obligations découlant pour elle des dispositions ci-après de l'Accord de Marrakech instituant l'Organisation mondiale du commerce :

1. article premier, article XI et article XIII du GATT ;

2. article 2, article 3, article 5 et Annexe B, paragraphe 2 et paragraphe 5, de l'Accord SPS.

Le Royaume de Thaïlande se réserve le droit de formuler d'autres allégations factuelles ou juridiques au cours des consultations et de poursuivre le processus de règlement des différends en vertu du Mémorandum d'accord, et espère qu'une date mutuellement acceptable pourra être fixée pour les consultations sur cette question.

8.2 : MAROC – Mesures antidumping visant certains produits en acier laminés à chaud en provenance de Turquie

DEMANDE DE CONSULTATIONS PRESENTEE PAR LA TURQUIE

La communication ci-après, datée du 3 octobre 2016 et adressée par la délégation de la Turquie à la délégation du Maroc et au Président de l'Organe de règlement des différends, est distribuée conformément à l'article 4:4 du Mémorandum d'accord sur le règlement des différends.

Conformément à l'article 4 du Mémorandum d'accord sur les règles et procédures régissant le règlement des différends, à l'article 17.3 de l'Accord sur la mise en œuvre de l'article VI de l'Accord général sur les tarifs douaniers et le commerce de 1994 (l' « Accord antidumping »), à l'article XXIII : 1 de l'Accord général sur les tarifs douaniers et le commerce de 1994 (le "GATT de 1994"), et à l'article 6 de l'Accord sur les procédures de licences d'importation (l' "Accord sur les licences d'importation"), le gouvernement de la République turque demande l'ouverture de consultations avec le Royaume du Maroc au sujet de l'imposition des mesures antidumping définitives par le Maroc sur les importations de certains produits en acier laminés à chaud en provenance de Turquie, et au sujet de certains aspects de l'enquête sur laquelle ces mesures sont fondées (1).

La Turquie est particulièrement préoccupée par les aspects suivants des mesures en cause :

1. Durée de l'enquête : Les autorités marocaines n'ont pas terminé l'enquête dans le délai maximal de 18 mois prévu à l'article 5.10 de l'Accord antidumping et ont donc agi d'une manière incompatible avec cette disposition.

2. Utilisation des données de fait disponibles pour la détermination des marges de dumping : La raison indiquée par les autorités marocaines pour l'application des données de fait disponibles aux exportateurs turcs était que ces derniers n'avaient pas déclaré toutes leurs ventes au Maroc pendant la période couverte par l'enquête, car les autorités ont, selon les allégations, décelé des divergences dans les données. Or il apparaît que les autorités marocaines n'ont pas ménagé aux exportateurs turcs la possibilité d'expliquer les divergences alléguées, n'ont pas pris en compte les éléments de preuve versés au dossier qui concernent ces divergences, et ont appliqué les données de fait disponibles pour déterminer les marges de dumping des exportateurs turcs sans faire preuve d'une "circonspection particulière". La décision des autorités marocaines de rejeter les réponses des exportateurs au questionnaire et de déterminer les marges de dumping sur la base des données de fait disponibles est donc incompatible avec l'article 6.8 et les paragraphes 1, 3, 5, 6, et 7 de l'Annexe II de l'Accord antidumping.

3. Divulgation des faits essentiels : Les autorités marocaines ont agi d'une manière incompatible avec l'article 6.9 de l'Accord antidumping en ne divulguant pas les faits essentiels concernant la décision d'utiliser les données de fait disponibles.

4. Restrictions à l'importation : Il apparaît que le recours des autorités marocaines à des prescriptions en matière d'enregistrement/ de licence et le fait qu'elles ne délivrent pas les licences d'importation après l'imposition des mesures antidumping provisoires constituent une "mesure particulière contre le dumping" additionnelle et non admissible qui est incompatible avec l'article 18.1 de l'Accord antidumping. En outre, il apparaît que cette mesure est incompatible avec les articles I : 1, X : 1, X : 2, X : 3 a) et XI :1 du GATT de 1994 et l'article 3.2 et 3.3 de l'Accord sur les licences d'importation.

5. Détermination de l'existence d'un dommage/ d'un lien de causalité : Les autorités marocaines n'ont pas donné une explication motivée et adéquate de leur constatation de l'existence d'un dommage et d'un lien de causalité et ont donc agi d'une manière incompatible avec les articles 3.1, 3.2, 3.4, et 3.5 de l'Accord antidumping.

La Turquie considère que l'enquête et les mesures définitives du Maroc ne peuvent pas être conciliées avec l'article VI du GATT de 1994, les articles 1er et 18 de l'Accord antidumping, et les dispositions spécifiques citées plus haut. Outre les instruments juridiques incorporant les mesures en cause, la présente demande vise aussi tous amendements, prorogations, instruments connexes, et pratiques. La Turquie se réserve le droit de formuler des allégations juridiques additionnelles ou de soulever d'autres questions de droit au cours des consultations.

La Turquie attend votre réponse à la présente demande. Je propose que la date et le lieu des consultations soient convenus entre nos Missions.

8.3 : WT/DS374/2,25 novembre 2008 (08-5769) AFRIQUE DU SUD – MESURES ANTIDUMPING VISANT LE PAPIER SANS BOIS NON COUCHÉ

Communication de l'Indonésie (RETRAIT)

Communication présentée par l'Indonésie

La communication ci-après, datée du 20 novembre 2008 et adressée par la délégation de l'Indonésie au Président de l'Organe de règlement des différends est distribuée à la demande de l'Indonésie.

La République d'Indonésie souhaite informer l'Organe de règlement des différends du retrait de sa demande de consultations distribuée sous couvert du document WT/DS374/1 .

Dans sa demande de consultations datée du 9 mai 2008, l'Indonésie avait exprimé des préoccupations concernant le maintien par la République d'Afrique du Sud des mesures antidumping visant les importations de papier A4 sans bois non couché en provenance d'Indonésie et la conduite d'une procédure de réexamen à l'extinction au sujet de ces mesures antidumping.

Le 10 juin 2008, la Mission permanente de la République d'Afrique du Sud auprès de l'OMC a informé l'Indonésie que, pour répondre aux préoccupations exprimées par l'Indonésie, le Ministre du commerce et de l'industrie de l'Afrique du Sud avait promulgué un amendement à l'Annexe de la Loi sur les droits de douane et d'accise retirant les mesures antidumping visant les importations de papier blanc A4 sans bois non couché en provenance d'Indonésie avec effet rétrospectif à compter du 27 novembre 2003. L'amendement a été notifié dans les Avis n° R.630 et R.631 publiés dans le Journal officiel n° 31123 du 4 juin 2008. En outre, la Commission sud-africaine de l'administration du commerce international a annulé la procédure de réexamen à l'extinction au sujet de ces mesures antidumping lors d'une réunion tenue le 10 juin 2008. En conséquence, les mesures antidumping ont été supprimées et les importateurs peuvent obtenir le remboursement de tout droit antidumping acquitté après le 27 novembre 2003.

Comme ces mesures prises par la République d'Afrique du Sud suffisent à répondre aux préoccupations exprimées dans la demande de consultations présentée par l'Indonésie, l'Indonésie retire la demande de consultations distribuée sous couvert du document WT/DS374/1 et renonce à poursuivre en l'espèce le processus prévu par les dispositions du Mémorandum d'accord sur le règlement des différends.

Ce retrait est sans préjudice des droits ou obligations résultant pour l'Indonésie de l'Accord instituant l'Organisation mondiale du commerce.

ANNEXE 9. – RESOLUTION N° 1970 (2011) DU 26 FEVRIER 2011 DU CONSEIL DE SECURITE SUR LA LIBYE

« Le Conseil de sécurité,

Se déclarant gravement préoccupé par la situation en Jamahiriya arabe libyenne, et condamnant la violence et l'usage de la force contre des civils,

Regrettant vivement les violations flagrantes et systématiques des droits de l'homme, notamment la répression exercée contre des manifestants pacifiques, exprimant la profonde préoccupation que lui inspire la mort de civils et dénonçant sans équivoque l'incitation à l'hostilité et à la violence émanant du plus haut niveau du Gouvernement libyen et dirigée contre la population civile,

Accueillant avec satisfaction la condamnation, par la Ligue arabe, l'Union africaine et le Secrétaire général de l'Organisation de la Conférence islamique, des violations graves des droits de l'homme et du droit international humanitaire qui sont commises en Jamahiriya arabe libyenne,

Prenant note de la lettre datée du 26 février 2011 adressée à son Président par le Représentant permanent de la Jamahiriya arabe libyenne auprès de l'Organisation des Nations Unies,

Accueillant avec satisfaction la résolution A/HRC/S-15/2 du Conseil des droits de l'homme en date du 25 février 2011, notamment la décision d'envoyer d'urgence une commission internationale indépendante pour enquêter sur toutes les violations présumées du droit international des droits de l'homme commises en Jamahiriya arabe libyenne, établir les faits et les circonstances de ces violations ainsi que des crimes perpétrés et, dans la mesure du possible, en identifier les responsables,

Considérant que les attaques systématiques et généralisées actuellement commises en Jamahiriya arabe libyenne contre la population civile pourraient constituer des crimes contre l'humanité,

Se déclarant préoccupé par le sort tragique des réfugiés forcés de fuir la violence en Jamahiriya arabe libyenne,

Se déclarant préoccupé également par les informations faisant état de pénuries de fournitures médicales pour soigner les blessés

Rappelant que les autorités libyennes ont la responsabilité de protéger le peuple libyen,

Soulignant la nécessité de respecter la liberté de réunion pacifique et la liberté d'expression, y compris la liberté de la presse,

Soulignant également que les auteurs des attaques perpétrées contre des civils, y compris les attaques menées par des forces placées sous leur contrôle, doivent être amenés à répondre de leurs actes,

Rappelant l'article 16 du Statut de Rome, selon lequel aucune enquête ni aucune poursuite ne peuvent être engagées ni menées par la Cour pénale internationale pendant les 12 mois qui suivent la date à laquelle le Conseil de sécurité a fait une demande en ce sens,

Se déclarant inquiet pour la sécurité des étrangers et leurs droits en Jamahiriya arabe libyenne,

Réaffirmant son ferme engagement pour la souveraineté, l'indépendance, l'intégrité territoriale et l'unité nationale de la Jamahiriya arabe libyenne,

Conscient de la responsabilité principale du maintien de la paix et de la sécurité internationales qui lui est assignée par la Charte des Nations Unies,

Agissant en vertu du Chapitre VII de la Charte des Nations Unies et prenant des mesures au titre de son article 41 (...)

4. Décide de saisir le Procureur de la Cour pénale internationale de la situation dont la Jamahiriya arabe libyenne est le théâtre depuis le 15 février 2011 ;

5. Décide que les autorités libyennes doivent coopérer pleinement avec la Cour et le Procureur et leur apporter toute l'assistance voulue, en application de la présente résolution et, tout en reconnaissant que le Statut de Rome n'impose aucune obligation aux Etats qui n'y sont pas parties, demande instamment à tous les Etats et à toutes les organisations régionales et internationales concernées de coopérer pleinement avec la Cour et le Procureur ;

6. Décide que les ressortissants, responsables ou personnels en activité ou anciens responsables ou personnels, d'un Etat autre que la Jamahiriya arabe libyenne qui n'est pas partie au Statut de Rome de la Cour pénale internationale sont soumis à la compétence exclusive dudit Etat pour toute allégation d'actes ou d'omissions découlant des opérations en Libye établies ou autorisées par le Conseil ou s'y rattachant, à moins d'une dérogation formelle de l'Etat.

7. Invite le Procureur à l'informer, dans les deux mois suivant la date de l'adoption de la présente résolution, puis tous les six mois, de la suite donnée à celle-ci ;

8. Convient qu'aucun des coûts afférents à la saisine de la Cour, y compris ceux occasionnés par les enquêtes et poursuites menées comme suite à cette saisine, ne sera pris en charge par l'Organisation des Nations Unies et que ces coûts seront supportés par les Parties au Statut de Rome et les Etats qui voudraient contribuer à leur financement à titre facultatif ».

BIBLIOGRAPHIE GÉNÉRALE

I. OUVRAGES ET MONOGRAPHIES

ABI-SAAB Georges, Le concept d'organisation internationale, Paris, UNESCO, 1980.

ALBARET Mélanie, DECAUX Emmanuel, LEMAY-HEBERT Nicolas, PLACIDI-FROT Delphine (dir), Les grandes résolutions du Conseil de sécurité des Nations unies, Paris, Dalloz, 2012, 613 p.

ANKUMAH Evelyn A., *The African Commission on Human and People's Rights: Practice and Procedures*, Dordrecht, Martinius Nijhoff Publishers, 1996.

ASSOCIATION POUR LA PREVENTION DE LA TORTURE, protection des Droits de l'Homme en Afrique, Recueil de textes, Genève, 2006, 395 p.

AZARI Hadi, La demande reconventionnelle devant la CIJ, Université Panthéon-Assas, Thèse de Doctorat, 2012, 362 p.

BADINTER Robert (dir), La Cour pénale internationale, Actes du Colloque Droit et Démocratie, Paris, La documentation française, 1999, 99 p.

BALLALOUD Jacques, Le Tribunal administratif de l'OIT et sa jurisprudence, Paris, Pédone, 1967, 160 p.

BARSAC Tessa, La Cour africaine de justice et des droits de l'homme, Paris, Pedone, 2012.

BASTID Suzanne, Le droit des organisations internationales, Les cours de droit, 1971-1972, 545 p.

BELLMAN Christophe, MELENDEZ Ricardo, Commerce international et développement durable. Voix africaines et plurielles, Editions Charles Léopold Mayer, 2002.

BERROD Fréderique, La systématique des voies de droit communautaire, Paris, Dalloz, 2003, 1140 p.

BERTRAND Agnès, KALAFATIDES Laurence, L'OMC, le pouvoir invisible, Fayard, 2002, 342 p.

BETTATI Mario, Le Droit des Organisations internationales, PUF, « Que sais-je ? », n° 2355, 1987.

BIPOUM WOUM Joseph Marie, Le droit international africain, BAM, tome V, LGDJ, 1970.

BIRD, L 'Afrique subsaharienne, de la crise à la croissance durable, novembre 1989,

BLUMANN Claude, DUBOUIS Louis, Droit institutionnel de l'Union Européenne, Paris, Lexis Nexis, Litec, 2é éd., 2005.

BOLLECKER-STERN Brigitte, Le préjudice dans la théorie de la responsabilité internationale, Paris, Pedone, 1973.

BOUCHER François et ECHKENAZI José, Guide de l'Union européenne, Paris, Nathan, 2004.

BOULOUIS J., DARMON M., HUGLO J.G, Contentieux communautaire, Paris, 2ème éd. 2001.

CANAL-FORGUES Eric, Le règlement des différends à l'OMC, Edition Bruylant, 2008.

CARREAU Dominique, JULLIARD Patrick, Droit international économique, Paris, 1998, 720 p.

CASSESE Antonio, GAETA Paola, JONES John R.W.D (éds.), *The Roma Statute of International Criminal Court :A commentary,vol.II,*Oxford, Oxford University Press, 2002, 2018 p.

CHRETIEN Jean-Pierre, Rwanda : les médias du génocide, Paris, Karthala, 1995, 397 p.

COLLIARD Claude Albert, Droit international et histoire diplomatique, Paris, Domat Montchrestien, 1950.

COLLOQUE SUR LES DROITS COMMUNAUTAIRES AFRICAINS, des 27 et 28 avril 2006, Nouvelles Annales Africaines, n° 1, CREDILA, FSJP, UCAD.

COMBACAU Jean et SUR Serge, Droit international public, 7ème édition, Paris, Montchrestien, 2006, XXVI – 813 p.

COT Jean-Pierre, La conciliation internationale, Paris, Pedone, 1968.

COT Jean-Pierre, PELLET Alain, FORTEAU Mathias (sous la direction de), La Charte des Nations Unies, Commentaire article par article, Paris, Economica, 3e éd., 2005.

DAILLIER Patrick, FORTEAU Mathias et PELLET Alain, Droit international Public, Paris, LGDJ, 8e édition, 2009, 1708 p.

DECAUX Emmanuel, Droit international public, Paris, Dalloz, 2008, Coll. Hypercours, 6e édition.

DECAUX Emmanuel, DIENG Adama et SOW Malick (dir), Des droits de l'Homme au droit international pénal, Etudes en l'honneur d'un juriste africain, feu le juge Laity Kama, Leiden, Martinius Nijhoff Publishers, 2006, XXXVIII-1238 p.

DE FROUVILLE Olivier, Droit international pénal. Sources, incriminations et responsabilité, Paris, Pedone, 2012.

DE VISSCHER Charles, Aspects récents du droit procédural de la Cour internationale de Justice, Paris, Pédone, 1966.

DELMAS-MARTY Mireille, FRONZA Emanuela et LAMBERT-ABDELGAWAD Elisabeth (dir.), Les sources du droit international pénal, Paris, Société de Législation Comparée, 2004.

DELBEZ Louis, Les principes généraux du contentieux international, Paris, LGDJ, 1962.

DIALLO Thierno, Remarques sur l'Etat justiciable en droit international, Université de Limoges, Thèse de Doctorat, 2016, 666 p.

DJIGA Habib Ahmed, Guide des procédures devant la Cour de justice de l'UEMOA, Université de Ouagadougou, UFR-SJP, Centre d'Etudes Européennes et de l'Intégration (CEEI), 31 p.

DORIA José, GASSER Hans Peter, BASSIOUNI Cherif, *The legal regime of International Criminal Court, Essay in honour of Professor Igor Blischenko,* Leiden, Boston, Martinius Nijhoff Publishers, 2009, 1122 p.

DREYFUS Simone, Droit des relations internationales, Paris, Edition Cujas, 3ème édition, 1987.

DROITS DE L'HOMME et droit international, Ed. du Conseil de l'Europe, Strasbourg, 1992, 466 p.

DUBOS Olivier, Les juridictions nationales, juge communautaire, Dalloz, Paris, 2001.

DUBOUIS Louis, Les grands textes du droit de l'Union européenne, Tome I, 6e édition, Dalloz, 2002.

EYFFINGER Arthur et WITTEVEEN Arthur, La Cour Internationale de Justice 1946-1996, Martinius Nijhoff Publishers, La Haye, 1999, 428 p.

FAU-NOUGARET Matthieu, (dir.), La concurrence des organisations régionales en Afrique, L'Harmattan, 2012, 456 p.

FERNANDEZ Julian et PACREAU Xavier, Statut de Rome de la Cour Pénale Internationale. Commentaire article par article, Paris, Pédone, 2012.

FIDH, Guide de la Cour Africaine des Droits de l'Homme et des Peuples, 2004, Genève, 116 p.

GBAGBO Simone, Paroles d'honneur, Ed. Pharaons, février 2007.

GOODRICH L.M..and HAMBRO E., *Charter of United Nations. Commentary and Documents*, World Peace Foundation, Boston 1946.

GRAZ Jean-Christophe, Aux sources de l'OMC : la Charte de La Havane, 1941-1950, Droz, Genève, 1999, 367 p.

GUILLAUME Gilbert, La Cour Internationale de Justice à l'aube du XXIe siècle. Le regard d'un juge, Paris, Pédone, 2003, 342 p.

GUINCHARD Serge, CHAINAIS Cécile, DELICOSTOPOULOS Constantin-S, DELICOSTOPOULOS Ioannis-S, Droit processuel et droit comparé du procès, Paris, Dalloz, 3ème édition, 2005.

HUDSON Manley O., La Cour Permanente de Justice Internationale, Paris, Pédone, 1936.

IBRIGA Luc Marius, COULIBALY Abou Saib, SANOU Dramane, Droit communautaire ouest africain, Université de Ouagadougou, Presses africaines, 2008, 510 p.

ISAAC Guy, Le droit communautaire général, 7e édition, Armand Colin, 1999.

KAMTO Maurice (dir.), La Charte Africaine des Droits de l'Homme et des Peuples et le Protocole y relatif portant création de la Cour Africaine des Droits de l'Homme, Bruxelles, Bruylant, 2001.

LA FONTAINE Henri, Pasicrisie internationale. Histoire documentaire des arbitrages internationaux, 1854-1943, 1ère édition, Berne, 1902, 716 p.

LESCURE K, Le Tribunal pénal international pour l'ex-Yougoslavie, Paris, Montchrestien, 1994, 203 p.

MAIKASSSOUA Rachidatou Illa, La Commission Africaine des Droits de l'Homme et des Peuples, Paris, Karthala, 2013.

MAUGENEST Denis et HOLO Théodore (dir.), L'Afrique de l'Ouest et la tradition universelle des Droits de l'Homme, Abidjan, Les Editions du CERAP, 2006.

MORRIS V. & SCHARF M.P., *The International Criminal Tribunal for Rwanda, New-York, Transnational Publishers Inc.,* 1998, 2 vol. 743 p., 572 p.

MOUSSE Jean, Le contentieux des organisations internationales et de l'Union Européenne, Bruxelles, Bruylant, 1997.

NJINKEU Dominique, L'Afrique et les défis de l'OMC, Paris, Karthala, 2004, 375 p.

OUGUERGOUZ Fatsah, La Charte Africaine des Droits de l'Homme et des Peuples, PUF, 1993.

PAZARTZIS Photini, Les engagements internationaux en matière de règlement pacifique des différends entre Etats, Paris, LGDJ, 1992, 349 p.

PENAUD Jeanne, La fonction publique internationale. Lexique commenté, Paris, La Documentation française, 1997.

POUGOUE Paul Gérard, TCHAKOUA Jean Marie et FENEON Alain, Droit de l'arbitrage dans l'espace OHADA, Presses Universitaires d'Afrique, Yaoundé, 2000.

RAINELLI Michel, L'Organisation Mondiale du Commerce, Paris, Repères, La Découverte, 1999.

RIDEAU Joël, L'arbitrage international, Paris, A. Colin, 1969, 112 p.

RIDEAU Joël (éd), Le droit au juge dans l'Union Européenne, Paris, 1998.

ROSENNE Shabtai, *The law and practice of the International Court,* Nijhoff, Dordrecht, 1985, 811 p.

SALL Alioune, La justice de l'intégration, Dakar, CREDILA, 2011.

SALMON Jean (sous la direction de), Dictionnaire de Droit International Public, Bruxelles, Bruylant, 2001.

SANTULLI Carlo, Droit du contentieux international, Paris, Montchrestien, 2005, XI – 584 p.

SANTULLI Carlo, Introduction au droit international, Paris, Pédone, 2013.

SFDI, *Les Nations Unies et le droit international économique*, Paris, Pédone, 1986.

SIORAT Lucien, Le problème des lacunes en droit international, Paris, L.G.D.J., 1959.

SOLDATOS Panayotis, Le Système institutionnel et politique des Communautés européennes dans un monde en mutation : théorie et pratique, Bruxelles, Bruylant, 1989.

SOREL Jean Marc, Droit des Organisations internationales, L.G.D.J., 1998.

SOREL Jean Marc et RUIZ FABRI Hélène, Le tiers à l'instance devant les juridictions internationales, Paris, Pédone, Collection Contentieux International, 2005.

SOURANG Moustapha, La technique contractuelle dans les relations Etats-entreprises étrangères : contribution à l'étude des conventions d'établissement conclues par les Etats africains, Thèse, Droit, Bordeaux, 1980.

STERN Brigitte, Vingt-ans de jurisprudence de la Cour Internationale de Justice 1975-1995, La Haye, Martinius Nijhoff, 1998, 1055 p.

TAKAM Gatsing Hermine Kembo, Le système africain de protection des Droits de l'Homme : un système en quête de cohérence, L'Harmattan, 2014.

TALL Saidou Nourou, Droit des Organisations Internationales Africaines, Paris, L'Harmattan, juin 2015, 550 p.

TALL Saidou Nourou, Théories et réalités du Droit international humanitaire. Contribution à l'étude de l'application du droit des conflits armés en Afrique noire contemporaine, Sarrebruck, Editions Universitaires Européennes, mai 2012, 514 p.

TAVERNIER Paul et HEYNS Christof (dir.), Recueil juridique des Droits de l'Homme en Afrique, Bruxelles, Bruylant, 2006.

TCHICAYA Blaise, Droit de l'Union Africaine : Principes, institutions et jurisprudence, Berger-Levrault, 2014, 247 p.

VAN RAEPENBUSCH Sean, Droit institutionnel de l'Union et des communautés européennes, 4é ed., De Boeck Université, 2004.

VASAK Karel (dir), Les Dimensions internationales des Droits de l'Homme, Paris, UNESCO, 1978, 509 p.

VASAK Karel (dir), Les Dimensions internationales du Droit humanitaire, Pédone /IHD/UNESCO, Paris, 1986, 360 p.

VERHOEVEN Joe, Droit de la Communauté européenne, De Boeck et Larcier, 2001, 501 p.

VIRALLY Michel, *L'organisation mondiale*, Armand Colin, Paris, 1972.

YENNET Emeka Valère, La Charte Africaine des Droits de l'Homme et des Peuples, Paris, L'Harmattan, 1996.

ZIMMERMANN Andreas, OELLERS-FRAHM Karin, TOMUSCHAT Christian, and TAMS Christian J., *The Statute of the International Court of Justice. A Commentary*, Second Edition, Oxford University Press, October 2012, 1808 p.

II - ARTICLES (revues scientifiques, électroniques et de presse, Cours, Communications)

ABI-SAAB Georges, « La Jurisprudence. Quelques réflexions sur son rôle dans le développement du droit international », *Estudios en homenaje al pr. M. Diez de Velasco*, 1993, p. 19.

ABI-SAAB Georges, « De l'arbitrage dans ses rapports avec la justice internationale », Mélanges Pierre Lalive, Bale, 1993, p.377.

ADJOVI Roland, « Dossier du Pôle Afrique de Sentinelle, Cour Africaine des Droits de l'Homme et des Peuples, l'Affaire Rev. Mtikila c. Tanzanie du 02/09/2013 », www.sentinelle.droit- international.fr.

ADJOVI Roland, « L'affaire AFRC du Tribunal Spécial pour la Sierra Leone », *Hague Judicial Journal*, vol. 3, n° 2, 2008, pp. 27-38.

ADJOVI Roland et Della MORTE Gabriele, « La notion de procès équitable devant les tribunaux pénaux internationaux », in Hélène Ruiz FABRI (dir), Procès équitable et enchevêtrement des espaces normatifs, Paris, Société de Législation Comparée, 2002.

AMOUSSOU-GUENOU Roland, « L'arbitrage dans le Traité relatif à l'harmonisation du droit des affaires en Afrique », R.D.A.I, n° 3, 1996, p. 321 et s.

ANDRIANARIVONY Johary, « L'Organe d'appel au sein de l'Organisation Mondiale du Commerce : une instance originale investie d'une mission constitutionnelle et normative ou De la structuration d'un droit international de la concurrence », Revue Belge de Droit International, n° 1/2000, 70 p.

ANDRIANARIVONY Johary, « Un panel institué dans le cadre de l'Organisation Mondiale du Commerce n'est-il pas une juridiction ? », *RRJ*, Droit prospectif, 3/2000, 33 p.

ANZILOTTI Dionisio, « La demande reconventionnelle en procédure internationale », JDI, vol. 57, 1930, p. 857.

APTEL Cécile, « A propos du Tribunal pénal international pour le Rwanda », RICR N° 828, p. 724.

ASCENSIO Hervé et PELLET Alain, « L'activité du Tribunal pénal international pour l'ex-Yougoslavie (1993-1995) », A.F.D.I., 1995, p. 110.

ASCENSIO Hervé, « L'amicus curiae devant les juridictions internationales », AFDI, 2001, n° 4, 897-930.

ATANGANA-AMOUGOU Jean-Louis, « Commentaire de l'article 46 de la Charte Africaine des Droits de l'Homme et des Peuples », *in* Maurice Kamto, La Charte Africaine des Droits de l'Homme et des Peuples et le Protocole y relatif portant création de la Cour Africaine des Droits de l'Homme, pp. 905-906.

ATANGANA-AMOUGOU Jean-Louis, « La Commission Africaine des Droits de l'Homme et des Peuples », Droits fondamentaux, n° 1, juillet-décembre 2001, pp. 91-117.

BASTID Suzanne, « Le Tribunal administratif des Nations Unies », in Etudes et Documents du Conseil d'Etat, 1969, pp. 15-32.

BARBERIS Julio A., « Le concept de « traité international » et ses limites », AFDI, 1984, vol.30, n° 1, p. 270 et s.

BARRY Mamoudou, « Afrique : de l'arbitrage international des contrats d'Etat à l'impasse », Note d'Analyse Politique, n° 40, www.thinkingafrica.org

BEDJAOUI Mohamed, « Le règlement pacifique des différends africains », AFDI, 1972, vol. 18, n° 1, pp.85-99.

BELLO Emmanuel, « *African Customary humanitarian law* », ICRC, Geneva, Oyez Publishing Limited, p. 16 et p. 19.

BEIRLAEN André, « la distinction entre différends juridiques et différends politiques dans la pratique des organisations internationales », R.B.D.I, 1975-2, pp. 405-441.

BENNOUNA Mohammed, « La création d'une juridiction pénale internationale et la souveraineté des Etats », A.F.D.I., 1990, pp. 299-306.

BORREIL Cécile, « L'affaire Butaré, dernier arrêt rendu par la chambre d'appel du TPIR le 14 décembre 2015 », Bulletin du 17.01.2016, www.sentinelle-du-droit-international.fr. (Consulté le 25.05.2017).

BOUKONGOU Jean-Didier, « Le système africain de protection des droits de l'enfant. Exigences universelles et prétentions africaines », *in* Journée d'études du 15 juin 2006 sur L'enfant, *Cahiers de la recherche sur les droits fondamentaux* (Caen), n° 5, 2006, pp. 97-108.

BOUKRIF Hamid, « La Cour Africaine des Droits de l'Homme et des Peuples : un organe judiciaire au service des Droits de l'Homme et des Peuples en Afrique », 10 RADIC (1998), pp. 60-87.

BRANT Leonardo Nemer Caldeira, « L'autorité de la chose jugée et la révision devant la CIJ à la lumière des derniers arrêts de celle-ci, (Yougoslavie c. Bosnie, et El Salvador c. Honduras) », AFDI, vol. 49, 2003, pp. 248-265.

BURGORGUE-LARSEN Laurence, « Le fait régional dans la juridictionnalisation du droit international », in SFDI, La juridictionnalisation du droit international, Colloque de Lille, Pédone, 2003, p. 222.

CARRILLO-SALCEDO Juan Antonio, « Droit international et souveraineté des Etats », RCADI 1996, Vol. 157.

CAVARE Louis, « La notion de juridiction internationale », A.F.D.I. 1956, pp. 496-509.

CHAUMONT Charles, « La signification du principe de spécialité dans les organisations internationales », *in* Problèmes du droit des gens, Mélanges offerts à Henri Rolin, Pédone, 1964, 536 p.

CIFENDE KACIKO Moise, « Les conditions de recevabilité des communications individuelles devant la Commission Africaine des Droits de l'Homme et des Peuples - Portée jurisprudentielle », *Revue de droit international et de droit comparé* (Bruxelles), 2004, pp. 266-315.

CISSE Catherine, « Premier bilan des activités judiciaires du TPIR », Annuaire africain de Droit international, Vol. 4, 1996, pp. 269-278.

CHICOT Pierre-Yves, « L'actualité du principe de reglement pacifique des différends : essai de contribution juridique à la notion de paix durable », RQDI, 2003, 16/1, pp.5-35.

CHUBIN S., « Les conflits dans le Tiers-monde : tendances et perspectives », R.I.S.S. n° 127, février 1991, UNESCO/ERES, pp. 53-170.

COHEN Daniel, « Contentieux d'affaires et abus de *forum shopping »*, Dalloz, 22 avril 2010, p. 975 et s.

COHEN Gérard, « La requête à fin d'intervention du Nicaragua dans l'affaire du Différend Frontalier, terrestre, insulaire et maritime (El Salvador / Honduras) : l'ordonnance de la Cour du 28 février 1990 et l'arrêt de la Chambre du 13 septembre 1990 », AFDI, 1990, vol.36, p. 340 et s.

COHEN-JONATHAN Gerard, « L'arbitrage *Texaco-Calasiatic contre Gouvernement Libyen* ; décision au fond du 19 janvier 1977 », AFDI, 1977, Volume 23, n°1, pp. 452-479.

CONDORELLI Luigi, « L'autorité de la décision des juridictions internationales permanentes », SFDI, La juridiction internationale permanente, Paris, Pédone, 1986, p. 277.

COUSSIRAT-COUSTERE Vincent, « Le règlement des différends dans l'œuvre de la CDI », Mélanges Appolis, Paris, Pédone 1991, p. 29 et s.

CUENIN Alexandra, « Charles Taylor condamné à 50 ans de prison… », Journal du Centre de Droit International, Bulletin n° 11, décembre 2013, consultable sur le site www.cdi.lyon3.free.fr.

DABOYA Awa Nana, « La Cour de Justice de la CEDEAO et la protection des Droits de l'Homme », in Actes de la Conférence sur le droit dans le processus d'intégration en Afrique de l'Ouest, Abuja, 13-15 novembre 2007.

DAILLIER Patrick, « Article 96 », in J.P. Cot et A. Pellet (sous la direction de), La Charte des Nations Unies, Commentaire article par article, Paris, Economica, 1991, pp. 1291-1306.

DECAUX Emmanuel, « Règlement des différends » in Denis ALLAND (dir.), *Droit international public*, PUF, 2000, pp. 447-517.

DELAUME Georges, *« Le Centre international pour le règlement des différends relatifs aux investissements*

(C.I.R.D.I.) », Journal de Droit International (J.D.I.), Clunet, 1982, pp. 775-843.

DECHERF Dominique, « Le Kenya et la Cour Pénale Internationale », Etudes, 2013/11, Tome 419, pp. 449-460.

DIAITE Ibou, « La notion de Peuple et l'application de la Charte des Droits de l'Homme et des Peuples », Revue Sénégalaise de Droit, octobre-novembre 1984, pp. 119-131.

DIALLO Boucounta, « Le CIRDI et le Sénégal », Séminaire organisé par l'Union Internationale des Avocats et l'Ordre des Avocats du Sénégal à Saly, du 27 février au 1er mars 2014, 17 p. (non publié).

DJIENA-WEMBOU Michel Cyr, « Le T.P.I.R. - Rôle de la Cour dans la réalité africaine », RADIC N° 828, p. 731.

DJOMENI Michel, « L'atteinte aux biens culturels portée devant la CPI : L'affaire Ahmad Al Faqi Al Mahdi (Mali) », disponible en ligne : http://www.sentinelle-droit-international.fr/?q=content/latteinte-aux-biens-culturels-port%C3%A9e-devant-la-cpi-laf faire-ahmad-al-faqi-al-mahdi-mali-0 ; lundi10/12/2015.

DHOMMEAUX Jean, « De l'universalité du Droit international des Droits de l'Homme : du *Pactum Ferandum* au *Pactum Latum »,* in A.F.D.I., 1989, p. 399 et s.

DOMINICE Christian, « La compétence prima facie de la Cour internationale de Justice aux fins d'indication de mesures conservatoires », Mélanges Shigeru Oda, vol. I, La Haye / Londres / New York, 2002, p. 383.

DONNEDIEU DE VABRES Henri, « *Le procès de Nuremberg devant les principes modernes du Droit pénal international* », RCADI, 1947, Vol. 70, Tome I, p. 526 et s.

DOUMBE-BILLE Stéphane, « La Charte africaine des droits de l'Homme et des peuples », *Annuaire international des droits de l'Homme* (Athènes/Bruxelles), 2006, vol. I, pp. 139-158.

DUBOUIS Louis, « La condition juridique des agents internationaux », in SFDI, Paris, Pédone, 1985, p. 36.

DUGUIT Léon, « L'acte administratif et l'acte juridictionnel », R.D.P 1933, pp.565-572.

EISENMANN Charles « Théorie générale de l'acte juridique », R.D.P, 1919, p. 320 et s.

EISEMANN Frédéric, « La double sanction prévue par la Convention de la BIRD, en cas de collusion ou d'ententes similaires entre un arbitre et la partie qui l'a désigné », AFDI, 1977, p. 436.

EISEMANN Pierre Michel, « Les effets de la non-comparution devant la Cour internationale de Justice », AFDI, 1973, vol. 19, n° 1, pp. 351-375.

ELASSAL Edith Farah, « Le régime des réparations de la CPI : Analyse du mécanisme en faveur des victimes », RQDI 2011, 24/1, pp. 259-308.

EL WAFA A. A., « La non comparution devant la Cour internationale de Justice», Revue égyptienne de droit international, vol. 56, 2000, p. 1.

FAKHRI Gharbi, « Le statut des déclarations d'acceptation de la juridiction obligatoire de la C.I.J », Les Cahiers de Droit, Université de Laval, vol.49, n° 2, 2002, pp. 213-274.

FALL Elimane et Hamza KAIDI, « Rwanda, Silence on tue ! », Jeune Afrique N° 1742, 34e année, du 26 mai au 1er juin 1994, pp. 16-18.

FOKOU Fridolin Martial, « UA-CPI : de la collusion à la collision »,N ote d'Analyse Politique, n° 23, www.thinkingafrica.org.

GALLETTI Florence, « Le droit de la mer, régulateur des crises pour le contrôle des espaces et des ressources : quel poids pour des Etats en développement ? », Mondes en Développement, Vol. 39, 2011/2, n° 154, pp. 121 -136.

GEAMANU Grigore, « Théorie et pratique de la négociation internationale », RCADI, vol. 166, 1980, pp. 365-443.

GIBERT Marie, « La Cour pénale internationale et l'Afrique, ou l'instrumentalisation punitive de la justice internationale ? », *Revue internationale et stratégique,* 2015/1 (n° 97).

GLELE AHANHANZO Maurice, « Introduction à la Charte Africaine des Droits de l'Homme et des Peuples », in Mélanges Claude Albert Colliard, Pédone, 1984, p. 516 et s.

GLELE AHANHANZO Maurice, « Théorie et pratique des Droits de l'Homme en Afrique contemporaine », Annales Africaines, Dakar, 1986-1988, p. 132.

GUEYE Babacar, « La marginalisation de l'OUA dans le règlement des différends en Afrique », Revue de Droit africain, EDJA (1989), pp. 9-45.

GUEYE Babacar et TALL Saidou Nourou, « Traité du 17 octobre 1993 relatif à l'Harmonisation du Droit des Affaires en Afrique, tel que révisé à Québec le 17 octobre 2008, commenté » pp. 21-74, *in* OHADA, Traité et Actes Uniformes commentés et annotés, 4ème édition, Juriscope, 2012, 1460 p.

GUILLAUME Gilbert, « La Cour Internationale de Justice. Quelques propositions concrètes à l'occasion du cinquantenaire », R.G.D.I.P n° 100, 1996, p. 328.

GUYOMAR Geneviève, « Le nouveau règlement de procédure de la Cour Internationale de Justice », AFDI, 1978, vol. 24, n° 1, p. 323.

GUYOMAR Geneviève, « Le règlement de la CPA relatif aux conflits internationaux entre deux parties dont une seulement est un Etat », AFDI, vol. 8, 1962, pp. 377-390.

HALL Christopher K., « Première proposition de création d'une Cour criminelle internationale permanente », RICR, N° 829, pp. 59-75.

HAMMADI Yousri Ben, « La question du caractère obligatoire des mesures conservatoires devant la CIJ. L'arret La Grand (Allemagne c. Etats-Unis d'Amérique), du 27 juin 2001 », RQDI, 2001, 14/2, pp. 53-81.

HARHOFF Frederik, « Le Tribunal international pour le Rwanda : présentation de certains aspects juridiques », RICR N° 828, p. 718, 2003, www.lexpress.fr .

IBRIGA Luc Marius, « Compétences des cours de justice des communautés africaines », *in Intégration économique et exercice du métier d'avocat, Cotonou, Bénin*, Séminaire organisé par l'UIA en collaboration avec l'Ordre des Avocats du Bénin. www.uianet.org.

IBRIGA Luc Marius, « L'UEMOA, une nouvelle approche d'intégration économique en Afrique de l'Ouest », Annuaire Africain de droit international, janvier 1999.

ISSA-SAYEGH Joseph, « La production normative de l'UEMOA. Essai d'un bilan et de perspectives », www.ohadata. D-03-18.

JACOB Patrick, « L'intervention devant la Cour internationale de Justice à la lumière des décisions rendues en 2011 : lente asphyxie ou résurrection ? », AFDI, 2011, vol. 57, n° 1, pp. 213-234.

JAMMACHE Elie, « La pratique de la Commission des Limites du Plateau continental », AFDI, vol. 54, 2008, pp. 429-441.

JOUANNET Emmanuelle, « Regards sur un siècle de doctrine française du droit international », AFDI, 2000, vol. 46, n° 1, pp.1-57.

JUILLARD Patrick, « L'évolution des sources du droit des investissements », R.C.A.D.I., 1994, IV, pp. 9-216.

KABUMBA Yves Hamuli, « La répression internationale de l'esclavage : les leçons de l'arrêt de la Cour de Justice de la CEDEAO dans l'affaire Hadijatou Mani Koraou c/ République du Niger, 27 octobre 2008 », Revue Québécoise de Droit International, n° 21.2, 2008, pp. 25-56.

KAHOMBO Belingene, « Le projet de création d'une juridiction pénale panafricaine », *The Rule of Law*, Librairie Africaine d'Etudes Juridiques de la Fondation Konrad Adenauer, vol.7, 2013, pp. 1-26.

KAMARA Mactar, « La promotion et la protection des droits fondamentaux dans le cadre de la Charte africaine des Droits de l'Homme et des Peuples et du Protocole facultatif additionnel de juin 1998 », Revue Trimestrielle des Droits de l'Homme, n° 63, 2005, pp. 709-727.

KAMTO Maurice, « Les Cours de Justice des Communautés et des Organisations d'intégration économique Africaines », Annuaire Africain de Droit International, 1998, vol.6, p. 107.

KAMWE Mouaffo, « Le renvoi préjudiciel devant la cour de justice de la CEMAC » www.legavox.fr.

KENFACK DOUAJNI Gaston, « Les conditions de création dans l'espace OHADA d'un environnement juridique favorable au développement », R.J.P.I.C., 1998, p. 44.

KENFACK DOUAJNI Gaston, « Les mesures provisoires et conservatoires dans l'arbitrage OHADA », Revue Penant n° 833, p. 146 et s.

KHELIFA Judith, « Chambres extraordinaires africaines au Sénégal, modèle ou exception ? », décembre 2013, disponible :

http://www.chroniquesinternationalescolla.worldpress.com/2013/12/15/chambres-extraordinaires-africaines-au-senegal-modele-ou-exception/ (consulté le 03 juin 2017).

KI-ZERBO Joseph, « Les Droits de l'Homme en Afrique : tradition et modernité », *in* Foi et Développement n° 237-238, novembre-décembre 1995.

KOBILA James Mouangue, « L'Afrique et les juridictions internationales penales », Cahiers Thucydide, n° 10, 2012, pp. 1-16.

KODJO Edem et GUERARI Habib, « Article 52 », *in* J.P. COT, A. PELLET et M. FORTEAU (dir.), La Charte des Nations Unies. Commentaire article par article, 3e éd., 2005, pp. 1261-1271.

KPODAR Adama, « Politique et ordre juridique. Les problèmes constitutionnels posés par l'Accord de Linas-Marcoussis du 23 janvier 2003 », Revue de la Recherche Juridique, 2005, 4, (II), p. 252.

KOUDE Roger Koussetogue, « Les résistances à l'universalité des Droits de l'Homme au titre de la pensée politique », *in* Denis MAUGENEST et Théodore HOLO, op. cit, pp. 109-121.

KOUNDY Maman Aminou A., « L'abandon des charges dans l'affaire relative à la situation au Kenya : affaiblissement ou opportunité pour la Cour Pénale Internationale », *La Revue des droits de l'homme* [En ligne], 11 | 2017, mis en ligne le 22 décembre 2016, URL : http://revdh.revues.org/2783 ; DOI : 10.4000/revdh.2783 (consulté le 21 juin 2017).

LALIVE Jean Flavien, « Contrats entre Etats ou entreprises étatiques et personnes privées. Développements récents », R.C.A.D.I., 1983, III, p. 21 et s.

LAMBERT-ABDELGAWAD Elisabeth, « Le rayonnement de la jurisprudence de la Cour européenne à l'égard de la Commission africaine des droits de l'Homme et des peuples, Analyse empirique des références à la Cour européenne dans les communications de la Commission africaine », pp. 139-187, *in* COHEN-JONATHAN Gérard, FLAUSS Jean-François (dir.), *Le rayonnement international de la jurisprudence de la Cour européenne des droits de l'Homme* Bruxelles, Bruylant, 2005, 280 p., collection Droit et Justice n° 64.

LATTY Franck, « Les conditions d'engagement de la responsabilité de l'Etat d'accueil de l'investissement », in Charles Leben, Droit international des investissements et de l'arbitrage transnational, Paris, Pédone, 2015.

LEBOULANGER Philippe, « Etat, politique et arbitrage. L'affaire du Plateau des Pyramides », Revue de l'arbitrage, 1986, p. 31 et s.

LAUTERPACHT Hersch, « La théorie des différends justiciables en Droit international », RCADI, 1930, IV (34), p. 502 et s.

LECOUTRE Delphine, « La médiation de l'OUA dans le conflit entre l'Ethiopie et l'Erythrée (1998-2000) », Annales d'Ethiopie, 2005, Vol. XXI, pp. 31-72.

LY Djibril, « La Charte Africaine des Droits de l'Homme et des Peuples », Recueil de l'Institut International des Droits de l'Homme, Strasbourg, 27e Session d'enseignement, 1996.

MADDALON Philippe, « Les rapports des groupes spéciaux et de l'organe d'appel de l'OMC », Annuaire français de droit international, volume 51, 2005. pp. 603-632.

MAISON Raphaëlle, « Le crime de génocide dans les premiers jugements du TPIR », RGDIP, 1999, pp. 129-145.

MAONERA Felix, « *Dispute settlement under COMESA* », tralac Working Paper, n° 7, octobre 2005, 32 p, www.tralac.org.

MARCHAL Roland, « Synthèse », *in* Le rôle des Organisations régionales africaines dans la prévention des conflits, Centre d'Etudes des Relations Internationales (CERI), 2001.

MBADINGA Moussounga Itsouhou, « Variations des rapports entre les juridictions pénales internationales et les juridictions nationales dans la répression des crimes internationaux », Revue Trimestrielle des Droits de l'Homme, 56/2003, pp. 1221-1246.

MBAYE Kéba, « Droits de l'Homme et des Peuples en Afrique et la Charte Africaine », Rapport de la Conférence de la Commission Internationale des Juristes (Nairobi, 2-4 décembre 1985), p. 23.

MBOKANI Jacques, « La Cour Pénale Internationale : une Cour contre les Africains ou une Cour attentive aux souffrances des victimes africaines », RQDI, 26/2, 2013, pp. 47-100.

MBOKANI Jacques, « L'impact de la Stratégie de poursuite du Procureur de la Cour pénale internationale sur la lutte contre l'impunité et la prévention des crimes de droit international », Droits Fondamentaux n° 7, janvier 2008-décembre 2009, www.droits-fondamentaux.org.

MEITE Mamadou, « Cour Africaine des Droits de l'Homme et des Peuples : précisions sur l'interprétation des conditions de recevabilité des requêtes individuelles », CREDOF, Revue des Droits de l'Homme, Actualités Droits-Libertés du 10 octobre 2013.

MEITE Mamadou, « Cour Africaine des Droits de l'Homme et des Peuples : les mesures provisoires, une technique judiciaire de protection des Droits de l'Homme de la Charte africaine des Droits de l'Homme et des Peuples », CREDOF, Revue des Droits de l'Homme, Actualités Droits-Libertés du 2 avril 2013.

MEITE Mamadou, « Les relations entre la Côte d'Ivoire et la Cour pénale internationale analysées à l'aune de l'affaire Le Procureur c. Simone GBAGBO », *La Revue des Droits de l'Homme*, 20 mai 2016, disponible en ligne : http://www.revdh.revues.org/2097. (Consulté le 20 juin 2017).

MPIANA Joseph Kazadi, « La Cour Pénale Internationale et la République Démocratique du Congo : dix ans après. Etude de l'impact du Statut de Rome dans le droit interne congolais », RQDI, 25 janvier 2012, pp. 57-90.

MUSHIAT M.A.G, « L'impact du Statut de Rome et de la Cour Pénale Internationale en République Démocratique du Congo », Centre international pour la justice transitionnelle, mai 2010, pp.1-10.

MUTOY Mubiala, « La Cour Africaine des Droits de l'Homme et des Peuples : mimétisme institutionnel ou avancée judiciaire ? », RGDIP, 1998, 3, pp. 765-780.

NAREY Oumarou, « La cour pénale internationale et l'Afrique : Analyse des procédures en cours », *www.afrilex.u-bordeaux4.fr*.

NIANG Mandiaye, « *The Senegalese Legal Framework for the Prosecution of International Crimes* », Journal of International Criminal Justice, 7/2009, p. 1047.

NICOLAS Marie, « Le procès de Tombouctou : Un tournant historique ? », La Revue des droits de l'homme [En ligne], Actualités Droits-Libertés, http://revdh.revues.org/2109.

NOUVEL Yves, « La recevabilité des demandes reconventionnelles devant la CIJ à la lumière de deux ordonnances récentes », AFDI, vol. 44, 1998, pp. 324-336.

ORAISON André, « Réflexions sur l'institution du juge ad hoc siégeant au tribunal du Palais de la paix en séance plénière ou en chambre *ad hoc* », RBDI, 1998/1, pp. 272-299.

OUAKRAT Philippe, « La pratique du CIRDI », Droit et Pratique du Commerce International, 1987, pp. 273-310.

OUGUERGOUZ Fatsah, « Commentaire de l'article 45 de la Charte Africaine des Droits de l'Homme et des Peuples », *in* Maurice Kamto, La Charte Africaine des Droits de l'Homme et des Peuples et le Protocole y relatif portant création de la Cour Africaine des Droits de l'Homme, p. 882.

OUGUERGOUZ Fatsah, « La tragédie rwandaise du printemps 1994 : quelques considérations sur les premières réactions de l'ONU », RGDIP, 1996, Vol. 100, N° 1, pp. 149-177.

OUGUERGOUZ Fatsah, « La Cour Africaine des Droits de l'Homme et des Peuples : gros plan sur le premier organe judiciaire africain à vocation continentale », AFDI, 2006, pp. 213-218.

OWONA Joseph, « Droit international humanitaire », in Encyclopédie Juridique de l'Afrique, Tome 2, Chapitre XVI, pp. 381-395.

PANIKKAR Raymundo, « La notion des Droits de l'Homme est-elle un concept occidental ? », I*nterculture*, Vol. 82, 1984, p. 13 et s.

PARENT Geneviève, « Justice transitionnelle et maintien de la paix » *www.operationspaix.net/134/justice-transitionnelle-et-maintien-de-la-paix.html (consulté le 15 février 2017).*

PELLET Alain, « Le glaive et la balance. Remarques sur le rôle de la C.I.J. en matière de maintien de la paix et de la sécurité internationales », in Yoram Dinstein, *International Law at a Time of Perplexity, Dordrecht, Kluwer Academic Publishers*, 1989, pp. 539-566.

PELLET Alain, « Harmonie et contradictions de la justice internationale », *in* Raffaa Ben ACHOUR et Slim LAGHMANI (sous la direction de), Harmonie et contradictions en droit international, Rencontres internationales de la Faculté des Sciences juridiques et politiques de Tunis, Colloque des 11-12-13 avril 1996, Pédone, 1996, pp. 195-214.

PERSON Yves, « L'Afrique noire et ses frontières », RFEPA n° 80, août 1978, p. 18 et s.

PESCATORE Pierre, « Les mesures conservatoires et les référés », Société française de droit international, Colloque de Lyon (1986), La juridiction internationale permanente, Paris, 1987, p. 315.

PETER C.M., « le TPIR : obliger les tueurs à rendre compte de leurs actes », RICR N° 828, op. cit. p. 745.

PITMAN B. Potter, « Développement de l'organisation internationale (1815-1914) », Recueil des Cours de l'Académie de Droit International, (R.C.A.D.I), 1938-II, vol. 64, pp. 75-155.

PHILPOT John, « Le Tribunal pénal international pour le Rwanda : la justice trahie », Etudes internationales, Vol. 27 (1996), N° 4, Québec, décembre, pp. 827-840.

POULIOT Vincent, « Le forum prorogatum devant la Cour Internationale de Justice. L'affaire Djibouti c. France », Hague Judicial journal, vol. 31, n° 3, 2008, pp. 29-41.

PROTIERE Guillaume « Les principes généraux dans la jurisprudence internationale : éléments d'une différenciation fonctionnelle », Revue de droit public, 2008, 1, pp. 259-292.

QUENEUDEC Jean-Pierre, « Observations sur le traitement des exceptions préliminaires par la CIJ dans les affaires de la Lockerbie », AFDI, vol.44, 1998, pp. 312-323.

RAMBAUD Patrick, « Premiers enseignements des arbitrages du CIRDI », A.F.D.I., 1982, pp. 471-491.

RAMBAUD Patrick, « Note sur l'extension du « système CIRDI », AFDI 1983, pp. 290-299.

RAMBAUD Patrick, *« L'affaire » des Pyramides » ;* suite et fin », AFDI 1993, pp. 567-576.

RAMBAUD Patrick, « L'annulation des sentences Klöckner et AMCO », AFDI, 1986, pp. 259-274.

RAMBAUD Patrick, « De la compétence du Tribunal CIRDI saisi après une décision d'annulation », A.F.D.I. 1988, pp. 209-215.

ROBERGE Marie-Claude, « Compétence des Tribunaux *ad hoc* pour l'ex-Yougoslavie et le Rwanda concernant les crimes contre l'humanité et le crime de génocide », R.I.C.R. N° 828.

RIGAUX François, « Les fondements philosophiques des Droits de l'Homme », Revue trimestrielle des Droits de l'Homme, n° 70, 2007, pp. 307-349.

RUIZ-FABRI Hélène, « L'appel dans le règlement des différends de l'OMC : trois ans après, quinze rapports plus tard », RGDIP, 1999, p. 47 et s.

SALL Alioune, « Actualité des conflits frontaliers en Afrique », 9 RADIC 1997, pp. 183-194.

SALMON Jean A., « Quelques observations sur les lacunes du Droit international public », RBDI, 1967, pp. 441-458.

SANTULLI Carlo, « Qu'est ce qu'une juridiction internationale ? Des organes répressifs internationaux à l'O.R.D.», A.F.D.I, vol. XVI, 2000, pp. 58-81.

SAVADOGO Raymond Ouigou, « Les Chambres africaines extraordinaires au sein des tribunaux sénégalais : Quoi de si extraordinaires ? », *Revue Etudes internationales*, 2014, n° Vol. 45, N°. 1, pp. 105-127.

SAWADOGO Michel Filiga, Communication introductive sur le sous-thème « Le juge national et le droit communautaire », *in* Actes du Colloque de Ouagadougou 24-26 juin 2003, Les Cahiers de l'Association ouest-africaine des Hautes juridictions Francophones, 48 p.

SCHWEBEL S.M., « *Relations between the ICJ and the U.N.* », in Le droit international au service de la paix, de la justice et du droit, Mélanges Michel Virally, Pédone, 1991, pp. 431-443.

SIDIBE Soumana Dirarou, « La mise en exécution des décisions de la Cour de Justice de la Communauté CEDEAO », *in* Conférence sur le droit dans le processus d'intégration en Afrique de l'Ouest, Abuja, 13-15 novembre 2007.

SOMA Abdoulaye, « Vers une juridiction pénale régionale pour l'Afrique », Revue du CAMES, vol.1, n°01, 2014 (2eme semestre), www.publications.lecames.org.

SOMA Abdoulaye, « L'africanisation du droit international pénal », in L'Afrique et le droit international penal, Colloque de la S.A.D.I, Pédone, 2015.

SOUBEYROL Jacques, « Validité dans le temps de la déclaration d'acceptation de la juridiction obligatoire », AFDI, vol. 5, 1959, pp. 232-257.

SPERDUTI Giuseppe, « L'intervention de l'Etat tiers dans le procés international : une orientation nouvelle », AFDI, vol. 31, 1985, pp. 286-293.

STERN Brigitte, « L'intervention des tiers dans le contentieux de l'OMC », Revue générale de droit international public, 2003, n° 2, pp. 257-303.

TALL Saïdou Nourou, « Diversité culturelle et droits collectifs : la Charte africaine des droits de l'Homme et des Peuples », *in* Henri Pallard et Stamatios Tzitzis, Minorités, Cultures et Droits fondamentaux, Paris, L'Harmattan, 2001, pp. 16-23.

TALL Saïdou Nourou, « La problématique du respect des Droits de l'Homme en période de conflit armé », *in* Denis MAUGENEST et Théodore HOLO, (dir.), L'Afrique de l'Ouest et la tradition universelle des Droits de l'Homme, Abidjan, Les Editions du CERAP, 2006, pp. 65-77.

TALL Saïdou Nourou, « La demande d'avis consultatif à la CIJ », Revue de la Recherche Juridique, Droit Prospectif, 2002/2, septembre 2012, PUAM, pp. 903-936.

TAVERNIER Paul, « L'expérience des Tribunaux pénaux internationaux pour l'ex-Yougoslavie et pour le Rwanda », RICR N° 828.

THIERRY Hubert, « Note sur l'abrogation de l'article 11 du Statut du TANU », AFDI, 1995, pp. 442-446.

TICCHI Jean Marc, « Bons offices, médiations et arbitrages dans l'activité diplomatique du Saint-Siège de Léon XIII à Benoit XV », Mélanges de l'Ecole française de Rome, 1993, vol. 105, n° 2, pp. 567-612.

TOURE Moussa, « Côte d'Ivoire : Simone GBAGBO prend le pouvoir », Politique africaine n° 95, pp. 32-37.

TREVES Tullio, « Les Conventions de Genève sur le droit de la mer, 1958 », *United Nations Audiovisual Library of International Law*, 2012,

http://www.un.org/law/avl/*pdf/ha/gclos/gclos_f.pdf.*

VERHOEVEN Joe, « A propos de la fonction de juger en droit international public », in P. GERARD, F. OST et M. Van de KERCHOVE (sous la dir.), Fonction de juger et pouvoir judiciaire, transformation et déplacements, Bruxelles, Publication des Facultés universitaires de Saint Louis, 1983, p. 461.

VIDAL Claudine, « Le rapport parlementaire français sur la tragédie rwandaise », Afrique contemporaine n° 189, 1er trimestre 1999, pp. 77-80.

VILMER Jean-Baptiste Jeangène, « Union Africaine versus Cour Pénale Internationale : répondre aux objections et sortir de la crise », Etudes Internationales, vol. : XIV, n° 1, mars 2014, pp. 5-26.

VIRALLY Michel, « Une pierre d'angle qui résiste au temps : Avatars et pérennité de l'idée de souveraineté », in Les relations internationales dans un monde en mutation, I.U.H.E.I., Genève, 1977, Sijthoff-Leiden, pp. 179-195.

VIRALLY Michel, « Panorama du Droit international contemporain », RCADI, 1983 (V), Vol. 181, pp. 9-382.

WEIL Prosper, « Problèmes relatifs aux contrats passés entre un Etat et un particulier », R.C.A.D.I., 1969, p. 100.

WEIL Prosper, « Droit international et contrats d'Etat », Mélanges offerts à Paul REUTER, Paris, Pédone, 1981, p. 549.

WEIL Prosper, « Principes généraux de droit et contrats d'Etat », in Le droit des relations économiques internationales, Etudes offertes à Berthold GOLDMAN, Paris, Litec, 1982, p. 387

WILLIAMSON Jamie A., « *An overview of the international Criminal Juridictions operating in Africa », IRRC, Vol. 88, n° 861, March 2006, pp. 111-131.*

ZAMBELLI Mirko, « L'amicus curiae dans le règlement des différends de l'OMC: état des lieux et perspectives », Revue internationale de droit économique 2005/2 (T. XIX, 2), p. 197-218.

III. JURISPRUDENCE

1. CHAMBRES AFRICAINES EXTRAORDINAIRES.

Chambre Africaine Extraordinaire d'Assises, Ministère public c/ Hisseine Habré, jugement prononcé le 30 mai 2016 et signé le 31 juillet 2016.

Chambre Africaine Extraordinaire d'Assises d'Appel, Situation en République du Tchad, Le Procureur Général c/ Hisseine Habré, arrêt du 27 avril 2017.

2. COMMISSION AFRICAINE DES DROITS DE L'HOMME ET DES PEUPLES

Affaire relative aux expulsions des Burundais du Rwanda en 1989, communications jointes n° 27/89, n° 46/91 et n° 99/93, Organisation Mondiale Contre la Torture c/ Rwanda, décision du 31 octobre 1996.

Affaire Emgba Mekongo Louis c/ Cameroun, communication n° 59/91.

Affaire Krishna Achutan c/ Malawi, Communication n° 68/92, décision de 1994.

Affaire Amnesty International (au nom de Orton et Vera Chirwa) c/ Malawi, Communication n° 78/92.

Affaire, Muthuthirin Njoka c/ Kenya, Communication 142/94 (1995).

Affaire Civil Liberties Organisation c/ Nigeria, Communication n° 101/93 (1995).

Affaire Free Legal Assistance Group Lawyers Commitee for Human Rights, Union Interafricaine des Droits de l'Homme, Les Témoins de Jehova c/ Zaïre, Communications n° 25/89, n° 47/90, n° 56/91 et n° 100/93 (1995).

Affaire Kenya Human Rights Commission c/ Kenya, Communication n° 135/94, décision d'octobre 1995.

Affaire Commission Nationale des Droits de l'Homme et des Libertés c/ Tchad, Communication n° 74/92 (1995).

Affaire Alhassan Abubakar c/ Ghana, Communication n° 103/93, décision du 31 octobre 1996.

Affaire RADDHO c/ Zambie, communication n° 71/92, décision du 31 octobre 1996.

Affaire Annette Pagnoule (au nom d'Abdoulaye Mazou) c/ Cameroun, Communication n° 39/90, décision du 24 avril 1997.

Affaire Ligue Camerounaise des Droits de l'Homme c/ Cameroun, Communication n° 69/92, décision du 24 avril 1997.

Affaire Mouvement des Réfugiés mauritaniens au Sénégal c/ Sénégal, Communication n° 162/97, décision du 11 novembre 1997.

Affaire Fédération Internationale des Ligues des Droits de l'Homme, Union Interafricaine des Droits de l'Homme, RADDHO, ONDH au Sénégal et Association Malienne des Droits de l'Homme c/ Angola, Communication n°159/96 (1997), décision du 11 novembre 1997.

Affaire Frederick Korvah c/ Liberia, Communication n° 1/88(1998).

Affaire International PEN, Constitutional Rights, Interights (au nom de Ken Saro-Wiwa Jr) et Civil Liberties Organisation c/ Nigeria, Communications n° 137/94- n° 139/94- n° 154/96- n° 161/97, décision du 31 octobre 1998.

Affaire Amnesty International, Comité Loosli Bachelard, Lawyers Committee for Human Rights, Association des membres de la Conférence épiscopale de l'Afrique de l'Est c/ Soudan, Communications n° 48/90, n° 50/91, n° 52/91 et n° 89/93 (1999).

Affaire Constitutional Rights Project c/ Nigeria, Communication n° 102/93, décision du 15 novembre 1999.

Affaire Rights International c/ Nigeria, Communication n° 215/98 décision du 15 novembre 1999.

Affaire Amnesty International, Ms. Sarr Diop, UIDH et RADDHO, Collectif des Veuves et Ayants-droits, Association Mauritanienne des Droits de l'Homme c/ Mauritanie (Communications n° 54/91, n° 61/91, n° 98/93, n° 154/97 et n°210/98), décision du 11 mai 2000.

Affaire Sir Dawda Jawara c/ Gambie (2000), Communication 147/95-147/96, décision du 11 mai 2000.

Affaire Gaétan Bwampamye (Avocats sans frontières) c/ Burundi, Communication n° 231/99, décision du 6 novembre 2000.

Affaire Forum of Conscience c/ Sierra Leone, communication n° 223/98, décision du 6 novembre 2000.

Affaire John D. Ouko c/ Kenya, Communication n° 232/99, décision du 6 novembre 2000.

Affaire Legal Ressources Foundation c/ Zambia, Communication n° 211/98, décision du 7 mai 2001.

Affaire Social and Economic Rights Action Center (SERAC) c/ Nigeria, Communication n° 155/96, décision du 27 octobre 2001.

Affaire Law Office of Ghazi Souleiman c/ Soudan, Communications n° 220 /98, n°222/98 et n° 299/99, décision du 16 mai 2002.

Affaire Curtis Francis Doebbler c/ Soudan, Communication n° 236/2000, décision du 4 mai 2003.

Affaire Purohit et Moore c/ Gambie, Communication n° 241/01(2001), décision du 29 mai 2003.

Affaire Antoine Bissengou c/ Congo, Communication n° 253/2002, décision du 29 novembre 2006.

Affaire Zimbabwe Lawyers for Human Rights et Institut pour les Droits humains et le développement en Afrique (au nom de Andrew Barclay Meldrum) c/ Zimbabwe, Communication n° 293/04, décision du 22 mai 2008.

Affaire Griebenow (au nom de David Ashley Price) c/ Afrique du Sud, Communication n° 315/06.

Affaire Institut pour les Droits de l'Homme et le Développement en Afrique (pour le compte de Esmaila Connateh et 13 autres) c/ Angola, Communication n°292/2004, décision du 22 mai 2008.

Affaire Zimbabwe Lawyers for Human Rights, Associated Newspapers of Zimbabwe c/ Zimbabwe, Communication n° 284/03, décision du 3 avril 2009.

Affaire Centre on Housing Rights and Evictions (COHRE) c/ Soudan, Communication n° 296/2005, décision du 29 juillet 2009.

Affaire Kenneth Good c/ Botswana, Communication n° 313/05, décision du 26 mai 2010.

Affaire Dabalorivhuwa Patriotic Front c/ République d'Afrique du Sud, (Communication n° 335/06 du 19 décembre 2006), décision du 18 octobre 2013.

Affaire Haregewoin Gabré-Sélassié et IHRDA (au nom des fonctionnaires de l'époque Dergue) c/ République Fédérale et Démocratique d'Ethiopie, communication n°301/2005, décision de 2013

Affaire Monim Elgak, Osman Hummeida et Amir Suleiman (representés par FIDH et Organisation Mondiale contre la Torture) c/ République du Soudan, Communication n° 379/09, décision du 14 mars 2014.

Affaire Interights, ASADHO et Maitre O. Disu c/ République Démocratique du Congo, Communication n° 274/03 et 282/03, novembre 2013.

Affaire Open Society Justice Initiative c/ République de Côte d'Ivoire, Communication n° 318/06, décision de février 2015.

Affaire Organisation Mondiale contre la Torture et Ligue de la Zone Afrique pour la défense des Droits des Enfants et Elèves (pour le compte de Céline) c/ République Démocratique du Congo, Communication n° 325/06, décision du 18 décembre 2015.

Affaire Albert Bialufu Ngandu c/ République Démocratique du Congo, Communication n° 433/12, décision du 25 février 2016.

Affaire Mbiankeu Geneviève c/ République du Cameroun, Communication n°389/10, décision du 6 mai 2015.

Affaire Jean Marie Atangana Mebara c/ République du Cameroun, Communication n° 416/12, décision du 7 aout 2015.

Affaire Human Rights Council et autres c/ République Fédérale et Démocratique d'Ethiopie, Communication n° 445/13, décision du 31 juillet 2015.

Affaire Institute for Human Rights and Development in Africa (IHRDA), Rights and Accountability In Development (RAID) et Action Contre l'Impunité pour les Droits Humains (ACIDH) c/ République Démocratique du Congo, décision du 4 août 2017.

Affaire IHRDA et Open Society Justice Initiative (OSJI) (au nom d'enfants d'ascendance nubienne au Kenya) c/ Kenya, communication 002/09, décision du 22 mars 2011, www.caselaw.ihrda.org/fr/doc/002.09 *(consulté le 10 juillet 2014).*

3. COUR AFRICAINE DES DROITS DE L'HOMME ET DES PEUPLES

Affaire Michelot Yogogombaye c/ République du Sénégal (Requête 00/2008), arrêt du 15 décembre 2009,

www.african-court.org/fileadminis/documents/court/latest/judgments/french
.

Demande d'avis consultatif de la République du Mali (n° 001/2011)

Demande d'avis consultatif de la Grande Jamahiriya Arabe Libyenne Populaire et Socialiste (n° 002/2011).

Affaire Commission Africaine des Droits de l'Homme et des Peuples c/ Grande Jamahiriya Arabe Libyenne Populaire et Socialiste (Requête 004/2011), ordonnance en indication de mesures conservatoires (provisoires) contre la Libye, en date du 15 mars 2013.

Affaire Daniel Amare et Mulugeta c/ République du Mozambique et Mozambique Airlines (Requête 005/2011), arrêt du 16 juin 2011.

Affaire Association des Juristes Africains pour la Bonne Gouvernance c/ République de Côte d'Ivoire, Requête 006/2011, arrêt du 16 juin2011.

Affaire Ekollo Moundi Alexandre c/ République du Cameroun et République Fédérale du Nigeria (Requête 008/2011), arrêt du 23 septembre 2011.

Affaire Efoua Mbozo'o Samuel c/ Le Parlement Panafricain (requête 010/2011), arrêt du 30 septembre 2011.

Affaire CONASYSED c/ République Gabonaise, Requête 012/2011, arrêt 15 décembre2011.

Affaire Soufiane Ababou c/ République Démocratique d'Algérie (Requête 002/2011), arrêt du 16 juin2011.

Affaire Urbain Mkandawire c/ Malawi (Requête 003/2011), ordonnance du 30 mars 2012.

Demande d'avis consultatif de l'Union Panafricaine des Avocats (UPA) et Southern African Litigation Center (02/2012).

Affaire Amir Adam Timan c/ Soudan (requête 005/2012), décision du 30 mars 2012.

Affaire Femi Falana c/ Union Africaine (requête 001/2001, arrêt du 26 juin 2012.

Affaire Baghdadi Ali Mahmoudi c/ République de Tunisie (requête 007/2012), arrêt du 26 juin 2012.

Affaire Alex Thomas c/ Tanzanie (2013).

Affaire Urbain Mkandawire c/ Malawi (Requête 001/2013), demande en révision.

Affaire Chrysanthe Rutobmgwa c/ Rwanda.

Affaire Lohé Issa Konaté c/ Burkina Faso (Requête 004/2013), ordonnance en indication de mesures provisoires du 14 octobre 2013. .

Affaire Commission Africaine des Droits de l'Homme et des Peuples contre République du Kenya (Requête 006/2012), ordonnance en indication de mesures provisoires du 15 mars 2013.

Affaire de la Demande d'avis consultatif du Projet des Droits Socioéconomiques et Responsabilité (SERAP) (n° 001/2013, ordonnance du 15 mars 2013.

Affaire Atabong Denis Atemnkeng c/ Union Africaine (Requête 014/2011), arrêt du 15 mars 2013

Affaire de la Demande d'avis consultatif introduite par Socio Economic Rights Acountability Project (SERAP), requête 001/2013), avis consultatif du 26 mai 2013.

Affaire Commission Africaine des Droits de l'Homme et des Peuples c/ Grande Jamahiriya Arabe Libyenne Populaire et Socialiste (Requête 002/2013), arrêt du 3 juin 2013.

Affaires jointes, Tanganyka Law Society, the Legal Human Rights Centre et Reverend Christopher Mtikila c/ République Unie de Tanzanie, arrêt du 14 juin 2013.

Affaire Urbain Mkandawire c/ Malawi (Requête 003/2011), arrêt du 21 juin 2013.

Affaire de la Demande d'avis consultatif du Comité Africain d'Experts sur les droits et le bien-être de l'enfant (002/2013), avis consultatif du 5 décembre 2014.

Affaire Frank D. Omary et autres contre la République Unie de Tanzanie, requête du 30 janvier 2012, arrêt du 28 mars 2014.

Affaire Peter Joseph Chacha contre la République Unie de Tanzanie, (requête 003/2012 du 13 février 2012), arrêt du 28 mars 2014.

Affaire Ayants-droits de Feu Norbert Zongo, Abdoulaye Nikiema dit Ablassé, Blaise Ilboudo et Ernest Zongo c/ Burkina Faso (Requête 013/2011), arrêt du 28 mars 2014.

Affaire Frank David Omary et 6 autres c/ République Unie de Tanzanie, (requête 002/2012) (révision), arrêt du 3 juin 2016.

Affaire Le Collectif des anciens travailleurs maliens du Laboratoire Australian Laboratory Services, ALS-Bamako (MORILA) c/ République du Mali, (requête 002/2016), arrêt du 5 septembre 2016.

Affaire du Général Kayumba Nyamwasa et 6 autres c/ République du Rwanda, (Requête 016/2017), ordonnance sur la demande aux fins de mesures provisoires du 24 mars 2017.

Affaire de la Demande d'avis consultatif introduite par le Centre des Droits de l'Homme de l'Université de Prétoria et la Coalition des Lesbiennes africaines, avis consultatif du 28 septembre 2017.

Affaire de la Demande d'avis consultatif introduite par l'Association africaine de Défense des Droits de l'Homme (ASADHO), avis consultatif du 28 septembre 2017.

Affaire de la Demande d'avis consultatif introduite par la RADDHO, (Requête 002/2014), avis consultatif du 28 septembre 2017.

Affaire de la *Requête 001/2017 aux fins d'interprétation de l'arrêt du 20 novembre 2016, Affaire Alex Thomas c/ République Unie de Tanzanie, arrêt du 28 septembre* 2017.

Affaire de la Requête 002/2017 aux fins d'interprétation de l'arrêt du 3 juin 2016,

Affaire Mohammed Abubakari c/ République Unie de Tanzanie, arrêt du 28 septembre 2017.

4. COUR COMMUNE DE JUSTICE ET D'ARBITRAGE

CCJA, Avis n° 001/99/N de la CCJA du 7 juillet 1999 sur saisine du Président du Tribunal judiciaire de 1ère instance de Libreville concernant l'Acte Uniforme portant organisation des procédures simplifiées de recouvrement des créances et des voies d'exécution.

CCJA, Avis n° 002/99/E de la CCJA du 13 octobre 1999 sur saisine du Mali concernant l'Acte uniforme sur les procédures de recouvrement des créances et les voies d'exécution, www.ohada.com.

CCJA, Avis n° 02/2000/EP de la CCJA du 26 avril 2000 sur saisine du Sénégal concernant l'Acte Uniforme relatif au droit des sociétés et du GIE.

CCJA, Avis n° 00/2001/EP de la CCJA du 30 avril 2001 sur saisine de la Côte d'Ivoire relativement à la portée de la supranationalité induite par l'art. 10 du Traité OHADA (application directe et obligation des Actes Uniformes).

CCJA, n° 005/2001, 10 janvier 2002, Affaire SOCINCAM contre Société Pierson Meunier Cameroun.

CCJA, n° 006/2001, 11 octobre 2001, Affaire S.A Aminou et Cie et Mahaman Bello c. CCEI Bank.

CCJA, n° 012/2002, 18 avril 2002, Affaire Société Palmafrique c. Etienne Konan Bally Kouakou.

CCJA n° 013/2002 ,18 avril 2002, Affaire BICICI c. Dioum Mbandy.

CCJA, n° 002/2003, 30 janvier 2003, Affaire Société Delmas Vieljeux Côte d'Ivoire contre CIVEXIM, Rec.OHADA, n° 1, janvier- juin 2003, p. 36.

CCJA, n° 004/2003, 27 mars 2003, Affaire Fofana Mamadou c. Potey Pah Blaise.

CCJA, n° 009/2003, 24 avril 2003, Affaire Hyjazi Samih c. Dagier Habib Rolland et Madame Dagher May dite Faghali.

CCJA, n° 010/2004, 26 février 2004 - Affaire Me Tonye Arlette c. BICEC.

CCJA, n° 014/2004, 18 mars 2004, Affaire Société Berdam International c. BIAO.

CCJA, n° 046/2005, 7 juillet 2005, Affaire Etablissements Soules & Cie c. Société Négoce & Distribution dite N& D et Continental Bank Benin, www.ohada.com.

5. COUR EUROPEENNE DES DROITS DE L'HOMME

CEDH, Affaire Ramirez Sanchez c/ France (2006).

CEDH, Affaire Siwa-Akofa Siliadin c/ France, VII, Série A,

CEDH, Affaire Noël Narü Tauira et autre c/ France, arrêt 4 décembre 1995.

CEDH, Affaire Dudgeon c/ Royaume Uni, Arrêt du 22 octobre 1989.

CEDH, Affaire Soering c/ Royaume Uni, arrêt du 7 juillet 1989.

6. COUR INTERNATIONALE DE JUSTICE

CIJ, Avis sur les conditions de l'admission d'un Etat comme membre des Nations Unies, 28 mai 1948, Rec., p. 47. Voir http://www.icj-cij.org.

CIJ, Affaire du Détroit de Corfou, arrêt du 15 décembre 1949, Rec. 1949, § 248, C.I.J., Recueil 1947-1948, p. 27.

CIJ, Avis consultatif du 11 avril 1949 relatif à la réparation des dommages subis au service des Nations Unies, Rec. 1949, p. 174.

CIJ, Sud-ouest africain Rec., 1950, p. 120.

C.I.J, Interprétation des traités de paix conclus avec la Bulgarie, la Hongrie et la Roumanie, Avis consultatif du 30 mars 1950, Rec. 1950, p. 70.

CIJ, Affaire du Droit d'asile, arrêt du 20 novembre 1950.

CIJ, Affaire de la Demande d'interprétation de l'Arrêt du 20 novembre 1950 en l'affaire du droit d'asile, Arrêt du 27 novembre 1950, Recueil 1950, p. 402.

CIJ, Affaire du droit d'asile, arrêt du 13 juin 1951, Rec. 1951.

CIJ, Réserves à la Convention pour la prévention et la répression du crime de génocide. Avis consultatif du 28 mai 1951, Recueil des arrêts, avis consultatifs et ordonnances, Rec. 1951, p. 15.

CIJ, Affaire Ambatielos, Rec. 1952, p. 48.

CIJ, Affaire de l'Anglo-Iranian Oil Co., ordonnance du 5 juillet 1951, Rec. 1951, § 93.

CIJ, Affaire de l'Anglo-Iranian Oil Co. (Royaume-Uni c. Iran), exceptions préliminaires, arrêt, Recueil 1952.

CIJ, Effets des jugements du T.A.N.U., Rec., 1954, p. 37.

CIJ, Affaire de l'Or monétaire pris à Rome en 1943 (Italie c. France, Royaume-Unis et Etats-Unis d'Amérique), arrêt du 15 juin 1954, C.I.J., Recueil 1954.

CIJ, Affaire Nottebohm, arrêt du 6 avril 1955, Recueil 1955, p. 25.

CIJ, Affaire du Droit de passage sur le territoire indien, arrêt du 26 novembre 1957, exceptions préliminaires. Rec. 1957.

CIJ, Affaire du Droit de passage sur le territoire indien, fond, arrêt du 12 avril 1960.

CIJ, Affaire de la sentence arbitrale rendue par le Roi d'Espagne le 23 décembre 1906, arrêt du 18 novembre1960.

C.I.J, Composition du Comité de la Sécurité maritime de l'Organisation intergouvernementale consultative de la navigation maritime, Avis consultatif du 8 juin 1960, Rec. 1960, p. 153.

CIJ, certaines dépenses des Nations Unies, Rec., 1962, p. 151.

CIJ, Plateau continental de la Mer du Nord, arrêt du 20 février 1969, Recueil, 1969, p. 198.

C.I.J, Conséquences juridiques pour les Etats de la présence continue de l'Afrique du Sud en Namibie (Sud-Ouest Africain) nonobstant la Résolution 276 (1970) du Conseil de Sécurité, Avis consultatif du 21 juin 1971, Rec. 1971, p. 27.

C.I.J., Demande de réformation du jugement n° 158 du Tribunal Administratif des Nations Unies, Avis consultatif du 12 juillet 1973, Rec. 1973, p. 166.

C.I.J, Compétence en matière de pêcheries, arrêt du 25 juillet 1974, Rec.1974.

CIJ, Affaire des essais nucléaires, arrêt du 20 décembre1974, Rec. 1974, pp. 259 et 463.

C.I.J, Affaire du Personnel diplomatique et consulaire des Etats-Unis d'Amérique à Téhéran, arrêt du 24 mai 1980, Rec. 1980, p. 20.

CIJ, Affaire des Activités militaires et paramilitaires au Nicaragua et contre celui-ci, arrêt du 26 novembre 1984 Rec. 1984, 418.

CIJ, Affaire du Différend frontalier (Burkina Faso / Mali) arrêt du 22 décembre 1986.

CIJ, affaire des Actions armées frontalières et transfrontalières, arrêt du 20 décembre 1988, Rec. 1988.

CIJ, Affaire de l'Applicabilité de la section 22 de l'article VI de la Convention sur les privilèges et immunités des Nations Unies, Avis consultatif du 15 décembre 1989, Rec.1989, p. 177.

CIJ, Affaire de l'Incident aérien du 3 juillet 1988, ordonnance du 13 décembre 1989, Rec. 1989, § 133.

CIJ, Affaire des Terres à phosphates à Nauru, arrêt du 26 juin 1992, Rec. 1992, §262

CIJ, Affaire de l'Application de la convention sur le génocide, ordonnance du 8 avril 1993, Rec. 1993, § 22.

CIJ, Différend frontalier El Salvador / Honduras, ordonnance du 28 février 1990, Rec. 1990, p. 114.

C.I.J. Affaire du Passage par le Grand-Belt (Finlande c. Danemark), mesures conservatoires, ordonnance du 29 juillet 1991, Rec. 1991, p. 17, § 23.

CIJ, Affaire relative à la sentence arbitrale du 31 juillet 1989, arrêt du 12 novembre 1991, (Guinée Bissau c/ Sénégal), Rec. p. 53.

CIJ, Différend frontalier El Salvador / Honduras, arrêt du 11 septembre 1992, Rec. 1992, § 610.

CIJ, Affaire de l'Application de la convention pour la prévention et la répression du crime de génocide (Bosnie-Herzégovine c. Serbie-et-Monténégro), Ordonnance du 13 septembre 1993 (Nouvelles demandes en indication de mesures conservatoires), Rec. 1993, p .416, § 24.

CIJ, Affaire de la Frontière terrestre et maritime entre le Cameroun et le Nigeria (Cameroun c/ Nigeria), arrêt du 29 mars 1994.

CIJ, Affaire du Timor oriental, arrêt du 30 juin 1995, Rec. 1995.

CIJ, Affaire de la Licéité de l'utilisation des armes nucléaires par un Etat dans un conflit armé (« Avis OMS »), Avis consultatif du 8 juillet 1996, Recueil 1996, p.66.

CIJ, Affaire de la licéité de la menace ou de l'emploi de l'arme nucléaire, avis consultatif du 8 juillet 1996.

CIJ, Affaire de l'Application de la Convention pour la prévention et la répression du crime de génocide (Bosnie-Herzégovine c. Yougoslavie), exceptions préliminaires, arrêt C.I.J., arrêt du 11 juillet 1996, Recueil 1996 (II), pp. 620- 621, § 40.

CIJ, Affaire de l'Application de la Convention pour la prévention et la répression du crime de génocide, (Bosnie-Herzégovine c. Yougoslavie), (Demandes reconventionnelles), Ordonnance du 17 décembre 1997, Rec., 1997, p. 256, § 27

CIJ, Affaire des Pêcheries, arrêt du 4 décembre 1998, Rec. 1998.

CIJ, Affaire de la Frontière terrestre et maritime entre le Cameroun et le Nigeria (Cameroun c. Nigeria), exceptions préliminaires, arrêt du 11 juin 1998, § 116.

CIJ, Affaire du Différend relatif à l'immunité de juridiction d'un rapporteur spécial de la Commission des Droits de l'Homme, Avis consultatif du 29 avril 1999, Rec. 1999.

CIJ, Affaire du Différend frontalier, Cameroun / Nigeria, arrêt du 21 octobre 1999, Rec. 1999, 1034.

CIJ, Affaire du Traitement en Hongrie d'un avion des Etats-Unis d'Amérique et de son équipage (Etats-Unis d'Amérique c. Hongrie) (Etats-Unis d'Amérique c. URSS).

CIJ, Affaire de l'Incident aérien du 10 mars 1953 (Etats-Unis d'Amérique c. Tchécoslovaquie).

CIJ, Affaire de l Incident aérien du 7 novembre 1954 (Etats-Unis d'Amérique c. URSS).

CIJ, Affaire de l'Incident aérien 10 août 1999, arrêt du 21 juin 2000, Rec. 2000, §36.

CIJ, Affaire relative à la Souveraineté sur Pulau Ligitan et Pulau Sipadan (Indonésie c. Malaisie), requête des Philippines à fin d'intervention, arrêt du 23 octobre 2001. CIJ, Rec., p. 630.

CIJ, Affaire La Grand, (Allemagne c. Etats -Unis d'Amérique) (Fond), arrêt du 27 juin 2001, Rec. 2001, §§ 102-109.

C.I.J, Mandat d'arrêt du 11 avril 2000 (République Démocratique du Congo c. Belgique), arrêt du 14 février 2002, Rec. 2002.

CIJ, Affaire relative à la Souveraineté sur Pulau Ligitan et Pulau Sipadan (Indonésie c. Malaisie), arrêt du 17 décembre 2002 (Fond).

C.I.J. Affaire de Certaines procédures pénales engagées en France (République du Congo c. France), mesures conservatoires, ordonnance du 17 juin 2003, C.I.J. Rec. 2003, p. 107, § 22.

CIJ, Affaire de la Demande de révision de l'arrêt du 11 juillet 1996 en l'affaire relative à l'application de la Convention pour la prévention et la répression du crime de génocide (Bosnie Herzégovine c. Yougoslavie), exceptions préliminaires (Yougoslavie c. Bosnie Herzégovine), arrêt du 3 février 2003, Rec. 2003, § 67.

C.I.J. Affaire des Conséquences juridiques de l'édification d'un mur dans le territoire palestinien occupé, Avis consultatif du 9 juillet 2004, Rec. 2004.

CIJ, Affaire du Différend frontalier (Bénin / Niger), arrêt du 12 juillet 2005, Rec. p. 90.

CIJ, Affaire des Activités armées sur le territoire du Congo (République démocratique du Congo c. Ouganda), arrêt du 19 décembre 2005. Recueil 2005, §260.

CIJ, Affaire des Activités armées sur le territoire du Congo (nouvelle requête : 2002) (République démocratique du Congo c. Rwanda), compétence et recevabilité, arrêt du 3 février 2006, Rec. 2006, § 91.

CIJ, Affaire des Usines à pâte de papier sur le fleuve Uruguay (Argentine c. Uruguay), mesures conservatoires, ordonnance du 23 janvier 2007, Rec. 2007, p.11, § 32.

CIJ, Affaire relative à Certaines Questions concernant l'entraide judiciaire en matière pénale (Djibouti c. France), arrêt du 4 juin 2008, Rec. 2008.

CIJ, Affaire de la Demande en interprétation de l'arrêt du 31 mars 2004 en l'affaire Avena et autres ressortissants mexicains (Mexique c. Etats-Unis d'Amérique) (Mexique c. Etats-Unis d'Amérique), mesures conservatoires, ordonnance du 16 juillet 2008, Recueil 2008, p. 311.

CIJ, Affaire Avena et autres, ordonnance du 16 juillet 2008, (Mexique c/ Etats-Unis), Rec. 2008, § 64.

C.I.J., Affaire de l'Application de la convention internationale sur l'élimination de toutes les formes de discrimination raciale (Géorgie c. Fédération de Russie), mesures conservatoires, ordonnance du 15 octobre 2008, Rec. 2008, § 129.

CIJ, Affaire des Questions concernant l'obligation de poursuivre ou d'extrader (Belgique c. Sénégal), mesures conservatoires, ordonnance du 28 mai 2009, C.I.J. Recueil 2009, p. 139, § 61.

CIJ, Affaire des Usines à pate de papier sur le fleuve Uruguay (Argentine c. Uruguay), arrêt du 20 avril 2010.

C.I.J, Conformité au droit international de la déclaration unilatérale d'indépendance relative au Kosovo, Avis consultatif du 22 juillet 2010.

C.I.J. Affaire de la Demande d'interprétation de l'arrêt du 15 juin 1962 en l'affaire du Temple Préah-Vihéar (Cambodge c. Thailande), ordonnance sur les mesures conservatoires du 18 juillet 2011, Rec. 2011, p. 537.

CIJ, affaire du Différend territorial Nicaragua c/ Colombie, arrêt du 4 mai 2011, Rec. 2011, § 27.

CIJ, Affaire des Immunités juridictionnelles de l'Etat, (Allemagne c. Italie), Requête de la République Héllénique à fin d'intervention, Rec. 2011.

C.I.J, Jugement n° 2867 du Tribunal administratif de l'Organisation Internationale du Travail sur requête contre le Fonds International de Développement Agricole, Avis consultatif du 1er février 2012.

CIJ, Affaire du Différend frontalier (Burkina Faso / Niger), arrêt du 16 avril 2013.

CIJ, Affaire de la Chasse à la baleine dans l'Antarctique, (Australie c. Japon), déclaration d'intervention de la Nouvelle-Zélande, ordonnance du 6 fevrier 2013.

CIJ, Questions concernant la saisie et la détention de certains documents et données (Timor-Leste c. Australie), mesures conservatoires, ordonnance du 3 mars 2014, C.I.J. Recueil 2014, p. 151, § 18.

CIJ, *Effets juridiques de la séparation de l'archipel des Chagos de Maurice en 1965, requête pour avis consultatif du 22 juin 2017.*

7. COUR DE JUSTICE DES COMMUNAUTES EUROPEENNES

CJCE, Arrêt du 21 juin 1958, Groupements des Hauts Fourneaux et Aciéries belges, Aff. 8/57, Rec. 229.

CJCE, Arrêt du 5 février 1963, Van Gend En Loos, Aff. 26/62.

CJCE, Aff. 28 à 30/62, du 27 mars 1963, Da Costa, Rec. p. 35.

CJCE, Aff. 61/65, Veuve Vaassens Göbbels, Rec.1966, 377.

CJCE, Aff. 25/70, arrêt du 17 décembre 1970, Köster.

CJCE, Arrêt du 17 décembre 1970, Aff. 11/70, International Handelsgesellschaft.

CJCE, Affaire Variola, arrêt du 10 octobre 1973, Aff. 34/73, p. 981.

CJCE, Aff. 83-76, HNL, 25 mai 1978, Rec., 1978, p. 1209.

CJCE, Affaire Flaminio Costa contre Ente Nazionale per l'Energia Elettrica (ou Costa c/ Enel), affaire 6/64, arrêt du 15 juillet 1964.

CJCE, Affaire Administration des finances de l'État contre Société anonyme Simmental (Affaire 106/77), arrêt du 9 mars 1978.

CJCE, Affaire Commission contre Conseil (AETR) Rec., 1971, p. 263.

CJCE, Affaire Fédéchar, Rec., 1956, p. 1999.

CJCE, Affaire Cassis de Dijon, arrêt du 20 février 1979.

CJCE, Affaire C-210/91, Commission c /Grèce, Rec.1992, I-6735.

CJCE, Affaire 79/72, Commission c/ Italie, Rec.1973, 667.

CJCE, Affaire C-387/97, Commission c/ Grèce, Rec. 2000, I-5

CJCE, Aff. 283/81, du 6 octobre 1982, CILFIT, Rec. p. 3415.

CJCE, 11 novembre 1981, IBM contre Commission, Aff. 60/82, Rec, p. 2639.

CJCE, 9 août 1994, France contre Commission, Rec, p. I-3641.

CJCE, 11 mai 1989, Maurissen, Aff. 194/87, Rec. p. 1045.

CJCE, 23 avril 1986, Les Verts c /Parlement.

CJCE, 15 juillet 1963, Plaumann, Aff. 25/69, Rec. p. 197.

CJCE, Nachi Europe Gmbh, arrêt 15 février 2001, Aff. 239/99, Rec. p. I-197.

CJCE, Aff. 5/71, Zuckerfabrik.

CJCE, Aff. 4/69, Lutticke.

CJCE, Aff.T-168/94 Blackspur.

CJCE, 14 déc.1971, Politi, Aff. 43/71.

CJCE, 4 décembre 1974, Van Duyn, Aff. 41/74.

CJCE, 10 novembre 1992, Hansa Fleich, Aff. 156/91.

CJCE, Arrêt 19 juin 1990, Factortame e.a. Aff C-21.

C.J.C.E., 17 décembre 1980, Aff. 149/79, Commission c. Belgique, Rec. 1979, p. 3881.

C.J.C.E., 7 juillet 1992, Singh.

8. COUR PERMANENTE DE JUSTICE INTERNATIONALE

C.P.J.I. , Avis consultatif du 23 juillet 1923, Statut de la Carélie orientale.

CPJI, avis consultatif du 6 décembre 1923, Affaire de la Jaworzina Série B- n° 8, p. 37.

CPJI., arrêt du 30 août 1924, Affaire des Concessions Mavrommatis en Palestine, Série A, n° 3, p. 11.

CPJI, avis consultatif du 23 juillet 1926, Compétences de l'O.I.T, Série B n° 13, p.18.

CPJI, Avis consultatif, du 8 décembre1927, Compétence de la Commission européenne du Danube, Série B, n° 14, p. 64.

CPJI, arrêt du 16 décembre 1927, Affaire de l'Interprétation des arrêts n° 7 et 8 (Usine de Chorzów), série A, n° 13, 1927, pp. 10-11.

CPJI, Avis du 3 mars 1928, Affaire de la compétence des Tribunaux de Dantzig, Série B, N° 15. p. 17.

CPJI, arrêt n° 12 du 26 avril 1928 (Allemagne c. Pologne), Affaire des Droits de minorités en Haute-Silésie (écoles minoritaires), Série A, Rec. 1928.

C.P.J.I. ,arrêt du 12 juillet 1929, Emprunts serbes, Série A, N° 20-21, p. 17.

C.P.J.I., arrêt du 5 septembre 1931, Régime Douanier Austro-Allemand, , Série A/B, N° 41, p. 57.

CPJI, avis consultatif du 4 février 1932, Affaire du traitement des nationaux polonais et des autres personnes d'origine ou de langue polonaise dans le territoire de Dantzig, série A/B, n° 44.

C.P.J.I., arrêt du 14 juin 1938, affaire des Phosphates du Maroc, Série A/B, n° 74, 23.

CPJI, arrêt du 28 février 1939, Affaire du Chemin de fer Panevezys-Saldutiski, Séries A/B, Arrêts, Ordonnances et Avis consultatifs, n° 76, p. 22.

9. COUR DE JUSTICE DE LA CAE

Affaire Professeur Anyang Nyongo et Autres c/ Attorney Général de la République du Kenya, Requête 01/2006.

Affaire James Katabazi et autres c / Le Secrétaire Général de la Communauté de l'Afrique de l'Est et l'Attorney Général de la République d'Ouganda n° 01/2007, arrêt du 1er novembre 2007.

Affaire Modern Holdings East Africa Ltd. c/ Kenya Ports Authority, Requête 01/2008.

Affaire Mary Ariviza et Okotch Mondo c/ Attorney Général de la République du Kenya et le Secrétaire Général de la Communauté d'Afrique de l'Est, 1ère instance, requête 03/2010, arrêt du 23 février 2011.

Affaire Independent Medical Legal Unit c/ Attorney Général, le Ministre de la Sécurité intérieure de la République du Kenya et le Secrétaire Général de la Communauté d'Afrique de l'Est (Requête 3/2010), arrêt du 29 juin 2011.

Affaire Attorney General of Rwanda c/ Plaxeda Rugumba, Appel 01/2012, arrêt du 21 juin 2012.

Affaire Independent Medical Legal Unit et Attorney General of Uganda c/ Omar Awadh Omar and 6 others, Appel 02/2012, arrêt du 15 avril 2013.

Affaire Sam Mukura Mohochi c/ l'Attorney Général de la République d'Ouganda, 1ère instance, requête 05/2011, arrêt du 17 mai 2013.

Affaire Venant Masenge c/ l'Attorney Général de la République du Burundi, 1ère instance (Requête 9/2012), arrêt du 18 juin 2014.

Affaires jointes 20-21/2014, *Uhai Eashri Health Development Initiative (Rwanda) c/ Human Rights Awareness and*

Promotion Forum (HRAPF) and The Attorney General of The Republic of Uganda, arrêt du 17 février 2015.

Affaire 07/2013, *Union Burundaise des Journalistes c/ Procureur Général de la République du Burundi,* arrêt du 15 mai 2015.

Affaire 02/2015, *East African Civil Society Organisations Forum (EACSOF) c/ Le Procureur Général de la République du Burundi et autres*, arrêt du 29 juillet 2015.

10. COUR DE JUSTICE DE LA CEDEAO

Cour de Justice de la CEDEAO, Affaire n° ECW/CCJ/APP/01/03, Olajide Afolabi contre la République Fédérale du Nigeria, arrêt n° 01/04/04 du 2 avril 2004.

Cour de Justice de la CEDEAO, Affaire Dr. Jerry Ugokwe c/ République Fédérale du Nigeria, arrêt du 7 octobre 2005.

Cour de Justice de la CEDEAO, Affaire Mme Tokumbo Lijadu-Oyemade c/ Secrétaire Exécutif de la CEDEAO, arrêt du 5 avril 2006.

Cour de Justice de la CEDEAO, Affaire n° ECW/CCJ/APP/03/07, Moussa Léo Keita c/ République du Mali, arrêt du 22 mars 2007,

Cour de Justice de la CEDEAO, Affaire Alhaji Hammani Tijdjani c/ République Fédérale du Nigeria, République du Mali, République du Bénin, arrêt du 28 juin 2007.

Cour de Justice de la CEDEAO, ECW/CCJ/APP/05/07 et ECW/CCJ/APP/07/07, Affaire MMrs Alice R. Chukwudolue, Rosemary Adaeze Amanze et al. contre la République du Sénégal, arrêt du 22 octobre 2007.

Cour de Justice de la CEDEAO, Affaire Professor Etim Moses Essien contre la République de Gambie et l'Université de Gambie, arrêt du 29 octobre 2007.

Cour de Justice de la CEDEAO, Affaire Chief Frank C. Ukor, arrêt du 02 novembre 2007.

Cour de Justice de la CEDEAO, Affaire Ebrima Manneh c/ République de Gambie, Arrêt du 5 juin 2008.

Cour de Justice de la CEDEAO, Affaire Dame Hadijatou Mani Koraou c. République du Niger, arrêt du 27 octobre 2008, voir le site : www.unhcr.org/cgi-bin:ldxis:vtx:refworld .

Cour de Justice de la CEDEAO, ECW/CCJ/APP/08/08, Affaire Droits économiques et sociaux et Projet Responsabilité (SERAP) c/ République Fédérale du Nigeria et la Commission sur l'Education de base Universelle, arrêt du 27 octobre 2009.

Cour de Justice de la CEDEAO, ECW/CCJ/JUD/01/09, Affaire Djot Bayi and 14 autres vs Federal Républic of Nigeria and 4 others, arrêt du 23 janvier 2009.

Cour de Justice de la CEDEAO, ECW/CCJ/JUD/04/09, Affaire Amouzou Henri et 5 autres c/ République de Côte d'Ivoire, arrêt du 17 décembre 2009.

Cour de Justice de la CEDEAO, ECW/CCJ/ADD/11/09, Affaire Hissène Habré c/ République du Sénégal, arrêt Avant Dire Droit du 17 novembre 2009.

Cour de Justice de la CEDEAO, ECW/CCJ/JUD/03/10, Affaire Peter David c/ Ambassadeur Ralph Uwechwe, arrêt du 11 juin 2010.

Cour de Justice de la CEDEAO, ECW/CCJ/JUD/05/10, Affaire Mamadou Tandja c/ Son Excellence Général Salou Djibo et Etat du Niger, arrêt du 8 novembre 2010.

Cour de Justice de la CEDEAO, Affaire ECW/CCJ/JUD/O6/10, Hissène Habré c/ République du Sénégal, arrêt du 18 novembre 2010.

Cour de Justice de la CEDEAO, Affaire ECW/CCJ/JUD/08/10, Musa Saidykan c/ République de Gambie, arrêt du 19 décembre 2010.

Cour de Justice de la CEDEAO, ECW/CCJ/APP/12/10, affaire Mme Ameganvi Manavi Isabelle, et Sieurs Fabre Jean Pierre et 7 autres (parlementaires togolais démissionnaires) c/ Etat du Togo, arrêt du 7 octobre 2011.

Cour de Justice de la CEDEAO, *ECW/CCJ/JUD/05/11, Affaire Center for Democracy and Development et Center for Defense of Human Rights and Democracy c/ Mamadou Tandja et République du Niger, arrêt du 09 mai 2011.*

Cour de Justice de la CEDEAO, Affaire Laurent Gbagbo c/ République de Côte d'Ivoire et Alassane Ouattara, arrêt du 23 mars 2012.

Cour de Justice de la CEDEAO, *ECW/CCJ/JUD/01/12, Affaire Barthélémy Dias c/ République du Sénégal, arrêt du 23 mars 2012.*

Cour de Justice de la CEDEAO, Affaire ECW/CCJ/ADD/02/10, Hissène Habré c/ République du Sénégal, arrêt du 14 mai 2012 (Exceptions préliminaires).

Cour de Justice de la CEDEAO, Affaire Simone Ehivet et Michel Gbagbo c/ République de Côte d'Ivoire, arrêt avant dire droit sur l'exception d'incompétence du 31 octobre 2012.

Cour de Justice de la CEDEAO, *ECW/CCJ/JUD/17/12, Affaire Sa'adatu Umar c/ République Fédérale du Nigéria, arrêt du 14 décembre 2012.*

Cour de Justice de la CEDEAO, Affaire Karim Meïssa Wade, arrêt du 22 février 2013.

Cour de Justice de la CEDEAO, Affaire Sow Bertin Agba, arrêt du 26 avril 2013.

Cour de Justice de la CEDEAO, Affaire *Groupe RACECO c /Commission de la CEDEAO, arrêt du 7 juin 2013.*

Cour de Justice de la CEDEAO, ECW/CCJ/JUD/03/13, Affaire Simone Ehivet et Michel Gbagbo c/ République de Côte d'Ivoire, arrêt du 22 juin 2013.

Cour de Justice de la CEDEAO, Affaire Kpatcha Gnassingbe, arrêt du 13 juillet 2013.

Cour de Justice de la CEDEAO, Affaire ECW/CCJ/JUD/14 Maimuna Abdulmumini c/ République Fédérale du Nigeria, arrêt du 13 février 2014.

Cour de Justice de la CEDEAO, *ECW/CCJ/JUD/16/15, Affaire Congrés pour la Démocratie et le Progrés et autres c/ l'Etat du Burkina, arrêt du 13 juillet 2015.*

Cour de Justice de la CEDEAO, *ECW/CCJ/JUD/02/16, Affaire Konso Kokou Parounam c/ République Togolaise, arrêt du 16 février 2016.*

Cour de Justice de la CEDEAO, *ECW/CCJ/JUD/04/16*, Affaire *Kagbara Bassabi et Babale Philomène c/ République Togolaise, arrêt du 16 février 2016.*

Cour de Justice de la CEDEAO, *ECW/CCJ/JUD/03/16, Affaire Ibrahima Sory Touré, Issiaga Bangoura c/ République de Guinée, arrêt du 16 février 2016.*

Cour de Justice de la CEDEAO, *ECW/CCJ/JUD/19/16, Affaire Djibril Yipéné Bassolé c/ Burkina Faso, arrêt du 1er avril 2016.*

Cour de Justice de la CEDEAO, *ECW/CCJ/JUD/11/16, Affaire Farimata Mahamadou, Barandjangou Mahamadou, Farimata Oumar et Farimata Kola c / République du Mali, arrêt du 17 mai 2016.*

Cour de Justice de la CEDEAO, *ECW/CCJ/JUD/12/16, Affaire Général Amadou Haya Sanogo et autres c/ République du Mali, arrêt du 17 mai 2016.*

Cour de Justice de la CEDEAO, *ECW/CCJ/JUD/07/16, Affaire Amétépé Koffi c. République Togolaise, arrêt du 21 avril 2016.*

Cour de Justice de la CEDEAO, *Affaire Dorothy Njemanze et autres c. République Fédérale du Nigeria, arrêt du 17 octobre 2017.*

11. COUR DE JUSTICE DE LA CEMAC

CEMAC, Cour de justice, Chambre judiciaire, arrêt n° 005 / ADD / CJ / CEMAC / CJ / 02 du 06 Juin 2002, affaire Amity Bank Cameroun S.A. c. Tasha Loweh Lawrence.

CEMAC, Cour de justice, Chambre judiciaire, arrêt n° 007 /CJ/CEMAC/CJ/02 du 27 novembre 2002, affaire AFISCO c. CEBEVIRHA.

CEMAC, Cour de justice, Chambre judiciaire, arrêt n° 001 /CJ/CEMAC/CJ/03 du 20 février 2003, affaire Gozzo Samuel Aaron c. CEBEVIRHA.

CEMAC, Cour de justice, Chambre judiciaire, arrêt n° 004 /CJ/CEMAC/CJ/03 du 17 juillet 2003, affaire Thomas Dakayi Kamga c. CEMAC.

CEMAC, Cour de justice, Chambre judiciaire, arrêt n° 001 /CJ/CEMAC/CJ/04 du 18 mars 2004, affaire Galbert Abessolo Etoua c. CEMAC.

CEMAC, Cour de justice, Chambre judiciaire, arrêt n° 001 /CJ/CEMAC/CJ/05 du 07 avril 2005, affaire Tasha Loweh Lawrence c. CEMAC.

CEMAC, Cour de justice, Chambre judiciaire, arrêt n° 001 /CJ/CEMAC/CJ/10-11 du 25 novembre 2010, affaire Ecole Inter-états des douanes c/ Djeukam Michel. www.revue.ersuma.org/no-1-juin-2012 / jurisprudence.

12. COUR DE JUSTICE DU COMESA

COMESACJ, Affaire n° 1/99, Ethiopia vs. Eritrea, arrêt du 21 mars 2001.

COMESACJ, Affaire 1D/2000, Banque de la ZEP et Michael Gondwe c. Martin Ogang, arrêt du 29 mars 2001.

COMESACJ, Affaires Martin Ogang, c. Banque de l'Afrique de l'est et de l'Afrique australe pour le commerce et le développement (Banque de la ZEP) et Michael Gondwe, Affaires n° 1A/2000 et 1C/2000, arrêt du 30 mars 2001.

COMESACJ, Affaire n° 3/2001, the Republic of Kenya and the Commissioner of Lands vs. Coastal Acquaculture, arrêt du 26 avril 2002.

COMESACJ, Affaire 1B/2000, Eastern and Southern African trade and development Bank (PTA Bank) and Dr. Michael Gondwe vs. Martin Ogang, arrêt du 26 avril 2002.

COMESACJ, Affaire 01/2002, the COMESA and Erastus J.O.Mwencha vs Kabeta Muleya, arrêt du 16 octobre 2002.

COMESACJ, Affaire 1/2002, Building Design Enterprise vs. COMESA, requête pour arbitrage, ordonnance du 18 octobre 2002.

COMESACJ, Affaire ZEP c. Martin Ogang, arrêt du 21 octobre 2002.

COMESACJ, Affaire 3/2002, Bilika Harry Simamba vs. COMESA, ordonnance du 25 octobre 2002.

COMESACJ, Affaire 04/2002, Standard Chartered Financial Services, A. D. Gregory and COMESA. Cahill vs. Court of Appeal for the Republic of Kenya, arrêt du 20 novembre 2002.

COMESACJ, Affaire 1/2003, Kabeta Muleya (Dr) vs. The COMESA and Erastus Mwencha, arrêt du 4 avril 2003.

13. COUR DE JUSTICE DE L'UEMOA

Cour de Justice, UEMOA, Avis n° 01/96 du 10 décembre 1996, Demande d'avis de la BCEAO sur le projet d'agrément unique pour les banques et les établissements financiers.

Cour de Justice, UEMOA, Affaire Kossi Mawuli Agokla contre Commission de l'UEMOA, arrêt du 18 décembre 2002, Recueil de la jurisprudence de la Cour 01-2004, pp. 36-67.

Cour de Justice, UEMOA, Avis n° 02/2003 du 20 juin 2003, Affaire de la Demande d'avis de la Commission de l'UEMOA relative au renouvellement du mandat des conseillers de la Cour des Comptes, Recueil de la jurisprudence de la Cour n° 01-2004.

Cour de Justice, UEMOA, Avis N° 001/2003 du 18 mars2003, Demande d'avis de la Commission de l'UEMOA relative à la création d'une Cour des comptes au Mali, in UEMOA, Recueil de la jurisprudence de la Cour n° 01-2004, pp. 75-85.

Cour de Justice, UEMOA, Avis N° 03/2003 du 22 octobre 2003, Demande d'avis de la Commission de l'UEMOA relative à l'interprétation des articles 48,55 et 57 du Règlement N° 01/95/CM du 1er août 1995 portant statut des fonctionnaires de l'UEMOA.

Cour de justice, UEMOA, Affaire Bayon Bako contre Commission de l'UEMOA, arrêt du 18 novembre 2004, Recueil de la jurisprudence de la Cour 01-2004, p.179 et s.

Cour de Justice, UEMOA, Affaire Eugène Yaï contre La Conférence des Chefs d'Etat et de Gouvernement et la Commission de l'UEMOA, Arrêt N° 03/2005 du 27 avril 2005.

Cour de Justice, UEMOA, Affaire Eugène Yaï contre La Conférence des Chefs d'Etat et de Gouvernement et la Commission de l'UEMOA, Arrêt N° 01/2006 du 5 avril 2006.

Cour de Justice, UEMOA, Affaire Eugène Yaï contre La Conférence des Chefs d'Etat et de Gouvernement et la Commission de l'UEMOA, Arrêt N° 01/2008 du 30 avril 2008.

14. COUR PENALE INTERNATIONALE

CPI, Chambre Préliminaire II, Situation en Ouganda, Affaire le Procureur c. Joseph Kony, Vincent Otti, Raska Lukwiya, Dominic Ongwen, ICC-02/04-01/05-248-tFRA, Décision de mettre fin à la procédure engagée contre Raška Lukwiya, 11 juillet 2007.

CPI, Chambre de première instance I, Situation en RDC, Affaire Le Procureur c. Thomas Lubanga Dyilo, ICC-01/04-01/06-2901-tFRA, Décision relative à la peine en application de l'article 76 du Statut de Rome, 10 juillet 2012.

CPI, Chambre d'appel, Situation en RDC, Judgment on the appeals of the Prosecutor and Mr. Thomas Lubanga Dyilo against the «Decision on Sentence pursuant to Article 76 of the Statute », ICC-01/04-01/06-3122,1 December 2014.

CPI, Chambre de première instance II, Situation en RDC, Affaire Le Procureur c. Germain Katanga, ICC-01/04-01/07-3484-tFRA, Décision relative à la peine en application de l'article 76 du Statut de Rome, 23 mai 2014.

CPI, Chambre de première instance II, Situation en RDC, Affaire Le Procureur c. Germain Katanga, Ordonnance de réparations pour les victimes en vertu de l'article 75 du Statut, 24 mars 2017.

ICC, Prosecution's Appeal against Trial Chamber II's "Jugement rendu en application de l'article 74 du Statut", 20 decembre 2012 ; CPI, Arrêt relatif à l'appel interjeté par le Procureur contre la décision de la Chambre de première instance II intitulée «Jugement rendu en application de l'article du Statut », 7 avril 2015.

CPI, Chambre de première instance II, Situation en RDC, Affaire Le Procureur c. Bosco Ntaganda, ICC-01/04-02/06-87-Red, Requête de la Défense aux fins de mise en liberté provisoire de M. Bosco Ntaganda, 20 août 2013.

CPI, Situation en RDC, Affaire Le Procureur c/ Calixte Mbarushimana, 30 mai 2012, Arrêt relatif à l'appel interjeté par le Procureur contre la Décision relative à la confirmation des charges rendue par la Chambre préliminaire I, le 16 décembre 2011.

CPI, Chambre de première instance I, Situation en RDC, Affaire Le Procureur c. Thomas Lubanga Dyilo, ICC-01/04-01/06-2901-tFRA, Décision relative à la peine en application de l'article 76 du Statut de Rome, 10 juillet 2012.

CPI, Chambre d'appel, Situation en RDC, Judgment on the appeals of the Prosecutor and Mr. Thomas Lubanga Dyilo against the «Decision on Sentence pursuant to Article 76 of the Statute », ICC-01/04-01/06-3122, 1 December 2014.

CPI, Chambre de première instance II, Situation en RDC, Affaire Le Procureur c. Germain Katanga, ICC-01/04-01/07-3484-tFRA, Décision relative à la peine en application de l'article 76 du Statut de Rome, 23 mai 2014, §147.

CPI, Chambre de première instance II, Situation en RDC, Affaire Le Procureur c. Germain Katanga, Ordonnance de réparations pour les victimes en vertu de l'article 75 du Statut, 24 mars 2017.

ICC, Prosecution's Appeal against Trial Chamber II's « Jugement rendu en application de l'article 74 du Statut », 20 décembre 2012.

CPI, Arrêt relatif à l'appel interjeté par le Procureur contre la décision de la Chambre de première instance II intitulée « Jugement rendu en application de l'article 74 du Statut », 7 avril 2015.

CPI, Chambre de première instance VII, affaire Le Procureur c. Jean-Pierre Bemba Gombo, Aimé Kilolo Musamba, Jean-Jacques Mangenda Kabongo, Fidèle Babala Wandu et Narcisse Arido, (ICC-01/05-01/13), Décision du 22 mars 2017.

CPI, Chambre de première instance II, Situation en RDC, Affaire Le Procureur c. Bosco Ntaganda, ICC-01/04-02/06-87-Red,

Requête de la Défense aux fins de mise en liberté provisoire de M. Bosco Ntaganda, 20 août 2013.

Affaire Le Procureur c. Omar Hassan Ahmad Al Bashir (ICC-02/05-01/09).

CPI, The Prosecutor v. Omar Hassan Ahmad Al Bashir, Décision prenant acte de la non-exécution par la République de Djibouti de la demande d'arrestation et de remise d'Omar Al Bashir à la Cour et renvoyant la question au Conseil de sécurité de l'ONU et à l'Assemblée des Etats parties au Statut de Rome.

CPI, The Prosecutor v. Omar Hassan Ahmad Al Bashir ; CPI, Décision rendue en application de l'article 87-7 du Statut de Rome concernant le refus de la République du Tchad d'accéder aux demandes de coopération délivrées par la Cour concernant l'arrestation et la remise d'Omar Hassan Ahmad Al Bashir.

CPI, Affaire, Le Procureur c. Abdel Raheem Muhammad Hussein (ICC-02/05-01/12-33-tFRA), 26 juin 2015.

CPI, Chambre Préliminaire I, Le Procureur c. Ahmad Al Faqi Al Mahdi, Decision on the confirmation of charges against Ahmad Al Faqi Al Mahdi, 24 mars 2016, (ICC-01/12-01/15).

CPI, Chambre Préliminaire I, Le Procureur c. Ahmad Al Faqi Al Mahdi, Decision on verdict and sentence (Jugement portant condamnation), 27 September 2016, (ICC-01/12-01/15-171-tFRA) 27-09-2016.

CPI, Affaire Le Procureur c. Laurent Gbagbo et Charles Blé Goudé (ICC-02/11601/15) situation en RCI. Fiche d'information ICC-PIDS -CIS - CI -O4 -03/16.

CPI, Chambre preliminaire III, Situation en République de Côte d'Ivoire, Affaire Le Procureur c. Laurent Koudou Gbagbo, ICC-02/11-01/11-1-tFRA, Mandat d'arrêt à l'encontre de Laurent Koudou Gbagbo, 23 novembre 2011.

CPI, Chambre preliminaire III, Situation en République de Côte d'Ivoire, Affaire Le Procureur c. Charles Blé Goudé, ICC-02/11-02/11-1-tFRA, Mandat d'arrêt à l'encontre de Charles Blé Goudé, 21 décembre 2011.

CPI, Chambre Préliminaire II, Situation en République du Kenya, ICC-01/09-19-Corr-tFRA, Décision relative à la demande d'autorisation d'ouvrir une enquête dans le cadre de la situation en République du Kenya rendue en application de l'article 15 du Statut de Rome, 31 mars 2010.

CPI, Chambre d'appel, Situation en RDC, Judgment on the appeals of the Prosecutor and Mr.Thomas Lubanga Dyilo against the"Decision on Sentence pursuant to Article 76 of the Statute", ICC-01/04-01/06-3122, 1 December 2014.

CPI, Chambre Préliminaire I, Affaire Le Procureur c. Simone Gbagbo, ICC-02/11-01/12-1-tFRA, Mandat d'arrêt à l'encontre de Simone Gbagbo, 29 février 2012.

CPI, Chambre Préliminaire I, Affaire Le Procureur c. Simone Gbagbo, ICC-02/11-01/12-11-Red-tFRA, Requête de la RCI sur la recevabilité de l'affaire Le Procureur c. Simone Gbagbo et Demande de sursis à execution en vertu des articles 17, 19 et 95 du Statut de Rome, 30 septembre 2013.

CPI, Situation en République du Kenya, Chambre préliminaire II, Affaire le Procureur c. William Samoei Ruto et Joshua Arap Sang, ICC-01/09-01/11-859, Decision on « Prosecutor's Request to Amend the Updated Document Containing the Charges Pursuant to Articles 61 (9) of the Statute » (uniquement disponible en anglais), 16 août 2013.

CPI, Chambre Préliminaire I, Affaire Le Procureur c. Simone Gbagbo, ICC-02/11-01/12-47-Red-tFRA, Décision relative à l'exception d'irrecevabilité soulevée par la Côte d'Ivoire s'agissant de l'affaire concernant Simone Gbagbo, 11 décembre 2014.

CPI, Chambre d'appel, Affaire Le Procureur c. Simone Gbagbo, ICC-02/11-01/12-75-Red-tFRA, Arrêt relatif à l'appel interjeté par la Côte d'Ivoire contre la décision de la Chambre preliminaire I du 11 décembre 2014 intitulée « Décision relative à l'exception d'irrecevabilité soulevée par la Côte d'Ivoire s'agissant de l'affaire concernant Simone Gbagbo », 27 mai 2015.

15. COUR PERMANENTE D'ARBITRAGE

CPA, Affaire de l'Ile Palmas, sentence arbitrale du 4 avril 1928, Recueil des Sentences Arbitrales, Vol. II, p. 838.

CPA, Affaire Chagos Marine Protected Area Arbitration (Maurice c. Grande Bretagne), sentence arbitrale du 18 mars 2015.

CPA, Affaire Gouvernement du Soudan c/ Mouvement de l'Armée Populaire de Libération du Soudan (APLS), sentence arbitrale de 2009.

CPA, Affaire Consta Joint Venture c. Chemin de fer Djibouto-Ethiopien, représentant la République Fédérale et Démocratique d'Ethiopie et la République de Djibouti, procédure arbitrale entamée en janvier 2013.

CPA, Affaire de la Souveraineté et de la délimitation maritime en Mer Rouge, (Erythrée / Yemen), sentence arbitrale du 17 décembre1999.

CPA, Affaire de l'Arbitrage Duzgit Integrity (Malte c. Sao Tomé et Principe), sentence arbitrale du 5 septembre 2016.

CPA, Affaire Ara Libertad (Argentine c. Ghana), sentence arbitrale du 11 novembre 2013.

CPA, Affaire Sterling Merchant Finance Ltd c. Gouvernement de la République du Cap-Vert, sentence arbitrale du 27 novembre 2015.

CPA, Affaire Telekom Malaysia Berhad c. Gouvernement de la République du Ghana, sentence arbitrale du 1er janvier 2003.

CPA, Affaire Mohamed Ismail Reygal c. le Haut-Commissariat de Nations Unies pour les Réfugiés (UNHCR), sentence arbitrale introduite le 16 octobre 2015.

CPA, Affaire Mattioli Joint Venture c. Ministère de l'Eau et de l'Energie représentant la République Fédérale et Démocratique d'Ethiopie, affaire introduite le 1er janvier 2013.

16. RAPPORTS DE CONCILIATION ET SENTENCES ARBITRALES DU CIRDI

• RAPPORTS DE CONCILIATION

CIRDI, République de Guinée Equatoriale c/ CMS Energy Corporation and others (n° CONC (AF) / 12/2), Rapport de la Commission du 12 mai 2015.

CIRDI, Hess Equatorial Guinea Inc. et Tullow Equatorial Guinea Limited c/ République de Guinée Equatoriale (n° CONC(AF)/12/1), (suspension de constitution de la Commission de conciliation jusqu'au 30 septembre 2017).

CIRDI, RSM Production Corporation c/ République du Cameroun (n°CONC/11/1, Rapport du 11 juin 2013.

CIRDI, Actionnaires de SESAM c/ République Centrafricaine (N°CONC/07/1), Rapport de la Commission du 13 aout 2008.

CIRDI, SEDITEX c/ République de Madagascar (N° CONC/82/1).

• SENTENCES ARBITRALES

CIRDI, Affaire Klöckner Industrie-Anlagen GmbH et autres c/ République Unie du Cameroun et Société Camerounaise des Engrais (N° ARB/81/2) enregistrée le 14 avril 1981.

CIRDI, Affaire Banro American Resources Inc. et Société aurifère du Kivu et du Maniemba c/ République Démocratique du Congo (N° ARB/98/7), affaire enregistrée le 28 octobre 1998.

CIRDI, Affaire Tanzania Electric Supply Company Limited c/ Independant Power Tanzania Limited (N° RB/98/8), enregistrée le 7 décembre 1998.

CIRDI, Affaire Maritime International Nominees Establishment c/ République de Guinée (N° ARB/84/4), sentence du 6 janvier 1988.

CIRDI, Affaire SA.R.L. Benvenuti & Bonfant c/ République Populaire du Congo (N° ARB/77/2), sentence du 8 août 1980.

CIRDI, Affaire A.G.I.P. S.p.A. c/ République Populaire du Congo (N° ARB/77/1), sentence du 30 novembre 1979.

CIRDI, Affaire S.O.A.B.I. c/ République du Sénégal (N° ARB/82/1), sentence du 25 février 1988.

CIRDI, Affaire Holiday Inns et Occidental Petroleum Company c/ Royaume du Maroc, sentence du 2 juillet 1972.

CIRDI, Affaire Adriano Gardella SpA c/ République de Côte d'Ivoire (N°ARB/74/1), sentence du 29 août 1977.

CIRDI, Affaire Compagnie française pour le développement des fibres textiles c/ République de Côte d'Ivoire (N° ARB/97/8), Sentence du 4 avril 2000.

CIRDI, Affaire MILLICOM International Operations B.V. et SENTEL GSM SA c/ République du Sénégal (n° ARB/08/20).

CIRDI, Affaire Vacuum Salt Products Ltd c/ République du Ghana (N° ARB/92/1), sentence du 16 février 1994.

CIRDI, Affaire Atlantic Triton Company Limited c/ RDC (n°ARB/84/4), décision sur les mesures conservatoires (rejet) du 18 décembre 1984.

CIRDI, Affaire Ghaith R. Pharaon c/ République Tunisienne (n° ARB/86/1), décision du 7 juillet 1988 (rejet).

CIRDI, Affaire ABCI Investments Limited c/ République Tunisienne (n°ARB/04/12), décisions de rejet du 7 mars 2016 et du 19 avril 2017.

CIRDI, Affaire Biwater Gauff (Tanzania) Ltd c/République Unie de Tanzanie (n°ARB/05/22), ordonnances de procédures des 2 février et 25 avril 2007.

CIRDI, Affaire Menzies Middle East and Africa S.A. et Aviation Handling Services International Ltd. c/ République du Sénégal (N°ARB/15/21), Ordonnance de procédure n° 2.

CIRDI, Affaire Patrick Mitchell c. R.D.C (n°ARB/99/7), décision du Comité ad hoc sur l'annulation du 1er novembre 2006.

CIRDI, Affaire CDC Group c/ République des Seychelles (n° ARB/02/14), décision du comité ad hoc du 29 juin 2005.

CIRDI, Affaire Klöckner c/ Cameroun, décision du 3 mai 1985.

CIRDI, Affaire Consortium R.F.C.C. c/ Royaume du Maroc (N° ARB/00/6), Décision du Comité ad hoc du 18 octobre 2006.

CIRDI, Affaire Gabon c/ Serete (accord intervenu le 27 février 1978).

CIRDI, Affaire Guadeloupe Gas Products Corporation c/ République du Nigeria (ARB/77/2), Sentence du 22 juillet 1980 incorporant le règlement amiable intervenu entre les parties.

CIRDI, Affaire Société Industrielle de Boissons de Guinée c/ République de Guinée (N° ARB/12/8), sentence arbitrale du 5 mai 2014.

CIRDI, Affaire SETIMEG c/ République du Gabon (ordonnance du Tribunal du 21 janvier 1993).

CIRDI, Affaire Antoine GOETZ et autres c/ République du Burundi (sentence incorporant l'accord des parties du 10 février 1999).

CIRDI, Affaire Alimenta S.A. c/ République de Gambie (N° ARB/99/5), Ordonnance du 3 mai 2001 constatant le désistement.

CIRDI, Affaire World Duty Free Company Ltd c/ République du Kenya (ARB/00/7) enregistrée le 7 juin 2000, sentence du 4 octobre 2006.

CIRDI, Affaire Champion Trading Company et Ameritrade International Inc. c/ République Arabe d'Egypte (n° ARB/02/9), décision sur la compétence du 21 octobre 2003.

CIRDI, Affaire Wena Hotels Ltd c/ République Arabe d'Egypte (n° ARB/98/4), décision du comité ad hoc du 5 février 2002.

CIRDI, Affaire Manufacturing & Trading c/ R.D.C, sentence du 21 février 1997.

CIRDI, Affaire Liberian Eastern Tumber Corporation c/ République du Liberia (N° ARB/83/2), sentence du 31 mars 1986.

CIRDI, Affaire Malicorp c/ République Arabe d'Egypte (n° ARB/ 08/18), décision du comité ad hoc du 3 juillet 2013.

CIRDI, Affaire Antoine Abou-Lahoud et Leila Bounafeh Abou-Lahoud c/ République Démocratique du Congo, Décision dans la procédure d'annulation du 29 mars 2016.

17. TRIBUNAL DE LA SADC

Affaire n° SADC (T), 2/07 Mike Campbell (PVT) Limited and William Michael Campbell vs. The Republic of Zimbabwe, arrêt du 13 décembre 2007.

Affaire n° SADC (T), 2/07, Erick Campbell et autres c. Zimbabwe, arrêt du 28 novembre 2008.

Affaire n° SADC (T) 07/2008, Luke Muyandu Tembani c. Zimbabwe, arrêt du 14 août 2009.

Affaire n° SADC (T) 14/2008, Bach's Transport (PTY) Ltd c/ RDC, arrêt du 11 juin 2010.

Affaire, n° SADC (T) 01/2009 République Unie de Tanzanie c/ Cimexpan (Ile Maurice) Ltd, Cimexpan (Zanzibar) Ltd et Ajaye Jogoo, arrêt du 11 juin 2010.

Affaire N° SADC (T) 01/2010, Fick c/ République du Zimbabwe, arrêt du 16 juillet 2010, www.caselaw.ihrda.org/fr/doc.

Affaire N° SADC (T) 05/2008, Barry, Gweshe, Katsanda, Chirinda, Mapingure, Matasva, Shumba et Magunje c/ République du Zimbabwe, arrêt du 9 décembre 2010.

18. TRIBUNAL INTERNATIONAL DU DROIT DE LA MER.

TIDM, Affaire du navire « SAIGA » (Saint-Vincent-et-les Grenadines c. Guinée), prompte mainlevée, arrêt du 4 novembre 1997.

TIDM, Affaire du navire « SAIGA » (n° 2) (Saint-Vincent-et-les Grenadines c. Guinee), arrêt du 1er juillet 1999.

TIDM, Affaire N° 6 du « Monte Confurco » (Seychelles c. France) Demande de prompte mainlevée, arrêt du 18 décembre 2000.

TIDM, Affaire n° 13, du « Juno Trader » (Saint-Vincent-et-les Grenadines c. Guinée-Bissau), prompte mainlevée, arrêt du 18 décembre 2004.

TIDM, Affaire du Différend relatif à la délimitation de la frontière maritime entre le Ghana et la Côte d'Ivoire dans l'océan Atlantique (Ghana / Côte d'Ivoire), ordonnance du 12 janvier 2015.

TIDM, Affaire du Différend relatif à la délimitation de la frontière maritime entre le Ghana et la Côte d'Ivoire dans l'océan Atlantique (Ghana / Côte d'Ivoire), arrêt du 23 septembre 2017.

TIDM, avis consultatif du 1er février 2011, Affaire N° 17, Responsabilités et obligations des Etats qui patronnent des personnes et des entités dans le cadre d'activités menées dans la Zone (Demande d'avis consultatif soumise à la Chambre pour le règlement des différends relatifs aux fonds marins).

TIDM, Affaire de l'«ARA Libertad » (Argentine c. Ghana), Ordonnance en indication de mesures conservatoires du 15 décembre 2012.

TIDM, Affaire du navire « Virginia G » (Panama / Guinée-Bissau), arrêt du 14 avril 2014.

TIDM, avis consultatif du 2 avril 2015, Affaire N° 21, Demande d'avis consultatif soumise par la Commission sous-régionale des pêches (CSRP).

19. TRIBUNAL DU CONTENTIEUX ADMINISTRATIF DES NATIONS UNIES

UNDT, Affaire Manokhin c. Le Secrétaire Général des Nations Unies, Jugement n° UNDT / 2009/006 du 13 aout 2009, enregistrée au greffe de New-York.

UNDT, Affaire Kasmani c. Le Secrétaire Général des Nations Unies, Jugement n°UNDT/2009/017 du 11 septembre 2009, (décision sur une requête en sursis à exécution).

UNDT, Affaire Muwambi c. Le Secrétaire Général des Nations Unies, Jugement n° UNDT/2016/216 du 3 décembre 2016, enregistrée au greffe de New-York le 8 décembre 2016.

UNDT, Affaire Ahmed c. Le Secrétaire Général des Nations Unies, Jugement n°UNDT/2017/005 du 30 janvier 2017, (recevabilité).

20. TRIBUNAL PENAL INTERNATIONAL POUR LE RWANDA

Affaire ICTR-96-13-T, Le Procureur c. Alfred Musema, jugement et sentence du 27 janvier 2000.

Affaire ICTR-96-13-A, Musema (Appelant) c. Le Procureur (Intimé), jugement de la Chambre d'appel du 16 novembre 2001.

Affaire n° ICTR-01-72-T, Procureur c. Simon Bikindi, jugement du 2 décembre 2008 (Chambre de 1ère instance).

TPIR, Affaire Nyiramasuhuko c. le Procureur, jugement du 14 décembre 2015 (chambre d'appel).

TPIR, Affaire Le Procureur c. Georges Henry Yvon Joseph Ruggiu, décision du 1er juin 2000 de la Chambre de première instance I.

Affaire n° ICTR-2005-87-1, Le Procureur c. Wenceslas Munyeshyaka, Décision relative à la requête du Procureur aux fins de renvoi de l'Acte d'accusation aux Autorités françaises, en date du 20 novembre 2007 de la Chambre de première instance.

Affaire N° ICTR-97-32-1, Le Procureur c. Georges Henry Yvon Joseph Ruggiu, Acte d'accusation amendé du 10 décembre 1998.

TPIR, Affaire Georges RUTAGANDA, arrêt du 6 mars 1997 de la chambre de première instance I (Request for examination of an order of the Tribunal).

TPIR, Affaires jointes Clément KAYISHEMA et Obed RUZINDANA, Arrêt du 17 avril 1997 de la chambre de première instance II (Probative Value of Witness Testimonies).

TPIR, Affaire Joseph KANYABASHI de la chambre de première instance II, Arrêt du 18 juin 1997.

TPIR, Affaire Jean KAMBANDA (ICTR 97-23-S) du 4 septembre 1998.

21. TRIBUNAL SPECIAL POUR LA SIERRA LEONE

Affaire n° SCSL-04-16-T, Le Procureur c. Alex Tamba Brima, Brima Bazzy Kamara et Santigie Borbor Kanu, jugement de condamnation du 20 juin 2007 (Chambre 1ère instance II), et jugement de sentence du 19 juillet 2007.

SCSL, Trial Chamber II, the Prosecutor v. Charles Ghankay Taylor, Case n°SCSL-2003-01-PT, initial Appearance, 3 april 2006.

SCSL, Appeals Chamber II, the Prosecutor v. Charles Ghankay Taylor, Case n°SCSL-2003-01-A, Judgement, 26 september 2013.

22. RAPPORTS ET DECISIONS DE L'ORD ET DE L'ORGANE D'APPEL DE L'OMC

WT/DS58/R, Etats-Unis – Prohibition à l'importation de certaines crevettes et de certains produits à base de crevettes, Rapport du groupe spécial du 15 mai 1998 et Rapport d'appel (WT/DS58/ AB/R) du 12 octobre 1998.

WT/DS439/, Affaire Afrique du Sud-Droits antidumping sur les viandes de coqs et poules congelées en provenance du Brésil, consultations entamées le 21 juin 2012.

WT/DS374/, Affaire Afrique du Sud-Mesures antidumping visant le papier sans bois non couché.

WT/DS 327/, Affaire Egypte-Droits antidumping sur les allumettes importées du Pakistan.

WT/DS205/, Affaire Egypte-Mesures antidumping définitives à l'importation de barres d'armature en acier en provenance de Turquie.

WT/DS211/, Affaire Egypte - Prohibition à l'importation de thon en boîte à l'huile de soja, consultations entamées le 22 septembre 2000.

WT/DS513 Maroc-Mesures antidumping visant certains produits en acier laminés à chaud en provenance de Turquie. WT/DS138/AB/R.

Affaire Etats-Unis – Imposition de droits compensateurs sur les produits dérivés de l'acier au carbone, plomb et bismuth laminés à chaud originaires du Royaume-Uni, Rapport d'appel du 10 avril 2000.

WT/ DS26/AB/R ; WT/DS48/AB/R, Affaire Communautés européennes – Mesures concernant les viandes et les produits carnés (hormones) Rapport d'appel distribué le 16 janvier 1998 et adopté le 13 février 1998.

WT/DS/269/ AB/R, Rapport de l'Organe d'appel Communautés européennes - Poulet désossé et congelé, 12 septembre 2005.

WT/DS 174/R, Rapport du groupe spécial Communautés européennes - Protection des marques et des indications géographiques, 15 mars 2005.

Affaire Communautés européennes - Bananes III (Equateur ; article 22 : 6), WT/DS27/ARB/ ECU, 24 mars 2000 .WT/DS138/AB/R.

Affaire Etats-Unis – Imposition de droits compensateurs sur les produits dérivés de l'acier au carbone, plomb et bismuth laminés à chaud originaires du Royaume-Uni, Rapport d'appel du 10 avril 2000.

WT/DS/269/ AB/R, Rapport de l'Organe d'appel Communautés européennes - Poulet désossé et congelé, 12 septembre 2005.

WT/DS 174/R, Rapport du groupe spécial Communautés européennes - Protection des marques et des indications géographiques, 15 mars 2005.

WT/DS26/AB/R et WT/DS48/AB/R, Affaire Communautés européennes – Mesures communautaires concernant les viandes et les produits carnés (Plainte des Etats-Unis) (1998), Rapport de l'Organe d'appel) [Hormones].

WT/DS500/, Affaire Afrique du Sud-Droits antidumping provisoires visant les importations de ciment Portland en provenance du Pakistan. Les deux Etats sont entrés en consultations le 9 novembre 2015.

23. AUTRES DECISIONS JURISPRUDENTIELLES

Affaire du Lac Lanoux entre Espagne et France, Sentence arbitrale du 16 novembre 1957, Recueil des sentences arbitrales, XII.

Affaire Emeric Kulin père c. Etat roumain, Tribunal arbitral mixte roumano-hongrois, sentence du 10 janvier 1927, Recueil des décisions des tribunaux arbitraux mixtes, institués par les Traités de paix, tome VI (1927), Vol. VII, 1927- 1928, Paris, Sirey, p. 138.

Affaire de l'île de Clipperton (Mexique c. France), sentence arbitrale du 28 janvier 1931 : R.S.²A.

Affaire du Canal de Beagle entre le Chili et l'Argentine, sentence arbitrale du 22 avril 1977.

Affaire *Deutsche Continental Gas-Gesellschaft c. Etat polonais, Tribunal arbitral mixte germano-polonais, sentence du 1er août 1929* : Recueil des décisions des Tribunaux arbitraux mixtes. Vol. IX (Deutsche Continental Gas-Gesellschaft).

Affaire de l'Alabama (Etats-Unis d'Amérique c. Grande-Bretagne), sentence arbitrale du 14 septembre 1872: Recueil des arbitrages internationaux, Vol. 11 (Alabama).

Affaire Texaco Calasiatic c/ Gouvernement Libyen, Sentence arbitrale du 19 janvier 1977.

TPIY, Le Procureur c/ Radovan KARADZIC et Ratko MLADIC. Examen des actes d'accusation dans le cadre de l'article 61 du Règlement de procédure et de preuve. Affaire IT-95-5-R61, 11 juillet 1996, §§ 92 et 94.

Affaire du Dogger Bank (Grande Bretagne / Russie), rapport du 26 février1905.

*Affaire de l'Incident du Red Crusade*r (Russie/Grande Bretagne), décision du 23 mars 1962.

Cour de Cassation (France), Affaire *Klaus Barbie, Arrêt du 20 décembre 1985*, in J.D.I. (Clunet), 1986, pp. 129 à 142.

IN RE Elizaphan NTAKIRUTIMANA, U.S. District Court for the Southern District of Texas, Laredo Division 988 F. Supp. 1038, 1997. U.S. District, Lexis 20714, 17December 1997, in

TMC Asser: Yearbook of International Humanitarian Law, op. cit., pp. 205-209).

Etats Unis, (Cour d'Appel), U.S. Court of Appeals for the sixth circuit, DEMJANJUK v. PETROVSKY, 776 F. 2nd 571 (6th Circuit 1985), cert. denied, 475 U.S.1016 (1986).

IV. SITES INTERNET D'ORGANISATIONS ET INSTITUTIONS INTERNATIONALES

Assemblée Générale (ONU) : www.un.org/ga /

Association de libre échange nord américaine : www.nafta-sec-alena.org

African Union: www.african-union.org

Communauté de l'Afrique de l'Est : www.eac.int

Cour Commune de Justice et d'Arbitrage : www.ohada.org/ccja.html

Commission de Droit International : www.un.org/law/ilc/

Commission Economique pour l'Afrique : www.uneca.org

Commission Economique du Bétail, de la Viande et des Ressources Halieutiques (CEMAC) : www.cemac.int/cebevirha

Communauté Economique des Etats de l'Afrique de l'Ouest : www.ecowas.int ; www.cedeao.org

Communauté Economique des Etats de l'Afrique Centrale : www.ceeac-eccas.org

Communauté Economique et Monétaire de l'Afrique Centrale : www.cemac.int

Communauté des Etats Sahélo-Sahariens : www.cen-sad.org

Communauté Economique des Pays des Grands Lacs : www.cepgl.org

Comité International de la Croix-Rouge : www.icrc-cicr.org

Cour Internationale de Justice : www.icj-cij.org

Conférence Internationale sur la Région des Grands Lacs : www.icglr.org

Cour de Justice des Communautés Européennes (UE) : www.curia-eu.int

Commission des Nations Unies pour le Commerce et le Développement : www.unctad.org

CNUDCI : Commission des Nations Unies pour le Droit Commercial International : www.uncitral.org

Commission de l'Océan Indien : www.commissionoceanindien.org

Common Market for Eastern and Southern African States: www.comesa.int

Commission Africaine des Droits de l'Homme et des Peuples : www.achpr.org

Cour Africaine des Droits de l'Homme et des Peuples : www.african-court.org

Cour Européenne des Droits de l'Homme : www.coe-.int

Cour Permanente d'Arbitrage : www.pca-cpa.org

Cour Pénale Internationale : www.icc-cpi.org

Conseil de Paix et de Sécurité : www.peaceau.org

Centre de recherches et de documentation sur les institutions et les législations africaines : www.credila-fsjp.ucad.sn

Conseil de Sécurité : www.un.org/french/sc.info.com

Economic and social Council (Conseil économique et social de l'ONU) : www.un.org /fr/ecosoc/

FAO: Food and Agricultural Organization: www.fao.org

Fonds International pour le Développement Agricole : www.ifad.org

Fonds Monétaire International : www.imf.org

Haut Commissariat pour les Réfugiés : www.unhcr.org

Intergovernmental Authority for Development: www.igad.org

Mission des Nations Unies au Soudan : www.un.org/fr/peacekeeping/missions/minus

Mission Multidimensionnelle Intégrée des Nations Unies pour la Stabilisation au Mali : www.minusma.unmissions.org

Mission des Nations Unies au Soudan du Sud : www.un.org/fr/peacekeeping/missions/unmiss

Organisation des Etats Américains : www.sice-oas.org

Organisation pour l'Harmonisation en Afrique du Droit des Affaires : www.ohada.com

Organisation Internationale du Travail : www.ilo.org

Organisation Maritime Internationale : www.imo.org

Organisation Mondiale du Commerce : www.wto.org

Organisation Météorologique Mondiale : www.wmo.int

Opérations de Maintien de la Paix(ONU) : www.operationspaix.int

Société Française de Droit International : www.sfdi.org

Tribunal Administratif de l'OIT : www.ilo.org/public/french/tribunal

Tribunal International du Droit de la mer : www.itlos.org

Union Européenne : www.europa.eu.int

Union Economique et Monétaire Ouest Africaine : www.uemoa.int

TABLE DES MATIÈRES

PREMIÈRE PARTIE

LES CONTENTIEUX JURIDICTIONNELS CLASSIQUES

DEUXIÈME PARTIE

LE CONTENTIEUX INTERNATIONAL DE CERTAINES JURIDICTIONS SPECIALISÉES

Le Sénégal aux éditions L'Harmattan

Dernières parutions

L'ESTHÉTIQUE SOCIALE DES PULAAR
Socioanalyse d'un groupe ethnolinguistique
Sy Harouna
L'esthétique sociale pulaar est une mise en ordre éthique de la vie sociale. Elle est l'inventaire systématique de ce qu'il y a de beau et de laid dans le social relativement à ses valeurs, à ses normes, à ses règles et à ses codes qui commandent des postures, des relations, des rapports et des qualités appropriés. L'analyse des contradictions de la société pulaar du Fuuta Tooro a révélé des logiques et des stratégies fondées sur des rapports de castes et sur les représentations sociales que ces rapports produisent.
(31.00 euros, 304 p.)
ISBN : 978-2-343-11189-6, ISBN EBOOK : 978-2-14-002810-6

LE BAYNUNK GUNAAMOLO, UNE LANGUE DU SUD DU SÉNÉGAL
Analyse phonologique, morphologique et syntaxique
Diop Sokhna Bao - Préface de Denis Creissels
Le Sénégal est un pays multilingue avec des langues majoritaires et des langues minoritaires, de par le nombre de leurs locuteurs, mais également de par la quantité de travaux dont chacune dispose. Les langues majoritaires ont fait l'objet de nombreuses recherches, à la différences des langues minoritaires. Ce constat est à l'origine du choix porté sur la description de la variante gunaamolo du baynunk (parlé au sud du Sénégal, plus précisément à Niamone, dans la région de Ziguinchor) qui est une langue en danger très peu décrite. L'utilité et l'intérêt de ce travail résident dans la sauvegarde et la connaissance de cette langue et sa communauté. Elle peut servir aussi de référence à des recherches futures.
(Coll. Études africaines, 38.50 euros, 392 p.)
ISBN : 978-2-343-09614-8, ISBN EBOOK : 978-2-14-002913-4

DE L'HÉRITAGE ARABO-ISLAMIQUE SAINT-LOUISIEN
Une illustration par les œuvres d'Abbas Sall et d'Abdoulaye Fall Magatte
Fall Cheikh Tidiane - Préface de Samba Dieng et Postface de Mouhamed Habib Kébé
Cet ouvrage porte sur la réhabilitation du legs culturel arabo-islamique ouest-africain en général et saint-louisien en particulier. Revaloriser un pan du patrimoine culturel par l'entremise de l'imagination poétique locale de deux intellectuels demeure l'objectif principal de cette étude. Une partie descriptive constituée de la traduction d'une cinquantaine de poèmes suivie d'un volet analytique constitue la méthodologie de ce travail de recherche. La moisson tirée de ce travail préliminaire apporte quelques éclairages sur l'intérêt de la traduction de manuscrits arabes, notamment ceux produits par d'éminents ulémas du Sénégal, tels les deux poètes faisant l'objet de cette étude.
(Harmattan Sénégal, 35.00 euros, 340 p.)
ISBN : 978-2-343-11306-7, ISBN EBOOK : 978-2-14-003014-7

L'AGRICULTURE DU SÉNÉGAL SOUS LA COLONISATION
Diop Ismaïla
L'introduction de l'arachide au Sénégal au début du XXe siècle révolutionne le paysage agricole. La France décide alors de faire du Sénégal une colonie arachidière. Le Sénégal devient la troisième puissance arachidière du monde après les États-Unis et l'Inde. Cette monoculture extensive aboutit à un déficit vivrier chronique, une dégradation des sols, une dépendance vis-à-vis des importations de riz en provenance d'Asie. Pour y remédier, le rapport de la mission Roland Portères de 1952 recommande des mesures d'aménagement du territoire, de restauration des sols, de promotion de l'agriculture intégrée sérère.
(Harmattan Sénégal, 23.50 euros, 218 p.)
ISBN : 978-2-343-11129-2, ISBN EBOOK : 978-978-2-14-002836-6

CASAMANCE
À quand la paix ?
Bassène René Capain - Préface du père Nazaire Diatta
Malgré leur volonté et leur engagement affichés d'aller vers la fin du conflit armé en Casamance, la position des parties en guerre n'a jamais réellement évolué. L'État du Sénégal se dit prêt à négocier sur tous les points, sauf sur ceux relatifs à l'intégrité territoriale et l'unité nationale, alors que, de son côté, le MFDC soutient une position contraire en déclarant être disposé à ne négocier que sur la question se rapportant à l'indépendance totale de la Casamance. Cette situation montre que le conflit armé est encore loin de finir en Casamance.
(28.50 euros, 276 p.)
ISBN : 978-2-343-10426-3, ISBN EBOOK : 978-2-14-002593-8

PARCOURS D'UN JOURNALISTE AUTODIDACTE
Ndiaye Pape Ngagne - Préface de Mamoudou Ibra Kane
Pape Ngagne Ndiaye, par son style, est devenu un rendez-vous incontournable de l'espace audiovisuel sénégalais. L'émission « Faram Faccce » qu'il anime présentement sur TFM est très courue des hommes et femmes politiques pressés de se soumettre au feu roulant et nourri des questions du redoutable interviewer, unique dans son genre. Ce livre n'est pas seulement une autobiographie, mais aussi une réflexion thématique et une sélection rigoureuse de certains numéros de la célèbre émission qui se veut « un décryptage des questions majeures de l'actualité nationale ».
(37.00 euros, 360 p.) ISBN : 978-2-343-09916-3, ISBN EBOOK : 978-978-2-14-002822-9

DES FRANCENABE AUX MODOU-MODOU
L'émigration sénégalaise contemporaine
Fall Papa Demba - Préface du Professeur Abdoulaye Bara Diop
Principalement centré sur la France et ses anciennes colonies d'Afrique, le champ migratoire sénégalais s'est, de manière originale, progressivement étendu à des destinations naguère méconnues ou peu fréquentées (comme les États-Unis, l'Italie, l'Espagne, l'Afrique du Sud ou le Brésil). Peu à peu, les migrants sont devenus des acteurs incontournables du développement. La prise en compte de ces populations, et de leurs mouvements, devient donc nécessaire aux programmes et politiques de développement durable.
(Harmattan Sénégal, 40.00 euros, 559 p., Illustré en noir et blanc)
ISBN : 978-2-343-10796-7, ISBN EBOOK : 978-2-14-002539-6

« DOYEN » AMADY ALY DIENG, LE TRANSMETTEUR INTÉGRAL (1932-2015)
Économie biographique ou sémio-Histoire
Ngaïdé Abdarahmane
Amady Ali Dieng nous a quittés il y a un an. Pour lui rendre hommage et s'en rappeler les enseignements, l'auteur de cet ouvrage a décidé de compiler ses nombreux écrits ou interventions. Les quatorze textes qui composent cette anthologie sont représentatifs et significatifs de la personnalité, du style et des préoccupations d'Amady Ali Dieng. On y retrouve son style, son humour et son esprit critique.
(Harmattan Sénégal, 23.50 euros, 228 p., Illustré en noir et blanc)
ISBN : 978-2-343-10855-1, ISBN EBOOK : 978-2-14-002561-7

41 RULES TO BE HAPPY
Kane Babaly
Seeing that happiness is the goal towards which all men strive for, the author wrote this book to help the reader in treasuring the joyous of life and realizing his desires in entirety, to be fulfilled, to claw his way to the top and to assure him it will turn out well in the end. Moreover, this book intends to give the keys us to get the secret for reaching we want in this life. 41 rules to be happy is a little self help book which has 41 rules that are meant to allow every reader to live life in full potential.
(Harmattan Sénégal, 14.50 euros, 138 p.)
ISBN : 978-2-343-10904-6, ISBN EBOOK : 978-2-14-002583-9

SÉNÉGAL
Les limites du Plan Sénégal Émergent
Mansour Samb El Hadji
Cet ouvrage présente une analyse profonde des politiques publiques en décortiquant le Plan Sénégal Émergent (PSE) qui jusque-là n'a fait l'objet d'aucune analyse critique sérieuse. Le Sénégal est face à un défi, le défi de son émergence, un défi qu'il compte relever avec tous ses fils. Ce défi qui mobilise aujourd'hui tout le monde doit nous pousser à proposer de nouveaux chemins et à animer un débat nécessaire et incontournable dans tout processus d'émergence.
(Harmattan Sénégal, 27.00 euros, 276 p.)
ISBN : 978-2-343-09721-3, ISBN EBOOK : 978-2-14-002372-9

SÉNÉGAL
Dynamiques paysannes et souveraineté alimentaire
Le procès de production, la tenue foncère et la naissance d'un mouvement paysan
Diop Amadou Makhouredia - Préface d'Yves Guillermou ; Postface de Fodé Niang
Le présent ouvrage contribue à la compréhension des stratégies développées par la petite paysannerie et les dynamiques qui animent les exploitations agricoles familiales permettant la production de biens nécessaires à l'alimentation et l'entretien des familles. La capacité des paysans à prendre en main leurs propres préoccupations a été mise en évidence par l'émergence d'organisations, de groupements, d'associations et d'unions dans tout l'espace rural sénégalais.
(Harmattan Sénégal, 26.00 euros, 256 p.)
ISBN : 978-2-343-10852-0, ISBN EBOOK : 978-2-14-002457-3

HISTOIRE ET SOCIOLOGIE DES RELIGIONS AU SÉNÉGAL
Tamba Moustapha
Le Sénégal reste une exception dans le domaine religieux : 90 % de musulmans, 5 % de chrétiens et 5 % d'adeptes de l'animisme. C'est aussi le pays où les musulmans et les catholiques partagent le même cimetière, où les conjoints partagent des religions différentes, où les écoles privées catholiques comptent 60 à 70 % d'élèves de confession musulmane, etc. Ce phénomène n'est pas dû au hasard. L'histoire et la sociologie des religions permettent de l'expliquer amplement. Cet ouvrage souligne cette exception sénégalaise pour montrer qu'au moment où notre monde est en proie au fanatisme, à l'intolérance et au terrorisme religieux, le Sénégal propose un autre « modèle ».
(Coll. Études africaines, série Economie, 41.00 euros, 426 p.)
ISBN : 978-2-343-10424-9, ISBN EBOOK : 978-2-14-002506-8

FIGURES DU POLITIQUE ET DE L'INTELLECTUEL AU SÉNÉGAL
L.S. Senghor - M. Dia - A. Ly - CH. A. Diop A. Diouf & F. Mitterrand - J.R. De Benoist - A. Seck - TH. Fall - A. M. Samb - A.M. Samb JR - TH. Monod - H. Bocoum - G. R. Thilmans
Samb Djibril
Cet ouvrage réunit des personnalités politiques et/ou intellectuelles très diverses : Léopold Sédar Senghor, l'Immortel Noir ; Mamadou Dia, le brillant économiste ; François Mitterrand et Abdou Diouf, deux experts politiques, ou encore Théodore Monod, le savant probe. Ces figures sont autant de coryphées auxquels l'auteur a voulu rendre hommage, afin de rappeler que la terre africaine du Sénégal ne manque pas de princes de l'esprit ni de nourriture intellectuelle.
(26.00 euros, 266 p.)
ISBN : 978-2-343-10731-8, ISBN EBOOK : 978-2-14-002513-6

TÉLÉVISIONS AU SÉNÉGAL
Entre désert de contenu et sécheresse intellectuelle
Djimbira Cheikh Mouhamadou
« Il faut lire ce livre en considérant qu'il a été sciemment écrit dans l'intention de nuire à la société spectaculaire. Il n'a jamais rien d'outrancier. » Cette pensée de Guy Debord nous permet de comprendre à bien des égards, l'ouvrage de Cheikh Mouhamadou Djimbira qui est un plaidoyer pour la création de programmes audiovisuels de qualité.
(11.50 euros, 80 p.)
ISBN : 978-978-2-343-10790-5, ISBN EBOOK : 978-978-2-14-002528-0

UN SCOUT SÉNÉGALAIS
L'aventure citoyenne (deuxième édition)
Ndene Pascal - Préface de Jacques Moreillon
Lorsque nous parlons de l'adolescence, nous évoquons l'autonomie, la responsabilisation, la citoyenneté, le jeu, les relations avec les parents et avec les pairs. Toutes ces questions sont abordées dans ce livre qui montre avec humour le parcours éducatif d'un adolescent dans le scoutisme. Ce livre s'adresse à tous les jeunes, garçons et filles, aux parents et éducateurs de tout milieu social et culturel, ainsi qu'à tous les scouts et guides du monde.
(14.00 euros, 124 p.)
ISBN : 978-2-343-10965-7, ISBN EBOOK : 978-2-14-002526-6

LA PENSÉE DE CHEIKH AHMADOU BAMBA FACE AUX DÉFIS AFRICAINS
Sow Cheikh Mar
Cheikh Ahmadou Bamba Mbacké a su déterminer une nouvelle vision aux yeux de ses contemporains en formulant d'une façon très claire des idées novatrices capables de faire bouger le peuple. Cette conception de la société dans sa globalité a permis «à chaque individu de devenir un centre d'initiative, de création et de responsabilité à tous les niveaux : celui de l'économie, de la politique, de la culture ; une conception qui ne soit ni individualiste, ni totalitaire mais fondée sur les communautés de base».
(Harmattan Sénégal, 24.00 euros, 238 p.)
ISBN : 978-2-343-10021-0, ISBN EBOOK : 978-2-14-002284-5

LE MODERNISME EN ISLAM
Introduction à la pensée de Sayyid Amir Ali
Diagne Mbengue Ramatoulaye
« Les thèmes abordés par le Professeur Ramatoulaye Diagne dans sa lecture de la pensée d'Amir Ali ont tous un lien indéfectible avec le pluralisme et la paix. (...) Dans la lecture de son ouvrage, on arrive à comprendre que le modernisme d'Amir Ali est une sorte de renouveau dans la pensée islamique. C'est un mouvement d'intellection qui intègre, dans une cohérence architecturale, l'usage de la raison, l'esprit du soufisme pratique ghazalien et la finalité de la prière qui concilie l'ascèse de l'âme à la transformation positive des sociétés. » Abdoul Aziz Kebe, Ancien Chef du Département d'Arabe UCAD-DAKAR.
(Harmattan Sénégal, 15.00 euros, 144 p.)
ISBN : 978-2-343-09977-4, ISBN EBOOK : 978-2-14-002211-1

MA RENCONTRE AVEC ALLAH
De l'obscurité à la lumière
Mbengue Adama Ousmane
Cet ouvrage traite surtout de la question essentielle du Mahdi qui vient pour apporter les solutions idoines en s'appuyant sur la Sharia mouhammadiya et la Tariqah ahmadiya afin d'offrir à tout individu le meilleur profil dans la société idéale qu'il compte établir.
(Harmattan Sénégal, 14.50 euros, 134 p.)
ISBN : 978-2-343-10299-3, ISBN EBOOK : 978-2-14-002277-7

Structures éditoriales du groupe L'Harmattan

L'Harmattan Italie
Via degli Artisti, 15
10124 Torino
harmattan.italia@gmail.com

L'Harmattan Hongrie
Kossuth l. u. 14-16.
1053 Budapest
harmattan@harmattan.hu

L'Harmattan Sénégal
10 VDN en face Mermoz
BP 45034 Dakar-Fann
senharmattan@gmail.com

L'Harmattan Cameroun
TSINGA/FECAFOOT
BP 11486 Yaoundé
inkoukam@gmail.com

L'Harmattan Burkina Faso
Achille Somé – tengnule@hotmail.fr

L'Harmattan Guinée
Almamya, rue KA 028 OKB Agency
BP 3470 Conakry
harmattanguinee@yahoo.fr

L'Harmattan RDC
185, avenue Nyangwe
Commune de Lingwala – Kinshasa
matangilamusadila@yahoo.fr

L'Harmattan Congo
67, boulevard Denis-Sassou-N'Guesso
BP 2874 Brazzaville
harmattan.congo@yahoo.fr

L'Harmattan Mali
Sirakoro-Meguetana V31
Bamako
syllaka@yahoo.fr

L'Harmattan Togo
Djidjole – Lomé
Maison Amela
face EPP BATOME
ddamela@aol.com

L'Harmattan Côte d'Ivoire
Résidence Karl – Cité des Arts
Abidjan-Cocody
03 BP 1588 Abidjan
espace_harmattan.ci@hotmail.fr

L'Harmattan Algérie
22, rue Moulay-Mohamed
31000 Oran
info2@harmattan-algerie.com

L'Harmattan Maroc
5, rue Ferrane-Kouicha, Talaâ-Elkbira
Chrableyine, Fès-Médine
30000 Fès
harmattan.maroc@gmail.com

Nos librairies en France

Librairie internationale
16, rue des Écoles – 75005 Paris
librairie.internationale@harmattan.fr
01 40 46 79 11
www.librairieharmattan.com

Lib. sciences humaines & histoire
21, rue des Écoles – 75005 paris
librairie.sh@harmattan.fr
01 46 34 13 71
www.librairieharmattansh.com

Librairie l'Espace Harmattan
21 bis, rue des Écoles – 75005 paris
librairie.espace@harmattan.fr
01 43 29 49 42

Lib. Méditerranée & Moyen-Orient
7, rue des Carmes – 75005 Paris
librairie.mediterranee@harmattan.fr
01 43 29 71 15

Librairie Le Lucernaire
53, rue Notre-Dame-des-Champs – 75006 Paris
librairie@lucernaire.fr
01 42 22 67 13